# CODE D'INSTRUCTION

# ADMINISTRATIVE

OU

## LOIS DE LA PROCÉDURE ADMINISTRATIVE.

1ᵉʳ VOLUME.

Le dépôt de l'ouvrage a été fait conformément à la loi , et aux traités internationaux, pour la conservation du droit de propriété en France, et dans les pays étrangers. Le droit de traduction est réservé.

Tout exemplaire non revêtu de la signature de l'auteur et des éditeurs sera réputé contrefait.

PARIS.—IMPRIMERIE DE COSSE ET J. DUMAINE, RUE CHRISTINE, 2.

# CODE D'INSTRUCTION
# ADMINISTRATIVE

OU

## LOIS DE LA PROCÉDURE ADMINISTRATIVE

CONTENANT

dans l'ordre du Code de procédure civile, avec des rubriques correspondant
aux titres de ce Code, les règles de l'instruction
devant les tribunaux administratifs,

Ministres, Préfets, Conseil d'État, Conseils de préfecture,

ET LES RÈGLES PARTICULIÈRES A L'INSTRUCTION EN MATIÈRE DE CONFLITS,
D'ÉLECTIONS, D'AUTORISATION DE PLAIDER,
DE CONTRIBUTIONS DIRECTES,

### SUIVI D'UN FORMULAIRE

annoté de tous les actes d'instruction administrative,

OUVRAGE FAISANT SUITE

AUX LOIS DE LA PROCÉDURE CIVILE, A LA COMPÉTENCE ADMINISTRATIVE
ET AU FORMULAIRE DE PROCÉDURE CIVILE;

## PAR CHAUVEAU ADOLPHE,

Ancien Avocat au Conseil d'État et à la Cour de cassation,
Professeur de droit administratif, Rédacteur du journal du Droit administratif, etc.

### 2e ÉDITION. — 1er VOLUME.

## PARIS,

IMPRIMERIE ET LIBRAIRIE GÉNÉRALE DE JURISPRUDENCE,

COSSE ET MARCHAL, IMPRIMEURS-ÉDITEURS,

LIBRAIRES DE LA COUR DE CASSATION,

**Place Dauphine, 27.**

Et à Toulouse, au bureau du Journal du Droit administratif,

CHEZ M. ARMAING, LIBRAIRE,

rue Saint-Rome, 46.

## 1860

# OUVRAGES DE M. CHAUVEAU ADOLPHE

QUI SE TROUVENT AUX MÊMES LIBRAIRIES, A PARIS ET A TOULOUSE.

**Journal de droit administratif**, ou le Droit administratif mis à la portée de tout le monde. Collection, 7 vol.     70 fr.
        Abonnement à 1860.     15 fr.

**Principes de compétence et de juridiction administratives.** 3 vol in-8,     21 fr.

**Essai sur le régime des eaux navigables et non navigables,** sous le double point de vue pratique et théorique. 1 vol. in-8.     4 fr.

**Code forestier expliqué.** 1 vol. in-18. (*Rare*).

**Journal des Avoués.** 84 vol., y compris 1859.     280 fr.

**Lois de la procédure civile**, par G.-L.-J. CARRÉ, ancien doyen de la Faculté de Rennes. 4e édit., contenant une Table générale et alphabétique des matières, formant un dictionnaire abrégé de procédure, résumant l'ouvrage tout entier. 7 tomes en 8 vol. in-8.     60 fr.

**De l'Ordre**, Commentaire de la loi du 21 mai 1858 en ce qui concerne la procédure d'ordre. 2 vol. in-8.     12 fr.

**Formulaire général et complet, ou Traité pratique de procédure civile et commerciale,** annoté de toutes les opinions émises dans les *Lois de la procédure civile* et dans le *Journal des Avoués;* par MM. CHAUVEAU ADOLPHE et GLANDAZ, président de la Chambre des avoués de Paris, 2e édit., modifiée conformément à la loi du 21 mai 1858, sur la *Saisie immobilière* et sur l'*Ordre*, 2 forts vol. in-8, 1859.     18 fr.

**Commentaire du Tarif en matière civile,** dans l'ordre des articles du Code de procédure civile, etc., 2 vol. in-8. (*Rare.*)

**Journal du droit criminel**; par MM. CHAUVEAU ADOLPHE et FAUSTIN HÉLIE, de 1829 à 1838. 10 vol.     100 fr.

**Code pénal progressif,** Commentaire de la loi modificative du Code pénal. 1 vol. in-8.     8 fr.

**Théorie du Code pénal**; par MM. CHAUVEAU ADOLPHE et FAUSTIN HÉLIE, Conseiller à la Cour de cassation. 3e édit., revue et mise en rapport avec la législation et la jurisprudence. 6 vol. in-8, 1852. 50 fr.

# AVERTISSEMENT

DES ÉDITEURS DE LA DEUXIÈME ÉDITION.

En 1849, M. Émile CHÉDIEU s'exprimait en ces termes sur la première édition de cet ouvrage : « Le *Code d'instruction administrative*, ouvrage de théorie et de pratique tout à la fois, est calqué sur le Code de procédure civile ; il résulte de cette classification des rapprochements lumineux qui jettent un jour nouveau sur les règles de l'instruction devant les différents tribunaux administratifs. Un ordre rationnel est tracé pour l'évolution d'une procédure administrative, que vous suivez, à chacune de ses phases, aussi facilement que si vous n'aviez pas à faire l'application d'une multitude de lois et d'ordonnances de dates différentes et sans homogénéité. »

M. SOLON, ancien conseiller de préfecture, écrivait dans la *Gazette administrative*: « Je ne crois pas qu'une seule administration puisse se passer de cet ouvrage, et je n'hésite pas à dire que le jour où le législateur organisera définitivement les tribunaux administratifs, il n'aura pas de meilleur guide à consulter que le Code de M. Chauveau. En attendant, je crois devoir le recommander aux administrateurs et aux avocats, comme un complément de leur bibliothèque administrative. C'est un véritable service rendu par l'honorable professeur à la science administrative. »

L'auteur a reçu un témoignage bien flatteur d'un homme éminent qui a été un des plus habiles administrateurs, une des lumières du conseil d'État. Voici la lettre de l'honorable et si regrettable M. Vivien :

« Paris, 8 octobre 1849.

« Mon cher ami,

« Il y a des siècles que je veux vous écrire. Votre lettre du 25 mai, que j'ai là sous les yeux, y est presque toujours restée depuis que je l'ai reçue. Mais je voulais avoir lu votre livre, pour vous en dire mon avis. Aujourd'hui, je viens vous féliciter, en connaissance de cause, de cette œuvre. Votre *Code d'instruction administrative* est celui de vos livres que j'aime le mieux. Vous ne vous fâcherez pas si je vous en dis la raison : c'est que c'est celui où vous avez le plus mis du vôtre et où votre esprit a été le moins détourné par la jurisprudence et les citations. Le plan est très-ingénieux et suivi avec bonheur, quoique parfois les analogies soient un peu forcées, mais l'ensemble est fort bon. L'exposition est claire ; les déductions sont logiques. Comme le sujet était nouveau, je ne doute pas que votre livre n'ait beaucoup de succès.

« Après un mois d'absence, j'ai repris les travaux du conseil d'État, qui sont très-nombreux en ce moment. Nous plions sous le faix. Les plus graves lois administratives doivent nous passer par les mains et sont sur le chantier. Je ne crois pas qu'il y ait beaucoup à changer, mais c'est déjà un grand travail que de discuter les innovations proposées et d'en constater le vice ou les dangers.

« Mille amitiés. VIVIEN. »

L'auteur a conservé fidèlement le plan de la première édition, en y faisant de notables additions, puisées dans la jurisprudence et la doctrine.

Il a complété son livre par des titres très-importants, parmi lesquels on peut signaler *les autorisations de plaider* et *l'instruction spéciale en matière de contributions directes*.

Un des plus anciens collaborateurs de M. Chauveau, un des employés les plus distingués de la préfecture de la Haute-Garonne, M. Amb. GODOFFRE, chef de division, a bien voulu, en se conformant à la doctrine de l'ouvrage, enrichir cette nouvelle édition d'un FORMULAIRE DE PROCÉDURE ADMINISTRATIVE ANNOTÉ, qui avait été souvent demandé et qui sera de la plus grande utilité.

COSSE ET MARCHAL.

# PRÉFACE

### OBSERVATIONS HISTORIQUES.

L'amitié indulgente du savant professeur de Rennes, M. CARRÉ, m'avait indiqué comme continuateur de ses grands travaux sur la procédure; j'ai publié une édition des *Lois de la procédure civile;* le Code de 1807 était la loi que je devais commenter et expliquer. En matière administrative, il y a aussi une procédure, mais sans Code et sans loi positive. En travaillant à mon livre sur la compétence et la juridiction, j'ai, plus que jamais, compris combien devrait être utile la réunion des principes, des règles, des précédents, des opinions sur l'instruction administrative. J'ai pensé que les *Lois de la procédure civile* trouveraient un complément naturel dans un ouvrage où je réunirais les fragments divers des *Lois de la procédure administrative.* J'ai considéré cette élaboration scientifique comme faisant suite à la compétence et à la juridiction, et peut-être aux ouvrages publiés jusqu'à ce jour sur le droit administratif.

Les prolégomènes de cet ouvrage spécial devraient être l'historique des diverses juridictions anciennes et modernes qui ont rendu ou qui rendent en France la justice administrative, en les comparant aux juridictions administratives des autres peuples. Les matériaux que j'ai réunis m'ont effrayé. Si je voulais les utiliser tous je ferais, non plus la préface d'un livre de pratique, mais une introduction historique aussi longue que l'ouvrage lui-même. J'ai voulu publier un corps de règles à suivre devant les tribunaux administratifs, et non écrire une histoire. Je me bornerai à tracer un aperçu rapide de ce qui a existé, de ce qui existe, en signalant quelques améliorations qu'indique la nature des choses dont j'ai parlé (1).

Quoique je ne sois pas enthousiaste du passé, je souffre de le voir incessamment calomnié. L'Assemblée constituante a fait de bien grandes choses, mais dire qu'elle a mis un terme à un effroyable désordre administratif, à un pêle-mêle confus de lois, de règles de compétence, c'est de l'exagération. Peut-être cette assemblée a-t-elle encouru le reproche d'avoir voulu trop faire, de n'avoir pas assez tenu compte des institutions existantes, de n'avoir pas observé avec assez de prudence le sage précepte de Montaigne : *il ne faut ébranler le tout de rien ;* les membres de cette réunion nationale croyaient de bonne foi que la monarchie résisterait au choc électrique des innovations; la commotion a été trop violente. *Le tout de tout* a été ébranlé. L'édifice s'est écroulé.

Non, il n'est pas exact de dire qu'avant 1789 « rien n'était défini dans la législation, que l'on ne voyait partout que confusion et désordre, qu'il n'y avait, à proprement parler, aucune juridiction administrative; que tous les tribunaux, *conseils ou commissions,* établis en foule sous des dénominations diverses, exerçaient chacun sa part de pouvoir sans règle et sans mesure; que le droit administratif ( si l'on pouvait

---

(1) Un jour, si le temps me le permet, je publierai, séparément, l'*Histoire du Droit administratif* à Rome, en France et dans les pays étrangers. L'histoire du Droit français compte déjà d'illustres narrateurs qui me permettront de glaner sur leurs pas. MM. LAFERRIÈRE, CHAMPIONNIÈRE (noms si chers à la science) et tant d'autres ont déposé dans leurs ouvrages le fruit de leurs longues recherches, de leurs profondes méditations. Lorsque je me déciderai à entreprendre cette tâche laborieuse, j'aurai bien peu de choses nouvelles à dire ; le point de vue seul différera. Aujourd'hui, je demande la permission de ne pas surcharger de citations, de renvois, d'extraits, de preuves historiques, les quelques lignes qu'on va lire. Ce n'est pas un ouvrage que j'écris, c'est une préface; qu'on veuille bien n'y chercher que des divisions d'un livre à faire.

lui donner ce nom) ne se composait plus que d'une multitude de priviléges attributifs de juridiction, et dont l'énumération même serait impossible. » C'est donner un démenti à l'histoire, à la législation, à la jurisprudence. C'est prendre des exceptions anormales pour la règle.

Avant 89, il y avait un droit administratif beaucoup plus judiciaire (qu'on me passe cette union d'idées) que celui qui existe aujourd'hui et dont on connaît la belle organisation. Avant 89, il y avait des juridictions administratives fortes, puissantes, peut-être trop puissantes, car un illustre écrivain a dit : « Richelieu et Louis XIV avaient conquis l'unité politique, jamais l'unité administrative. » Quelle en était la cause? La division territoriale, l'administration provinciale. L'agglomération lente et successive des grands fiefs avait peu à peu formé le royaume, mais à certaines conditions administratives que le roi lui-même devait respecter. Avant de critiquer cette administration provinciale, tombée pour toujours dans le domaine de l'histoire, il faut l'étudier, en examiner les travaux ; c'est là un des plus beaux chapitres de ce que j'appelle l'*histoire du droit administratif.* Dans l'ancienne monarchie française, il existait certains principes qui paraissaient inviolables aux chefs du pouvoir exécutif, aux membres des cours souveraines, aux jurisconsultes les plus monarchiques. Un de ces principes (bien radical) était celui-ci : *Au roi, le gouvernement; au pays, l'administration.*

Quelle était l'organisation administrative en France, du temps des Gaulois, des Romains, des Visigoths, des Francs? Je serais tenté de m'exclamer, comme le savant et naïf Loiseau ; appréciant une époque bien plus rapprochée (il écrivait au milieu du xviie siècle) : « C'est ici le nœud gordien, plus aisé « à couper qu'à dénouer. Je le dis après l'avoir essayé; qu'on « lise..., qu'on y rêve, à part soi, tant qu'on voudra ; il sera « bien habile qui, parmi ces grandes variétés et des temps et « des lieux, et parmi tant d'absurdités, pourra choisir une « résolution assurée et équitable. »

Dans les temps anciens apparaît un grand homme, que souvent le génie de notre époque chercha à prendre pour modèle. CHARLEMAGNE fut tout à la fois un illustre capitaine et un organisateur habile. Il devança les siècles ! Il rêva l'unité du territoire, l'unité politique, l'unité administrative ! Malgré son immense autorité militaire, il ne donna, en général, des lois et des règles d'administration qu'aux habitants de ses vastes domaines. Il dut respecter la législation et l'organisation administrative des populations diverses, placées sous la protection de sa puissante épée. Mais il fit preuve d'une grande intelligence administrative en créant l'institution des *Missi Dominici*, germe le plus fécond, qu'en raison des temps, des lieux, des époques, le grand homme du IX$^e$ siècle ait pu déposer dans ses impérissables Capitulaires.

« A la mort de Charlemagne, le royaume, naguère si bien uni, dit un historien, est divisé maintenant ; il n'y a plus personne qu'on puisse considérer comme empereur. Au lieu de rois, on voit des roitelets ; au lieu de royaumes, des morceaux de royaumes. »

Traversons rapidement cette nuit administrative. Il faudrait de longs développements pour y faire apercevoir quelques rayons lumineux.

Toutefois, je dois dire qu'on néglige trop habituellement un des ressorts administratifs les plus considérables, l'*organisation séculière du clergé*, seul dépositaire, pendant plusieurs siècles, de la puissance intellectuelle de la nation. Le pouvoir exécutif sentit si bien l'importance de cette autorité toujours progressive, qu'il voulut être représenté auprès d'elle. Alors fut créée la fonction de *poursuivant du roi* ; plus tard, un pouvoir parallèle fut investi du droit d'examiner les cas d'abus. On préparait ainsi la transformation de cet élément administratif. On comprendra avec quel ménagement la vérité historique doit se produire sur l'administration du clergé, et combien il serait inconvenant de l'effleurer ici.

Je m'arrêterai plus spécialement à cette époque où le pouvoir exécutif, après avoir triomphé de la féodalité politique, voulait encore dominer ce qu'on a appelé si heureusement la *féodalité administrative*. Sous le rapport des lois civiles, la France était régie, partie par le droit coutumier, partie par le droit romain. Je reconnais que l'élaboration du jurisconsulte était plus pénible, le travail du magistrat plus long et peut-être moins sûr que depuis notre bienfaisante codification ; cependant personne n'a encore dit qu'avant 1789, il existât un désordre effroyable dans notre législation civile ; il y avait bien quelques évocations scandaleuses au conseil du roi, des décisions qui révélaient des préférences pour certaines personnes privilégiées ; mais, encore une fois, ce n'était là que des exceptions anormales. Sous le rapport administratif, la division était tout aussi tranchée, mais elle était moins simple. Qui s'en étonnera, aujourd'hui qu'on ne met pas encore, malgré les travaux successifs des assemblées législatives, la législation administrative sur la même ligne que la législation civile ? Et d'ailleurs, qui ne reconnaît que le droit administratif, loin d'être immuable, doit subir les nécessités politiques, se modifier perpétuellement, pour se prêter, chaque jour, à la protection de nouveaux intérêts qui créent de nouveaux rapports entre les administrés et l'administration ?

La France se divisait en *pays d'état* et *pays d'élection*. Cette dénomination venait du mode de paiement de l'impôt au roi. Expliquée d'une manière absolue, elle serait inexacte. Dans les pays d'état, les assemblées provinciales entendaient l'exposé des besoins du roi et votaient une somme qu'elles se chargeaient de faire recouvrer. La formule la plus générale était que la province faisait don au roi de tant de millions ou de tant de mille francs. Dans les pays d'élection, au contraire, les revenus de l'Etat étaient perçus par des fermiers généraux, à l'aide d'une réunion de citoyens élus, d'où est venu le mot *élection*.

Divers édits généraux, qui s'étaient peu à peu étendus à tous les pays de la France, avaient créé des taxes sur les héritages nobles ou roturiers ; même dans les pays d'état, le roi avait nommé des collecteurs particuliers.

L'administration variait suivant qu'il s'agissait des pays d'état ou d'élection. Dans leurs réunions périodiques, les grandes et les petites assemblées provinciales s'occupaient du détail des travaux publics, de la voirie, de la police, de l'agriculture, du commerce. Dans les pays d'élection, le pouvoir exécutif transmettait directement ses ordres aux fonctionnaires dirigeant, en son nom, les diverses parties de l'administration.

D'un côté, les agents du roi n'exerçaient qu'une surveillance; de l'autre, leur action était immédiate et entière. Toutefois, la dénomination des agents était là même pour toute la France, ce qui préparait l'unité administrative.

Déjà certaines parties étaient réunies sous la main du roi, comme la police des eaux et des bois. La France était divisée en plusieurs départements forestiers, administrés par des grands maîtres, ayant sous leurs ordres des lieutenants généraux des eaux et forêts, des maîtres particuliers, des gardes forestiers. Notre organisation actuelle est calquée sur l'ancienne. Les conservateurs représentent les grands maîtres; les inspecteurs, les lieutenants généraux, les sous-inspecteurs, les maîtres particuliers.

L'organisation administrative générale a subi de notables modifications dans le cours du XVIIIe siècle. Le conseil du roi était d'abord le principal agent administratif supérieur; les ministres n'avaient pas d'attributions spéciales déterminées. Le conseil du roi était divisé en *conseil d'État*, *conseil privé des parties, conseil des dépêches, conseil du commerce*, et même *conseil de conscience*.

Plus tard, les ministres reçurent des dénominations plus rationnelles et devinrent les véritables représentants du pouvoir exécutif. Il y avait, au moment de la réunion des états généraux de 1789, 1° des ministres des affaires étrangères, de la marine, des colonies et du commerce intérieur, de la guerre, des finances, de la maison du roi et des cultes; 2° un garde des sceaux; 3° un grand chancelier.

Dans les provinces, la haute administration appartenait à des gouverneurs, pour le civil; à des lieutenants généraux, pour le militaire : les deux fonctions résidaient parfois sur la même tête; sous leurs ordres, dans les localités moins importantes que le chef-lieu de la province, des intendants, puis des subdélégués; enfin, dans les communes, des maires, des échevins, des consuls. Ces agents suffisaient pour diriger ce que nous appelons aujourd'hui l'action administrative *gracieuse*. Il était toujours permis d'appeler de l'intendant au gouverneur, et du gouverneur au ministre. Le pouvoir central avait intérêt à accueillir les plaintes individuelles, car c'était le seul moyen

d'atteindre le but de ses constants efforts, *l'unité d'administration*.

Pour le *contentieux*, qui concernait surtout la police, la
voirie, les alignements, les impôts directs ou indirects, les
eaux, les bois et forêts, il existait une organisation forte,
protectrice, toute judiciaire, je l'ai déjà dit, *trop judiciaire*;
et c'est une des causes de la grande révolution, c'est un des
motifs des premières préoccupations de l'Assemblée constituante. L'autorité des tribunaux qui jugeaient le contentieux
administratif devait incessamment produire un empiétement
toujours fâcheux. Toutefois, à une époque où le pouvoir exécutif ne subissait aucun contrôle des représentants de la nation,
il était bien que l'autorité judiciaire exerçât cette influence
salutaire; mais le danger n'en était pas moins réel. Le pouvoir
exécutif a succombé devant l'autorité morale du pouvoir judiciaire, lorsqu'il a voulu conquérir son indépendance. Le pouvoir
judiciaire en a appelé à la nation; la nation a repris l'entier
exercice de ses droits, mais, en même temps, elle a renfermé
les deux pouvoirs rivaux dans des limites qui leur ont paru
trop étroites. La résistance des membres du pouvoir judiciaire
les a fait proscrire, les a rendus martyrs des principes qu'ils
croyaient protecteurs de la liberté. La résistance du pouvoir
exécutif a englouti dans un immense naufrage la monarchie
tout entière.

Les deux grands corps, personnifications du pouvoir exécutif et du pouvoir judiciaire, étaient le *conseil du roi*, conseil
unique résidant à Paris; le *parlement*, corps multiple divisé
en plusieurs cours résidant dans les chefs-lieux des provinces
les plus importantes.

Aux parlements appartenait l'appel de toutes les juridictions
inférieures; le conseil du roi revendiquait ce privilége et, de
plus, celui de casser et annuler les arrêts des parlements. De
leur côté, les parlements revendiquaient le droit de vérifier,
de contrôler les actes de souveraineté et de refuser l'enregistrement des édits généraux. De là une lutte incessante,
lutte à laquelle assistait la nation privée de ses représentants, et dans laquelle le pays doit reconnaître que, pour la
plupart des cas du moins, les parlementaires sont restés les

véritables défenseurs de ses droits, de ses franchises, de ses libertés.

Dans la zone inférieure, on trouvait des tribunaux qui avaient aussi le titre de cours souveraines, et qui, tout en jugeant des questions judiciaires, décidaient le *contentieux administratif.* — Pour *les impôts,* la cour des comptes, la cour des monnaies, les cours des aides ; — pour *la police des eaux et forêts,* les siéges de la table de marbre ; — pour *la voirie, les alignements, la police, les prisons,* etc., etc., les bureaux des finances, les cours des trésoriers de France, les connétables, la cour de l'amirauté, etc. ; — enfin des juridictions inférieures venaient encore rendre une justice plus rapprochée des justiciables : les maîtrises, les tribunaux d'élections, des gabelles, etc., etc.

La France était ainsi organisée et administrée lorsque les États généraux furent réunis. Cette réunion, appelée d'abord *Assemblée nationale,* prit bientôt le titre d'*Assemblée consti-tuante.* « Cette assemblée, comme l'a dit le prince de la science administrative, M. DE CORMENIN, commença par jeter à bas le vieil édifice de la monarchie, et ensuite elle rebâtit avec des mains libres.... Elle balaya le sol et chassa devant elle *inten-dants, parlements, bailliages, prévôts, conseil d'État, grand conseil et juridictions consulaires, forestières, fiscales, mili-taires et autres.* Elle dressa au milieu des ruines l'édifice paral-lèle des deux pouvoirs administratif et judiciaire. »

Si de 1789 à 1800 le principe de la séparation des deux pou-voirs administratif et judiciaire a été respecté, des garanties suffisantes ont-elles été accordées aux *droits* privés, blessés par l'action administrative? Y a-t-il eu une organisation pro-tectrice pour les cas nombreux dans lesquels le pouvoir admi-nistratif devait se prononcer sur ce qu'on appelle le *contentieux?* — On va en juger :

La France fut divisée en départements, districts, cantons et communes : à la tête du département fut placé un conseil, divisé en *conseil de département* et *directoire de département,* même organisation pour le district. Près du directoire du département fut établi un procureur général syndic qui, dans le district, reçut le titre plus modeste de procureur syndic.

Le canton fut, comme il est encore aujourd'hui, plutôt une division judiciaire qu'une division administrative : il reçut un juge de paix, il n'eut aucun agent administratif spécial.

La commune, constituée sous le nom de *municipalité*, eut pour administrateur un corps municipal ayant le maire pour chef, et un conseil général appelé à délibérer sur les affaires importantes. En outre, un procureur de la commune fut chargé de défendre les intérêts et de poursuivre les affaires de la communauté.

Ces administrations étaient le produit de l'élection ; un citoyen élu était réputé doué d'une capacité administrative suffisante. Les directoires de département composés de huit élus ne pouvaient pas, il est vrai, trancher, par leurs délibérations, les objets qui intéressaient l'administration générale du royaume, ni ordonner des travaux extraordinaires, ni voter des impôts ou des emprunts sans l'agrément du pouvoir législatif ; mais nulle nécessité d'autorisation ne venait entraver l'administration des affaires particulières du département. Ce n'était plus cette vaste et belle administration provinciale qui pouvait être utile parce qu'elle embrassait diverses parties homogènes du territoire ; qui inspirait confiance aux populations, parce qu'elle réglait la direction de toutes les affaires avec une espèce de souveraineté nationale ; c'était une simple gestion d'affaires locales d'une fraction de territoire prise au hasard ; et, ce qui semble le plus contraire aux idées centralisatrices de l'Assemblée constituante, on plaçait le département dans une indépendance absolue vis-à-vis de l'État, qui ne pouvait ni prévenir les effets d'une mauvaise gestion, ni donner l'impulsion pour la direction des affaires locales, dont l'influence sur la prospérité générale ne peut être méconnue. — On voulut ainsi ménager les susceptibilités provinciales : après avoir osé fractionner le territoire en départements, on n'eût dû s'arrêter devant aucune susceptibilité.

Bientôt, effrayé de l'espèce de fédéralisme qu'avait établi, sans en calculer les conséquences, l'Assemblée constituante, le pouvoir législatif qui était, à raison des temps, le pouvoir constituant, enleva toute autorité de police aux départements ; la correspondance politique partit du fameux comité de salut public; les communes et les districts furent tenus de rendre compte, tous les dix jours, de l'état moral et matériel des populations; auprès de chaque district et de chaque commune furent établis, et nommés par le pouvoir exécutif, des *agents nationaux* chargés de requérir et de poursuivre l'exécution des lois, ainsi que de dénoncer les négligences apportées dans cette exécution. L'autorité départementale resta néanmoins investie d'une plénitude de pouvoir sur les grandes matières administratives, les *contributions*, les *routes*, les *canaux*, etc.

La constitution de l'an III supprima les districts. La division du territoire fut celle-ci : départements, cantons et communes ; près de chaque administration départementale et municipale, le pouvoir exécutif (*le directoire*) eut le droit de nommer un commissaire révocable à sa volonté; les dispositions des articles 192 à 196 (1) consacrèrent la révolution administrative.

L'administration *contentieuse* fut confondue avec l'administration gracieuse; il n'existait plus de tribunaux administratifs d'aucune espèce, pas même un conseil supérieur qui pût éclairer le pouvoir exécutif.

---

(1) En voici le texte : « Art. 192. Le commissaire près de chaque administration locale doit être pris parmi les citoyens domiciliés depuis un an dans le département où cette administration est établie. Il doit être âgé de vingt-cinq ans au moins. — Art. 193. Les administrations municipales sont subordonnées aux administrations de département, et celles-ci aux ministres. En conséquence, les ministres peuvent annuler, chacun dans sa partie, les actes des administrations de département, et celles-ci, les actes des administrations municipales, lorsque ces actes sont contraires aux lois ou *aux ordres* des autorités supérieures. — Art. 194. Les ministres peuvent aussi suspendre les administrations de département qui ont contrevenu aux lois ou *aux ordres* des autorités supérieures ; et les administrations de département ont le même droit à l'égard des membres des administrations municipales. — Art. 195. Aucune suspension ni annulation ne devient définitive sans la confirmation formelle du directoire exécutif. — Art. 196. Le directoire peut aussi *annuler immédiatement les actes des administrations départementales ou municipales.* Il peut suspendre ou destituer immédiatement, lorsqu'il le croit nécessaire, les administrateurs, soit de département, soit de canton, et les envoyer devant les tribunaux de département, lorsqu'il y a lieu. »

M. DE CORMENIN a apprécié avec sévérité, mais avec justice, ces diverses époques, quand il a dit : « L'Assemblée constituante créa le pouvoir administratif, et fit la faute de ne point assez le limiter. Bientôt après, chaque faction se jeta avec avidité sur ce nouveau pouvoir, et s'en servit comme d'un instrument de domination. On établit dans chaque département des administrations centrales. Le gouvernement envoya auprès d'elles des commissaires revêtus de pouvoirs secrets et presque illimités ; puis il les remplit et les infesta d'une multitude de ses créatures, satellites obscurs, ardents propagateurs des doctrines révolutionnaires, offrant pour garantie leur perversité, leurs crimes et la haine publique ; ennemis farouches de l'ordre et des lois ; enivrés d'un pouvoir si nouveau pour eux ; ne connaissant d'autres règles que les caprices de l'arbitraire, et ne goûtant, ne voulant de la révolution que sa licence et ses profits. Ces administrateurs improvisés furent prompts à imiter leurs maîtres, et leur tyrannie devint d'autant plus insupportable, qu'elle pesait de plus près, sans relâche et sans distinction, sur tous les Français. Le pouvoir administratif, protégé par la terreur, étendait de jour en jour ses attributions, bornait le pouvoir civil, et portait ses mains de tous côtés sur les choses et sur les personnes.

. . . . . . . . . . . . . . . . . . . . . . . . . . . . . . . . .

« Le pouvoir administratif, pour le profit de la révolution, envahit les choses et les personnes ; les matières civiles se détachèrent des tribunaux, et vinrent s'engloutir dans le gouffre des administrations de district et de département, et la liberté de tous les citoyens obscurs ou puissants, riches ou pauvres, fut de toutes parts inquiétée, poursuivie, enchaînée, au nom de la liberté même.

. . . . . . . . . . . . . . . . . . . . . . . . . . . . . . . .

« C'est alors que les spéculateurs honnêtes et solvables s'éloignèrent d'un gouvernement sans loyauté, et qu'on vit des traitants sans solvabilité et sans crédit, assiéger les bureaux des ministres, et tour à tour corrupteurs et corrompus se partager entre eux les dépouilles de la fortune publique. »

La bureaucratie, appelée, dans certaines limites, à rendre de véritables services, était devenue toute puissante ; la corruption débordait ; le contrôle qui vivifie, la critique qui donne la force manquaient à l'administration : une des causes de la révolution de l'an VIII a été la mauvaise distribution des services et l'absence d'une justice administrative *contentieuse*.

La révolution de l'an VIII renversa le pouvoir exécutif et ses diverses modalisations ; la justice administrative, émanation de ce pouvoir, devait subir de grandes modifications. Ce n'était point, dans l'esprit du chef de cette révolution, un simple remaniement des personnes ; il jetait les bases d'une monarchie. Ses institutions devaient être régulières et complètes ; la création d'un conseil d'État devenait une mesure de première nécessité. Le pouvoir exécutif d'un vaste royaume, qu'il soit individuel ou collectif, ne peut s'occuper des plus petits détails et les concentrer dans son action immédiate. Un conseil d'État fut organisé ; ce fut le juge suprême des difficultés administratives ; une procédure spéciale, se rapprochant, sur beaucoup de points, de la procédure suivie devant les tribunaux ordinaires, fut décrétée. Le conseil d'État de Napoléon s'est immortalisé par ses magnifiques travaux : il participa, sous l'impulsion énergique du chef, à l'action politique ; chargé de maintenir la séparation des pouvoirs, il fut dépositaire de l'arme des conflits ; placé au sommet de la hiérarchie administrative, il devint un tribunal supérieur ; il distribua la justice administrative ; il connut toutes les difficultés appréciées déjà soit par les ministres, soit par les autres tribunaux inférieurs.

Les ministres restèrent chargés, comme tribunal ordinaire de la justice administrative, de juger le contentieux. Des attributions spéciales furent même indiquées.

Les départements obtinrent un tribunal administratif particulier. Les conseils de préfecture offrirent des garanties d'examen aux droits blessés par l'action préfectorale. La loi du 28 pluviôse an VIII chargea le préfet de l'administration et les conseils de préfecture de la justice administrative locale.

Qu'on compare l'organisation administrative des dernières années du XVIIIe siècle dans laquelle régnaient d'une manière absolue le caprice et l'arbitraire, n'étaient assujettis à aucune forme, à aucune jurisprudence les fonctionnaires de tous les ordres, avec ces institutions si habilement conçues, et on ne s'étonnera plus de la confiance qu'elles inspirèrent, de la sécurité qu'elles produisirent. « Pour juger du bien qu'a fait le conseil d'État, a dit M. DE CORMENIN, il faut voir d'où il est parti, et où il est arrivé. Il a retiré du gouffre de l'arbitraire la justice administrative ; avancé dans le silence et par degrés, vers le perfectionnement, la justice conten- tieuse ; corrigé l'application des lois de révolution, d'excep- tion, de circonstance ; éclairé la marche de l'administration ; retenu les préfets et les ministres dans les bornes de leurs devoirs, par la crainte de la révision suprême ; restitué les citoyens à leurs juges naturels ; secouru le principe de la pro- priété ; affermi la liberté civile. »

La révolution de l'an VIII avait donc produit tous les effets qu'en attendaient les esprits, las de commotions politiques, avides de protection contre l'arbitraire de l'administration.

Cette organisation administrative a résisté aux attaques irréfléchies des hommes superficiels. On a compris que le pouvoir exécutif n'est pas institué pour administrer la justice comme des tribunaux civils ; que les matières qui lui appar- tiennent sont sous sa direction exclusive ; qu'il administre toujours, lors même qu'il semble juger ; et qu'il était beau- coup plus sage de demander des améliorations que des ré- formes.

En 1831, en 1839, on avait obtenu des améliorations. La loi du 19 juillet 1845 avait organisé le conseil d'État ; en 1848, un tribunal des conflits avait été créé, et les décrets et lois des 25 et 30 janvier 1852 ont ramené le conseil d'État à son organisa- tion primitive, en maintenant les améliorations avec quelques modifications de détail que j'ai indiquées dans mon livre.

### OBSERVATIONS CRITIQUES.

On vient de voir ce qui existe. Je dis que c'est une belle et forte organisation qu'il faut savoir conserver. Mais peu de choses sont bonnes d'une manière absolue. Le professeur qui enseigne, l'auteur qui écrit, l'avocat qui pratique, peuvent apercevoir quelques points défectueux. C'est un devoir de les signaler à l'attention du législateur et du pouvoir exécutif lui-même ; je le ferai en le moins de mots possible ; je m'attacherai d'abord aux généralités, pour descendre ensuite aux critiques de détail.

## I.

Il manque à l'administration l'institution de Charlemagne, les *missi dominici* (1) ; il y a des inspecteurs généraux pour l'instruction publique, pour l'agriculture, pour les finances, etc., etc. ; il n'y en a pas pour l'administration communale et départementale ; le Gouvernement ne peut pas contrôler les rapports qui lui sont adressés par les préfets ; il est forcé de comparer les travaux écrits ; il ne peut pas apprécier le mérite intrinsèque des administrateurs secondaires. On l'a dit avant moi, 87 préfets et 360 sous-préfets réunissant des connaissances variées à une capacité administrative reconnue suffiraient pour assurer au pouvoir exécutif une force morale qui lui serait précieuse.

Si de mon livre il ressort quelque enseignement utile, ce sera, je l'espère, la démonstration de la nécessité d'un corps

---

(1) Institution que le grand Colbert fit renaître au XVIIᵉ siècle, pour préparer des modifications administratives que le temps ne lui permit pas de réaliser.

Un essai a été fait en 1853. J'ai rapporté les deux décrets, des 2 et 23 juillet 1853, dans mon *Journal du droit administratif*, t. 1ᵉʳ, p. 93 et 335. M. le ministre de l'intérieur avait envoyé une circulaire dans laquelle on lisait cette phrase remarquable et qui révélait toute l'importance de la nouvelle création : « D'après les instructions de l'Em-« pereur, les préfectures et tous les services qui en dépendent ou s'y « rattachent, devront être l'objet d'un examen approfondi dans toutes « les parties, en vue de maintenir ou de fortifier l'unité de l'action ad-« ministrative. »

Je regrette vivement que l'essai n'ait pas produit des résultats assez satisfaisants pour rendre l'institution permanente. Je persiste à croire qu'une expérience de quelques années en révélerait l'utilité, j'ose dire la nécessité.

homogène de règles à suivre devant les divers tribunaux administratifs. On sera frappé de cette singulière anomalie, que la procédure devant le tribunal d'appel soit réglementée par des décrets, des ordonnances et même par une loi, et que les tribunaux de premier degré soient livrés à des applications discrétionnaires de dispositions qu'on prend pour règles, par analogie, et quelquefois par nécessité. On ne peut se dissimuler que cet état anormal soit contraire à la considération qui doit s'attacher aux décisions de premier degré, tout aussi bien qu'aux décisions en dernier ressort.

Déjà le pouvoir exécutif a fait quelques essais de codification pour les colonies et pour l'Algérie ; et, chose bizarre, dans ces deux essais, on ne remarque pas le progrès qui devrait être le résultat de l'expérience ; l'ordonnance qui détermine les règles à suivre devant les conseils privés des colonies, véritables tribunaux administratifs de premier degré de cette partie de la France, offre une monographie complète calquée sur le Code de procédure civile ; au contraire, l'ordonnance qui institue le conseil du contentieux en Algérie, en lui accordant d'importantes attributions administratives, perd de sa clarté par la concision, et rejette les administrés dans le vague de l'interprétation et des applications par analogie (1).

J'ai combattu vivement, ainsi que mon honorable collègue, M. SERRIGNY, le projet d'une création de tribunaux administratifs inamovibles et indépendants que demandaient quelques esprits certes très-distingués (2).

Il serait à désirer que des règlements d'administration publique appliquassent aux tribunaux de premier degré, dans certaines mesures, les règles prescrites et consacrées pour la procédure à suivre devant le conseil d'État.

N'est-il pas contraire à la nature des choses et à la raison que des affaires se jugent à huis clos, sans défense orale, soit de la partie, soit d'un avocat, devant un juge de premier degré, lorsque les débats publics, la défense orale, les avocats, le

(1) Voy. t. 1ᵉʳ, p. 413, n° 776, la nouvelle organisation de l'Algérie.
(2) *Principes de compétence*, Introduction, § III, p. xxxiij.

ministère public, toutes ces formes sont admises pour la
constitution du tribunal supérieur? Cela ne doit-il pas pa-
raître plus extraordinaire lorsqu'on lit, dans un avis du conseil d'État du 5 fév. 1826, consulté sur la question de savoir
si les parties pouvaient être admises à comparaître en personne devant le conseil de préfecture : « L'instruction se fai-
« sant par écrit au conseil d'État du roi, dans les affaires con-
« tentieuses, aux termes du règlement du 22 juillet 1806,
« l'analogie demande que le même mode d'instruction subsiste
« devant les conseils de préfecture, qui exercent, en première
« instance, le premier degré de juridiction. »

Que demande donc maintenant l'analogie, et comment
depuis vingt ans cette analogie si frappante est-elle restée
stérile?

On pourrait retirer de précieux avantages de l'institution
d'auditeurs dans les conseils de préfecture, de jeunes hommes
intelligents, au nombre de quatre, de trois, ou de deux, selon
l'importance des villes, qui seraient, ainsi, à la disposition
de MM. les préfets, auxquels seraient confiées des missions
spéciales dans les arrondissements, et successivement la direction des diverses parties du service. Attachés aussi aux
conseils de préfecture, ils pourraient s'occuper de la partie si
importante des comptes des receveurs municipaux, des contributions directes, etc. Ces auditeurs devraient réunir des
conditions particulières de capacité.

## II.

Descendons maintenant à quelques critiques de détail sur
cette procédure administrative dont j'ai cherché à réunir les
précédents (1).

_____

(1) En 1828, la science administrative avait fait encore bien peu de
progrès. Un jurisconsulte dont la vie s'était passée en rapports scienti-
fiques avec les deux publicistes les plus distingués, MM. DE GÉRANDO et
DE CORMENIN, qui avait fondé un recueil de décisions administratives,

1° Toute action contre l'État, contre les départements, contre les communes, doit être précédée du dépôt d'un mémoire à la préfecture ; il est remis un récépissé. On doit prendre la précaution de faire ce mémoire en double, sur papier timbré, de faire signer l'un des doubles, qu'on fait enregistrer pour le signifier en tête de l'exploit de demande. Mais, à l'appui du mémoire, on produit des pièces ; à l'expiration du délai indiqué par les lois, on veut intenter la demande ; les pièces ne sont pas restituées ; quel moyen prendre pour obtenir contre le préfet cette restitution ? Il y a évidemment lacune, car le plaideur devrait pouvoir retirer ses pièces au moment où la loi lui permet d'intenter son action. Il devrait également être prescrit de donner un récépissé à l'instant même où le mémoire est déposé.

2° Le mode de notification des décisions administratives est-il régulier ? Est-il uniforme ? Ne laisse-t-il rien à l'arbitraire ? Le mode que j'ai indiqué est-il toujours suivi ? La réponse à ces diverses questions ne peut, dans l'état actuel, être faite d'une manière satisfaisante ; et cependant, quel est, pour la procédure civile, l'acte fondamental, l'acte le plus important ? *L'ajournement...* La signification n'est régulière qu'à la condition qu'on accomplira certaines formalités particulières.

Les parties sont mises en cause devant le conseil d'État, au moyen d'une *ordonnance de soit communiqué.* A quoi bon

---

qui avait exercé pendant plusieurs années comme avocat au conseil d'État, M. Macarel publia un livre remarquable sur les *tribunaux administratifs.* J'ai bien peu de mérite, je dois l'avouer, à signaler les imperfections à faire disparaître dans la procédure administrative, les améliorations à introduire. Ce savant professeur a tout indiqué ; il a donné la raison de chaque chose. Sa critique modérée, véritable reflet de son honorable caractère, a déjà obtenu d'importants résultats. On peut aussi consulter les travaux de critique de M. de Saint-Hermine, conseiller de préfecture à Napoléon-Vendée, Frégier, chef de division à la préfecture de la Seine, Féraud-Giraud, conseiller à la Cour impériale d'Aix (*Revue de législation et de jurisprudence* de 1849, t. 1er, p. 213), l'ouvrage sur les *conseils de préfecture* de M. Lefebvre, et surtout l'admirable rapport fait, en 1849, par un des membres les plus savants du conseil d'État, M. Boulatignier, de cet administrateur jurisconsulte, qui a été l'élève et le collaborateur de nos illustres maîtres, de Gérando et Macarel.

maintenant cette ordonnance qui ne dit rien, qu'on ne refuse jamais et qu'on ne peut pas même refuser? On en sentait l'utilité lorsque le conseil d'État, appréciant l'instruction, remplissait, pour ainsi parler, les fonctions de chambre des requêtes, admettait ou rejetait immédiatement le recours; mais aujourd'hui, sur le pourvoi, même non régularisé, il permet toujours de communiquer la requête. Ce rouage inutile complique l'instruction sans aucun avantage. Il en est de même du dépôt du pourvoi au secrétariat du conseil d'État. Ce dépôt se conçoit pour la Cour de cassation, qui apprécie la requête avant d'en permettre la signification; mais le conseil d'État, qui n'est pas tribunal de cassation dans la majeure partie des cas, et qui d'ailleurs permet toujours d'assigner, devrait être saisi par l'assignation directe, contenant constitution d'avocat, notifiée à la partie adverse, comme cela se pratique pour tous les tribunaux d'appel; et il y a encore plus de motifs de procéder ainsi, lorsque le conseil juge en premier et dernier ressort, *omisso medio.*

3° Les conseils de préfecture n'ont ni greffe ni secrétariat. A qui peut-on remettre l'exploit qui saisit ce tribunal administratif? Au préfet comme président? Mais le préfet est souvent l'adversaire. Conçoit-on un tribunal quelconque qui existe sans un officier public spécialement chargé de tenir un rôle des affaires, d'enregistrer les décisions et d'en délivrer expédition? Quand les parties ont besoin de prendre communication de pièces nouvelles, de défenses produites, à qui doivent-elles s'adresser? A la préfecture? Mais, entre les formes de la bureaucratie et les formes de la procédure, il y a une différence que tout le monde comprend. Pourquoi, devant les conseils de préfecture, n'introduit-on pas l'organisation déjà existante devant le conseil d'État?

4° La jurisprudence a consacré certaines règles que suivent les conseils de préfecture pour la forme de leurs décisions; mais les ministres qui rendent, en premier ressort, des décisions si importantes, les ministres, le seul tribunal ordinaire de premier degré, n'observent aucune règle, ou du moins ne sont astreints par aucun règlement à en observer aucunes d'une nature quelconque. On va même jusqu'à reconnaître un jugement ministériel dans la lettre d'un commis... Tout en repoussant cette opinion, je ne dissimule pas que l'absence de régularité est fort regrettable : dans l'intérêt même de la dignité du ministre qui prononce, sa décision devrait être revêtue de formes substantielles prescrites par des décrets (1).

5° Pour les voies de vérifications telles que les enquêtes, les expertises, qui préparent souvent les décisions des tribunaux de premier degré, qui exercent parfois une influence décisive, ne serait-il pas nécessaire de déterminer les formes auxquelles seraient assujetties les parties, l'État même lorsqu'on plaide contre lui ? Ici on fait prêter serment aux experts ; là on reçoit leur travail comme une pièce administrative ; dans un département on procède à une enquête *per turbam ;* dans un autre on assigne des témoins qui ne prêtent pas serment, etc., etc.

Et cette disposition de la loi du 16 septembre 1807, qui veut (art. 56) que les experts soient nommés, l'un par le propriétaire, l'autre par le préfet, et que le tiers expert soit de droit *l'ingénieur en chef du département*, n'est-elle pas exorbitante ? On a souvent reproché aux tribunaux administratifs d'être juges et parties ; j'ai repoussé ce reproche injuste, mais je veux une justice administrative s'harmoniant avec des formes protectrices des droits privés : ainsi, lorsque le préfet plaide pour l'État ou pour le département, il ne peut pas présider le conseil de préfecture. Est-il juste de faire estimer des indemnités relatives à des occupations de terrains par trois experts dont un représente l'État (l'ingénieur en chef), et l'autre est nommé par le préfet, partie adverse ? Le droit privé n'a donc plus de garantie. Cette disposition se concevait en 1807 ; mais depuis 1810, et surtout depuis 1833 et 1841, un semblable principe ne devrait jamais être invoqué par l'administration (2).

_____

(1) Voy. ce qu'a dit M. VIVIEN, dont j'ai rapporté l'opinion, t. 1er, p. 159, n° 258.

(2) Sur un pourvoi formé contre un arrêté du conseil de préfecture de la Haute-Garonne, qui n'avait pas voulu suivre la prescription de cet article, le conseil d'État a appliqué la loi de 1807 ( 24 juillet 1847, préfet de la Haute-Garonne C. Malefette). On peut citer bien d'autres décisions dans le même sens.

6° Dans les tribunaux de premier degré, on éprouve un
fort grand embarras lorsqu'il y a lieu à reprise d'instance.
C'est véritablement un nouveau procès à commencer. J'ai
appliqué par analogie l'article 426 du Code de procédure
civile, en reconnaissant qu'il y avait là une lacune regrettable pour la bonne administration de la justice administrative.

7° La Cour des comptes, tribunal administratif supérieur,
exerce de hautes fonctions régulatrices sur toute la comptabilité financière. La loi et le décret de 1807, la grande ordonnance de 1838 contiennent presque toutes les formalités qui
doivent être accomplies dans l'instruction des apurements de
comptes. Je néglige quelques observations de détail, et je ne
veux insister que sur une innovation qui me paraît capitale ;
je suis même convaincu qu'elle est désirée par l'honorable
premier président placé à la tête de cette imposante compagnie et par chacun de ses membres. Les avocats au conseil
d'État et à la Cour de cassation devraient être chargés exclusivement de représenter les parties, non pas pour la remise pure
et simple des comptes, mais pour le débat des questions qui
doivent nécessiter une instruction spéciale. Les parties sont
souvent obligées de choisir à Paris des mandataires ; elles ont
besoin de prendre communication de pièces importantes : en
leur désignant des mandataires légaux et en leur facilitant les
moyens de recourir aux lumières d'un barreau auquel j'ai été
heureux d'appartenir pendant plusieurs années, on leur pro-
curerait toutes les garanties désirables. Et pourquoi la Cour
des comptes n'aurait-elle pas le droit de renvoyer en audience
publique le jugement de certaines affaires ? Cette publicité et
la présence d'un barreau militant ne pourraient qu'augmenter
la haute considération qui déjà s'attache à la qualité de
membre de la Cour des comptes.

8° Certains tribunaux administratifs spéciaux statuent sur
des cas très-graves ; et cependant aucune forme n'est indiquée
par les règlements. Ainsi, les matières soumises aux conseils
de révision pour le recrutement donnent lieu à l'examen de
questions fort délicates, dont on ne peut contester l'importance ; pourquoi la loi n'a-t-elle pas tracé la marche à suivre ?

Les commissions syndicales créées en vertu de la loi du 16 septembre 1807 auraient besoin d'un Code spécial des formalités à suivre. Leurs travaux sont souvent annulés comme irréguliers.

9° La requête civile, ouverte par le Code de procédure civile, est fondée sur des règles d'équité et de stricte justice. Le décret du 22 juillet 1806, rapproché du décret du 25 janvier 1852, rejette l'expression et admet la chose ; mais on ne conçoit vraiment pas pourquoi la révision ne peut être présentée que dans les cas restreints dont parlent ces textes. La chose jugée administrativement est tout aussi importante que la chose jugée judiciairement. Ce qui est juste devant les tribunaux civils ne peut être dangereux devant les tribunaux administratifs. Le système restrictif du législateur conduit parfois à des positions bizarres, à des résultats impossibles. Un seul exemple : le Code de procédure permet la requête civile lorsque le tribunal, qui a rendu la décision en dernier ressort, a omis de prononcer sur un chef de demande ; le moyen n'est pas indiqué comme pouvant être employé pour obtenir la révision d'une décision émanée du conseil d'État, tribunal en dernier ressort ; devra-t-il forcément en résulter que celui qui a demandé et à qui on n'a rien répondu ne pourra pas obtenir des juges ? Cela est impossible, et cependant cela serait ainsi, si on exécutait rigoureusement le décret à la lettre.

Pour cette partie de l'instruction administrative, comme pour beaucoup d'autres, une révision générale serait nécessaire : ce serait le seul moyen d'approprier l'instruction au caractère véritable et *actuel* de la justice administrative.

10° La prise à partie, pour dol, fraude, prévarication, déni de justice, moyen si rarement employé devant quelque juridiction que ce soit, est néanmoins une procédure de garantie qui devrait avoir sa place dans la procédure administrative.

11° Dans mon livre *sur la Compétence*, j'ai déploré et je déplore encore ici la confusion des principes, la bizarrerie des formes qui résultent d'une loi dont la modification eût dû être demandée au pouvoir législatif ; je veux parler de la loi du 16 septembre 1807. La rubrique de cette loi ne s'applique qu'aux *desséchements de marais*, et il y a de tout dans les dispositions jetées pêle-mêle sous cette rubrique ; cette loi parle aussi des travaux publics, des plans généraux d'alignement. Le législateur de 1807 s'est fort peu préoccupé de mettre les règles sur le fond du droit en harmonie avec les règles sur la forme à suivre : il faut tantôt suppléer à son silence absolu, tantôt expliquer les expressions ambiguës qu'il a employées ; en un mot, c'est une loi de circonstance, qui devient un contresens administratif cinquante ans après. Il y a certaines dispositions dont on n'a pas osé demander l'application pendant plus de vingt ans, et dont je n'ai conseillé l'application que dans certaines limites.

On devrait donc remanier toute la loi, pour rendre à chaque matière ce qui la concerne. En revoyant la partie spéciale aux desséchements de marais, on voudrait sans doute considérer les commissions dont j'ai parlé *suprà*, p. xxvij, comme remplissant les attributions des conseils de préfecture, et leur appliquer toutes les règles relatives à ces tribunaux administratifs. Les lois particulières qui s'occuperaient des alignements généraux et partiels et des travaux publics feraient rentrer dans l'ordre ordinaire de l'instruction ces deux importantes matières.

12° En matière administrative, les questions de dépens ont beaucoup moins d'importance qu'en matière civile. Cependant on ne voit pas pourquoi les parties qui obtiennent satisfaction sur le fond du droit ne seraient pas indemnisées des dépenses que leur a occasionnées la résistance injuste de l'administration : les dépens sont la peine du plaideur téméraire : il est contraire aux plus simples notions de l'équité de faire supporter une espèce de peine pécuniaire à celui qui a été forcé de plaider ; la jurisprudence du conseil d'État admet des distinctions que j'ai repoussées. L'État devrait toujours être condamné aux dépens lorsqu'il succombe. Si le Trésor public peut en souffrir, la morale publique, la considération du pouvoir exécutif y gagneraient beaucoup ; la justice administrative y puiserait une force nouvelle.

Je m'arrête à ces observations critiques, qui sont plutôt énonciatives que limitatives ; j'aurais pu écrire un volume sur ce qu'il serait mieux de faire. En lisant les divers titres de mon livre, le lecteur intelligent apercevra facilement dans quelle pénurie de règles et de documents je me suis souvent trouvé pour codifier mes observations.

L'instruction gracieuse se prête peu aux formes de procédure ; elle conserve dans sa marche quelque chose de trop mobile et de trop varié pour qu'il soit possible de l'astreindre à des règles fixes et précises. J'ai dû me contenter de présenter sur ce point quelques observations générales dans un titre préliminaire.

L'instruction contentieuse exigeait de plus longs développements, et c'est cette instruction que j'ai eu plus spécialement en vue dans cet ouvrage.

J'ai exposé mon plan à la fin du titre préliminaire (n° 16). Pour éviter une répétition inutile, je me borne ici à y renvoyer. Je donnerai seulement quelques explications sur l'ordre et le mode de rédaction que j'ai cru devoir suivre.

Lorsque j'ai publié les *Principes de compétence et de juridiction administratives,* la séparation absolue du texte et des notes m'avait paru indispensable pour ne pas noyer des principes nouveaux, hardis quelquefois, et dont l'exposition devait s'enchaîner sans préoccupations doctrinales ou jurisprudentielles. J'ai dû, en donnant un livre destiné surtout à éclairer la pratique, suivre une autre méthode. Je ne pouvais pas créer des règles de procédure *à priori.* La jurisprudence du conseil d'État devenait une des bases de mon travail ; l'expérience des auteurs devait être mise à profit ; mon livre est plutôt une réunion de règles reçues qu'un développement doctrinal ; les arrêts, les ordonnances, les opinions des jurisconsultes se sont fondus naturellement avec ma propre expérience et mon intelligence de la procédure administrative ; on concevra pourquoi je n'ai pas de notes, mais un ensemble de déductions qui forment un corps raisonné de règles de procédure (1).

Je me suis attaché, en général, à suivre l'ordre et les divisions du Code de procédure civile (2).

Il existe, néanmoins, dans le plan que j'ai adopté, une grande dissemblance avec le Code de procédure civile; je dois l'expliquer. Le législateur de 1807 s'est occupé successivement des justices de paix, des tribunaux de première instance et des tribunaux d'appel. Laissons de côté les justices de paix, qui ont une procédure spéciale, que l'on pouvait placer à la fin comme au commencement du Code. La procédure comprise dans la division, *Tribunaux de première instance,* contient les règles générales; il a suffi d'un article (3) pour les approprier au livre des tribunaux d'appel, qui ne devait plus s'occuper que de quelques règles spéciales. Il m'était impossible de procéder ainsi, parce que les règles de procédure devant le conseil d'Etat, tribunal d'appel, sont très-souvent différentes de celles suivies devant les tribunaux administratifs de premier degré : il y a plus, ces derniers tribunaux puisent des raisons de décider dans les formes prescrites ou adoptées devant le tribunal d'appel; il n'était donc pas possible d'appliquer à mon travail l'article 470 du Code de procédure civile.

S'il m'a paru utile de suivre l'ordre du Code pour encadrer les règles de l'instruction administrative dans des divisions déjà familières au barreau, je ne devais pas m'asservir à cette idée, de manière à en devenir obscur ou prolixe.

Qu'on ne s'étonne pas de la brièveté de certains titres; le

---

(1) C'est ainsi que M. Carré avait conçu les lois de la procédure civile, et dans la troisième édition j'ai suivi le plan de mon savant maître.

(2) « Nulle règle n'est tracée aux conseils de préfecture par des lois positives; ce qui paraît le mieux et ce que le conseil d'État adopte, c'est qu'ils sont astreints aux principes de la procédure civile ordinaire en tout ce qui peut s'allier avec la promptitude de l'instruction administrative » (CHEVALIER, t. 2, p. 368).

(3) Art. 470. — *Les autres règles établies pour les tribunaux inférieurs seront observées dans les Cours impériales.*

Code de procédure, dans les matières analogues, est tout aussi laconique.

Ici je placerai une observation à laquelle je prie mes lecteurs de porter une attention toute spéciale. J'aurais pu facilement multiplier le nombre des pages, en puisant, dans mon Commentaire sur M. CARRÉ, les nombreuses questions qui ont une parfaite analogie avec la procédure administrative ; mais mon livre s'adresse principalement aux hommes de pratique judiciaire, qui ont presque tous l'ouvrage de M. Carré ; voilà pourquoi, tout en renfermant mon nouveau travail dans une exposition complète des règles de procéder en matière administrative, j'ai laissé de côté presque toutes les questions qui ont une similitude exacte dans les deux ordres d'idées ; voilà pourquoi j'ai cru devoir intituler mon livre, ouvrage faisant suite aux *Lois de la procédure civile*.

Mais ce désir d'être bref, et surtout de ne pas reproduire dans un livre des choses déjà dites dans un autre, ne m'a fait négliger ni un arrêt du conseil d'Etat (1), ni un précédent administratif, ni les opinions des auteurs ayant un trait spécial à l'instruction dont je m'occupais. Je m'étais imposé le devoir de tracer des règles. Très-souvent l'arrêt lui-même que je cite est la règle sans commentaire : qu'on ne s'y méprenne pas, la chose jugée est alors mon opinion, quoique je n'aie pas cru devoir ajouter toujours : *avec raison, telle est mon opinion*, et autres locutions de ce genre. Dans un dictionnaire ou dans un répertoire, on peut citer des arrêts, des décisions, des opinions sans les combattre ; mais dans un ouvrage de doctrine, celui qui écrit (quelque illusion qu'il se fasse) doit se persuader que le lecteur recherche, avant tout, le sentiment personnel de l'auteur.

Jusqu'à ce jour, dans mes divers ouvrages sur la procédure civile, le droit criminel et le droit administratif, j'ai fait tous mes efforts pour être utile ; la plus douce récompense du travail

---

(1) Les arrêts du conseil d'État étant rapportés dans l'ordre chronologique, dans le recueil fondé par M. MACAREL, et continué par MM. LEBON et HALLAYS-DABOT, je n'ai pas cru devoir faire des renvois au volume et à la page.

pénible que je livre à la critique serait qu'on pût dire : *Les lois de la procédure administrative* aplaniront quelques difficultés de pratique (1).

---

(1) J'écrivais ces lignes en 1847. — Les extraits des comptes rendus et la lettre de l'honorable M. Vivien, que mes éditeurs ont voulu placer en tête de cette édition, me font espérer que j'ai atteint mon but.

# CODE
# D'INSTRUCTION ADMINISTRATIVE

## TITRE PRÉLIMINAIRE.

OBSERVATIONS GÉNÉRALES.

**1.** — L'instruction administrative se divise en :

Instruction gracieuse;
Instruction contentieuse.

Cette dernière est celle qui fait plus spécialement l'objet de mon livre. L'instruction gracieuse présente peu d'intérêt au point de vue doctrinal. Je me bornerai à en dire quelques mots dans le paragraphe 1er de ce titre préliminaire.

### § 1. — Instruction gracieuse.

**2.** — I. En matière gracieuse, dans les cas ordinaires, aucune forme n'est spécialement indiquée, aucune déchéance (1) ne peut être encourue, aucune instruction n'est exigée à peine de nullité.

L'administrateur informe, examine, pour arriver à un *arrêté* administratif, plutôt qu'à une *décision* proprement dite.

**3.** — Cependant, dans quelques cas particuliers, la loi ou les règlements exigent qu'il soit procédé à certains actes, que certaines formalités soient accomplies; par exemple, qu'une ordonnance soit rendue en conseil d'État, qu'un acte de concession ou d'autorisation soit précédé d'enquêtes ou d'informations, etc. Il est alors nécessaire de remplir exactement ces formalités, parce qu'en matière gracieuse, comme en matière contentieuse, la violation des formes prescrites entraîne la nullité des actes intervenus à la suite de cette violation, et ouvre un recours conten-

---

(1) Plusieurs décisions ministérielles ( *Journal du droit administratif,* 1857, t. 5, p. 127, art. 203, n° 76 ) ont reconnu que le contrôle de l'administration supérieure n'était soumis à aucune déchéance.

tieux. Voy. mes *Principes de compétence*, n° 486, t. 1, p. 137, et t. 2, p. 280.

Mais lorsque les lois ou les règlements n'ont prescrit l'emploi d'aucune forme spéciale, et ce sont les cas les plus ordinaires, l'instruction gracieuse est purement discrétionnaire. L'on conçoit, dès lors, qu'elle ne peut être régie par des principes certains et invariables.

**4.** — Il existe néanmoins quelques règles générales prescrites par la raison, l'équité, la prudence et l'intérêt public.

Ces règles ont été résumées avec beaucoup de soin par M. de Gérando, dans une leçon remarquable, insérée dans *la Thémis*, t. 4, p. 57.

**5.** — On distingue trois phases dans l'instruction gracieuse :

1° L'information, qui correspond à la *procédure* en matière contentieuse ;

2° L'examen, qui correspond à la *discussion;*

3° L'arrêté qui correspond à la *décision* ou *jugement.*

**6.** — L'INFORMATION comprend :

1° Les publications et affiches ;

2° Les informations *de commodo et incommodo ;*

3° Les enquêtes proprement dites ;

4° Les expertises ;

5° Les plans et devis estimatifs ;

6° Les renseignements contenus dans les documents authentiques, tels que *les mercuriales, les tableaux des arrivages, les relevés des opérations de la bourse, les relevés des naissances, mariages et décès par les officiers de l'état civil, etc.;*

7° Les rapports des commissions d'hommes spéciaux, médecins, chimistes, etc.;

8° L'appel des intéressés aux visites des hommes de l'art ;

9° Les instructions et rapports de l'autorité locale ;

10° L'avis des agents intermédiaires, tels que sous-préfets, chefs de bureaux ;

11° L'avis des conseils municipaux, généraux, d'arrondissement, des commissions spéciales ;

12° Les renseignements individuels donnés par des citoyens dignes de confiance.

**7.** — L'EXAMEN comprend :

1° Le rapport;

2° La discussion.

Les rapports sont faits ordinairement par les chefs ou employés des bureaux. C'est avec ces collaborateurs, souvent très-distingués, que l'administrateur discute les parties les plus délicates de l'affaire sur laquelle il doit rendre son arrêté.

Pour la préparation d'un rapport, le rédacteur s'attache à quatre éléments principaux :

1º *Les faits.* Il les précise, les discute ; il en observe l'ordre et l'enchaînement ;

2º *Les lois et règlements généraux.* Il consulte ceux qui régissent la matière, les coordonne et en présente le véritable esprit ;

3º *Les considérations d'ordre général et d'utilité publique ;*

4º *Les intérêts privés.* Il est utile de les connaître et de les apprécier, afin de les ménager autant que possible.

**8.** — L'ARRÊTÉ n'est autre chose que la décision rendue après l'information et l'examen.

Cet arrêté doit être rendu avec promptitude. Il doit concilier, autant que possible, l'intérêt général et l'intérêt particulier, si souvent en opposition.

Voy. de Gérando, leçon insérée dans *la Thémis, loco citato,* et les *Institutes de Droit administratif,* du même auteur, t. 1, p. 361, nᵒˢ 291 et suiv.

**9.** — II. Le mode de procéder devant le conseil d'État, en matière gracieuse, est réglé par le décret organique du 25 janvier 1852 et le décret portant règlement intérieur, du 30 janvier 1852, dont voici les articles essentiels :

« Art. 10. Le conseil d'État est divisé en six sections, savoir :

« Section de législation, justice et affaires étrangères ;

« Section du contentieux ;

« Section de l'intérieur, de l'instruction publique et des cultes ;

« Section des travaux publics, de l'agriculture et du commerce ;

« Section de la guerre et de la marine ;

« Section des finances.

« Cette division pourra être, modifiée par un décret du pouvoir exécutif.

« Art. 11. Chaque section est présidée par un conseiller d'État en service ordinaire nommé par l'Empereur, président de section.

« Art. 12. Les délibérations du conseil d'État sont prises en assemblée générale et à la majorité des voix sur les rapports faits par les conseillers d'État pour les projets de lois et les affaires les plus importantes, et par les maîtres des requêtes pour les autres affaires.

. . . . . . . . . . . . . . . . . . . . . . . . . . .

« Les maîtres des requêtes ont voix consultative dans toutes les affaires, et voix délibérative dans celles dont ils font le rapport.

« Art. 13. Le conseil d'État ne peut délibérer qu'au nombre de vingt membres ayant voix délibérative, non compris les ministres.

« En cas de partage, la voix du président est prépondérante.

« Art. 14. Les décrets rendus après délibération de l'assemblée générale mentionnent seuls : *le conseil d'État entendu.*

« Les décrets rendus après délibération d'une ou de plusieurs sections indiquent les sections qui ont été entendues. » (*Décret du 25 janvier 1852.*)

« Art. 1. Il est tenu dans chaque section deux rôles sur lesquels sont inscrites, d'après leur ordre de date, toutes les affaires, l'un pour les affaires urgentes, l'autre pour les affaires ordinaires.

« Le président de la section nomme un rapporteur pour chaque affaire ; néanmoins cette désignation peut être faite par le vice-président du conseil d'État.

« Le président de la section désigne celles des affaires qui sont réputées urgentes, soit par leur nature, soit par les circonstances spéciales.....

« Art. 2. La date de la distribution des affaires, avec l'indication de leur nature, est inscrite sur un registre particulier, qui reste à la disposition du président de la section pendant la séance.

« Art. 3. Les rapporteurs doivent présenter leur rapport dans le délai le plus bref et dans l'ordre déterminé par le président de la section. Les affaires portées au rôle comme urgentes sont toujours à l'ordre du jour : et si l'instruction est terminée, le rapport doit être prêt, au plus tard, à la deuxième séance qui suit l'envoi des pièces.

« Lorsqu'une affaire exige un supplément d'instruction, le rapporteur doit en entretenir la section au commencement de la première séance qui suit la remise du dossier entre ses mains, après la décision de la section, il prépare la correspondance et remet son travail au secrétaire de la section, chargé de faire expédier.....

« La correspondance avec les ministres est signée par le président de section.....

« Art. 4. Le secrétaire de chaque section tient note sur un registre spécial des affaires délibérées à chaque séance, et de la décision prise par la section. Il y fait mention de tous les membres présents.....

« Art. 5. Dans le cas de réunion de plusieurs sections, les lettres de convocation contiennent la notice des affaires qui doivent y être traitées. Le vice-président du conseil d'État préside les diverses réunions de section. En son absence, la réunion est présidée par le président de la section qu'il désigne.

« Art. 6. Aucune section ne peut délibérer si trois conseillers d'État au moins ne sont présents.

« En l'absence du président de la section, la présidence appartient au plus ancien, ou, à défaut d'ancienneté, au plus âgé des conseillers d'État présents.

« Art. 7. Les diverses sections administratives sont chargées de l'examen des affaires afférentes aux divers départements ministériels auxquels elles correspondent.

« Elles sont également chargées, sur le renvoi du Président de la République, de rédiger les projets de loi qui se rapportent aux matières rentrant dans les attributions de ce département.

« Le président ou le vice-président du conseil d'État peut toujours réunir la section de législation à telle autre section spécialement chargée de la préparation d'une loi ou d'un règlement d'administration publique.

« Art. 8. En outre des affaires qui lui sont déférées, la section de législation, de justice et des affaires étrangères, est chargée de l'examen des affaires relatives,

« 1° A l'autorisation des poursuites intentées contre les agents du Gouvernement ;

« 2° Aux prises maritimes.

« Art. 9. Toutes les liquidations de pension sont revisées par la section des finances.

« Cette section fait à l'assemblée générale le rapport des projets de règlements relatifs aux caisses de retraite des administrations publiques.

« Art. 10. A l'assemblée générale, tout membre du conseil d'État doit être revêtu de son costume ; les conseillers d'État portent le petit uniforme.

« Art. 11. En l'absence du Président de la République, le vice-président (1) du conseil d'État dirige les débats et pose les questions à résoudre. A son défaut, l'assemblée générale est présidée par le président de section qu'il désigne pour le remplacer.

« Nul ne peut prendre la parole sans l'avoir obtenue.

« Les votes ont lieu par assis et levé ou par appel nominal.

« Art. 12. Le procès-verbal contient les noms des conseillers d'État présents.

« Les conseillers d'État et les maîtres des requêtes qui sont

_____

(1) Par suite de deux décrets, en date du 30 déc. 1852, il y a au conseil d'État un *président* et un *vice-président*.

empêchés de se rendre à la séance doivent en prévenir d'avance le vice-président du conseil d'État.

« En cas d'urgence, les rapporteurs empêchés doivent, de l'agrément du président de la section, remettre l'affaire dont ils sont chargés à un de leurs collègues.

« Art. 13. Sont portés à l'assemblée générale du conseil d'État,

« Les projets de lois et les projets de règlements d'administration publique ;

« Les projets de décrets qui ont pour objet,

« 1° L'enregistrement des bulles et autres actes du Saint-Siége;

« 2° Les recours pour abus ;

« 3° Les autorisations de congrégations religieuses et la vérification de leurs statuts ;

« 4° Les prises maritimes (1) ;

« 5° Les concessions de portions du domaine de l'État, et les concessions de mines, soit en France, soit en Algérie ;

« 6° L'autorisation ou la création d'établissements d'utilité publique fondés par les départements, les communes ou les particuliers ;

« 7° L'établissement de routes départementales, de canaux et chemins de fer d'embranchements, qui peuvent être autorisés par décret du Pouvoir exécutif ;

« 8° La concession de desséchements ;

« 9° La création de tribunaux de commerce et de conseils de prud'hommes, la création ou la prorogation des chambres temporaires dans les Cours ou tribunaux ;

« 10° L'autorisation des poursuites intentées contre les agents du Gouvernement ;

« 11° Les naturalisations, révocations et modifications des autorisations accordées à des étrangers d'établir leur domicile en France ;

« 12° L'autorisation aux établissements d'utilité publique, aux établissements ecclésiastiques, aux congrégations religieuses, aux communes et départements, d'accepter des dons et legs dont la valeur excéderait cinquante mille francs (2) ;

« 13° Les autorisations de sociétés anonymes, tontines, comptoirs d'escompte et autres établissements de même nature ;

« 14° L'établissement de ponts, avec ou sans péage ;

---

(1) Deux décrets, des 18 juill. 1854 et 18 juin 1859, ont organisé un conseil des prises et ont déterminé les procédures qui devaient être suivies par ce tribunal spécial. Voy. infrà, les n°s 751 et suiv.

(2) A rapprocher du décret de décentralisation du 25 mars 1852, tableau A, n°s 7 et 42.

« 15° Le classement des établissements dangereux, incommodes ou insalubres, la suppression de ces établissements dans les cas prévus par le décret du 15 octobre 1810 ;

· « 16° Les tarifs des droits d'inhumations dans les communes de plus de cinquante mille âmes ;

« 17° Les établissements ou suppressions de tarifs d'octroi et les modifications à ces tarifs ;

« 18° L'établissement de droits de voirie dans les communes de plus de vingt-cinq mille âmes ;

· « 19° Les caisses de retraites des administrations publiques, départementales ou communales ;

« 20° Les diverses affaires qui, n'étant pas désignées dans le présent article, sont, après examen par une section, renvoyées à l'assemblée générale par ordre du Président de la République ;

« 21° Enfin, les affaires, qu'à raison de leur importance, les présidents de sections, d'office ou sur la demande de la section, croient devoir renvoyer à l'examen de ladite assemblée, ainsi que celles sur lesquelles le Gouvernement demande qu'elle soit appelée à délibérer.

· « Art. 14. Il est dressé par le secrétaire général, pour chaque séance, un rôle des affaires qui doivent être délibérées en assemblée générale.

« Ce rôle est divisé en deux parties, sous les noms de *grand ordre* et *petit ordre.*

« Il mentionne le nom du rapporteur, contient la notice de chaque affaire.

« Cette notice est rédigée par le rapporteur, communiquée au président de la section au nom de laquelle le rapport doit être fait, et transmise immédiatement au secrétaire général du conseil d'État par le secrétaire de la section.

« Art. 15. Le rôle du *grand ordre* comprend,

« 1° Les projets de lois et de règlements d'administration publique ;

« 2° Les affaires désignées dans les n°ˢ 1, 2, 3, 4, 5, 6, 7, 8, 9, 10, 11, 12 et 13 de l'article 13 ;

« 3° Les affaires qui, après examen fait par une section, sont renvoyées à l'assemblée générale par ordre du Président de la République ;

« 4° Les affaires comprises au n° 21 de l'article 13, lorsque le président de la section ou le Gouvernement demande qu'elles soient inscrites sur le rôle du *grand ordre.*

« 5° Les affaires du *petit ordre* pourront également, sur la demande du président d'une section, être portées au *grand ordre.*

« Le rôle du *petit ordre* comprend toutes les autres affaires portées à l'assemblée générale.

« Art. 16. Le rôle du *grand ordre* est imprimé et adressé aux conseillers d'État, aux maîtres des requêtes et aux auditeurs, deux jours au moins avant la séance.

« Sont imprimés et distribués en même temps que le rôle du grand ordre, s'ils n'ont pu l'être antérieurement, les projets de lois et de règlements d'administration publique rédigés par les sections, les amendements et avis proposés par les sections, enfin, les documents à l'appui desdits projets dont l'impression aura été jugée nécessaire par les sections.

« Les documents non imprimés sont déposés au secrétariat général du consil d'État le jour où a lieu la distribution du rôle et des impressions. Ils y sont tenus à la disposition des membres du conseil.

« Il n'est dérogé aux règles qui précèdent que dans les cas d'urgence. » (Décret du 30 janv. 1852.)

**10.** — III. L'art. 40 du règlement du 22 juillet 1806 (1) a introduit un mode de recours spécial contre les décrets rendus en matière gracieuse. J'ai dit, dans mes *Principes de compétence,* Introduction, p. cj, et t. 3, p. 754, n°s 1037 et suiv., que cet article devait être rejeté de la législation ; que le recours qu'il autorise ne peut aboutir à aucun résultat utile (2). Cependant je

---

(1) Dont voici le texte :

« Lorsqu'une partie se croira lésée dans *son droit ou sa propriété* par l'effet d'une décision du conseil d'État, rendue en matière *non contentieuse*, elle pourra nous présenter une requête, pour, sur le rapport qui nous en sera fait, être l'affaire renvoyée, s'il y a lieu, soit à une section du conseil d'État, soit à une commission. »

(2) Un décret du 18 décembre 1852 a visé le décret du 22 juillet 1806, mais c'est plutôt une création de commission de pétitions que la consécration d'une théorie inconciliable avec les principes du contentieux administratif. L'Empereur a voulu être éclairé sur les plaintes que pouvaient soulever des actes de l'administration. C'est bien dans ce sens que le nouveau décret a été entendu, car jamais il n'a été répondu aux pétitionnaires que leur demande, ne rentrant pas dans l'art. 40 du décret de 1806, était rejetée. Toujours la pétition est renvoyée au ministre que la matière concerne. Je ne connais pas d'espèce dans laquelle l'instruction de l'art. 40 ait été prescrite. Voici du reste le texte entier du décret de 1852 :

« Considérant que si l'organisation des pouvoirs publics offre à tous les citoyens les moyens de faire valoir leurs droits et d'obtenir justice, il importe que, dans certains cas exceptionnels, ils puissent, conformément à ce qui avait été réglé par le décret de 1806, nous adresser directe-

dois expliquer, en peu de mots, la marche qu'il y aurait à suivre, si l'on persistait à vouloir en faire l'application.

**11.** — La partie qui veut user de ce moyen de recours doit présenter une requête à l'Empereur. Cette requête gracieuse n'est assujettie à aucune formalité spéciale, ni à aucun délai. Il n'est pas nécessaire qu'elle soit signée par un avocat aux conseils.

La requête est adressée directement à l'Empereur, qui, sur le rapport du ministre que la matière concerne, renvoie l'affaire, soit à une section du conseil d'État, soit à une commission.

Le règlement ne dit pas comment cette commission devra être composée. Le choix des membres appartient alors à l'Empereur.

**12.** — La section du conseil d'État ou la commission à laquelle le renvoi a été fait, donne son avis; et il intervient, sur le rapport du ministre, un nouveau décret qui prononce sur la réclamation.

Ce second décret, ainsi que le premier, ne sont pas susceptibles d'être attaqués par la voie contentieuse.

Voy. au surplus, Cormenin, t. 1, p. 79; Foucart, 4e édit., t. 3, p. 658, n° 1885; Serrigny, t. 1, p. 357, n° 354; Dufour, 2e édit., t. 2, p. 274 et suiv., nos 234 et suiv.

**13.** — Il me paraît évident que ce mode de prononcer est inadmissible dans le cas où les lois exigent la délibération du conseil d'État tout entier, avant la signature d'un décret.

§ II. — Instruction contentieuse.

**14.** — I. En matière contentieuse, l'instruction acquiert un plus haut degré d'importance. Elle est, en effet, assujettie à certaines formes spéciales, qui doivent, en certains cas, être suivies à

---

ment leurs réclamations; voulant assurer à tous un libre et sérieux recours à notre autorité et à notre sollicitude personnelle, avons décrété et décrétons ce qui suit :

« Art. 1er. Il sera formé dans le sein de notre conseil d'État une commission de pétitions, présidée par un conseiller d'État, et composée de deux maîtres des requêtes et de six auditeurs.

« Art. 2. Toutes les pétitions à nous adressées et ayant pour objet de recourir à notre autorité seront transmises à la commission et immédiatement examinées par elle.

« Art. 3. Chaque semaine le président de la commission se rendra au palais des Tuileries pour nous remettre un rapport résumant les travaux de cette commission, et indiquant les propositions qu'elle aura cru devoir signaler à notre attention.

« Art. 4. La commission des pétitions sera renouvelée tous les trois mois. »

peine de nullité. C'est une véritable procédure, une discussion régulière, qui aboutit à une *décision* ayant tous les caractères d'un jugement (1).

Remarquons néanmoins que les règles de l'instruction administrative contentieuse sont moins rigoureuses que celles de la procédure judiciaire. La simplicité et la célérité forment son caractère distinctif; une grande latitude a été laissée au pouvoir discrétionnaire, et les formes substantielles sont, en général, les seules dont l'inobservation entraîne la peine de nullité.

**15.** — Les formalités à suivre pour l'instruction des affaires soumises au conseil d'État ont été réglées, avec soin, par le décret du 22 juillet 1806, connu sous le nom de *Règlement du conseil* (2). Le mode de procéder devant la plupart des autres juridictions administratives n'a été organisé par aucune loi, ni par aucun règlement. L'instruction n'y est donc pas soumise à des formes impératives. Cependant elle n'est point affranchie des formalités substantielles à tout jugement. Pour les cas non prévus, on applique, autant que la matière le permet, les règles de procédure en usage devant les tribunaux judiciaires. La loi ou les ordonnances réglementaires prennent soin quelquefois de prescrire elles-mêmes l'observation de ces règles. C'est ainsi que les art. 25, 27, 55, 82, 118 et 124 de l'ordonnance du 31 août 1828, sur le mode de procéder devant les conseils privés des colonies, véritables conseils de préfecture, déclarent applicables aux affaires soumises à ces conseils diverses dispositions du Code de procédure civile. Voy. Duvergier, t. 24, p. 333, note 1, et t. 28, p. 474, note 1, et *infrà*, n° 773.

**16.** — II. Il me reste à indiquer le plan que j'ai suivi, et les motifs qui m'ont engagé à l'adopter.

Je me suis attaché à conserver, autant que possible, l'ordre et les divisions du Code de procédure civile. Les hommes pratiques familiarisés avec une méthode qu'ils connaissent déjà, saisiront ainsi plus facilement l'ensemble et les détails de mon plan. Cette méthode, d'ailleurs, plaçant continuellement en parallèle la procédure judiciaire et l'instruction administrative, mettra en lumière les analogies et les dissemblances qui existent entre elles.

L'ouvrage est divisé en cinq livres.

---

(1) Une instruction ministérielle du 27 juillet 1854 (*Journal du droit administratif*, 1854, t. 2, p. 477), recommande une grande célérité aux conseils de préfecture dans le jugement des affaires contentieuses.

(2) La procédure devant l'ancien conseil avait été l'objet du règlement du mois de juin 1738, qu'on peut encore consulter avec fruit.

Dans le premier livre, je me suis occupé de l'instruction *ordinaire*, qui est suivie devant les ministres, les préfets, les conseils de préfecture et le conseil d'État, dont les attributions embrassent la généralité du contentieux administratif ou du moins une partie considérable de ce contentieux, et qui, par suite, exercent le plus habituellement la juridiction contentieuse.

Au nombre des tribunaux administratifs exceptionnels, il en est quelques-uns qui ont été spécialement institués pour connaître d'une seule nature de contestations, et dont la juridiction est restreinte à la matière en vue de laquelle ils ont été créés. L'instruction particulière à ces juridictions spéciales fait l'objet du second livre.

Le troisième livre est consacré à l'examen des formes relatives aux voies extraordinaires pour attaquer les décisions. Ces voies sont, comme en matière judiciaire, la tierce opposition, la requête civile, la prise à partie, la cassation.

Le quatrième livre contient les règles générales et particulières sur l'exécution des décisions et actes administratifs.

Enfin, dans un cinquième et dernier livre, je traite plusieurs matières importantes, sous le titre d'*Instructions diverses*, telles que les *autorisations de plaider*, les *réclamations en matière de contributions directes*, etc.

# LIVRE PREMIER.

## INSTRUCTION ORDINAIRE.

———◆———

## TITRE PREMIER.

### ESSAI DE CONCILIATION ADMINISTRATIVE (1).

———

**17.** — L'essai de conciliation administrative consiste en des formalités particulières qui doivent être remplies avant que certaines actions concernant l'État, les départements, les communes, puissent être portées devant les tribunaux.

Ces formalités ont pour but d'avertir l'administration et de l'éclairer sur la nature de l'action, afin qu'elle puisse empêcher ces personnes morales de s'engager témérairement dans des contestations trop chanceuses ou mal fondées.

### SOMMAIRE.

### CHAPITRE PREMIER.

*Mémoire à présenter avant d'introduire une action contre certaines personnes morales.*

#### SECTION Iʳᵉ. — *Actions contre l'État.*

**18.** — I. Il ne peut être exercé aucune action contre le préfet

———

(1) Les formalités de l'essai de conciliation administrative, comme les *autorisations de plaider,* qui font l'objet du titre II, livre V, s'appliquent à des affaires qui sont, au fond, de la compétence de l'autorité judiciaire. J'ai dû néanmoins m'en occuper dans le *Code d'instruction adminis-trative,* soit parce qu'elles concernent des personnes administratives, soit parce qu'elles doivent être accomplies devant l'autorité administrative, sans aucune intervention de la part des tribunaux judiciaires.

en sa qualité de représentant du domaine de l'État, par qui que ce soit, sans qu'au préalable on se soit pourvu devant lui par simple mémoire, à peine de nullité. Décret des 28 octobre-5 novembre 1790, tit. 3, art. 15.

Le préfet statue sur le mémoire dans le mois, à compter du jour où il a été remis, avec les pièces justificatives, au secrétariat de la préfecture ; le secrétaire général donne son récépissé de ce mémoire, et il en fait mention sur le registre qu'il tient à cet effet. Dans le cas où le préfet n'aurait pas statué à l'expiration du délai ci-dessus, il est permis de se pourvoir devant les tribunaux. Même article.

Ces dispositions n'ont pas été abrogées par la législation postérieure, et elles doivent encore aujourd'hui recevoir leur exécution. Avis du conseil d'État du 28 août 1823.

**19.** — Le récépissé doit être donné au moment de la remise du mémoire. Il existe, à cet égard, un abus que je dois signaler. Lorsqu'on se présente dans les bureaux pour déposer un mémoire ou une pétition, les employés refusent souvent de donner immédiatement le récépissé, sous prétexte qu'ils n'en ont pas le loisir ; ils promettent seulement que ce récépissé sera envoyé par lettre et à domicile. Je répète que c'est là un abus. La loi exige formellement la délivrance du récépissé, et, d'ailleurs, celui qui dépose une pièce quelconque a le droit incontestable d'obtenir de suite la constatation de ce dépôt, surtout lorsqu'il s'agit de l'accomplissement d'une formalité essentielle comme celle dont il est ici question. Il n'est pas obligé de se mettre à la discrétion des agents de l'administration, qui, par négligence ou autrement, pourraient lui occasionner le plus grave préjudice. Le dépôt doit donc être enregistré et le récépissé délivré immédiatement. Voy. *infrà*, n<sup>os</sup> 38 *bis* et 128.

**20.** — Le mémoire doit être adressé au préfet et non au conseil de préfecture.

Toutefois, l'action est régulièrement intentée lorsque le mémoire a été remis au préfet, bien que ce soit le conseil de préfecture qui ait mal à propos statué sur ce mémoire. Rennes, 7 avril 1832, *Malassis*.

**21.** — Le défaut de présentation du mémoire ne peut pas d'ailleurs être invoqué sous le prétexte qu'on ne produit pas le récépissé du secrétariat général de la préfecture, s'il n'est pas contesté que le mémoire a réellement été remis au préfet, par l'entremise du sous-préfet ou du maire. C. cass., 24 décembre 1838, *préfet des Bouches-du-Rhône c. Mouriez*.

**22.** — L'obligation de présenter un mémoire s'applique aux actions de toute nature, qu'elles soient formées au pétitoire ou au possessoire. La loi ne distingue point entre les unes et les autres; la règle doit donc être la même pour toutes.

Mais, je ne pense pas que le dépôt du mémoire soit requis à l'égard des actions administratives. Il résulte des dispositions de l'art. 15 du décret précité, et surtout des derniers mots de cet article, que le législateur n'a eu en vue que les actions judiciaires. Il est bon, néanmoins, de remplir cette formalité, pour éviter toute contestation. — Voy. *infrà*, nᵒ 26, note 1.

**22** bis. — J'ai dit dans les *Lois de la Procédure civile*, t. 3, p. 199, note 4, nᵒ 13, que le mémoire devait être présenté, même quand il s'agissait de faire intervenir l'État incidemment dans un procès porté devant les tribunaux. J'ai cité, à l'appui de mon opinion, la doctrine et la jurisprudence.

**23.** — II. Le décret des 28 octobre-5 novembre 1790 n'exige la remise d'un mémoire qu'à l'égard des actions dirigées contre l'État. Mais une instruction du ministre des finances du 9 août 1834, contenant le règlement du 3 juillet précédent, relatif aux instances judiciaires en matière domaniale, prescrit un mode analogue d'essai de conciliation pour les instances introduites au nom de l'État. Elle porte :

« Art. 1ᵉʳ. Aucune action judiciaire sur une question de propriété domaniale ne sera intentée au nom de l'État contre des particuliers, des communes ou des établissements publics, sans qu'au préalable, il ait été remis par le directeur des domaines au préfet du département où sont situés les biens, un mémoire énonciatif de la demande, avec les pièces à l'appui. Une copie de ce mémoire sera aussitôt adressée par le préfet aux parties intéressées avec invitation de faire connaître leur réponse, dans le délai d'un mois. Passé ce délai, il sera statué par le préfet, conformément à l'article 3 ci-après ; et lors même que cette réponse ne sera pas encore parvenue, les parties pourront, au besoin, prendre connaissance des pièces existant dans les bureaux de la préfecture, mais sans déplacement.

« Art. 2. Dans le cas où il s'agirait d'une action intentée contre l'État par des particuliers, des communes ou des établissements publics, le mémoire qui aura été remis au préfet, conformément à l'art. 15, titre 3 de la loi du 5 novembre 1790, sera communiqué au directeur des domaines, pour qu'il donne ses observations, et fournisse les renseignements qu'il se sera procurés sur l'affaire.

« Art. 3. Le préfet statuera, par forme d'avis, sur le mémoire qui lui aura été remis, soit par le directeur des domaines, soit par les parties intéressées, un mois après les communications prescrites aux deux articles précédents. Ces communications seront constatées par la mention qui devra en être faite au secrétariat de la préfecture sur un registre spécial dont la tenue est ordonnée par l'art. 21 du présent règlement.

« Art. 4. Il sera remis dans la huitaine une expédition de l'avis du préfet au directeur des domaines. Ce dernier, dans un semblable délai, la transmettra à son administration avec les observations dont l'avis lui paraîtra susceptible.

« Art. 5. Si le préfet a jugé que les droits de l'État sont de nature à prévaloir devant les tribunaux, l'instance judiciaire sera engagée ou soutenue par lui, sans qu'il ait besoin d'attendre l'autorisation du ministre des finances ; il en informera préalablement les parties en leur transmettant une copie de son arrêté.

Dans le cas, au contraire, où le préfet aura émis un avis favorable aux adversaires de l'État, il ne pourra leur en donner connaissance ; mais il en adressera, dans la huitaine, une expédition au ministre des finances qui, après avoir consulté l'administration des domaines, rendra sa décision pour approuver ou rejeter cet avis. »

Les articles suivants tracent les règles à suivre par les agents de l'administration, pour l'instruction de la procédure devant les tribunaux.

**24.** — Je n'ai pas besoin de dire que cette instruction n'a rien d'obligatoire pour les particuliers, et qu'elle ne leur confère non plus aucun droit. Elle concerne exclusivement les agents de l'administration.

Par conséquent, lorsque l'État est demandeur, le défaut de remise du mémoire par le directeur des domaines ne peut créer aucune fin de non-recevoir au profit de ses adversaires.

Dans les observations qui suivent cette instruction, M. le ministre fait aussi remarquer, avec raison, que ni la remise du mémoire au préfet, ni sa communication aux parties, ni même la réponse de celles-ci, ne peuvent avoir pour effet d'interrompre la prescription dans l'intérêt de l'État.

SECTION II. — *Actions contre les départements.*

**25.** — On lit dans l'article 37 de la loi du 10 mai 1838 :

« Aucune action judiciaire, autre que les actions possessoires, ne peut, à peine de nullité, être intentée contre un département qu'autant que le demandeur a préalablement adressé au préfet un mémoire exposant l'objet et les motifs de sa réclamation. — Il lui en est donné récépissé. — L'action ne peut être portée devant les tribunaux que deux mois après la date du récépissé, sans préjudice des actes conservatoires. — Durant l'intervalle, le cours de toute prescription demeurera suspendu. »

SECTION III. — *Actions contre les communes.*

**26.** — I. L'art. 51 de la loi du 18 juillet 1837 porte :

« Quiconque voudra intenter une action contre une commune ou section de commune sera tenu d'adresser préalablement au préfet un mémoire exposant les motifs de sa réclamation. Il lui en sera donné récépissé.

La présentation du mémoire interrompra la prescription et toutes déchéances. — Le préfet transmettra le mémoire au maire, avec l'autorisation de convoquer immédiatement le conseil municipal pour en délibérer » (1).

La délibération du conseil municipal est, dans tous les cas, transmise au conseil de préfecture, qui décide si la commune doit être autorisée à ester en jugement. La décision du conseil de préfecture doit être rendue dans le délai de deux mois à partir de la date du récépissé. Même loi, art. 52.

L'action ne peut être intentée qu'après la décision du conseil de préfecture, et, à défaut de décision dans le délai fixé par la loi, qu'après l'expiration de ce délai. En cas de pourvoi contre la décision du conseil de préfecture, l'instance est suspendue jusqu'à ce qu'il ait été statué sur ce pourvoi. Même loi, art. 54.

Il doit être statué sur le pourvoi dans le délai de deux mois, à partir du jour de son enregistrement au secrétariat général du conseil d'État. Même loi, art. 53.

**27.** — Il résulte de ces dispositions que l'adversaire de la commune peut intenter son action aussitôt que le conseil de préfecture a prononcé, et qu'il n'est pas obligé d'attendre que la commune ait formé son pourvoi. Mais, dès que ce pourvoi est formé, l'instance demeure suspendue, sauf à la reprendre à l'expiration du délai dans lequel le conseil d'État est tenu de statuer.

Du reste, le conseil d'État peut statuer après ce délai; mais sa décision sera sans influence sur les poursuites commencées par le demandeur. Elle aura seulement pour effet de permettre à la commune de se défendre, si l'autorisation lui est accordée, ou de l'obliger à se laisser juger par défaut, si elle lui est refusée. Voy. *infrà,* aux instructions diverses, le titre de l'autorisation de plaider.

---

(1) L'obligation pour toute partie qui veut intenter une action contre une commune de présenter préalablement un mémoire au préfet, n'est imposée qu'au cas d'une instance à porter devant l'autorité judiciaire, et nullement lorsque la contestation doit être soumise au conseil de préfecture. 9 janvier 1849, *ville de Paris c. Noël.* — V. *suprà,* n° 22.

**28.** — II. L'arrêté du 17 vendémiaire an x disposait :

« Art. 1ᵉʳ. Les créanciers des communes ne pourront intenter contre elles aucune action qu'après qu'ils en auront obtenu la permission, par écrit, du conseil de préfecture, sous les peines portées par l'édit du mois d'août 1683. »

Cet édit prononçait la nullité de toute action intentée contre une commune par son créancier, sans une autorisation préalable.

**29.** — Sous l'empire de cette législation on décidait :

1º Que le conseil de préfecture ne pouvait apprécier le fond de la contestation, ni refuser la permission qui lui était demandée. V. 21 mars 1809, *Robert c. comm. de Lauris* ; 6 septembre 1820, *Gounon c. ville du Havre* ; 24 août 1821, *Boison c. comm. de Plergues* ; 10 août 1825, *Dorchies* ; 26 juillet 1825, *Forbind'Oppède c. comm. de Cavaillon* ; 11 avril 1837, *Prugneaux c. comm. de Lambarch* ; Cormenin, 1ʳᵉ édit., t. 1, p. 76.

2º Que, lorsqu'il s'agissait de former contre une commune, soit au pétitoire, soit au possessoire, une action à raison d'un droit de propriété, il n'y avait pas lieu à demander l'autorisation préalable du conseil de préfecture. Avis du conseil d'État du 3 juillet 1806 ; 4 juin 1816, *Jousselin c. comm. de Blois* ; 6 novembre 1817, *Croze c. Augeraud* ; 23 janvier 1820, *Postel c. comm. de Neuville* ; 23 février 1820, *Perdry* ; 12 mai 1820, *Dières c. ville de Tours* ; 21 avril 1832, *Gentil-Chavagnac c. comm. de Dugny* ; Toulouse, 17 juillet 1834, *Dauriol c. comm. d'Azas* ; Pau, 17 novembre 1835, *Mainhague c. comm. de Gens* ; Cormenin, 1ʳᵉ édit., t. 1, p. 81.

**30.** — La loi du 18 juillet 1837 a fait disparaître cette double difficulté.

D'un côté, ce n'est plus une *permission* que l'adversaire de la commune est tenu de demander, c'est un simple mémoire qu'il doit déposer. Le conseil de préfecture n'a de décision à rendre que vis-à-vis de la commune, pour lui accorder ou lui refuser l'autorisation de défendre à l'action ; cette décision ne concerne en rien le demandeur, et quelle qu'elle soit, elle n'empêche pas d'engager l'instance. V. mes *Principes de compétence*, nº 522, t. 2, p. 312, et *Journal du droit administratif*, t. 7, p. 258, nº 350.

D'un autre côté, la loi de 1837 n'exige pas seulement la remise du mémoire de la part des *créanciers*, mais de la part de *quiconque veut intenter une action contre une commune.*

**31.** — De là résultent plusieurs conséquences :

En premier lieu, cette formalité doit être remplie par tout demandeur, quelle que soit sa qualité.

Ainsi, une commune ou un établissement public, qui voudraient intenter une action contre une autre commune, ne seraient pas dispensés de son accomplissement.

M. Reverchon, dans sa 1<sup>re</sup> édit., p. 40, n° 16, pensait que l'État n'est pas tenu de suivre cette voie. Mais cette opinion était inadmissible. L'État demandeur, agissant comme simple propriétaire, doit subir la loi commune. M. Reverchon l'a reconnu lui-même dans sa 2<sup>e</sup> édit., p. 42, n° 16.

**32.** — En second lieu, la remise du mémoire est exigée, quelle que soit la nature de l'action, et sans qu'il y ait lieu à distinguer entre les actions réelles et les actions personnelles ou mobilières. Reverchon, p. 41, n° 16 ; Duvergier, t. 37, p. 249, note 1 ; Cormenin, t. 1, p. 411, note 2 ; *Journal des Communes*, t. 12 (1839), p. 322.

**33.** — Elle est requise de la part des propriétaires dépossédés qui intentent contre une commune une action en indemnité à raison des terrains qui leur ont été enlevés pour la construction ou l'élargissement des chemins vicinaux. Voy. *infrà*, n° 968.

**34.** — Il n'y a pas non plus de distinction à faire entre les actions civiles et les actions correctionnelles. Une ordonnance du 22 février 1821, *Laroque c. comm. de Héches*, avait, il est vrai, décidé que l'arrêté du 17 vendémiaire an x n'était pas applicable lorsqu'il s'agissait d'une action correctionnelle. Mais la généralité des dispositions de la loi du 18 juillet 1837 ne permet plus aujourd'hui d'admettre une semblable restriction. Aussi la nécessité du dépôt d'un mémoire a été reconnue par un arrêt de la Cour de Rennes du 29 mai 1839, *comm. de Paimpont.*—Voy. Serrigny, t. 1, p. 427, n° 415.

M. Foucart, t. 3, 4<sup>e</sup> édit., p. 541, n° 1759, pense qu'il faut restreindre cette solution au cas où l'action est exercée par les simples particuliers, l'exercice de l'action publique ne pouvant être subordonnée au dépôt du mémoire. Cela est vrai en principe ; mais comme en définitive la commune ne sera la plupart du temps poursuivie par le ministère public qu'à raison d'un cas de responsabilité, tel par exemple que celui prévu par le paragraphe final de l'art. 72 du Code forestier, il faut reconnaître que rien ne s'oppose à ce qu'une transaction termine le litige, et par suite l'observation faite par M. Foucart ne sera vraie que dans les hypothèses où la commune serait passible d'une amende comme les simples particuliers, à raison, par exemple, de contravention en matière de grande voirie. —Voy. Foucart, *loc. cit.*, n° 1783 ; 14 juin 1851, *comm. de Tournon.*

**35.** — La même règle s'étend aux actions en responsabilité, intentées contre des communes en vertu de la loi du 10 vendémiaire an iv.

Il s'était élevé, sur ce point, quelques difficultés pour savoir si les dispositions de l'arrêté du 17 vendémiaire an x étaient applicables. L'affirmative avait été jugée par la Cour de Montpellier, le 14 juin 1819, et par la Cour de Toulouse, le 15 mars 1822, dans l'affaire du sieur *Chazelles* contre la *comm. de Montagnac* ; mais ces deux arrêts avaient été cassés par la Cour de cassation, les 19 novembre 1821 et 28 janvier 1826, par le motif que « la loi du 10 vendémiaire an IV a soumis l'exercice de cette action à des formes spéciales et d'exception qui ne peuvent se concilier avec la nécessité d'obtenir l'autorisation prescrite par l'édit de 1683 et l'arrêté du 17 vendémiaire an x. »

Un autre arrêt de la Cour de cassation du 24 juillet 1837, *ville de Toulouse c. Manavit*, consacre la même doctrine. — Voy. aussi Serrigny, t. 1, p. 429, nᵒ 416 ; Cormenin, t. 1, p. 410, nᵒ 43.

Il est facile de voir que les motifs de ces arrêts n'ont plus de force sous l'empire de la loi du 18 juillet 1837, qui n'exige plus que l'adversaire de la commune obtienne une autorisation, mais qui prescrit simplement le dépôt d'un mémoire ; et, dans ces sortes d'affaires, comme dans celles d'une autre nature, il est important que l'administration soit avertie des poursuites, afin que si la demande lui paraît fondée elle puisse ménager une transaction et éviter un procès qui tournerait au désavantage de la commune. Aussi M. Reverchon, p. 46, nᵒ 17, enseigne-t-il que l'administration doit être avertie, soit lorsque la partie lésée agit elle-même contre la commune, soit même lorsque la poursuite est exercée d'office par le ministère public.

**36.** — III. Quelque générales que soient les dispositions de la loi du 18 juillet 1837, elles comportent quelques exceptions indiquées par son esprit et par la nature même des choses.

Ainsi, le dépôt du mémoire devient inutile dans tous les cas où la commune peut défendre à l'action sans autorisation préalable. Il est évident, en effet, que, dans ces cas, l'administration n'a plus aucun moyen d'empêcher la commune de plaider.

Par exemple, les communes étant dispensées, aux termes de l'art. 55 de la loi du 18 juillet 1837, de se faire autoriser pour défendre aux actions possessoires, le dépôt du mémoire n'est pas obligatoire pour ceux qui veulent intenter de semblables actions. C. cass., 7 juin 1848, *comm. de Gorges c. Lepelletier* ; décision ministérielle du 8 août 1840 ; Serrigny, t. 1, p. 436, nᵒ 426 ; Foucart, 4ᵉ édit., t. 3, p. 541, nᵒ 1758.

*L'École des Communes*, t. 9 (1840), p. 250, en rapportant la décision ministérielle, émet à tort un avis contraire.

J'en dirai autant des débiteurs des communes qui auront formé opposition contre les états dressés par les maires et rendus exécutoires par les sous-préfets ; les communes peuvent, d'après l'art. 63 de la même loi, défendre à ces oppositions sans autorisation.

SECTION IV. — *Actions contre les établissements publics.*

**37.** — La remise d'un mémoire est-elle exigée de la part de celui qui veut intenter une action judiciaire contre un hospice, une fabrique ou tout autre établissement public ?

Avant la loi du 18 juillet 1837, on reconnaissait généralement qu'une autorisation préalable était nécessaire. — Voy. 9 ventôse an x, *hospices de Marseille c. Tornatori ;* 19 octobre 1808, *Hendericksen c. hospice de Dunkerque ;* 29 décembre 1810, *tontine du Pacte social c. Huet de la Boullaye ;* 8 janvier 1817, *Reverseau c. hospice de Fontenay ;* 17 avril 1822, *fabrique de Saint-Didier c. hospice de Valence.*

Doit-il en être de même aujourd'hui ?

La doctrine et la jurisprudence sont divisées sur cette question.

D'un côté, on a soutenu que l'art. 51 de la loi du 18 juillet 1837 n'exigeant la production d'un mémoire que relativement aux procès intentés contre les communes, ce préalable n'est point aujourd'hui nécessaire, lorsque l'action à intenter concerne un établissement public. — Voy. Rouen, 16 juin 1842, *hospices de Lisieux c. Boisrioult ;* Reverchon, p. 352, n° 134.

De l'autre côté, on répond : La loi de 1837 ne s'occupe nullement des établissements publics ; il n'y a donc rien à conclure de son silence, et l'analogie qui existe entre les actions dirigées contre ces établissements et celles intentées contre l'État et les communes amène naturellement à décider que la remise du mémoire est requise pour les unes comme pour les autres ; avec d'autant plus de raison que les établissements publics étant soumis à la tutelle de l'autorité administrative, il est nécessaire que cette autorité soit avertie pour pouvoir l'exercer utilement. — Voy. dans ce sens, Cormenin, t. 2, p. 251, note 3, et *Appendice*, p. 45 ; Foucart, 4<sup>e</sup> édit., t. 3, p. 581, n° 1800 ; Serrigny, t. 1, p. 449, n° 443, et p. 456, n° 452.

M. Dufour, qui avait soutenu cette dernière opinion dans son t. 3, p. 392, n° 1833, se prononce néanmoins en faveur de la première au même t. 3, p. 511, n° 1983, par suite, sans doute, d'une inadvertance qui a été reproduite 2<sup>e</sup> édit., t. 5, p. 616, n° 624, et t. 6, p. 113, n° 141.

Quant à moi, je ne pense pas que la remise d'un mémoire

soit requise (1); les motifs d'analogie sur lesquels on se fonde
pour établir la nécessité de cette remise auraient, sans doute, la
plus grande force s'il s'agissait de prononcer par voie de disposition législative. Mais on oublie qu'il s'agit d'appliquer la législation existante, et non pas de faire une loi nouvelle. Or, dès qu'il
est reconnu qu'aucune disposition spéciale n'a exigé le dépôt
du mémoire, il n'est pas possible de suppléer au silence de la loi,
et de créer une fin de non-recevoir qu'elle n'a point établie elle-
même. Je conseillerais néanmoins l'accomplissement de cette
formalité, mais seulement comme mesure de prudence.

SECTION V. — *Règles communes aux actions contre l'État, les départe-*
*ments et les communes.*

**38.** — I. La remise du mémoire n'est requise que de la part
de celui qui intente une action contre l'État, contre un département ou contre une commune. Lorsque ce sont ces personnes
morales elles-mêmes qui introduisent l'action, soit contre un
particulier, soit contre une autre personne morale, le défendeur
n'a point à remplir cette formalité.

Pareillement, celui qui, défendeur en première instance, relève
appel d'un jugement qui a accueilli une action intentée contre
lui, n'a pas besoin de présenter un mémoire. C. cass., 27 août
1833, *préfet de la Nièvre c. héritiers Pelletier.*

**38** *bis.* — Pour pouvoir prouver aux tribunaux que la formalité
du dépôt du mémoire a été remplie, on exige un récépissé, ainsi
que je l'ai dit, *suprà*, n° 19. Je conseille de faire écrire ce récépissé au bas d'un double du mémoire écrit sur papier timbré
et qu'on fera enregistrer au droit de 2 fr. 20 cent. En tête de l'assignation, et comme libellé de cette assignation, il sera ensuite
donné copie du mémoire et du récépissé. J'ai vu un receveur
ne pas vouloir qu'on parlât d'un mémoire présenté et non enregistré. En procédant comme je l'indique, tout est parfaitement
régulier. Voy. *infrà*, n° 128.

**39.** — II. Vis-à-vis de l'État et des communes, la présentation
du mémoire, constatée par l'enregistrement à la préfecture (2),
interrompt toute prescription et toutes déchéances. Décret des
28 oct.-5 nov. 1790, tit. 3, art. 15; loi du 18 juillet 1837, art. 51.
(Voy. le texte de cet article, *suprà*, n° 25.)

---

(1) J'ai adopté cette opinion dans mes observations sur un arrêt de la
Cour d'Orléans du 26 août 1847, *Journal des Avoués*, t. 73, p. 369,
art. 476. — V. *infrà*, au livre V, le titre *de l'Autorisation de plaider.*
(2) Voy. Besançon, 6 janv. 1849 (*J. Av.*, t. 74, p. 254, XXXIV.)

Vis-à-vis des départements, la prescription demeure simplement suspendue, depuis la présentation du mémoire jusqu'à l'expiration du délai après lequel l'action peut être intentée. Loi du 10 mai 1838, art. 37.

**40.** — Il résulte de là une anomalie qu'il est utile de signaler.

Quand il s'agit d'une action à intenter contre l'État ou contre une commune, l'interruption de la prescription a pour effet d'effacer toute possession antérieure, que le mémoire soit ou non suivi d'une assignation en justice à l'expiration du délai. M. Reverchon, p. 193, nᵒ 92, croit, il est vrai, que si la loi ne subordonne pas expressément ici l'interruption de la prescription, comme dans le cas de l'art. 2245 du Code Nap., à la condition d'une assignation ultérieure en justice, cette condition n'en doit pas moins être suppléée. Mais il ne me paraît pas possible d'ajouter ainsi aux dispositions de la loi, surtout en matière de prescription.

Lorsqu'il s'agit, au contraire, d'une action concernant un département, la prescription n'étant que suspendue reprend son cours, si, à l'expiration du délai, une assignation en justice ne vient pas l'interrompre définitivement ; de sorte que, dans ce dernier cas, la prescription se trouve bien retardée de deux mois, mais le département pourra joindre à sa possession antérieure celle qui suivra l'expiration du délai.

M. Serrigny, t. 1, p. 426, nᵒ 414, critique, avec fondement, l'un et l'autre système, et je pense, avec lui, qu'on aurait dû dire, dans tous les cas, que, conformément au droit commun, cette tentative de conciliation aurait l'effet d'interrompre la prescription, si elle était suivie d'une assignation en justice dans un temps fixé après l'expiration du délai donné pour se concilier. Du reste, la disposition de l'art. 37 de la loi du 10 mai 1838 paraît avoir été adoptée sans trop de réflexion.—Voy. Duvergier, t. 38, p. 303, note 3 ; Reverchon, p. 316, nᵒ 124.

D'après Foucart, t. 3, 4ᵉ édit., p. 369, nᵒ 1569, note 1, les principes indiquent qu'il s'agit ici, non d'une *suspension*, mais d'une *interruption* de prescription. Sans doute, il en devrait être ainsi, mais la loi est formelle.

**41.** — La remise du mémoire fait-elle courir les intérêts, et peut-elle servir de point de départ pour la restitution des fruits?

Un arrêt de la Cour de cassation du 23 décembre 1840, *ville de Remiremont*, a décidé la négative, par le motif que la loi n'attache à la remise du mémoire que l'effet d'interrompre la prescription, et que, loin d'assimiler, quant au surplus, ce mémoire à la demande judiciaire, elle l'en distingue soigneusement. Telle est aussi l'opinion de M. Serrigny, t. 2, p. 148, nᵒ 768.

Sans doute, le mémoire ne doit point être assimilé à l'assignation en justice ; mais il est analogue à la citation en conciliation. Si, au numéro précédent, j'ai refusé d'admettre l'application des principes du droit civil, c'est que la loi ayant réglé elle-même les effets de la présentation du mémoire, en ce qui concerne la prescription, je n'ai pas cru qu'il fût permis d'ajouter à ses dispositions. Ici, au contraire, le silence de la loi autorise à appliquer, par analogie, les dispositions de l'art. 57 du Code de procédure civile, et à décider que la remise du mémoire aura pour effet de faire courir les intérêts et la restitution des fruits, pourvu qu'il soit suivi d'une assignation en justice dans le mois à partir de l'expiration du délai après lequel l'action peut être intentée. Foucart, 4ᵉ édit., t. 2, p. 328, n° 839. Telle est aussi l'opinion de M. Batbie, mon ancien et honorable collaborateur ; *Journal du Droit administratif*, t. 2, p. 402.

**42.** — III. Le défaut de présentation du mémoire, dans tous les cas où cette présentation est requise, empêcherait le demandeur d'intenter son action ; et s'il comparaissait devant les tribunaux sans justifier de l'accomplissement de cette formalité, ou avant l'expiration du délai fixé par la loi, il serait déclaré non recevable quant à présent. Reverchon, p. 189, n° 71.

**43.** — Pareillement, si une commune demandait l'autorisation de défendre à l'action avant que le mémoire eût été remis par le demandeur, le conseil de préfecture devrait surseoir à statuer ou déclarer la commune non recevable, quant à présent ; et s'il refusait l'autorisation, en statuant au fond, le conseil d'État, sur le recours de la commune, annulerait son arrêté pour violation de la loi. Voy. 8 juill. 1840, *comm. de la Calmette.*

Ce décret est rapporté par M. Reverchon, p. 190, n° 71, qui pense qu'il serait préférable d'autoriser la commune à défendre, pour se prévaloir de l'irrégularité commise par son adversaire, et je me range à son opinion, parce qu'en effet il importe à la commune de ne pas laisser continuer une procédure qui pourrait plus tard occasionner des difficultés et susciter des embarras. M. Foucart admet que la commune pourrait se faire autoriser à défendre au fond, malgré le défaut de dépôt de mémoire, 4ᵉ édit., t. 3, p. 542, n° 1759 *bis*.

Les mêmes principes seraient applicables aux actions dirigées contre les départements.

**44.** — Le défaut de remise du mémoire entraînerait d'ailleurs la nullité de la procédure qui aurait été suivie avant cette remise. Le décret du 28 octobre 1790, relatif aux actions intentées contre l'État, et l'art. 37 de la loi du 10 mai 1838, relatif à celles dirigées contre les départements, le déclarent en termes exprès. La loi du 18 juillet 1837 est moins explicite ; mais, quoiqu'elle ne se prononce pas formellement, son esprit et des raisons d'analogie ne permettent pas de douter que cette peine ne doive être appliquée. Serrigny, t. 1, p. 429, n° 417 ; Foucart, 4ᵉ édit., t. 3, p. 542, n° 1759 *bis*.

Cependant, la Cour de cassation a jugé deux fois que le dépôt du mémoire, effectué après l'ajournement, remplissait suffisamment le vœu de la loi. M. Serrigny, *Supplément*, p. 96, fait observer avec raison que juger de la sorte, c'est dire que la tentative de conciliation prescrite par l'art. 48 du Code de procédure civile et par les diverses lois spéciales relatives aux personnes morales n'est pas une formalité substantielle, et qu'elle peut indifféremment suivre ou précéder l'exploit introductif d'instance. C. cass., 28 août 1833 ; 20 janvier 1845.

**45.** — Quelques arrêts ont décidé que cette nullité est d'ordre public vis-à-vis de l'État, qu'elle peut être proposée pour la première fois, dans son intérêt, soit en appel, soit devant la Cour de cassation. Voy. Bordeaux, 17 mars 1826, *préfet de la Dordogne c. Laurière* ; Nîmes 16 décembre 1830, *préfet de l'Ardèche c. habitants du Cros-de-Ligeret*.

Cette jurisprudence ne repose sur aucun fondement solide. N'oublions pas que la remise du mémoire n'a pour but que d'avertir l'administration ; or, le préfet, qui a plaidé en première instance et sur l'appel, a eu nécessairement connaissance pleine et entière de l'action et des moyens employés pour la faire triompher ; comment serait-il ensuite admis à venir devant la Cour de cassation, proposer un moyen de nullité contre une procédure qu'il pouvait si facilement arrêter, en demandant, dès l'abord, le rejet des poursuites ?

Le préfet qui défend au fond au nom de l'État, sans opposer l'exception, se rend donc non recevable à la proposer plus tard sur l'appel ou devant la Cour de cassation. Voy. en ce sens, C. cass., 14 août 1833, *le domaine c. Leyssard* ; 4 août 1835, *préfet de la Moselle c. comm. de Hambach* ; Paris, 2 juillet 1836, *préfet d'Indre-et-Loire c. comm. de Cheillé* ; Foucart, 4ᵉ édit., t. 2, p. 330, n° 840 ; Serrigny, *Supplément*, p. 96.

Les mêmes observations s'appliquent aux actions soutenues par le préfet au nom du département.

**46.** — Enfin, des motifs analogues doivent faire décider que les communes ne peuvent pas non plus exciper, pour la première fois en appel ou devant la Cour de cassation, du défaut de remise du mémoire. Et, en effet, ou bien la commune a plaidé sans autorisation, et alors le moyen de nullité qui résulte de

l'absence de toute autorisation suffit pour faire annuler la procédure, sans qu'il soit nécessaire d'invoquer d'autres exceptions ;
ou bien, elle a été régulièrement autorisée, et alors de quelle
utilité pouvait être pour elle la remise du mémoire, et comment
pourrait-elle se prévaloir d'une irrégularité qui ne lui infère
aucun grief ?

**47.** — IV. La jurisprudence tend à admettre que la remise du
mémoire peut être suppléée par des équipollents. Il a été jugé,
par exemple :

1° Que la signification qu'une partie fait de ses titres au
préfet, avec sommation de reconnaître les droits qu'elle a contre
l'État, suffit pour remplir le vœu de la loi. C. cass., 9 avril 1834,
*préfet du Cher c. Vermeil;*

2° Que, lorsque le préfet a eu connaissance des prétentions
d'une commune contre le domaine par l'autorisation de plaider
accordée à cette commune, la remise d'un mémoire n'est point
indispensable. C. cass., 14 juin 1832, *comm. de Saint-Georges;*
2 juillet 1833, *préfet du Cher c. comm. d'Auxigny ;* Paris,
2 juillet 1836, *préfet d'Indre-et-Loire c. comm. de Cheillé.*

M. Foucart, 4ᵉ édit., t. 2, p. 326, nᵒ 838, pense néanmoins
qu'on ne peut admettre d'équivalent au mémoire sans violer la
lettre et l'esprit de la loi. Voy. dans le même sens, *Journal du
Palais*, t. 24, p. 1161, note 1.

La question ne me paraît pas devoir être résolue d'une
manière absolue. J'admettrais que le mémoire peut être suppléé
par des équivalents, mais à la condition que ces équivalents
atteindraient complétement le but pour lequel ce mémoire est
exigé. Ainsi, j'approuverais l'arrêt de la Cour de cassation du
9 avril 1834, parce que la signification des titres et la sommation faite au préfet suffisaient pour instruire ce fonctionnaire de
la demande qui allait être formée, et pour le mettre en position
d'apprécier les fondements de cette demande. Mais je ne saurais
admettre que l'autorisation accordée à la commune puisse
dispenser celle-ci de la remise du mémoire, et c'est avec raison
que cette autorisation a été déclarée insuffisante par la Cour de
Nancy, le 3 juillet 1828, *comm. de Lubines*, et par la Cour de
Nîmes, le 16 déc. 1830, *habitants du Cros-de-Ligeret.*

**48.** — V. Je n'ai pas besoin de faire observer que si l'on
admet, avec moi, que la remise d'un mémoire préalable n'est
pas requise pour les actions dirigées contre des établissements
publics, les observations précédentes ne devront pas être
appliquées à ces sortes d'actions.

On pourrait demander, néanmoins, si la remise du mémoire,
dans le cas où elle est faite surérogatoirement, n'aura pas du

moins pour effet de suspendre la prescription et de faire courir
les intérêts ?

La négative me paraît indubitable. Il n'existe aucune disposition de loi qui lui attribue un pareil effet ; cet effet ne
peut être produit, en vertu des principes généraux, que par
une citation en justice.

## CHAPITRE II.

*Revendication de meubles ou effets saisis pour paiement
de contributions.*

**49.** — I. Lorsque, dans le cas de saisie de meubles et
autres effets mobiliers pour le paiement des contributions,
il s'élève une demande en revendication de tout ou partie
desdits meubles et effets, elle ne peut être portée devant les
tribunaux ordinaires qu'après avoir été soumise par l'une des
parties intéressées à l'autorité administrative, aux termes de la
loi des 28 oct.-5 nov. 1790. Loi du 12 nov. 1808, art. 4.

**50.** — II. Cette formalité est absolument analogue à celle
requise pour les actions intentées contre le domaine de l'État.
Je me contenterai donc de renvoyer à ce que j'ai dit relativement à ces actions, *suprà*, n° 18.

Voy. au surplus, mes *Principes de compétence*, n° 52-42°.

**50 *bis*.** — Le mémoire doit être présenté au préfet, non au
conseil de préfecture. Si ce conseil statuait sur un mémoire de
cette nature, il commettrait un excès de pouvoir. 10 janv. 1856,
*Petit* (Voy. *Journal du droit administratif*, 1856, t. 4, p. 406).

# TITRE II.

## ACTIONS.

## CHAPITRE PREMIER.

*Au nom de qui les actions doivent être exercées.*

**51.** — Les actions concernant de simples particuliers sont naturellement exercées par ceux qui ont droit et qualité. Voy. *infrà,* n<sup>os</sup> 119 et suiv.

Mais il importe d'examiner par qui sont représentées, soit devant les tribunaux administratifs, soit devant les tribunaux judiciaires (1), les personnes morales, telles que l'État, les départements, les communes et les établissements publics.

SECTION I<sup>re</sup>. — *Actions concernant le domaine de l'État.*

**52.** — I. Toutes actions en justice, principales, incidentes ou en reprise, concernant le domaine de l'État, sont intentées et

---

(1) Ce chapitre s'applique, par conséquent, aux actions judiciaires comme aux actions administratives. J'ai dû m'occuper des unes et des autres dans ce qu'elles ont de particulier à l'Etat, aux départements, aux communes et aux établissements publics, qui constituent des personnes morales administratives.

soutenues au nom du préfet du département dans le ressort duquel se trouvent les objets contentieux ; celles intentées contre l'État sont également dirigées contre le préfet.

Aux termes du décret des 28 oct.-5 nov. 1790, tit. 3, art. 13; de celui des 15-27 mars 1791, art. 14, et de la loi du 19 niv. an IV, art. 1 et 2, ces actions étaient intentées et soutenues au nom du procureur général syndic du département, poursuite et diligence du procureur syndic du district; et, plus tard, au nom du commissaire du directoire exécutif près l'administration départementale, poursuite et diligence du commissaire du directoire exécutif près l'administration municipale.

La loi du 28 pluv. an VIII ayant remplacé les administrations départementales par les préfets, c'est aujourd'hui au nom de ceux-ci que doivent être intentées et soutenues les actions domaniales. C'est du reste ce qui résulte de l'art. 69, § 1, du Code de procédure civile. Voy. Gérando, t. 1, p. 143, n° 208, et t. 3, p. 389, n° 4376; Macarel et Boulatignier, *Fortune publique*, t. 1, p. 41, n° 21; Foucart, 4ᵉ édit., t. 2, p. 317, n° 835; Serrigny, t. 2, p. 147, n° 767; Dufour, 2ᵉ édit., t. 5, p. 162, n° 140; Lerat de Magnitot et Delamarre, vᵒ *Domaine de l'État*, t. 1, p. 417.

**53.** — Toutefois, l'administration des domaines a le droit d'exercer les actions qui ont pour objet de simples recouvrements de revenus, d'arrérages de rentes ou de créances, lorsque le fond du droit n'est pas contesté. Décrets des 28 oct.-5 nov. 1790, tit. 3, art. 14, et 19 août-12 sept. 1791, art. 4 et 6; C. cass., 30 juin 1828, *Bergeron*; 6 août 1828, *héritiers Marchand*; Macarel et Boulatignier, *Fortune publique*, t. 1, p. 45, n° 21; Dufour, t. 3, p. 67, n° 1459; Lerat de Magnitot et Delamarre, vᵒ *Domaine de l'État*, t. 1, p. 417.

Voy. la note du *Journal du Palais*, t. 21 (1828), p. 1610, et ce que je dis *infrà*, n° 63.

**54.** — II. En déléguant au préfet le pouvoir de représenter en justice le domaine de l'État, la loi n'a pas entendu lui conférer une simple faculté, mais elle lui impose le devoir d'agir en son nom. Cette délégation est d'ordre public et absolue; elle ne peut cesser en aucun cas, et le délégué lui-même ne peut la refuser ni donner à l'État un autre représentant. C. cass., 20 juill. 1842, *préfet de la Corse c. le dép. de la Corse*.

Lors même que le litige existe entre l'État et le département, le préfet ne peut se dispenser de représenter l'État. Aux termes de l'art. 36 de la loi du 10 mai 1838, l'action est alors intentée ou soutenue, au nom du département, par un membre du conseil de préfecture le plus ancien en fonctions. Rien ne s'oppose, par conséquent, à ce que le préfet agisse dans l'intérêt de l'État.

Avant la loi de 1838, il pouvait y avoir doute à cet égard. L'arrêt précité de la Cour de cassation casse, néanmoins, un arrêt qui avait décidé que l'État avait été légalement représenté par le ministère public. Voy. *Journal du Palais*, 1842, t. 2, p. 171, note 1.

**55.** — III. Les préfets représentent le domaine de l'État non-seulement devant les tribunaux judiciaires, mais aussi devant les juridictions administratives, et même devant les conseils de préfecture, quoiqu'ils soient présidents de ces conseils. Ils doivent seulement s'abstenir comme juges.

Le conseil d'État avait d'abord décidé que les directeurs et administrateurs des domaines avaient seuls qualité pour représenter le Domaine devant les conseils de préfecture et pour recevoir les significations qui le concernaient. Voy. 28 fév. 1827, *d'Annebaut*; 3 déc. 1828, *de Lantage*. Mais il a abandonné depuis ce système. Voy. les ordonnances citées plus bas, et Serrigny, t. 2, p. 150, n° 773; Dufour, 2<sup>e</sup> édit., t. 5, p. 169, n° 152; Macarel et Boulatignier, *Fortune publique*, t. 1, p. 54, n° 23.

Cette dernière jurisprudence est néanmoins combattue par M. Foucart, 3<sup>e</sup> édit., t. 2, p. 41, et par M. de Cormenin, *Appendice*, p. 88, qui avait déjà soutenu avec force ce système dans un article de *la Thémis*, t. 5, p. 395.

La distinction qu'on voudrait établir entre les actions qui sont portées devant les tribunaux judiciaires et celles qui sont du ressort de l'autorité administrative me paraît arbitraire. Les lois précitées ne distinguent pas entre les unes et les autres. Qu'importe, au surplus, relativement au conseil de préfecture, que le préfet en soit habituellement le président? Rien n'empêche qu'il ne cède momentanément la présidence au plus ancien membre du conseil, et, dès lors, on ne peut plus dire qu'il est juge et partie dans la même affaire.

**56.** — C'est donc au préfet, et non au directeur des domaines, que doivent être faites toutes les significations; et il a été décidé que la communication d'un arrêté faite à la régie des domaines, sans notification au préfet, ne fait pas courir les délais d'un pourvoi au conseil d'État, tandis qu'au contraire la notification faite au préfet met le ministre en demeure de se pourvoir dans les trois mois à partir de cette notification. 23 déc. 1835, *min. des finances c. comm. de Cléville*; 18 mai 1837, *min. des finances c. Passelac*. Cass., 12 juillet 1855 et 15 janvier 1856. Voy. *infrà*, les titres *des Significations* et *de l'Appel*, et mon *Supplément aux Lois de la procédure civile*, p. 91, n° 370 *quater*.

**57.** — Devant le conseil d'État, ce n'est plus le préfet, mais le ministre des finances qui représente le domaine de l'État (voy. *infrà*, n° 64). On conçoit, en effet, que le ministre étant le supérieur hiérarchique du préfet, doit avoir les mêmes pouvoirs que lui, et qu'étant sur les lieux, il est plus à portée d'agir devant le conseil. Voy. 4 nov. 1836, *Grasset et Ferrand;* 11 avril 1837, *Demaistre c. Meillet;* Cormenin, *Appendice*, p. 89; Serrigny, t. 2, p. 151, n° 774; Dufour, 2ᵉ édit., t. 5, p. 169, n° 152.

Cependant, pour les actions judiciaires, le préfet représente l'État devant toutes les juridictions, même devant la Cour de cassation.

**58.** — IV. Quoique l'administration des domaines n'ait pas qualité pour exercer les actions domaniales, son concours peut néanmoins être fort utile; aussi est-il exigé par l'ordonnance du 6 mai 1838, qui dispose :

« Art. 1ᵉʳ. L'instruction de toutes les actions concernant la propriété des domaines de l'État affectés ou non affectés à des services publics sera préparée et suivie, jusqu'à l'entière exécution des jugements et arrêts, par les directeurs des domaines dans les départements, de concert avec les préfets, sous la surveillance du ministre secrétaire d'État des finances. Les chefs des différents services ministériels dans les départements seront appelés à concourir, chacun en ce qui concerne son service, à la défense des droits de l'État, en remettant au préfet, pour être communiqués au directeur des domaines; tous les titres, plans et documents qu'ils pourront avoir par-devers eux; ils y joindront leurs observations et leur avis. — Les dispositions qui précèdent ne sont pas applicables au domaine militaire. »

M. Duvergier, t. 38, p. 339, note 1, fait observer que « ce n'est là évidemment qu'une mesure d'administration, qu'une règle de gestion des propriétés de l'État. Le directeur des domaines ne sera point partie au procès. Le préfet a seul qualité pour ester en justice dans les contestations relatives aux propriétés domaniales. »

**59.** — Il paraîtrait résulter d'un arrêt de la Cour de cassation du 9 avril 1834, *préfet de Tarn-et-Garonne c. Roques,* que les actions domaniales peuvent être exercées indifféremment par les préfets ou par le directeur des domaines. Cet arrêt décide, en effet, que la direction générale de l'enregistrement et des domaines, comme le préfet, ne sont que les agents de l'État; que, dans l'espèce de la cause, l'action intentée en première instance par la direction générale des domaines, agent de l'État, a pu valablement être poursuivie en cause d'appel par le préfet, autre agent de l'État.

D'un autre côté, MM. Macarel et Boulatignier, *Fortune publique,* t. 1, p. 42, n° 24, nous apprennent que l'administration de

l'enregistrement et des domaines prétend qu'elle doit nécessairement concourir à l'exercice de ces actions. Mais ils combattent,
avec fondement, cette prétention, et ils ajoutent que, dans
l'usage, le préfet agit seul. Je pense, en effet, que c'est la seule
marche régulière, et que l'administration des domaines ne doit
que prêter son concours pour l'instruction de la procédure.

Le 15 janv. 1856, *Derige c. préfet de l'Oise,* la Cour de cassation a annulé l'appel d'un jugement rendu en matière domaniale,
notifié au directeur des domaines.

**60.** — V. Le décret des 8-10 juill. 1791, tit. 4, art. 1 et 5,
ayant confié au ministre de la guerre la conservation et l'entretien des propriétés dépendant du domaine militaire, il faut en
induire que les actions concernant ce domaine doivent être intentées au nom du ministre de la guerre et dirigées contre lui.
Voy. le préambule de l'ordonnance du 6 mai 1838, précitée.

C'est donc avec raison que le conseil d'État a décidé, le 15
sept. 1843, *ville de Bayonne,* que le ministre de la guerre avait
qualité pour poursuivre la révocation, pour inobservation des
conditions, d'un décret portant concession à une ville de bâtiments ayant fait partie des établissements militaires.—Le même
principe a également été appliqué dans le cas où une action
rédhibitoire est intentée après une vente de chevaux achetés
pour le service des remontes. C'est aux intendants et sous-inten-
dants militaires à exercer l'action, au nom de M. le ministre de
la guerre. C. cass., 23 juin 1846, *Delatouche.*

SECTION II. — *Actions concernant la dotation de la couronne
et le domaine privé.*

**61.** — Le sénatus-consulte du 12 déc. 1852 porte :

« Art. 22. Les actions concernant la dotation de la couronne
et le domaine privé sont dirigées par ou contre l'administrateur
de ce domaine. Les unes et les autres sont d'ailleurs instruites et
jugées dans la forme ordinaire, sauf la présente dérogation à
l'art. 69 du Code de procédure civile. »

C'est le *ministre d'État et de la maison de l'Empereur* qui a
été chargé de l'administration de la liste civile et de la dotation
de la couronne par le décret des 14-27 déc. 1852.

Il est utile de connaître le texte du sénatus-consulte du 23 avril
1856, ainsi conçu :

« Article unique. L'administrateur de la dotation de la couronne a seul qualité pour procéder en justice, soit en demandant, soit en défendant, dans les instances relatives à la propriété des biens faisant partie de cette dotation et du domaine
privé.

« Il a seul qualité pour préparer et consentir les actes relatifs aux échanges du domaine de la Couronne et tous autres actes conformes aux prescriptions du sénatus-consulte du 12 déc. 1852.

« Il a pareillement qualité, dans les cas prévus par les art. 13 et 26 de la loi du 3 mai 1841, pour consentir seul les expropriations et recevoir les indemnités, soit en immeubles, soit en rentes sur l'État, sans toutefois que le débiteur soit tenu de surveiller l'emploi. »

Dans ses notes si substantielles, mon honorable ami, M. Duvergier, p. 138, donne des extraits du rapport de M. le sénateur Thorigny, pour bien établir la portée des mots : *a seul qualité.* L'intervention du ministre des finances, au nom de l'État, avait paru nécessaire, et c'est précisément pour constituer la plénitude des pouvoirs de l'administrateur de la dotation de la Couronne qu'a été voté l'acte législatif qu'on vient de lire.

SECTION III. — *Actions concernant l'État, unité nationale.*

**62.**—I. Il ne faut pas confondre les actions concernant le domaine de l'État, qui sont relatives aux biens mobiliers ou immobiliers que l'État possède comme propriétaire, avec les actions qui concernent l'État considéré comme unité nationale, et qui se réfèrent à des objets d'intérêt général.

Ces dernières actions sont exercées par les divers agents du Gouvernement, chacun dans la sphère de ses attributions.

**63.** — II. En général, chaque ministre a qualité pour exercer, soit devant les tribunaux judiciaires, soit devant les tribunaux administratifs, les actions relatives aux intérêts administratifs qui lui sont confiés.

Néanmoins, dans beaucoup de cas, les agents inférieurs, tels que les directeurs d'administrations, les préfets, etc,, ont l'exercice des actions qui concernent les objets compris dans leurs attributions.

**64.** — Devant le conseil d'État, l'administration est toujours représentée par le ministre que la matière concerne, même dans les matières pour lesquelles les directeurs d'administration ou les préfets ont qualité pour agir, soit devant les tribunaux judiciaires, soit devant les tribunaux administratifs du premier degré. Voy. *suprà*, n° 57, et *infrà*, n° 72.

« Aux ministres seuls, dit M. Macarel, *Arrêts du conseil,* t. 1, p. 357, note 1, appartient le droit de procéder devant le comité du contentieux du conseil d'État au nom du Gouvernement. — Les directeurs généraux peuvent bien, en certaines occasions, instruire les affaires qui y sont ainsi portées, rassembler et fournir tous les documents propres à éclairer le jugement à intervenir; mais ils ne peuvent suppléer le ministre dans l'acte qui introduit le procès devant le conseil d'État.

Le pourvoi introduit par un directeur général pourrait néanmoins être régularisé par l'approbation du ministre. 23 mars 1836, *Hannoyer et Laîné.*

Dans l'espèce de l'ordonnance du 30 mai 1821, *Léonard Brunner*, le recours contre un arrêt rendu en matière de police de roulage avait été introduit directement par le préfet dans l'intérêt de l'administration. « Mais, dit M. Macarel, *Arrêts du conseil*, t. 2, p. 25, note 1, le comité du contentieux a pensé qu'il n'était pas suffisamment saisi; et, sur sa demande, M. le garde des sceaux a renvoyé toutes les pièces au ministre de l'intérieur, pour que Son Excellence, après s'en être fait rendre compte, prît elle-même contre l'arrêté du conseil de préfecture telles conclusions qu'il appartiendrait..... »

Puisque le pourvoi avait été introduit par un fonctionnaire qui n'avait pas qualité, la section du contentieux aurait dû, selon moi, provoquer le rejet du recours, au lieu de faire renvoyer les pièces au ministre de l'intérieur.

**65.** — III. Les administrations générales, telles que celles de l'enregistrement, des contributions directes, des contributions indirectes, etc., sont représentées en justice par leurs directeurs.

L'action est exercée par le directeur général, poursuites et diligences du directeur local. C'est le directeur local, représentant le directeur général, qui est assigné par celui qui veut intenter une action contre ces diverses administrations. Voy. pour l'enregistrement, le *Traité* de MM. Rigaud et Championnière, t. 4, p. 974.

**66.** — L'administration forestière est chargée, tant dans l'intérêt de l'État que dans celui des autres propriétaires de bois et forêts soumis au régime forestier, des poursuites en réparation de tous délits et contraventions commis dans ces bois et forêts. — Les actions et poursuites sont exercées par les agents forestiers au nom de l'administration forestière, sans préjudice du droit qui appartient au ministère public. Code forestier, art. 159.

D'après l'art. 11 de l'ordonnance du 1<sup>er</sup> août 1827, la qualité d'agent n'appartient qu'aux conservateurs, inspecteurs, sous-inspecteurs et gardes généraux. Un simple garde à cheval n'aurait donc point qualité pour relever appel, au nom de l'administration, d'un jugement de police correctionnelle. C. cass., 11 juin 1829, *Étienne Capiou*; 2 sept. 1830, *Pierre.*

Il en serait autrement si ce garde remplissait provisoirement les fonctions de garde général, et s'il avait été spécialement

autorisé par l'agent supérieur chargé en chef du service dans le
département. C. cass., 31 janv. 1824, *Julien Nérac.* — Voy.
*Journal du Palais*, t. 18, p. 411, note 1.

**67.** — La délégation faite à ces divers agents ne s'applique
qu'aux actions relatives à la police et à la conservation des bois
et forêts confiés à leur surveillance. Si l'action était relative à la
propriété, à des servitudes ou à des droits d'usage, elle rentrerait dans la classe des actions ordinaires, et serait régie par les
règles particulières aux actions concernant la personne morale
ou les particuliers propriétaires de la forêt.

En ce cas, les agents forestiers n'auraient pas qualité pour
agir. Les significations qui leur seraient faites seraient nulles, et
tout acquiescement de leur part demeurerait sans effet. 12 fév.
1823, *Imbart-Latour*; 4 juin 1823, *habitants d'Arriaux*, comm.
de *Bellerey*; 15 juin 1825, *Guyot*. Voy. *infrà*, n° 204.

**68.** — Les actions relatives aux délits et contraventions commis dans les forêts de la Couronne sont exercées par les agents
de ces forêts, qui sont en tout assimilés aux agents de l'administration forestière. Code forestier, art. 87.

**69.** — IV. Le Trésor public procède en justice par le ministère
d'un agent spécial appelé *agent judiciaire du Trésor.* Décrets des
27 mai-1er juin 1791, et 27-31 août 1791; Code de procédure
civile, art. 69 et 70.

Voy. Gérando, t. 4, p. 595, n° 6808; Foucart, 4e édit., t. 2,
p. 750, n° 1230.

**70.** — La loi du 28 avril 1816, art. 98, ayant substitué le
Trésor public à l'ancienne caisse d'amortissement, le Trésor
exerce les actions pour le recouvrement des sommes dont les
mandataires de cette caisse étaient responsables. 27 avril 1829,
*Mounier.*

Quant à la nouvelle caisse d'amortissement, créée par l'art. 99
de la même loi, les actions qui la concernent sont exercées par
le directeur général qui, aux termes de l'art. 100, dirige et administre cette caisse.

**71.** — V. L'action en nullité des actes d'engagement, en matière de recrutement, doit être dirigée contre le préfet. Décision
ministérielle du 19 juill. 1819 (Duvergier, t. 22, p. 287). — Voy.
mes *Principes de compétence*, n° 413, t. 2, p. 254.

C'est aussi le préfet qui représente l'État dans les contestations
judiciaires auxquelles donnent lieu les réclamations des jeunes
gens désignés par leur numéro pour faire partie du contingent
cantonal. Voy. l'art. 26 de la loi du 21 mars 1832, qui est rapporté plus bas, n° 730.

**72.** — VI. Les préfets ont qualité pour représenter et défendre les intérêts de l'État dans les contestations relatives aux cours d'eau navigables. 16 août 1832, *min. du commerce.*

Ces fonctionnaires sont aussi chargés de l'exercice des actions concernant les routes, tant impériales que départementales. Ils exercent ces actions comme représentant l'État, unité nationale, et non comme administrateurs du domaine départemental, même lorsque l'action est relative au règlement de l'indemnité due à raison d'une expropriation nécessitée par les travaux d'une route départementale. C. cass., 20 déc. 1842, *préfet d'Ille-et-Vilaine c. Thomas.*

Voy. le texte de cet arrêt dans mes *Principes de compétence,* t. 3, p. 490, note 1.

La Cour de cassation a décidé, le 25 août 1847, *préfet de la Vendée c. David,* qu'en matière d'expropriation pour cause d'utilité publique, est non recevable le pourvoi en cassation formé par le ministère public, agissant au nom du préfet, dans l'intérêt de l'État.

Devant le conseil d'État, c'est le ministre qui exerce l'action. 9 août 1836, *Ninot-Narjoux.* — Voy. *suprà,* nº 64.

SECTION IV. — *Actions concernant les départements.*

**73.** — I. «Les actions du département sont exercées par le préfet en vertu des délibérations du conseil général. » Loi du 10 mai 1838, art. 36, § 1. Mais il n'a plus besoin, aujourd'hui, d'obtenir l'autorisation du chef de l'État; le décret du 25 mars 1852, tableau A, nº 5, donne aux préfets le droit d'autoriser les départements à ester en justice.

Le préfet, comme le maire, réunit une double qualité. Il est agent de l'administration centrale, et représentant de l'État dans le département; il est de plus l'organe et le représentant des intérêts spéciaux de ce département. Il était donc naturel que l'exercice des actions départementales lui fût confié. Voy. Reverchon, p. 305, nº 117; Cotelle, t. 1, p. 79, nº 6; Foucart, 4ᵉ éd., t. 3, p. 369, nº 1568; Dufour, 2ᵉ édit., t. 1, p. 333, nº 387.

Le ministre ne pourrait suppléer le préfet dans l'exercice de ces actions, et il a été décidé qu'une ordonnance rendue contre un département défendu par le ministre seul n'était pas contradictoire. 27 juin 1834, *préfet du Bas-Rhin c. Auerbacher.*

**73 bis.** — J'ai combattu, dans mon *Journal du droit administratif,* t. 4, p. 466, art. 189, nº 7, une circulaire de M. le ministre de l'intérieur, qui ne permet aux préfets de n'intenter que provisoirement les actions urgentes, et qui ne valide cet acte conservatoire qu'autant que le conseil général l'approuve dans une délibération postérieure; j'ai pensé qu'il résultait, au con-

traire, du n° 5 de l'art. 4 et de l'art. 36 de la loi du 10 mai
1838, que les préfets pouvaient intenter et soutenir des actions
dont l'urgence est certaine sans délibération du conseil général.

**74.** — « En cas de litige entre l'État et le département, l'action est intentée ou soutenue, au nom du département, par le
membre du conseil de préfecture le plus ancien en fonctions. »
Loi du 10 mai 1838, art. 36, § 6.

On avait d'abord proposé de confier, pour ce cas particulier, à
un membre du conseil général le soin de représenter le département ; mais on fit observer qu'il y aurait des inconvénients
à permettre qu'un membre du conseil général exerçât ses fonctions en dehors du temps de la session de ce conseil ; et que,
d'ailleurs, pour les actes conservatoires et pour les actions
qui requièrent célérité, la désignation du délégué ne pourrait
être faite en temps utile. Ces considérations déterminèrent les
Chambres à charger le plus ancien membre du conseil de préfecture de représenter le département. Voy. Duvergier, t. 38, p. 303,
note 1 ; Reverchon, p. 321, n° 127.

**75.** — II. Les arrondissements ne constituent point des personnes civiles ; ils n'ont ni existence propre, ni biens particuliers ; ce sont de simples divisions administratives. Ils ne peuvent donc avoir aucune action à exercer.

Antérieurement à la loi du 10 mai 1838, le conseil d'État avait
admis que les arrondissements pouvaient se faire représenter
en justice par les sous-préfets. Voy. 6 nov. 1817, *Thoret c. arrondissement de Provins* ; 10 juillet 1835, *arrondissement de
Guingamp c. Lecardinal de Kernier.* — Voy. aussi Cotelle,
t. 1. p. 81, n° 10.

Mais, lors de la discussion de la loi de 1838, il fut reconnu
que les arrondissements n'étaient qu'une division administrative,
qu'ils n'avaient point d'individualité distincte de celle du département ; et c'est ce qui explique le silence que garde cette loi
relativement aux actions à intenter ou à soutenir en leur nom.
Ce silence ne leur permettrait plus aujourd'hui d'agir en justice, et, par conséquent, de se faire représenter par le sous-
préfet. Voy. Reverchon, p. 325, n° 129 ; Duvergier, t. 38, p. 304,
note 1, et p. 306, note 1.

C'est le préfet, représentant le département, qui aurait seul
qualité pour agir dans l'intérêt de l'arrondissement, à raison,
par exemple, de l'exécution d'un legs fait aux pauvres d'un arrondissement. — M. Dufour, 2ᵉ édit., t. 1, p. 428, n° 519, admet
qu'il peut y avoir à ce principe quelques rares exceptions résultant d'une disposition expresse de la loi. Je le crois aussi,
pourvu qu'il s'agisse d'une disposition postérieure à la loi de

1838 ; mais, sous l'empire de cette loi, je ne puis reconnaître aux sous-préfets le droit d'agir au nom de l'arrondissement, en vertu, par exemple, du décret du 9 avril 1811, qui a concédé certains immeubles aux arrondissements et a chargé l'administration des domaines d'en faire la remise aux sous-préfets. — Le conseil d'Etat a bien pu, en 1835, par l'ordonnance précitée., *Guingamp*, donner raison sur ce point à M. Dufour ; mais je doute qu'il eût jugé de la même manière après 1838.

### Section V.—*Actions concernant les communes.*

§ I<sup>er</sup>. — Actions concernant la généralité des habitants.

**76.**—I. Le maire est chargé, sous la surveillance de l'administration supérieure, de représenter la commune en justice, soit en demandant, soit en défendant. Loi du 18 juill. 1837, art. 10, § 8.

Les actions qui intéressent la généralité des habitants d'une commune doivent donc être dirigées par ou contre le maire. — Ainsi il a été jugé, le 19 déc. 1856, par la Cour de Riom, *hab. de Giraudfaure c. Cognord*, que l'action intentée contre une communauté d'habitants, pris *ut universi*, ne peut être régulièrement formée que contre le maire, représentant légal de cette communauté ; qu'en conséquence, le tribunal saisi d'une action de cette nature ne peut pas plus statuer sur la demande principale que sur la demande reconventionnelle formée par les habitants, tendant à se faire considérer comme propriétaires *ut singuli* de l'immeuble en litige.

**77.**—Quoique chargé seul de l'administration, le maire peut déléguer une partie de ses fonctions à un ou plusieurs de ses adjoints, et, en l'absence des adjoints, à ceux des conseillers municipaux qui sont appelés à en exercer les fonctions. Loi du 18 juill. 1837, art. 14.

Les adjoints ou conseillers municipaux ainsi délégués ont qualité pour exercer les actions relatives aux objets compris dans cette délégation.

Même avant la loi de 1837, il avait été jugé que l'adjoint pouvait interjeter appel d'un jugement rendu contre la commune, dans une contestation qui se référait à la partie des fonctions municipales à lui déléguée, et qu'il n'était pas nécessaire que la délégation fût annexée à l'acte d'appel. C. cass. 5 sept. 1828, *Perron c. maire de Bordeaux.*

**78.**—Pareillement, lorsque le maire est empêché, ou bien lorsqu'il y a opposition d'intérêts entre lui et la commune, l'action est exercée par l'adjoint, et, à défaut de l'adjoint, par le conseiller municipal le premier inscrit sur le tableau (1). Voy. Foucart, 4ᵉ édit. t. 3, p. 525, n° 1745; Reverchon, p. 73, note 1; Serrigny, t. 1, p. 406, n° 393.

L'adjoint et le conseiller municipal agissent alors, non plus en leur qualité d'adjoint ou de conseiller municipal, mais comme maire. Dans aucun cas, les actions qui intéressent la commune tout entière ne peuvent être intentées ou soutenues, ni par un syndic, ni par un ou plusieurs membres du conseil municipal agissant en cette qualité, alors même qu'ils auraient été spécialement délégués par le conseil municipal lui-même. 19 juill. 1826, comm. de Bellechassaigne c. Leblanc; 22 nov. 1836, Morteaux c. maire de Labastide-de-Serou; 20 avril 1840, conseillers municipaux d'Autreville.

**79.** — L'autorité administrative elle-même ne peut déléguer les actions de la commune. Ainsi, un conseil de préfecture, en accordant l'autorisation de plaider, ne peut désigner, pour suivre l'action, un agent autre que celui qui est légalement investi du pouvoir de représenter la commune. C. cass. 17 juin 1834, comm. de Sarianges c. Dulac; 21 nov. 1837, Martin c. comm. de Thianges; Serrigny, t. 1, p. 440, n° 431.

**80.** — Mais comment devra-t-on procéder si le maire, l'adjoint et tous les conseillers municipaux ont des intérêts opposés aux prétentions de la commune, ou s'ils ont manifesté, dans une délibération, une opinion contraire à ces prétentions?

La Cour de cassation, saisie deux fois de cette question, dans des espèces d'une date antérieure à la nouvelle loi, l'a jugée, en 1838, dans un sens, en 1841 dans le sens contraire. Le 25 juin 1838, De Riberolles c. habitants d'Arcouzat, elle a pensé que le conseil de préfecture, en autorisant les habitants à plaider, pouvait leur permettre de choisir un syndic spécial pour les représenter en justice, et confirmer le choix par eux fait; le 16 fév. 1841, Bourel-Duboueix c. Lespineux, la même Cour a, au contraire, décidé que rien ne pouvait autoriser le choix d'un commissaire spécial pour agir à la place des fonctionnaires désignés par la loi.

M. Serrigny, t. 1, p. 441, n° 432, tire de ce dernier arrêt la conclusion que la décision de 1838 ne devrait plus servir de règle aujourd'hui, sous l'empire de la loi de 1837, et il indique la

_____

(1) Mais un conseil municipal ne pourrait pas demander et obtenir qu'un de ses membres fût désigné, par application de l'art. 4 de la loi du 5 mai 1855, pour soutenir une action aux lieu et place du maire. Voy. *Journal du droit administratif*, t. 7, p. 111, n° 316.

marche tracée par l'art. 56 comme celle qui devrait être suivie.·

Je reconnais que la loi nouvelle, comme la loi ancienne, est complétement muette, et j'éprouve quelque difficulté à indiquer une voie sûre et légale. Qui sera appelé, d'abord, à apprécier la question de savoir si les représentants naturels ont, ou peuvent avoir, des intérêts contraires à ceux de la masse des habitants ? Comment tous les membres du conseil municipal seront-ils placés en état de suspicion légitime ?

On conçoit qu'un plus grand embarras pouvait naître avant 1837, lorsque ces représentants légaux et ordinaires refusaient de plaider à cause de leur intérêt dans la contestation ; mais la loi nouvelle y a pourvu. Un habitant contribuable, l'un de ceux intéressés spécialement à faire obtenir gain de cause à la commune, se présentera pour plaider, et tous les droits seront sauvegardés. Foucart, 4ᵉ édit., t. 3, p. 526 , nᵒ 1745. Voy. *infrà*, nᵒ 95.

La voie indiquée par M. Serrigny serait presque impraticable : car, dans l'espèce du premier arrêt de la Cour de cassation, il aurait fallu créer un nouveau conseil municipal.

Disons donc que si les représentants de la commune sont en état de partialité tel qu'ils ne puissent continuer à la représenter valablement, ou l'autorisation n'aura pas été accordée, et alors un contribuable demandera cette autorisation pour plaider lui-même à ses périls et risques ; ou l'autorisation aura déjà été obtenue par le maire, et alors, encore, un contribuable demandera à être autorisé à intervenir dans l'instance afin de soutenir des intérêts compromis, comme pour le cas où le maire ne défendrait pas lorsque la commune a été autorisée à défendre, ou bien pour le cas où un appel étant autorisé, l'appel ne serait pas interjeté. Voy. Foucart, 4ᵉ édit., t. 3, p. 526, nᵒ 1745.

Que si aucun contribuable ne se présente pour exercer l'action, le maire, l'adjoint ou l'un des conseillers municipaux représentera la commune malgré l'état de suspicion légitime dans lequel il pourrait se trouver, mais qui sera présumé ne pas exister puisque personne ne se plaint ; s'il refuse d'agir, la commune demeurera sans représentant légal ; l'action ne sera pas intentée, ou bien, si la commune est défenderesse, elle sera jugée par défaut.

Je ne me dissimule pas que ma solution peut souffrir de grandes difficultés ; mais la législation n'offre aucune base sur laquelle puisse être appuyée toute autre solution. Il arrivera, d'ailleurs, bien rarement, que le maire, l'adjoint et tous les conseils municipaux soient personnellement intéressés, et qu'il ne se trouve aucun contribuable qui demande à exercer l'action.

**81.** — Quelques ordonnances ont reçu des pourvois formés par le ministre de l'intérieur dans l'intérêt de certaines communes. Voy. 16 nov. 1828, *Frédéric c. ministre de l'intérieur ;* 6 janv. 1830, *ministre de l'intérieur.*

Ce mode de procéder est irrégulier. Le ministre peut, sans doute, lorsqu'un pourvoi est formé par une commune, présenter des observations au conseil d'Etat en sa faveur ; mais il ne peut exercer directement les actions de la commune, en présence des dispositions législatives qui ont confié cette mission à des agents spéciaux. Du reste, le conseil d'Etat a reconnu lui-même, dans d'autres circonstances, que les pourvois au nom des communes ne pouvaient être formés ni par les ministres ou directeurs généraux, ni par les préfets. 8 sept. 1819, *com. de Gonès c. Meyville ;* 19 déc. 1821, *com. de Molay c. Brunet ;* 16 juin 1824, *préfet du Haut-Rhin ;* 22 nov. 1829, *ministre de l'intérieur c. Dubail.* — Il en est ainsi notamment quand il s'agit de réclamer, au nom des communes, des subventions spéciales à raison des dégradations extraordinaires causées aux chemins d'intérêt commun. 17 mars 1856, *Vinas.*

Voy. aussi, Dufour, t. 1, p. 631, n° 745 ; Macarel, *Arrêt du conseil,* 1830, p. 5 ; Roche et Lebon, *Arrêts du conseil,* t. 2, p. 483, note 1 ; *Journal des Communes,* t. 12 (1839), p. 172 ; Foucart, 4e édit., t. 3, p. 526, n° 1745.

M. de Cormenin avait développé cette dernière opinion dans sa première édition, t. 1, p. 72 ; mais, dans sa 5e édition, t. 1, p. 412, notes, il fait une distinction. D'après lui, le ministre de l'intérieur est sans qualité pour exercer devant les tribunaux judiciaires les actions d'une commune ; mais, ajoute-t-il, « devant le conseil d'Etat, si le maire est l'adversaire de la commune, il est de l'intérêt de celle-ci que le ministre la défende sans frais et dépens... Il ne faut pas être trop *procédurier* en matière administrative. »

Que le ministre contribue par ses observations à la défense de la commune, rien de mieux ; mais qu'il puisse introduire le pourvoi de son chef, c'est ce qu'il n'est pas possible d'admettre.

Je conviens qu'en matière administrative il ne faut pas être trop formaliste, mais il ne faut jamais que le mode d'action soit arbitraire, lorsque la loi est précise et claire.

**82.** — Une ordonnance du 25 fév. 1818, *comm. de Marsillargues,* rejette comme tardif un recours formé dans l'intérêt d'une commune par le ministre de l'intérieur plus de trois mois après la signification de l'arrêté attaqué. Il eût été plus régulier de déclarer le pourvoi non recevable par le motif que le ministre n'avait pas qualité pour l'introduire.

**82** *bis.*—Le préfet n'a pas non plus qualité (Voy., n° 85, l'ordon. du 16 juin 1824) pour exercer les actions de la commune, même dans le cas de négligence ou de mauvais vouloir du maire et des conseillers municipaux. L'administration l'a reconnu dans une circulaire ministérielle du 10 octobre 1842 que j'ai rapportée textuellement dans le *Journal du Droit administratif.* Voy. ce journal, t. 2, p. 404, art. 108; t. 5, p. 94, art. 199, et p. 327, art. 217. — Voy. aussi le *Journal des Avoués,* année 1857, p. 575, art. 2824 dans lequel j'ai combattu un arrêt de la Cour de Bourges du 30 avril 1856, j'ai expliqué l'erreur de motifs de l'arrêt du 7 juillet 1852, C. cass., et j'ai cité de nombreux arrêts de la Cour de cassation, conformes à mon opinion. La Cour de Riom a décidé, les 15 fév. 1848, *Boudol c. Leclerc,* et 11 déc. 1849, *Brochard c. Leclerc,* dans le sens de la Cour de Bourges, mais elle a consacré ma doctrine le 17 mars 1848. Ces arrêts ont été rapportés *J. Av.,* t. 73, p. 510, art. 531 ; p. 665, art. 600, et t. 75, p. 117, art. 827. C'est également dans ce sens que se prononce mon savant confrère M. Foucart, *loco citato.*

**83.** — II. Le maire ne peut intenter, ni soutenir une action au nom de la commune, soit devant les tribunaux judiciaires, soit devant les juridictions administratives, sans une délibération préalable du conseil municipal.

Si le conseil municipal n'avait pas été appelé à délibérer, ou bien si la délibération était irrégulière, par exemple, comme n'ayant pas été prise par le nombre de membres voulu par la loi, l'action serait rejetée, et le maire serait passible d'une condamnation personnelle aux dépens. 20 nov. 1822, *Fourton c. Delaboureys ;* 9 mars 1832, *comm. de Curlu c. héritiers Lemaire ;* 19 déc. 1834, *comm. de Desvres ;* 19 janv. 1850, *Saint-Prix d'Audibert c. comm. de Fayerne ;* 17 fév. 1853, *minist. des finances c. Glerès.* 16 déc. 1838, *comm. de Savennes.* — Même décision, lorsqu'il s'agit d'un pourvoi contre un arrêté du conseil de préfecture, statuant sur une réclamation relative à la taxe sur les chiens. 13 janv. 1858, *maire de Deyrançon ;* 7 avril 1858, *maire de Coulonges ; Dufour,* 2<sup>e</sup> édit., t. 3, p. 491, n° 487. Voy. *infrà,* n° 101. Néanmoins, le soutien d'une action dans l'intérêt d'une commune, sans l'autorisation du conseil municipal, pourrait, suivant les circonstances, constituer un acte conservatoire, autorisé par l'art. 55 de la loi du 18 juill. 1837. 9 janv. 1849, *Ville de Paris c. Noël et consorts ;* mais, dans ce cas, l'action exercée par le maire ne pourrait être déclarée recevable qu'à la charge par lui de rapporter ultérieurement une délibération du conseil municipal, ratifiant et autorisant l'exercice de l'action dont il s'agit. 27 janv. 1848, *comm. de Vinon c. Truc.* V. Foucart, 4<sup>e</sup> édit., t. 3, p. 534, n° 1751.

**84.** — Les jugements, arrêts et décisions rendus contradictoirement avec la commune, représentée par le maire et le conseil municipal, ont l'effet de la chose jugée vis-à-vis de chaque habitant considéré comme membre de la communauté. Mais l'habitant qui réclame des droits à lui personnels, ou qui invoque des exceptions tendant à le soustraire, par l'effet de quelques actes individuels, à l'obligation commune, n'est point censé avoir été représenté par la commune, et les jugements ou arrêts rendus contre celle-ci ne peuvent pas lui être opposés. C. cass., 1ᵉʳ juin 1832, *habitants du Beausset c. de Seran*; 19 nov. 1838, *comm. de Vernois c. Denizot.* Voy. Dalloz, *Répert.,* 2ᵉ édit., vᵒ *Comm.,* nᵒˢ 1386 et 1390.

**85.** — III. Quoique l'exercice des actions communales n'appartienne qu'au maire, les receveurs sont chargés de faire les diligences nécessaires pour le recouvrement des revenus et les poursuites contre les débiteurs. On lit, en effet, dans l'arrêté du 19 vend. an XII :

« Art. 1ᵉʳ. Les receveurs des communes et les receveurs des revenus des hôpitaux, bureaux de charité, maisons de secours et autres établissements de bienfaisance, sous quelque dénomination qu'ils soient connus, seront tenus de faire, sous leur responsabilité respective, toutes les diligences nécessaires pour la recette et la perception desdits revenus, et pour le recouvrement des legs et donations, et autres ressources affectées au service de ces établissements ; de faire faire, contre tous les débiteurs en retard de payer et à la requête de l'administration à laquelle ils sont attachés, les exploits, significations, poursuites et commandements nécessaires; d'avertir les administrateurs de l'échéance des baux ; d'empêcher les prescriptions ; de veiller à la conservation des domaines, droits, priviléges et hypothèques, de requérir à cet effet l'inscription au bureau des hypothèques de tous les titres qui en seront susceptibles, et de tenir registre desdites inscriptions et autres poursuites et diligences. » Voy. *Dispositions identiques.* Ordonn. du 31 mai 1838, art. 470.

Cette obligation des receveurs s'étend à toutes les opérations qu'exige le recouvrement jusqu'à l'encaissement définitif des produits. S'il faut procéder à la vente des meubles des débiteurs, cette vente est poursuivie par les receveurs, sans qu'il soit nécessaire que le maire soit appelé, à moins que les oppositions du débiteur ne donnent lieu à une contestation de la compétence des tribunaux judiciaires ou administratifs; car, toutes les fois que les poursuites et diligences des receveurs provoquent une action en justice, le maire doit nécessairement intervenir, puisque lui seul peut ester en justice au nom de la commune. Instruction du ministre de l'intérieur du 3 nov. 1839 (*Bull. off.*, p. 347).

### § II. — Actions concernant les sections de communes.

**85 bis.** — I. Une des questions les plus délicates est de savoir ce qu'on doit entendre par *section de commune*. Ce serait sortir du cadre de l'*instruction administrative* que la traiter comme elle le mérite, *in extenso*. Je me borne à renvoyer aux autorités. M. Reverchon, dans son *Traité de l'autorisation de plaider*, p. 289, n<sup>os</sup> 10 et suiv., l'a examinée sous toutes ses physionomies. Voy. aussi M. Aucoc, dans son intéressant ouvrage sur les sections de communes.

Mon honorable ami, M. Batbie, a présenté les considérations les plus judicieuses sur la personnalité de cette fraction communale, *Journal du droit administratif*, t. 2, p. 406, art. 108.— Il semblerait résulter d'un arrêt d'admission de la chambre des requêtes de la Cour de cassation, du 1<sup>er</sup> déc. 1857, et d'un arrêt de la Cour de Riom du 19 déc. 1856, que c'est à l'autorité administrative seule à *déclarer* si une réunion d'habitants forme ou non une *section de commune*. Cela me paraît fort grave, et je réserve mon opinion, que je développerai dans un des cahiers de mon journal.

**86.** — II. Le mode d'exercice des actions concernant les sections de communes est réglé par les art. 56. 57 et 58 de la loi du 18 juillet 1837.

Voici ce qu'ils portent :

« Art. 56. Lorsqu'une section est dans le cas d'intenter ou de soutenir une action judiciaire contre la commune elle-même, il est formé, pour cette section, une commission syndicale de trois ou cinq membres, que le préfet choisit parmi les électeurs municipaux, et, à leur défaut, parmi les citoyens les plus imposés (1).

« Les membres du corps municipal qui seraient intéressés à la jouissance des biens ou droits revendiqués par la section, ne devront point participer aux délibérations du conseil municipal relatives au litige.

« Ils seront remplacés, dans toutes ses délibérations, par un nombre égal d'électeurs municipaux de la commune, que le préfet choisira parmi les habitants ou propriétaires étrangers à la section.

---

(1) Voy. *Journal du droit administratif*, t. 4, p. 65, mes observations sur le mode de dresser *la liste des plus imposés*.

« L'action est suivie par celui de ses membres que la commission syndicale désigne à cet effet (1).

« Art. 57. Lorsqu'une section est dans le cas d'intenter ou de soutenir une action judiciaire contre une autre section de la même commune, il sera formé, pour chacune des sections intéressées, une commission syndicale conformément à l'article précédent.

« Art. 58. La section qui aura obtenu une condamnation contre la commune ou contre une autre section, ne sera point passible des charges ou contributions imposées pour l'acquittement des frais et dommages-intérêts qui résulteraient du fait du procès.

« Il en sera de même à l'égard de toute partie qui aurait plaidé contre une commune ou une section de commune. »

**87.** — La loi du 29 vendém. an v, qui chargeait les agents municipaux et leurs adjoints de suivre les actions concernant les communes, n'avait pas prévu le cas où des sections d'une commune seraient en contestation contre d'autres sections de la même commune. Des difficultés s'étant élevées à cet égard, un arrêté du 24 germinal an xi avait décidé que le sous-préfet de l'arrondissement désignerait dix personnes prises parmi les plus imposées dans les sections intéressées; que ces dix personnes se réuniraient pour délibérer sur le point de savoir s'il y avait lieu à intenter ou à soutenir le procès; que, s'il n'y avait pas conciliation, le procès-verbal de l'assemblée tendant à obtenir l'autorisation de plaider serait adressé au conseil de préfecture, qui prononcerait; et qu'enfin, si l'autorisation de plaider était accordée, les membres élus par le sous-préfet nommeraient, chacun dans sa section, un d'entre eux qui serait chargé de suivre l'action. Ce choix ne pouvait jamais tomber sur le maire ou l'adjoint de la commune.

Quoique cet arrêté fût spécial et relatif à une affaire particulière, il servait de règle avant la loi du 18 juillet 1837, et la jurisprudence en avait étendu l'application au cas où une section était en procès avec la commune elle-même. Voy. 4 juill. 1827, *Lepage;* 13 avril 1838, *section de Latude, comm. de Sorbs;* 17 juin 1829, *Raviou c. comm. de Vallenay;* 18 nov. 1831, *comm. de Frasnois;* 5 avril 1833, *habitants de Bourg-aux-Nonains, comm. de Rénazé.*

---

(1) Un syndic ne peut être choisi par le préfet en dehors des membres de la commission syndicale. On ne peut ici appliquer la loi du 5 mai 1855. Décision ministérielle, *Journal du droit administratif*, 1857, p. 500, art. 225, n° 162.

Il est facile de voir en quoi ces dispositions diffèrent de celles de la nouvelle loi.

**88.**—Sous l'empire de l'ancienne législation l'on décidait que si une section voulait plaider, non plus contre une autre section de la même commune ou contre la commune elle-même, mais contre une autre commune ou contre un particulier, il n'y avait pas lieu à la nomination d'un syndic, et que la section ne pouvait être représentée que par le maire, et, à son défaut, par l'adjoint. Voy. 4 juill. 1827, *Lepage ;* 17 mai 1833, *section de Berval, comm. de Bonneuil c. Cagniard-Damainville* ; C. cass., 6 avril 1836, *Bruneau c. comm. de Cinais ;* 22 nov. 1837, *héritiers Bataille, c. comm. de Puyvalador ;* 16 fév. 1841, *Bourel-Duboueix c. Lespineux ;* Riom, 1ᵉʳ août 1836, *Lombard c. habitants du Rigolet.*

Voy. en sens contraire, C. cass., 15 mars 1831, *préfet de l'Ardèche c. Armand ;* 20 nov. 1837, *Balguerie c. section de la comm. d'Andrenos.*

Lors de la discussion de la loi du 18 juillet 1837, la Chambre des députés avait pensé que, dans tous les cas, quel que fût l'adversaire d'une section de commune, ses intérêts devaient être confiés à une commission syndicale, parce qu'on ne pouvait être assuré que le conseil municipal défendît ses intérêts avec un zèle suffisant. Mais la Chambre des pairs fit prévaloir le système contraire ; et il est certain aujourd'hui que, lorsqu'il n'y a pas opposition d'intérêts entre la section de la commune et la commune elle-même, le conseil municipal et le maire ne doivent pas être remplacés par une commission, et que le maire a seul qualité pour représenter la section. Voy. Duvergier, t. 37, p. 251, note 2 ; Reverchon, p. 280, nᵒ 106 ; Foucart, 4ᵉ édit., t. 3, p. 544, nᵒ 1762.

C'est aussi ce qui a été jugé, le 22 mai 1844, par la Cour de Toulouse, 1ʳᵉ chambre, *Théron c. la comm., Esvidal.*

**89.** — Mais le maire n'a point qualité pour intenter ou soutenir une action dans l'intérêt de quelques habitants seulement, qui ne forment point une section de commune. 21 avril 1836, *comm. de Clux ;* 1ᵉʳ nov. 1837, *comm. de Drulingen.* Voy. *suprà*, nᵒ 85 *bis.*

**90.** — III. Qu'arriverait-il si le maire et le conseil municipal se refusaient à plaider pour une section, contrairement au vœu de la majorité des habitants ?

D'après M. Reverchon, p. 285, nᵒ 107, un décret du 25 pluviôse an XIII, non inséré au *Bulletin des lois,* mais rappelé dans un avis du comité de l'intérieur du 17 août 1832, disposait qu'en ce cas dix des plus imposés de cette majorité seraient réunis, et nommeraient un syndic pour exposer leurs motifs au conseil de préfecture.

M. Reverchon se demande si ce décret est encore applicable aujourd'hui; mais il se contente d'indiquer les raisons qu'on peut invoquer en faveur de l'affirmative et de la négative, sans émettre une opinion personnelle.

Je ne pense pas que la nouvelle législation permette de suivre la marche prescrite par le décret de l'an XIII. Le maire et le conseil municipal représentant non-seulement la commune tout entière, mais encore chaque fraction de cette commune, c'est à eux et non point aux habitants, qu'il appartient d'examiner s'il est convenable d'engager le procès. Dès là qu'à défaut des représentants légaux de la commune, des habitants peuvent demander l'autorisation et agir à leurs frais et risques, mon opinion ne présente aucun inconvénient.

Le conseil d'Etat a implicitement adopté ma doctrine en reconnaissant que les habitants d'une section de commune agissant en corps et au nom de la section étaient sans qualité pour se pourvoir contre une décision administrative rendue au profit d'une autre section de la même commune; — Que le pourvoi dans ce cas ne pouvait être formé que par un membre d'une commission syndicale régulièrement instituée, mais que quelques habitants de la section agissant *ut singuli* avaient cependant qualité pour agir. 18 août 1849, *habitants du Tanyot.*

**91.** — Une ordonnance du 24 mars 1819, *habitants d'Arboux c. héritiers d'Albert,* décide que « le ministre de l'intérieur a qualité pour intervenir, au nom et dans l'intérêt d'une section de commune, sur le refus du conseil municipal de ladite commune d'agir dans cet intérêt. »

J'ai déjà dit, *suprà,* n° 81, que le ministre ne pouvait, en aucun cas, exercer les actions de la commune; je ne pense pas que le refus du conseil municipal puisse l'autoriser à agir aux lieu et place des représentants légaux de la commune. Voy. Reverchon, p. 284, n° 106.

**92.** — IV. Le préfet ne peut se refuser à former la commission syndicale, qui doit être créée toutes les fois qu'une section est dans le cas d'intenter une action, soit contre la commune elle-même, soit contre une autre section, pourvu, bien entendu, qu'il ne soit pas contesté que les réclamants forment, en réalité, une section de commune. Voy. *suprà,* n°s 85 *bis* et 31 août 1847, *Malagré.* Il n'appartient qu'à la commission, et ensuite, s'il y a lieu, au conseil de préfecture, d'examiner la question de savoir si la section doit être autorisée à plaider. En refusant de former la commission, le préfet préjugerait cette question, et il commettrait un excès de pouvoir. 5 déc. 1839, *section de Sargé*, 24 mai 1851, *Laffont ; 4* sept. 1856, *section de Parilly  c.  comm. de Chinon ;* 10 fév. 1859, *sections de Poisy  et des Chenettes ;* 7 avril 1859, *Ballard et consorts.* Cette jurisprudence a cependant été combattue, avec beaucoup d'habileté, par un de mes honorables collaborateurs, M. Pradier-Fodéré, dans mon *Journal du droit administratif,* t. 7, p. 424, art. 265.

**93.** — D'après l'art. 4 de l'arrêté du 24 germinal an XI, le maire et l'adjoint de la commune ne pouvaient être chargés de représenter la  section en qualité de syndics ; si le syndic déjà nommé acceptait postérieurement les fonctions de maire ou d'adjoint, il ne pouvait plus représenter la section, et, après avoir cessé ses fonctions de maire ou d'adjoint, il ne recouvrait la qualité de syndic qu'en vertu d'une nouvelle nomination. C. cass., 25 nov. 1823, *syndics de la comm. de Guéret.*

La loi du 18 juill. 1837 n'ayant pas renouvelé la prohibition que contenait l'arrêté de l'an XI, on en a conclu que, si le maire ou l'adjoint habitent la section, ils peuvent faire partie de la commission syndicale et être désignés pour suivre l'action. Il ne peut en résulter aucun inconvénient, puisque le maire ou l'adjoint, s'ils font partie de la commission syndicale, ne peuvent plus prendre part aux délibérations du conseil municipal, ni, par suite, représenter la commune elle-même. Reverchon, p. 291, n° 111.

§ III. — Actions exercées par les contribuables.

**94.** — I. Avant la loi du 18 juill. 1837, la jurisprudence avait reconnu que les habitants n'étaient pas recevables à intenter, *ut singuli,* les actions concernant des droits communaux, et à se pourvoir, dans l'intérêt de la commune, contre les décisions et jugements intervenus contradictoirement avec le maire ; mais que, lorsque le fond du droit n'était pas contesté, chaque habitant pouvait exercer individuellement, et sans autorisation, les actions relatives à son droit de jouissance sur les biens communaux. Voy. 24 déc. 1810, *Boiron c. comm. de Chavenay ;* 30 mars 1812, *habitants de la Noue c. Picot ;* 27 nov. 1814, *habitants de Bourguenais c. héritiers Robineau ;* 20 juin 1816, *de Saint-Victor c. Vitermont ;* 13 mars 1822, *Fourton c. Delabourays ;* 11 fév. 1824, *habitants d'Allogny ;* 15 déc. 1824, *Renet ;* 5 août 1829, *Uthurbide et Hiriart c. d'Huart ;* C. cass., 16 juill. 1822, *Naude-Marracou c. Bataille ;* 20 mars 1823, *de Rohan c. Deporte ;* 31 mars 1835, *Hacot c. veuve Treutell ;* Turin, 31 déc. 1810, *habitants de Bassalino c. Rignon ;* Grenoble, 3 fév. 1838, *Derne c. Baborier ;* 8 juin 1838, *Doncieux c. Villand ;* Cormenin, 1<sup>re</sup> édit., t. 1, p. 86.

**95.** — La loi du 18 juill. 1837 a introduit, à cet égard, une modification importante. Elle dispose, dans son art. 49, § 3 :

« Cependant tout contribuable inscrit au rôle de la commune a le droit d'exercer, à ses frais et risques, avec l'autorisation du conseil de préfecture, les actions qu'il croirait appartenir à la commune ou section, et que la commune ou section, préalablement appelée à en délibérer, aurait refusé ou négligé d'exercer. — La commune ou section sera mise en cause, et la décision qui interviendra aura effet à son égard. »

Quant aux motifs qui ont fait admettre cette modification, voy. Duvergier, t. 37, p. 248, note 4 ; Reverchon, p. 109, n° 35 ; Serrigny, t. 1, p. 414, n° 401.

Lorsque toutes les conditions exigées par l'art. 49 ne se trouvent pas réunies, la règle établie par l'ancienne jurisprudence doit encore être suivie. Voy. 23 fév. 1841, *de Vilette* ; Foucart, 4e édit., t. 3, p. 527, n° 1746.

**96.** — Ces conditions sont de plusieurs natures :

1° L'action ne peut être exercée que par des *contribuables inscrits au rôle de la commune.*

Ainsi ce n'est pas la qualité d'habitant qui donne le droit d'agir ; cette qualité n'est point suffisante, et l'habitant qui n'est pas *contribuable inscrit au rôle de la commune* ne peut exercer que les actions individuelles relatives aux droits qui lui sont personnels et particuliers.

D'un autre côté, il n'est point nécessaire que le contribuable soit habitant de la commune ; il suffit qu'il soit inscrit au rôle de cette commune.

2° L'action est exercée aux frais et risques du contribuable.

M. Reverchon, p. 112, n° 36, ajoute : « Il importe donc 1° de vérifier s'il se soumet à cette condition, soit en termes exprès, soit implicitement, en fondant sa demande sur l'art. 49 ; 2° de la rappeler de l'une ou de l'autre manière dans l'arrêté ou l'ordonnance d'autorisation.

Dans aucun cas la commune ne peut être passible des frais et dépens exposés dans le cours du procès.

3° L'autorisation du conseil de préfecture est requise pour que l'action puisse être valablement intentée ou suivie. Voy. n° 970.

4° Enfin, la commune doit être préalablement appelée à en délibérer, et ce n'est qu'au cas où elle refuserait ou négligerait d'agir que le contribuable pourrait intenter l'action.

**97.** — Lorsque la commune a perdu son procès en première instance, et qu'elle refuse ou néglige de relever appel, après avoir été appelée à en délibérer, un contribuable peut incontestablement interjeter cet appel, avec l'autorisation du conseil de préfecture.

Le pourrait-il, si le conseil de préfecture avait refusé à la commune elle-même l'autorisation nécessaire pour plaider sur l'appel ?

Cette question me paraît devoir être résolue affirmativement. Qu'importe, en effet, que la commune demeure dans l'inaction volontairement ou par suite du refus qu'elle éprouve de la part de l'autorité supérieure? La position est toujours la même. Le conseil a pu être déterminé par la pénurie des finances de la commune.

Le contraire a néanmoins été jugé par la Cour de Bordeaux, le 29 janv. 1839, *Coycault c. section de Tabes.* A la vérité, dans cette espèce, le maire avait déjà relevé appel par mesure conservatoire ; mais cette circonstance est indifférente : l'acte d'appel était demeuré sans effet par suite du refus d'autorisation intervenu postérieurement.

**98.** — Il résulterait d'une ordonnance du 8 janv. 1840, *Vaillant,* et d'un décret du 26 août 1848, *Bezout, Lenoir et Savayer,* que le contribuable ne peut demander l'autorisation qu'après que la commune a été appelée à délibérer sur le pourvoi qu'elle peut diriger contre l'arrêté du conseil de préfecture qui lui refuse l'autorisation d'appeler. Mais un arrêt de la Cour de Bourges, du 6 avril 1840, *Quoy c. Jolly,* a jugé qu'en négligeant de se pourvoir et en acquiesçant ainsi à cet arrêté, la commune s'était suffisamment constituée en refus d'appeler. M. Reverchon, p. 113, n° 36, approuve cette doctrine. Cependant une difficulté assez délicate est signalée en ces termes dans le *Dictionnaire d'administration* de M. Blanche, v° *Commune,* p. 426 : « Le conseil municipal ayant trois mois pour exercer le recours (contre l'arrêté du conseil de préfecture refusant l'autorisation de plaider), on ne pourrait pas dire qu'il refuse ou néglige de le faire tant que ce délai n'est pas expiré. On ne saurait lui adresser ce reproche qu'après l'expiration du délai ; mais alors la déchéance étant survenue, le contribuable ne serait plus à même de former le recours. Il est donc à craindre que le droit de ce dernier ne soit purement théorique, à moins d'admettre qu'il pût, dès la notification du refus du conseil de préfecture, faire mettre, au moyen du mémoire préalable mentionné en l'art. 49 de la loi, le conseil municipal en demeure de déclarer s'il entend exercer le recours près du conseil d'État. » J'avais, dans ma première édition, approuvé purement et simplement la doctrine de la Cour de Bourges, ce qui ne voulait pas dire que le contribuable pût se pourvoir, après l'expiration des délais, mais que le pour-

voi du contribuable formé dans le délai serait déclaré recevable,
si la commune elle-même ne s'était pas pourvue en temps utile.
Il me paraît encore plus simple de faire prononcer la commune
avant l'expiration des trois mois. Il faut, avant tout, qu'un droit
aussi précieux, dans l'intérêt des communes elles-mêmes, ne
soit pas purement théorique.

**99.** — Quoique l'art. 49 de la loi du 18 juill. 1837 paraisse
n'être relatif qu'aux actions à intenter, il faut néanmoins tenir
pour constant qu'il est aussi applicable aux actions à soutenir,
et que le contribuable peut défendre aux actions dirigées contre
la commune, lorsque celle-ci refuse ou néglige d'y défendre elle-
même. Reverchon, p. 109, n° 40.

**100.** — Les dispositions de cet article sont d'ailleurs générales et permettent aux contribuables d'exercer les actions qui
doivent être portées devant les tribunaux administratifs, aussi
bien que celles qui sont de la compétence des tribunaux judiciaires ; et, comme l'art. 49 exige l'autorisation du conseil de
préfecture sans faire aucune distinction, il faut décider que cette
autorisation est requise, dans ce cas spécial, pour l'exercice des
actions administratives, quoique, dans les cas ordinaires, elle ne
soit pas nécessaire (voy. *infrà*, n° 984). 20 nov. 1840, *Garnier
de Farville ;* Serrigny, t. 1, p. 519, n° 520.

**100** *bis.* — Je ferai remarquer que la disposition de l'art. 49
qui permet aux contribuables d'exercer, à leurs frais et risques,
les actions des communes, s'applique seulement aux actions de
nature à intéresser pécuniairement le domaine communal, constitué dans l'intérêt de la généralité des habitants. Il suit de là
qu'un contribuable serait sans qualité pour exercer, aux lieu et
place et sur le refus du bureau de bienfaisance, les actions intéressant les pauvres de sa commune. 30 août 1847, *Dumorisson
c. la ville de Pont.*

**101.** — II. Afin d'éviter qu'on ne remette en question ce qui
a déjà reçu une solution judiciaire, la loi déclare que la commune
ou section de commune sera mise en cause, et que la décision
qui interviendra aura effet à son égard.

Cette disposition a donné lieu à quelques observations dans le
sein des Chambres.

La Chambre des députés avait proposé de dire que la décision
aurait l'*autorité de la chose jugée* à l'égard de la commune. La
Chambre des pairs craignait que l'on ne tirât de cette expression
de fausses conséquences. La rédaction qui se trouve dans la loi
fut adoptée après qu'on eut expliqué que, si le contribuable
vient à perdre, le jugement a effet contre la commune, qui demeure néanmoins indemne des frais ; et que, si la décision est

4.

favorable, la commune en profite. Voy. Duvergier, t. 37, p. 248, note 4; Reverchon, p. 118, nᵒ 38. Mais si la commune, au lieu de figurer passivement dans l'instance, y jouait un rôle actif, il me paraît naturel d'admettre, avec M. Dalloz, *Répert.*, 2ᵉ édit., vᵒ *Commune*, nᵒ 1460, que, par analogie avec le cas prévu par l'art. 185 du Code de procédure civile, la commune pourrait être condamnée aux dépens; j'ajoute, cependant, sauf recours de la commune contre le maire, si ce dernier a agi sans l'autorisation du conseil municipal. Voy. *suprà*, nᵒ 83.

**101** *bis.* — De cela qu'une commune s'en est rapportée à justice, il ne résulte pas qu'elle soit censée avoir acquiescé au jugement à intervenir. Les déchéances encourues par le contribuable ne peuvent être opposées à la commune qui conserve, de son chef, le droit de se pourvoir en cassation. Ces deux propositions ont été consacrées par un arrêt de la Cour de cassation du 31 déc. 1855, *comm. de Vagneyet-Martin c. Halin.*

§ IV. — Actions concernant plusieurs communes.

**102.** — I. La loi du 18 juill. 1837 ne s'occupe pas, d'une manière spéciale, des actions qui intéressent plusieurs communes ayant des biens ou des droits indivis; mais les art. 70 et 71 indiquent suffisamment de quelle manière ces actions doivent être exercées. On y lit:

« Art. 70. Lorsque plusieurs communes possèdent des biens ou des droits par indivis, une ordonnance du roi (un décret impérial) instituera, si l'une d'elles réclame, une commission syndicale composée des délégués des conseils municipaux des communes intéressées.

. . . . . . . . . . . . . . . . . . . . . .

« Art. 71. La commission syndicale sera présidée par un syndic, qui sera nommé par le préfet (1) et choisi parmi les membres qui la composent. — Les attributions de la commission syndicale et du syndic, en ce qui touche les biens et les droits indivis, seront les mêmes que celles des conseils municipaux et des maires pour l'administration des propriétés communales. »

Il résulte de ces dispositions que les actions doivent être intentées et soutenues par le syndic, en vertu des délibérations de la commission, et qu'ainsi les règles relatives aux actions concernant les communes isolées sont applicables pour le surplus.

_____

(1) Si les communes étaient situées dans des départements différents, et que les préfets fussent en dissidence pour le choix du syndic, il faudrait recourir au ministre, qui nommerait ce syndic.

Par conséquent les communes syndiquées continueraient d'être représentées par le syndic dans leurs contestations avec une des communes faisant partie du syndicat, et cette dernière, cessant provisoirement de faire partie de l'agrégation, serait représentée par son maire ou son conseil municipal en tout ce qui se rattacherait à l'action à intenter ou à soutenir. Voy. Blanche, *Dict. d'admin.*, vº *Commune*, p. 430.

**103.** — M. Reverchon, p. 325, nº 121, fait remarquer que « la différence la plus caractéristique entre ces dispositions et celles des art. 56 et 57, c'est que la commission syndicale organisée par les art. 70 et 71 ne peut être instituée qu'autant que l'une des communes intéressées en fait la demande ; tandis que, si une section a un procès à intenter ou à soutenir contre une autre section ou contre la commune elle-même, la loi prescrit impérativement la formation de la représentation spéciale qu'elle donne à cette section. » Voy. nº86. Du reste, il faut appliquer en cette matière les principes exposés ci-dessus à l'occasion des commissions syndicales organisées par les art. 56 et 57. Voy. nº 89.

**104.** Si l'action, quoiqu'elle doive être intentée ou soutenue par plusieurs communes, n'est pas relative à des biens ou à des droits indivis entre elles, il n'y a pas lieu de former une commission syndicale. Chaque commune est alors considérée comme une partie distincte, et elle est représentée en justice par son maire et son conseil municipal, comme dans les cas ordinaires.

**105.** — II. Des difficultés se sont élevées sur le point de savoir par qui doivent être exercées les actions concernant les chemins vicinaux de grande communication, lorsque plusieurs communes se trouvent intéressées.

M. le ministre de l'intérieur, dans une circulaire du 18 fév. 1839 (*Bull. off.*, p. 59), après avoir établi que ces actions ne devaient point être suivies *au nom du département*, et que les conseils généraux ne devaient point être appelés à délibérer, continue en ces termes : « Les litiges que font naître les intérêts des chemins vicinaux de grande communication donnent donc ouverture à des actions purement communales. On comprend toutefois que ces actions ne puissent pas être suivies par les maires ; en effet, il y a ici une agrégation de communes ayant un intérêt commun à l'établissement ou à l'entretien d'un chemin vicinal de grande communication, et, par conséquent, un intérêt commun dans les actions à exercer à l'occasion de ces chemins. D'un autre côté, les chemins vicinaux de grande communication sont placés, par l'art. 9 de la loi du 21 mai 1836, sous l'autorité du préfet. Par l'effet de cette attribution, le préfet centralise, pour ces contestations, les pouvoirs qui, selon les règles habituelles, appartiendraient à chacun des maires des communes intéressées à la ligne vicinale. Comme, cependant, l'intervention du préfet ne saurait relever les communes de l'état de minorité dans lequel elles se trouvent pour toutes les actions qui doivent être exercées dans leur intérêt, et comme, attendu cet état de minorité, les actions des communes ne peuvent être exercées qu'après l'autorisation du conseil de préfecture, le préfet doit se faire autoriser par le conseil toutes les fois qu'il a à exercer, devant l'autorité judiciaire, une action née de difficultés survenues à l'occasion des intérêts communaux collectifs qui ont pour objet un chemin vicinal de grande communication. »

MM. Serrigny, t. 1, p. 441, nº 433, et Dufour, 2ᵉ édit., t. 3, p. 388, nº 398, analysent cette circulaire, et ils estiment, comme M. le ministre, que c'est au préfet à exercer ces sortes d'actions, au nom des communes.

Ce mode de procéder me paraît contraire aux principes qui régissent l'administration des propriétés communales. Le préfet ne pourrait être constitué mandataire ou administrateur de ces espèces de propriétés que par une disposition formelle de la loi ; c'est une exception qu'on ne peut introduire dans la législation par voie d'induction, ou à raison des difficultés d'application que présenterait un autre mode de procéder.

Il y a plus ; la loi du 18 juill. 1837 renferme des dispositions formelles qui sont évidemment applicables aux actions concernant les chemins vicinaux de grande communication. L'art. 70 prescrit la création d'une commission syndicale, *lorsque plusieurs communes possèdent des biens ou des droits par indivis*. On ne peut pas contester que la propriété des chemins vicinaux de grande communication ne soit indivise entre plusieurs communes ; les mots *biens ou droits* comprennent d'ailleurs tous les genres de propriété. Donc, le syndic qui, aux termes de l'art. 71, remplace le maire et jouit des mêmes attributions pour l'objet spécial qui a nécessité sa nomination, a seul qualité pour exercer les actions relatives aux chemins vicinaux de grande communication qui intéressent plusieurs communes.

Les principes et la loi sont d'accord pour repousser la forme de procéder indiquée par le ministre de l'intérieur (1).

_____

(1) Un arrêt de la Cour de cassation, du 20 déc. 1842, *préfet d'Ille-et-Vilaine c. Thomas*, semblerait avoir préjugé le contraire. Mais cet

Section VI. — *Actions concernant les établissements publics* (1).

**106.** — I. Les hospices et bureaux de bienfaisance sont représentés en justice par les commissions administratives chargées de la gestion de leurs biens.

L'arrêté du 19 vendém. an XII, dans son article premier, que j'ai transcrit au n° 85, charge les receveurs d'opérer le recouvrement des revenus, d'exercer toutes les poursuites et de veiller à la conservation de tous les droits de ces établissements. On pourrait conclure de là que les actions doivent être intentées ou soutenues par les receveurs en leur nom personnel. Mais il ne faut pas confondre *la poursuite* avec *l'action.* « Le receveur, étant chargé d'opérer les recouvrements, a seul qualité pour exercer les poursuites, mais il doit le faire au nom de l'administration. Si la poursuite donne lieu à une contestation, c'est-à-dire, à une action du débiteur, le receveur s'arrête et la commission prend en main les droits de l'hospice jusqu'à la solution de l'incident. » Durieu et Roche, v° *Action judiciaire*, t. 1, p. 16, n° 2.

J'ai déjà fait une observation analogue au n° 85, à l'égard des actions concernant les communes.

**107.** — Conformément à ces principes, l'instruction du ministre de l'intérieur du 8 février 1823, titre 4, chap. 3 (*Bull. off.*, t. 5, p. 120), et celle du 22 mai 1828, rapportée par MM. Durieu et Roche, v° *Procès*, t. 2, p. 580, n° 25, décident que c'est *aux maires, comme présidents des commissions administratives*, et non aux receveurs, *qu'il appartient de suivre les actions judiciaires qui intéressent les établissements de bienfaisance.*

Le maire agit alors comme président, et au nom de la commission administrative. S'il était empêché, il ne devrait pas être remplacé par un adjoint, mais bien par le vice-président ou par un autre membre de la commission administrative.

---

arrêt ne peut exercer aucune influence sur la question, parce qu'il ne s'agissait, dans l'espèce, que d'une *route départementale.* J'en parle pour qu'on ne puisse pas l'opposer à mon opinion, en disant que je ne le connaissais pas.

(1) Une fort grave question est celle de savoir ce qu'on doit entendre par *établissement public* (voy. *infrà*, le titre de l'Autorisation de plaider). M. Dufour, dans son grand et excellent *Traité du droit administratif*, entre dans des développements utiles à consulter, 2° édit., t. 6, p. 4, n°s 6 et suiv. Voy. aussi l'article de mon honorable ami et collaborateur, M. Batbie, sur les *personnes administratives, Journal du droit administratif*, t. 2, p. 110, art. 80.

**108.** — Une ordonnance du 12 mai 1820, *hospices de Laon c. Champigneulles*, a jugé avec raison que les hospices étant de véritables propriétaires qui gèrent leurs biens pour leur propre compte, et dont l'État ne fait que surveiller l'administration, une commission administrative est recevable à attaquer une ordonnance royale rendue sur le rapport du ministre de l'intérieur, qui n'a pas mission pour représenter l'hospice.

**109.** — Avant d'intenter une action ou d'y défendre, les commissions administratives doivent se munir de l'avis écrit et motivé du comité consultatif et de l'autorisation du conseil de préfecture.

**110.** — II. L'exercice des actions concernant les établissements généraux de bienfaisance et d'utilité publique appartient aux directeurs de ces établissements. L'ordonnance du 21 fév. 1841, art. 1 et 8, attribue en effet aux directeurs l'administration intérieure, ainsi que la gestion des biens et revenus. Voici les dispositions de ces deux articles :

« Art. Iᵉʳ. Les établissements généraux de bienfaisance et d'utilité publique ci-après dénommés, savoir : l'hospice royal des Quinze-Vingts, la maison royale de Charenton, l'institution royale des sourds-muets de Paris, l'institution royale des jeunes aveugles, l'institution royale des sourds-muets de Bordeaux, et tous les établissements analogues qui pourraient être ultérieurement formés, seront administrés, sous l'autorité de notre ministre de l'intérieur et sous la surveillance d'un conseil supérieur, par des directeurs responsables, assistés de commissions consultatives.

« . . . . . . . . . . . . . . . . . . . . . . . .

« Art. 8. Dans chacun des cinq établissements ci-dessus indiqués, le directeur, chargé de l'administration intérieure, exercera aussi la gestion des biens et revenus de l'établissement; il assurera l'exécution des lois et règlements, et correspondra directement avec notre ministre secrétaire d'État de l'intérieur... »

**111.** — III. Les procès concernant les fabriques sont soutenus au nom de la fabrique, et les diligences faites à la requête du trésorier, qui donne connaissance de ces procédures au bureau des marguilliers. Décret du 30 déc. 1809, art. 79.

C'est donc au nom de la fabrique, poursuites et diligences du trésorier, que l'action doit être intentée. Cependant l'assignation délivrée à la requête du trésorier, *en son nom et comme trésorier*, remplit suffisamment le vœu de la loi, et l'action doit être considérée comme introduite au nom de la fabrique. Rouen, 26 déc. 1840, *Hermel c. veuve Coquais.* — Voy. n° 1032-2°. Si la fabrique était défenderesse, les significations qui lui seraient faites en la personne du président, par exemple, et non du trésorier, seraient valables, si la fabrique n'avait pas de bureau où fût établi le siége de son administration ? Le 6 avril 1854, *comm. de Toque-ville-Benarville c. la fabrique*, le conseil d'Etat a décidé l'affirmative.

**112.** — Par qui doivent être exercées les actions relatives aux églises et presbytères ?

La jurisprudence présente, à cet égard, quelques incertitudes.

D'un côté, il a été jugé que les églises et presbytères devant être considérés comme des propriétés communales, les actions relatives à la propriété ou à d'autres droits réels ne peuvent être suivies qu'au nom des communes, et que les fabriques sont sans qualité pour les exercer. Voy. 15 juin 1832, *Morand c. fabrique d'Annebecq;* 7 mars 1838, *Levacher c. fabrique de Tiergeville;* Poitiers, 20 février, 1835, *Labroue de Vareilles c. comm. de Sommières.*

D'un autre côté, il a été décidé que le droit d'intenter de semblables actions appartient exclusivement aux fabriques. Nancy, 31 mai 1827, *ville de Mirecourt c. Thirion; Journal des fabriques,* t. 1er, 39e *consultation,* p. 304.

Enfin quelques arrêts, adoptant une solution moins exclusive, reconnaissent que l'exercice de ces actions appartient concurremment aux communes et aux fabriques. Voy. C. cass., 7 juill. 1840, *de Maulmont c. fabrique de Sainte-Feyre;* Paris, 29 déc. 1835, *Géland c. commune de Montreuil;* Bordeaux, 6 fév. 1838, *fabrique de Saint-Laurent c. Garnier* (1).

Cette question se rattache, comme on le voit, à celle de savoir à qui, des communes ou des fabriques, appartient la propriété des églises et des presbytères. Je n'ai point à m'occuper ici de cette grave difficulté, qui tient au fond même de la matière. On trouvera le résumé de la jurisprudence dans le *Journal des fabriques,* t. 5, p. 184, et t. 7, p. 30. — V. aussi Foucart, 4e édit., t. 3, p. 570, n° 1791; Dufour, 2e éd., t. 5, p. 571 et 584, nos 587 et 588.

En ce qui touche l'exercice des actions, je pense que, même en décidant que la propriété des églises et presbytères appartient aux communes, il faut reconnaître que les fabriques en ont la jouissance et l'administration, et qu'elles doivent être admises à

---

(1) Un arrêt du la Cour d'Angers, du 16 déc. 1842, *maire de Pruniers c. Mabille-Ouvrard,* a déclaré qu'un maire avait pu intenter une action pétitoire concernant un terrain donné par des particuliers pour y construire une église, en se fondant sur ce que la donation avait été acceptée par l'administration municipale. Cet arrêt ne préjuge point la question de savoir si la fabrique aurait eu qualité pour intenter l'action.

exercer les actions qui tendent à la conservation de leurs droits, sauf à la commune à agir de son côté concurremment avec la fabrique.

**113.** — IV. Les actions relatives aux biens du clergé sont exercées, savoir :

1ᵒ Celles relatives aux revenus des cures, par les titulaires, mais à leurs périls et risques. Décret du 6 nov. 1813, art. 14;

2ᵒ Celles relatives aux biens-fonds ou rentes possédés par les curés ou desservants à ce titre, par les fabriques. Même décret, art. 1 (1);

3ᵒ Celles concernant les menses épiscopales, par les archevêques et évêques, et, en cas de vacance, par le commissaire nommé par le ministre des cultes pour l'administration des biens de ces menses. Même décret, art. 29 et 34;

4ᵒ Celles concernant les chapitres cathédraux et collégiaux, par le trésorier. Même décret, art. 51;

5ᵒ Enfin, celles relatives aux biens des séminaires, par les archevêques ou évêques. C'est ce qui peut s'induire de l'art. 70 du même décret, qui veut que l'autorisation de plaider soit demandée sur la proposition de l'archevêque ou évêque, et ce qui résulte aussi de l'art. 3 de l'ordonnance du 2 avril 1817, autorisant les évêques à accepter les legs ou dons faits à leurs séminaires. Et, d'ailleurs, comme le fait observer M. Serrigny, t. 1, p. 462, n. 460, les archevêques ou évêques sont les tuteurs naturels de leurs séminaires.

**114.** — V. Les consistoires protestants exercent les actions concernant les églises qu'ils administrent. L'action me paraît devoir être intentée ou soutenue par le consistoire, poursuites et diligences du président qui, d'après les usages, est chargé de l'exécution des délibérations et de toutes les mesures qui peuvent s'y rattacher. Mais le président ne peut agir qu'en vertu de délibérations régulièrement prises par le consistoire. — Voy. aussi l'ordonnance du 2 avril 1817, art. 3, § 6, et le décret du 26 mars 1852.

**115.** — VI. Les consistoires départementaux du culte israélite représentent en justice les synagogues de leur ressort, et exercent en leur nom les droits qui leur appartiennent. Ordonnance du 25 mai 1844, art. 19.

---

(1) Cependant l'ordonnance du 2 avril 1817, art. 3, § 4, autorisant les curés à accepter les legs ou dons faits à la cure ou succursale, semblerait indiquer que l'action concernant les biens de la cure leur appartient également et que l'art. 1ᵉʳ du décret du 6 nov. 1813 se borne à accorder à la fabrique le droit de surveillance.

**116.** — VII. Les actions relatives aux banques sont exercées au nom des régents, poursuites et diligences de leur directeur général. Loi du 24 germ. an XI, art. 34.

**117.** — VIII. Il existe encore divers autres établissements publics dont il est inutile de s'occuper ici d'une manière spéciale. Il suffit de dire qu'en général, les actions qui les concernent sont exercées par les directeurs ou administrateurs chargés de leur administration et de la gestion de leurs biens.

Ainsi, le directeur d'une école royale (par exemple, celle des arts et métiers de Châlons) a qualité pour introduire une instance devant le conseil d'État au nom de cette école, surtout lorsqu'il y est formellement autorisé par le ministre de l'agriculture, du commerce et des travaux publics. 15 août 1821, *école royale de Châlons c. Albitte.*

Les supérieurs des associations religieuses représentent ces établissements. Voy. ordonnance du 2 avril 1814, art. 3, § 5.

**118.** — Les établissements non autorisés ne peuvent ester en justice et se pourvoir, soit devant l'autorité administrative, soit devant l'autorité judiciaire, par l'organe de leurs commissions administratives ou de leurs directeurs et supérieurs. 25 juill. 1834, *maison de charité de Verdun*; 18 nov. 1838, *conseil d'administration de l'Église anglicane c. consistoire de l'Église réformée.*

Ces établissements doivent être considérés comme de simples particuliers. Les actions qui leur appartiennent doivent être intentées au nom de chacun de leurs membres qui forment une espèce de société civile.

Il a été jugé le 22 janv. 1855 (*Journ. des Avoués*, t. 80, p. 411), par le tribunal civil d'Evreux, que les confréries de charité ne peuvent valablement ester en justice, qu'autant que tous leurs membres figurent en nom dans l'instance.

## CHAPITRE II.

*Conditions requises pour qu'une action administrative soit recevable.*

**119.** — I. La première condition requise pour qu'une action puisse être intentée ou suivie devant un tribunal administratif quelconque, c'est que celui qui agit ait qualité pour agir. Cette règle, incontestable en matière civile, ne l'est pas moins en matière administrative.

En matière administrative, il ne faut pas confondre l'*intérêt* avec le *droit*, ainsi que je l'ai expliqué dans mes *Principes de compétence*, n<sup>os</sup> 84 et suiv. En règle générale, celui qui veut intenter une action ne peut le faire qu'autant qu'il se plaint de la violation d'un droit. Néanmoins l'action est recevable, quoiqu'il ne s'agisse que d'un intérêt, si l'on se fonde sur un excès de pouvoir. Voy. mes *Principes de compétence*, n<sup>os</sup> 486 et suiv.

**120.**—Voici quelques exemples puisés dans la jurisprudence :

1° Un prétendu régisseur de l'octroi d'une ville est non recevable à attaquer devant le conseil d'État une décision ministérielle qui refuse de lui allouer des répétitions auxquelles il prétend avoir droit, s'il ne justifie pas de sa qualité de régisseur ou de cessionnaire du régisseur. 16 avril 1823, *Rasse c. ville de Lyon*.

2° L'associé d'un entrepreneur de travaux publics n'a pas qualité pour figurer dans les instances engagées sur les contestations qui s'élèvent entre l'État et l'entrepreneur, lorsque celui-ci a seul été déclaré adjudicataire. Il n'est par conséquent pas recevable à se pourvoir contre un arrêté rendu contre cet entrepreneur. 12 fév. 1841, *Best*.

3° Un entrepreneur qui a contracté avec l'État pour la confection de travaux publics auxquels une commune est intéressée, doit diriger contre l'État, et non contre la commune, les actions qu'il intente à l'effet d'obtenir l'exécution des conditions mises à la charge de cette commune, sauf le recours de l'État contre qui de droit. 26 mai 1845, *Escarraguel*.

4° Lorsque, entre deux fournisseurs, des jugements et arrêts passés en force de chose jugée ont attribué à l'un d'eux la propriété de la totalité d'une inscription de rente, en l'admettant à se libérer envers l'autre par un remboursement en espèces, celui-ci est sans intérêt comme sans droit pour demander le transfert de ladite inscription. 12 mai 1830, *Bague c. Mendia*.

5° Les sous-traitants et les préposés d'un fournisseur sont sans qualité et, par suite, non recevables, pour attaquer la liquidation que le ministre a établie pour le service de ce fournisseur. 26 août 1818, *Cherpin*; 1<sup>er</sup> sept. 1825, *Lisfranc et Laas*.

6° Un prétendu mandataire est sans qualité pour agir au nom d'intéressés desquels il ne justifie pas avoir reçu les pouvoirs nécessaires. Faute de cette justification, son action doit être rejetée. Voy. les décisions citées au n° 140.

7° Un propriétaire n'a pas qualité pour réclamer, sans procuration, au nom de son fermier ou colon partiaire, l'indemnité des pertes causées à ce dernier par l'irruption des eaux d'un canal. 28 février 1845, *Marmagnant*.

8° L'arrêté par lequel un conseil de préfecture, saisi par l'administration d'une demande en révision du compte d'un entre-

preneur que l'architecte reconnaît avoir réglé d'une manière
fautive, rejette cette demande comme inadmissible et mal fondée,
ne peut profiter à l'architecte qui n'y a point été partie ; et, par
suite, le ministre est sans intérêt et sans qualité pour déférer cet
arrêté au conseil d'Etat, uniquement pour empêcher que l'architecte ne puisse se prévaloir de ses dispositions. 28 janv. 1841,
*min. des cultes c. Jouannin.*

9° Les ministres n'ont point qualité pour agir dans l'intérêt
privé d'un simple particulier en dehors de toute considération
d'ordre ou d'intérêt public. Par exemple, le ministre de l'intérieur
n'est pas recevable à demander, dans l'intérêt privé d'un fabri-
cant, la modification des conditions imposées à son atelier par
l'ordonnance d'autorisation. 23 déc. 1839, *min. de l'intérieur.*

Il ne pourrait pas demander non plus, dans l'intérêt d'un entrepreneur, la réformation d'un arrêté qui lui accorde des intérêts
du jour de sa demande, au lieu de les faire remonter aux termes
indiqués dans la soumission. 25 septembre 1830, *Ferrari.*

10° Le ministre des travaux publics n'est pas recevable (alors
qu'il ne se pourvoit pas dans l'intérêt de la loi) à se pourvoir
contre les arrêtés de conseil de préfecture qui accordent décharge
de sommes imposées pour honoraires d'ingénieurs ou d'agents
placés sous leurs ordres ? — Aux termes de l'art. 75 du décret
du 7 fruct. an XII, et de l'art. 7 du décret du 10 mai 1854,
le recouvrement des frais et honoraires qui peuvent être dus
aux ingénieurs des ponts et chaussées et aux agents placés sous
leurs ordres, dans les cas déterminés par ces décrets, est poursuivi sur des états dressés en leur nom et rendus exécutoires
par les préfets ; le ministre est sans intérêt et sans qualité pour
se pourvoir. 28 mai 1857, *Bouquelon.*

11° Un individu ne peut être admis à former un pourvoi,
comme mandataire d'un autre individu qui lui-même figure,
en son nom, devant le conseil d'Etat. 26 août 1858, *Chatagner.*

12° Celui qui a été chargé par l'entrepreneur d'exécuter, en
son lieu et place, les travaux qui, à ce titre, a fait opérer
des extractions de matériaux, qui a traité avec plusieurs propriétaires pour fixer les indemnités, et qui a assisté aux opérations d'expertise dans les cas où les indemnités n'ont pas été
réglées par des traités amiables, qui enfin, dans l'instance dont
il s'agit, ne s'est prévalu, ni devant les experts, ni devant le
conseil de préfecture, de ce qu'il n'était pas le véritable entrepreneur, n'est pas fondé à se plaindre de ce qu'il a été personnellement condamné au paiement de l'indemnité. 18 mars 1858,
*Escarraguel.*

13° Lorsqu'un arrêté du conseil de préfecture a statué contra-

dictoirement entre une commune et des habitants non propriétaires de maisons, sur la répartition des bois d'affouage, les habitants propriétaires de maisons, n'ayant pas été parties dans cet
arrêté, n'ont pas qualité pour le déférer au conseil d'Etat. 29 déc.
1858, *Baud.*

**121.** — II. En second lieu, il faut, pour qu'une action soit
recevable, qu'il s'agisse d'un droit né et actuel. Si l'action n'était
fondée que sur un droit purement éventuel, elle devrait être
rejetée (1). Les tribunaux administratifs, comme les tribunaux
judiciaires, ne connaissent que des litiges déjà nés, et non de
ceux qui peuvent naître plus tard. L'administration active au
premier chef, ou pouvoir gracieux, peut seule disposer en vue
de l'avenir par voie réglementaire. Ainsi, par exemple :

1° La demande en interprétation d'un acte de concession, d'une
décision, d'une ordonnance royale ou d'un acte administratif
quelconque, doit être rejetée lorsque celui qui l'a formée ne
produit aucune décision, soit judiciaire, soit administrative, par
suite de laquelle il y ait lieu à cette interprétation ; peu importe
d'ailleurs que le réclamant ait à craindre qu'on lui oppose plus
tard les termes de l'acte ou de l'ordonnance, 18 fév. 1824,
*Sébastiani ;* 26 oct. 1825, *de Cosne;* 28 fév. 1831, *de Montmo-*
*rency c. usagers de Briquebec;* 17 juin 1835, *de Bouillé c. Artaud-*
*Lestrade ;* 3 mai 1839, *Teissier et de Villaine ;* 8 juill. 1840, *duc*
*d'Uzès c. comp. du canal de Beaucaire ;* 29 janv. 1841, *Villiers;*
20 mai 1842, *Latour-d'Auvergne;* 23 déc. 1845, *Cavalier et Ar-*
*tières.*

La jurisprudence a fait aussi l'application de cette règle aux
déclarations que les conseils de préfecture sont appelés à rendre
lorsqu'il s'élève des difficultés sur l'interprétation d'un acte de
vente de biens nationaux. Voy. mes *Principes de compétence,*
n<sup>os</sup> 1418 à 1434, t. 3, p. 966.

2° On ne pourrait pas demander au conseil d'Etat de déclarer
d'une manière générale et préjudicielle qu'une demande soumise
à un ministre ne devra être écartée par aucune fin de non-recevoir. 11 avril 1837, *comm. des Basses-Pyrénées.*

**122.** — Pareillement, si l'action est fondée sur un droit qui
a cessé d'exister par suite d'un événement survenu dans le cours
de l'instance, elle devient sans objet, et les tribunaux devant
lesquels elle est pendante doivent déclarer qu'il n'y a lieu de
statuer. Ainsi :

_____

(1) Voy. néanmoins ce que j'ai dit de l'action *ad futurum,* dans mon
*Journal des avoués*, t. 74, p. 177 et 246, art. 642 et 643.

1º Les actions intentées par les commissaires liquidateurs de l'ancienne liste civile contre un ministre représentant l'Etat sont devenues sans objet par suite de la loi du 8 avril 1834, qui attribue à l'Etat tous les droits, tant actifs que passifs, de cette liste civile. Il n'y a donc pas lieu de statuer sur les demandes formées par ces commissaires avant ladite loi. 24 oct. 1834, *commissaires liquidateurs de l'ancienne liste civile.*

2º Il n'y a pas lieu de statuer sur le pourvoi d'un particulier contre une ordonnance royale qui soumet au régime forestier un bois qu'il soutient être sa propriété, lorsque, depuis ce pourvoi, le bois a cessé d'être soumis à ce régime. 8 mars 1844, *Chaumeil, Auriac,* etc.

Voy., au surplus, ce que je dis au titre XIX, *de l'Appel,* nᵒˢ 647 et suiv.

**123.** — III. En matière administrative, comme en matière judiciaire, les créanciers ont le droit d'exercer les actions de leur débiteur (art. 1166, C. Nap.). La Cour de cassation a même jugé qu'ils peuvent agir ainsi directement et en leur nom, sans sommation préalable à ce débiteur. Une ordonnance du 16 fév. 1825, *Dumoustier,* semblerait décider le contraire, mais elle ne me paraît pas devoir faire jurisprudence. Elle déclare que les créanciers ne pouvant exercer les droits et actions exclusivement attachés à la personne de leur débiteur, ils sont non recevables à invoquer les moyens et exceptions relatifs à ces droits; que, par exemple, les créanciers domiciliés en France ne doivent pas être admis à exciper de l'extension de délai accordée aux personnes domiciliées dans les colonies, pour obtenir de l'Etat le paiement de leurs créances. 16 fév. 1825, *Dumoustier.* Dans l'espèce, il ne s'agissait pas d'un droit attaché à la personne du débiteur; les créanciers excipaient des droits du débiteur; on leur opposait une déchéance qui n'était pas opposable à ce dernier.

Aucune action en justice ne peut être exercée par celui qui est frappé d'une incapacité civile, comme le mineur; le condamné tombant sous le coup de la loi du 31 mai 1854, abolitive de la mort civile, etc. Chevalier, vᵒ *Procédure administrative,* t. 2, p. 327.

La femme mariée ne peut ester en jugement devant les tribunaux administratifs sans l'autorisation de son mari, quand même elle serait marchande publique, ou non commune, ou séparée de biens. Il faut le décider ainsi par analogie de l'art. 215 du Code civil. Chevalier, vᵒ *Procédure administrative,* t. 2, p. 327.

Mais il n'est pas indispensable que cette autorisation soit antérieure à l'acte introductif de l'instance. Il suffit qu'elle soit rapportée avant la décision définitive. 1^er mars 1826, *Paulée c. comm. de Flines.*

Un mari, simple administrateur des biens de sa femme, n'a pas le pouvoir de renoncer, pour elle et ses héritiers, aux indemnités qui pourraient être dues à l'avenir, à raison des dommages résultant des travaux publics. 28 fév. 1845, *Marmagnant.*

## CHAPITRE III.

*Caractères des actions administratives relativement à la juridiction territoriale.*

**124.** — I. Les actions judiciaires sont susceptibles de revêtir un double caractère. Elles sont *personnelles* ou *réelles.*

Aux termes de l'art. 59 du Code de procédure civile, les actions personnelles sont portées devant le tribunal du domicile du défendeur; les actions réelles, devant le tribunal de la situation de l'objet litigieux.

Ces règles de juridiction territoriale sont-elles applicables aux actions administratives?

Malgré toute l'importance qu'elle peut avoir, cette question, que j'ai déjà indiquée dans mes *Principes de compétence*, t. 1^er, p. 252 et 253, et t. 3, p. 665 à 669, n'a point été étudiée, et la doctrine ne fournit à peu près aucun document propre à la résoudre. La jurisprudence ne projette non plus aucune lumière sur une difficulté qui semblerait néanmoins devoir se présenter souvent dans la pratique.

Parmi les tribunaux administratifs, il en est plusieurs, tels que le conseil d'État, la Cour des comptes, le ministre, etc., qui sont uniques. On comprend que la question ne peut pas s'élever à leur égard. Mais elle se présente à l'égard des préfets, des conseils de préfecture et de tous les autres tribunaux qui n'exercent leur juridiction que dans une portion déterminée du territoire. Faudra-t-il, pour déterminer l'étendue de leur juridiction respective, s'attacher au caractère de l'action?

Je ne le pense pas. La distinction entre les actions personnelles et réelles ne me paraît point applicable aux matières administratives. C'est plutôt l'objet de la contestation qui doit servir à déterminer la juridiction respective de deux tribunaux du même ordre. Chaque préfet, chaque conseil de préfecture connaîtra des contestations qui pourront s'élever à raison de faits ou d'actes qui se sont passés dans les limites de son département, ou à raison de propriétés situées dans ces mêmes limites, ou enfin à raison de mesures administratives prises par une autorité de ce département.

Ainsi, 1° les difficultés que fait naître, entre l'État et l'entrepreneur, une adjudication de travaux publics, sont portées devant le conseil de préfecture du département où cette adjudication a eu lieu, sans qu'il y ait à s'occuper du domicile des parties. Voy. *infrà*, n° 126-1°.

2° Les extractions de matériaux sont autorisées par le préfet, et le règlement de l'indemnité est fait par le conseil de préfecture du lieu où est situé l'immeuble qui renferme ces matériaux.

3° Les réclamations relatives aux listes électorales sont adressées au préfet du département où ces listes ont été dressées, et où doit se faire l'élection.

4° Les contraventions de grande voirie sont poursuivies devant le conseil de préfecture du lieu où elles ont été commises, et non point devant celui du domicile du contrevenant. Voy. 29 janv. 1823, *Nast;* 21 déc. 1825, *Joly de Bussy.*

Je pourrais multiplier les exemples; ceux-là suffiront pour faire comprendre la portée de la règle que je crois devoir être suivie. M. Lefebvre, dans son *Essai sur la procédure en matière contentieuse devant les conseils de préfecture,* publié en 1855, a bien voulu reproduire en partie mes idées sur ce point, p. 104.

Je reconnais, du reste, que tout cela n'est pas sans difficultés, et qu'il pourra se présenter des circonstances dans lesquelles des exceptions devront être admises; j'en ai même signalé quelques-unes dans mes *Principes de compétence, loco citato;* mais ces règles me paraissent être les seules qui puissent être appliquées dans la plupart des cas. Voy. *infrà*, n° 345.

**125.** — II. Je passe à un autre ordre d'idées.

En matière judiciaire, lorsqu'il y a plusieurs défendeurs domiciliés dans le ressort de tribunaux différents, l'action personnelle est portée devant l'un de ces tribunaux, au choix du demandeur (Code de procédure, art. 59) (1). L'action réelle est portée devant le tribunal dans le ressort duquel se trouve le chef-lieu d'exploitation de l'immeuble qui s'étend sur le territoire de deux tribunaux.

En matière administrative, à quelle autorité faudra-t-il s'adresser lorsque l'objet de l'action est de nature à tomber sous la juridiction de deux tribunaux du même ordre?

Cette hypothèse se produira plus rarement en matière admi-

---

(1) Si, ce qui arrive fort rarement, il y avait deux défendeurs dans une matière personnelle, la règle de l'art. 59 serait alors applicable.

Code. — 2° édit.                                                5

nistrative qu'en matière judiciaire. Dans le cas où elle viendrait à se réaliser, je crois qu'il faudrait saisir l'autorité de laquelle ressort l'objet principal de l'action, ou la partie principale de la chose qui donne lieu à cette action.

Par exemple, un barrage est construit sur un cours d'eau qui sert de limite à deux départements, il s'appuie sur le territoire de l'un et de l'autre. Les actions administratives auxquelles ce barrage donnera lieu devront être portées devant l'autorité du département dans la circonscription duquel se trouve l'usine dont le barrage forme l'accessoire.

Les mines, les desséchements de marais et d'autres matières spéciales offrent des positions analogues.

Même en matière gracieuse, des difficultés de cette nature peuvent se présenter, et se sont présentées réellement, comme le prouve une lettre du ministre de l'intérieur, du 22 juill. 1839 (*Bull. off.*, 1840, p. 323). Il s'agissait de savoir si l'aliénation d'un terrain appartenant, par indivis, à deux communes dépendant de deux départements différents, devait être autorisée par les deux préfets, ou seulement par celui du territoire sur lequel se trouvait l'immeuble à vendre. Le ministre décide qu'en ce cas, et dans tous autres cas semblables, les deux préfets doivent se concerter, et, s'ils ne s'accordent pas, en référer au ministre. Voy. mes *Principes de compétence*, t. 3, n° 898, p. 669.

**126.** — Des positions bizarres naissent des questions plus difficiles encore à résoudre. J'avoue que, dans les cas dont je vais parler, et qui ne sont pas les seuls qui puissent se présenter, les raisons de décider ne sont pas toujours les mêmes.

1° Des travaux de terrassement pour des chemins de fer, sur la ligne de Tours à Bordeaux, ont été adjugés à l'hôtel de la préfecture de Tours. On conçoit qu'entre l'adjudicataire et les individus que l'enlèvement, le transport ou le dépôt de matériaux froisseront d'une façon quelconque, les conseils de préfecture, dans la circonscription desquels sera située chaque localité, seront compétents pour connaître des difficultés relatives à la liquidation des dommages ou indemnités. Mais en sera-t-il de même entre l'État et l'adjudicataire pour la réception des travaux, ou bien appliquera-t-on la règle que j'ai posée ci-dessus, relativement aux contestations les plus ordinaires ? La mise en régie sera-t-elle prononcée par le préfet de chaque territoire, ou bien par le préfet de Tours ?

Les conseils de préfecture et les préfets de chaque localité me semblent compétents, excepté pour statuer sur les difficultés générales concernant le traité en soi. Voy. *suprà*, n° 124.

2° Le Gouvernement français traite avec un Gouvernement

étranger qui lui permet de jeter à ses frais, ou de faire exécuter
à frais communs, un pont qui sera appuyé sur les deux terri-
toires. Une route est construite dans les mêmes conditions.
Quels seront les tribunaux compétents?

Cette question devrait se résoudre par l'application des principes du droit civil, et, cependant, il est reçu que ce sont des
conventions diplomatiques qui déterminent, entre les deux na-
tions, le tribunal qui devra connaître des difficultés. Dans une
espèce particulière, il fut convenu que les actions seraient portées devant les tribunaux étrangers si l'adjudication était faite
à un étranger, et devant les tribunaux français si, au contraire,
l'adjudicataire était Français. Est-il bien certain qu'une convention de cette nature, qui pose des règles de compétence, fût
obligatoire, même pour les adjudicataires? J'en doute; mais
quant aux tiers, dont l'exécution des travaux pourrait blesser
les droits, je ne crois pas qu'il fût possible de leur enlever leurs
juges naturels.

3° Voici une autre espèce qui a une certaine analogie avec la
précédente, et qui offre un assez grand embarras pour l'application des principes que j'ai posés.

Une route d'un département aboutit de deux côtés à une fraction de territoire d'un autre département, qui ne veut pas faire
à ses frais ce tronçon de route, considéré par lui comme inutile.
Les deux conseils généraux sont d'accord sur ce point que le
premier département achètera les terrains, fera les frais des travaux, et que le second département restera complétement étranger à ces travaux. Son consentement était nécessaire pour qu'un
département voisin traversât son territoire; il l'accorde et s'en
tient là.

Où seront portées l'expropriation pour cause d'utilité publique,
les difficultés entre l'entrepreneur et le département qui fait les
travaux, entre les particuliers à qui on demande des matériaux
ou qui souffrent des dommages, et même entre les deux départements, si la convention primitive donne lieu à quelques discussions? Au premier abord, on serait tenté de décider que le
second département s'étant déclaré complétement désintéressé
dans la confection du tronçon de route, le conseil de préfecture
du premier département sera seul compétent; mais, en y réflé-
chissant bien, on voit qu'il faut rejeter cette solution. La convention intervenue entre les deux départements ne peut modifier
la compétence des tribunaux. Le préfet du premier département
adjugera les travaux; les difficultés de liquidation entre le préfet
et l'adjudicataire seront portées devant le conseil de préfecture
de ce département; mais au conseil de préfecture de chaque

département appartiendront toutes les contestations relatives aux dommages et aux indemnités concernant des propriétés situées dans l'étendue de leur territoire respectif. Quant aux formalités préliminaires de l'expropriation, elles devront être remplies par le préfet du département, et l'expropriation ne pourra être prononcée que par le tribunal de l'arrondissement où sont situées les parcelles de terrains nécessaires à la confection de la route.

---

# TITRE III.

### MODE D'INTRODUCTION DES INSTANCES.

### CHAPITRE PREMIER.

*Ministres.*

**127.** — 1. Les demandes formées par de simples particuliers contre l'administration sont introduites devant les ministres par une pétition qui n'est soumise à aucune formalité particulière, et qui peut être présentée sous forme de mémoire signé de la partie, ou même par simple lettre. Voy. Serrigny, t. 2, p. 340, n° 987; Dufour, t. 1, p. 145, n° 175 ; Trolley, t. 1, p. 218, n° 175.

**128.** — La pétition est enregistrée dans un bureau spécial, établi auprès de chaque ministère, et, presque toujours, la partie se retire sans avoir obtenu un récépissé en forme probante. Chevalier, v° *Procédure administrative,* t. 2, p. 365.

Je dois m'élever encore ici contre cette habitude, malheureusement trop commune dans les bureaux, de refuser un récépissé à celui qui dépose une pétition ou toute autre pièce. C'est un abus analogue à celui que j'ai déjà signalé au titre de l'*Essai de conciliation administrative,* n° 19. A la vérité, l'obligation de délivrer ce récépissé ne dérive pas ici d'un texte formel de la loi, comme dans le cas prévu à l'endroit précité (1) ; mais il n'en est pas moins contraire à toute justice de refuser à celui qui fait un dépôt la preuve régulière et légale de la remise des pièces qu'il dépose.

**129.** — Conformément aux dispositions de l'art. 12, n° 1, de la loi du 13 brum. an VII, les pétitions et mémoires doivent être écrits sur papier timbré. Dufour, 2ᵉ édit., t. 1, p. 46, n° 40, et la note. Un usage contraire s'était introduit pendant plusieurs années, mais une circulaire du 25 avril 1849 (*Journ. des Avoués*, t. 74, p. 562, art. 769), a rappelé les parties à l'exécution de la loi, dont elles méconnaissent encore trop souvent les prescriptions.

**130.** — II. Il peut arriver que des particuliers ou des personnes morales, telles qu'une commune, etc., aient à former une demande devant le ministre contre d'autres particuliers ou contre d'autres personnes morales.

Par exemple, il s'élève une contestation entre deux particuliers qui se prétendent tous les deux entrepreneurs ou fournisseurs ; l'un d'eux veut soumettre cette contestation au ministre, ainsi qu'il en a le droit. Voy. mes *Principes de compétence*, n° 1169, t. 3, p. 839.

Pareillement, entre un particulier et une commune s'élève la question de savoir si un chemin est ou non vicinal ; ce chemin a été classé par le préfet, et le particulier veut réclamer devant le ministre contre ce classement. Voy. mes *Principes de compétence*, n° 1237, t. 1, p. 386, et t. 3, p. 869.

Dans ces cas, et autres semblables, il ne suffit plus d'une simple pétition, qui ne peut avoir pour effet d'appeler régulièrement le défendeur devant le ministre, ce qui est pourtant indispensable, car autrement la décision qui interviendrait ne serait pas contradictoire. Il faut donc une assignation par acte d'huissier, en la forme ordinaire (voy. nᵒˢ 179 et 180). Tout autre mode d'introduction de l'instance demeurerait sans résultat ; et la partie qui n'aurait pas été légalement appelée à se défendre serait admise à former tierce opposition à la décision rendue en son absence. Voy. n° 316 (2).

_____

(1) Dans quelques autres cas particuliers, la loi a aussi imposé cette obligation. On peut consulter notamment l'art. 10 de la loi du 29 janv. 1831, qui donne aux créanciers de l'État le droit de se faire délivrer un bulletin énonçant la date de leurs demandes et les pièces à l'appui.

(2) Je sais fort bien que dans la pratique on ne procède pas comme je

**131.** — III. Lorsque c'est l'administration qui veut soumettre au ministre une demande dirigée contre un simple particulier ou contre une personne morale, comment faut-il procéder?

Il est incontestable que la partie doit être appelée devant le ministre. Si le ministre prononçait, soit d'office, soit sur la provocation d'un agent inférieur, en l'absence de la partie, sa décision ne serait pas contradictoire et pourrait être frappée de tierce opposition (voy. n° 316). La partie doit donc être mise en demeure de défendre à la demande formée contre elle; mais elle peut être appelée par une simple lettre ou par toute autre communication officieuse, sans qu'il soit nécessaire de recourir au ministère d'un huissier. Voy. n° 190.

## CHAPITRE II.

*Préfets et conseils de préfecture.*

**132.** — I. Devant les préfets (1) et les conseils de préfecture, les demandes formées par des particuliers contre l'administration sont introduites par voie de simple pétition (2). Cette pétition doit être écrite sur papier timbré, aux termes de la loi du 13 brum. an VII, art. 12, n° 1, et elle n'est assujettie à aucune autre forme spéciale. Voy. Foucart, 4<sup>e</sup> édit., t. 3, p. 718; Chevalier, v° *Procédure administrative*, t. 2, p. 367 et 374; Serrigny, t. 2, p. 275, n° 908; Dufour, 2<sup>e</sup> édit., t. 2, p. 46, n° 40.

La pétition est d'abord enregistrée dans les bureaux, et c'est

---

viens de l'indiquer; que les pièces sont envoyées au ministre, qui les renvoie dans les départements pour l'instruction; que communication est donnée au maire, qui les renvoie, après délibération du conseil municipal, avec ses observations; que le préfet y joint son opinion et que le dossier revient ainsi au ministère. Mais, en matière contentieuse, ce mode de procéder ne me paraît pas régulier, et je n'ai jamais conseillé de procéder autrement que je l'indique ici.

(1) Dans mes *Principes de compétence*, n°s 1288 et 1289, t. 1, p. 398, et t. 3, p. 888, j'ai signalé les cas peu nombreux dans lesquels les préfets exercent une véritable juridiction contentieuse. C'est seulement à ces cas que s'appliquent les formalités de l'instruction contentieuse.

(2) La demande doit être signée des parties ou d'un mandataire ayant des pouvoirs suffisants. 23 juin 1848, *société du canal de la Sambre à l'Oise c. Devienne*. L'arrêté du conseil de préfecture rendu sur une pétition dont le signataire serait sans mandat, serait susceptible d'être annulé. 5 août 1848, *ministre des finances c. Lepère*. Voy. *infra*, n° 140.

aussi dans les bureaux que sont déposés les pièces et mémoires à l'appui. Dufour, *loco citato* (1).

**132.** — II. Si la demande est formée, soit devant le préfet, soit devant le conseil de préfecture, par un particulier, une commune ou un établissement public, contre un autre particulier, une autre commune ou un autre établissement public, assignation est donnée directement à la partie défenderesse par le ministère d'un huissier du ressort du tribunal d'arrondissement. Dufour, *loc. cit.* Voy. n°s 179 et 180.

Une ordonnance du 23 août 1845, *Pourchot c. comm. de Bourcia*, a décidé qu'un conseil de préfecture avait été régulièrement saisi d'une contestation entre une commune et un architecte par la demande introduite d'office par le préfet au nom de cette commune, après délibération du conseil municipal.

Cette ordonnance est susceptible de critique sous un double rapport : En premier lieu, ce n'est pas au préfet, mais au maire, qu'il appartient d'exercer les actions des communes (voy. *suprà*, n°s 76 et suiv.) ; — En second lieu, l'instance ne pouvait être régulièrement engagée que par une assignation adressée à l'architecte, à la requête de la commune (2).

**133** *bis.* — Aucune loi ne détermine le délai qui doit être indiqué dans l'exploit de citation devant le conseil de préfecture. Je pense qu'on doit appliquer les dispositions du Code de procédure civile et assigner à huitaine franche, outre un jour par trois myriamètres de distance. Voy. mon *Formulaire général de procédure*, t. 1, p. 7, form. 6. Voy. aussi la loi du 11 juin 1859 (Duvergier, p. 184), qui fixe à deux mois le délai des ajournements pour l'Algérie.

**134.** — III. Enfin, si l'affaire est poursuivie à la requête de l'administration, soit devant le préfet, soit devant le conseil de préfecture, le défendeur est appelé par une notification administrative, sans qu'il soit nécessaire de lui adresser une assignation pas huissier. Voy. n° 190.

Quelquefois, néanmoins, la loi ou les règlements exigent une citation régulière.

**135.** — IV. Dans tous les cas, c'est par l'intermédiaire des préfets que les demandes arrivent devant les conseils de préfec-

---

(1) Cette position est identique à celle qui fait l'objet de mes n°s 19, 38 et 128 ; aussi l'usage est-il dans les préfectures de ne jamais recevoir les pétitions et pièces dans les bureaux, ni d'en donner immédiatement un récépissé ; mais j'ai combattu cet usage et je persiste.

(2) Voy. la note du n° 130.

ture. « Il est bien difficile, dit M. Brun, t. 1, p. 7, n. 1, qu'il en soit autrement dans l'état des choses, puisque le préfet les préside ; qu'ils n'ont auprès d'eux ni huissier, ni greffier, mais seulement un secrétaire, qui fait partie des commis de la préfecture, qui est choisi et payé par le préfet sur les frais d'abonnement. — Quelquefois, cependant, une partie en fait assigner une autre devant le conseil de préfecture ; mais l'original de l'exploit est adressé au préfet ou remis dans les bureaux, et c'est le préfet 'qui le transmet au rapporteur qu'il désigne. — En réalité, c'est donc toujours le préfet qui nantit le conseil. »

Cet état de choses accuse un vice d'organisation dans les conseils de préfecture. Il serait à désirer qu'un secrétariat spécial fût établi auprès de chacun de ces conseils. Les fonctions des conseils de préfecture sont distinctes de celles des préfets, et il est fâcheux que les dossiers des affaires soumises à ces deux autorités administratives soient confondus dans les mêmes bureaux. Le préfet préside, il est vrai, le conseil de préfecture, mais il est étranger, comme administrateur, aux affaires de la compétence contentieuse de ce tribunal administratif.

**136.** — Quoique les conseils de préfecture n'aient pas de secrétariat particulier, et que les affaires arrivent devant eux par l'intermédiaire des préfets, les pétitions et demandes doivent être adressées *aux membres composant le conseil de préfecture*, et non point *au préfet*, comme cela a lieu mal à propos dans la pratique. On ne doit s'adresser directement au préfet que dans les seuls cas où ce fonctionnaire est appelé à prononcer lui-même. Je reconnais cependant qu'il ne résulte ni nullité, ni déchéance de ce que la partie s'est adressée au préfet, au lieu de saisir directement le conseil de préfecture.

## CHAPITRE III.

### *Conseil d'État.*

**137.** — Le mode d'introduction des instances devant le conseil d'État varie selon la qualité des parties, c'est-à-dire, selon que l'affaire concerne de simples particuliers, des personnes morales ou l'administration. Je consacrerai les trois premières sections de ce chapitre à l'examen des formalités qui doivent être remplies lorsque l'instance est introduite : 1° au nom et contre de simples particuliers ; 2° au nom ou contre des départements, des communes ou des établissements publics ; 3° au nom de l'administration ou contre elle. Et comme on a prétendu, à tort selon moi, que le mode d'introduction prescrit pour les instances ordinaires n'était pas praticable à l'égard de certaines affaires portées *de plano* devant le conseil d'État, je tâcherai, dans une quatrième section, de faire comprendre que ce mode d'introduction peut et doit être suivi pour ces matières comme pour toutes les autres.

SECTION Iʳᵉ. — *Instances introduites au nom et contre de simples particuliers.*

**138.** — Le mode d'introduction de l'instance devant le conseil d'État consiste, pour de simples particuliers :

1° Dans la présentation d'une requête, qui est déposée au secrétariat du conseil ;

2° Dans la notification d'une ordonnance de *soit communiqué.*

### § Iᵉʳ. — Requête.

**139.** — I. « Le recours des parties au conseil d'État, en matière contentieuse, sera formé par requête signée d'un avocat aux conseils. Elle contiendra l'exposé sommaire des faits et moyens, les conclusions, les noms et demeures des parties, l'énonciation des pièces dont on entend se servir, et qui y seront jointes. » Règlement du 22 juill. 1806, art. 1.

Dans les cas ordinaires, le recours doit être formé par une requête signée d'un avocat aux conseils, à peine de nullité. Le pourvoi qui aurait été adressé à l'un des ministres serait sans effet. 2 oct. 1813, *Grégoire c. Dehanne ;* 18 déc. 1839, *ville de Caen ;* 20 août 1847, *Vinay.*

Mais il y a des exceptions à cette règle. Pour certaines matières, la loi déclare que les recours pourront être formés *sans frais,* ce qui dispense les parties d'employer le ministère d'un avocat aux conseils. La requête est alors signée par la partie elle-même et transmise au secrétariat du conseil d'État, soit directement, soit par l'intermédiaire des préfets. Voy. Cormenin, t. 1, p. 44, note 3 ; Serrigny, t. 1, p. 294, n° 282 ; *infrà,* n° 141.

**140.** — La requête peut aussi être signée par un tiers fondé de pouvoir. Voy. *suprà,* n° 132, note 2. Mais si ce tiers, alors même qu'il serait officier ministériel, avoué par exemple, ne justifiait pas des pouvoirs qu'il a reçus, son recours serait rejeté. 2 janv. 1835, *Moziman ;* 22 juill. 1839, *Guédon ;* 2 sept. 1840, *Montal ;* 5 mars 1841, *Leroy pour Morin ;* 9 déc. 1843, *Nicard pour Vergnol ;* 31 mars 1849, *Vast ;* 23 avril 1849, 30 oct. 1848, 6 déc. 1848, *Guérin, Dubois.*

La nécessité d'un pouvoir spécial est générale et ne comporte pas d'exception. Le maire d'une commune, par exemple, serait sans qualité pour se pourvoir dans l'intérêt d'un contribuable, en matière de prestation en nature, s'il n'était pas muni d'un pouvoir spécial, 29 juill. 1852, *Labarre*.

M. Dufour, 2ᵉ édit., t. 2, p. 316, n° 287, pense que, si la partie ne sait point signer, elle peut s'adresser à un notaire pour conférer à la requête le caractère de l'authenticité, et qu'un maire pourrait même suppléer le notaire, en certifiant, en présence de deux témoins, que la réclamation est dressée à la demande de la partie qui ne sait point signer.

Aucune disposition de loi ou de règlement n'a conféré ni aux notaires, ni aux maires, le pouvoir de faire de pareils actes qui seraient sans valeur, et je ne pense pas que le conseil d'État reçût un pourvoi ainsi formé. Si la partie ne sait point signer, il lui reste la faculté de se faire représenter par un fondé de procuration spéciale et authentique, ou bien d'avoir recours au ministère d'un avocat aux conseils. Dalloz, *Répert.*, 2ᵉ édit., vᵒ *Conseil d'État*, n° 298, adopte mon opinion.

Il est bon que les signatures des parties ou de leurs fondés de pouvoir soient légalisées par le maire de leur domicile; mais cela n'est pas indispensable. Il suffirait que la signature fût certifiée par le sous-préfet de l'arrondissement, ou même qu'elle ne fût pas déniée par la partie adverse. 6 juin 1834, *Laget c. Maurin-Carnac*.

**141.** — Voici les matières auxquelles s'applique la règle exceptionnelle dont je parle au n° 139.

1° En matière de contributions directes, les recours contre les arrêtés des conseils de préfecture sont affranchis des droits d'enregistrement et de tous autres que celui de timbre, même des droits de timbre, quand le montant de la cote est inférieur à 30 fr. Les parties sont dispensées de recourir au ministère d'un avocat. Voy. au livre V, le titre *des Contributions*, chap. 3.

Mais les pourvois relatifs aux contributions indirectes doivent, à peine de nullité, être introduits par une requête signée d'un avocat, dans la forme ordinaire. 24 fév. 1842, *ville de Tarare*.

2° En matière d'élections départementales, les recours au conseil d'État sont jugés sans frais, et le ministère des avocats n'est point obligatoire. Loi du 23 juin 1853, art. 53. Il en est de même en matière d'élections municipales. Loi du 5 mai 1855, art. 45.

3° La dispense de recourir au ministère d'un avocat s'applique encore aux matières quasi-contentieuses, ou plutôt, ces matières échappent par leur nature à la disposition de l'art. 1ᵉʳ du règlement, qui ne concerne, comme son texte l'indique, que les matières contentieuses.

Ainsi, en matière d'autorisation de plaider, les pourvois des communes contre les arrêtés des conseils de préfecture sont dispensés du ministère d'un avocat.

Il en est de même des recours contre les décisions des commissions pour les prises maritimes (voy. *infrà*. n° 757), des appels comme d'abus (voy. *infrà*, n° 950), des demandes en autorisation de poursuivre les agents du Gouvernement et en matière de police du roulage. Loi du 31 mai 1851, art. 25.

4° Enfin les observations qu'il est permis de fournir sur les conflits peuvent être présentées par mémoires signés des parties. Voy. *infrà*, n° 503.

**142.** — On lit dans l'art. 106 de la loi du 13 juin 1851, sur la garde nationale (1) :

« Tous actes de poursuite devant les conseils de discipline, tous jugements, recours et arrêts rendus en vertu de la présente loi, seront dispensés du timbre, et enregistrés *gratis*. »

Le conseil d'État admettait d'abord les recours formés sans ministère d'avocat; mais, depuis 1834, il a décidé que la loi de 1851 ne contenant aucune dérogation au règlement, ce ministère est obligatoire. Voy. 14 nov. 1834, *Saunier;* 12 déc. 1834, *Perrot, Gruet, etc.;* 25 août 1835, *Landry;* Cormenin, t. 1, p. 45; Chevalier, t. 2, p. 328.

**142 bis.** — Les matières que je viens d'indiquer sont les seules pour lesquelles la loi ait admis la dispense de recourir au ministère d'un avocat. Mais que faut-il décider pour certaines matières que des lois spéciales ont formellement assimilées aux contributions directes? Il a été jugé que les réclamations en matière de taxes imposées pour travaux d'entretien aux propriétaires riverains syndiqués sont faites *sans frais.* 13 août 1852, *commission syndicale du ruisseau de Virvié.*

Il en est de même des réclamations en matière de recouvrement des subventions spéciales dues pour dégradations des chemins vicinaux. L'art. 14 de la loi du 21 mai 1836 a en effet assimilé la matière aux contributions directes. 18 juin 1852, *Hébert;* 3 juill. 1852, *de Grimaldi;* 14 sept. 1852, *Chautreau*, etc. Pour toutes ces matières, et certaines autres analogues, notamment les taxes communales (affouages, pâturages), désignées par la loi du 18 juillet 1857, art. 44, la dispense de recourir au ministère d'avocat doit-elle être admise? La raison de douter

---

(1) Le décret du 11 janv. 1852 dispose dans son art. 23 : « Le titre 4 de la loi du 13 juin 1851, intitulé *Discipline*, est maintenu jusques et y compris l'art. 18 de la même loi. » Ce titre comprend les art. 71 à 116.

pouvait venir de ce que, en principe, l'affranchissement des frais n'emporte pas de plein droit l'affranchissement du ministère d'avocat. Dufour, 2<sup>e</sup> édit., t. 2, p. 317, n° 288. Cependant l'affirmative a été jugée, et avec raison d'après moi, par plusieurs ordonnances qui ont décidé que les subventionnaires pouvaient se pourvoir, par l'intermédiaire des préfets, contre les arrêtés des conseils de préfecture qui ont mis à leur charge des subventions spéciales. 3 janv. 1848, *d'Huart de Nothomb;* 22 avril 1848, *Morin-Arnoul;* Foucart, 4<sup>e</sup> édit., t. 3, p. 763, n° 1990.

**143.** — En dispensant les parties, dans les diverses matières dont je viens de parler, de recourir au ministère d'un avocat, la loi n'a pas entendu leur enlever le droit d'user de ce ministère, si elles le jugent à propos.

Mais si elles constituent un avocat, leur pourvoi est-il soumis aux formes et aux droits ordinaires?

La jurisprudence semble se prononcer pour l'affirmative, du moins en matière de contributions directes. Voy. 2 janv. 1835, *Fage;* 3 fév. 1835, *Teulade;* 27 fév. 1835, *veuve Leclerc;* 17 mars 1835, *Abric de Fenouillet;* 20 nov. 1840, *Girardin;* Cormenin, t. 1, p. 45; Foucart, 4<sup>e</sup> édit., t. 3, p. 765, n° 1992. —M. Dufour, 2<sup>e</sup> édit., t. 2, p. 318, n° 288, adopte aussi cette solution; mais il reconnaît que le fait de l'introduction de l'instance, sans le ministère d'avocat, fait acquérir définitivement à la partie le droit d'être jugée sans frais, et que ce droit ne peut être compromis parce qu'un avocat se présenterait ensuite dans le cours de l'instance.

Je n'aperçois pas clairement le motif de ces diverses solutions, et je pencherais, au contraire, à décider que le bénéfice de la loi doit profiter aux parties, qu'elles aient ou non constitué un avocat.

**144.** — La dispense de recourir au ministère d'un avocat s'étend à tous les actes de la procédure et à toutes les périodes de l'instance. Ainsi, la partie peut, sans avoir recours à un avocat, former opposition à une ordonnance par défaut, et attaquer une ordonnance contradictoire par la voie de la tierce opposition ou de la requête civile.

Cependant, une ordonnance rendue en matière d'élections municipales, le 1<sup>er</sup> mars 1842, *Tavernier*, rejette un pourvoi en requête civile ou en révision par les motifs que voici :

« Considérant qu'une ordonnance contradictoire, rendue en matière contentieuse, ne peut être attaquée que dans les formes prescrites par l'art. 32 du règlement du 22 juill. 1806 ; — Que la requête ci-dessus visée n'est pas signée par un avocat aux conseils, et que, dès lors, elle n'est pas recevable. »

Mêmes motifs dans l'ordonnance du 14 janv. 1839, *élections de Servières.*

Mais l'art. 1er du règlement veut que la requête introductive d'un pourvoi ordinaire soit signée d'un avocat, comme l'art. 32 l'exige pour le recours en requête civile, et, cependant, le conseil d'État lui-même admet, sans difficulté, pour le premier cas, les requêtes signées par les parties en matières d'élections municipales ; pourquoi donc refuse-t-il de les admettre pour le second cas? L'art. 32, comme l'art. 1er, pose une règle générale qui a été modifiée plus tard par des lois et règlements particuliers, à l'égard de certaines matières spéciales. Cette règle générale ne peut pas atteindre les requêtes présentées dans les cas exceptionnels prévus par ces lois et règlements. Les motifs sur lesquels s'appuie le conseil d'État, dans les ordonnances précitées, n'ont donc aucune portée.

M. Dufour, 2e édit., t. 2, p. 392, n° 368, approuve la jurisprudence du conseil d'État, et voici quels sont, d'après lui, les principes véritables : « Distinguons, dit-il. La demande en révision (en requête civile) constitue une voie *extraordinaire*, ouverte dans certains cas pour attaquer et faire tomber les décisions juridiques. On peut donc dire, relativement à ce mode de recours, qu'il convient de restreindre dans ses plus étroites limites l'exception apportée par une disposition toute spéciale aux formes ordinaires de procéder. Nous ajouterons, d'ailleurs, qu'il a dû être dans la pensée de la loi de concentrer dans des mains habiles et sages l'exercice d'un droit dont elle s'efforçait de prévenir l'abus jusqu'à le frapper d'une pénalité..... L'opposition et la tierce opposition, au contraire, sont des voies *ordinaires* auxquelles il semble juste d'accorder la même faveur, les mêmes facilités qu'à l'action elle-même. C'est ce que le conseil d'État a jugé par une décision qui ne prononce que quant à l'opposition ( 10 août 1850, *syndicat de la Durance*), mais dont le principe est évidemment applicable à la tierce opposition. »

M. Lebon fait cette même distinction dans une note sur l'ordonnance du 10 août 1850, année 1850, p. 749, note 1.

Ces raisons me touchent peu. Qu'il faille restreindre l'exception dans de justes limites, je le conçois ; mais il ne faut pas aller plus loin que la loi elle-même ; et puisqu'elle dispense du ministère de l'avocat, sans restreindre cette faculté à tels ou tels actes de la procédure, je ne vois pas comment on pourrait arbitrairement établir une semblable restriction. Quant à l'habileté et à la sagesse nécessaires pour introduire une opposition, une tierce opposition ou une requête civile, je comprends difficilement pourquoi elles devraient être plus grandes que lorsqu'il

s'agit de former le recours principal, c'est-à-dire, d'apprécier si
la matière est gracieuse ou contentieuse, si la décision est de la
nature de celles qui sont susceptibles d'appel, etc. ; questions
souvent fort délicates, et dont la solution peut aussi entraîner
une pénalité contre l'avocat qui serait tombé dans l'erreur.
Je mets à dessein l'opposition et la tierce-opposition sur la
même ligne que la requête civile, car les motifs de solution
sont les mêmes, et l'ordonnance du 10 août 1850 n'a fait
qu'appliquer à l'opposition un principe général applicable à
la tierce opposition et à la requête civile. Et puisque MM. Dufour et Lebon reconnaissent que le principe de cette ordonnance
s'applique à la tierce opposition, je ne vois pas pourquoi ils en
repoussent l'application à la requête civile, car la tierce opposition n'est pas, comme ils l'affirment par erreur, une voie
*ordinaire* pour attaquer les jugements ; c'est au contraire une
voie *extraordinaire* mise par la loi sur le même plan que la
requête civile. Voy. la rubrique du liv. iv du Code de procédure
civile.

**145.** — La requête doit contenir :

1° *Les noms et demeures des parties.*

L'indication des noms est indispensable, et elle doit être
exacte, parce que c'est la requête qui fixe les qualités des parties, qui ne peuvent être changées par des significations postérieures. 10 avril 1818, *Fries c. Tholosan.*

Lorsqu'il y a plusieurs demandeurs, il faut les dénommer avec
soin, et ne pas se borner à désigner les coïntéressés par l'expression *et consorts,* parce que le recours n'a d'effet que vis-à-vis
des parties dénommées, et qu'il faut éviter que ces prétendus
*consorts* puissent postérieurement former tierce opposition, en
soutenant qu'ils n'ont pas figuré dans l'instance. 1ᵉʳ août 1834,
*Mazet c. Latreille ;* Foucard, 4ᵉ édit., t. 3, p. 764, n° 1991 ;
Serrigny, t. 1, p. 293, n° 279 ; Chevalier, vᵒ *Procédure administrative,* t. 2, p. 329 ; Dufour, 2ᵉ édit., t. 2, p. 320, n° 291.

L'indication de la profession des parties n'est point requise.
10 septembre 1823, *Guyot c. comp. Pauwels.*

Cette ordonnance décide, en même temps, que le défaut d'indication de la demeure n'entraîne point la nullité de l'acte. Je
crois, au contraire, que cette indication constitue une formalité
substantielle prescrite à peine de nullité. Comment, en effet, le
défendeur pourra-t-il, s'il ne connaît point la demeure de son
adversaire, faire les notifications extrajudiciaires qu'il estimera
convenables ? M. Dufour, *loc. cit.,* pense que « les noms et demeures des défendeurs ne sont pas formellement exigés, et ne
peuvent même pas l'être, parce qu'il est souvent très-difficile de

discerner quelles sont les personnes contre lesquelles le pourvoi doit être dirigé, et qu'il y est suffisamment pourvu par l'ordonnance de *soit communiqué* qui désigne avec soin le nom du
défendeur. » Il est beaucoup plus prudent d'apporter un très-
grand soin à la désignation des défendeurs, parce que, ainsi que
M. Dufour le sait comme moi, l'ordonnance de *soit communiqué*
rédigée au secrétariat ne fait presque toujours que copier les
noms indiqués dans le pourvoi. Voy. *infrà*, n° 152.

2° *Les conclusions.*

La requête qui ne contient pas de conclusions est rejetée faute
d'objet. « Il est très- important pour les parties, dit M. de Cormenin, t. 1, p. 46, note 1, que les avocats prennent bien leurs
conclusions principales, subsidiaires, incidentes, récursoires;
car le conseil d'État ne peut prononcer outre et au delà des
conclusions. — Lorsque les conclusions ne sont pas dirigées
contre la véritable décision, on rejette la requête, sauf aux parties à se pourvoir, s'il y a lieu, contre cette décision, c'est-à-
dire, en d'autres termes, à rectifier leurs conclusions; ce qui
amène une nouvelle instruction de l'affaire, et ce qui, par conséquent, cause aux parties des pertes de temps et d'argent, et
parfois de délais utiles. » Mais rien n'empêche les parties de
prendre des conclusions générales, sauf à les restreindre ultérieurement. Il a été jugé en effet que le demandeur, qui avait
d'abord conclu d'une manière générale à l'annulation d'une décision dans son ensemble, était recevable à réclamer ultérieurement à quelque époque que ce soit, la réformation des chefs de
cette décision qui n'auraient pas été spécialement mentionnés
dans la première requête. 23 nov. 1850, *Sauzéos.*

3° *L'exposé sommaire des faits et moyens, avec l'énonciation et
l'adjonction des pièces à l'appui.*

Les pièces à produire sont, en premier lieu, les décisions attaquées, et, en second lieu, les divers actes qui doivent justifier
le pourvoi ou dont on entend faire usage. Cormenin, t. 1, p. 47,
note 1.

Le pourvoi à l'occasion duquel le demandeur n'aurait produit
ni l'arrêté attaqué, bien qu'il lui eût été signifié, ni aucune
pièce pouvant en tenir lieu, devrait être rejeté. 20 avril 1847,
*chemin de fer de Paris à Versailles c. Lucot;* 21 mars 1848, *Laurent;* 26 avril 1851, *Faphé;* 24 mai 1851, *Dadant;* 14 juin 1851,
*Valette;* 9 fév. 1854, *compagnie du gaz de Nevers.*

Régulièrement, et aux termes mêmes du règlement, c'est dans
la requête introductive de l'instance que devraient se trouver
l'exposé des faits et moyens ainsi que l'énonciation des pièces,
et ces pièces devraient être produites en même temps. Mais ,

comme il est difficile de réunir toutes ces pièces dans un court délai, et qu'il est souvent impossible à l'avocat de se procurer assez tôt les renseignements qui lui sont nécessaires pour exposer convenablement les faits et moyens, ce dont j'ai pu me convaincre pendant mon exercice d'avocat près le conseil d'État, l'usage et la jurisprudence autorisent le dépôt d'une requête sommaire, qui ne renferme ni les faits, ni les moyens, mais qui est ensuite complétée par une requête ampliative. 14 août 1850, *ville de Bayonne.*

M. de Cormenin, t. 1, p. 47, note 1, blâme cet usage. « Les requêtes sommaires, dit-il, ne sont presque jamais que des subterfuges imaginés par les plaideurs pour gagner du temps, surprendre une ordonnance de *soit communiqué*, fatiguer l'adversaire et paralyser l'exécution des décisions de première instance, dont l'appel est presque toujours suspensif de *fait,* quoiqu'il ne le soit pas de *droit.* »

MM. Dufour, 2<sup>e</sup> édit., t. 2, p. 319, n° 291, et Chevalier, v° *Procédure administrative,* t. 2, p. 329, invoquent leur propre expérience pour soutenir, au contraire, que l'exécution littérale du règlement n'est pas toujours possible, et que l'usage des requêtes sommaires doit être toléré.

De son côté, le conseil d'État s'est aussi préoccupé des abus qu'entraînent les requêtes sommaires, et, en 1821, le comité du contentieux émit l'avis : « Que, dans le cas où le requérant, par des causes indépendantes de sa volonté, ne pourrait présenter à l'appui de sa requête introductive, ni la décision attaquée, ni les pièces justificatives de l'instance, ni un exposé sommaire des faits et moyens qui en dérivent, il doit justifier de cet empêchement, et demander un délai fixe pour la production de sa requête ampliative, et que cette justification et cette demande doivent être faites et vérifiées dans chaque espèce ; — Que si, au contraire, la requête introductive se borne à manifester l'intention d'un pourvoi, sans y joindre ni la décision attaquée, ni pièces à l'appui, et sans y exposer ni faits, ni moyens, il y a lieu alors par le maître des requêtes rapporteur d'examiner si la requête doit ou non être rejetée, faute de justification du pourvoi. » Avis du comité du contentieux, approuvé par le garde des sceaux, le 14 avril 1821, rapporté par Macarel, *Arrêts du conseil,* t. 6, p. 56.

Quoi qu'il en soit, il est certain que l'usage des requêtes sommaires suivies d'un mémoire ampliatif s'est maintenu, et qu'il suffit, pour la régularité du recours, que les faits et moyens soient exposés dans une requête ampliative, à laquelle peuvent être jointes les pièces qui n'auraient pas été produites lors du dépôt de la première requête.

On lit, à cet égard, dans l'ouvrage de M. Dufour, 2ᵉ édit., t. 2, p. 321, n° 293 :

« Pour parer aux lenteurs que pourraient entraîner les requêtes sommaires, la section chargée, ainsi qu'on l'a vu, de pourvoir à l'instruction des affaires, n'accorde, peu de jours après le dépôt, qu'un délai de quinzaine pour produire la requête ampliative. L'avocat en est prévenu par une lettre du secrétaire de la section du contentieux ; mais la bienveillance qui préside aux rapports du conseil avec le barreau fait que la fixation de ce délai n'est, en réalité, que comminatoire. Le conseil laisse écouler un long temps avant de rejeter le recours pour défaut de mémoire ampliatif. » 5 mars 1841, *Briois* ; 30 juin 1841, *Granges* ; 8 mars 1851, *de Praslin*.

Enfin, lorsque, après une requête sommaire, la partie laisse écouler un long délai sans produire ni requête ampliative, ni moyen quelconque à l'appui de ses conclusions, son pourvoi est rejeté. Voy. 6 janv. 1849, *Lelong* ; 6 avril 1850, *dame Rachou* ; 15 juin 1850, *veuve Guillaume* ; 14 août 1850, *ville de Bergerac* ; 24 fév. 1851, *Gauthier* ; 8 mars 1851, *héritiers Praslin* ; 23 juin 1853, *Mekolski* ; 8 déc. 1853, *Cassagne et Capdeville* ; 23 déc. 1853, *Guiffrey* ; 4 mai 1854, *Coste* ; 26 juill. 1854, *Cohen Solal* ; 30 nov. 1854, *Dessert* ; 1ᵉʳ fév. 1855, *Volle*.

Il est juste cependant de remarquer qu'aucun texte de loi n'impose au demandeur l'obligation de produire dans un délai fatal, et à peine de non-recevabilité du pourvoi, un mémoire ampliatif développant les faits et les moyens du recours. 22 juin 1854, *min. de l'int. c. Meunier*. — De là il suit qu'un mémoire ampliatif est inutile quand la requête introductive contient une énonciation suffisante de faits et moyens, et que le mémoire ampliatif ne peut être considéré comme tardivement déposé que s'il n'est pas signifié au défendeur dans les délais du règlement, avec l'ordonnance de *soit communiqué*, qui en prescrit la signification. 9 août 1851, *Rigaud* ; 4 juin 1352, *Sarrouy*.

**146.** — II. Les requêtes sont déposées au secrétariat général du conseil, et elles sont inscrites sur un registre suivant leur ordre de dates. Elles sont soumises à un droit d'enregistrement et de timbre. Décret du 11 juin 1806, art. 27 ; Règlement du 22 juillet 1806, art. 2 et 48. — Voy. *infrà*, n°ˢ 229 et 232.

Toutefois l'omission du timbre peut être réparée dans le cours de l'instance, et elle ne constitue pas une fin de non-recevoir qui puisse entraîner le rejet du pourvoi. 18 mars 1841, *comp. Usquin c. ville de Cette*.

**147.** — C'est le dépôt de la requête introductive qui donne date au recours, et le conseil n'est saisi que du jour et par le fait de ce dépôt. Dufour, 2ᵉ édit., t. 2, p. 322, n° 295.

**147** *bis.* — Dans les affaires pour lesquelles les parties sont dispensées de constituer avocat et peuvent présenter elles-mêmes leur requête (voy. *suprà,* n° 141), le dépôt de cette requête au secrétariat du conseil doit avoir lieu, à peine de déchéance, dans le délai de trois mois ordonné, à moins qu'il ne s'agisse de contributions directes ou de taxes assimilées aux contributions directes, cas dans lesquels, ainsi qu'on le verra au livre 5, titre *de la Procédure en matière de contributions directes,* le pourvoi ne peut être transmis que par l'intermédiaire du préfet, et est régulier, quand il est déposé dans le délai de trois mois à la préfecture.

§ II. — Ordonnance de *soit communiqué.*

**148.** — I. Le décret du 11 juin 1806 porte :

« Art. 29. Sur l'exposé de l'auditeur (aujourd'hui le membre désigné par le président), le grand juge (aujourd'hui le président de la section du contentieux. Voy. décret du 30 janv. 1852, art. 3) ordonnera, s'il y a lieu, la communication aux parties intéressées, pour répondre et fournir leurs défenses dans le délai qui sera fixé par le règlement. — A l'expiration du délai, il sera passé outre au rapport. »

Ces expressions, *s'il y a lieu,* indiquent que la communication est simplement facultative, et, en effet, avant 1830, elle n'était ordonnée que pour les recours reconnus sérieux. Le comité du contentieux examinait si l'affaire méritait d'être débattue contradictoirement devant le conseil d'État, ou s'il y avait lieu de rejeter immédiatement le pourvoi comme évidemment non recevable ou mal fondé. Dans ce dernier cas, il proposait le rejet immédiat, et ce rejet pouvait être prononcé sans que le défendeur eût été appelé. Depuis 1830, l'introduction de la publicité des audiences et des débats oraux a fait abandonner ce mode de procéder qui aurait exigé une double instruction et un double jugement. La communication est donc ordonnée aujourd'hui dans toutes les affaires et sans examen préalable. Voy. Serrigny, t. 1, p. 82, n° 75, et p. 299, n° 289; Foucart, 4ᵉ édit., t. 3, p. 766, n° 1994; Dufour, 2ᵉ édit., t. 2, p. 325, n° 300.

Toutefois, M. de Cormenin, t. 1, p. 87, note 1, regrette vivement que l'ancien mode ait été abandonné; il en retrace les avantages, qui lui paraissent incontestables, et il pense qu'il importe d'y revenir.

Je ne partage pas cette opinion que l'expérience ne justifie en aucune manière. On n'abuse pas, en général, de la faculté de se pourvoir devant le conseil d'État ; c'est une voie coûteuse et dont l'effet n'est pas suspensif.

**149.** — L'ordonnance de *soit communiqué*, ainsi nommée parce qu'elle commence par ces mots : *soit la présente requête communiquée, etc.*, est apposée en marge ou au bas de la requête ; elle est signée par le président de la section du contentieux et déposée au secrétariat du conseil. Cormenin, t. 1, p. 50, note 1 ; Serrigny, t. 1, p. 299, n° 290 ; Dufour, 2ᵉ édit., t. 2, p. 324, n° 299.

Cette ordonnance est délivrée immédiatement après le dépôt du pourvoi, et sans attendre le dépôt de la requête ampliative ; elle porte en effet : *soit la présente requête, ensemble le mémoire ampliatif qui y sera joint, communiquée, etc.* Mais si le mémoire ampliatif annoncé n'était pas signifié dans le délai du règlement, le recours serait déclaré irrecevable. Voy. *suprà*, n° 145-3° ; Dufour, 2ᵉ édit., t. 2, p. 346, n° 324.

**150.** — II. Le règlement du 22 juillet 1806 dispose :

« Art. 12. Lorsque, sur un semblable pourvoi (contre la décision d'une autorité qui ressortit au conseil d'État) fait dans le délai ci-dessus prescrit, il aura été rendu une ordonnance de *soit communiqué*, cette ordonnance devra être signifiée dans le délai de trois mois sous peine de déchéance.

« Art. 13. Ceux qui demeureront hors de la France continentale auront, outre le délai de trois mois, énoncé dans les deux articles ci-dessus, celui qui est réglé par l'art. 73 du Code de procédure civile (1). »

Il résulte de la combinaison de ces deux articles avec l'art. 73 du Code de procédure civile que le délai total est de cinq mois pour ceux qui demeurent dans l'île d'Elbe ou de Capraja, en Angleterre et dans les États limitrophes de la France. Le délai sera de sept mois pour ceux demeurant dans les autres États de l'Europe, il sera de neuf mois pour ceux demeurant hors d'Europe, en deçà du cap de Bonne-Espérance, et d'un an trois mois pour ceux demeurant au delà. — Pour ce qui a trait aux recours formés contre les décisions des conseils privés des colonies, voy. *infrà*, n°ˢ 774 et suiv.

L'avocat du demandeur prend au secrétariat du conseil la requête revêtue de l'ordonnance, et la fait signifier à la personne

_____

(1) Cet article 13 avait constamment été appliqué à l'Algérie et à la Corse, mais une loi récente du 11 juin 1859 (Duvergier, p. 182) a déclaré que les délais pour la France continentale seraient appliqués à l'Algérie et à la Corse, et modifié ainsi l'art. 13.

où au domicile de la partie adverse, par le ministère d'un
huissier. La copie à signifier est certifiée conforme par l'avocat
pour la requête, et par le secrétaire général du conseil pour
l'ordonnance. Dufour, 2ᵉ édit., t. 2, p. 326, nᵒ 301.

**151.** — Il résulterait d'une ordonnance du 18 janv. 1831,
*Bouchet c. Bailly*, que la signification ne serait pas nulle, quoiqu'elle ne contînt pas le texte de l'ordonnance de *soit communiqué*, pourvu qu'elle renfermât la copie intégrale de la requête.
« La raison en est, dit M. de Cormenin, t. 1, p. 58, note 1, que
le défendeur est averti suffisamment qu'il y a pourvoi. »

Cette raison, donnée aussi par M. Dufour, *loco citato*, ne me
paraît pas concluante. Il ne suffit pas que le défendeur soit averti
qu'il y a pourvoi, il faut encore qu'il sache si toutes les formalités ont été remplies. Il faut surtout qu'il connaisse le texte et
la date de l'ordonnance de *soit communiqué*, puisque cette
ordonnance doit être signifiée dans un délai déterminé, et qu'elle
fait courir les délais dans lesquels le défendeur doit présenter
ses défenses. Je crois donc que, dans l'espèce proposée, la signification n'était pas régulière et devait être annulée.

**152.** — L'ordonnance de *soit communiqué* doit être signifiée
exactement à toutes les personnes que le demandeur indique
comme ses adversaires en tête de la requête. Le pourvoi serait
rejeté vis-à-vis de celles qui n'auraient pas reçu cette signification dans les délais. 21 mai 1817, *Mallet c. Mariolles*; 23 juin
1849, *Jacmart c. Chenet*.

Mais la signification ne peut être étendue à un individu contre
lequel le recours n'a pas été dirigé, et elle ne peut produire
aucun effet si elle est adressée à quelqu'un sans qualité pour
la recevoir. La signification de l'ordonnance prescrivant communication d'un pourvoi à une compagnie de desséchement, par
exemple, n'est pas régulièrement faite au président du syndicat
organisé après le desséchement pour la conservation et l'entretien des travaux. 5 mars 1852, *dame Brossard et consorts*.

« Le comité du contentieux, avant d'ordonner le *soit communiqué*, a toujours soin de rechercher, sur l'exposé sommaire
des maîtres des requêtes rapporteurs, si les individus, établissements ou administrations, indiqués comme défendeurs dans la
requête en pourvoi, sont ou du moins paraissent être les véritables adversaires du requérant. — L'ordonnance de *soit communiqué* porte toujours très-exactement le nom de toutes les
personnes auxquelles la communication doit être faite. » Cormenin, t. 1, p. 59, note 6ᵒ, et *suprà*, nᵒ 145-1ᵒ, p. 78.

**153.** — Le délai de trois mois, accordé au demandeur pour signifier l'ordonnance de *soit communiqué*, court à partir de la date de cette ordonnance. Cormenin, 1<sup>re</sup> édit., t. 1, p. 262.

M. Serrigny, t. 1, p. 319, n° 316, pense qu'on doit exclure de ce délai le jour de l'ordonnance, d'après la règle, *dies termini non computatur in termino*, et y comprendre le jour de l'échéance; autrement, dit-il, on ne serait plus *dans* le délai de trois mois, mais *hors* de ce délai. Voy. 4 fév. 1858, *Grandidier;* 20 janv. 1859, *chemin de fer du Midi*, et ce que je dis au titre *de l'Appel*, n° 617.

**154.** — La déchéance encourue à défaut de signification dans les trois mois est de rigueur. Elle est prononcée, soit sur la demande de la partie adverse, soit même d'office, parce qu'elle tient à l'ordre public qui est intéressé à ce que les instances administratives se terminent promptement. Cormenin, 1<sup>re</sup> édit., t. 1, p. 261, et 5<sup>e</sup> édit., t. 1, p. 58, note 1 ; Serrigny, t. 1, p. 319, n° 317; Dufour, 2<sup>e</sup> édit., t. 2, p. 345, n° 323.

C'est au demandeur à justifier de cette signification dans les délais; et s'il n'en justifie pas, le conseil d'État prononce la déchéance. Voy. comme exemples, les ordonnances des 18 janv. 1826, *Boizet;* 22 nov. 1836, *Marteau;* 1<sup>er</sup> juill. 1839, *Société du Drot c. Jacoubet-Nombel;* 30 juill. 1840, *Robin-Duchénoy;* 27 juill. 1842, *Poméra;* 5 sept. 1842, *Bidard c. Cécire;* 22 fév. 1844, *Parent;* et un grand nombre d'autres; la plus récente est celle du 26 juill. 1854, *dames hospitalières de Saint-Augustin.*

**155.** — La circonstance que la décision attaquée n'aurait pas été signifiée au demandeur ne le préserverait point de la déchéance, si, après avoir formé son recours sans attendre cette signification, il négligeait lui-même de signifier l'ordonnance de *soit communiqué* dans les trois mois. 13 juill. 1813, *Valadier c. Macarrani;* 8 mars 1814, *Etignard c. comm. de Château-Chinon.*

Il résulterait même de l'ordonnance *Etignard*, et c'est l'opinion de M. de Cormenin, 1<sup>re</sup> édit., t. 1, p. 264, que le demandeur ainsi déchu ne pourrait former un nouveau recours, quoiqu'il fût encore dans les délais. Mais cette décision est beaucoup trop sévère. Je pense, avec M. Macarel, *Jurisp. admin.*, t. 1, p. 62, note 3, que la déchéance du premier pourvoi ne nuirait pas au second régulièrement formé. Et, en effet, comme le fait observer M. Macarel, « dans l'ordre judiciaire, un appel irrégulièrement interjeté peut être de nouveau formé pendant tout le cours du délai. Or, le recours au conseil d'État n'est qu'un recours d'appel, et le règlement du 22 juill. 1806 n'a pas de disposition qui établisse la déchéance pour le cas proposé. »

S'il s'agit d'une affaire portée en premier degré, *omisso medio,* devant le conseil d'État, juge en premier et dernier ressort, la décision doit être la même, parce qu'il est de principe général qu'une action irrégulièrement engagée n'empêche point d'en former une nouvelle, tant que la partie n'a pas perdu le droit d'agir.

**156.** — La déchéance encourue ne serait pas couverte par la signification d'une autre ordonnance délivrée postérieurement par mégarde. M. de Cormenin, t. 1, p. 58, note 1, indique une ordonnance du 14 mai 1817, inédite, qui l'a ainsi jugé à son rapport.

**157.** — J'ai examiné au titre IV, *des Significations*, dans quel mode et dans quelles formes devaient être faites les significations en matière administrative. Ce sont ce mode et ces formes qu'il faut suivre pour la signification des ordonnances de *soit communiqué*. Voy. n<sup>os</sup> 177 et suiv.

**158.** — Le conseil d'État n'accorde pas et ne doit pas accorder de prorogations de délais pour faire signifier les ordonnances de *soit communiqué*. Mais il en devrait être autrement, si des événements extraordinaires avaient empêché les parties de profiter des délais ordinaires. Deux ordonnances du même jour, 6 mars 1816, *Cothereau de Grand-Champ*; — *Pelletier et Rhéty*, ont accordé de semblables prorogations en vertu d'une ordonnance du 29 nov. 1815, qui permettait de proroger les délais des appels que les événements des Cent-Jours avaient empêché de former en temps utile. Le conseil d'État a étendu, par analogie, les dispositions de cette ordonnance aux délais de signification de l'ordonnance de *soit communiqué*. Voy. *infrà*, n° 604.

**159.** — III. C'est par la signification de l'ordonnance de *soit communiqué* que la partie adverse est mise en cause; jusque-là l'instance n'est pas engagée contradictoirement.

Le dépôt de la requête, suivi de la signification de l'ordonnance de *soit communiqué,* est d'ailleurs le seul mode légal d'introduire les instances devant le conseil d'État. Ce mode ne peut être suppléé par aucun autre, par exemple, par une assignation adressée directement à la partie adverse. 1<sup>er</sup> nov. 1837, *comm. de Montaud;* Cormenin, t. 1, p. 59, note 10; Serrigny, t. 1, p. 289, n° 275, et p. 320, n° 317; Foucart, 4<sup>e</sup> édit., t. 3, p. 768, n° 1995; Dufour, 2<sup>e</sup> édit., t. 2, p. 345, n° 323.

L'expérience m'a souvent prouvé qu'on attendait beaucoup trop tard pour envoyer les pièces à l'avocat au conseil d'État, et que la négligence des plaideurs leur faisait encourir des déchéances irréparables.

SECTION II. — *Instances introduites au nom ou contre des départements, des communes ou des établissements publics.*

**160.** — I. Le mode d'introduction des instances devant le conseil d'État au nom des départements, des communes ou des établissements publics, est le même que pour les simples particuliers.

Ces personnes morales doivent, comme de simples particuliers, présenter une requête signée d'un avocat aux conseils, et la déposer au secrétariat général. 18 déc. 1839, *ville de Caen;* 20 août 1847, *Vinay;* Foucart, 4ᵉ édit., t. 3, p. 763, n° 1990; Serrigny, t. 1, p. 289, n° 274; Dufour, 2ᵉ édit., t. 2, p. 315, n° 285.

Les pourvois ne peuvent être introduits en leur nom par les ministres ou directeurs généraux. Les préfets ne peuvent non plus les introduire au nom des communes et des établissements publics. Voy. *suprà*, nᵒˢ 73 et 81.

**161.** — II. Les instances dirigées contre des départements, des communes ou des établissements publics sont aussi introduites comme s'il s'agissait d'un simple particulier. Les mêmes règles sont applicables.

**162.** — III. Les départements, les communes et les établissements publics doivent faire signifier l'ordonnance de *soit communiqué* dans la forme et dans les délais ordinaires. La déchéance prononcée par le règlement, pour défaut de signification dans les trois mois, leur est applicable; comme aussi, lorsque ces personnes morales sont défenderesses, elles peuvent l'opposer elles-mêmes à leurs adversaires. Voy. 19 mars 1817, *comm. de Polaincourt c. hameau de Claire-Fontaine;* 30 nov. 1830, *hospice de Limoges c. Meyvières;* 12 janv. 1835, *ville de Poitiers;* 8 mai 1841, *Berdoly c. dép. de la Gironde;* 30 mars 1842, *Rémy c. comm. de Géménos;* 31 juill. 1843, *fabrique de Saint-Jean-Saint-Nicolas;* Cormenin, t. 1, p. 59; Chevalier, t. 2, p. 340.

SECTION III. — *Instances introduites au nom de l'administration ou contre elle.*

**163.** — I. Les pourvois dans l'intérêt de l'État, qu'il s'agisse de ses domaines ou d'un objet d'intérêt général, devraient, aux termes mêmes de l'art. 16 du règlement du 22 juill. 1806, être introduits sur un rapport adressé à l'Empereur par le ministre que la matière concerne, et déposés au secrétariat du conseil (1).

---

(1) J'ai déjà dit *suprà*, nᵒˢ 57 et 64, que c'est toujours le ministre qui procède devant le conseil d'État au nom de l'administration.

Mais les ministres n'introduisent plus aujourd'hui leurs recours devant le conseil d'État que par lettres au président du conseil d'État, et non par rapports à l'Empereur, si ce n'est en matière d'appels comme d'abus, de mises en jugement et autres qui ne sont pas, d'après la disposition des règlements, susceptibles de communication. Cormenin, t. 1, p. 63, note 1 ; Chevalier, t. 2, p. 329 ; Dufour, 2<sup>e</sup> édit., t. 2, p. 366, n° 335.

Dans son Recueil des arrêts du conseil, t. 2, p. 46, note 1, M. Macarel rapporte une lettre adressée par le ministre des finances au garde des sceaux le 17 mai 1820, et qui est ainsi conçue :
— « Pour éviter les frais d'avocat et d'huissier, j'ai l'honneur, en adoptant, comme rapport introductif de pourvoi, les avis du conseil d'administration et de M. le directeur général (des domaines), de vous adresser, conformément aux articles 26 du décret du 11 juin 1806, et 16 de celui du 22 juillet suivant, les pièces de l'affaire. — Veuillez les soumettre au comité du contentieux. »

Une ordonnance du 14 déc. 1854, *Houry*, déclare que le recours formé au nom de l'État par le contrôleur colonial de la Martinique est régulier, si dans la lettre par laquelle le ministre de la marine transmet ledit recours, le ministre, tout en s'en rapportant à la sagesse du conseil d'État, demande qu'il y soit donné la suite qu'il comporte.

**164.** — L'art. 16 du règlement porte :
« Dans les affaires contentieuses, introduites au conseil sur le rapport d'un ministre, il sera donné, dans la forme administrative ordinaire, avis à la partie intéressée, de la remise faite au garde des sceaux des mémoires et pièces fournis par les agents du Gouvernement, afin qu'elle puisse en prendre communication dans la forme prescrite, et fournir ses réponses dans le délai du règlement. Le rapport du ministre ne sera pas communiqué (1). »

L'administration est donc dispensée de la nécessité de déposer une requête, de recourir au ministère d'un avocat, d'obtenir et de faire notifier une ordonnance de *soit communiqué*. Serrigny, t. 1, p. 324, n° 322.

**165.** — Ce mode spécial d'introduction des instances devant le conseil d'État n'est point particulier aux affaires traitées directement par les ministres ; il est aussi applicable à celles qui concernent les administrations générales, telles que l'administration de l'enregistrement et des domaines, l'administration des contributions directes et indirectes, etc. Voy. 27 fév. 1835, *adm.*

---

(1) Dans la pratique, ce rapport est communiqué à l'avocat de la partie.

*des contributions indirectes c.* Renoux *; 26 juin 1835, adm. des tabacs c.* Vaudet.

Mais il faut remarquer que le règlement n'a entendu conférer qu'une simple faculté, et que ces diverses administrations, et les ministres eux-mêmes, demeurent libres de procéder par le ministère d'un avocat. L'administration des contributions indirectes, celle de l'enregistrement et des domaines sont dans l'usage d'employer un avocat. Les administrations des mines, des ponts et chaussées, des forêts, des douanes usent ordinairement de la faculté accordée par le règlement et se font défendre par de simples lettres du ministre, appuyées quelquefois des mémoires de leurs conseils d'administration. Cormenin, t. 1, p. 63, note 1; Serrigny, t. 1, p. 326, n° 324; Dufour, 2ᵉ édit., t. 2, p. 366, n° 335.

**166.** — L'adversaire de l'administration est mis en cause par un avis *donné en la forme administrative.* Cet avis lui fait connaître l'existence du pourvoi, et le met en demeure de prendre communication des pièces et de fournir ses défenses. Il tient lieu, à son égard, de la notification de l'ordonnance de *soit communiqué.* Voy. au n° 190, ce que je dis de la forme dans laquelle cet avis doit être donné.

La date de cet avis est importante, puisqu'elle sert à déterminer le point de départ du délai dans lequel les défenses doivent être fournies.

**167.** — Lorsque les prescriptions de l'art. 16 du règlement ont été remplies, que le défendeur a reçu avis de la remise des pièces et mémoires fournis par l'administration, si le ministre juge à propos de signifier surabondamment une ordonnance de *soit communiqué,* le défendeur ne peut opposer la déchéance du pourvoi, sous prétexte que la signification de l'ordonnance de *soit communiqué* faite dans les trois mois n'était accompagnée ni de pièces, ni de motifs, et que la signification motivée n'a eu lieu que postérieurement à l'expiration du délai. 25 avril 1839, *Genson.*

**168.** — Dans le cas où l'administration emploie le ministère d'un avocat, est-elle tenue de suivre les formes ordinaires, et, par exemple, doit-elle déposer une requête, obtenir une ordonnance de *soit communiqué,* et la signifier, sous peine de déchéance, dans les délais du règlement?

On pourrait dire qu'en renonçant au bénéfice de l'exception introduite en sa faveur relativement à la constitution d'un avocat, elle est présumée y avoir aussi renoncé pour tous les autres actes de la procédure. Je crois, néanmoins, que cette solution serait trop rigoureuse, et rien n'empêche que l'administration procède par le ministère d'un avocat, sans que pour cela elle soit tenue de suivre toutes les prescriptions du règlement qui ne concernent que les particuliers. Voy. ce que j'ai dit *suprà*, n° 143.

**169.** — II. Les instances dirigées par des particuliers ou par des personnes morales contre les ministres ou contre les administrations générales sont introduites par requêtes, en la forme ordinaire.

Le pourvoi formé par l'intermédiaire d'un ministre et les significations adressées directement à l'administration seraient sans effet. 25 juin 1817, *Bouilliat c. régie des domaines.*

C'est à tort qu'une ordonnance du 19 mars 1819, *débitants de Pau*, a reçu un pourvoi transmis par le ministre des finances, dans l'intérêt des débitants de boissons de la ville de Pau.

**170.** — « Lorsque, dans les affaires où le Gouvernement a des intérêts opposés à ceux d'une partie, l'instance est introduite à la requête de cette partie, le dépôt qui sera fait, au secrétariat du conseil, de la requête et des pièces, vaudra notification aux agents du Gouvernement; il en sera de même pour la suite de l'instruction. » Règlement du 22 juillet 1806, art. 17.

Le demandeur n'a donc pas besoin d'obtenir une ordonnance de *soit communiqué* et de la faire signifier au ministre ou aux administrations générales. La signification s'effectue par lettre du président de la section du contentieux ( Cormenin, t. 1, p. 59-9°), sans qu'il y ait aucun délai emportant déchéance vis-à-vis de la partie; c'est-à-dire que, conformément au règlement, la partie n'a plus à s'occuper de la régularisation de l'instruction, lorsqu'elle a déposé son pourvoi au secrétariat du conseil.

Une ordonnance du 30 sept. 1814, *Chastenet*, prononce la déchéance d'un pourvoi formé par un particulier contre la régie des domaines, par le motif que l'ordonnance de *soit communiqué* avait été tardivement signifiée à cette régie. Cette ordonnance, déjà ancienne, est mal rendue. Le demandeur n'avait point à signifier d'ordonnance de *soit communiqué*, et il ne pouvait encourir la déchéance en remplissant irrégulièrement une formalité inutile. Mais, vis-à-vis de l'État, le délai pour fournir réponse court à partir de la lettre du président de la section du contentieux. Dufour, 2ᵉ édit., t. 2, p. 367, n° 336.

**171.** — III. « Il est d'usage, dit M. Chevalier, t. 2, p. 341, que tout pourvoi formé au conseil d'État soit communiqué au ministre du département duquel ressortit la matière qui y a donné lieu, même quand ce ministre n'est pas partie dans l'affaire, et cela par ce motif que les intérêts généraux peuvent s'y trouver liés ou mêlés. Le ministre est ainsi mis en mesure, soit de prendre les dispositions qu'il juge nécessaires, soit de donner un simple avis, qui devient un des éléments de l'instruction et qui est communiqué aux parties pour qu'elles puissent y contredire. »

Il n'est pas besoin de faire observer que cette communication n'a rien d'obligatoire et qu'elle ne concerne point les parties.

A l'appui de leurs observations et avis, les ministres peuvent produire toutes pièces administratives et autres documents qu'ils jugent utiles à la préparation de la décision à intervenir. — En conséquence, la partie qui a formé le recours est mal fondée à demander que, faute par le défendeur d'avoir présenté sa demande conformément au règlement, les pièces produites dans son intérêt par le ministre soient rejetées de l'instruction. 23 fév. 1854, *Delabarre c. département de Seine-et-Marne*. — On sait que les avocats reçoivent avis des réponses ministérielles et en reçoivent communication, ainsi que de tout le dossier.

SECTION IV. — *Instances portées* de plano *devant le conseil d'État*.

**172.** — I. Le conseil d'État est habituellement appelé à prononcer comme tribunal d'appel ou comme tribunal de cassation, et il est saisi par la voie d'un *recours* ou *pourvoi* dirigé contre une décision déjà rendue. Mais, dans quelques cas particuliers, il remplit aussi les fonctions de juge de premier et dernier ressort, et, alors, l'affaire est portée devant lui *de plano*, avant qu'il soit intervenu aucune décision. J'ai indiqué, dans mes *Principes de compétence*, t. 3, p. 1018, n°ˢ 1685 et suiv., les attributions qu'il exerce, en cette qualité de juge du premier et dernier ressort, à l'égard de certaines contestations concernant les établissements d'aliénés, la banque, les majorats, etc. Pour toutes ces matières, peu usuelles à la vérité, il n'est pas contesté que l'instance ne doive être introduite dans les formes ordinaires, c'est-à-dire par une requête déposée au secrétariat du conseil et réunissant les conditions exigées par l'art. 1ᵉʳ du règlement du 22 juillet 1806, avec cette différence seulement qu'il ne peut pas y avoir, comme dans les cas ordinaires, de décision à produire à l'appui de la demande. Je n'ai donc aucune observation particulière à faire sur ce point.

**173.** Mais *les concessions d'eau, de mines ou de dessèchements de marais, les changements de noms, les interprétations de décrets, d'actes administratifs,* etc., émanant du chef du pouvoir exécutif, donnent lieu à des oppositions ou actions, qui peuvent être formées par les tiers intéressés et qui sont de la compétence du conseil d'État jugeant en premier et dernier ressort.

Dans mes *Principes de compétence*, t. 1, p. 105, et t. 2, p. 230, n^os 375 et suiv., j'ai consacré une section spéciale à l'examen de la position respective de l'administration et des particuliers, lorsque ceux-ci veulent former des oppositions de cette nature. J'ai renvoyé du n° 377, pour ce qui concernait la forme de ces oppositions, à mon *Code d'instruction administrative*, et c'est ici qu'il me paraît convenable de faire connaître ma pensée.

Dès là que la matière est contentieuse et qu'un décret seul peut faire droit à la demande en concession au mépris des oppositions ou prononcer l'interprétation, j'aurais pu me contenter d'énoncer le principe général que les formes d'introduction des instances devant le conseil d'État sont les mêmes, soit qu'il s'agisse d'un recours contre une décision rendue par un tribunal administratif inférieur, soit qu'il s'agisse d'une réclamation ou opposition portée devant le conseil d'État jugeant en premier et dernier ressort.

Mais la doctrine et la jurisprudence, que j'ai analysées avec soin, au t. 2, p. 232 et suiv., de mes *Principes de compétence*, ne sont pas même d'accord sur la compétence, encore moins sur le mode d'instruction. Il est donc nécessaire de consacrer à ces diverses matières quelques observations spéciales, de les détacher, pour ainsi dire, de l'instruction ordinaire ; non pas qu'en définitive j'aie à produire ici une nouvelle forme de procéder devant le conseil d'État ; c'est plutôt une adaptation (qu'on me passe l'expression) de la forme ordinaire à des matières qui ont paru à certains esprits incompatibles avec cette forme ; ce sont des scrupules qu'il faut lever ; ce sont des objections auxquelles il faut répondre ; c'est en rattachant la compétence à l'instruction qu'il faut démontrer le lien nécessaire qui unit ces matières à l'instruction ordinaire.

**174.** — On qualifie habituellement l'instance portée devant le conseil d'État de *recours* ou *pourvoi*. Ces locutions supposent une décision préexistante, quelle qu'elle soit, émanée soit d'un préfet, soit d'un ministre, soit d'un conseil de préfecture, soit même de l'Empereur en conseil d'État. Donc, objecte-t-on, pour que le conseil d'État puisse être saisi par la voie contentieuse, il faut que déjà une décision ait été rendue. Si rien n'a encore été jugé, la réclamation portée devant le conseil d'État ne serait ni un *recours*, ni un *pourvoi ;* quel nom faudrait-il donc lui donner ?

Cette objection n'a rien de sérieux. Ceux mêmes qui la font sont obligés de convenir que, dans quelques cas particuliers, dont j'ai déjà parlé en commençant, le conseil d'État est saisi *de plano*, sans qu'il y ait possibilité d'attaquer, par la voie d'un *recours* ou *pourvoi*, une décision administrative déjà rendue. Pour ces matières spéciales il faut suivre la même marche que pour les recours ordinaires, c'est-à-dire, déposer une requête avec production des pièces, moins une décision attaquée, ainsi que l'exige l'art. 1er du règlement du 22 juillet 1806 : pourquoi en serait-il autrement à l'égard des oppositions aux concessions d'usines, de mines, etc.?

Toutes les fois qu'une matière contentieuse doit aboutir au conseil d'État, sans passer devant un tribunal de premier degré, l'instruction devra être la même. Pour tous les droits que blesse l'action administrative, il faut une voie régulière qui permette d'obtenir les garanties de publicité et de débat oral. Que cette voie soit appelée, *recours*, *pourvoi*, *ajournement*, *intimation*, *intervention*, *opposition*, ce n'est pas ce qui doit embarrasser le demandeur ; à moins qu'on ne voulût induire de l'absence d'une forme d'introduction de l'instance qu'il existe un déclassement, c'est-à-dire, que de contentieuse la matière elle-même est devenue gracieuse. On a bien essayé de le soutenir dans quelques cas ; mais il en est dans lesquels personne n'a contesté le caractère du contentieux. Admettre cette doctrine, ce ne serait donc pas trancher la difficulté ; ce serait seulement en restreindre l'application, parce qu'elle ne se produirait alors que dans un petit nombre de cas.

En règle générale, un tribunal est saisi par la demande qui lui est soumise. Presque toujours le premier acte est un acte notifié au défendeur à la requête du demandeur. Si l'on procédait ainsi devant le conseil d'État, il n'existerait plus aucun embarras. Mais devant cette haute juridiction, il faut d'abord déposer une requête au secrétariat général. Cette requête pourra être déposée tout aussi bien lorsque le conseil d'État doit être juge en premier et en dernier ressort, que lorsqu'il est appelé à connaître d'une contestation comme tribunal d'appel. Seulement, dans ce dernier cas, l'appelant conclut à ce que le conseil d'État reçoive son recours ou pourvoi contre la décision rendue par le premier juge, l'infirme et prononce, tandis que, dans l'autre cas, le demandeur conclut à ce que le conseil d'État, faisant droit à sa demande, rende une décision dans tel ou tel sens. Voilà toute la différence.

Dans les deux requêtes, le demandeur indique les individus ou personnes morales qu'il considère comme ses adversaires, que ce soient de simples particuliers, des établissements publics ou l'État. La requête une fois déposée, l'instruction suit son cours ; une ordonnance de *soit communiqué* est ou n'est pas rendue, ainsi que je l'ai indiqué *suprà*, nos 148 et suiv.

Je ne me préoccupe nullement ici des difficultés spéciales à chaque matière, des précautions que doivent prendre les parties pour qu'on ne leur oppose aucunes fins de non-recevoir, des variétés de procédure qui semblent résulter de diverses ordonnances émanées du conseil d'État ; je ne fais qu'indiquer le mode général de procéder, et je répète qu'à part le dispositif de la requête, je ne vois aucune espèce de différence entre l'introduction des demandes, qu'elles soient des *pourvois* ou des *recours,* des *interventions* ou des *oppositions.*

**175.** — II. Néanmoins, j'ai encore une observation à faire, pour établir une distinction à l'égard des matières elles-mêmes qui doivent être soumises, *omisso medio,* au conseil d'État jugeant en premier et dernier ressort.

Toutes les fois qu'il s'agit d'un acte individuel qui blesse des droits, s'il était rendu un décret sans qu'on eût appelé la partie intéressée par une notification spéciale faite après l'obtention d'une ordonnance de *soit communiqué,* l'instance ne pourrait être considérée comme liée (1), quelles que fussent les observations ou réclamations présentées par le défendeur devant les fonctionnaires administratifs qui auraient préparé l'instruction. D'où la conséquence que, si l'ordonnance était rendue en audience secrète, sur le rapport d'une autre section que la section du contentieux, elle pourrait être attaquée, comme entachée d'excès de pouvoir, par la voie du recours ordinaire ; et que, si l'ordonnance préparée par la section du contentieux émanait du conseil en assemblée générale, après rapport fait en audience publique, la tierce opposition serait ouverte au défendeur, comme en toute autre matière ordinaire.

Lorsque, au contraire, il s'agit d'une mesure collective qui intéresse un grand nombre d'individus, et qu'à raison de cette multiplicité d'intérêts, l'instruction se suit d'une manière générale, par la voie de la publicité, sans indication directe, sans notification individuelle à chaque partie dont les droits pourront cependant être blessés par le résultat de l'instruction, c'est à chacun de ceux qu'éveille la publicité à arrêter la marche de l'instruction par une instance introduite, devant le conseil d'État, de la manière que j'ai indiquée. Que si cette instance n'était ainsi introduite, l'ordonnance intervenue serait alors inattaquable, quoiqu'elle n'eût pas été préparée par le comité du contentieux. Voyez les développements relatifs à l'étendue et aux mo-

---

(1) Voy. ce que j'ai dit, *infrà,* n° 293, au titre des *Décisions adminis- tratives.*

tifs de cette restriction du droit des tiers, dans mes *Principes de compétence*, t. 1, p. 105, et t. 2, p. 230, nᵒˢ 375 et suivants.

**176.** — De ces observations découle nécessairement la conséquence que les divers moyens de produire des réclamations de la part de tiers appelés par la publicité, *déclarations devant les fonctionnaires commis pour faire des enquêtes* DE COMMODO ET INCOMMODO; *oppositions remises aux ingénieurs, aux maires, sous-préfets, préfets ou aux ministres; protestations même notifiées par huissiers*, n'imposent point à l'administration l'obligation de procéder par la voie contentieuse et de subir le jugement du conseil d'État. Tant que le conseil d'État n'est pas saisi par la seule voie régulière, c'est-à-dire, par le dépôt d'une requête au secrétariat, l'instruction reste dans les termes généraux que lui assignent les principes. Dès que cette requête a été déposée, les formes habituelles reprennent leur empire, et l'on suit les formalités que je fais connaître, soit dans le présent titre, soit dans celui des *Décisions administratives*.

# TITRE IV.

## SIGNIFICATIONS EN MATIÈRE ADMINISTRATIVE.

**177.** — En matière administrative, comme en matière judiciaire, les parties ont souvent à faire des significations qui ont pour effet, tantôt de faire courir des délais ou de préserver les parties de déchéances qu'elles encourraient à défaut de signification, tantôt de régulariser l'exécution des décisions. Ainsi :

1º La signification des décisions par défaut fait courir, en certains cas, les délais de l'opposition. Voy. *infrà*, nᵒˢ 313 et 327.

2º La signification des décisions rendues par les tribunaux administratifs du premier degré fait courir les délais de l'appel (1). Voy. *infrà*, nº 608.

3º La signification des ordonnances de *soit communiqué*, dans les instances soumises au conseil d'Etat, doit être faite dans un

(1) Les décisions que j'ai puisées dans la jurisprudence et dans les auteurs se réfèrent presque toutes à ce deuxième cas, parce qu'il est de nature à se présenter plus souvent que les autres. On comprendra facilement, sans que j'aie besoin de le rappeler pour chaque solution nouvelle, que les mêmes principes s'appliquent, par identité de raisons, aux trois autres cas.

certain délai, sous peine de déchéance, et cette signification fait courir les délais dans lesquels la partie adverse est tenue de fournir ses défenses. Voy. n°s 150 et 224.

4° Enfin, les décisions administratives ne peuvent être mises à exécution qu'après avoir été signifiées. Voy. *infrà*, n° 846.

Comme ces diverses significations ne peuvent produire leur effet qu'autant qu'elles sont régulières et valables, et que d'ailleurs les conditions requises pour leur validité sont les mêmes dans tous les cas, j'ai cru devoir réunir, dans ce titre, les règles générales qui doivent servir à déterminer quelles sont ces conditions. Pour cela, j'examinerai, dans un premier chapitre, quel est le mode de signification qui doit être employé, c'est-à-dire dans quel cas la signification doit être faite par exploit d'huissier, et dans quels autres une notification administrative est suffisante ; je consacrerai un second chapitre à l'examen des autres formes et conditions particulières qui sont requises pour la régularité des significations.

## CHAPITRE I<sup>er</sup>.

### Mode des significations.

**178.** — Ce mode varie selon que la signification est adressée : 1° Par des particuliers ou des personnes morales à d'autres particuliers ou à d'autres personnes morales ; 2° Par des particuliers ou des personnes morales à l'administration ; 3° Par l'administration à des particuliers ou à des personnes morales.

SECTION I<sup>re</sup>. — *Significations entre particuliers ou personnes morales.*

**179.** — I. Entre particuliers, les significations doivent, à peine de nullité, être faites par exploit d'huissier en la forme ordinaire. Une simple notification administrative est insuffisante. Cette notification étant étrangère aux parties, et n'étant pas faite dans leur intérêt, ne peut leur profiter.

Elle n'aurait donc pas pour effet de faire courir des délais utiles, et il a été décidé, par exemple, qu'elle ne ferait pas courir les délais de l'appel. 26 fév. 1817, *Mordret c. Lerangot ;* 30 mars 1821, *Colombet ;* 17 avril 1822, *Boizet ;* Cormenin, t. 1, p. 53, note 3 ; Foucart, 4ᵉ édit., t. 3, p. 759, n° 1987 ; Serrigny, t. 1, p. 306, n° 299 ; Chevalier, t. 2, p. 330 ; Dufour, 2ᵉ édit., t. 2, p. 336, n° 314.

**180.** — Les départements, les communes et les établissements publics étant assimilés aux simples particuliers, on décidait, ainsi que je l'avais dit dans ma première édition, que les notifications les concernant devaient être faites par exploit d'huissier Voy. les auteurs précités.

Ainsi : 1° la signification des ordonnances de *soit communiqué,* rendues sur les requêtes de ces diverses personnes morales, demeurerait sans effet si elle n'était pas faite par exploit d'huissier. Voy. Cormenin, t. 1, p. 59, n° 7 ; Serrigny, t. 1, p. 320, n° 318 ; Foucart, *loc. cit.; Journal des conseillers municipaux,* t. 2, p. 105.

2° Il était admis qu'une simple notification administrative ne faisait pas courir les délais de l'appel contre ces personnes morales. 17 avril 1812, *comm. de Caudeval c. Rouvairolis ;* 30 déc. 1822, *comm. de Gonès c. Meyville ;* 30 janv. 1828, *comm. de Chevillon c. Lavernade ;* 6 janv. 1830, *ville de Vic c. Pujo ;* 1ᵉʳ avril 1830, *hospices de Laon c. hérit. de Savines ;* 25 août 1841, *comm. de Saint-Etienne c. Chapel ;* qu'elle ne les faisait pas non plus courir en leur faveur contre les simples particuliers ou contre d'autres personnes morales. 29 janv. 1823, *comm. de Thann c. comm. de Cernay ;* 17 nov. 1824, *séminaire d'Évreux c. fabrique de Saint-Thaurin ;* 22 avril 1831, *Piot c. comm. de Saint-Gemme ;* 9 mars 1832, *Dumas c. comm. de Vogué ;* 2 juin 1832, *Briard c. comm. de Coulonges ;* 20 mai 1842, *ville de Valence c. comm. de Bourg-lès-Valence.*

3° La notification d'une décision rendue en faveur d'une commune était considérée comme insuffisante lorsqu'elle avait été faite, sans le ministère d'un huissier, par l'adjoint, par un garde champêtre, par un appariteur ou valet de ville. 18 nov. 1818, *Egret-Thomassin c. ville de Troyes ;* 13 juin 1821, *habitants de la Mouline c. habitants de Ribeyreix ;* 8 mars 1827, *Plisson c. comm. d'Essey.*

**180** *bis.* Cette jurisprudence, si conforme aux principes, a changé sans qu'on puisse clairement saisir les motifs des nouveaux arrêts du conseil.

C'est ainsi qu'il a été jugé que la notification d'un arrêté rendu au profit d'une commune contre un particulier était valablement faite par le maire et constatée par un certificat signé de lui, et que cela avait suffi pour faire courir le délai du recours. 15 juill. 1852, *Duplessis.*

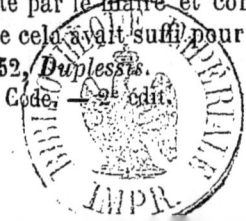

Code. — 2ᵉ édit.

La même solution a été admise pour une notification faite par un sous-préfet à un simple particulier d'un arrêté du conseil de préfecture, rendu à son préjudice au profit d'une commune, 14 juin 1851, *Grandidier c. comm. de Grand*, et pour une notification faite absolument dans la même situation par un garde champêtre. 17 fév. 1853, *Blasion*.

Enfin il a été jugé qu'il y avait lieu de déclarer non recevable le pourvoi formé par une commune contre un arrêté rendu au profit d'une autre commune, si ce pourvoi n'avait été formé que plus de trois mois après la notification à elle faite de l'arrêté dans les formes administratives, 12 mai 1853, *comm. de Vazemmes*.

M. Dufour, 2ᵉ édit., t. 2, p. 337, n° 314, n'hésite pas à approuver ce changement de jurisprudence, et trouve qu'il n'a rien de contraire à la lettre ni à l'esprit de la loi, qui exige bien qu'une notification ait lieu, mais qui ne dit pas dans quelle forme elle doit être faite. M. Foucart, 4ᵉ édit., t. 3, p. 761, n° 1987, se borne à émettre le vœu que l'on substitue à cette jurisprudence, si variable et si incertaine, une règle fixe qui, sans faire toujours intervenir le ministère dispendieux des huissiers, donne cependant des garanties aux parties. Quant à moi, je n'admets pas qu'en l'absence d'un texte si positif, le conseil d'État puisse introduire pour les personnes morales des règles différentes de celles à suivre pour les simples particuliers, auxquels elles sont complétement assimilées. Mon opinion est partagée sur ce point par M. Lefebvre, *Essai sur la procédure devant les cons. de préfect.*, p. 62. D'ailleurs, qui ne voit les conséquences de la nouvelle jurisprudence du conseil d'État? Si l'on admet que diverses personnes morales peuvent se dispenser de recourir au ministère d'un huissier, pour faire notifier à leurs adversaires les décisions rendues par les tribunaux administratifs, il faut admettre aussi qu'elles peuvent recourir à la forme administrative pour ajourner leurs adversaires à comparaître devant ces mêmes tribunaux. Or, si la question s'était présentée en ces termes devant le conseil d'État, je doute que cette haute juridiction eût étendu aux personnes morales le bénéfice d'une faculté qui a toujours été considérée comme l'apanage exclusif de l'administration. Je crois devoir persister dans mon opinion.

**181.**—Il faut donc encore décider qu'une signification par huissier peut seule faire courir les délais de l'opposition aux décisions rendues par défaut au profit de simples particuliers ou de corporations. Cormenin, t. 1, p. 73, note 1; Serrigny, t. 1, p. 344, n° 341; Cotelle, t. 1, p. 200, n° 4.

**182.**—Les notifications à la requête du domaine de l'État doivent-elles aussi être faites par un exploit d'huissier?

La négative résulterait des ordonnances des 6 sept. 1826, *Delorme-Dubaron c. le Domaine ;* 30 août 1843, *Barberaud.*

Mais une autre ordonnance du 30 mai 1821, *Caumia de Bailleux,* paraît reconnaître la nécessité d'une notification par huissier; et je pense qu'en effet le domaine doit être considéré comme une simple personne morale soumise aux règles ordinaires. Telle est, du reste, l'opinion de MM. de Cormenin, t. 1, p. 54; et Foucart, t. 3, p. 389, n° 1934. Voy. *suprà,* n° 56.

**183.**—La preuve de la notification par exploit d'huissier se fait naturellement par la représentation de l'original de l'exploit.

Si l'exploit n'est pas représenté, il semblerait qu'une déchéance ne peut être opposée par celui qui aurait dû faire la notification.

Le conseil d'État a néanmoins admis dans plusieurs circonstances que la représentation de l'exploit et la notification elle-même pouvaient être suppléées, et que la déchéance qui frappe les appels tardifs était encourue lorsqu'il était prouvé, d'une manière quelconque, que la partie avait eu connaissance de la décision plus de trois mois avant l'introduction de son appel. Il a déclaré que cette preuve résultait :

1° A l'égard des simples particuliers, des communes ou des établissements publics,

De tout acte ou écrit émané de la partie et dans lequel elle reconnaît que la notification lui a été faite par la voie administrative. 17 juill. 1816, *Brion c. comm. de Vassimont ;* 21 mai 1817, *Corrompt c. comm. de Chavanay ;*

Des actes d'instruction établissant la date du jour où, en fait, l'appelant avait eu connaissance de la décision attaquée. 19 janv. 1850, *demoiselle Dubois;* 23 mars 1850, *Pissin ;* 12 janv. 1850, *hospices de Montdidier ;*

Du fait, par l'appelant, d'avoir retiré expédition de la décision attaquée, 28 déc. 1854, *Jollivet,* ou bien d'avoir trouvé dans une expédition par lui retirée d'une décision la transcription d'une autre décision précédemment rendue et non encore notifiée. 13 janv. 1853, *Sid-hady-Ali* dit *Boukaïd ;*

De cette circonstance, que la décision attaquée avait été donnée en communication à l'avocat de l'appelant dans une instance précédente. 1er juin 1850, *Rouchon et consorts ;*

De ce qu'après avoir pris connaissance de l'arrêté attaqué, l'appelant avait demandé et obtenu un sursis à l'exécution de ce même arrêté. 29 nov. 1855, *Lefort ;*

De lettres écrites par la partie ou de pièces produites devant le conseil d'État, qui constatent que l'appelant a eu connaissance officielle de la décision. 26 juill. 1826, *Reydellet c. comm. d'Oyonnax ;* 29 juin 1844, *ville d'Avignon c. Rochetin ;*

7.

De l'opposition mal à propos formée à l'arrêté contradictoire que la partie attaque plus tard par la voie de l'appel. 26 août 1842, *comm. de Rivel c. hérit. de Puyvert* ;

De la réclamation mal à propos soulevée devant les premiers juges contre la décision ultérieurement déférée au conseil d'État. 19 janv. 1850, *comm. de Vornay;*

De jugements ou arrêts qui constatent que la décision a été produite et débattue dans une instance judiciaire contradictoirement engagée. 30 juill. 1817, *Garrigou;* 9 juill. 1820, *Vogel c. hospices de Strasbourg;* 8 mai 1822, *Tissier;* 26 juin 1822, *Buffard c. maire de Crotenay;* 31 juill. 1822, *Reinach* (1) ;

De la signification d'un jugement rendu en exécution de l'arrêté, et contenant l'indication répétée de sa date et de ses dispositions. 23 nov. 1854, *comm. de Woustwiller c. Manot.*

Le conseil d'État a néanmoins reconnu que la connaissance acquise par le maire seul ne pouvait nuire à la commune, et que le délai de trois mois courait seulement à partir du jour où le maire avait donné connaissance au conseil municipal de la communication à lui faite de l'arrêté rendu contre la commune. 21 déc. 1850, *comm. d'Ambly c. Bertaux;* 29 mars 1851, *comm. de Cléon;* 24 mai 1851, *comm. de Chigy c. Poupardin.*

Enfin le conseil a déclaré que le pourvoi formé plus de trois mois après le jour où il était constaté que l'appelant avait eu connaissance (n'importe comment) de la décision, devait être rejeté, bien que ce pourvoi eût été introduit dans les trois mois de la notification de cette décision. 13 août 1851, *Costes.*

2° A l'égard des départements,

Des délibérations des conseils généraux qui mentionnent la communication officielle qui leur a été faite de la décision. 22 juin 1843, *département du Calvados.* 21 juin 1851, *département du Pas-de-Calais c. Leloir.*

Ces diverses ordonnances, contraires d'ailleurs à celles rapportées plus haut, nᵒˢ 179 et 180, ne sont pas conformes aux vrais principes. Toute notification à la requête d'un particulier, d'un département, d'une commune ou d'un établissement public ne

_____

(1) On conçoit qu'on ait pu considérer comme une notification l'insertion de l'arrêté rendu (insertion textuelle et complète) dans des conclusions et dans un arrêt signifiés à la partie qui veut se pourvoir. 23 déc. 1858, *Hallégueu.*—La question de savoir si la preuve de la signification peut résulter d'un certificat de l'huissier, d'un extrait de son répertoire et d'un extrait des notes de l'enregistrement est beaucoup plus délicate. 17 avril 1856, *comm. de Rémilly.*

peut être réputée régulière et légale qu'autant qu'elle a été faite par exploit d'huissier ; l'administration générale a seule le pouvoir d'imprimer à ses notifications un caractère d'authenticité qui dispense de recourir au ministère des huissiers. A l'égard de toutes autres parties, la représentation de l'exploit est nécessaire, soit parce que c'est le seul moyen légal d'établir l'existence et l'époque de la notification, soit afin qu'on puisse vérifier si toutes les formalités légales ont été suivies. Voy. nos 186, 187, 189 et 191.

En décidant, le 1er déc. 1852, *Ville de Mulhouse*, que le délai du pourvoi ne court pas contre une commune du jour où le conseil municipal a eu connaissance de la décision rendue, mais seulement du jour de la notification faite au maire de cette décision (1), le conseil d'État semblait vouloir revenir aux véritables principes, c'est ce que dit M. Dufour, 2e édit., t. 2, p. 336, n° 313, en improuvant l'incertitude et l'arbitraire inhérents à la doctrine des *équipollents*. M. Foucart, 4e édit., t. 3, p. 757, n° 1986, combat aussi la jurisprudence du conseil d'État; enfin M. Lebon, *Arrêts du Conseil*, 1851, p. 641, note 1, exprime une opinion semblable avec une singulière énergie : « Nous ne croyons pas, dit-il, à propos de l'ordonnance *Costes*, citée plus haut, qu'aucune affaire soit plus propre que celle-ci à faire ressortir l'extrême rigueur, disons plus, la flagrante injustice de la jurisprudence qui assimile absolument la connaissance acquise à la notification. » M. Dufour, 2e édit., t. 2, p. 361, n° 331, s'associe complétement à la critique de M. Lebon.

Un conseil de préfecture avait fixé à 200 fr. l'indemnité due à une compagnie à raison du préjudice que lui avaient causé des usiniers en fermant la porte d'une écluse pendant une inondation. Longtemps après il fut procédé devant un juge de paix, à la requête de la compagnie, à une expertise ayant pour objet d'apprécier de nouveau les mêmes dommages. Les usiniers défendeurs opposèrent à la compagnie les dispositions de l'arrêté de préfecture précité qui terminait toute contestation. Cette déclaration fut consignée dans le procès-verbal avec l'énonciation de la date et de l'objet de l'arrêté du conseil de préfecture. C'est dans ces circonstances que la compagnie se pourvut contre cet arrêté ; mais son pourvoi fut rejeté comme tardif, ayant été fait plus de trois mois après l'enregistrement du procès-verbal contenant la déclaration qui fut considérée comme équivalant à la notifica-

---

(1) Le 30 juillet 1857, *comm. de Beaufort*, le conseil d'État a rendu encore une décision identique qui est inconciliable avec les autres solutions que je cite.

tion de l'arrêté du 22 nov. 1855, *Compagnie du canal de Beaucaire c. Gros et consorts.*

M. Lebon, 1855, p. 658, note 1, fait suivre ce décret d'une
note ainsi conçue où l'on trouve bien caractérisée la nouvelle
jurisprudence. « Dans l'affaire actuelle, M. le commissaire du
Gouvernement a fait observer qu'il était difficile d'établir une
théorie sur la jurisprudence du conseil d'État en cette matière.
Seulement, a-t-il dit, il résulte nettement de cette jurisprudence, d'une part, que la simple connaissance acquise d'une
décision n'équivaut pas à une notification ; d'autre part, qu'une
signification spéciale par huissier n'est pas exigée par le décret de 1806 qui ne parle que d'une notification. Entre ces
deux points qui paraissent constants, la jurisprudence tend à
considérer une décision comme notifiée lorsqu'il résulte d'un
acte judiciaire ou extrajudiciaire que la partie qui a obtenu
cette décision en a fait connaître les dispositions à sa partie adverse et s'en est prévalu contre elle en justice. » M. le commissaire du Gouvernement insiste sur ce point que, dans son
opinion, il faut que la partie qui a obtenu la décision l'ait fait
connaître et s'en soit prévalu en justice, et qu'il ne suffirait pas,
par exemple, qu'elle l'eût fait connaître et s'en fût prévalu
dans une simple correspondance échangée avec sa partie adverse.

Je crois utile de consigner ici les observations que j'ai adressées à mes abonnés du *Journal des Avoués* (année 1852, t. 77,
p. 228, art. 1239). Le conseil d'État est une Cour souveraine.
Ses arrêts sont inattaquables. Sa jurisprudence, en ce qui
concerne l'instruction, devient une loi à laquelle on est obligé
de se soumettre. Elle doit donc servir de règle dans la pratique.
Messieurs les avoués sont très-souvent consultés sur la convenance des pourvois formés devant le conseil d'État contre les
arrêtés rendus par les conseils de préfecture. En présence des
termes formels de l'art. 11 du décret du 22 juillet 1806 qui exige
une *notification*, leur erreur serait bien excusable, mais les
droits de leurs clients seraient compromis. Pour calculer le délai pendant lequel le recours est recevable, ils doivent prendre
pour point de départ, non pas la date d'une signification régulièrement faite, mais le jour auquel *une ligne* émanant de la partie indiquerait qu'elle a eu connaissance de l'arrêté rendu par le
juge administratif de premier degré. Quand bien même la partie
n'aurait fait qu'écrire à M. le préfet pour obtenir une copie de
la décision rendue, afin de s'assurer si le recours est nécessaire,
cette lettre prouverait une connaissance de l'existence de l'arrêté, et on aurait tort de ne pas déposer le pourvoi dans les trois

mois de la date de cette lettre qui serait réputée une notification. En vain cette partie objecterait-elle qu'elle ne connaît même pas les motifs, puisqu'elle n'a pas reçu la copie de la sentence, que son pourvoi ne pouvait être déposé qu'en y joignant cette copie qu'elle n'avait cessé de réclamer, on lui opposerait qu'il suffit qu'elle ait eu connaissance de l'existence de la décision. Il faut tout faire pour éviter des déchéances qui sont d'ailleurs prononcées d'office par le conseil d'État.

**184.** — II. Faut-il admettre une exception au principe que je crois le seul légal pour les notifications faites à la requête des communes, dans les affaires relatives à des contraventions commises sur les chemins vicinaux ? (1)

La raison de douter vient de ce que la voirie vicinale se rattache à l'administration générale ; d'où l'on pourrait conclure que les communes, parties dans l'instance, peuvent profiter de la règle établie à l'égard de cette administration.

Mais il faut faire à cet égard une distinction importante :

Les contraventions commises sur les chemins vicinaux peuvent donner lieu à une double nature de poursuites. L'action peut être intentée au nom des communes, propriétaires du sol du chemin, et qui ont intérêt à ce qu'il ne soit point usurpé ou dégradé; elle peut aussi l'être au nom du préfet, dans l'intérêt de la viabilité publique. C'est sous ce dernier rapport seulement qu'elle intéresse l'administration générale. Les communes ne figurent dans l'instance que comme personnes privées. A la vérité, les deux actions se suivent presque toujours simultanément; mais il n'en faut pas moins distinguer avec soin les qualités de chacune des parties. Le préfet peut faire ses notifications par la voie administrative ; mais les communes demeurent soumises aux règles ordinaires.

La jurisprudence du conseil d'État a été incertaine sur cette question. Quelques ordonnances ont déclaré les notifications administratives insuffisantes pour faire courir les délais de l'appel contre les adversaires des communes. 5 nov. 1828, *Régnault c. comm. de Frolois* ; 25 nov. 1831, *Ferriot c. comm. de Selongey*; 2 août 1826, *Guichard c. comm. de Messia;* 29 janv. 1841, *de Champagny-Soutif;* mais voy. *suprà*, n°⁸ 180 et 180 *bis*.

_____

(1) En matière judiciaire, même pour la simple police, si souvent saisie de contraventions administratives, l'art. 145 du Code d'instruction criminelle prescrit des significations par *huissier*.

SECTION II. — *Significations faites par des particuliers ou des personnes morales à l'administration.*

**185.** — I. Les significations adressées par des particuliers, des départements, des communes ou des établissements publics à l'administration, partie dans la cause, doivent être faites par actes d'huissier. Il ne suffirait pas que l'administration eût eu connaissance de la décision par une autre voie. 18 mars 1816, *Adm. des ponts et chaussées c. Lachaume ;* 6 déc. 1820, *min. de l'intérieur c. Herbet ;* 6 juillet 1825, *Dubaud et Girard ;* 30 sept. 1830, *min. des finances c. Joly ;* 3 mai 1832, *min. des finances c. Sazerat ;* 27 août 1833, *min. des travaux publics c. Pomerat ;* — *min. de la guerre c. Lavallée ;* 22 fév. 1837, *min. des finances c. veuve Delux ;* 27 juin 1838, *min. des travaux publics c. Gignoux ;* Cormenin, t. 1, p. 54 ; Serrigny, t. 1, p. 306, n° 300.

La plupart des ordonnances que je viens d'indiquer disent qu'une *notification régulière* est nécessaire. Je ne connais pas d'autre mode de *notification régulière,* de la part des particuliers ou des personnes morales, qu'un exploit d'huissier.

La même règle est applicable aux arrêts de la Cour des comptes rendus au profit des comptables. Les significations de ces arrêts par eux adressées à l'agent judiciaire du Trésor, ou à tout autre fonctionnaire, ne pourraient être opposées au ministre des finances, si elles étaient faites dans une autre forme que par acte d'huissier. Foucart, t. 3, p. 373, n° 1914 ; Serrigny, t. 2, p. 422, n° 1090.

**186.** — II. La preuve de la signification se fait, à l'égard de l'administration, de la même manière que s'il s'agissait d'une signification adressée à un simple particulier, c'est-à-dire par la représentation de l'original de l'exploit.

Le conseil d'État a néanmoins, dans quelques occasions, fait résulter cette preuve vis-à-vis des ministres :

1° Des diligences faites par l'une des parties auprès de l'administration pour obtenir l'exécution de la décision attaquée. 8 janv. 1831, *min. des finances ;*

2° De la communication donnée à un ministre d'un pourvoi dirigé par une autre partie contre le même arrêté. 23 juillet 1841, *Délaissement ;*

3° Des pièces jointes au dossier, qui constatent qu'une administration générale a eu connaissance officielle de la décision rendue contre elle. 10 juin 1829, *min. de l'intérieur c. Roux.*

Toutes ces ordonnances me paraissent encore mal rendues, et je n'admets pas que les notifications adressées par des particuliers à l'administration puissent résulter de simples présomptions, alors qu'aucun exploit régulier n'est représenté. — Voy. n° 183.

**187.** — Enfin, depuis 1841, le conseil d'État décide constamment que les ministres doivent se pourvoir contre les arrêtés des conseils de préfecture, intervenus en matière de contributions directes ou de contraventions aux lois sur la grande voirie et la police du roulage, dans les trois mois du jour où ils en ont eu connaissance officielle par les lettres des préfets, des directeurs des contributions ou des ingénieurs en chef des ponts et chaussées, qui leur transmettent ces arrêtés. Il rejette, en conséquence, les appels formés après ces délais, et il annule, seulement dans l'intérêt de la loi, s'il y a lieu, les arrêtés qui lui sont déférés. Voyez :

1° Pour les arrêtés rendus en matière de contributions directes, et portés à la connaissance des ministres par lettres des directeurs des contributions. 17 août 1841, *Clément;* 7 déc. 1847, *min. des finances c. Galaup;* 15 mai 1848, *comp. des bateaux à manége de Cubzac c. min. des travaux publics;* 15 mai 1848, *min. des finances c. veuve Gelquin et consorts;*

2° Pour ceux relatifs à des contraventions à la police du roulage dont le ministre a eu connaissance,

Par lettres des préfets. 5 mars 1841, *Mayer;* 7 avril 1841, *Bouelle;* 15 juin 1841, *Primault;* 30 juin 1841, *messageries générales;* 14 juillet 1841, *Habert et Poutier;* 5 août 1841, *Mangold;* 11 août 1841, *Courtot-Deshayes;* 26 nov. 1841, *Voltier, Quéroy, etc.;* 30 déc. 1841, *Serrurot, Mor, etc.;* 15 janv. 1842, *Rapian et Vincent;* 30 juin 1842, *Leroy, Morel, etc.;* 6 juin 1843, *Bernard et Huard;* 30 mai 1844, *Baudet, Collet et Viret* (1);

Par lettres des ingénieurs en chef des départements. 27 avril 1841, *Maffre;* 7 janv. 1842, *Briard;* 8 juin 1842, *Blanc;*

3° Pour ceux relatifs aux contraventions de grande voirie, par lettres des préfets. 17 juin 1848, *min. des travaux publics c. Solhaume et Davanceau;* 21 juin 1851, *dame Bienaimé;* 15 nov. 1851, *Rochet et Brun;* 12 déc. 1851, *Heuveton;* 23 juin 1853, *Rabourdin.*

**188.** — Ces décisions doivent-elles être restreintes aux seules

---

(1) Le *Recueil des arrêts du conseil* de M. Lebon contient un grand nombre d'autres ordonnances rendues dans le même sens. Cet honorable arrêtiste n'indique pas précisément que ces ordonnances sont relatives à des contraventions à la police du roulage, mais cela paraît résulter des renvois qu'il fait à d'autres ordonnances spéciales à cette matière. Il serait à désirer que les recueils fussent toujours complets.

matières à l'égard desquelles elles ont été rendues, ou bien le conseil d'État a-t-il entendu établir un principe général applicable à tous les cas ?

Il paraîtrait que l'intention du conseil d'État n'avait pas été d'abord de généraliser cette règle, car il avait décidé que l'envoi fait par le préfet des arrêtés des conseils de préfecture qui allouent des indemnités pour dommages causés par des travaux publics, ou qui statuent sur des contestations entre l'État et les entrepreneurs, ne fait pas courir le délai de l'appel contre les ministres. Voy. 22 juin 1843, *Laperrière;* 1er fév. 1844, *Gouzer.*

Mais une ordonnance postérieure, en date du 25 mars 1846, *Bibal,* vint décider le contraire.

M. Lebon, t. 28, p. 184, accompagna cette ordonnance d'une note ainsi conçue :

« Cette décision contient le germe d'un changement de jurisprudence fort important, en ce qu'il applique aux ministres, d'une manière générale et absolue, cette théorie de la connaissance acquise, dont le conseil d'État ne leur avait fait jusqu'ici l'application que dans certains cas déterminés... Qu'il nous soit permis toutefois de signaler ce qu'offre d'irrégulier à nos yeux ce délai qui court contre une partie à partir de la connaissance que son propre agent lui a donnée de la décision qui lui fait grief. En matière de contributions ou de contraventions aux lois sur la grande voirie ou la police du roulage, cela se conçoit; car, dans ces cas, l'État n'est pas, à proprement parler, partie au procès ; il n'y intervient que dans un intérêt d'ordre public et général. Aucune signification ne doit lui être faite, et partant le délai du pourvoi ne courrait jamais contre lui, si on ne le faisait courir du jour où le ministre a eu connaissance de l'arrêté par l'envoi que lui en fait le préfet; mais quand il s'agit d'un arrêté dans lequel l'État a été partie, d'un arrêté qui porte condamnation contre lui, de même que lorsqu'il s'agit d'un arrêté qui condamne un particulier, ou d'une décision qui rejette sa demande, il semble que le délai du pourvoi ne peut courir que du jour où il y a eu signification, à la requête de l'une ou de l'autre des parties, de l'arrêté ou de la décision dont il s'agit. »

Tels sont, en effet, les vrais principes. Mais le conseil d'État n'a pas cru devoir revenir à sa première jurisprudence qui les avait consacrés, et il a continué à décider que l'envoi officiel fait au ministre par le préfet, l'ingénieur en chef ou l'administration des domaines, faisait courir le délai de l'appel contre ce même ministre. 10 déc. 1846, *Tubœuf;* 27 fév. 1847, *Goussolin;* 23 nov. 1850, *Mourrier et Marcelin;* 16 avril 1852, *l'Heurin;* enfin il a appliqué purement et simplement aux ministres, comme le craignait M. Lebon, la théorie de la connaissance acquise. 31 août 1847, *min. des travaux publics c. Gelot et Bernigaud;* 7 mars 1849, *comp. du chemin de fer d'Orléans à Bordeaux;* 23 juin 1849, *min. des travaux publics c. Frenoy et consorts;* 13 janv. 1853, *Mesnil;* 14 avril 1853, *comp. des bateaux à manége de Cubzac.* Voy. *suprà,* n° 183.

M. Foucart, 4ᵉ édit., t. 3, p. 759, n° 1987, considère aussi cette jurisprudence comme contraire aux vrais principes; il reconnaît avec raison que la connaissance officielle donnée aux ministres par ses propres agents ne peut faire courir contre lui les délais de l'appel qu'en matière de contravention aux lois sur la grande voirie ou sur la police du roulage.

Quelle que soit, du reste, l'opinion qu'adoptent à cet égard les tribunaux administratifs, je conseille aux parties intéressées de faire des notifications par huissier, quand elles voudront être assurées de la conservation de leurs droits : car une jurisprudence qui ne s'appuie que sur des considérations ne peut jamais offrir au plaideur une complète sécurité.

SECTION III. — *Significations faites au nom de l'administration.*

**189.** — I. Lorsque l'administration figure dans une instance et qu'elle veut adresser une notification à un particulier ou à une personne morale, quelle marche doit-elle suivre ?

Avant de répondre à cette question, j'ai besoin de jeter un coup d'œil sur la jurisprudence et sur la doctrine.

Le conseil d'État décide, d'une manière uniforme, qu'il suffit, pour faire courir les délais de l'appel en faveur de l'administration, que ses adversaires aient été avertis de l'existence de la décision rendue en sa faveur par de simples lettres des ministres, des directeurs, des intendants, des préfets, des procureurs généraux et autres agents. Voyez :

1° Pour les décisions ministérielles. 1ᵉʳ nov. 1820, *Sallengre;* 16 janv. 1822, *Eudel;* 17 avril 1822, *Laporte-Belviala;* 3 juillet 1822, *Rouzier;* 28 mai 1835, *Leroux;* 6 avril 1836, *Hutter;* 22 nov. 1836, *ville de Château-Thierry;* 6 août 1840, *comp. des bateaux à manége de Cubzac;* 6 mars 1846, *Charbonnel;* 4 fév. 1858, *Hubaine;* et autres;

2° Pour celles des conseils de préfecture (1). 19 juillet 1837,

_____

(1) M. Serrigny, t. 1, p. 310, n° 305, réfute une opinion que M. de Cormenin aurait émise au t. 1ᵉʳ, p. 201 (sans doute de la 5ᵉ édition), et d'après laquelle les arrêtés des conseils de préfecture devraient toujours être

*Meyer ;* 18 juillet 1838, *ville de Laval c. Meignan ;* 25 janv. 1839, *ville de Béziers;* 6 août 1840, *comm. de Rochesson ;* et autres;

3° Pour celles des préfets. 12 mars 1846, *Paquet.*

Ce mode paraît très-irrégulier à M. de Cormenin, t. 1, p. 57. Quels sont les motifs qui l'ont fait admettre ?

M. Serrigny, t. 1, p. 304, n° 298, en signale plusieurs. D'abord, une raison d'analogie puisée dans l'art. 16 du règlement, qui veut que, dans les affaires portées au conseil d'État à la requête des ministres, l'introduction du pourvoi ait lieu par un simple avis donné à la partie *dans la forme administrative,* et qui dispense ainsi l'administration de constituer un avocat et d'avoir recours au ministère des huissiers. Or, si les ministres sont dispensés, dans le cours de l'instance, de recourir au ministère des huissiers, il est naturel qu'ils usent de la même dispense pour la notification de la décision rendue en premier degré. « Dans tous les cas, ajoute M. Serrigny, les agents administratifs tiennent de leurs fonctions le pouvoir de faire les actes qui rentrent dans leur mandat, et de les transmettre aux parties intéressées; ils n'ont pas besoin de recourir à d'autres fonctionnaires qui leur serviraient d'intermédiaires. » Enfin, le même auteur fait remarquer que rien n'est plus difficile que de discerner si tel ou tel acte peut donner lieu à un recours devant le conseil d'État, par la voie contentieuse; que, bien souvent, l'administrateur de qui il émane ne le sait pas lui-même, et que, dès lors, il y aurait nécessité d'employer le ministère des huissiers pour la signification de la plupart des actes administratifs, ce qui occasionnerait des frais très-considérables ; de sorte que le mode de signification par voie administrative lui paraît fondé en raison.

Il ne suffit pas que la notification ait eu lieu, il faut encore que la preuve en soit rapportée. Or, l'usage, autorisé par la jurisprudence, de notifier au nom de l'administration par de simples lettres, rend quelquefois fort difficile la preuve de la notification. La représentation de la lettre écrite serait la preuve

---

notifiés par exploits d'huissier, même lorsqu'ils ont été rendus au profit de l'administration. Je n'ai pas su voir, à l'endroit indiqué, l'expression d'une semblable opinion. M. de Cormenin dit, il est vrai, que les arrêtés des conseils de préfecture, étant de véritables jugements, doivent être signifiés par huissier, à la différence des *actes purement administratifs.* Mais il n'émet qu'un principe général, vrai en soi, et rien n'indique qu'il ait eu en vue l'exception introduite par la jurisprudence pour le cas où ces arrêtés ont été rendus au profit de l'administration

la plus directe qui pût être fournie; mais il dépend de la partie
de retenir cette lettre et de nier sa réception. Alors même que la
lettre est représentée, elle peut ne pas indiquer à quelle époque
elle a été reçue, ce qui est pourtant nécessaire pour savoir si les
délais sont expirés. Lorsqu'elle a été mise à la poste, le timbre
servirait à indiquer le jour de la réception ; mais, comme le fait
observer M. de Cormenin, t. 1, p. 58, les parties déchirent quelquefois la seconde page qui se trouve frappée de ce timbre. Quel
sera donc le moyen de constater et l'existence et l'époque de
la notification ?

Le conseil d'État n'admet point comme preuve suffisante la
déclaration du ministre qui affirme avoir mis cette lettre à la
poste. Voy. 20 juin 1839, *veuve Ducrest.* On conçoit en effet que
ce fait seul ne prouve pas qu'elle soit parvenue à son adresse.

Il ne suffirait pas non plus qu'un chef de corps attestât que la
décision est parvenue à la connaissance de son subordonné, si
d'ailleurs il ne précisait pas l'époque. 30 nov. 1841, *Cochard.*

Enfin le conseil d'État a admis implicitement que la notification d'une décision ministérielle ne pouvait être considérée
comme régulièrement constatée, lorsque la lettre préfectorale,
contenant notification, avait été remise à titre de correspondance
administrative, au domicile de la partie, par un garçon de bureau, et que d'ailleurs il n'était produit aucun reçu de la partie.
18 août 1856, *Duclos.* La décision aurait dû être la même quand
même on aurait produit un reçu de la partie, établissant la remise
de la lettre du préfet : rien, en effet, n'aurait prouvé d'abord que
cette lettre contenait une notification de la décision, et en second
lieu, que cette notification était valable et remplissait le vœu de
la loi.

Les auteurs proposent divers moyens pour arriver à la preuve
de la notification.

« Les ministres, dit M. de Cormenin, *loc. cit.,* feraient bien
d'inscrire sur un registre spécial la date de l'envoi de la décision
et de timbrer dans son milieu la décision elle-même.—Ils feraient
mieux encore d'employer le ministère d'un huissier. »

M. Serrigny, t. 1, p. 307, n° 301, indique un autre moyen de
preuve. « Pour éviter, dit-il, l'inconvénient dont nous venons de
parler, il arrive quelquefois aux agents de l'administration de
prendre une précaution simple, et qu'ils ne devraient jamais
omettre : c'est d'écrire la lettre d'envoi sur la même feuille qui
contient la copie de la décision qu'ils transmettent. De la sorte,
celui qui veut l'attaquer devant le conseil d'Etat étant obligé de
la produire, elle emporte avec elle la preuve de sa signification
et, par suite, celle du pourvoi tardif. On pourrait encore exiger

un récépissé de celui auquel la notification est faite, comme le prescrivent l'art. 6, ord. régl. 31 août 1828, et l'art. 487, ord. 31 mai 1838. »

On lisait dans M. Dufour, 1<sup>re</sup> édit., t. 1, p. 231, n° 282 :

« Dans la pratique, il est sage, pour éviter ce danger, de faire remettre les copies de décisions ou lettres d'avis au domicile des parties par un employé qui en rapporte un récépissé ; ou bien, si la copie est prise dans les bureaux mêmes, d'en retirer un reçu mentionnant qu'elle a été donnée pour valoir notification. »

Enfin, M. Foucart, 3<sup>e</sup> édit., t. 3, p. 390, n° 1934, s'exprimait ainsi :

« Nous le répétons, en procédure, il ne doit rien y avoir d'arbitraire : que l'on n'exige pas ici l'intervention des huissiers pour éviter les frais, cela se conçoit ; mais il serait bien de donner caractère à quelques-uns des nombreux agents administratifs pour faire et certifier les notifications des décisions ministérielles. »

**190.** Le point de départ de la doctrine du conseil d'État est exact en soi, puisqu'il suppose la nécessité d'une signification, et qu'il s'agit seulement d'en rechercher le mode. Mais depuis que le conseil d'État se contente de la connaissance acquise, la difficulté consistera, non pas à savoir s'il y a eu notification valable, mais seulement s'il y a eu connaissance acquise. Quoi qu'il en soit, voici mon sentiment. Il est, j'ose le dire, conforme aux vrais principes ; il a, de plus, l'avantage de faire disparaître toutes difficultés sur la preuve de la notification.

J'ai souvent déploré, dans ma pratique administrative, surtout à l'occasion des affaires si graves relatives à l'indemnité des émigrés, de voir appliquer aux parties des déchéances résultant de notifications réputées faites et nullement constatées d'une manière régulière. Les lettres ne sont pas des notifications, parce que la notification renferme une idée complexe, l'envoi et la réception. L'étude de la théorie, à laquelle je me suis consacré depuis vingt ans, n'a point changé mon sentiment, et je persiste à penser qu'il serait de la dignité de l'administration d'adopter une jurisprudence conforme aux véritables intérêts de la justice. Il ne faut jamais perdre de vue que le contentieux soumis aux tribunaux administratifs touche des droits et non de simples intérêts. Que l'administration active au premier chef, ou pouvoir gracieux, instruise les affaires gracieuses comme elle le juge convenable, cela se conçoit ; mais qu'en matière contentieuse, on puisse créer un mode arbitraire de rapports entre l'administration et les parties condamnées par ses tribunaux, c'est ce que je ne puis pas accorder.

J'ai déjà dit que j'appliquais, par analogie, les dispositions de nos lois de procédure civile pour certaines formalités substantielles. J'ai même prouvé que la jurisprudence du conseil d'État admettait ce tempérament équitable dans beaucoup de circonstances. En est-il une plus favorable à l'application de ma doctrine? La notification est l'impression première de la décision; cette notification fera courir les délais; la chose jugée va s'élever toute puissante; cette notification est presque une décision nouvelle. Comment ne pas la soumettre à une forme rigoureuse, en rapport avec nos idées ordinaires sur le mode habituel des notifications judiciaires?

De ces réflexions je ne tire pas la conséquence que les notifications de l'administration doivent être faites par un huissier. J'ai fort approuvé, en 1827, la faculté accordée à l'administration forestière d'employer ses agents, et je n'ai pas besoin de texte spécial pour décider qu'en matière administrative, les agents de l'administration ont capacité pleine et entière pour faire toutes notifications. Il n'est donc pas nécessaire, comme le désire mon honorable collègue de Poitiers, M. FOUCART, de créer des agents administratifs *notificateurs*, ou, pour mieux parler, *porteurs et certificateurs de notifications*. Les maires, les adjoints, les commissaires de police (1) sont spécialement chargés, par toutes les lois, de faire exécuter les actes de l'autorité administrative, et rien n'est plus naturel que de confier aux commissaires de police et, dans les communes où il n'y en a point, aux maires ou aux adjoints, le soin de notifier les décisions administratives. La difficulté n'est donc pas de découvrir un agent qui notifiera, mais de déterminer le mode qu'il devra employer pour qu'on soit certain que la notification est parvenue entre les mains de la partie intéressée; ce qui pourrait facilement avoir lieu. Toute décision devrait être envoyée à l'administration locale pour être notifiée. A la suite de l'ampliation, mention serait faite par le maire ou le commissaire de police que, tel jour, il en a remis une copie à telle personne dénommée, en parlant à elle-même ou à telle autre. Sur la copie remise à la partie se trouverait l'indication du jour de la remise. La copie de la décision prouverait ainsi elle-même, comme le fait observer M. Serrigny, qu'elle a été réellement notifiée.

---

(1) Depuis l'organisation d'un commissariat de police cantonal, les notifications peuvent se faire, dans les cantons où il en a été établi, par le commissaire de police, ce qui est plus sûr et plus facile que la voie municipale, et ce qui dispense de la création d'un agent spécial.

Le mode de notification que je viens d'indiquer est, à peu près, celui exigé pour la notification des arrêtés des conseils de préfecture qui statuent sur les comptes des receveurs municipaux, par les ordonnances des 28 déc. 1830, art. 1 et 2; 31 mai 1838, art. 486 et 487. Voy. *infrà*, n° 690.

J'ajoute que je n'entends pas circonscrire le choix de l'administration dans la personne des commissaires de police, des maires ou des adjoints. Tout agent administratif, légalement institué, a capacité suffisante, comme je l'ai déjà dit, pour faire une notification. Rien n'empêche, par conséquent, que l'administration, lorsqu'elle ne jugera pas à propos de s'adresser aux autorités municipales, emploie le ministère d'un autre agent, lequel devra, néanmoins, remplir les formalités que je viens d'indiquer.

En résumé, je ne veux pas augmenter les frais ou créer des procédures embarrassantes pour l'administration. J'applique à l'instruction contentieuse des formes que me paraissent exiger la justice et la raison, et qui sont de nature à prévenir toutes les difficultés que fait naître trop souvent le mode actuellement suivi.

**191.** — Le conseil d'État décide qu'il est suffisamment prouvé qu'une décision, rendue au profit de l'État, est parvenue à la connaissance de la partie adverse, et que cette connaissance tient lieu d'une notification régulière :

1° Lorsque l'administration produit l'accusé de réception donné par celui auquel la notification était adressée. 4 juin 1823, *Desportes;* 21 sept. 1827, *Dienne et Rouzée;* 3 mai 1844, *Roland;*

2° Lorsque la partie avoue que la notification lui a été faite. 6 sept. 1813, *Carré;* 3 juin 1818, *Lenoble;* 5 mai 1830, *Plagniol;* 14 janv. 1839, *Wattebled;* 6 août 1840, *comp. des bateaux à manége de Cubzac;* 18 mars 1842, *Tarbé;*

3° Lorsqu'il résulte de la délibération d'un conseil municipal que la décision rendue contre une commune a été adressée officiellement au maire, ou lui a été notifiée. 27 fév. 1836, *comm. des Angles;* 25 janv. 1839, *ville de Béziers;* 6 août 1840, *comm. de Rochesson.* Voy. cependant *suprà*, p. 99, n° 183 ;

4° Lorsque, sur la notification faite par lettre du directeur général des ponts et chaussées au préfet d'un département, contre lequel une décision a été rendue au profit de l'État, le conseil général de ce département a délibéré de se pourvoir contre ladite décision. 26 mai 1837, *départ. de la Meurthe c. min. de la guerre;*

5° Lorsque des énonciations d'une requête en pourvoi, de lettres écrites par la partie ou produites par elle, de significations faites à sa requête, ou de toute autre circonstance, ressort la preuve qu'elle a eu connaissance certaine de la décision. 23 fév. 1820, *Richard ; — Seignan de Sère;* 20 mars 1822, *Herneupont ;* 10 août 1828, *Vallière ;* 27 août 1828, *Marteau ;* 28 déc. 1836, *Huet ;* 14 juillet 1838, *Vignon et Lanfray-Delisle ;* 17 sept. 1838, *Guillot ;* 14 fév. 1839, *ville de Bayonne ;* 7 avril 1839, *Vanlerberghe ;* 30 août 1843, *Barberaud ;*

6° Lorsque la décision attaquée a donné lieu à un recours, à une réclamation ou opposition de la partie, soit devant le tribunal administratif qui a rendu cette décision, soit devant une autre autorité, et qu'ainsi il est certain que cette partie en a eu connaissance. 4 août 1819, *Veulerss c. min. de la marine ;* 27 fév. 1822, *Wittersheim c. min. de la guerre ;* 28 août 1822, *armateurs du navire* l'Aimable ; 1er sept. 1825, *Mallet;* 20 juillet 1832, *Dubourdieu;* 27 oct. 1837, *Pelletan;* 25 nov. 1843, *Vanlerberghe ;* 18 juillet 1844, *veuve Faivre ;* 29 nov. 1855, *Lefort ;* 22 nov. 1855, *canal de Beaucaire ;* 24 janv. 1856, *Gaurau.*

On doit concevoir que la plupart de ces décisions me paraissent beaucoup trop sévères. Le mode de notification que j'ai indiqué emporte avec lui la preuve certaine de la notification. Mais comment peut-on décider qu'un acte duquel il résulte qu'une partie sait qu'elle a été condamnée vaut notification régulière, lorsque cette partie ne connaît peut-être pas les motifs de la décision, le montant ou le genre de la condamnation? J'aurais bien d'autres raisons à invoquer, mais j'en ai assez dit aux n°s 183 et 190.

**191** *bis.* — Lorsque la notification aura eu lieu par huissier ou dans la forme que j'ai indiquée, il n'y aura pas de difficulté sur le point de départ du délai du recours; mais que faudra-t-il décider si l'énonciation de la date dans la copie diffère de l'énonciation contenue dans l'original? Si la copie porte l'indication du mois où la notification a été faite, sans indication de jour, et que l'original porte l'indication du jour, le délai du pourvoi devra-t-il courir à partir du dernier jour du mois ou à partir du jour de la notification? Le conseil d'État a tranché la question dans ce dernier sens, et non-seulement pour le cas où la copie a été remise à la personne elle-même, mais encore pour le cas où elle a été remise à son concierge. 27 nov. 1856, *Letellier.* — Cette solution est contraire au principe que l'exploit doit être déclaré nul, si la copie ne renferme pas toutes les formalités voulues pour la validité de l'exploit, quand même l'original serait régulier. Voy. *Lois de la procédure civile,* q. 327. Je crois donc que dans l'espèce le délai du pourvoi n'aurait jamais dû courir que du dernier jour du mois. Mais le conseil d'État, revenant encore à la théorie de

Code. — 2e édit.   8

la connaissance acquise (voy. *suprà*, n<sup>os</sup> 183, 186, 187), a voulu faire courir le délai du jour où un certificat du concierge qui avait reçu la copie établissait que la notification avait eu lieu. De sorte que les intérêts les plus graves se trouveraient ainsi livrés à la diligence douteuse d'un serviteur. Je crois, avec M. Lebon, 1856, p. 665, note 1, *in fine*, qu'il faudrait rigoureusement obliger les agents administratifs, chargés des notifications, à énoncer, à peine de nullité, la date exacte de la remise. Mais, je le répète, l'économie des lois actuelles permet, sans aucun doute, de prononcer cette nullité, puisqu'il s'agit d'une énonciation substantielle. Voy. *infrà*, n° 201.

**192.** — II. Les notifications de l'agent judiciaire du Trésor, soit à des comptables, soit à des particuliers, doivent être faites par le ministère d'un huissier, et les délais de l'appel ne commencent à courir que du jour de la notification ainsi faite de la décision elle-même ou d'une contrainte décernée en exécution de cette décision. 21 mai 1817, *Conchon c. l'agent du Trésor*; 28 juillet 1819, *Catoire*; 18 juillet 1821, *Perret*; 31 mars 1825, *Michau*; 21 janv. 1827, *Autran-Bélier*; Foucart, 3<sup>e</sup> édit., t. 3, p. 389, n° 1934; Cormenin, 1<sup>re</sup> édit., t. 1, p. 301.

C'est là une exception à la règle qui autorise l'administration à employer la voie administrative pour signifier les décisions rendues en sa faveur. Cette exception est fondée sur ce que l'administration, en établissant un agent spécial pour représenter le Trésor dans les contestations qu'il peut avoir à soutenir contre des particuliers, s'est dépouillée, en quelque sorte, de son caractère officiel, pour revêtir, dans la personne de son agent, la qualité de simple partie privée.

**193.** — Une notification administrative fait courir les délais contre les arrêts de la Cour des comptes, lorsqu'ils ont été rendus au profit du Gouvernement. M. de Cormenin, t. 1, p. 57, s'appuie sur les ordonnances *Conchon* et *Catoire*, que je viens de citer, pour décider qu'une notification par huissier est indispensable. Mais M. Serrigny, t. 1, p. 309, n° 304, répond, avec raison, que ces ordonnances ne jugent point cette question, et qu'il n'y a rien dans le règlement qui excepte les arrêts de la Cour des comptes des règles ordinaires.

Les ordonnances *Conchon* et *Catoire* ne parlent, en effet, que de l'agent judiciaire du Trésor; et il est bien certain que si la notification d'un arrêt de la Cour des comptes est faite à la requête de cet agent, le ministère d'un huissier est indispensable. Mais, dans les autres cas, une notification administrative est suffisante. Voy. *infrà*, n° 687, au titre *de la Cour des comptes*.

## CHAPITRE II.

*Formes et conditions requises pour la régularité des significations.*

**194**. — I. Dans tous les cas où les significations doivent avoir lieu par exploit d'huissier, elles sont faites par l'un des huissiers ordinaires du lieu où doit être faite la signification.

Ces officiers ministériels ne peuvent être remplacés par d'autres agents administratifs, et, par exemple, la signification faite par un porteur de contraintes serait nulle et ne ferait courir aucun délai en faveur d'un simple particulier. 6 mars 1816, *Barreaux*.

**195**. — Dans les instances pendantes devant le conseil d'État, les huissiers établis près de ce conseil font les notifications qui doivent avoir lieu à Paris. Voici ce qu'on lit dans l'art. 51 du règlement du 22 juillet 1806 : « Les significations d'avocat à avocat, et celles aux parties ayant leur demeure à Paris, seront faites par des huissiers au conseil. »

La loi du 2 brum. an 4 (art. 11), pour les significations d'arrêts d'admission de la Cour de cassation, parle de la commune où doit siéger ce haut tribunal, cette commune est Paris; c'est donc une disposition identique à celle du décret de 1806, et à cette occasion M. Dalloz, *Répert.*, 2ᵉ édit., t. 7, p. 281, vᵒ *Cour de cassation*, nᵒ 1142, dit avec raison que lorsque les significations d'arrêts d'admission ont lieu, soit dans le département de la Seine, soit dans tout autre département, suivant la situation du domicile du défendeur, les autres huissiers du département de la Seine reprennent leur droit de concurrence avec ceux établis près la Cour de cassation, et ceux des départements ont la capacité ordinaire pour faire ces significations. Même solution, évidemment, pour les significations à faire devant le conseil d'État.

**196**. — L'administration ayant la faculté d'employer la voie administrative, peut commettre tel agent qu'elle juge convenable pour faire ses notifications. Voyez ce que j'ai dit *suprà*, nᵒ 190.

Quelquefois, néanmoins, la loi ou les règlements désignent certains agents pour remplir cet office. La loi du 17 juillet 1819, dans son art. 14, a voulu que les arrêtés portant condamnation pour contraventions relatives aux servitudes militaires, fussent notifiés par les gardes des fortifications; et le conseil d'État a décidé, en s'appuyant sur cette loi, que la notification faite par un garde du génie assermenté fait courir les délais de l'appel contre la partie condamnée. 19 janv. 1832, *Mayer-Cerf et Maçon; — Gauthier et Dubois.* — Le règlement d'administration publique du 10 août 1853 (art. 13 et suiv.) confirme cette attribution spéciale (*Code gén. des lois françaises*, Vᵉ part., p. 64).

**197.** — II. En matière administrative, comme en matière judiciaire, les significations par acte d'huissier sont faites à personne ou à domicile, dans la forme réglée par le Code de procédure civile dont les dispositions sont applicables par analogie, en l'absence de toute loi ou de tout règlement spécial. On peut consulter les diverses questions que j'ai traitées dans le *Supplément aux Lois de la procédure civile*, q. 370 *quinquies* à 370 *decies*.

**198.** — La signification peut être faite au domicile élu par la partie.

Le conseil d'État a déclaré valable la signification d'une ordonnance de *soit communiqué* faite au domicile élu par le défendeur. 28 fév. 1831, *Girette c. Honorez*.

Il a aussi décidé que la signification d'une décision faite au domicile élu par une partie faisait courir contre elle les délais de l'appel. 7 juin 1826 , *de Wattigny*; 25 janv. 1833 , *héritiers Bernard*.

C'est par erreur que le contraire avait été jugé par l'ordonnance du 27 nov. 1814, *Raulin c. régie des domaines*.

Mais, après le décès de la partie, la signification qui lui serait faite au domicile élu ne ferait pas courir le délai contre ses héritiers. 27 nov. 1844, *Devienne*.

Une ordonnance du 23 déc. 1815, *héritiers Lafaulotte c. Aviat*, avait décidé que la signification d'une décision par défaut au domicile des héritiers, avant que le décès de la partie eût été notifié, n'avait pu faire courir les délais de l'opposition. Cette décision, déjà ancienne, ne me paraît pas devoir faire jurisprudence.

**198 bis.** — Les lois ou les règlements exigent quelquefois qu'il soit fait élection de domicile pour faciliter les significations. C'est ainsi que l'art. 27 du Code forestier, modifié par la loi du 4 mai 1837, dispose :

« Les adjudicataires (de coupes du bois) seront tenus, au moment de l'adjudication, d'élire domicile dans le lieu où l'adjudication aura été faite; à défaut de quoi, tous actes postérieurs leur seront valablement signifiés au secrétariat de la sous-préfecture. »

**199.** — Si l'huissier, chargé de faire une signification relative à une instance administrative, ne trouve au domicile ni la partie, ni aucun de ses parents ou serviteurs , il doit se conformer aux dispositions de l'art. 68 du Code de procédure civile, c'est-à-dire remettre la copie à un voisin qui visera l'original , et, si ce voisin ne peut ou ne veut signer, remettre la copie au maire ou à l'adjoint de la commune, lequel visera l'original sans frais; il doit, de plus, faire mention du tout, tant sur l'original que sur la copie.

**200**. — Mais comment procédera-t-on si la partie à laquelle la signification est adressée n'a ni domicile, ni résidence connus en France?

D'abord, il a été jugé que cette circonstance ne dispensait pas de faire la signification, et que le demandeur, par exemple, qui ne signifiait pas, pour ce motif, l'ordonnance de *soit communiqué* rendue sur sa requête, encourait la déchéance. 8 sept. 1819, *Caron c. Dumesnil.*

A qui donc sera adressée la signification ?

L'art. 69, § 8, du Code de procédure civile, veut qu'en pareil cas, l'exploit soit affiché à la principale porte de l'auditoire du tribunal où la demande est portée, et qu'une seconde copie soit adressée au procureur impérial, lequel vise l'original.

MM. de Cormenin, t. 1, p. 59, n° 8, et Chevalier, t. 2, p. 340, se contentent de dire que, conformément à l'article précité, la signification doit être déposée au parquet du procureur impérial et affichée.

Mais à quel procureur impérial faudra-t-il s'adresser? Dans quel lieu sera placardée l'affiche?

Quant à l'affiche, la disposition du Code de procédure civile peut être facilement exécutée : on affichera l'exploit à la porte principale de la préfecture, du ministère ou de la salle d'audience du conseil d'État, selon qu'il s'agira d'une affaire pendante devant un préfet ou un conseil de préfecture, devant un ministre ou devant le conseil d'État.

Il y a plus de difficulté pour exécuter la disposition qui prescrit le dépôt au parquet du procureur impérial. Les tribunaux administratifs n'ont pas de parquet où ce dépôt puisse s'effectuer. Il faut donc s'adresser au procureur impérial près le tribunal civil dans l'arrondissement duquel siége le tribunal administratif saisi de l'affaire.

Si la signification doit avoir lieu à Paris, le dépôt sera fait au parquet du procureur impérial près le tribunal de la Seine. Une ordonnance du 9 sept. 1818, *duc d'Otrante c. Guermantes*, a déclaré que les délais de l'opposition à une décision par défaut avaient couru du jour d'une signification faite au domicile d'une partie, à Paris, et, le lendemain, *attendu son absence du royaume*, en la personne du procureur général près la Cour de Paris; mais je pense qu'il est plus régulier de s'adresser au procureur impérial, puisque c'est ce magistrat que désigne expressément le Code de procédure civile.

**201**. — D'après une ordonnance du 21 nov. 1824, *comm. de Barcelonne c. Tropania*, le défaut de date dans l'exploit de signification d'une ordonnance de *soit communiqué* n'entraînerait pas la nullité de la signification, lorsqu'il résulte de l'instruction que la requête du demandeur a été réellement et intégralement signifiée dans les délais. Je ne puis admettre cette opinion qui, en matière de procédure civile, est universellement repoussée par la doctrine et la jurisprudence ( q. 284, *Lois de la procédure civile*, t. 1, p. 320). Seulement, on peut voir combien j'incline pour le système des équipollents, pourvu toujours qu'il y ait un moyen d'établir quel jour la signification a été faite. On doit remarquer que la notification de l'ordonnance de *soit communiqué* est le véritable ajournement donné au défendeur pour comparaître devant le conseil d'État. Voy. *suprà*, p. 113, n° 191 *bis*.

La Cour de Lyon a jugé, le 25 juillet 1851, *l'administration forestière c. comm. de Peron*, que la date du visa donné sur l'original d'un acte d'appel par un fonctionnaire public qui reçoit la copie, supplée au défaut de date de cette copie sur le jour et le mois de la signification.

Toutefois, il faut dire que si le défendeur comparaît, sans proposer le moyen de nullité résultant de l'irrégularité de la notification, il se rend non recevable à le proposer plus tard. Voy. n°ˢ 353 et 354.

**202.** — Les notifications faites par la voie administrative ne se prêtent point à l'accomplissement de toutes les formalités exigées par le Code de procédure pour les exploits d'huissier.

Il est cependant des formalités tellement substantielles que leur défaut rendrait vaine la signification faite à la partie, et qui, par conséquent, ne peuvent être omises.

Ainsi, par exemple, je pense, contrairement à ce qui a été décidé par l'ordonnance du 14 juillet 1841, *Bordot*, qu'il doit, à peine de nullité, être laissé copie de l'acte qui constate la notification. — Voy. *suprà*, n° 190.

**203.** — III. Les significations qui ont lieu, soit par la voie administrative, soit par acte d'huissier, doivent, à moins de disposition contraire, être faites à la partie elle-même, s'il s'agit d'un simple particulier.

La notification faite à l'avoué qui occupait, dans une instance judiciaire, pour celui contre lequel une décision administrative a été rendue, ne fait pas courir de délais. 17 juillet 1822, *Cerf c. Friedel*.

Celle faite au mandataire ne peut pas non plus faire courir de délais contre le mandant. C'est à tort que le conseil d'État a jugé le contraire, le 31 mars 1835, *veuve Dargnies*. — Voy. *Lois de la procédure civile*, q. 353 *bis*, t. 1, p. 405.

Une ordonnance du 14 mai 1817, *Sallier c. Duhamel*, a jugé

que, lorsque la décision a été rendue contre un mineur, il suffit, pour faire courir les délais, que la notification en ait été faite au tuteur.

M. Serrigny, t. 1, p. 311, n° 306, regrette que la jurisprudence n'ait pas adopté la disposition de l'art. 444 du Code de procédure civile, qui ne fait courir le délai de l'appel judiciaire qu'à partir de la notification faite au subrogé tuteur. Je pense que la signification doit être faite à la fois au tuteur et au subrogé tuteur, et que ce n'est qu'après cette double signification que les délais commencent à courir. Voy. Foucart, 4ᵉ édit., t. 3, p. 755, n° 1983, note 1.

**203** *bis.* — Le conseil d'État a encore jugé, le 30 nov. 1850, *Chovelon et consorts*, que la signification faite à des entrepreneurs solidaires au domicile de celui d'entre eux qui avait déjà reçu plusieurs significations de même nature sans aucune réclamation de la part de ses coassociés, fait courir le délai du pourvoi à l'égard de tous.

Cette décision est exacte quant à son résultat; il fallait, en effet, dans l'espèce, appliquer purement et simplement la règle que la signification faite à l'un des débiteurs solidaires fait courir le délai de l'appel à l'égard de tous. Voy. *Lois de la procédure civile*, q. 1565, et mon *Formulaire de procédure*, t. 1, p. 372, note 2, ii. Il n'y avait donc pas lieu de se préoccuper, comme l'a fait le conseil d'État, de l'espèce d'adhésion tacite donnée par les entrepreneurs solidaires à la réception par l'un d'entre eux des diverses notifications. Et du moment que les entrepreneurs étaient solidairement tenus vis-à-vis de la commune qui avait obtenu gain de cause, il n'y avait pas lieu non plus à examiner, comme l'aurait voulu M. Lebon dans la note dont il fait suivre l'ordonnance que j'examine, t. 20, 1850, p. 893, note 1, si l'association existant entre les entrepreneurs constituait une société commerciale ou une société civile. Voy. encore 6 janv. 1853, *Didion*.

Dans la situation inverse, le conseil d'État a reconnu que la signification d'un arrêté par l'une des parties au profit desquelles il a été rendu, fait courir contre la partie adverse le délai du pourvoi, même à l'égard de celle des parties qui n'a fait aucune signification. 13 août 1852, *hérit. Lucot.*

**204.** — Lorsque la signification concerne l'administration ou une personne morale, elle doit être adressée à ceux qui ont qualité pour représenter en justice l'administration ou cette personne morale. — Voy. n°ˢ 52 et suiv.

Si elle était adressée à un agent sans qualité pour la recevoir, elle demeurerait sans effet.

Ainsi, on ne peut opposer au ministre des travaux publics des notifications faites aux ingénieurs des ponts et chaussées, qui n'ont pas qualité pour recevoir ces notifications au nom de l'Etat. 17 août 1841, *Soullier*.

On ne peut pas non plus se prévaloir contre l'administration des domaines d'une notification faite à un agent forestier, qui n'a pas qualité pour recevoir les copies adressées à cette adminis-tration. 12 fév. 1823, *Imbart-Latour ;* 4 juin 1823, *le Domaine c. habitants d'Arriaux.*

« Le conseil d'État, dit M. Macarel, *Arrêts du conseil*, t. 8, p. 352, note 1, s'est déterminé, sans doute alors, par le motif que l'inspecteur forestier n'est pas l'agent direct du domaine, mais bien de l'administration des forêts ; car il est de principe que les administrations sont représentées, dans chaque départe-ment, par leurs agents en chef. »

Le 16 avril 1856, la Cour de Bruxelles, *hospices de Louvain c. bureau de bienfaisance de Kesselloo*, a décidé que l'exploit notifié à un bureau de bienfaisance est valablement remis au domicile du président, en tant que de besoin, au domicile du receveur.

**204** *bis*. — Les rédacteurs du *Journal des huissiers*, dont j'ai rapporté l'opinion dans mon *Journal du droit administratif* (1857, p. 399, n° 221), pensent qu'un exploit signifié au préfet, comme représentant l'État, est valablement remis au chef de division de la préfecture dans les attributions duquel rentrent les faits qui y donnent lieu. Cette solution ne me paraît pas con-forme aux principes. L'art. 67 du Code de procédure civile veut que l'État soit assigné en la personne ou au domicile du préfet, et que l'original de l'exploit soit visé de celui à qui copie de l'exploit sera laissée. Or, si, en cas d'absence ou d'empêchement du préfet, la copie est valablement remise au secrétaire général ou au conseiller de préfecture délégué pour remplir les fonc-tions de préfet, si le visa est alors donné par ce fonctionnaire (*Lois de la procédure civile*, q. 370 *ter*), je ne sache pas qu'au-cune disposition légale ou réglementaire ait autorisé une délé-gation de cette nature en faveur d'un employé quelconque des bureaux de la préfecture, quel que soit son rang dans la hiérar-chie de ces bureaux. On sait que les employés des préfectures n'ont aucun caractère officiel, qu'ils ne sont pas fonctionnaires publics.

D'un autre côté, les exploits destinés aux fonctionnaires pu-blics représentant l'assigné, dans les cas prévus par les cinq premiers paragraphes de l'art. 69 du Code de procédure civile, ne peuvent pas être remis entre les mains des parents, serviteurs ou employés de ces fonctionnaires (*Lois de la procédure civile*,

q. 370 *novies*). La jurisprudence sanctionne fréquemment cette prohibition, notamment en ce qui concerne les exploits notifiés aux communes.

Il est difficile d'admettre, par suite, que la remise et le visa, dans l'espèce posée, puissent être considérés comme réguliers.

Sans doute, si le chef de division était autorisé par le préfet, l'exception de nullité ne serait pas soulevée; mais il n'en est pas moins vrai que la nullité existe; je ne pense pas qu'il soit exact de dire que l'autorisation dont il s'agit est généralement donnée et que le mode suivi a été le même que celui qui a presque toujours lieu.

**204** *ter*. — Il importe de remarquer, en ce qui touche les significations à faire aux personnes morales, que plusieurs de ces êtres juridiques sont représentés en justice par des agents qui ont des attributions multiples. Ainsi, par exemple, les commissions administratives chargées de veiller aux intérêts des hospices, hôpitaux, bureaux de bienfaisance, etc., sont présidées par le maire. C'est le maire qui représente ces établissements publics en justice et qui a seul qualité pour recevoir copie des notifications et donner le visa requis par la loi. Mais le maire agit alors en qualité de président de la commission administrative et non en qualité de maire; d'où la conséquence qu'une notification à lui faite et qui serait valable si elle lui avait été adressée en qualité de simple particulier ou de maire représentant la commune, pourra être nulle, parce qu'elle a été adressée au maire, présidant la commission administrative, représentant un hospice, si toutes les formalités requises en pareil cas n'ont pas été observées.

Ainsi, d'après l'art. 69, n° 3, du Code de procédure civile : « Les administrations ou établissements publics doivent être assignés *en leurs bureaux*, dans le lieu où réside le siége de l'administration, etc..... » D'après le dernier alinéa du n° 5 du même art. 69 : « Dans les cas ci-dessus, l'original doit être visé de celui à qui la copie de l'exploit est laissée; *en cas d'absence ou de refus, le visa doit être donné, soit par le juge de paix, soit par le procureur impérial près le tribunal de première instance, auquel, en ce cas, la copie doit être laissée.* » Par application de ce principe, il faut décider que l'huissier chargé de notifier un appel à l'administration d'un hospice, s'il ne trouve personne dans les bureaux de l'administration qui puisse viser l'exploit, doit, à peine de nullité, laisser la copie, soit au juge de paix, soit au procureur impérial; il ne pourrait laisser cette copie au maire, dans son domicile, car le maire n'est pas pris ici en qualité de maire, mais seulement comme président de la commission administrative, et, en cette dernière qualité, ce n'est que *dans les bureaux de l'administration* qu'il peut régulièrement recevoir la copie et donner le visa. Aix, 4 mars 1844, *Chabot c. hospice de Digne.* Voy. *Journal des Avoués,* 1849, t. 74, p. 278, art. 670; *Lois de la procédure civile,* q. 370 *sexies.*

**205.** — Des difficultés se sont élevées relativement aux notifications à faire aux communes.

L'art. 69 du Code de procédure civile porte :

« Seront assignés. . . . . . . . . . . . . . . . . . . . . . .

« 5° Les communes, en la personne ou au domicile du maire, et, à Paris, en la personne ou au domicile du préfet. — Dans les cas ci-dessus, l'original sera visé de celui à qui la copie de l'exploit sera laissée ; en cas d'absence ou de refus, le *visa* sera donné, soit par le juge de paix, soit par le procureur impérial près le tribunal de première instance, auquel, en ce cas, la copie sera laissée. »

On a demandé si , en cas d'absence ou d'empêchement du maire, les significations pouvaient être reçues, et le *visa* donné par l'adjoint ou par le conseiller municipal délégué pour remplacer le maire, ou bien s'il fallait s'adresser au juge de paix ou au procureur impérial ?

La jurisprudence des tribunaux judiciaires est incertaine sur cette question.

Plusieurs arrêts ont décidé que les adjoints et les conseillers municipaux n'avaient pas qualité pour remplacer le maire; que la copie devait être laissée au juge de paix ou au procureur impérial, et le *visa* donné par l'un ou l'autre de ces fonctionnaires. Voy. C. cass., 7 juillet 1828, *comm. d'Ambutrix c. comm. de Saint-Denis ;* 12 mai 1830, *comm. de Loisia et de Pimorin ;* Bourges, 17 nov. 1830, *Plassat c. comm. de La Chapelle ;* Nancy, 24 mai 1833, *comm. de Merville c. comm. de Rehercy ;* Nîmes, 17 déc. 1834, *Delpuech c. ville d'Avignon.*

D'autres, au contraire, ont reconnu que les adjoints et les conseillers municipaux peuvent recevoir les significations et donner le *visa.* Voy. C. cass., 6 août 1832, *comm. d'Epieds c. comm. de Morton ;* 8 mars 1834, *comm. d'Ambutrix c. comm. de Saint-Denis;* 24 août 1836, *Delpuech c. ville d'Avignon ;* Lyon, 23 fév. 1825, *comm. de Saint-Denis c. comm. d'Ambutrix;* Poitiers, 13 fév. 1827, *comm. d'Asnières c. Boiffard;* Grenoble, 19 août 1830, *comm. d'Ambutrix c. comm. de Saint-Denis ;* Colmar, 11 déc. 1834, *de Bergheim c. comm. d'Innenheim ;* Caen, 21 fév. 1853, *Bristollo c. Regnouf.*

Voy. aussi, Roche et Lebon, *Arrêts du conseil,* t. 1, p. 492, note 1; *Journal des Communes,* t. 2 (1829), p. 221.

J'ai soutenu cette dernière opinion dans les *Lois de la procédure civile*, q. 370 oct., t. 1, p. 443, en me fondant sur ce
que les fonctions ne sont jamais vacantes, et qu'en cas d'absence
ou d'empêchement, celui qui en est chargé est, toujours et de
plein droit, suppléé par le fonctionnaire du même ordre au degré
immédiatement inférieur; mais il faut que l'absence ou l'empêchement soient constatés par l'huissier (*Journal des Avoués*, t. 77,
p. 507).

Je persiste dans cette opinion, et j'applique cette règle aux
significations relatives à des matières administratives.

Telle est aussi la jurisprudence du conseil d'État. Voy. 31 mars
1819, *comm. de Vernoy-sur-Mance*; 13 juillet 1825, *ville de
Besançon c. Lesage*; 8 janv. 1836, *Caron c. comm. de Fraysans.*

Mais si le maire, auquel l'huissier se serait adressé, avait refusé de recevoir la notification et de donner le *visa*, il faudrait
nécessairement s'adresser au juge de paix ou au procureur impérial. Il n'y a pas lieu, dans ce cas, de remplacer le maire,
puisqu'il est à son poste, et d'ailleurs on ne concevrait pas qu'un
adjoint pût se mettre en contradiction avec le maire, en faisant
un acte que celui-ci aurait jugé ne pas devoir être fait.

**206.** — Je n'admettrais pas, comme l'a décidé une ordonnance du 21 mars 1821, *habit. de Conchas c. habit. de la Va-
lade*, que, dans les procès entre deux sections de la même commune, la signification pût être valablement faite au maire, au
lieu d'être adressée au membre de la commission syndicale chargé d'agir au nom de la section. Puisque le maire ne représente
pas la section (voy. *suprà*, n° 86), comment pourrait-il avoir
qualité pour recevoir les significations qui lui sont faites?

La signification reçue par un maire ne peut pas être opposée à
une commune, lorsque le maire est personnellement intéressé
dans la contestation. 16 nov. 1835, *comm. de Saint-Chaptes c.
Reilhe; Cass.* 31 déc. 1855.

Mais ce principe est rarement applicable, parce que, lorsqu'il
y a opposition d'intérêts entre le maire et la commune, celle-ci
est représentée par un autre agent municipal. — Voy. n° 78.

**207.** — Les personnes chargées de recevoir les significations
adressées à l'État, aux administrations, aux communes ou aux
établissements publics, doivent viser ces significations. Cette
règle établie par l'art. 69 du Code de procédure civile pour les
significations judiciaires doit être aussi observée pour celles
relatives à des affaires administratives.

Le conseil d'État décide :

1° Que le *visa* est indispensable pour l'original, et que son
absence rendrait la signification nulle. 23 juillet 1823, *hospices*

*de Strasbourg c. comm. de Reinhards-Munster;* 7 avril 1824, *Gauthier c. comm. de Pontailler;*

2ᵒ Que le défaut de *visa* sur la copie n'entraîne pas la nullité. 23 juin 1824, *hospices d'Issoire c. comm. de Saint-Floret;* 16 juin 1831, *Bourdet et Martin.*

Dans les *Lois de la procédure civile,* t. 1, p. 445, q. 370 *decies,* et même question, au *Supplément,* j'ai fait, en ce qui touche le défaut de *visa* sur l'original, une distinction que je maintiens. *Nullité* pour toutes les significations portant ajournement, mais simplement *irrégularité* pour les autres notifications. C'est aussi ce qui paraît avoir été jugé par l'ordonnance du 23 déc. 1845, *comm. de Crans.* A la même question, j'ai également décidé que la mention du *visa* sur la copie n'était pas prescrite par l'art. 69 précité.

**208.** — On lit dans l'art. 35 de la loi du 30 juin 1838, sur les aliénés :

« Dans le cas où un administrateur provisoire aura été nommé par jugement, les significations à faire à la personne placée dans un établissement d'aliénés seront faites à cet administrateur. Les significations faites au domicile pourront, suivant les circonstances, être annulées par les tribunaux. »

Le projet de loi exigeait une triple signification, savoir : au domicile de l'aliéné, au domicile de l'administrateur provisoire, ou, à défaut, à la personne du chef de l'établissement et au procureur impérial. Cette disposition fut rejetée, par la raison qu'elle pouvait compromettre les intérêts des tiers, s'ils n'étaient pas informés, comme cela peut facilement arriver, du placement d'une personne dans un établissement d'aliénés.

L'art. 35 ne s'applique d'ailleurs qu'aux aliénés pourvus d'un administrateur provisoire. Les significations qui concernent les autres aliénés leur sont faites en la forme ordinaire. Voy. Duvergier, t. 38, p. 517, note 1 ; Lerat de Magnitot et Delamarre, t. 1, *Appendice,* p. 19.

**209.** — IV. En général, les significations ne profitent qu'à ceux au nom et dans l'intérêt de qui elles ont été faites. Ainsi, par exemple :

1ᵒ Une partie n'est point recevable à faire valoir l'exception résultant du défaut de signification de l'ordonnance de *soit communiqué,* en faveur d'autres personnes qui ne sont point en cause. 16 fév. 1827, *Sauvé c. de Tragin;*

2ᵒ Celui qui défend à un appel porté devant le conseil d'État ne peut se prévaloir de la notification d'une décision faite par un tiers, pour faire rejeter l'appel comme formé hors des délais. 5 mai 1830, *Delahaye c. comm. d'Echenay ;*

3° La notification faite à une commune ne peut profiter à son adversaire, lorsqu'elle n'énonce pas à la requête et dans l'intérêt de qui elle est faite. 28 fév. 1828, *comm. de Conantre c. Bajot ;*

4° Lorsque le ministre des finances prononce sur une question de comptabilité ou de responsabilité entre deux comptables, la notification qu'il fait de sa décision à celui qu'il condamne ne saurait profiter à l'autre comptable. Ainsi, le pourvoi introduit après les trois mois qui ont suivi cette notification serait tardif, s'il était dirigé contre le ministre ; mais il serait utilement formé contre l'autre comptable qui n'aurait pas fait de notification, ou qui en aurait fait une depuis moins de trois mois.

**210.** — V. L'insertion au *Bulletin des lois* d'un décret qui touche aux droits d'un individu peut-elle tenir lieu d'une notification régulière ?

A cette question, ainsi posée d'une manière générale, je n'hésite pas à répondre négativement. Comment admettre que le mode de publicité usité pour la promulgation des lois et décrets généraux puisse suffire pour avertir réellement celui que blessera une ordonnance spéciale, quand il est reconnu par tout le monde que la connaissance légale résultant de l'insertion au *Bulletin* n'est qu'une fiction ? On comprend que cette fiction est une nécessité, quoiqu'on cherche, depuis cinquante ans, les moyens de faire parvenir aux populations, d'une manière plus sûre, la connaissance des actes législatifs. Mais qu'on assimile cette notification fictive à une notification réelle, et qu'on y veuille puiser une fin de non-recevoir ou une déchéance, c'est ce que la justice et la raison semblent repousser péremptoirement.

Que si l'on objectait qu'en certains cas une notification individuelle entraînerait des frais et des lenteurs considérables, je demanderais qu'une loi déterminât un mode spécial de notification semblable à celui usité dans quelques circonstances, en matière judiciaire, comme la publicité par les journaux quotidiens, les affiches, ainsi qu'on l'a pratiqué pour la loi sur les poids et mesures, et autres moyens de nature à faire connaître aux ayants droit la décision administrative. Toutefois, ce ne serait plus alors le délai ordinaire qui serait le délai fatal ; on devrait, pour ce cas spécial, fixer un délai extraordinaire.

Il ne faut jamais perdre de vue que, dans l'instruction contentieuse, l'administration est en présence de droits proprement dits ou de droits acquis, qu'elle ne peut pas blesser arbitrairement.

La jurisprudence et la doctrine nous offrent bien peu d'exemples de positions dans lesquelles une simple insertion au *Bulletin des lois* ait paru suffisante.

La première espèce, et la plus importante, est celle relative à la tontine du *Pacte social*, qui se divisait primitivement en *société assignats* et *société numéraire*. Les administrateurs de cette tontine parurent au gouvernement impérial mériter de très-vifs reproches. L'empereur rendit un décret, sous la date du 9 fév. 1810, qui supprima l'administration existante, confia la direction des intérêts communs au conseil municipal de Paris, et organisa une compétence et des juridictions spéciales (1). Ce décret blessait des droits individuels nombreux.

Il en fut de même du décret du 18 nov. 1810, qui généralisa la mesure, et l'appliqua à toutes les associations de même nature.

Une ordonnance du 25 oct. 1814 confirma le décret du 9 fév. 1810, et prescrivit de nouvelles dispositions. On lit dans l'art. 7 :

« Tous les actionnaires sont tenus, dans le délai de dix-huit mois, à compter de la publication de la présente ordonnance, de justifier de l'existence des têtes sur lesquelles reposent leurs actions, et d'en rapporter les titres, sous peine par les défaillants d'être déchus de tous droits dans la tontine. »

Les anciens administrateurs et plusieurs actionnaires de la tontine se pourvurent, le 13 mars 1815, par la voie contentieuse, devant le conseil d'État, contre cette ordonnance du 25 oct. 1814. Leur pourvoi fut repoussé par une fin de non-recevoir en ces termes : — « Considérant que notre ordonnance susdite, du 25 oct. 1814, a été insérée au *Bulletin des lois* le 22 novembre suivant ; que sa publication a eu pour objet, ainsi qu'il résulte de l'art. 7 de ladite ordonnance, de la notifier à chacun des intéressés, qui sont trop nombreux pour qu'un autre mode de notification fût praticable ; qu'aux termes du règlement du 22 juillet 1806, sur les affaires contentieuses portées au conseil d'État, les oppositions et tierces oppositions ne sont pas recevables après l'expiration du délai de trois mois, à compter du jour de la notification. » 4 juin 1816, *actionnaires de la tontine du Pacte social c. Tolosé de Jabin.*

Ainsi, à ceux qui se sont opposés à l'ordonnance du 25 oct. 1814, le conseil d'État a répondu qu'elle leur avait été suffisamment notifiée, conformément au règlement du conseil, et que le délai de trois mois était expiré. Il a fait résulter de l'art. 7 de cette ordonnance la preuve que l'insertion au *Bulletin des lois*

_____

(1) Ce décret était évidemment un acte illégal. Une ordonnance du roi, du 25 oct. 1829 (Duvergier, t. 29, p. 669), a rapporté ce décret et replacé toutes choses dans un état normal.

valait notification. On ne peut pas raisonner d'une manière plus inexacte; car l'ordonnance, au lieu de fixer un délai de trois mois, parle d'un délai de dix-huit mois. On supposait que ce délai était nécessaire pour que tous les actionnaires pussent être avertis, et cependant, d'après cet art. 7, l'ordonnance était censée notifiée à chacun d'eux du jour de sa publication. Disons que le conseil d'État voyait une raison de convenance à ne pas admettre l'opposition, et qu'il l'a repoussée sans donner aucun motif sérieux.

Je suis surpris que cette ordonnance ait été transformée en règle de procédure administrative par MM. de Cormenin, chap. du *Rejet des requêtes*, t. 1, p. 201, et Macarel, dans ses *Éléments*, t. 1, p. 79, n° 84; et que M. Serrigny, t. 1, p. 303, n° 303, se soit contenté de faire cette réflexion : « Cependant le conseil d'État se montre très-facile sur le genre de notification qui fait courir le délai du recours au profit de l'État. Ainsi, 1° il admet que l'insertion au *Bulletin des lois* d'une ordonnance royale fait courir le délai du recours... C'est l'application de la règle *Nemo censetur ignorare legem*, etc. »

Quel rapport y a-t-il entre une décision contentieuse et une loi? Je pense, au contraire, que le conseil d'État a été influencé, en 1816, par des circonstances toutes particulières, et que sa décision ne doit pas faire jurisprudence ; autrement, cette jurisprudence serait le bouleversement de tous les principes d'instruction.

Du reste, dans une affaire jugée le 8 avril 1842, *Bayard de la Vingtrie*, le conseil d'État ne s'est pas arrêté à une fin de non-recevoir tirée de ce que le demandeur n'avait pas attaqué l'ordonnance dans les trois mois de son insertion au *Bulletin des lois.*

Cependant, dans deux autres matières, il a rendu des décisions que je dois combattre.

La loi du 15 avril 1829 confie au pouvoir exécutif, dans son art. 3, le soin de déclarer quelles sont les parties des fleuves et rivières, quels sont les canaux dans lesquels la pêche sera exercée au profit de l'État, et quelles seront les rivières qu'on devra rendre ou déclarer navigables. La loi a prescrit, on ne sait trop pourquoi, que ces ordonnances fussent insérées au *Bulletin des lois;* car cette insertion est de droit commun, puisque, comme on l'a fait observer dans la discussion (Duvergier, t. 29, p. 117), si elles n'étaient pas insérées au *Bulletin des lois*, elles ne pourraient pas être exécutées, et les tribunaux n'en appliqueraient pas les dispositions.

J'ai dit dans mes *Principes de compétence*, n° 230, t. 1, p. 64, et t. 2, p. 131, qu'aucun recours contentieux n'était ouvert contre ces espèces d'ordonnances. C'est un principe qui maintenant est généralement admis.

Le 10 juillet 1835, une ordonnance royale adressa le tableau des fleuves et rivières, des parties de fleuves et rivières, et des canaux, dans lesquels la pêche serait exercée au profit de l'État. Cette ordonnance fut insérée au *Bulletin des lois*, le 16 septembre suivant.

Les 10 mai et 23 juin 1836, quelques propriétaires voisins de la rivière le Luy se pourvurent, par la voie contentieuse, contre l'ordonnance du 10 juillet ; mais le conseil d'État rejeta le pourvoi : « Considérant que l'ordonnance par nous rendue pour l'exécution de la loi du 15 avril 1829 a été insérée au *Bulletin des lois* le 16 sept. 1835 ; — Que ce n'est que le 10 mai 1836 que les requérants ont présenté par-devant nous, en notre conseil d'État, requête tendante à l'annulation de ladite ordonnance; — Qu'ainsi, ils ne se sont pas pourvus dans les délais fixés par l'art. 11 du décret susvisé (du 22 juillet 1806). » 1<sup>er</sup> juillet 1839, *Fermy de Saint-Martin c. min. des finances.*

Le motif sur lequel s'appuyait le conseil d'État était identiquement le même que celui de l'ordonnance de 1816. Dans le fait, il y avait cette différence que la loi du 15 avril 1829 prescrivait l'insertion au *Bulletin des lois* de l'ordonnance de dépossession rendue après des enquêtes, ce qui semblait vouloir dire que cette insertion vaudrait notification aux propriétaires avertis par l'instruction. On voit que cette ordonnance de 1839 ne devait avoir aucune portée jurisprudentielle, parce que, au fond, le recours n'était pas recevable.

Cependant, dans une matière analogue, le conseil d'État a encore admis la même solution en décidant que l'insertion au *Bulletin des lois* d'une ordonnance prescrivant la rectification d'une route nationale, valait notification aux intéressés dans le sens de l'art. 11 du règlement du 22 juillet 1806, et que par suite les particuliers lésés devaient, à peine de déchéance, se pourvoir dans les trois mois de cette insertion. 9 juin 1849, *de Carbon et consorts.* — M. Dufour, qui regrette (on l'a vu *suprà*, n° 183) que le conseil d'État se soit laissé entraîner par la doctrine des *équipollents* à consacrer la théorie de la *connaissance acquise*, 2<sup>e</sup> édit., t. 2, p. 336, n° 313, *in fine*, n'hésite pas à reconnaître que ce n'est que par application de cette dernière théorie qu'on a pu décider que l'insertion au *Bulletin des lois* valait notification, *ibid.*, p. 332, n° 310. — Comment donc se fait-il que le même auteur trouve plus loin tout naturel d'attacher un pareil effet à cette insertion ? *ibid.*, p. 362, n° 331.

M. Serrigny, t. 1, p. 308, n° 302, après avoir dit que le conseil d'État admet que l'insertion au *Bulletin des lois* d'un décret impérial fait courir le délai du recours, donne, comme exemple, les liquidations de pensions ; il se fonde sur l'art. 27 de la loi du 18 avril 1831. Mais cet article, textuellement conforme à l'art. 25 de la loi du 11 avril 1831, ne parle pas du *Bulletin des lois.* M. Serrigny le rapporte lui-même en entier à la page 309, pour prouver qu'une décision est quelquefois réputée connue sans notification.

Mais, dans ce cas, le premier paiement ne peut avoir lieu qu'après la remise du titre, remise qui peut être considérée, comme équivalente à une notification spéciale.

M. de Cormenin, t. 2, p. 388, cite la loi du 11 avril, et ne parle nullement de l'insertion au *Bulletin des lois,* qui équivaudrait à une notification.

A la vérité, M. Serrigny invoque, à l'appui de sa doctrine, un décret du 23 avril 1837, *Clermont-Tonnerre.* Il aurait pu en invoquer un autre du 24 mai 1836, *Gautier.* Mais ces deux décrets se bornent à rejeter les pourvois, sur l'unique motif qu'ils avaient été formés plus de trois mois après l'insertion au *Bulletin des lois,* sans indiquer un texte de loi qui autorise une aussi étrange décision. Je ne puis que regretter l'erreur du conseil et de mon honorable collègue, et m'en référer aux principes généraux que je viens d'exposer.

En résumé, je crois utile et nécessaire de repousser le mode de notification par l'insertion au *Bulletin des lois.* J'admets la notification par cette voie ou par tout autre moyen de publicité, lorsque la loi l'a dit. C'est alors une exception anormale qu'a introduite le législateur ; c'est enfin une loi dont il faut subir l'application. Les parties doivent se tenir perpétuellement en garde, et chercher à connaître les décrets qui peuvent être rendus. A toute autre position devra s'appliquer le droit commun.

Ainsi, que les sociétés anonymes, telles que les compagnies d'assurance sur la vie, les caisses de prévoyance, etc., ou bien des sociétés de chemin de fer, viennent à se dissoudre, la jurisprudence de 1810 et de 1814, relative aux anciennes tontines, serait inapplicable. L'insertion au *Bulletin des lois* d'une injonction aux parties ne fera courir contre elles ni fins de non-recevoir, ni déchéances. Les notifications devront être faites aux administrateurs de ces compagnies.

# TITRE V.

## CONSTITUTION D'AVOCAT ET DÉFENSES.

### SOMMAIRE.

CHAP. I<sup>er</sup>. — Tribunaux administratifs inférieurs.
CHAP. II. — Conseil d'État.
    SECT. I<sup>re</sup>. — Constitution d'avocat.
    SECT. II. — Défenses.

## CHAPITRE PREMIER.

### *Tribunaux administratifs inférieurs.*

**211.** — I. Devant les tribunaux administratifs autres que le conseil d'État, les parties ne sont point représentées par des avocats. La plaidoirie et la publicité des audiences ne sont point admises. Les parties conservent, néanmoins, le droit de produire des consultations et mémoires signés par des avocats. Rien n'empêcherait, d'ailleurs, qu'un conseil de préfecture, par exemple, permît à un avocat de venir exposer devant lui les moyens d'une partie, comme il pourrait entendre la partie elle-même. Les comités réunis du contentieux et de l'intérieur avaient été consultés, en 1826, sur la question de savoir si les parties pouvaient être admises à comparaître en personne devant les conseils de préfecture. Ils répondirent par un avis négatif, en date du 5 fév. 1826, ainsi motivé :

« Considérant que les décisions des conseils de préfecture en matière contentieuse ne sont regardées comme contradictoires que lorsqu'elles visent les mémoires et les défenses régulièrement communiqués ; d'où il suit que l'instruction par écrit est établie devant ces conseils ; — Que l'instruction se faisant par écrit au conseil d'État du roi, dans les affaires contentieuses, aux termes du règlement du 22 juillet 1806, l'analogie demande que le même mode d'instruction subsiste devant les conseils de préfecture, qui exercent en première instance le premier degré d'instruction.

M. Cotelle, t. 1, p. 174, n° 7, en rapportant cet avis, fait observer que le conseil d'État ne prononçant plus aujourd'hui, en matière contentieuse, qu'après avoir entendu les avocats des parties et le ministère public dans leurs plaidoiries respectives, les conseils de préfecture devraient aussi appeler les parties devant eux, et les entendre ainsi que leurs conseils.

Si les conseils de préfecture ne sont pas forcés d'entendre les parties et leurs conseils, aucune loi, ni aucun règlement, ne le leur défend. C'est, du reste, ce qui se pratique devant le conseil de préfecture de la Seine dans les affaires graves. Voy. dans ce sens, Brun, t. 1, p. 9, note 1. — A Grenoble, on suit le même usage.

M. Lefebvre, conseiller de préfecture, qui a fait un ouvrage spécial sur la procédure contentieuse devant les conseils de préfecture, a adopté complétement l'opinion que j'avais émise dans ma première édition, et il l'a développée p. 23 et suiv. Je dois dire que le conseil de préfecture de la Haute-Garonne m'a fait l'honneur de m'admettre à plaider, pendant plusieurs séances, une affaire fort grave concernant des travaux publics.

On conçoit que la même marche serait difficilement suivie devant les ministres et devant les préfets; cependant ce ne serait pas impossible, et ce serait plus convenable.

**212.** — En vertu des arrêtés des ministres de la justice, des finances et de l'intérieur des 29 sept. 1823, 13 mai et 22 juillet 1824, 10 janv. 1831, et de l'instruction du directeur général de l'enregistrement du 7 sept. 1824, les avocats aux conseils ont le droit exclusif de signer, à défaut des parties, en matière contentieuse, tous mémoires et réclamations adressés aux ministres et aux administrations et directions générales qui en dépendent. Ils ont seuls l'entrée dans les bureaux pour la poursuite des affaires de cette nature. Cormenin, t. 1, p. 84, note 1; Dufour, 2e édit., t. 2, p. 416, n° 377.

M. Dufour ajoute : « Qu'en fait ce droit de signer les mémoires et réclamations pour et au nom des parties s'est étendu, sans rencontrer d'obstacles sérieux et permanents, à certaines affaires *non contentieuses* dans le sens légal du mot, telles que les demandes en permission d'usines, d'autorisation de sociétés anonymes, et les recours en grâce. »

**213.** — II. Devant les juridictions administratives autres que le conseil d'État, la défense a lieu par mémoires.

Ces mémoires, signés par la partie, sont adressés, soit au préfet, soit au conseil de préfecture, soit au ministre, selon que l'affaire est soumise aux uns ou aux autres.

Dans la pratique, les mémoires relatifs aux affaires qui doivent être jugées par les conseils de préfecture sont adressés aux préfets, parce que ces conseils ne sont pas organisés d'une manière complète, c'est-à-dire, n'ont pas de secrétaire légalement nommé. C'est un grave inconvénient, car les défenses ainsi remises à la préfecture peuvent arriver trop tard au conseil de préfecture. Il est donc plus prudent de porter le mémoire au bureau même du conseil, puisqu'en fait il y a un commis d'ordre qui reçoit, enregistre immédiatement, et remet ce qui lui est confié au conseil, à la première réunion.

**213** *bis.* — Aucune loi ne fixe les délais d'instruction devant les tribunaux administratifs de premier degré ; cependant il est facile de comprendre les inconvénients qui pourraient résulter de l'absence de réponse à un mémoire produit par une des parties. Il me paraîtrait donc convenable ou que le conseil de préfecture fît prévenir administrativement la partie intéressée qu'un mémoire ou une pièce ayant été produit contre elle, il lui est accordé un délai d'un mois pour y répondre, ou que les délais accordés devant le conseil d'État appartinssent de droit aux justiciables devant le conseil de préfecture (voy. *infrà*, n° 224), et si le conseil a jugé (*infrà*, n° 302-11°) qu'une décision devait être considérée par défaut, lorsqu'une pièce produite n'avait pas été communiquée avant l'arrêté du conseil de préfecture, il n'hésiterait pas à juger qu'il doit en être ainsi, dans le cas où la décision aurait été rendue, même après communication, mais après un délai insuffisant pour une réponse. M. Lefebvre, p. 25, pense que des délais doivent être accordés par les conseils de préfecture.

**214.** — La partie peut être représentée par un fondé de pouvoirs qui signe alors le mémoire en défense pour son mandant ; mais on doit joindre à l'appui le pouvoir régulier en vertu duquel on agit ; il n'est pas nécessaire que la procuration soit par acte authentique ; un acte sous seing privé suffit. Voy. au surplus, ce que j'ai dit au n° 140.

**215.** — Si la contestation existe entre simples particuliers ou personnes morales, les mémoires et défenses doivent être signifiés à la partie adverse par acte d'huissier. Voy. *suprà*, n<sup>os</sup> 179 et 180.

J'indiquerai, au titre *des Exceptions*, *infrà*, n° 359, de quelle manière se font les communications de pièces.

# CHAPITRE II.

## Conseil d'État.

SECTION I<sup>re</sup>. — *Constitution d'avocat.*

**216.** — I. On lit dans le décret du 11 juin 1806 :

« Art. 33. Il y aura des avocats en notre conseil (1), lesquels auront seuls le droit de signer les mémoires et requêtes des parties en matières contentieuses de toute nature. »

Ces avocats sont nommés par l'Empereur, sur la présentation des titulaires qu'ils remplacent. Même décret, art. 34; loi du 28 avril 1816, art. 91.

Ils prêtent serment devant le conseil d'État et devant la Cour de cassation, à cause des doubles fonctions qu'ils sont appelés à exercer.

**217.** — Voici les principales dispositions de l'ordonnance du 10 septembre 1817, qui règle l'organisation et la discipline de l'ordre :

« Art. 1<sup>er</sup>. L'ordre des avocats en nos conseils et le collége des avocats à la Cour de cassation sont réunis sous la dénomination *d'ordre des avocats aux conseils du roi et à la Cour de cassation.*

« Art. 2. Ces fonctions seront désormais indivisibles.

« Art. 3. Le nombre des titulaires est irrévocablement maintenu à soixante, conformément à notre ordonnance du 10 juillet 1814.

« . . . . . . . . . . . . . . . . . . . . . . . . . . . . .

« Art. 7. Il y a, pour la discipline intérieure de l'ordre des avocats aux conseils et à la Cour de cassation, un conseil de discipline composé d'un président et de neuf membres. Deux de ces membres auront la qualité de syndics; un troisième celle de secrétaire-trésorier.

« Art. 8. Le président est nommé par notre garde des sceaux, sur la présentation de trois candidats élus, à la majorité absolue des voix, par l'assemblée générale de l'ordre.

« Les neuf autres membres seront nommés directement par l'assemblée générale, à la majorité absolue des suffrages.

« Le conseil choisit parmi ses membres les deux syndics et le secrétaire-trésorier.

---

(1) On peut consulter, pour tout ce qui est relatif à l'ordre des avocats aux conseils, l'excellent ouvrage de M. A. Morin, intitulé : *De la discipline des Cours et tribunaux,* t. 1, p. 143.

« Art. 9. Les fonctions du président et des membres du conseil durent trois ans ; en conséquence, le tiers des membres du
conseil est renouvelé chaque année. Aucun des membres sor-
tants ne peut être réélu qu'après une année d'intervalle.

« . . . . . . . . . . . . . . . . . . . . . . . . . . . . .

« Art. 10. Les nominations sont faites, chaque année, dans la
dernière semaine du mois d'août. L'assemblée générale de l'ordre
se réunit au palais de justice.

« Art. 11. Le président du conseil de discipline est le chef de
l'ordre ; il préside l'assemblée générale : les syndics remplissent
les fonctions de scrutateurs ; et le trésorier, celles de secrétaire.
Le président est remplacé, en cas d'empêchement, par le premier
ou le second syndic, et ceux-ci par les plus âgés des membres du
conseil ; les fonctions de secrétaire, en l'absence du titulaire,
sont remplies par le plus jeune des membres du conseil.

« Art. 12. L'assemblée générale ne peut voter, si elle n'est pas
composée au moins de la moitié plus un des membres de l'ordre.

« Le conseil peut valablement délibérer quand les membres
présents sont au nombre de six.

« En cas de partage d'opinions dans le conseil, la voix du
président est prépondérante.

« Art. 13. Le conseil prononce définitivement, lorsqu'il s'agit
de police et de discipline intérieure ; il émet seulement un avis
dans tous les autres cas. Cet avis est soumis à l'homologation de
notre garde des sceaux, quand les faits ont rapport aux fonctions
d'avocat aux conseils ; et à l'homologation de la Cour, lorsqu'il
s'agit de faits relatifs aux fonctions des avocats près la Cour de
cassation. Ces décisions ne sont pas susceptibles d'appel. »

**218.** — En cas d'infraction au règlement, les avocats encou-
rent la peine de l'amende, et même, s'il y a récidive, la peine de
la suspension ou de la destitution. Règlement du 22 juillet 1806,
art. 32, 36 et 49.

Il y a récidive lorsque la même infraction est commise deux
fois successivement dans la même affaire.

Le taux de l'amende n'est point fixé par le règlement ; il est
laissé à l'arbitrage du conseil. Il est ordinairement de 5, 25, 50 fr.
La suspension et la destitution n'ont jamais été prononcées. Cormenin, t. 1, p. 74, note 2.

**219.** — Les avocats se rendent passibles de ces diverses
amendes :

1° Lorsqu'ils présentent comme contentieuses des affaires qui
ne le sont pas, ou qu'ils introduisent devant le conseil d'État des
affaires qui ne sont pas de sa compétence. On lit en effet dans
l'art. 49 du règlement :

« Les avocats au conseil seront, suivant les circonstances, punis de l'une des peines ci-dessus, dans le cas de contravention aux règlements, et notamment s'ils présentent comme contentieuses des affaires qui ne le seraient pas, ou s'ils portent en notre conseil d'État des affaires qui seraient de la compétence d'une autre autorité. »

On conçoit que cette disposition ne peut pas être appliquée dans toute sa rigueur. Les nuances qui distinguent les matières contentieuses de celles qui sont purement gracieuses, et les limites qui séparent la compétence des autorités administrative et judiciaire sont si difficiles à reconnaître, qu'il y aurait de l'injustice à exiger que l'avocat puisse se promettre de ne jamais commettre d'erreur. Il n'y a donc lieu à l'application de la peine qu'en cas d'erreur volontaire ou de faute grave. Cormenin, t. 1, p. 85, note 2 ; Serrigny, t. 1, p. 368, n° 360 ; Dufour, 2e édit., t. 2, p. 417, n° 377.

Le conseil d'État a prononcé néanmoins des amendes pour de semblables contraventions. Voy. 23 nov. 1825, *Delandine ;* 19 avril 1826, *Rougemont ;* 6 sept. 1826, *hospices de Besançon c. de Lampinet,*

2° Lorsqu'ils présentent une demande en révision d'un décret contradictoirement rendu, hors des cas prévus par l'art. 32 du règlement, par l'art. 25 de la loi du 19 juillet 1845 et par l'art. 20 du décret du 30 janv. 1852 (voy. n°s 807 et suiv.). 23 déc. 1815, *Lizet ;* 3 juillet 1822, *Clicot et héritiers Marx ;* 19 juillet 1826, *Latruffe ;* 10 janv. 1827, *Desaux ;* 24 mai 1836, *Laloubie-Cazade ;*

3° Lorsqu'ils présentent par la voie de la tierce opposition, ou autrement, une requête qui tend à reproduire une demande sur laquelle il a été statué par une décision qui a acquis l'autorité de la chose jugée. 5 nov. 1823, *Clog ;* 17 déc. 1823, *Vanlerberghe et Ouvrard ;* 19 avril 1826, *Rougemont ;*

4° Lorsqu'ils introduisent un pourvoi pour demander l'interprétation d'un décret, si cette demande tend à faire déclarer non avenus des jugements et arrêts rendus par l'autorité judiciaire. 10 août 1825, *Cerf c. Friedel ;*

5° Lorsqu'ils introduisent un pourvoi en confirmation d'une décision non attaquée. 12 janv. 1825, *None.*

**220.** — L'avocat peut aussi, dans les mêmes cas, être condamné personnellement aux dépens de l'instance. 23 déc. 1813, *Lizet ;* 3 déc. 1817, *habitants de Moulineaux c. comm. de la Bouille ;* 12 fév. 1823, *Rose ;* 12 janv. 1825, *None ;* 19 avril 1826, *Rougemont ;* 6 sept. 1826, *hospices de Besançon c. de Lampinet.*

« Le décret qui rejette le recours dénomme l'avocat condamné, et ce décret doit être envoyé par le président au conseil de discipline de l'ordre. — Quelquefois le conseil d'État, par condescendance pour les membres de cet ordre distingué, a inspiré à des avocats, entraînés par une erreur excusable ou involontaire, de se désister au nom des parties ou de retirer leurs pièces du greffe. » Cormenin, t. 1, p. 75.

**221.** — II. Le Règlement du 22 juillet 1806 porte :

« Art. 44. Les avocats en notre conseil d'État auront, conformément à notre décret du 11 juin dernier, le droit exclusif de faire tous actes d'instruction et de procédure devant la commission du contentieux. »

M. Beaucousin, *Arrêts du conseil*, t. 19, p. 136, note 1, fait observer que, dans l'espèce de l'ordonnance du 23 avril 1837, *Bressel*, le conseil d'État vise des observations en défense qui n'avaient pas été présentées par le ministère d'un avocat, et il demande comment ce *visa* peut se concilier avec les dispositions du règlement. Il s'agissait d'une poursuite en contravention de grande voirie, matière dans laquelle les parties ne sont pas dispensées de constituer un avocat (voy. n° 141). C'est donc une irrégularité que le conseil d'État n'a sans doute point aperçue.

**222.** — « Art. 5. La signature de l'avocat au pied de la requête, soit en demande, soit en défense, vaudra constitution et élection de domicile chez lui. »

Les parties ne peuvent élire domicile ailleurs que chez l'avocat qui occupe pour elles. Cormenin, t. 1, p. 51, note 2.

Les mémoires, défenses et productions sont signifiés au domicile de l'avocat dans tout le cours de l'instance. La signification de la requête en vertu de l'ordonnance de *soit communiqué* est la seule qui doive et puisse être faite à personne ou à domicile. Dufour, 2ᵉ édit., t. 2, p. 327, n° 303.

**223.** — La constitution d'avocat est obligatoire pour toutes parties, départements, communes, établissements publics, ou simples particuliers. L'État seul est dispensé de cette constitution. Voy. nᵒˢ 160 et suiv.

J'ai néanmoins signalé au n° 141 quelques exceptions relatives à certaines matières dans lesquelles les parties ont la faculté de présenter elles-mêmes leur pourvoi et de suivre l'instance, sans avoir recours au ministère d'un avocat.

SECTION II. — *Défenses.*

**224.** — I. On a vu, *suprà*, nᵒˢ 138 et suiv., que l'action était introduite et les défendeurs mis en cause devant le conseil d'État par le dépôt de la requête introductive et la signification de cette requête en vertu de l'ordonnance de *soit communiqué*. Cette signification met les parties en demeure de fournir leurs défenses. Voici, à cet égard, les dispositions du règlement du 22 juillet 1806 :

« Art. 4. Lorsque la communication aux parties aura été ordonnée par le garde des sceaux, elles seront tenues de répondre et de fournir leurs défenses dans les délais suivants :

« Dans quinze jours, si leur demeure est à Paris, ou n'en est pas éloignée de plus de cinq myriamètres ;

« Dans le mois, si elles demeurent à une distance plus éloignée dans le ressort de la Cour royale de Paris, ou dans l'un des ressorts des Cours royales d'Orléans, Rouen, Amiens, Douai, Nancy, Metz, Dijon et Bourges ;

« Dans deux mois pour les ressorts des autres Cours royales en France ;

« Et à l'égard des colonies et des pays étrangers, les délais seront réglés ainsi qu'il appartiendra par l'ordonnance de *soit communiqué*.

« Ces délais commenceront à courir du jour de la signification de la requête à personne o   domicile par le ministère d'un huissier.

« Dans les matières provisoires ou urgentes, les délais pourront être abrégés par le garde des sceaux. »

**225.** — La sanction de ces dispositions se trouve dans l'art. 29, § 2, du décret du 11 juin 1806, qui porte : « A l'expiration du délai, il sera passé outre au rapport. »

Si l'instance est engagée au nom de l'administration, les délais courent à dater de l'avis qui doit être donné à la partie de la remise des mémoires et pièces fournis par les agents du Gouvernement. Voy. *suprà*, n°s 164 et suiv.

**226.** — Les délais étant généraux, l'administration y est soumise comme les simples particuliers. Les ministres, dans les affaires où le Gouvernement est intéressé, doivent donc répondre dans le délai, qui est toujours de quinze jours, puisque le siége du Gouvernement est à Paris. Ce délai courrait, d'après l'art. 17 du règlement, à partir du jour du dépôt de la requête introductive ; mais, comme le ministre n'est réellement averti que par la lettre du président de la section du contentieux qui lui donne avis du dépôt, ce n'est qu'à partir de la date de cette lettre que le délai est supputé dans la pratique. Cormenin, t. 1, p. 64, note 1 ; Serrigny, t. 1, p. 328, n° 326 ; Dufour, 2e édit., t. 2, p. 367, n° 336.

**227.** — « Art. 6. Le demandeur pourra, dans la quinzaine après les défenses fournies, donner une seconde requête, et le défendeur répondre dans la quinzaine suivante.

« Il ne pourra ÿ avoir plus de deux requêtes de la part de chaque partie, y compris la requête introductive. »

M. de Cormenin, t. 1, p. 51, note 4, reconnaît que l'usage tolère une requête *sommaire*, puis une requête *ampliative*, ensuite une requête *en réponse*, en tout trois. Il signale cet usage, comme abusif et contraire au texte même du règlement. « L'abus, dit-il, est d'autant plus intolérable, que les avocats sont admis aujourd'hui à plaider, et qu'ainsi, dans la rigueur du terme, une seule requête devrait suffire presque toujours, si ce n'est dans les répliques aux défenses ministérielles. Une requête et une plaidoirie, c'est plus que l'art. 6 du règlement impérial n'accordait aux parties. — Les ministres ne font guère qu'un seul mémoire. »

Je ne partage pas l'opinion du célèbre publiciste. L'instruction écrite est encore la partie la plus importante de la procédure administrative. A part quelques affaires très-graves, les plaidoiries ne sont que des observations fort succinctes sur l'état de l'instruction indiqué par le rapport. La préparation de ce rapport est confiée à un comité spécial qui n'examine que les mémoires (Voy. n° 244). Je crois pouvoir assurer que, très-souvent, la présentation de nouvelles pièces nécessite des requêtes au delà du nombre déterminé par le règlement. Avant tout et surtout, le conseil d'État veut être éclairé, et il sait fort bien que ce n'est pas pour faire des écritures que les avocats, qui ont l'honneur d'exercer devant lui leurs honorables fonctions, présentent des *dupliques* et des *tripliques*.

**228.** — Indépendamment des requêtes, les parties font souvent imprimer des mémoires qui sont distribués aux membres du conseil. Ces mémoires doivent être signifiés à l'avocat de la partie adverse, afin qu'il puisse y répondre, si la partie le juge convenable. Cormenin, t. 1, p. 52 ; Dufour, 2e édit., t. 2, p. 327, n° 304.

Voici le texte du règlement du 22 juillet 1806.

« Art. 45. L'impression d'aucun mémoire ne passera en taxe.

« Les écritures seront réduites au nombre de rôles qui sera réputé suffisant pour l'instruction de l'instance.

« Art. 46. Les requêtes et mémoires seront écrits correctement et lisiblement en demi-grosse seulement ; chaque rôle contiendra au moins cinquante lignes, et chaque ligne douze syllabes au moins : sinon, chaque rôle où il se trouvera moins de lignes et de syllabes sera rayé en entier ; et l'avocat sera tenu de restituer ce qui lui aurait été payé à raison de ces rôles.

« Art. 47. Les copies signifiées des requêtes et mémoires ou autres actes seront écrites lisiblement et correctement ; elles sont conformes aux originaux, et l'avocat en sera responsable.

« Art. 48. Les écritures des parties, signées par les avocats au conseil, seront sur papier timbré.

« Les pièces par elles produites ne seront point sujettes au droit d'enregistrement, à l'exception des exploits d'huissier, pour chacun desquels il sera perçu un droit fixe d'un franc.

« N'entendons néanmoins dispenser les pièces produites devant notre conseil d'État des droits d'enregistrement auxquels l'usage qui en serait fait ailleurs pourrait donner ouverture.

« N'entendons pareillement dispenser du droit d'enregistrement les pièces produites devant notre conseil d'État, qui, par leur nature, sont soumises à l'enregistrement dans un délai fixe. »

**229.** — Le droit d'enregistrement des défenses, qui était d'un franc en vertu du règlement et de l'art. 60, § 1, n° 30, de la loi du 22 frim. an VII, a été porté à 5 francs par la loi des finances du 28 avril 1816, art. 45, n° 1. La requête introductive est assujettie au droit fixe de 25 francs, en vertu de l'art. 47 de la même loi.

Le secrétaire général encourrait la peine d'une amende, s'il recevait le dépôt d'une requête non enregistrée ou non timbrée. Voy. Loi du 13 brum. an VII, art. 24 et 25 ; Loi du 22 frim. an VII, art. 42.

**230.** — Les requêtes et mémoires des parties, en matière de garde nationale, sont dispensés du timbre et enregistrés *gratis*. Loi du 13 juin 1851, art. 106, § 2. Voy. *suprà*, n° 142.

En matière de contributions directes, ils ne sont soumis qu'au droit de timbre. Loi du 26 mars 1831, art. 29 ; Loi des recettes du 21 avril 1832, art. 30. Voy. au livre V le titre des *Contributions directes*.

**231.** — Art. 51. « Les significations d'avocat à avocat, et celles aux parties ayant leur demeure à Paris, seront faites par les huissiers au conseil. » Voy. *suprà*, n° 195.

Lorsque c'est l'administration qui plaide contre un simple particulier, il suffira à ce dernier de déposer au secrétariat du conseil les pièces qu'il voudra porter à la connaissance de l'administration, et ce dépôt vaudra notification aux agents du Gouvernement (art. 17 ; décr. 22 juillet 1806). — Mais que faudra-t-il décider quand l'administration aura jugé à propos de constituer avocat ? — Le conseil d'État a statué le 24 mai 1854, *Garreau c. minist. des cultes*, que lorsque l'administration défenderesse à un pourvoi s'est fait représenter par un avocat devant le conseil d'État, le demandeur n'est pas tenu de faire signifier à cet avocat les requêtes et autres pièces de l'instruction ; qu'il peut dans ce cas se borner à en faire le dépôt au secrétariat de la section du contentieux, conformément à l'art. 17 du règlement du 22 juillet 1806 ; et que si, au lieu de suivre cette voie, le demandeur fait signifier ses requêtes et mémoires à l'avocat de l'administration, les frais doivent, dans tous les cas, demeurer à sa charge. Je reviendrai sur cette dernière solution quand je traiterai des frais et dépens. Voy. *infrà*, n° 880.

**232.** — II. « Les requêtes et, en général, toutes les productions des parties, seront déposées au secrétariat du conseil d'État ; elles y seront inscrites sur un registre suivant leur ordre de dates, ainsi que la remise qui en sera faite à l'auditeur (ou au maître des requêtes) nommé par le président de la section du contentieux pour préparer l'instruction. » Règlement du 22 juillet 1806, art. 2.

Voyez aussi le décret du 11 juin 1806, art. 27.

Ce dépôt est exigé dans un double but : afin que les pièces déposées puissent être remises au conseiller d'État, au maître des requêtes ou à l'auditeur chargé du rapport, et afin que les avocats des parties puissent en prendre communication.

Voyez, pour la communication des pièces, *infrà*, n° 360.

Je mentionne ici un usage qui est fort utile pour l'expédition consciencieuse des affaires. Le greffier, placé sous les ordres du secrétaire général, envoie aux avocats un avertissement particulier pour chaque fait nouveau : *nomination du rapporteur, communication aux ministres, réponse d'un ministre ou d'une administration, ordre du jour du comité préparateur, envoi à un de messieurs les commissaires du Gouvernement, indication de l'audience.* De cette manière, l'instruction est toujours suivie avec le même zèle, et les parties peuvent être tenues au courant du mouvement des affaires qui les intéressent. Il serait à désirer qu'on procédât de cette manière devant toutes les juridictions.

**233.** — III. Le conseil d'État peut supprimer les requêtes et mémoires qui contiennent des injures ou des calomnies contre l'une des parties, et enjoindre à l'avocat signataire d'être plus circonspect à l'avenir, ou même le condamner à l'amende. 4 juin 1823, *Langlade c. Martinot ;* 23 juin 1824, *Lachallerie c. Vétault.*

Il peut aussi supprimer les injures contenues dans un mémoire signé de la partie, encore que ce mémoire n'ait pas été imprimé (1). 14 juillet 1819, *Aubry c. de Villeneuve;* 25 juillet 1853, *Élections de Guines.*

Mais il ne peut ordonner la suppression d'un acte extrajudiciaire antérieur à l'enregistrement du pourvoi au secrétariat général, cet acte ne faisant point partie de la procédure suivie devant le conseil. 27 oct. 1837, *Beslay c. minist. des travaux publics.*

Quelquefois, en supprimant les mémoires, il condamne la partie aux dépens pour tous dommages et intérêts. 14 juillet 1819, *Aubry c. de Villeneuve;* 31 oct. 1833, *Petit c. Bertrand.*

Lorsque les parties se sont respectivement servies d'expressions peu mesurées, il refuse à l'une d'elles la suppression des mémoires de l'autre. 14 juillet 1819, *Aviérino c. Thiébaut.*

Il a été aussi jugé qu'il n'y avait pas lieu d'ordonner la suppression demandée, lorsqu'il ne paraissait pas qu'il eût été dans l'intention de l'auteur du mémoire de porter atteinte à l'honneur de son adversaire. 26 juin 1853, *Coquard c. Faulquier.* — Du reste celui qui a déposé un mémoire contenant certains passages blessants pour l'adversaire, peut toujours le retirer, et le conseil d'État doit lui donner acte de ce retrait. 14 mai 1852, *Ronconi.*

**234.** — IV. Le règlement du 22 juillet 1806 dispose d'une manière générale :

« Art. 15. Dans tous les cas où les délais ne sont pas fixés par le présent décret, ils seront déterminés par ordonnance du garde des sceaux. »

L'art. 21 délègue le même pouvoir au garde des sceaux, pour un cas particulier. Voy. *infrà,* n° 414.

L'art. 3, dernier paragraphe du décret du 30 janv. 1852, est ainsi conçu : « En matière contentieuse, ainsi que pour les conflits, les actes d'instruction et les *soit communiqué* aux parties sont signés par le président de la section du contentieux. D'où il semble résulter que c'est ce président auquel sont délégués les pouvoirs dont parle l'art. 15; cependant le cas est assez grave pour qu'on fasse intervenir le président du conseil d'État lui-même.

---

(1) Le même droit me paraît appartenir à tous les autres tribunaux administratifs.

# TITRE VI.

## COMMUNICATION AU MINISTÈRE PUBLIC.

**235.** — I. Il n'existe pas de ministère public devant les ministres, les préfets et les conseils de préfecture.

**236.** — II. Il n'y avait pas non plus, autrefois, de ministère public devant le conseil d'État. Mais lorsque la publicité des audiences et la défense orale y furent introduites, on comprit la nécessité de cette institution, et elle fut créée par l'ordonnance du 12 mars 1831, dont l'art. 2 était ainsi conçu :

« Au commencement de chaque trimestre, notre ministre, président du conseil d'État, désignera trois maîtres des requêtes qui exerceront les fonctions du ministère public. Dans chaque affaire, l'un d'eux devra être entendu ; il prendra à cet effet communication du dossier. »

Le renouvellement des maîtres des requêtes dans le court intervalle de trois mois pouvait nuire à la prompte expédition des affaires ; aussi cette disposition avait-elle été modifiée par l'ordonnance du 18 sept. 1839, qui voulait, dans son art. 28, que les commissaires du roi fussent désignés seulement tous les six mois.

Enfin, le décret du 25 janv. 1852, reproduisant une disposition de l'art. 20 de la loi du 19 juillet 1845, a étendu encore la durée de leurs fonctions, en disant :

« Art. 18. Trois maîtres des requêtes sont désignés par l'Empereur, pour remplir les fonctions de commissaires du Gouvernement.—Ils assistent aux séances de la section du contentieux.»

Il n'existe pourtant pas de parquet, il n'y a pas de procureur général. En 1845, on avait parlé d'en créer un, mais ce projet n'a pas été réalisé.

Le président de la section du contentieux distribue les affaires entre ces trois maîtres des requêtes. Décret, art. 1, § 4.

**237.** — Les maîtres des requêtes qui remplissent les fonctions de commissaires du Gouvernement prennent communication de toutes les pièces déposées au secrétariat ; ils sont astreints à se rendre aux délibérations de la section du contentieux, et ils assistent à la discussion intérieure, de sorte qu'ils ont une connaissance à peu près complète de l'affaire lorsqu'elle se présente devant l'assemblée générale du conseil d'État. A l'imitation de ce qui se pratique devant les tribunaux judiciaires, ils prennent la parole les derniers et lorsque la discussion orale est fermée. Décret du 25 janv. 1852, art. 20.

Toutes les affaires sont communicables; il n'y a donc pas d'exceptions à examiner.

# TITRE VII.

## AUDIENCES ; LEUR PUBLICITÉ, LEUR POLICE.

**238.** — I. Il n'y a pas d'audience publique devant les ministres, le préfets, les conseils de préfecture. Voy. ce que j'ai dit, au n° 211, de la défense orale.

**239.** — II. Les réunions de la section du contentieux du conseil d'État sont secrètes. Celles de l'assemblée générale sont publiques, lorsque cette assemblée est appelée à statuer sur des affaires contentieuses. La publicité des audiences et la défense orale ont été introduites par les art. 2 et 3 de l'ordonnance du 2 fév. 1831, par l'art. 21 de la loi du 19 juillet 1845, et maintenues par l'art. 19 du décret du 25 janv. 1852. Voy. le texte de cet article, *infrà*, n°s 254 et 261.

**240.** — Mais les ordonnances des 12 mars et 9 sept. 1831 établissent une exception à l'égard des affaires que M. de Cormenin, t. 1, p. 25, appelle *quasi-contentieuses*, et qui m'ont paru appartenir à la *juridiction mixte*, ainsi que je l'ai expliqué dans mes *Principes de compétence*, t. 3, n°s 1459 et suiv., p. 985.

Les préambules de ces ordonnances exposent les motifs qui ont fait admettre cette exception.

On lit dans celle du 12 mars 1831 :

« ..... Considérant que les autorisations de plaider demandées par les communes et établissements publics, les autorisations de poursuivre les fonctionnaires publics, pour raison de leurs fonctions, sont des actes de tutelle ou de haute administration, rendus sous la responsabilité des ministres, et qui n'appartiennent point à la juridiction contentieuse, et que les formes établies par la loi encore subsistante du 18 germ. an x, concernant les appels comme d'abus, ne permettent pas de les traiter en séance publique.

« . . . . . . . . . . . . . . . . . . . . . . . . . . . . .

« Art. 5. Notre ordonnance du 2 février dernier n'est point applicable aux autorisations de plaider demandées par les communes ou établissements publics, aux demandes en autorisation de poursuivre devant les tribunaux les fonctionnaires publics pour raison de leurs fonctions, ni aux appels comme d'abus. »

L'ordonnance du 9 sept. 1831 porte :

« Considérant qu'il importe de statuer dans le plus bref délai possible sur la validité des prises maritimes, pour ne pas prolonger indûment la captivité des marins capturés ; — Considérant d'ailleurs que le jugement des prises maritimes est souvent subordonné à des considérations diplomatiques qui ne peuvent devenir l'objet d'une discussion publique ;

« Art. 1ᵉʳ. Le conseil d'État continuera de statuer sur la validité des prises maritimes, conformément aux formes établies par les règlements antérieurs à notre ordonnance du 2 février dernier. »

Le décret du 30 janv. 1852 ne parle que des *appels comme d'abus*, art. 13, § 2, des *prises maritimes*, art. 8, § 2, et 13, § 4, et des *autorisations de poursuivre les agents du Gouvernement*, art. 8, § 1, et 13, § 10, mais il n'abroge pas les dispositions précédentes concernant les *demandes en autorisation de plaider*.

**240** *bis*. — Le décret du 25 janv. 1852, art. 21, a introduit une exception à la publicité de l'audience en matière contentieuse, en ces termes : « Les affaires pour lesquelles il n'y a pas eu constitution d'avocat ne sont portées en séance publique que si ce renvoi est demandé par l'un des conseillers d'État de la section ou par le commissaire du Gouvernement auxquels elles sont préalablement communiquées et qui donne ses conclusions. »

**241**. — La police de l'audience appartient au président.

« Sont applicables à la tenue des séances publiques du conseil d'État, les dispositions des art. 88 et suivants du Code de procédure civile, sur la police des audiences. » Décret du 30 janv. 1852, art. 19.

Voyez les questions que j'ai examinées, sur ces articles, dans les *Lois de la Procédure civile*, t. 1, p. 524.

# TITRE VIII.

## DÉLIBÉRÉS ET INSTRUCTION PAR ÉCRIT.

**242**. — I. Devant les ministres, les préfets et les conseils de préfecture, les affaires sont instruites exclusivement par écrit. Les lettres, mémoires et rapports produits par les parties et par l'administration forment la base de toute la procédure aussi simple qu'économique.

**243.** L'instruction se fait, le plus souvent, *par la voie admi-nistrative*, c'est-à-dire, par les agents de l'administration.

Si c'est le ministre qui doit prononcer, les demandes et ré-clamations sont ordinairement envoyées, en passant par tous les degrés de la hiérarchie, à l'agent de l'administration placé sur les lieux, et elles reviennent ensuite, avec les renseignements et avis fournis par lui et par les autres agents intermédiaires. Le ministre consulte aussi fréquemment le comité du conseil d'État attaché à son département ministériel. Voy. *infrà*, nº 257.

Voy. aussi, Cormenin, t. 1, p. 178 et 187; Foucart, 4ᵉ édit., t. 3, p. 718, nº 1937; p. 728, nº 1949; p. 731, nº 1952; Cheva-lier, t. 2, p. 365 et suiv.; Dufour, 2ᵉ édit., t. 1, p. 146, nº 176; t. 2, p. 48, nº 41.

**244.** — II. Devant le conseil d'État, quoique la défense orale soit maintenant admise, l'instruction se fait aussi par écrit.

L'affaire, éclairée par les requêtes et mémoires des parties, est d'abord soumise au comité du contentieux chargé de diriger l'instruction et de préparer le rapport qui est ensuite présenté à l'assemblée générale.

**245.** — Voici quelles sont, à cet égard, les dispositions des divers décrets et ordonnances réglementaires, ainsi que celles de la loi du 19 juillet 1845 :

Le décret du 11 juin 1806 créait une commission du conten-tieux par son art. 24, et l'art. 25 ajoutait :

« Cette commission fera l'instruction, et préparera le rapport de toutes les affaires contentieuses sur lesquelles le conseil d'État aura à prononcer, soit que ces affaires soient introduites sur le rapport d'un ministre, ou à la requête des parties inté-ressées. »

En 1814, cette commission prit le nom de *Comité contentieux*, et ce comité fut chargé de préparer, non plus seulement le rap-port des affaires contentieuses, mais le projet d'ordonnance qui, après avoir été délibéré par le conseil d'État en assemblée gé-nérale, était soumis à l'approbation du roi. Voy. les ordonnan-ces des 29 juin 1814, art. 9; et 23 août 1815, art. 14 et 16.

L'ordonnance du 12 août 1830 lui substitua le *Comité de légis-lation et de justice administrative.*

Le comité du contentieux fut rétabli par l'ordonnance du 18 sept. 1839, et maintenu par la loi du 19 juillet 1845.

Le décret du 25 janv. 1852 l'a remplacé, ainsi qu'on l'a vu, par la section du contentieux :

« Art. 17. La section du contentieux est chargée de diriger l'instruction écrite et de préparer le rapport de toutes les affaires

Code.— 2ᵉ édit.                                                   10

contentieuses, ainsi que des conflits d'attribution entre l'autorité administrative et l'autorité judiciaire.

« Elle est composée de six conseillers d'État, y compris le président, et du nombre de maîtres des requêtes et d'auditeurs déterminé par le règlement.

« Elle ne peut délibérer si quatre, au moins, de ses membres, ayant voix délibérative, ne sont présents.

« Les maîtres des requêtes ont voix consultative dans toutes les affaires et voix délibérative dans celles dont ils sont rapporteurs.

« Les auditeurs ont voix consultative dans les affaires dont ils font le rapport.

« Art. 18. Trois maîtres des requêtes sont désignés par l'Empereur pour remplir, au contentieux administratif, les fonctions de commissaires du Gouvernement.

« Ils assistent aux délibérations de la section du contentieux. » Voy. le texte de l'art. 19, *infrà*, n<sup>os</sup> 254 et 261.

**246.** — Le décret du 30 janv. 1852, portant règlement intérieur pour le conseil d'État, a ainsi prescrit le mode de procéder:

« Art. 1<sup>er</sup>. Il est tenu dans chaque section deux rôles sur lesquels sont inscrites, d'après leur ordre de date, toutes les affaires, l'une pour les affaires urgentes, l'autre pour les affaires ordinaires.

« Le président de la section nomme un rapporteur pour chaque affaire; néanmoins, cette désignation peut être faite par le vice-président du conseil d'État.

« Le président de la section désigne celles des affaires qui sont réputées urgentes, soit par leur nature, soit par les circonstances spéciales.

« Le président de la section du contentieux distribue également les affaires entre les trois maîtres des requêtes qui remplissent les fonctions du ministère public.

« 2. La date de la distribution des affaires, avec l'indication de leur nature, est inscrite sur un registre particulier, qui reste à la disposition du président de la section pendant la séance.

« 3. Les rapporteurs doivent présenter leurs rapports dans le délai le plus bref, et dans l'ordre déterminé par le président de la section. Les affaires portées au rôle comme urgentes sont toujours à l'ordre du jour ; et, si l'instruction est terminée, le rapport doit être prêt, au plus tard, à la deuxième séance qui suit l'envoi des pièces.

« Lorsqu'une affaire exige un supplément d'instruction, le rapporteur doit en entretenir la section au commencement de la première séance qui suit la remise du dossier entre ses mains;

après la décision de la section, il prépare la correspondance et remet son travail au secrétaire de la section, chargé de faire expédier.

« La correspondance avec les ministres est signée par le président de section; en matière contentieuse, ainsi que pour les conflits, les actes d'instruction et les *soit communiqué* aux parties sont signés par le président de la section du contentieux.

« 4. Le secrétaire de chaque section tient note, sur un registre spécial, des affaires délibérées à chaque séance, et de la décision prise par la section. Il y fait mention de tous les membres présents. Le secrétaire de la section du contentieux remplit également ment les fonctions de secrétaire à la séance publique du conseil d'État, délibérant au contentieux, conformément à l'art. 19 du décret du 26 janvier.

« 5. Dans le cas de réunion de plusieurs sections, les lettres de convocation contiennent la notice des affaires qui doivent y être traitées. Le vice-président du conseil d'État préside les diverses réunions de sections. En son absence, la réunion est présidée par le président de la section qu'il désigne (1).

« 6. Aucune section ne peut délibérer si trois conseillers d'État au moins ne sont présents.

« En l'absence du président de la section, la présidence appartient au plus ancien, ou, à défaut d'ancienneté, au plus âgé des conseillers d'État présents.

« 19. Tous les rapports au contentieux sont faits par écrit. Les questions posées par les rapports sont communiquées, sans déplacement, aux avocats des parties quatre jours avant la séance..... »

**247.** — Un mode spécial d'instruction a été établi pour certaines affaires que l'ordonnance du 18 sept. 1839 range dans la classe des affaires non contentieuses, mais dont quelques-unes appartiennent en réalité à la juridiction contentieuse ou à la juridiction mixte. Le comité de législation avait été substitué, pour l'instruction de ces affaires, au comité du contentieux. On lit, en effet, dans l'art. 17 de l'ordonnance précitée :

« Le comité de législation correspond aux départements de la justice et des cultes et des affaires étrangères. . . . . . . . . Il fait l'instruction des prises maritimes. Il prépare les projets d'ordonnance sur les naturalisations, les changements de noms,

---

(1) La présidence appartient au président du conseil d'État; à son défaut, au vice-président, et enfin au président de section désigné. Voy. *supra*, p. 5, note 1.

les mises en jugement des fonctionnaires publics, les autorisations de plaider demandées par les communes, les appels comme
d'abus et les vérifications de bulle. *Il dirige l'instruction et prépare le rapport des conflits;* ce rapport continuera à être fait à
l'assemblée générale du conseil d'État en séance publique, et la
délibération continuera à être prise conformément aux art. 29
et suiv. »

L'art. 17 du décret du 25 janv. 1852 confie l'instruction et le
rapport des conflits à la section du contentieux. L'art. 8 du décret du 30 janv. 1852 est ainsi conçu :

« En outre des affaires qui lui sont déférées, la section de législation, de justice et des affaires étrangères, est chargée de
l'examen des affaires relatives 1° à l'autorisation des poursuites
intentées contre les agents du Gouvernement; 2° aux prises
maritimes. » Il faut rapprocher de cet article ceux que j'ai cités
*suprà,* n° 240.

Voy. *infrà,* nᵒˢ 757, 952, et, au livre V, les titres sur ces
*diverses matières.*

---

# TITRE IX.

## DÉCISIONS ADMINISTRATIVES.

# CHAPITRE PREMIER.

*Composition des tribunaux administratifs.*

SECTION Iʳᵉ.—*Tribunaux du premier degré.*

**248.** — I. Le ministre et le préfet composent seuls le tribunal ministériel et préfectoral.

Même lorsque le préfet statue en conseil de préfecture, il juge seul. Le conseil de préfecture, en ce cas, ne fait qu'émettre un simple avis. Voy. mes *Principes de compétence*, nᵒˢ 1268 et suiv.

Il faut néanmoins, lorsque la loi exige que le conseil de préfecture soit consulté, que ce conseil soit composé du même nombre de membres que s'il avait à rendre une décision contentieuse. Sans cela, l'arrêté pris par le préfet serait nul.

M. Brun, t. 1, p. 3, note 1, inclinerait à penser qu'il est nécessaire, dans ce cas, pour la régularité, que le conseil soit complet, c'est-à-dire, composé de trois membres indépendamment du préfet. Ce serait peut-être plus convenable ; mais on ne peut pas dire qu'il y ait nullité si le préfet a, comme il en a le droit, complété le conseil de préfecture. Voy. le nᵒ suiv.

**249.** — II. Le décret du 28 mars 1852 sur les conseils de préfecture porte :

Art. 1ᵉʳ Le nombre des conseillers de préfecture est fixé à quatre dans les départements suivants :

Calvados, Charente-Inférieure, Côtes-du-Nord, Dordogne, Finistère, Garonne (Haute-), Gironde, Ille-et-Vilaine, Isère, Loire-Inférieure, Maine-et--Loire, Manche, Moselle, Nord, Orne, Pas-de-Calais, Puy-de-Dôme, Rhin (Bas-), Saône-et-Loire, Seine-Inférieure, Seine-et-Oise, Somme.

Art. 2. Dans les autres départements, à l'exception de la Seine, il n'y aura que trois conseillers de préfecture.

Art. 3. Dans les départements où le nombre des conseillers de préfecture fixé par les art. 1 et 2 est actuellement dépassé, il sera ramené, à mesure des extinctions, dans les limites du présent décret.

L'arrêté du 19 fruct. an IX porte :

« Art. Iᵉʳ. Les conseils de préfecture ne pourront prendre aucune délibération, si les membres ne sont au moins au nombre de trois. — Le préfet, lorsqu'il assistera à la séance, comptera pour compléter les membres nécessaires pour délibérer. »

L'arrêté pris par deux membres seulement est nul. 22 janv. 1808, *Trugnier* ; 22 fév. 1821, *Lavigne et Horgues* ; 16 janv. 1822, *comm. de Caupène c. Joret* ; 31 janv. 1855, *Bompart*.

Celui qui invoque ce moyen de nullité peut le justifier par la représentation de la copie qui lui a été signifiée. Mais si l'on établit, par une nouvelle expédition, qu'il y a erreur, et que le conseil était légalement composé, le moyen de nullité doit être rejeté. 11 juillet 1844, *élections de Dommartin*. Il y a lieu, par suite, de rejeter ce moyen de nullité, quand le conseil d'État reconnaît que l'arrêté attaqué est signé de trois membres, en tenant compte d'une signature mise en marge sous forme de paraphe. 24 mars 1849, *Mousseaux-Desaux*.

**250.** — Le droit conféré au préfet de saisir le conseil de préfecture de certaines affaires, par exemple, du jugement de la nullité des opérations électorales, ne fait pas obstacle à ce qu'il siége comme juge, et à ce qu'il compte pour compléter le nombre des membres nécessaire pour délibérer. 30 mai 1834, *Labatut et Cheynet* ; 19 déc. 1834, *Allard*.

Mais il ne pourrait pas siéger, s'il était partie comme représentant le domaine de l'État ou le département. Voy. nº 55.

**251.** — L'arrêté du 19 fruct. an IX règle, en outre, le mode de remplacement des membres des conseils de préfecture. Il dispose :

« Art. 2. En cas de partage ou d'insuffisance du nombre des membres du conseil, ils seront remplacés de la manière suivante :

« Art. 3. Les membres restant au conseil de préfecture désigneront, à la pluralité des voix, un des membres du conseil général de département, qui siégera avec ceux du conseil de préfecture, soit qu'il faille compléter le nombre nécessaire pour délibérer, ou vider un partage. Le choix ne pourra jamais tomber sur les membres des tribunaux qui font partie des conseils généraux de département.

« Art. 4. En cas de partage sur le choix du suppléant, la voix du préfet, s'il assiste à la séance, ou du plus ancien d'âge des conseillers, si le préfet n'est pas à la séance du conseil, aura la prépondérance.

« Art. 5. Si le préfet est absent du chef-lieu ou du département, celui qui le remplacera aura, dans tous les cas, la voix prépondérante comme le préfet lui-même.

« Art. 6. Le service des suppléants au conseil de préfecture sera gratuit, en cas de récusation, maladie ou partage ; en cas d'absence, le suppléant aura droit, proportionnellement au temps de son service, à la moitié du traitement de celui qu'il remplacera. »

Le cas de partage, dont s'occupent ces articles, ne peut se réaliser qu'autant que le conseil de préfecture est présidé par le plus ancien des conseillers, parce que le préfet, ou celui qui le remplace dans les fonctions préfectorales, lorsqu'il préside, a voix prépondérante. Serrigny, t. 1, p. 382, n° 371. Voy. *infrà*, n° 260.

**251** *bis*. — L'avis du conseil d'État du 5 nov. 1809, sur l'incompatibilité entre les fonctions d'avoué et de membre du conseil de préfecture, est ainsi conçu : « Le conseil d'État qui, après le renvoi ordonné par Sa Majesté, a entendu le rapport de la section de législation, sur celui du ministre de l'intérieur, ayant pour objet de faire décider si les fonctions d'avoués près les tribunaux sont incompatibles avec celles de conseiller de préfecture, est d'avis que ces deux fonctions sont incompatibles. » Cet avis a été approuvé par l'Empereur et inséré au *Bulletin des lois* (1).

**252.** — Enfin, le décret du 16 juin 1808 prévoit le cas où les membres titulaires des conseils de préfecture sont tous empêchés. Il est ainsi conçu :

« Art. 1er. Les membres des conseils de préfecture qui, tous à la fois, seraient forcément empêchés d'exercer leurs fonctions, seront suppléés par un égal nombre de membres du conseil général, autres que ceux qui seraient, en même temps, juges dans nos tribunaux.

« Art. 2. Seront désignés par notre ministre de l'intérieur les membres du conseil général, sur la présentation du préfet. »

**253.** — Le conseil de préfecture est régulièrement composé lorsqu'il a pourvu, dans les formes ci-dessus indiquées, au remplacement de ceux de ses membres qui se sont récusés pour cause de parenté ou d'alliance avec l'une des parties. 26 juillet 1826, *Codine c. de Saint-Marsal*, ou qui n'ont pu siéger pour cause d'absence, 2 août 1848, *Deboise;* 22 nov. 1851, *Chemin de fer d'Amiens c. Boutyne.*

Mais ce n'est que parmi les membres du conseil général que les remplaçants peuvent être choisis; ils ne pourraient pas être pris parmi les conseillers d'arrondissement, même en l'absence de tous les membres du conseil général. 11 août 1849, *Lara-Minot.*

Il a été encore décidé que le conseil serait illégalement composé et que ses arrêtés seraient entachés de nullité :

---

(1) Cependant, le 24 août 1849, *Porral*, le conseil d'État a décidé contrairement à cet avis et au décret de 1811, cité *infrà*, n° 253, qu'il n'y avait pas incompatibilité entre les fonctions d'avoué et celles de conseiller de préfecture. A la vérité, il s'agissait d'un membre d'un conseil général qui quoique avoué, avait été appelé en remplacement, mais le principe était le même.

1° Si l'un des membres qui ont rendu la décision n'avait pas l'âge requis, c'est-à-dire 25 ans, aux termes de l'art. 175 de la Constitution du 5 fruct. an III. Serrigny, t. 2, p. 279, n° 918 ; Lefebvre, *loc. cit.*, p. 33.

2° Si parmi les conseillers il s'en trouvait un qui exerçât une profession incompatible, telle que celle d'avoué, de notaire, de juge, etc. 16 fév. 1811, *Nast c. com. de Champ* ; Macarel, *Jurisprudence administrative*, t. 1, p. 21, n° 40 ; Cormenin, t. 1, p. 188, n° 2. Voy. *suprà*, n° 251 *bis*, et la note.

M. Serrigny, t. 2, p. 279, n° 919, ne croit pas cette opinion exacte : « Qu'un avoué, dit-il, un notaire, un juge, un membre du conseil général, soit nommé conseiller de préfecture, ou réciproquement, il n'en doit pas résulter que tous les actes qu'il fera en sa double qualité seront viciés de nullité..... On ne doit donc voir, à mon avis, dans une pareille nomination, qu'un cas de responsabilité ministérielle. »

Le motif donné à l'appui de cette décision s'applique aussi bien au cas où l'un des membres du conseil de préfecture n'aurait pas l'âge requis, et je ne vois pas pourquoi M. Serrigny adopte une solution différente pour ce premier cas. Je pense que, dans les deux hypothèses, la décision rendue par le conseil de préfecture ne serait pas frappée de nullité, et j'appuie cette solution sur les considérations que j'ai exposées dans mes *Principes de compétence*, n° 52, t. 2, p. 20. Cette doctrine est partagée par M. Lefebvre, *loc. cit.*, p. 39 et 40, du moins en ce qui touche les avoués, huissiers, etc. — En ce qui touche les notaires, « le conseil d'État, dit M. Lefebvre, paraît avoir décidé négativement cette question, dans un avis inédit du 10 vent. an XIII, qui confirme l'incompatibilité établie entre les fonctions de notaire et celles de membre du directoire du département, par le décret du 24 vend. an III, tit. 2, art. 5. »

SECTION II. — *Conseil d'État.*

**254.** — I. Il n'entre pas dans mon plan d'exposer ici l'organisation du conseil d'État. Je dois seulement dire comment est composée l'assemblée du conseil d'État délibérant au contentieux.

On a vu, au n° 245, quelle est la composition de la section du contentieux.

**255-256.** — II. « L'assemblée se compose :

« 1° Des membres de la section du contentieux ;

« 2° De dix conseillers d'État désignés par l'Empereur, et pris en nombre égal dans chacune des autres sections. Ils sont tous les deux ans renouvelés par moitié.

« Cette assemblée est présidée par le président de la section du contentieux. Décret du 25 janv. 1852, art. 19. »

Le président ou le vice-président du conseil d'État préside, quand il le juge convenable, l'assemblée du conseil délibérant au contentieux. Même décret, art. 5.

Voy. au surplus, les n°s 261 et suiv.

# CHAPITRE II.
## *Mode de délibération des tribunaux administratifs.*

### SECTION Iʳᵉ. — *Tribunaux du premier degré.*

**257.** — I. Le ministre délibère seul, sur le rapport qui lui est fait de l'affaire par les directeurs et autres employés de son ministère.

Dans la plupart des cas, le ministre ne prononce qu'après avoir demandé des renseignements aux agents inférieurs, en suivant tous les degrés de la hiérarchie.

Il consulte presque toujours la section du conseil d'État attachée à son ministère. Voy. *suprà*, n° 243.

**258.** — II. Le préfet délibère aussi seul.

Après que la pétition a été adressée par le demandeur, que les pièces et mémoires ont été déposés et que l'instruction a été préparée dans les bureaux, il se fait rendre compte de l'affaire et prononce.

Il doit, dans certains cas, prendre l'avis du conseil de préfecture, avant de statuer. Voy. *suprà*, n° 248.

**259.** — III. Les conseils de préfecture délibèrent sous la présidence du préfet, du plus ancien des conseillers de préfecture, ou, enfin, sous la présidence de celui qui remplace le préfet absent du chef-lieu ou du département. Loi du 28 pluv. an VIII, art. 5.

Le rapport de l'affaire est fait par le conseiller désigné par le président du conseil.

Après le rapport, on passe à la délibération, qui est prise à la majorité absolue des suffrages.

**260.** — Lorsque le préfet assiste au conseil de préfecture, il a voix prépondérante, en cas de partage. Même article.

Il en est de même de celui qui remplace le préfet, lorsque ce fonctionnaire est absent du chef-lieu ou du département. Arrêté du 19 fruct. an IX, art. 5. — Voy. *suprà*, n° 251.

Mais lorsque le conseil est présidé par le plus ancien de ses membres, celui-ci n'a pas voix prépondérante. Dufour, 2ᵉ édit., t. 2, p. 66, n° 62 ; Lefebvre, *loc. cit.*, p. 47.

Si, dans ce cas, deux opinions réunissent un même nombre de voix, le partage est vidé dans la forme indiquée par l'arrêté du 19 fruct. an ix que j'ai transcrit au nº 251.

Voyez aussi, les diverses questions traitées dans les *Lois de la procédure civile*, sous les art. 117 et suivants.

**260** *bis.* — Un des abonnés à mon *Journal du droit administratif* a pensé que le secrétaire général qui remplace le préfet n'a pas le droit de présider le conseil de préfecture, j'ai inséré ses réflexions, année 1855, p. 428, art. 150. — Voy. aussi même année, p. 283, art. 140. — J'ai combattu cette opinion en me fondant sur ce que le délégué du préfet absent exerce dans leur plénitude les fonctions attribuées au préfet lui-même et est investi des mêmes prérogatives.

SECTION II. — Conseil d'État.

**261.** — I. Après que le rapport des affaires contentieuses, sur lesquelles le conseil d'État doit statuer, a été arrêté par la section du contentieux, ainsi que je l'ai indiqué au nº 245, ce rapport est présenté à l'assemblée du conseil d'État délibérant au contentieux.

Le décret du 25 janv. 1852 règle le mode de délibération de cette assemblée. En voici les dispositions (1) :

« Art. 19. Le rapport des affaires est fait au nom de la section, en séance publique de l'assemblée du conseil d'État délibérant au contentieux....

« Art. 20. Après le rapport, les avocats des parties sont admis à présenter des observations orales.

---

(1) Il faut ajouter à ces dispositions celles du décret du 30 janv. 1852, portant règlement intérieur pour le conseil d'État. Le titre 3, relatif aux séances contentieuses, contient les articles suivants :

« 17. Le rôle de chaque séance publique du conseil d'État est proposé par le commissaire du Gouvernement chargé de porter la parole dans la séance ; il est arrêté par le président.

« Ce rôle, imprimé et contenant, sur chaque affaire, une notice sommaire rédigée par le rapporteur, est distribué quatre jours au moins avant la séance à tous les conseillers d'État *de service au conseil délibérant au contentieux*, ainsi qu'aux maîtres des requêtes et auditeurs de la section du contentieux.

« Il est également remis aux avocats dont les affaires doivent être appelées.

« 18. Les membres du conseil d'État doivent se rendre à la séance publique à l'heure indiquée par le rôle, et en costume.

« Le secrétaire tient note des conseillers d'État présents et dont les noms

« Le commissaire du Gouvernement donné ses conclusions dans chaque affaire.

« Art. 21 (Voy. le texte de cet article, *suprà*, n° 240 *bis*).

« Art. 22 (Voy. le texte de cet article, *infrà*, n° 541).

« Art. 23. Le conseil d'État ne peut délibérer au contentieux si onze membres au moins ayant voix délibérative ne sont présents. En cas de partage, la voix du président est prépondérante.

« Art. 24. La délibération n'est pas publique.

« Le projet du décret est transcrit sur le procès-verbal des délibérations qui fait mention des noms des membres présents ayant délibéré.

« L'expédition du projet est signée par le président de la section du contentieux et remise par le président du conseil d'État à l'Empereur.

« Le décret qui intervient est contre-signé par le garde des sceaux, ministre de la justice.

« Si ce décret n'est par conforme au projet proposé par le conseil d'État, il est inséré au *Moniteur* et au *Bulletin des lois*.

« Dans tous les cas, le décret est lu en séance publique. Cet article est reproduit textuellement dans l'art. 24 du décret du 30 janv. 1852. »

---

doivent être inscrits au bas du décret à la délibération duquel ils ont pris part.

« 19. Tous les rapports au contentieux sont faits par écrit.

« Les questions posées par les rapports sont communiquées, sans déplacement, aux avocats des parties quatre jours avant la séance.

« Sont applicables à la tenue des séances publiques du conseil d'État les dispositions des art. 88 et suivants du Code de procédure civile.

« 20. Le procès-verbal des séances mentionne l'accomplissement des dispositions des art. 17, 18, 19, 20, 21, 22, 23 et 24 du décret organique du 26 janvier.

« Dans le cas où ces dispositions n'ont pas été observées, le décret qui intervient peut être l'objet d'un recours en révision, lequel est introduit dans les formes de l'art. 33 du règlement du 22 juillet 1806.

« 21. Les décrets rendus après délibération du conseil d'État délibérant au contentieux portent :

« *Le conseil d'État au contentieux entendu......*

« Les décrets rendus après délibération de la section du contentieux, conformément aux dispositions de l'art. 21, mentionnent que la section a été entendue.

« Au commencement de chaque séance, le secrétaire lit les décrets délibérés dans les séances précédentes et approuvés par le Président de la République. Ils sont déposés au secrétariat général, où les avocats et les parties sont admises à en prendre communication sans déplacement. »

**262.** — II. Je n'ai que peu d'observations à faire sur ces dispositions réglementaires, qui n'offrent aucune difficulté et qui ne font, au surplus, que consacrer le mode de délibération existant en vertu des précédents règlements. Voy. notamment les ordonnances du 5 nov. 1828, 2 fév. et 12 mars 1831, 18 sept. 1839, et la loi du 19 juillet 1845.

Néanmoins, l'art. 21 consacre une innovation importante, dont je parlerai au n° 280.

**263.** — Le rapport des affaires est fait à l'assemblée du conseil d'État délibérant au contentieux par le maître des requêtes ou par l'auditeur qui a déjà fait le rapport à la section du contentieux. Le rapporteur a voix délibérative, s'il est maître des requêtes, et voix consultative, s'il est auditeur. Voy. *suprà*, n° 245.

L'ordonnance du 2 fév. 1831 portait :

« Art. 2..... Le rapporteur résumera les faits, les moyens et les conclusions des parties, et soumettra le projet d'ordonnance proposé par le comité. » Mais cette disposition a été rapportée par l'ordonnance du 12 mars 1831, ainsi motivée : « Considérant les inconvénients qu'il y aurait à ce que le comité de justice administrative arrêtât et lût un projet d'ordonnance avant que la défense ait été complétée par les observations verbales des avocats... » L'économie de la nouvelle organisation du conseil d'État exige que cette disposition soit encore observée.

Le rapporteur doit donc se borner à résumer les faits, les moyens et les conclusions des parties, sans émettre aucun avis. Cormenin, t. 1, p. 40.

Il pose seulement les questions à résoudre, et ce sont ces questions qui sont communiquées à l'avocat, ainsi qu'on l'a vu n° 245.

**264.** — La défense orale et la publicité des audiences ont été introduites pour la première fois par l'ordonnance du 2 fév. 1831. Voy. *suprà*, n° 239.

Les avocats des parties sont donc entendus. Il n'y a pas de plaidoiries proprement dites. Les avocats présentent de simples observations brèves et substantielles, à moins que l'affaire ne soit tellement grave et compliquée, que la nécessité ne se fasse sentir d'étendre les explications utiles à la découverte de la vérité. Le président admet aussi quelquefois les parties elles-mêmes, sur leur demande, à présenter des observations orales; cela arrive rarement. V. *suprà*, n° 261, le texte de l'art. 20 du décret du 25 janv. 1852.

**265.** — Les conseillers d'État ont seuls voix délibérative; les maîtres des requêtes, autres que le rapporteur, n'ont que voix consultative. Les auditeurs assistent à la séance, mais ils ne prennent point part à la délibération, à l'exception de l'auditeur chargé de faire le rapport, qui a voix consultative. Décret du 25 janv. 1852, art. 17.

Les membres du conseil qui n'ont point entendu le rapport, les observations des avocats et les conclusions du commissaire du Gouvernement, ne peuvent prendre part à la délibération. L'art. 30 de l'ordonnance du 18 sept. 1839 contenait une disposition expresse qui le déclarait ainsi, et, quoique cette disposition n'ait pas été reproduite dans la loi du 19 juillet 1845, ni dans le décret du 25 janv. 1852, elle ne doit pas moins être observée.

La délibération est prise à la majorité des suffrages, mais le décret du 25 janv. 1852, art. 23, reproduisant l'art. 38 de l'ordonnance du 26 août 1824, donne au président voix prépondérante en cas de partage.

**266.** — Après le rapport, les observations orales des avocats et les conclusions du ministère public, l'affaire est mise en délibéré.

Mais la délibération n'a pas lieu immédiatement. On attend la fin de la séance, et la délibération s'ouvre sur toutes les affaires qui ont été entendues. M. Dufour, 1re édit., t. 1, p. 210, n° 250, regrette qu'on ne se conforme pas au mode usité devant les tribunaux judiciaires, et que le délibéré ne suive pas immédiatement le débat. « N'est-il pas à craindre, dit-il, que les idées et les souvenirs se confondent, lorsqu'il s'agit de revenir, pour en faire compte, sur la discussion dont chaque affaire a successivement fait l'objet ? »

Sans méconnaître le mérite de cette observation, on peut dire que les affaires soumises au conseil d'État sont moins compliquées que celles portées devant les tribunaux judiciaires, et le mode suivi par le conseil a l'avantage d'économiser le temps. Si l'affaire était compliquée, elle tiendrait tout ou la majeure partie du temps de l'audience, et, alors, l'inconvénient signalé par M. Dufour disparaîtrait.

**267.** — La lecture du décret qui intervient à la suite du délibéré est faite à la prochaine audience publique.

« Dans l'intervalle, dit M. de Cormenin, t. 1, p. 41, cette ordonnance, délibérée secrètement et rédigée en la forme, est soumise par extrait, sur un bordereau, avec le sommaire de l'affaire, à la signature du roi. Sur le bordereau, il y a plusieurs affaires. — Tel est le mode de procéder actuel. Une seule fois, en matière disciplinaire, le garde des sceaux président, sur la délibération du conseil d'État, a été, séance tenante, mais suspendue, prendre la signature du roi, et, rouvrant la séance, a lu, en audience publique, la teneur de l'ordonnance. Voy. 1<sup>er</sup> sept. 1831, *Genoude.* »

## CHAPITRE III.

*Formes et éléments constitutifs des décisions administratives.*

### Section I<sup>re</sup>. — *Tribunaux du premier degré.*

**268.** — I. Les décisions des ministres ne sont assujetties à aucune forme spéciale. Elles sont rendues, soit d'office et de propre mouvement, soit sur le rapport des bureaux, soit sur la proposition des administrations générales, soit, enfin, sur la demande des parties. Macarel, *Jurisprudence administrative*, t. 1, p. 32, n° 70 ; Cormenin, t. 1, p. 178, n° 1.

Il n'y a rien de régulier dans la forme des décisions ministérielles. Le plus souvent elles résultent d'une simple lettre.

« Il y a des décisions, dit M. de Cormenin, t. 1, p. 179, note 1, qui sont apposées, sous la forme d'un simple *approuvé*, en marge ou à la fin des rapports d'un chef de division, ou d'une commission spéciale, ou d'une direction générale ; alors il est souvent très-difficile de distinguer ce qu'il y a de *contentieux* dans la décision, de ce qu'il y a d'*administratif* (1), et de retrouver les *motifs* confondus dans la narration des *faits* et la discussion des *pièces*. — Quelquefois même, ces décisions ne sont *pas motivées* et ne contiennent qu'un *dispositif* assez vague, ou elles ne *visent* aucune pièce, ou elles ne sont que l'expression d'un commis qui, dans une lettre, se dit chargé de transmettre les ordres du ministre. — Il y en a, enfin, et ce sont celles rendues de l'avis des comités, qui empruntent la forme régulière des décisions du conseil d'État. Elles sont, sur le rapport d'un maître des requêtes, l'objet d'une ample et mûre délibération, dans le sein de chaque comité ; elles visent la demande, les pièces principales produites, les défenses ou observations des parties adverses, s'il y en a, ou des agents de l'État, ainsi que les lois et règlements de la matière ; elles ont des *considérants* et un *dispositif ;* elles portent un *approuvé* de la main du ministre qui les signe. — On doit regretter que toutes les décisions ministérielles, en matière contentieuse, n'aient pas cette forme légale de délibération et de rédaction. »

_____

(1) C'est-à-dire, de *gracieux*, car le contentieux est administratif comme le gracieux.

Je pense, comme M. de Cormenin, qu'il est à désirer, dans l'intérêt même de l'administration, que toutes les décisions contentieuses émanant des ministres soient rédigées dans les formes convenables qu'il indique (1); mais je ne puis laisser passer, sans observations, les réflexions qu'on vient de lire. Je conteste le caractère d'une véritable décision à la lettre d'un commis et même du secrétaire général, *qui se dit chargé de transmettre les ordres*

---

(1) Dans ses *Études administratives*, 2ᵉ édit., p. 340, publiées depuis ma 1ʳᵉ édit., M. Vivien, ancien ministre, a fait sur la juridiction ministérielle des observations que je crois important de consigner ici. « La décision du ministre est rendue et doit être notifiée. Mais, sur ce point encore, il n'y a qu'arbitraire et incertitude. Les décisions ministérielles sont rendues dans des formes très-différentes et ne portent pas toujours le signe de l'autorité qui s'y attache. Tantôt un subordonné fait un rapport au ministre, qui y donne son approbation par sa signature, quelquefois par un simple paraphe. Tantôt le ministre prononce par un seul mot le rejet de la demande. On en informe l'intéressé par l'intermédiaire d'un subordonné ou directement par une lettre qui lui apprend simplement que sa réclamation n'a pas été accueillie. Ni considérant, ni dispositif, rien qui indique un acte de juridiction. Selon la matière, le même acte ministériel a le caractère d'un jugement ou d'un simple refus de paiement. Ainsi, dans les contestations qui relèvent des conseils de préfecture, dans celles par exemple qui sont relatives aux entreprises de travaux publics, l'acte par lequel le ministre rejette les réclamations qui lui sont soumises est rendu dans la même forme que ceux par lesquels il statue comme juge ; les plus cruels mécomptes résultent de cette confusion. Tantôt, pour qu'on n'oppose pas un jour l'autorité de la chose jugée, les avocats font intenter, par précaution, des pourvois qu'ils croient eux-mêmes inutiles. Tantôt la partie qui ne se rend pas un compte exact de la notification qu'elle a reçue, n'y voit qu'une simple communication officieuse et laisse s'écouler les délais sans se pourvoir, ou écrit au ministre pour solliciter un plus ample informé. Aucun soin n'est pris pour la détromper. Le temps se passe, le pourvoi cesse d'être recevable, et trop souvent le droit le plus manifeste est ainsi mis à néant. La jurisprudence du conseil d'État constate ces regrettables surprises. Depuis longtemps déjà on a signalé la nécessité d'en empêcher le retour par l'adoption des formes sacramentelles. Quelques améliorations ont été introduites. Il est des ministères où les décisions sont prises dans une teneur juridique, avec des motifs et un dispositif, et où la partie est expressément informée du délai dans lequel elle peut exercer son recours ; mais il en est encore où ces sages précautions sont négligées. Il serait nécessaire que toutes les formes à suivre devant les ministres fussent tracées avec précision, les délais fixés, les moyens de recours indiqués ; en un mot, que devant une juridiction si exceptionnelle, les citoyens fussent au moins à l'abri des embûches. Il y va de leur droit, de leurs intérêts les plus précieux, non moins que de l'honneur même de l'administration. »

*d'un ministre.* L'ordonnance *Defermon,* citée au numéro 269, présente une analogie favorable à mon opinion. Le 15 mars 1849, *Desrosiers,* le conseil d'État a formellement consacré mon opinion (1).

Comme je l'ai dit dans mes *Principes de compétence et de juridiction administratives,* t. 2, p. 118, nº 188, il faut distinguer avec soin si le ministre a statué comme juge ou simplement comme administrateur. 24 fév. 1853, *Vernay,* et 29 déc. 1853, *comp. du chemin de fer de Dieppe à Fécamp.* Cependant, dans le doute, je conseillerais le recours, pour éviter toute fin de non-recevoir.

**268** *bis.* — Quant aux décisions qui ne sont pas motivées, l'annulation peut en être demandée au conseil d'État. Il est impossible que cette haute juridiction déclare valable un acte exprimant une volonté ministérielle sans énoncé du fait et sans motifs. Pourrait-on considérer comme un jugement la lettre d'un ministre ainsi conçue : « Je condamne tel adjudicataire d'un marché de vivres à payer dix mille francs au Trésor ? » Du reste, je m'empresse de reconnaître que jamais une décision semblable ou même une décision rédigée d'une manière incomplète n'est passée sous mes yeux; chaque jour, au contraire, l'administration se rapproche davantage des formes tutélaires de la procédure civile (2).

**269.** — La décision rendue par un ministre ne peut être considérée que comme simple décision ministérielle , alors même qu'il y serait énoncé que le ministre avait pris au préalable les ordres de l'Empereur, si, d'ailleurs, elle n'est pas revêtue de la signature impériale. 29 janv. 1823, *Defermon c. hérit. Caraman.*

**270.** — II. Les préfets statuent par voie d'*arrêtés.*

La forme de ces arrêtés offre, en général, une grande régularité. On y trouve le visa des pièces et documents fournis, des motifs exprimés sous forme de considérants, et, enfin, un dispo-

---

(1) Je ne puis donc approuver une décision du 15 mai 1856 (*Langlois*), qui a déclaré recevable un pourvoi formé contre une lettre d'un préfet *faisant connaître à la partie que le ministre l'avait chargé de lui annoncer le rejet de la réclamation par lui adressée au ministre.* — Néanmoins, si cette forme bien peu juridique se reproduisait, je conseille de se pourvoir pour éviter une déchéance.

(2) Le 25 juin 1857 (*Folsch*), le conseil d'État a considéré comme suffisamment motivée une décision ministérielle qui, en matière d'affrétement de navire, se réfère à l'avis d'une commission des transports maritimes dont le réclamant avait connaissance. Cette décision ne me paraît pas devoir faire jurisprudence.

sitif ordinairement conçu en ces termes . *Le préfet arrête.....*
Dufour, 2ᵉ édit., t. 1, p. 383, n° 445.

Ces formalités ne sont pourtant pas rigoureusement exigées,
et la décision d'un préfet contenue dans une simple lettre, ou résultant d'un simple *approuvé*, conserverait toute sa force. Colmar, 25 mars 1841, *Voinot c. Verne.*

**271.** — Les arrêtés des préfets doivent être signés par eux sur
une minute, qui doit être transcrite sur un registre à ce destiné.
Chevalier, t. 2, p. 374.

Cette sage mesure de précaution n'est pas toujours observée.
Que de décisions de préfets ne peuvent se retrouver, même en
minute, dans les archives des préfectures !

C'est une grave irrégularité de ne pas conserver une minute
fidèle de tous les arrêtés. Mais, comme il n'existe dans les lois et
règlements aucune prescription formelle à cet égard, il serait
difficile d'y puiser un moyen de nullité, ou de contester la force
probante de l'arrêté délivré en original.

Aussi le conseil d'État a-t-il décidé que, lorsqu'il n'existe pas
de minute régulière, l'arrêté signé par le préfet en prend le caractère, et fait pleine foi, encore qu'il ait été transcrit d'une manière incomplète sur un registre non signé. 30 nov. 1830, *hospice de Limoges c. Meyvières.*

Voy. au surplus, au n° 278, les observations relatives aux arrêtés des conseils de préfecture.

**272.** — Lorsque les préfets prononcent *en conseil de préfecture*, leurs arrêtés, qui émanent de leur seule autorité, n'ont pas
besoin d'être signés par les conseillers de préfecture. Il faut seulement qu'il soit constaté que le conseil de préfecture a été consulté. Une circulaire du ministre de l'intérieur, du 29 sept. 1835,
rapportée en partie par M. de Cormenin, t. 1, p. 173, note 6, indique les formalités qui doivent être remplies. Elle porte :

« La forme des arrêtés du préfet en conseil de préfecture, quoique moins importante que le fond, me paraît cependant devoir
être également l'objet de quelques observations.

« J'ai remarqué que, dans quelques cas, très-rares à la vérité,
des préfets ont négligé de constater dans le libellé de leurs arrêtés, ou du moins d'y énoncer d'une manière formelle, qu'ils
avaient statué en conseil de préfecture. D'autres fois, au contraire, on aurait pu conclure de la rédaction de l'acte que le
conseil avait été appelé à délibérer, et que les voix avaient été
comptées. Enfin, dans certains départements, on a adopté l'usage
de faire signer par les conseillers de préfecture les arrêtés pris
par les préfets séant en conseil de préfecture ; ailleurs, les préfets
les signent seuls.

Code.—2ᵉ édit. 11

« Dans tous les cas où les préfets doivent prononcer *en conseil de préfecture*, il est bien évident qu'il faut que leurs arrêtés constatent qu'ils ont rempli, à cet égard, le vœu de la loi ; il faut également qu'ils constatent que les membres du conseil assistaient en nombre suffisant. Ces arrêtés doivent donc être libellés ainsi : *Le préfet du département de..... séant en conseil de préfecture, où étaient présents MM......* Il est également important que dans l'arrêté on vise la loi ou l'ordonnance en vertu de laquelle le préfet statue en conseil de préfecture. Enfin, l'arrêté ne doit contenir aucune mention de la discussion à laquelle a pu donner lieu l'affaire, ni rien qui puisse indiquer que les voix ont été comptées ; le fait que le conseil a été consulté devra donc être constaté par cette seule phrase qui précédera immédiatement le dispositif : *L'avis du conseil de préfecture entendu.*

« Quant à la signature des arrêtés des préfets en conseil de préfecture, il ne faut pas perdre de vue que ces actes ne sont que des arrêtés de préfets, pris en matière administrative, sous la seule responsabilité de ces magistrats, et réformables (1) par le ministre de l'intérieur, comme tous les autres actes des préfets. Ils doivent donc être signés par le préfet seul, car la signature des membres du conseil de préfecture n'y ajoute aucune force ; elle ne pourrait que constater leur présence ; mais cette présence se trouvera suffisamment constatée par l'intitulé : *Le préfet, séant en conseil de préfecture, où étaient présents MM......* et encore par cette mention : *L'avis du conseil de préfecture entendu.* Si les membres du conseil de préfecture signaient l'arrêté, il serait à craindre qu'on ne fût porté à croire que cet acte a été soumis, non à leur simple avis, mais à leur sanction ; il pourrait d'ailleurs arriver que, si l'arrêté était contraire à l'opinion d'un ou plusieurs d'entre eux, ils s'abstinssent alors de le signer, ce qui aurait pour effet de faire connaître leur avis, tandis que rien ne doit constater la nature de cet avis. Je n'ai sans doute pas besoin de vous dire que les arrêtés que vous prenez en conseil de préfecture doivent être inscrits, non pas au registre des arrêtés du conseil de préfecture, mais au registre des arrêtés du préfet. »

**273.** — III. Les conseils de préfecture rendent aussi leurs décisions sous formes d'*arrêtés.*

Le plus souvent, ces arrêtés sont ainsi libellés : *Le conseil de préfecture..... arrête, ordonne, condamne.* C'est la formule la

---

(1) *Réformables !* Mais alors le ministre a voulu parler des arrêtés pris en matière gracieuse, et non de ceux rendus en matière contentieuse. Voy. mes *Principes de compétence*, t. 3, nᵒˢ 1276 à 1280, p. 883.

plus régulière; mais elle n'a rien d'obligatoire. L'essentiel est qu'il résulte des énonciations de l'arrêté : 1° que la décision émane du conseil de préfecture, et non point du préfet en conseil de préfecture ; 2° que le conseil de préfecture a entendu rendre une véritable décision, et non pas donner un avis.

Le conseil d'État a annulé, le 5 mai 1831, *Daugy*, et *comm. de Gilly c. Bernard*, deux arrêtés rendus avec cette formule : *Le préfet en conseil de préfecture*, etc. D'un autre côté, l'ordonnance du 6 mars 1828, *Morin*, a validé un semblable arrêté, par les motifs que voici : « — Considérant que, bien que l'expédition de cet arrêté ait été faite par erreur, dans le même intitulé que celui des arrêtés du préfet, cependant ledit arrêté, signé par cinq membres du conseil de préfecture, réunit en outre les caractères essentiels d'une décision du conseil de préfecture. »

On s'attache donc au fond des choses, plutôt qu'aux termes dans lesquels la formule est conçue. Voy. Cormenin, t. 1, p. 187, note 2.

Cependant, je dois dire que cette formule : *Le préfet en conseil de préfecture*, est irrégulière, si elle n'est complétement illégale ; les conseils de préfecture doivent veiller à ce que leurs arrêtés soient rédigés dans la forme généralement adoptée. Dufour, 2e édit., t. 2, p. 70, n° 67.

**274.** — Il importe que les conseils de préfecture visent : 1° la demande, afin qu'on puisse s'assurer que la décision a été provoquée et qu'elle n'a pas été rendue de propre mouvement, auquel cas elle serait nulle ; 2° les pièces et observations produites par les parties, afin de constater que la décision est contradictoire. Dufour, 2e édit., t. 2, p. 71, n° 68. — Voy. *infrà*, n° 294.

**275.** — Les décisions des conseils de préfecture doivent être motivées, sous peine de nullité. 12 déc. 1818, *Fouquet c. Grasleuil ;* 18 juillet 1834, *Delucenay ;* 8 août 1834, *min. des finances c. Leclerc ;* 19 déc. 1834, *Vasilières ;* 21 déc. 1837, *Coulon ;* 31 mars 1848, *Friot ;* Serrigny, t. 2, p. 280, n° 920 ; Dufour, 2e édit., t. 2, p. 72, n° 69.

Les motifs doivent porter sur chacun des chefs de la demande. 9 mai 1834, *Lafargue et Loches ;* 17 mai 1851, *Picque c. ville de Paris ;* ils doivent être applicables à tous les individus auxquels s'applique la décision. La décision qui ne contiendrait aucun motif applicable à un des individus y dénommés serait nulle à l'égard de ce dernier ; 7 fév. 1856, *Andouard.*

Je ne partage pas l'opinion de M. Lebon qui s'exprime en ces termes, dans son *Recueil des arrêts du conseil* (1856), p. 125 : « Il est fort difficile de poser des règles sur les défauts de motifs. La question est réellement une question de bonne foi. On pourrait presque toujours, avec un peu de subtilité, prouver que le jugement est motivé, et presque toujours aussi on viendrait à bout, avec un peu de subtilité, de prouver qu'il y a dans les motifs une lacune constituant un défaut de motifs. » Je crois plutôt que c'est une question de fait et de bon sens. Il est bien facile de voir si ou non une décision est motivée, et dans l'espèce, M. Lebon lui-même déclare qu'il était clair qu'il n'y avait pas, dans l'arrêté attaqué, de réponse à la demande soumise au conseil.

**276.** — Un arrêté est suffisamment motivé :

1° Lorsque le conseil de préfecture rejette la réclamation d'un contribuable en se référant à l'avis du directeur des contributions, ou à celui du maire et des répartiteurs. Voy., au livre V, le titre *des Contributions directes*, chap. ii, sect. ii, § ii ;

2° Lorsqu'il se réfère à l'avis d'un sous-préfet, lequel cite, à l'appui de son opinion, la législation existante. 16 janv. 1822, *Boivin ;*

3° Lorsqu'en matière de grande voirie, il fonde sa décision sur ce que les faits constatés par les procès-verbaux constituent des contraventions de grande voirie, et sur ce que les moyens de défense présentés par les contrevenants ne sont pas admissibles. 7 déc. 1850, *Montesquiou-Fezensac et d'Auteuil ;*

4° Lorsqu'il s'appuie sur les rapports des ingénieurs et experts. 11 nov. 1831, *Millet ;* 6 juin 1856, *Igounenc ;*

Mais il ne lui suffirait pas de se référer purement et simplement à un rapport d'experts qui ne serait pas même annexé à son arrêté, sans indiquer d'ailleurs ni les questions soulevées par le débat, ni les motifs principaux de décision. 24 mai 1854, *Fougeron ;* ou de se référer aux conclusions d'un tiers expert qui a omis d'examiner plusieurs des objets en contestation. 6 juill. 1858, *Lavagne ;*

5° Lorsqu'il se fonde sur l'instruction pour fixer le chiffre des indemnités dues au demandeur. 1ᵉʳ juin 1849, *Chavassaigne c. Lombard.*

**276 bis.** — Ce qui constitue la décision, c'est le dispositif. Par conséquent, la pièce produite comme étant un arrêté du conseil de préfecture et qui ne contiendrait pas de dispositif, ne pourrait être considérée comme une décision. 5 août 1854, *Robin-Delforge.*

**277.** — Les arrêtés des conseils de préfecture, lorsqu'ils portent condamnation, par exemple, en matière de contraventions de grande voirie, doivent, à peine de nullité, contenir les termes de la loi appliquée. 21 avril 1830, *Dupuy ;* 26 oct. 1836, *Guiguebart.*

**278.** — Les arrêtés des conseils de préfecture sont inscrits sur le registre de leurs délibérations.

Ils doivent être signés sur la minute par les membres du conseil de préfecture qui ont concouru à la décision.

Il n'en est pas toujours ainsi dans la pratique. Les anciens registres ne portaient même, dans la plupart des cas, aucune signature, et, quoique les nouveaux offrent plus de régularité, ils laissent néanmoins encore à désirer sous ce rapport. Le défaut ou l'insuffisance des signatures rend la minute incomplète, ce qu peut occasionner de graves inconvénients. Puisqu'il n'existe auprès des conseils de préfecture ni greffier, ni secrétaire spécial, il faut que leurs arrêtés soient signés de tous les membres qui les ont rendus ; c'est le seul moyen de leur conférer le caractère d'authenticité qui leur est nécessaire.

En l'absence de toute disposition expresse de loi, je n'irai pas jusqu'à dire que l'omission de cette formalité doive entraîner la peine de nullité, et j'admets, ainsi que l'ont décidé les ordonnances des 16 fév. 1825, *Vidaud-d'Envaud c. Nicaud,* et 6 sept. 1825, *Chauvin,* que l'arrêté signé par deux membres seulement, ou par le préfet en sa qualité de président, peut être maintenu, lorsqu'il résulte des énonciations transcrites dans la minute ou dans une expédition authentique qu'il a été délibéré par trois membres. Mais ce n'en est pas moins une irrégularité qui ne devrait plus se reproduire à l'avenir.

Si l'arrêté n'était signé que par un ou deux membres, sans constater d'ailleurs par d'autres énonciations que trois membres ont coopéré à la décision, il devrait être annulé. 22 fév. 1821, *Lavigne et Horgues;* 16 fév. 1822, *comm. de Caupène c. Joret;* 17 avril 1822, *Lafagerdye c. Dupont.*

J'admets encore, mais sous les mêmes restrictions, qu'en l'absence de disposition de loi, le défaut de transcription d'un arrêté du conseil de préfecture sur le registre à ce destiné ne serait pas de nature à entacher cet arrêté de nullité. 10 mai 1851, *Nicolaï de Bercy.*

**279.** — Les décisions prises par les conseils de préfecture les jours fériés sont-elles entachées de nullité ?

Oui, d'après M. Macarel, *Jurisprudence admin.*, t. 1, p. 21, n° 38; et le *Journal des communes,* t. 7 (1834), 2e part., p. 3.

Mais une ordonnance du 30 mai 1834, *Labatut et Cheynet,* a validé un arrêté rendu un jour de dimanche, par le motif qu'aucune loi ne prononce la nullité des délibérations prises par les conseils de préfecture les jours fériés. Voy., dans le même sens, Cormenin, t. 1, p. 188, note 2; Foucart, 4e édit., t. 3, p. 719, n° 1936.

La loi du 18 nov. 1814 prescrit bien l'interruption des travaux ordinaires les dimanches et jours de fêtes reconnues par la loi de l'État ; mais elle ne s'applique qu'aux simples particuliers. Il est, sans doute, peu convenable que les fonctionnaires publics et les autorités constituées se livrent à l'exercice de leurs fonctions, pendant que les simples citoyens sont obligés de suspendre leurs travaux ; il faut cependant reconnaître que, dans l'état actuel de la législation, il n'est pas possible de déclarer nuls les arrêtés pris les dimanches et jours de fêtes. Il arrive, du reste, fort rarement que les conseils de préfecture et les autres tribunaux administratifs se réunissent et rendent des décisions ces jours-là.

### SECTION II. — *Conseil d'État.*

**280.** — I. Le conseil d'État rend ses décisions sous forme de décret. Le projet de décret arrêté en assemblée générale est soumis par le président du conseil d'État à la signature de l'Empereur ; le décret est contre-signé par le garde des sceaux, ministre de la justice, et lu ensuite en audience publique. Voy. *suprà*, n°s 261 et 267.

Légalement, le conseil d'Etat ne rend point de décisions ; il ne fait que préparer les décrets qui émanent de l'autorité de l'Empereur. Mais, avant la loi du 19 juillet 1845, et le décret du 25 janv. 1852, dont j'ai rapporté le texte au n° 261, ce n'était là qu'une fiction, puisqu'en réalité les ordonnances recevaient toujours, sans examen et de confiance, la signature du chef de l'Etat. Il n'était jamais arrivé que cette signature fût refusée. Espérons que, malgré la rédaction de l'art. 24 du décret précité, les décisions préparées par le conseil d'Etat ne seront point modifiées.

**281.** — II. « Les décisions du conseil contiendront les noms et qualités des parties, leurs conclusions et le vu des pièces principales. « Règlement du 22 juillet 1806, art. 27.

Elles contiennent de plus la mention des lois appliquées (1) et les motifs.

1° *Les noms et qualités des parties.*

Cette mention a pour objet de déterminer, d'une manière précise, quelles sont les parties auxquelles la décision est applicable. On doit éviter de se servir dans la rédaction du décret de ces expressions *et consorts*, lorsqu'il y a plusieurs parties, afin que les mêmes individus ne puissent pas plus tard se représenter de-

---

(1) Art. 39 du règlement du 26 mai 1849 (Duvergier, 1849, p. 227).

vant le conseil, en soutenant qu'ils n'ont pas figuré dans l'instance. Cormenin, t. 1, p. 71, note 1.

Le décret réglementaire du 26 mai 1849, art. 39 (Duvergier,
p. 223), exige aussi la demeure des parties. Cette formalité me
paraît également essentielle.

2° *Les conclusions.*

Il n'est point d'usage de viser dans leur entier les conclusions
du défendeur, surtout s'il gagne sa cause, à moins qu'il ne forme
récursoirement quelque demande nouvelle. Cormenin, t. 1, p.
71, note 3.

3° *Le vu des pièces principales.*

Ce *visa* est utile pour constater, en cas de requête civile,
quelles sont les pièces qui ont servi de base à la décision. Serrigny, t. 1, p. 342, n° 339 ; Dufour, 2ᵉ édit., t. 2, p. 381, n° 351.

Le conseil d'Etat vise les requêtes et mémoires des parties, les
arrêtés ou décisions attaqués, ainsi que les pièces, titres et documents sur lesquels les parties fondent principalement leurs
moyens. Le *visa* des autres pièces est exprimé par cette formule :
*Vu toutes les pièces respectivement produites et jointes au dossier.*
Cormenin, t. 1, p. 71, note 4.

4° *La mention des lois appliquées.*

Cette mention, toujours utile, exigée par l'art. 39 du décret
ci-dessus cité, devient indispensable lorsque le décret porte condamnation à une amende, en matière, par exemple, de contraventions de grande voirie. Voy. *suprà*, n° 277.

Il serait à désirer que le conseil d'Etat se bornât à viser les lois
et ordonnances directement afférentes à l'objet en litige ; il est
arrivé pour des questions de compétence, que, parmi un grand
nombre de lois ou d'ordonnances visées, plusieurs fussent sans
application à l'espèce.

5° *Les motifs.*

L'absence des motifs constituerait une grave irrégularité, mais
ne donnerait lieu à aucun recours en annulation du décret. Voy.
*infrà*, n° 818.

Le conseil d'Etat ne manque jamais de motiver ses décisions ;
cependant il est rare que les motifs soient autre chose que l'énonciation d'un principe assez vague, ou une simple affirmation par
laquelle il pose en principe la solution qu'il a cru devoir adopter
sur la question qui lui est soumise.

M. Dufour, 2ᵉ édit., t. 2, p. 382, n° 351, signale cette insuffisance de motifs, et fait remarquer que rien ne serait plus propre
à seconder les progrès dans la marche du droit administratif, que
l'exactitude et la netteté des motifs destinés à expliquer et à justifier la sentence qu'ils accompagnent. Cette observation judi-

cieuse se recommande à MM. Les rapporteurs. La rédaction des
décisions judiciaires ou administratives est de la plus haute importance, à raison de l'influence que peut exercer la jurisprudence sur les progrès de la science.

**282.** — Devant les tribunaux civils, ce sont les avoués qui rédigent la partie de la décision indiquée par l'art. 27, partie qui,
dans la pratique, prend le nom générique de *qualités*. Devant le
conseil d'Etat, comme devant la Cour de cassation, les *qualités*
sont l'œuvre du rapporteur. On conçoit qu'elles sont alors plus
fidèles, plus exactes, et qu'elles font corps avec les autres parties de la décision.

## CHAPITRE IV.

*Comment et sur quoi prononcent les tribunaux administratifs.*

**283.** — 1. Les tribunaux administratifs prononcent sur les
conclusions prises par les parties dans leurs requêtes ou pétitions,
Ils doivent statuer sur tout ce qui fait l'objet de ces conclusions.
Chevalier, v° *Procédure administrative*, t. 2, p. 334. Par conséquent, le conseil d'État, saisi d'un pourvoi contre un arrêté du
conseil de préfecture, peut prononcer le renvoi devant ce tribunal pour être par lui statué sur un chef de demande sur lequel
il a omis de prononcer, 27 mai 1847, *Hubert,* sans préjudice,
bien entendu, du droit d'évocation, s'il y a lieu.

Mais on ne saurait reprocher à un conseil de préfecture d'avoir
omis de statuer sur un chef de réclamation qui, contenu dans
une première requête irrégulière en la forme et renvoyée au réclamant, n'a pas été reproduit dans la nouvelle requête sur laquelle a été rendu l'arrêté attaqué. 30 nov. 1852, *Dardenne.*

On ne peut pas considérer comme une décision la déclaration d'un tribunal qu'il ne croit pas devoir statuer à nouveau
au sujet d'une réclamation sur laquelle il avait déjà prononcé.
5 fév. 1857, *Bouture.*

Les conclusions prises contre une partie qui n'est pas en
cause sont nulles à son égard, et il n'y a pas lieu de s'en occuper. 11 août 1824, *Delalande.*

**284.** — Les tribunaux administratifs ne peuvent juger *ultrà
petita*, ni sur une demande dont ils ne sont pas saisis. 26 déc.
1834, *Achard;* 2 janv. 1838, *Gruter;* 4 mai 1843, *Rossignol;*
8 mars 1844, *Tallard;* 12 juin 1845, *Hesse;* Chevalier, v° *Procédure administrative*, t. 2, p. 354 et 370; Brun, t. 1, p. 9, n° 14.

Il y aurait, dans ce cas, ouverture à requête civile en matière
judiciaire, si le jugement était en dernier ressort. Mais la re-

quête civile n'est pas admise devant les tribunaux administratifs du premier degré (voy. *infrà*, n° 804). Lorsque ces tribunaux prononcent sur choses non demandées, ils commettent un excès de pouvoir, qui doit être dénoncé au conseil d'État par la voie de l'appel ou par celle du recours en cassation ; et c'est, en effet, sur de semblables recours que sont intervenues les ordonnances précitées.

Si le conseil d'État prononçait *ultrà petita,* il commettrait, sans doute, un excès de pouvoir ; mais les parties n'auraient aucun moyen d'obtenir la réparation de cette erreur, ainsi que je l'expliquerai au titre *de la Requête civile,* n° 818.

Un conseil de préfecture ne doit pas être considéré comme ayant prononcé sur une chose non demandée, lorsque, dans un procès entre deux acquéreurs de biens nationaux , le conseil, adoptant l'opinion du directeur des domaines consulté, a déclaré que l'objet litigieux n'a été vendu ni à l'un ni à l'autre. 16 janv. 1822, *Levasseur c. Tébaud.*

Mais le conseil de préfecture aurait statué *ultrà petita,*

1° En matière de travaux publics, s'il avait accordé une indemnité supérieure au chiffre réclamé, 19 juillet 1855, *Decuers,* ou s'il avait accordé les intérêts de cette indemnité, en l'absence de conclusions formelles sur ce point de la part des demandeurs, 28 déc. 1854, *comp. du chemin de fer de Paris à Lyon c. Bélin-Menassier ;*

2° En matière de contributions directes, en prononçant au profit d'un contribuable une réduction on décharge qu'il n'aurait pas réclamée, 14, juin 1847, *min. des fin. c. Capette-Laplaine ;* 25 août 1848, *maire de Montpellier c. Valmale ;* 19 nov. 1852, *min. des fin. c. Bayard de la Vingtrie;* 11 janv. 1853, *Touche;* 29 juin 1853, *dame Besnard.*

**285.** — Il ne doit pas être statué sur un chef à l'égard duquel la partie n'a fait que des réserves. 7 mai 1823, *comm. de Hamel c. Warenghein ;* 15 août 1834, *Druet-Desvaux ;* 7 avril 1835, *Schœnngrune.* Ces ordonnances du conseil d'État décident aussi qu'il doit être donné acte des réserves. J'ai critiqué ce mode de procéder dans mon *Journal des Avoués,* t. 77, p. 568, art. 1370, où j'ai développé ma théorie sur les réserves.

Néanmoins, lorsque des conclusions ont été présentées par une partie et suivies de conclusions contraires de la part de son adversaire, il y a lieu de prononcer sur les conclusions, quoiqu'elles aient été ultérieurement converties en simples réserves. 25 fév. 1829, *Régie des salines de l'Est c. Dethon.*

**286.** — Lorsque la partie ne présente à l'appui de sa demande aucun moyen justificatif, ni aucune pièce probante, qu'elle se

borne à de simples allégations ou ne produit que des pièces irré-
gulières ou insuffisantes, sa demande doit être rejetée, 13 juin
1821, *Biot;* 2 févr. 1823, *Richard-Faxon;* 30 déc. 1822, *Huin;* 18
juin 1823, *Coqueromont;* 22 déc. 1824, *Quinette de la Hogue;* 22
nov. 1829, *Anglada et Bonnet;* 23 oct. 1835, *élections de Monti-*
*gny;* 14 nov. 1835, *Bourlat;* Cormenin, t. 1, p. 155.

Cette règle est commune à tous les tribunaux, soit judiciaires,
soit administratifs.

Lorsque le défendeur déclare n'avoir rien à opposer à la demande, il y a lieu d'adjuger au demandeur ses conclusions. 20
fév. 1822, *Champ.* Voy. *infrà,* nº 559.

**287.** — II. Les tribunaux administratifs, juges du contentieux,
et, spécialement, les conseils de préfecture, ne peuvent statuer
par voie de disposition générale et réglementaire. 6 avril 1850,
*Messive;* 8 mars 1851, *Usquin c. Arnaud.* Voy. mes *Principes*
*de compétence,* nº 1296 *bis,* t. 3, p. 898.

Lorsque les conseils préfecture sont régulièrement saisis d'une
contestation de leur compétence, ils doivent prendre un arrêté
portant décision, et ne pas se borner à donner un avis. 11 août
1824, *Laget.*

Voy. mes *Principes de compétence,* nº 199, t. 1, p. 56, et t. 2,
p. 121.

## CHAPITRE V.

*Diverses espèces de décisions administratives.*

**288.** — Les décisions administratives sont :
Provisoires, préparatoires, interlocutoires ou définitives ;
Contradictoires ou par défaut.

SECTION Iʳᵉ. — *Décisions provisoires, préparatoires, interlocutoires,*
— *Décisions définitives.*

**289.** — I. Les décisions provisoires, préparatoires et interlocutoires, sont celles qui ordonnent une mesure provisoire, une
expertise ou toute autre voie d'instruction. 26 juin 1849, *Racros;*
28 juillet 1849, *ville d'Avignon;* 2 mai 1850, *min. de la guerre*
*c. Lacombe.*

Telles sont aussi les décisions qui ordonnent un sursis jusqu'à
ce que certains titres, pièces ou documents aient été produits.
Voyez, comme exemples de semblables sursis, les ordonnances
des 24 mars 1832, *d'Annebault;* 31 juillet 1833, *Potier de Cour-*
*cy;* et autres.

Ces sortes de décisions ne lient pas les juges qui les ont rendues, en ce qui touche l'appréciation du fond ; mais elles les lient en ce sens qu'ils ne peuvent plus rapporter la partie de la décision qui ordonne une enquête, une expertise, etc. 3 déc. 1817, *Hardy c. Guernon de Ranville.* — Voy. *Lois de la procédure civile*, t. 4, p. 81, Quest. 1616.

Voy. aussi, *infrà*, n°ˢ 368 et suiv., le titre *des Voies de vérification*, et au titre *de l'Appel*, le n° 588.

**290.** — Dans les affaires pendantes devant le conseil d'État, les avant-dire-droit sont ordonnés tantôt par le conseil d'État lui-même ou par le comité du contentieux. Chevalier, v° *Procédure administrative*, t. 2, p. 353.

**291.** — II. Les décisions définitives sont celles qui terminent la contestation. Chevalier, t. 2, p. 353 ; Dufour, 2ᵉ édit., t. 2, p. 104, n'ˢ 79,80.

Ces décisions peuvent être attaquées par la voie de l'appel ou par la voie de l'opposition, selon qu'elles sont contradictoires ou par défaut. Mais comme, en statuant définitivement, le tribunal administratif saisi du litige a épuisé sa juridiction, il devrait déclarer non recevable toute réclamation ultérieure qui tendrait à lui soumettre de nouveau le jugement de la même contestation. 27 juin 1850, *Rambaud ;* 19 janv. 1850, *comm. de Vornay ;* 9 août 1851, *Joly ;* 18 nov. 1852, *département de la Haute-Garonne c. héritiers Laffont ;* 5 janv. 1853, *héritiers Bourgeois ;* 20 janv. 1853, *Benoist.*

**292.** — Les arrêtés des conseils de préfecture, en matière de comptabilité, peuvent être déférés à la Cour des comptes comme définitifs, lorsque les parties ont été entendues contradictoirement, alors même qu'il serait prétendu que ces arrêtés n'ont fait que fixer la situation des parties et provoquer leurs observations sur les injonctions qui y sont faites. C'est ce qu'a jugé un arrêt de la Cour des comptes du 15 avril 1841, *Demanqes c. Renaux.* Cet arrêt est rapporté par le *Journal des Communes*, t. 15 (1842), p. 54.

SECTION II. — *Décisions contradictoires.—Décisions par défaut.*

**293.** — La distinction entre les décisions contradictoires et celles rendues par défaut est d'une grande importance, parce que devant les juridictions administratives comme devant les tribunaux judiciaires, les décisions par défaut sont susceptibles d'opposition, tandis que les décisions contradictoires ne peuvent être attaquées que par la voie de l'appel ou de la cassation. Il n'est ici question que des décisions sur des matières contentieuses. Les actes émanés du pouvoir gracieux ne constituent point des décisions proprement dites, et on ne peut pas leur donner la qualification de contradictoires ou par défaut.

## § 1<sup>er</sup>. — Tribunaux du premier degré.

### N° 1.—Décisions contradictoires.

**294.** — Les décisions des tribunaux administratifs inférieurs sont réputées contradictoires lorsqu'il apparaît des *visa* de la décision, ou de tout autre acte, ou enfin de l'aveu de la partie elle-même qu'il a été présenté quelque pièce ou fourni des observations quelconques.

**295.** — Les décisions des ministres n'ayant rien de régulier dans leur forme et ne consistant souvent qu'en de simples lettres (voy. n° 268), il est quelquefois difficile de discerner leur véritable caractère. Il faut s'attacher alors aux diverses circonstances qui ont précédé ou accompagné la décision.

Il ne faut pas perdre de vue qu'il s'agit ici des décisions rendues par le ministre en sa qualité de juge administratif, et non des actes administratifs par lesquels il modifie, réforme ou annule un acte émanant d'un agent inférieur ; à l'égard des actes de cette nature, il ne saurait être question de décisions contradictoires ou par défaut. C'est par application de ce principe qu'il a été jugé que, dans les cas où le décret du 25 mars 1852 réserve aux parties le droit de porter devant le ministre compétent leur recours contre les arrêtés préfectoraux rendus en vertu de ce décret, le ministre n'avait pas besoin, pour statuer régulièrement sur ce recours, de mettre la partie intéressée au maintien de l'arrêté attaqué en demeure de produire ses moyens de défense, sauf le droit de celle-ci de présenter au ministre ses réclamations pour obtenir une nouvelle décision. 4 avril 1856, *Fournet*.

**296.** — Les arrêtés des conseils de préfecture, ainsi que ceux des préfets, offrent plus de régularité, et il est plus facile de découvrir si les parties ont présenté une défense quelconque, et si, par conséquent, la décision a été rendue contradictoirement. Voy. Cormenin, t. 1, p. 196 ; Brun, t. 1, p. 12, n°s 26 et suiv. ; Chevalier, v° *Procédure admin.*, t. 2, p. 270 ; Dufour, 2<sup>e</sup> édit., t. 2, p. 104, n° 80.

**297.** — Un arrêté d'un conseil de préfecture est réputé contradictoire :

1° Lorsqu'il vise des défenses ou mémoires dans lesquels le réclamant a discuté les points qui faisaient l'objet de la contestation. 24 déc. 1818, *Martel c. Buson de Champdivers* ; 28 fév. 1831, *Honnorez* ; 4 avril 1837, *Roberjot et de Saint-Ildephont* ; 27 août 1854, *comp. du pont de Franz* ;

2° Lorsqu'il a été pris sur le vu des moyens et observations respectivement produits par les parties. 2 fév. 1815, *Perdry ;*

2° Lorsqu'il résulte des pièces produites qu'une partie a eu communication des moyens de son adversaire, qu'elle y a répondu, et que ses défenses ont été visées dans l'arrêté. 11 mars 1830, *de Torcy ;*

4° Lorsque, en réponse à l'invitation qui lui a été faite de fournir ses moyens de défense, la partie a déclaré s'en référer à une lettre précédemment écrite par elle au préfet. 28 fév. 1831, *Honnorez ;*

5° Lorsque les mémoires et observations visés dans l'arrêté se réfèrent à l'objet en litige, quoiqu'ils aient été adressés, non au conseil de préfecture, mais au préfet, et quoique celui qui les a fournis prétende qu'il n'avait en vue dans ses observations que la partie de la contestation qui rentrait dans les attributions gracieuses du préfet, ou bien qu'il s'était adressé au préfet parce qu'il le considérait à tort comme juge du débat. 14 juin 1837, *Ducaurroy c. comm. de Migny ;* 26 fév. 1840, *de Marcieu c. min. des travaux publics.*

Il résulte cependant d'une ordonnance du 24 déc. 1828, *Rativeau*, qu'une lettre adressée au sous-préfet ne suffirait pas pour constituer une défense contradictoire. Voy. *infrà*, n° 302, n° 6 ;

6° Lorsqu'à la suite de l'injonction faite par le directeur du génie à un particulier de démolir un bâtiment pour l'exercice des servitudes militaires, l'arrêté qui ordonne cette démolition vise la copie, transmise par l'administration, d'un exploit où ce propriétaire notifie au directeur du génie et au préfet son refus de démolir, et développe les motifs de ce refus. 1er mars 1844, *Lehodey c. Deshayes ;*

7° Lorsque l'arrêté a été rendu contre une commune sur le vu d'une délibération du conseil municipal en réponse aux communications faites à la commune. 24 déc. 1818, *comm. de Talairan.*

Il faut supposer que cette délibération avait été transmise par le maire, parce qu'au maire seul il appartient d'exercer les actions des communes et de défendre à celles dirigées contre elles, après délibération du conseil municipal. Voy. *infrà*, n° 302-7° ;

8° Lorsqu'il a été rendu sur le vu d'un mémoire signé de quatre membres du conseil municipal et du maire de la commune. 8 mai 1822, *Béard c. comm. de Cressier-Rochefort ;*

9° Lorsqu'il a été rendu sur le vu d'un mémoire adressé par la partie au préfet, et du procès-verbal d'une expertise à laquelle elle a été régulièrement représentée, alors même que l'arrêté n'aurait fait qu'adopter les conclusions d'un rapport ultérieurement introduit au débat, sans avoir été communiqué à la partie. 5 avril 1851, *Husson*. Cette dernière circonstance (Voy. *infrà*, n° 302-2°) aurait dû faire considérer la décision comme rendue par défaut ;

10° Enfin l'arrêté rendu contradictoirement avec le mandataire régulièrement constitué d'une partie est considéré comme contradictoirement rendu avec la partie elle-même. 23 déc. 1852, *Hubert et Davis*. Voy. M. Lefebvre, *loc. cit.*, p. 77.

**298.** — Les mêmes règles sont applicables aux affaires dans lesquelles l'administration est partie.

Ainsi, un arrêté est réputé contradictoire à son égard, lorsqu'il vise une lettre du directeur général des ponts et chaussées au préfet du département, et une lettre du préfet à un entrepreneur en réponse à la sommation faite au préfet par cet entrepreneur. 7 juin 1836, *Brochet c. min. de l'intérieur*.

Mais les observations fournies par un ingénieur, à titre d'avis, dans une contestation engagée entre des communes et des entrepreneurs de réparation d'une route impériale, relativement à une indemnité extraordinaire pour dégradation de chemins vicinaux, ne suffiraient pas pour rendre l'instance contradictoire avec l'administration. 24 avril 1837, *min. des travaux publics c. comm. de Nonant*.

**298 bis.** — Il importe de faire remarquer qu'en règle générale, un arrêté contradictoire sur le fond principal du litige l'est également quant aux dispositions accessoires, pourvu cependant que les points formant l'objet de ces dispositions accessoires aient été compris dans les questions à juger ; peu importe qu'ils aient ou non été discutés par les parties. Le conseil d'État a fait une juste application de cette règle, en décidant que l'arrêté contradictoire sur le fond du litige l'était également quant à la disposition fixant les honoraires dus aux experts, quoique le chiffre de ces honoraires, qui avait été indiqué dans le rapport déposé, n'eût pas été discuté par les parties. 1er juin 1852, *de l'Aubespin (comp. de dessèchement de la vallée de l'Authée) c. Ramet*.

**299.** — Les décisions des tribunaux administratifs inférieurs, lorsqu'elles ont été contradictoirement rendues, ne sont pas susceptibles d'être attaquées par la voie de l'opposition, et elles peuvent être déférées directement au conseil d'État par la voie de l'appel. Voyez :

1° Pour les décisions des ministres, 26 mars 1814, *Rey* ;

2° Pour les décisions des conseils de préfecture, 2 août 1826, *Guichard c. comm. de Messia* ; 15 oct. 1826, *Savy* ; 20 juillet 1832, *Dubourdieu* ; 2 nov. 1832, *arrosants de Saint-Chamas c.*

*Gabriac ;* 3 fév. 1835 , *Legry ;* 21 déc. 1847, *Trianon et consorts
c. Mauby et Wilson* ; et autres ;

3° Pour les décisions des commissions spéciales, 22 juin 1854,
*Chitier et consorts.*

**300.** — Les tribunaux administratifs du premier degré excé-
deraient leurs pouvoirs s'ils rapportaient leurs décisions contradictoirement rendues ou s'ils revenaient, d'une manière quelconque, sur la chose par eux jugée, alors même que la nouvelle
décision ne ferait que confirmer celles rendues antérieurement.
C'est ce qui a été plusieurs fois décidé à l'égard des conseils de
préfecture. Voy. 4 mai 1843, *Rossignol ;* 22 juin 1843, *Guédon ;*
22 juin 1843 , *Pellé ;* 12 juin 1845 , *Josselle et Bouée ;* 25 juin
1845, *Vilcoq, Jourdan ;* 5 avril 1851, *Husson ;* 23 déc. 1853, *Hubert et Davin ;* 1er juin 1854 , *de l'Aubespin c. Ramet ;* 12 avril
1855, *Sahradar-Ben-Mohamed et Mohamed-Senani ;* et les ordonnances citées dans mes *Principes de compétence ,* n° 1296.

N° 2. — Décisions par défaut.

**301.** — Les décisions des tribunaux administratifs du premier degré sont par défaut lorsque la partie n'a présenté aucune pièce ni aucuns mémoires ou observations. Voyez :

Pour les décisions des ministres, Chevalier, v° *Procédure administrative ,* t. 2 , p. 366 ; Macarel, *Jurisprudence administ.,*
t. 1, p. 33, n° 73 ; Foucart, 4e édit., t. 3, p. 734, n° 1957 ;
p. 722, n° 1942 ; Dufour, 2e édit., t. 1, p. 151, n° 184 ;

Pour celles des conseils de préfecture, Cormenin, t. 1, p. 196 ;
Brun, t. 2, p. 12, n°s 26 et suiv. ; Dufour, 2e édit., t. 2, p. 104,
n° 80 ; Foucart, 4e édit., t. 3, p. 722, n° 1942 ; Chevalier, v° *Procédure administrative ,* t. 2 , p. 370 ; Lerat de Magnitot et Delamarre , v° *Défaut,* t. 1, p. 375 ; Lefebvre, *loc. cit.,* p. 76, 77.

**302.** — Ainsi, un arrêté du conseil de préfecture doit être
considéré comme rendu par défaut :

1° Lorsque la partie n'a produit aucun moyen de défense ,
quoiqu'elle ait été appelée à se défendre. 19 déc. 1821 , *Auren-
que c. Ginoux ;* 24 déc. 1828, *Rativeau ;* — Quoiqu'un expert
nommé pour représenter la partie défaillante ait procédé concurremment avec l'expert de l'autre partie. 6 mai 1858, *Bostenne ;*

2° Lorsque les mémoires fournis par l'une des parties n'ont été
ni communiqués ni signifiés à l'autre partie, et que, dès lors,
celle-ci n'a pas eu la faculté d'y répondre, quoique d'ailleurs
elle ait fourni d'autres défenses. 18 janv. 1813, *Régie des domaines c. Belpel ;* et aussi lorsque l'arrêté a été rendu sur le vu
d'un rapport d'experts dressé sans que la partie ait été présente
ou appelée à l'expertise ou vérification, et sans que le rapport

lui ait été ultérieurement communiqué. 18 janv. 1851, *Epailly*.
Voy. cependant *suprà*, n° 297-9°. — Voy. *infrà*, n° 323-2° ;

3° Lorsque les pétitions, mémoires ou observations verbales,
desquels on voudrait faire résulter une défense suffisante, ont
été produits, non pas devant le conseil de préfecture, mais devant le conseil municipal ou devant le maire de la commune,
partie adverse. 10 juillet 1822, *Chatelain c. comm. de Vertière;*
24 mars 1824, *Bancel c. comm. de Saint-Chamond;* 18 janv.
1826, *Blanchier c. Vedrine;* 26 juillet 1826, *Lefranc;*

4° Lorsque les défenses ont été fournies par un prétendu procureur fondé qui n'a produit aucun pouvoir, et qui est désavoué
par la partie. 8 fév. 1833, *veuve Lebœuf de Brasseuse*. Il y a
lieu, par suite, de considérer comme étant par défaut à l'égard
d'une commune un arrêté qui n'a été rendu qu'après avoir entendu le maire, si ce dernier n'avait pas été autorisé par le conseil municipal à défendre, au nom de la commune, à la demande jugée par ledit arrêté. 18 janv. 1855, *comm. d'Orgnac
c. Senouilhet et Marcoux;* et s'il ne produit pas une délibération
spéciale de son conseil. 24 janv. 1856, *comm. de Vornay c.
comm. d'Annoix.* — Voy. n°ˢ 214 et 423 ;

5° Lorsque la partie désavoue les mémoires visés dans l'arrêté, et qu'il est reconnu que ces mémoires n'ont été signés ni
par elle-même, ni par son fondé de pouvoirs. 16 juin 1831,
*Bourdet et Martin;*

6° Lorsque la partie n'a fait qu'adresser un projet de transaction au sous-préfet. 9 janv. 1828, *Marée c. comm. de Wadelin-
court;* ou lorsque, en matière de vente de biens nationaux, la
partie s'est bornée à produire ses titres et réclamations devant
le préfet, mais ne les a pas fait valoir devant le conseil de préfecture. 18 mars 1847, *comm. de Bomilly et des Pitres c. Bizet et
Delisle;*

7° Lorsque aucunes défenses n'ont été présentées par le maire
au nom de la commune. Ces défenses ne peuvent être suppléées ni par l'avis du sous-préfet, ni par les observations ou
réquisitions contenues dans des enquêtes. 16 mai 1827, *comm. de
Saint-Pée;*

8° Lorsque la décision a été rendue sur le vu d'un procès-verbal non signifié au contrevenant. 26 juillet 1854, *de Rancy*.

**303.** — Dans plusieurs circonstances, le conseil d'État a déclaré contradictoires des arrêtés rendus sur le vu de rapports
d'experts contradictoirement nommés, ou bien à la suite d'une nomination d'experts faite par la partie, quoique l'expert n'eût pas
procédé, ou bien enfin, après la comparution de la partie à une
visite de lieux, sans qu'il eût été fourni postérieurement d'autres

défenses. Voy. 29 mai 1822, *Coulon c. fabrique de la Brugnière*; 26 juin 1822, *Fourdinier c. Leflon*; 14 juillet 1830, *Deroy*; 6 fév. 1831, *Brun*; 29 janv. 1841, *de Champigny-Soutif*.

Mais cette jurisprudence beaucoup trop rigoureuse n'a pas toujours été suivie, et le conseil d'État a plusieurs fois reconnu que l'arrêté d'un conseil de préfecture devait être considéré comme rendu par défaut lorsqu'il ne visait aucune défense postérieure à l'expertise, quoique d'ailleurs les parties eussent assisté à cette expertise et que leurs dires eussent été consignés dans le procès-verbal. Voy. 16 mai 1827, *comm. de Saint-Pée*; 24 oct. 1827, *veuve Jouy c. comm. de Blaisy-le-Haut*; 27 nov. 1838, *héritiers Bullourde*; 13 avril 1842, *Piard c. Morlet*. La dernière décision rendue sur cette question consacre cependant le premier système. 20 juillet 1854, *Pouplin c. Rouillard-Jarossay*. Voy. *infrà*, n° 314.

Voy. *Lois de la procédure civile*, t. 2, p. 14, Quest. 615.

**304.** — Lorsque la partie n'a conclu que sur la compétence et a demandé un délai pour défendre au fond, si le conseil de préfecture se déclare compétent, l'arrêté qui intervient est contradictoire sur la question de compétence et par défaut sur le fond. 5 sept. 1836, *Gaignard de la Ranloue c. veuve Émond*. — Voy. *infrà*, n° 320.

Le conseil d'État a néanmoins décidé, le 26 août 1842, *Basire c. Chevillot,* que l'arrêté devrait être réputé contradictoire sur le fond comme sur la compétence, si la partie avait discuté l'un et l'autre dans les mémoires par elle produits, bien qu'elle se fût bornée à conclure sur la compétence. Mais cette décision ne me paraît pas conforme aux vrais principes.

**305.** — Les décisions des tribunaux administratifs inférieurs rendues par défaut sont susceptibles d'opposition, et cette opposition est portée devant le tribunal qui a rendu la décision.

On ne peut se pourvoir que par la voie de l'opposition et non par la voie du recours au conseil d'État contre une décision par défaut. 1er juin 1849, *Vanony et consorts*; 1er déc. 1849, *comp. de chemin de fer du Nord*; 26 mars 1850, *de la Jonquière*; et autres. (Voy. le titre de *l'Appel.*)

Ainsi, 1° les décisions ministérielles rendues par défaut peuvent être attaquées par la voie de l'opposition devant le ministre lui-même. 26 mars 1814, *Rey*; 26 fév. 1823, *Mouton c. le domaine*; 7 fév. 1834, *hérit. de Barral c. comm. de Saint-Étienne-de-Crossey*; Cormenin, t. 1, p. 183; Chevalier, v° *Procédure admin.*, t. 2, p. 367;

2° La même voie d'opposition est ouverte contre les décisions prises par les préfets, dans les matières à l'égard desquelles ils exercent exceptionnellement une juridiction contentieuse. Voy. mes *Principes de compétence*, n°s 1288 et 1289, t. 1, p. 398, et t. 2, p. 888;

3° La partie contre laquelle un arrêté du conseil de préfecture a été rendu par défaut est recevable à se pourvoir par opposition devant le même conseil, qui a le droit de rapporter son premier arrêté. 19 fév. 1823, *Marimpoey c. comm. d'Igon;* 22 fév. 1855, *Laporte de Belviale;* et les autres ordonnances et auteurs cités ci-après.

**306.** — Lorsqu'un tribunal administratif du premier degré refuse de recevoir une opposition à une décision par défaut, sous prétexte qu'il ne peut pas se réformer lui-même, on se contente de se référer à cette décision comme si elle était contradictoire; le conseil d'État, sur le recours de la partie, casse la seconde décision et renvoie l'affaire devant le même tribunal. Quelquefois, néanmoins, il évoque le fond. Voy. *infrà,* n° 660.

**307.** En matière judiciaire, l'opposition est suspensive, sauf le pouvoir accordé aux tribunaux d'ordonner l'exécution provisoire s'il y a péril en la demeure (Code de proc. civile, art. 155). La même règle est applicable à l'opposition dirigée contre une décision par défaut émanée d'un tribunal administratif du premier degré. A la vérité, l'art. 29 du règlement du 22 juillet 1806 déclare que l'opposition aux décisions du conseil d'État n'est pas suspensive; mais on ne trouve aucune disposition semblable pour les décisions émanées des tribunaux administratifs inférieurs, et, dans le silence de la loi, il me paraît convenable d'appliquer les principes du droit commun. M. Lefebvre, *loc. cit.*, p. 84,85, et M. Foucart, 4<sup>e</sup> édit., t. 3, p. 722, n° 1942, partant de cette idée que les motifs qui ont fait refuser à l'appel tout effet suspensif, se retrouvent à un égal degré pour l'opposition, admettent sans difficulté que l'opposition ne sera pas suspensive d'exécution. M. Dufour, 2<sup>e</sup> édit., t. 2, p. 107, n° 84, reconnaît aussi et avec raison, qu'il y a dans les deux cas d'appel et d'opposition parité complète de motifs, mais conformément à mon opinion, il lui paraît contraire aux principes, qu'en l'absence d'un texte exprès cette parité de motifs puisse autoriser à passer outre à l'exécution, nonobstant opposition.

**308.** — Devant les tribunaux judiciaires, l'appel des jugements susceptibles d'opposition n'est pas recevable pendant la durée du délai de l'opposition (Code de proc. civ., art. 455). La même règle est encore applicable, par analogie, aux décisions administratives rendues par défaut. Ainsi, lorsqu'un ministre ou un conseil de préfecture ont pris un arrêté par défaut, on ne peut, à son choix, se pourvoir par appel devant le conseil d'État, ou par opposition devant le ministre ou le conseil de préfecture. Cette dernière voie est la seule qui puisse être suivie. Voy. *infrà*, n° 585.

Il a été jugé que le pourvoi au conseil d'État contre un arrêté par défaut, quoique non recevable, ferait néanmoins obstacle à ce que le demandeur se pourvût par opposition devant le conseil de préfecture, ce conseil se trouvant dessaisi par suite du pourvoi. Voy. 26 fév. 1840, *de Marcieu c. min. des travaux publics.*

Je crois, au contraire, que l'opposition peut être régulièrement formée, mais que le conseil de préfecture devra surseoir à statuer jusqu'à ce que le pourvoi ait été rejeté ; autrement, les délais de l'opposition pourraient s'écouler durant l'instance devant le conseil d'État, et la partie se trouverait privée de cette voie de recours.

**309.** — Lorsque les conseils de préfecture rejettent une opposition comme non recevable, ils ne peuvent, sans excès de pouvoir, statuer surabondamment au fond sur le mérite de cette opposition, 13 avril 1842, *Piard c. Morlet.*

Si la partie défaillante se borne à annoncer l'intention de former opposition et ne la forme pas réellement, il n'y a lieu de statuer en l'état sur la demande de son adversaire tendant à faire juger le mérite de l'opposition. 11 janv. 1837, *Gateau c. comm. de Pailly.*

Lorsque l'opposition est recevable et qu'elle a été régulièrement formée, les conseils de préfecture doivent statuer au fond ; ils ne peuvent subordonner leurs décisions à celles d'un ministre. 8 sept. 1830, *Lambinet.*

**310.** — L'opposition aux décisions par défaut émanées des tribunaux administratifs du premier degré est recevable jusqu'à l'exécution, et cela nonobstant toutes significations. L'art. 29 du règlement du conseil d'État n'est point ici applicable, et il faut, au contraire, s'en tenir aux principes du droit commun, c'est-à-dire, aux dispositions de l'art. 158 du Code de procédure civile. Voyez :

1° Pour les décisions des ministres, Cormenin, 1re édit., t. 1, p. 243, et 5e édit., t. 1, p. 183 ; Dufour, 2e édit., t. 1, p. 151, n° 185.

2° Pour les décisions des conseils de préfecture, 29 août 1821, *Chambaut c. Frenilly ;* 16 mai 1827, *comm. de Saint-Pée ;* 9 janv. 1828, *Lavocat ;* 1er août 1834, *Mazet c. Latreille ;* 14 déc. 1837, *Jardin c. comm. de Saint-Aubin ;* 13 avril 1842, *Piard c. Morlet ;* 27 mai 1848, *De Trobriand ;* 26 nov. 1857, *Donnadieu ;* Cormenin, 1re édit., t. 1, p. 243, et 5e édit., t. 1, p. 196 ; Macarel, *Jurisprudence administrative,* t. 1, p. 21, n° 41 ; Lerat de Magnitot et Delamarre, v° *Défaut*, t. 1, p. 375; Brun, t. 1, p. 11, n° 25; Dufour, 2ᵉ édit., t. 2, p. 105, n° 81; Duvergier, t. 24, p. 333, note 1; *Journal des Communes*, t. 7 (1834), 2ᵉ part., p. 4; Foucart, 4ᵉ édit., t. 3, p. 722, n° 1942; Lefebvre, *loc. cit.*, p. 82.

M. Serrigny, t. 2, p. 281, n° 921, critique cette jurisprudence : « J'aurais mieux aimé, dit-il, raisonner par analogie du décret du 22 juillet 1806 (art. 29), qui accorde un délai fixe de trois mois pour former opposition aux décisions du conseil d'État ; ou de l'ordonnance réglementaire du 9 juillet 1823, qui fixe le délai de l'opposition aux arrêtés par défaut des conseils de préfecture, en matière de contraventions à la police du roulage, à trois mois depuis la date de la signification » (1).

En l'absence de toute disposition spéciale, il me paraît plus rationnel de suivre les règles du droit commun.

**311.** — L'opposition n'est plus recevable lorsque la décision, légalement signifiée à la partie condamnée, a reçu son exécution. 16 janv. 1822, *Devère c. ville de Paris.*

Il ne reste plus alors à la partie d'autre voie de recours que de relever appel, si elle est encore dans les délais, et si, d'ailleurs, elle n'a pas acquiescé expressément ou tacitement. Voy. *infrà*, n° 566.

Mais la décision n'est pas réputée exécutée, et l'opposition est, par conséquent, recevable, lorsqu'un commandement, non suivi d'effet, a été signifié à la partie condamnée. 26 mai 1845, *Rodier*.

**312.** — Pour rendre la décision définitive et arrêter l'exercice du droit d'opposition, la partie qui a obtenu gain de cause n'a donc qu'à faire exécuter cette décision. Ce moyen est facilement praticable entre simples particuliers. Mais, comment procédera-t-on dans le cas où une décision, qui condamne au paiement d'une somme d'argent, a été rendue contre une commune, contre un département ou contre l'État ? Vis-à-vis de ces personnes morales, les voies ordinaires d'exécution ne sont pas permises. Celui qui a obtenu la décision ne peut que s'adresser à l'administration pour que celle-ci avise aux moyens de procurer le paiement de la somme due (Voy. n°ˢ 860 et suivants). La partie ne pouvant agir elle-même, l'opposition demeurera ouverte, tant que l'administration n'aura pas jugé à propos d'exécuter ou de faire exécuter la décision. La signification de cette décision avec commandement ne suffirait pas pour rendre l'opposition

---

(1) Cette disposition a été abrogée par l'art. 24, § 5, de la loi du 30 mai 1851. Voy. *infrà*, n° 313.

non recevable, parce que la signification et le commandement ne constituent pas une exécution. C'est ce que j'ai décidé dans les *Lois de la procédure civile*, t, 2, p. 110, quest. 663, pour les matières judiciaires, et il n'y a pas de raison pour qu'il en soit autrement en matière administrative.

Néanmoins, si l'adversaire d'une commune obtenait l'autorisation de faire vendre les biens de cette commune, autorisation qui peut être accordée, aux termes de l'art. 46 de la loi du 18 juillet 1837, cette autorisation dûment signifiée constituerait une véritable exécution et ferait perdre à la commune le droit de former opposition.

Dans mon *Journal du droit administratif* de 1854, p. 187, art. 16, j'ai approuvé un arrêt de la Cour de Montpellier du 3 mai 1853, *comm. d'Err c. Argenty*. Cette Cour a décidé qu'une commune n'était plus recevable à former opposition à un jugement qui avait autorisé un particulier à faire passer un canal d'irrigation sur un terrain communal, moyennant indemnité, lorsque le canal avait été construit au vu et au su du maire et des habitants de la commune.—Le 6 mars 1844, *Auriol c. comm. de la Croix-Rousse*, la Cour de Riom avait admis l'opposition, quoique l'adversaire de la commune eût, après avoir fait un commandement au maire, adressé au préfet une requête pour faire autoriser la commune à s'imposer extraordinairement. — Il en eût été autrement si l'imposition extraordinaire eût été mise à exécution, ou si la commune en eût contesté l'opportunité.

On peut consulter les *Lois de la procédure*, quest. 663, n° 5, p. 204 et 205.

**313.**—La loi du 30 mai 1851 établit une exception à la règle que l'opposition est recevable jusqu'à l'exécution. Elle porte :

« Art. 24, § 5. L'opposition à l'arrêté rendu par défaut devra être formée dans le délai de quarante jours, à compter de la date de la notification. »

Voy. l'ouvrage de M. Lefebvre *sur la compétence des conseils de préfecture en matière de police de roulage et de messageries publiques.*

**314.** — L'opposition contre une décision intervenue après une première opposition n'est pas recevable. Cod. proc. civ., art. 165.

Néanmoins, si un conseil de préfecture ou tout autre tribunal administratif, au lieu de statuer au fond sur l'opposition dirigée contre un arrêté par défaut, se bornait à prescrire des moyens d'instruction, la décision rendue postérieurement sur le fond, sans que la partie eût présenté une défense régulière, pourrait être frappée d'une nouvelle opposition. 10 juillet 1822, *Chatelain c. comm. de Vertière,* Voy. *suprà,* n° 303.

**315.** — Le ministère des avocats et des avoués n'étant point requis et les plaidoiries n'étant point en usage devant les tribunaux administratifs du premier degré, on ne connaît point devant ces tribunaux le *défaut-congé* établi par l'art. 154, Cod. proc. civ. L'opposition n'est pas recevable de la part de celui sur la réclamation duquel un arrêté a été rendu. 27 avril 1841, *Levrard, élections de Falaise;* Serrigny, t, 2, p. 282, n° 922 *bis;* Lefebvre, *loc. cit.,* p. 82 ; à moins toutefois que le demandeur ne se soit trouvé dans les positions que j'ai indiquées *suprà,* n°s 302 2° et 303.

**316.** — Par le même motif, il n'y a pas de distinction à établir, vis-à-vis du défendeur, entre les décisions par défaut faute de comparaître et les décisions par défaut faute de défendre. Il n'existe devant ces tribunaux qu'une seule nature de défaut, celui qui a lieu lorsque la partie régulièrement appelée ne présente aucune défense, et c'est à ce défaut que sont applicables les règles que je viens d'exposer.

On lit cependant dans la 1<sup>re</sup> édition du livre de M. de Cormenin, t. 1, p. 244, note 1 :

« En matière d'arrêtés de conseils de préfecture et de décisions ministérielles, on confond généralement, sous le nom de *défauts,* les arrêtés lors desquels les parties n'ont pas été appelées, et ceux lors desquels elles ont été averties de se défendre et ne l'ont pas fait. Cela tient à l'absence d'une procédure régulière. »

Dans quelques circonstances, en effet, le conseil d'État a considéré comme rendus par défaut des arrêtés lors desquels les parties n'avaient pas été appelées ou l'avaient été irrégulièrement ; et, par suite, il a décidé que la partie qui n'a point été appelée doit, en formant opposition, déduire ses moyens de défense au fond, et ne pas se borner à demander la rétractation de la décision par l'unique motif qu'elle n'a pas été précédée d'une assignation régulière. Voy. 21 nov. 1839, *Guizot c. comm. de Sauzet.*

MM. Serrigny, t. 2, p. 275, n° 908, et Lebon, *Arrêts du conseil,* t. 21 (1839), p. 535, notes 1 et 2, approuvent cette jurisprudence.

Dans d'autres circonstances, le conseil d'État a consacré le principe contraire. Il l'a fait, notamment, dans l'espèce de l'ordonnance du 11 juillet 1845, *Prévost c. comp. du canal de la Sambre à l'Oise.*

Cette ordonnance est ainsi motivée : « — Considérant que les arrêtés des 22 oct. 1840, 25 mars et 22 juillet 1841 ont été rendus contre la société anonyme sans que celle-ci ait eu connaissance régulière et valable de la demande formée contre elle ;

qu'il y a lieu, dès lors, de prononcer l'annulation desdits arrêtés, sauf au sieur Prévost, s'il s'y croit fondé, à faire de nouveau statuer sur sa demande par le conseil de préfecture, après signification régulière de ladite demande à la société anonyme. »

Pour moi, je n'admettrai jamais qu'une décision rendue contre une partie qui n'a pas été régulièrement appelée puisse avoir aucune valeur à son égard. Cette prétendue décision doit demeurer sans effet, et ne peut même pas être qualifiée *décision par défaut*. Lorsqu'elle sera opposée à celui en l'absence duquel elle a été prise, il en repoussera l'application comme lui étant étrangère. Il pourra aussi l'attaquer par la voie de la tierce opposition, ainsi que le reconnaissent les ordonnances des 17 mars 1835, *Laroche c. comm. de Pontigny ;* 8 janv. 1836, *Prudhomme ;* et autres.

Régulièrement, ce n'est pas par la voie de l'opposition simple qu'il faut se pourvoir dans ce cas, parce que cette opposition ne s'applique qu'aux décisions par défaut. Mais le recours qui serait ainsi qualifié ne devrait pas moins être reçu, d'autant que l'opposition simple s'introduit dans la même forme que la tierce opposition.

En aucun cas, et quelle que soit la voie du recours qu'il ait préféré suivre, le réclamant ne sera tenu de déduire ses moyens au fond ; l'ordonnance *Guizot* précitée a mal à propos décidé le contraire ; il pourra se borner à demander l'annulation de la décision en la forme, pour défaut d'assignation régulière. Voy., au surplus, les nᵒˢ 325 et 785.

**317.** — Quant à la forme dans laquelle l'opposition doit être présentée devant les juridictions inférieures, elle est la même que pour les ajournements. Il faut donc se reporter à ce que j'ai dit au titre du *Mode d'introduction des instances*, nᵒˢ 127 et suivants. Elle doit surtout contenir les moyens à l'appui de l'opposition. 21 nov. 1839, *Guizot.* Cependant il a été jugé que l'opposant serait admis à produire ses moyens dans un acte postérieur signifié dans le délai fixé par le conseil de préfecture. 23 nov. 1854, *Seyman.* Voy. Foucart, 4ᵉ édit. ; t. 3 ; p. 722 ; n° 1942 ; Dufour, 2ᵉ édit., p. 107, n° 85 ; Lefebvre, *loc. cit.*, p. 84.

**317 bis.** — L'art. 156 du Code de procédure civile, qui prononce la péremption d'un jugement par défaut rendu faute de comparaître, s'il n'a pas été exécuté dans les six mois, est-il applicable aux matières administratives ? La solution négative repose sur le principe que j'admets en matière de péremption d'instance, *infrà*, n° 543 ; aucune loi administrative ne prononçant cette déchéance, elle ne peut être appliquée par analogie. La difficulté même des exécutions contre les diverses personnes morales dont j'ai parlé *suprà*, nᵒ 312, paraît une raison nouvelle d'adopter cette opinion.

## § II. — Conseil d'État.

### Nᵒ 1. — Décisions contradictoires.

**318.** — Les décisions du conseil d'État sont contradictoires vis-à-vis des parties qui ont produit leurs requêtes, conclusions et moyens de défense, ce qui est constaté par les *visa* du décret et par les actes de l'instruction. 11 janv. 1808, *Combes;* 26 août 1818, *Lafarge c. Mitoufflet;* 27 sept. 1827, *hospices de Louviers;* 4 juillet 1827, *Denuelle de Saint-Leu;* 9 janv. 1828, *hospices de Besançon;* Cormenin, t. 1, p. 72, note 1; Dufour, 2ᵉ édit., t. 2, p. 383, nᵒ 355.

**319.** — Pour qu'une décision du conseil d'État soit réputée contradictoire, il faut que la défense ait été présentée par le ministère d'un avocat; les mémoires et observations transmis au conseil d'État par les parties elles-mêmes ou par l'intermédiaire des ministres et autres agents de l'administration ne suffiraient pas pour rendre l'instruction contradictoire, sauf les cas exceptionnels dont j'ai parlé au titre du *Mode d'introduction des instances*, nᵒ 141.

Cependant le conseil d'État a décidé que l'instruction devait être considérée comme contradictoire :

1ᵒ Lorsqu'en matière de cotisation de propriétaires pour des travaux publics auxquels leurs propriétés sont intéressées, ces propriétaires adressent des réclamations au directeur général des ponts et chaussées, et que ces réclamations sont soumises au conseil d'État. 7 août 1816, *Chabran;*

2ᵒ Lorsque les réclamations de prétendus créanciers de l'État ayant été rejetées par le directeur général de la liquidation et l'affaire étant parvenue au conseil d'État, ces prétendus créanciers adressent une pétition au chef du Gouvernement, dans laquelle ils combattent les conclusions du directeur de la liquidation. 8 janv. 1817, *Gilbert de Voisins et d'Osmond.*

Je ne puis approuver ces ordonnances. Il ne s'agissait pas dans les espèces qu'elles avaient à juger de l'une des matières exceptionnelles à l'égard desquelles les parties sont dispensées de recourir au ministère d'un avocat; et, par conséquent, les réclamations adressées au directeur général et transmises par lui au conseil d'État, non plus que la pétition présentée directement au chef du Gouvernement, ne pouvaient avoir pour effet d'introduire une instance régulière et contradictoire.

**320.** — La décision n'est, d'ailleurs, contradictoire que sur les points qui ont été l'objet de conclusions formelles. Voy. *suprà*, n° 304.

Une ordonnance du 28 mai 1835, *Lemoine-Desmares c. Suche-tet*, rejette une opposition par les motifs que voici : « Considé-rant que, dans l'instance sur laquelle est intervenue l'ordon-nance royale du 9 nov. 1832, le sieur *Lemoine-Desmares* était en cause, et que l'ordonnance vise ses requêtes et conclusions ; — Que, s'il s'est borné à demander la production de pièces nou-velles, cette exception dilatoire ne le dispensait pas de discuter les pièces produites et de conclure à toutes fins devant une juri-diction souveraine. »

Mais puisque, en fait, la partie n'avait pas conclu au fond, l'ordonnance ne pouvait être contradictoire sur ce point.

Qu'importe que l'affaire fût pendante devant une juridiction souveraine? Devant ces juridictions, comme devant celles du premier degré, les parties sont toujours libres de se laisser juger par défaut. Je pense donc que l'opposition aurait dû être reçue.

**321.** — Hors les cas où la requête civile, ou demande en ré-vision, est admissible, les parties ne sont recevables à former aucune opposition, ni aucun recours, contre les ordonnances rendues contradictoirement avec elles. Voy. *infrà*, n° 817.

On ne peut former opposition à une décision du conseil d'État qui n'est que la suite et l'exécution d'une autre décision con-tradictoire. 26 fév. 1817, *Leroy et Delassus*. Voy. les n°s 591 et 615.

Enfin, le recours au conseil d'État doit être rejeté lorsqu'il tend à renouveler une contestation qui a été définitivement ter-minée par une ordonnance rendue contradictoirement avec les requérants. 31 mars 1825, *hospices d'Arras*; 21 nov. 1834, *hos-pice de Louviers c. Costé de Triquerville*; 4 sept. 1840, *heritiers de Sickingen-Hohembourg*.

### N° 2. — Décisions par défaut.

**322.** — Vis-à-vis du demandeur, les décisions du conseil d'État sont presque toujours contradictoires. Et, en effet, la re-quête introductive du pourvoi doit contenir l'exposé des faits et moyens, les conclusions ; elle doit être accompagnée du dépôt des pièces, et, enfin, elle doit être signée d'un avocat aux con-seils, ce qui vaut constitution et élection de domicile chez lui. Voy. *suprà*, n° 139.

À la vérité, si l'exposé des faits et moyens ne se trouve ni dans la requête sommaire, ni dans une requête ampliative, ou si

toute autre formalité essentielle a été omise, le pourvoi est rejeté ; mais l'ordonnance qui intervient n'apprécie pas le fond,
elle se borne à déclarer le pourvoi irrégulier. Cette ordonnance
pourrait donc être par défaut et susceptible d'opposition sur la
question de forme, mais au fond elle ne peut être considérée
comme une décision par défaut contre laquelle il soit possible
de diriger une opposition. Après que la question de forme aura
été définitivement jugée, le demandeur n'aura d'autre ressource
que d'introduire un nouveau pourvoi, s'il est encore dans les
délais. Voy. *infrà*, le titre de l'appel.

Lorsque la requête sommaire et la requête ampliative réunissent les conditions exigées par le règlement, l'affaire est contradictoirement engagée vis-vis du demandeur. La faculté qui
lui est accordée de présenter des observations orales à l'audience
ne fait pas que la décision puisse être considérée comme par défaut, lorsqu'il ne juge pas à propos d'user de cette faculté. L'instruction des affaires devant le conseil d'État se fait par écrit ;
c'est là son caractère propre. Ce qui le prouve, c'est qu'avant
1831 la plaidoirie n'était pas admise, et que l'ordonnance du 2
fév. 1831 n'a permis de présenter que de simples observations
orales ( Même disposition dans le décret du 30 janvier 1852,
art. 20). Cette garantie accordée aux parties n'altère point le
caractère de l'instruction qui, aujourd'hui comme autrefois, se
fait par requêtes et mémoires. Les conclusions sont prises dans
ces requêtes et mémoires ; jamais il n'est conclu à l'audience.
Si l'avocat refuse ou néglige de faire des observations, on passe
outre et la décision n'en est pas moins contradictoire. Si le conseil d'État refusait d'entendre l'avocat, ce serait un cas de requête civile (voy. n° 816) ; mais l'ordonnance ne serait pas considérée comme rendue par défaut.

**322.** — Il peut arriver néanmoins, dans quelques cas particuliers, qu'une décision soit réputée par défaut vis-à-vis du demandeur même au fond. C'est ce qui aurait lieu, par exemple :

1° Si le conseil d'État prononçait avant l'expiration du délai
qui lui est accordé par le règlement pour répondre aux défenses
de son adversaire, et le privait ainsi de la faculté de compléter
ses moyens ;

2° Si la décision était rendue sur le vu de pièces ou renseignements qui ne lui auraient pas été communiqués et qu'il n'aurait
par conséquent pas pu discuter. Voy. les n°ˢ 297-9°, 302-2°.

**324.** — Vis-à-vis du défendeur, les décisions du conseil d'État
sont considérées comme rendues par défaut :

1° Lorsque la partie assignée ne comparaît pas et ne constitue
aucun avocat ;

2° Lorsque, dans une affaire engagée contre une commune, le conseil d'État a prononcé sur le vu de renseignements fournis par le préfet et le sous-préfet, sans que ces renseignements aient été signifiés ou communiqués à l'avocat de la commune. 14 nov. 1821, *comm. des Essards c. Jullien ;*

3° Lorsque la partie qui a reçu communication régulière d'un pourvoi n'a produit aucune défense en réponse à cette communication, la réponse qui serait faite au préfet chargé de la communication du pourvoi, que le défendeur n'avait aucune observation à faire, ne suffirait pas pour faire considérer le défendeur comme s'en étant rapporté à justice, si cette réponse même n'était pas produite par le préfet. 10 août 1850, *Forbin des Essarts ;*

4° Lorsque l'avocat constitué par le défendeur n'a produit aucune requête ou mémoire. 2 juillet 1812, *Hocquard de Monfermeil c. Caillaut.*

Si, dans cette hypothèse, le ministre avait fourni des observations corroborées par des pièces pouvant servir à la défense de la partie défaillante, le demandeur ne pourrait conclure à ce que ces documents fussent rejetés du dossier. 12 juillet 1855, *Duclos*, mais il devrait en obtenir la communication avant la décision du conseil d'État.

Le décret de 1812, précité, a été rendu contrairement à l'avis de la commission du contentieux, qui avait préparé un projet soigneusement motivé. Le comité se fondait, 1° sur l'art. 113 du Code de procédure civile, relatif aux instructions par écrit, et qui porte : «Les jugements rendus sur les pièces de l'une des parties, faute par l'autre d'avoir produit, ne seront point susceptibles d'opposition » ; 2° sur le titre 5, deuxième partie du règlement du 28 juin 1738, qui prononçait la forclusion contre la partie qui, sommée de produire, ne l'avait pas fait dans les deux mois ; 3° sur les inconvénients qu'il y aurait à laisser les avocats maîtres de ne pas répondre dans les délais du règlement, ce qui tendrait à multiplier les défauts et à faire dégénérer les ordonnances de *soit communiqué* en une vaine formalité (Voy. Roche et Lebon, *Arrêts du conseil*, t. 1, p. 355). Le conseil d'État, sans donner aucun motif, repoussa purement et simplement ce projet, et admit l'opposition. Il devait en être ainsi, parce qu'une simple constitution d'avocat ne suffit pas pour lier l'instance contradictoirement ; les conclusions seules produisent cet effet, et c'est dans les requêtes ou mémoires qu'elles sont prises. Quant à l'analogie puisée dans l'art. 113 du Code de procédure civile, elle n'est pas sans réplique, car devant les tribunaux judiciaires l'instruction par écrit est ordonnée, le plus souvent, lorsque l'affaire a été déjà instruite contradictoirement et qu'à l'audience on s'aperçoit qu'elle n'est pas susceptible d'être jugée sur plaidoirie (1). Voy. dans ce sens, Chevalier, t. 2, p. 352; Foucart, 4<sup>e</sup> édit., t. 3, p. 778, n° 2014; *Journal du Palais, Jurisprudence administrative*, t. 1, p. 441, note 1.

**325.**—Il peut donc y avoir vis-à-vis du défendeur deux sortes de défaut. Le défaut faute de constitution d'avocat, et le défaut faute de défendre. Mais ce dernier cas se présente rarement, parce que la constitution d'avocat résulte de la signature de l'avocat au pied de la requête en défenses dans laquelle se trouvent les conclusions (Voy. n° 222), et qu'il n'est pas d'usage de constituer avocat par acte séparé.

M. Serrigny, t. 1, p. 344, n° 341, s'exprime ainsi:

« On ne distingue pas devant le conseil d'État l'opposition aux arrêts par défaut contre partie ou contre avocat, comme cela a lieu devant les tribunaux ordinaires (art. 157 et 158, Cod. proc.). Tous les défauts sont contre parties, et faute de répondre et de fournir les défenses mentionnées dans l'art. 4 (du règlement), ces défenses ne sont pas précédées d'un acte de constitution préalable » (art. 5).

La distinction entre les décisions par défaut contre partie ou contre avocat n'a pas une grande importance, puisque, dans tous les cas, l'opposition doit être formée dans les trois mois (Voy. n° 327); mais elle existe réellement, ainsi que cela résulte des observations qui précèdent. Seulement, il faut appliquer au défendeur ce que j'ai dit, au n° 322, du défaut de plaidoirie relativement au demandeur. Si le défendeur a constitué un avocat et fourni des requêtes ou mémoires contenant ses conclusions, la décision qui intervient est contradictoire vis-à-vis de lui, alors même que son avocat ne se serait pas présenté à l'audience pour y faire des observations orales.

D'un autre côté, je ne considère point comme ayant le caractère de décisions par défaut celles rendues contre une partie qui n'a point été régulièrement appelée. On trouve, il est vrai, plusieurs ordonnances qui déclarent l'opposition simple recevable à l'égard de décisions rendues contre des départements ou des communes qui n'avaient été ni appelés, ni entendus, et qui n'avaient été défendus que par de simples observations fournies par le ministre (Voy. 23 juillet 1823, *ville de Melun c. Pauly;*

---

(1) J'ai même décidé, dans les *Lois de la procédure civile*, t. 1, p. 562, quest. 481, que la disposition de l'art. 113 ne s'étend pas au jugement rendu contre une partie sur défaut de laquelle l'instruction par écrit aurait été ordonnée.

21 janv. 1829 ; *ville de Strasbourg* ; 27 juin 1834 , *préfet du Bas-Rhin c. Auerbacher*); mais il faut appliquer à ces espèces , et à tous les cas dans lesquels une décision aurait été rendue contre une partie qui n'aurait pas été régulièrement appelée, les observations qu'on a déjà lues au n° 316.

**326.**—Lorsqu'à l'expiration des délais fixés par le règlement, le défendeur n'a point constitué avocat et fourni ses défenses, il doit être jugé par défaut. Voy. *suprà*, n° 225.

Une ordonnance du 13 juin 1821 , *ville de Nancy c. Douville*, est ainsi motivée : « Considérant, d'ailleurs, que le sieur Douville, ni ses cautions n'ayant fourni de défenses, depuis la signification qui leur a été faite, en décembre 1819, du pourvoi exercé par la ville de Nancy, il y a lieu d'adjuger à ladite ville ses conclusions. »

M. Macarel, *Arrêts du conseil,* t. 2, p. 68, note 1, accompagne cette ordonnance d'une observation fort juste :

« Cette solution, dit-il, qui peut être bonne dans l'espèce, deviendrait fausse si on l'érigeait en principe général. Elle conduirait à établir que tout demandeur dont l'adversaire fait défaut doit obtenir *nécessairement* gain de cause; ce qui serait contraire à la raison et à la loi écrite» (Voy. l'art. 150 du Code de proc. civ.).

**327.**—IV. Le règlement du 22 juillet 1806 porte :

« Art. 29. Les décisions du conseil d'État rendues par défaut sont susceptibles d'opposition. Cette opposition ne sera point suspensive, à moins qu'il n'en ait été autrement ordonné.

« Elle devra être formée dans le délai de trois mois, à compter du jour où la décision par défaut aura été notifiée : après ce délai, l'opposition ne sera plus recevable. »

Un grand nombre d'ordonnances ont reçu des oppositions formées contre des décisions rendues par défaut. Voy. 2 juillet 1812. *Hocquart de Monfermeil* ; 18 nov. 1818, *ville d'Amiens;* 3 juin 1820 , *comm. de Chatel-Neuf c. comm. de la Chaux* ; 12 fév. 1823, *Gicquel-Dunédo c. comm. de Rostrenen* ; 4 août 1824, *Séguin c. Vanlerberghe* ; 29 mars 1827, *comm. de Sommant;* 28 août 1827, *Lebas-Duplessis* ; 4 juillet 1837, *Garanton* ; 18 juillet 1844 ; *préfet de police c. comp. des eaux d'Auteuil.*

**328.**—L'opposition est recevable même contre les ordonnances interlocutoires, lorsqu'elles ont été rendues par défaut. 24 mars 1824, *Régie des domaines c. Espié.*

**329.** — On ne peut pas se pourvoir par opposition contre une ordonnance rendue par la voie gracieuse, quoique, depuis, la matière sur laquelle cette ordonnance avait prononcé ait été soumise aux formalités établies pour le jugement des affaires contentieuses. Le conseil d'État a fait l'application de cette règle à une décision relative à des biens nationaux, matière qui, avant le décret du 23 fév. 1811, n'était pas soumise aux formalités établies par le règlement du 22 juillet 1806. Voy. 10 fév. 1816, *de Lagarde*.

**330.** — L'art. 29 du règlement, en déclarant que l'opposition n'est point suspensive, à moins qu'il n'en ait été autrement ordonné, établit une règle contraire à celle reçue en matière judiciaire (Voy. Cod. de proc. civ., art. 155). Les motifs qui ont fait déclarer l'appel non suspensif s'appliquent avec la même force à l'opposition; on a voulu éviter des lenteurs, et contraindre les parties à former leur opposition dans le plus bref délai possible. L'opposition n'arrête donc pas l'exécution, sauf au conseil d'État à ordonner un sursis, s'il le juge à propos. Voy. Cormenin, t. 1, p. 72, note 2; Serrigny, t. 1, p. 343, n° 340; Dufour, 2ᵉ édit., t. 2, p. 383, n° 354.

Le conseil d'État accorde, en général, un sursis lorsque l'exécution causerait à la partie un préjudice considérable. 4 juillet 1837, *Garanton*. — Voy. *infrà*, n° 628.

**331.** — Le délai de trois mois accordé pour former l'opposition paraît exorbitant à M. de Cormenin, t. 1, p. 73, note 1; et à M. Serrigny, t. 1, p. 343, n° 340.

Ces auteurs font remarquer que la partie défaillante a déjà eu de longs délais pour se défendre. M. de Cormenin pense que le délai devrait être gradué d'après la distance du domicile de la partie, et que, dans tous les cas, il ne devrait pas s'étendre au delà d'un mois, sauf au conseil d'État à permettre de développer les moyens dans une requête ampliative.

Il me semble, au contraire, qu'il n'y a aucun motif sérieux de se plaindre de la longueur du délai, puisque l'opposition ne suspend pas l'exécution. Celui en faveur duquel l'ordonnance a été rendue n'a pas d'intérêt bien réel à ce que cette opposition soit formée dans un bref délai.

**332.** — Du reste, le délai de trois mois est de rigueur, et plusieurs ordonnances ont rejeté des oppositions formées après l'expiration de ce délai. Voyez, notamment, 22 oct. 1808, *de Franchi;* 27 mai 1816, *Ruel de Beleisle;* 4 juin 1816, *tontine du Pacte social c. Tolozé de Jabin;* 6 sept. 1820, *Hubert;* 29 août 1821, *Lizet;* 13 août 1822, *hospices de Louviers c. Guyon.*

Ce délai n'est pas franc. Puisque le règlement dit que l'opposition devra être formée *dans le délai de trois mois;* le jour de l'échéance compte, conformément à la règle que j'ai posée dans les *Lois de la procédure civile*, t. 5, p. 319, quest. 2313. Il n'y a que le jour de la signification qui ne compte pas.

**333.**—La notification de la décision, pour faire courir les délais, doit être faite à la personne ou au domicile de la partie, même lorsque cette décision a été rendue contre une partie qui avait constitué un avocat. Le règlement du 22 juillet 1806 ne déclarant pas, comme il aurait pu le faire, qu'une notification à l'avocat serait suffisante, il faut suivre les formes ordinaires.

Il importe que la notification soit faite régulièrement parce qu'autrement le délai de l'opposition ne courrait pas contre le défaillant. Voy. ce que j'ai dit, à cet égard, au titre IV, n°ˢ 177 et suivants.

**334.** — L'opposition s'introduit dans la même forme que les pourvois ordinaires, c'est-à-dire, par une requête signée d'un avocat et déposée au secrétariat du conseil. Voy. n° 139.

Mais il n'est pas nécessaire de recourir au ministère d'un avocat pour les matières dans lesquelles les parties sont autorisées à présenter elles-mêmes la requête introductive de l'instance. Voy. n° 144.

**335.**— « Art. 30. Si la commission (aujourd'hui la section du contentieux) est d'avis que l'opposition doive être reçue, elle fera son rapport au conseil, qui remettra, s'il y a lieu, les parties au même état où elles étaient auparavant.

« La décision qui aura admis l'opposition sera signifiée dans la huitaine, à compter du jour de cette décision, à l'avocat de l'autre partie. »

Il résulterait des dispositions de cet article, si l'on voulait les appliquer à la lettre, que la section du contentieux devrait faire son rapport au conseil sans communication préalable à la partie adverse, et que le conseil devrait d'abord statuer sur la recevabilité de l'opposition. C'est, en effet, ce que le conseil d'État a quelquefois pratiqué. Dans ce système, si l'opposition lui paraissait recevable, il la recevait en la forme, et remettait les parties dans le même état où elles étaient auparavant. Voy. 2 juillet 1812, *Hocquart de Montfermeil.*

Si l'opposant paraissait, d'après son propre exposé et les pièces qu'il produisait, mal fondé dans son opposition, le conseil d'État recevait seulement l'opposition dans la forme, et, statuant au fond, il la rejettait par la même décision comme mal fondée. Voy. 31 oct. 1821, *Selves;* 8 mai 1822, *Petit c. le ministre des finances.*

Dans d'autres circonstances, on procédait différemment. Le comité du contentieux ordonnait, sans faire de rapport au conseil, la communication de l'opposition à la partie adverse, afin qu'elle pût répondre tant sur la forme qu'au fond, et le conseil prononçait sur le tout par une même décision. Voy. 12 fév. 1823.

*Gicquel-Dunédo c. comm. de Rostrenen ;* 18 juin 1823, *Barrier et Servolle c. comm. de Voingt.*

C'est cette dernière marche qui est suivie aujourd'hui. Voy. 4 juillet 1837, *Garanton.*

On modifie ainsi la disposition du règlement, sans néanmoins la violer, et cette marche procure le double avantage de rendre l'instruction plus rapide, et de mettre toutes les parties en position de faire valoir leurs moyens, tant sur la recevabilité de l'opposition que sur le fond. Il faut d'ailleurs remarquer que l'art. 30 du règlement, conçu dans le système du rejet immédiat des requêtes, a dû être modifié, dans la pratique, par suite de l'abandon de ce système (voy. n° 148), et cette modification était indispensable, le conseil d'État ne pouvant aujourd'hui statuer, même sur la recevabilité de l'opposition, qu'en audience publique, et après que les avocats des parties ont été admis à présenter leurs observations orales. Ainsi, au lieu de signifier l'ordonnance qui admettrait l'opposition en la forme, on communique cette même opposition de prime abord ; et, au lieu de prononcer par deux décisions séparées sur la recevabilité de l'opposition et sur le fond, le conseil statue sur le tout par une seule ordonnance. Voy., au surplus, Cormenin, t. 1, p. 74, n° 3 ; Serrigny, t. 1, p. 345, n° 342 ; Dufour, 2ᵉ édit., t. 2, p. 384, n° 355.

**336.** —L'opposition n'est pas recevable lorsqu'elle est dirigée contre une décision rendue après une première opposition à une décision par défaut. L'art. 165, Cod. proc. civ., doit être appliqué par analogie.

Elle n'est pas non plus recevable lorsqu'il y a eu acquiescement de la partie à la décision rendue contre elle par défaut. Voy. *infrà,* n° 566.

**337.** —Le règlement de 1806 n'admet pas le défaut-joint, qui est peu compatible avec la célérité de l'instruction administrative. Voici comment il s'exprime :

« Art. 7. Lorsque le jugement sera poursuivi contre plusieurs parties, dont les unes auraient fourni leurs défenses et les autres seraient en défaut de les fournir, il sera statué à l'égard de toutes par la même décision.

« Art. 31. L'opposition d'une partie défaillante à une décision rendue contradictoirement avec une autre partie ayant le même intérêt ne sera pas recevable. »

Devant les tribunaux judiciaires, lorsque de deux parties assignées l'une fait défaut et l'autre comparaît, le profit du défaut est joint, et le jugement de jonction est signifié à la partie défaillante par un huissier commis ; la signification contient assignation au jour auquel la cause sera appelée, et il est statué par un seul jugement qui n'est plus susceptible d'opposition. Code de proc. civ., art. 153.

Devant le conseil d'État, on arrive au même résultat d'une manière plus économique et plus rapide. Il n'est pas besoin de jugement de jonction ; la partie défaillante n'est point réassignée ; on procède à l'égard du défaillant comme à l'égard du comparant, et la décision est réputée contradictoire envers l'un et l'autre, de la même manière que l'est le jugement des tribunaux après la réassignation. On suppose néanmoins que les deux parties ont le même intérêt ; dans le cas contraire, la décision ne serait contradictoire qu'à l'égard de celle qui a été entendue. Voy. Serrigny, t. 1, p. 301, n° 293, et p. 347, n° 344 ; Dufour, 2ᵉ édit., t. 2, p. 385, n° 356.

**338.** — Mais que faut-il entendre par ces mots, *ayant le même intérêt ?*

Il est difficile de poser, à cet égard, des règles générales bien précises, les faits et les circonstances de chaque affaire devant nécessairement influer beaucoup sur la décision. Je me bornerai donc à indiquer par quelques exemples la portée qu'il convient de donner à ces expressions.

Une concession de mines porte atteinte aux droits de deux propriétaires de la surface. La cause du dommage qu'ils éprouvent est la même ; leur intérêt est identique, et l'ordonnance rendue contradictoirement avec l'un d'eux ne pourra être l'objet d'une opposition de la part de l'autre.

Le conseil d'État a aussi décidé :

1° Que plusieurs sous-acquéreurs d'un bien vendu nationalement avaient le même intérêt dans l'instance ayant pour objet d'obtenir la déclaration des biens compris dans la vente. 11 déc. 1816, *Mardelle c. Grasleuil ;*

2° Qu'un acquéreur de certaines portions d'immeubles d'origine nationale avait le même intérêt que l'administration des domaines pour faire déclarer que ces portions n'avaient pas été comprises dans une adjudication antérieure, et qu'elles lui avaient été vendues après cette adjudication. 5 juin 1845, *Roselli c. Bourdin.*

## CHAPITRE VI.

*Interprétation et rectification des décisions administratives.*

**339.** — I. Lorsque les parties ne sont pas d'accord sur le sens ou la portée d'une décision administrative, elles peuvent en demander l'interprétation au tribunal administratif qui l'a rendue.

Code.—2ᵉ édit.                                                    **13**

Cette interprétation ne peut être demandée en l'absence de toute contestation et dans le seul but de prévenir des difficultés qu'on craindrait de voir s'élever. La demande en interprétation n'est recevable qu'autant que le demandeur justifie d'une décision, soit judiciaire, soit administrative, déclarant qu'il y a lieu de procéder à ladite interprétation. 1<sup>er</sup> mars 1851, *Dambrin de Calménil c. Tavelet ;* 12 avril 1855, *Grellet et Affre.* Voy. *suprà,* n° 121=1°.

La demande en interprétation ne serait pas non plus recevable si elle tendait à faire déclarer non avenus des jugements ou arrêts rendus par l'autorité judiciaire, 10 août 1825, *Cerf c. Friedel.* Par conséquent, l'arrêté du conseil de préfecture qui, au lieu de prononcer le rejet d'une semblable demande, se bornerait à confirmer la première décision, serait annulé par le conseil d'État comme entaché d'excès de pouvoir. 13 sept. 1855, *Boulland.*

Elle serait rejetée si les termes de la décision étaient clairs et explicites et ne pouvaient donner lieu à aucune difficulté d'interprétation. 23 août 1820, *Marchand=Delecolle ;* 29 août 1821, *Labbé c. comm. de Velosnes ;* 19 déc. 1855, *Taupin, Laboureix.*

Ou bien si la partie adverse reconnaissait qu'elle doit être interprétée dans le sens que lui donne le réclamant, parce qu'alors la demande en interprétation devient sans objet. 24 oct. 1821, *Duparc c. d'Annebault.*

Si la partie adverse, après avoir contesté le sens de la décision, reconnaissait, seulement après l'introduction de la demande en interprétation, que le réclamant attribue à cette décision un sens vrai, la demande ne devrait pas être rejetée, mais il devrait être donné acte de l'aveu du défendeur.

**340.** — La partie qui n'a pas figuré dans une instance ne peut demander l'interprétation de la décision rendue, sauf à elle à se pourvoir par tierce opposition contre ladite décision, si elle y est intéressée. 13 juin 1821, *Duparc ;* 14 août 1822, *Peschery.*

**341.** — Les demandes en interprétation des décisions administratives sont introduites et jugées dans la même forme que les demandes ordinaires, et doivent être portées devant le même tribunal dont émane la décision à interpréter. Ce principe a été appliqué pour les décisions du conseil d'État par les ordonnances du 9 août 1851, *Bénassi ;* 24 mars 1853, *héritiers Tulin.*

**341 *bis*.** — Pourquoi ne déciderait-on pas que ces demandes peuvent, devant le conseil d'État, être introduites par une simple signification d'avocat à avocat ? Ce serait bien moins long et beaucoup plus simple. En l'absence de tout précédent, je n'ose pas conseiller de suivre cette voie. J'engage MM. les avocats au conseil à la faire consacrer par une décision formelle.

**342.** — II. Lorsqu'une décision du conseil d'État contient une erreur de fait, telle que, par exemple, l'énonciation inexacte du nom d'une partie, l'énonciation erronée de la date d'une demande ou de l'une des pièces produites, le conseil peut rectifier, par une seconde décision, l'erreur qui se trouvait dans la première, pourvu d'ailleurs que cette rectification ne porte aucune atteinte à la chose jugée. 3 juillet 1816, *Laplace c. Jauffret ;* 12 janv. 1844, *Châtillon c. comm. de Bercy ;* 29 juin 1844, *de Wendel*. C'est le résultat d'une espèce d'opposition aux qualités.

**342 bis.** — Le conseil d'État a même décidé, le 11 août 1841, *le préfet du Loiret c. Gaétan,* que si une erreur matérielle a été commise dans un arrêté d'un conseil de préfecture, c'est par voie d'opposition devant ce conseil, et non par voie de recours, que la réformation de l'erreur devait être demandée.

**342 ter.** — Il résulte de plusieurs ordonnances que le conseil d'État peut, lorsqu'il a omis de statuer sur un chef de demande ou sur les dépens, réparer cette omission par une seconde décision. Voy. 24 mars 1831, *Doumerc ;* 11 août 1841, *Icart ;* 12 juin 1845, *marquis de Biron c. Dagieux.*

En matière judiciaire, la règle est plus rigoureuse. Dans les *Lois de la procédure civile*, t. 1, p. 738, quest. 604 et 605, j'ai établi que le jugement une fois prononcé à l'audience est acquis aux parties, de manière qu'il n'est pas permis au juge d'y rien changer. Il peut seulement l'interpréter en expliquant le véritable sens qu'il a voulu y attacher, à condition de ne rien changer au dispositif. S'il avait omis de prononcer sur un chef de demande, il ne pourrait donc pas réparer cette omission.

Mais il faut remarquer que la voie de la requête civile est ouverte aux parties, et leur donne le moyen de faire corriger les erreurs commises à leur préjudice. Devant le conseil d'État, au contraire, les cas de requête civile sont beaucoup plus restreints, et l'omission de statuer sur un chef de conclusions ne rentre dans aucun de ceux prévus par le règlement et par le décret du 30 janv. 1852 (Voy. n° 818). Il faut, néanmoins, des juges aux parties ; et, lorsqu'une demande régulièrement présentée n'a pas reçu de solution, il faut bien nécessairement permettre de la renouveler. Ces raisons me portent à approuver la jurisprudence du conseil d'État, mais sans l'étendre au cas où il s'agirait d'une demande déjà appréciée par le juge du premier degré et soumise en appel au conseil d'État. L'omission de statuer équivaudrait alors, selon moi, à la confirmation de la décision attaquée, et il ne serait pas permis de réparer cette omission par une seconde ordonnance.

13.

# TITRE X.

## EXCEPTIONS ET NULLITÉS.

### CHAPITRE PREMIER.

#### Caution à fournir par les étrangers.

**343.** — I. Les étrangers qui plaident, soit devant le conseil d'Etat, soit devant les autres juridictions administratives, sont tenus de fournir la caution *judicatum solvi*, conformément aux dispositions des art. 16 du Code civil, 166 et 167 du Code de procédure civile. Voy. 26 août 1824, *Roguin et Delafléchère;* Macarel, *Jurisp. admin.*, t, 1, p. 54, n° 14; Chevalier, v° *Procéd. admin.*, t. 2, p. 329; Serrigny, t. 1, p. 285, n° 272; Lefebvre, *loc. cit.*, p. 98.

Mais, si tous les frais sont faits et si l'affaire est instruite, on n'est pas recevable à former la demande d'un pareil cautionnement. Macarel, *loco citato*.

C'est encore l'application de l'art. 166 du Code de procédure, qui veut que cette demande soit formée avant toute exception.

**344.** — II. Le décret du 7 février 1809 contient, en outre, une disposition spéciale ainsi conçue :

« Art. 1⁰ʳ. Les jugements rendus au profit des étrangers qui auraient obtenu des adjudications dans des matières pour lesquelles il y a, d'après notre décret du 22 juillet 1806, recours à notre conseil d'État, ne pourront être exécutés, pendant le délai accordé pour ce recours, qu'autant que l'étranger aura préalablement fourni en France une caution bonne et solvable. »

## CHAPITRE II.

### *Renvois et sursis.*

**345.** — I. Devant les juridictions administratives, comme devant les tribunaux judiciaires, on distingue l'incompétence *ratione materiæ* et l'incompétence *ratione personæ*. — Voy. *suprà*, n°ˢ 124 et suiv.

La première résulte de l'inobservation des principes qui servent à distinguer le gracieux du contentieux, la compétence administrative de la compétence judiciaire, enfin, les attributions propres à chacune des autorités administratives. Ainsi, il y a incompétence *ratione materiæ*, lorsqu'on introduit par la voie contentieuse une demande qui ne peut être adressée qu'au pouvoir gracieux; lorsqu'on porte devant une juridiction administrative une contestation qui est de la compétence des tribunaux judiciaires; et, enfin, lorsqu'on soumet à un tribunal administratif un litige qui est dans les attributions d'une autorité administrative d'un ordre différent, ce qui arriverait, par exemple, si l'on soumettait au ministre une affaire qui est de la compétence du conseil de préfecture.

L'incompétence *ratione personæ* résulte, au contraire, de la violation des règles de la juridiction territoriale. Le tribunal qui a été saisi a bien reçu de la loi la mission de statuer sur les débats de la nature de celui qui lui est soumis, mais les personnes en instance devant lui, ou les choses sur lesquelles on lui demande de prononcer, sont placées hors de sa circonscription territoriale; il est donc incompétent, non à raison de la matière, mais à raison du territoire.

On conçoit dès lors que cette dernière espèce d'incompétence ne peut s'appliquer ni aux ministres, ni au conseil d'État, ni à aucun des autres tribunaux administratifs qui sont uniques et dont les attributions embrassent tout le territoire de la France. Voy. mes *Principes de compétence*, n°ˢ 890 à 898, t. 1, p. 252, et t. 3, p. 665.

**346.** — La partie qui a été appelée devant un tribunal administratif autre que celui qui doit connaître de la contestation, peut demander son renvoi devant les juges compétents. Code de proc. civile, art. 168.

Elle est tenue de former cette demande préalablement à toutes autres exceptions et défenses. Même Code, art. 169.

Si, néanmoins, le tribunal était incompétent à raison de la matière, le renvoi pourrait être demandé en tout état de cause;

et, si le renvoi n'était pas demandé, le tribunal serait tenu de renvoyer d'office devant qui de droit. Même Code, art. 170.

Ces dispositions, quoique spéciales à la procédure civile, doivent être appliquées, par analogie, à l'instruction qui a lieu devant les tribunaux administratifs. On peut consulter dans les *Lois de la procédure civile* mes questions sur les articles précités.

L'incompétence *ratione materiæ*, étant d'ordre public, ne peut, en aucun cas, se couvrir par le consentement des parties. 15 juin 1825, *Théus c. Jacob.*

Voy. mes *Principes de compétence*, nᵒˢ 500 à 504, t. 1, p. 143, et t. 2, p. 288, et Lefebvre, *loc. cit.*, p. 99.

**347.** — II. S'il a été formé précédemment en un autre tribunal une demande pour le même objet, ou si une contestation est connexe à une cause déjà pendante en un autre tribunal, le renvoi peut être demandé et ordonné. Cod. proc., art. 171.

Cette règle, que le Code de procédure civile établit pour les cas de litispendance ou de connexité qui se présentent devant l'autorité judiciaire, doit aussi s'étendre aux cas semblables qui se présentent devant les tribunaux administratifs.

M. Lefebvre, *loc. cit.*, p. 103, reproduisant les idées que j'ai exposées plus haut (Voy. n° 124) sur le caractère des actions administratives relativement à la juridiction territoriale, et, reconnaissant comme moi que la distinction entre les actions personnelles et réelles ne paraît pas applicable en matière administrative, en conclut que les art. 171 et 172, Cod. proc., ne sont pas applicables au contentieux administratif, et que les exceptions de litispendance et de connexité ne peuvent pas être soulevées devant les conseils de préfecture, attendu qu'il ne pourra jamais y avoir concours de compétence entre les deux tribunaux saisis, car si l'un des deux était incompétent, il n'y aurait qu'à proposer le déclinatoire, sans avoir besoin d'invoquer la litispendance ou la connexité.

Je ne puis admettre cette doctrine; sans doute les cas de litispendance et de connexité seront beaucoup plus rares en matière administrative qu'en matière civile, mais ils ne sont pas impossibles. Cela est évident pour la connexité, et on pourrait facilement en trouver des exemples pour la litispendance. Voy. *infrà*, n° 364, ce qui concerne la connexité résultant de ce que deux actions sont pendantes devant le même tribunal.

**348.** — Il n'y aurait pas litispendance si la demande, quoique relative au même objet, tendait néanmoins à des fins différentes devant chacun des tribunaux saisis.

Ainsi, encore que les tribunaux civils soient saisis de la de-

mande en revendication d'un immeuble, si le demandeur forme
une seconde demande devant la justice administrative relativement au même immeuble, tendant seulement à l'interprétation de.
l'acte d'adjudication dont se prévaut le défendeur, il n'y a pas litispendance, et le renvoi ne doit pas être prononcé. 11 fév. 1818,
*Devèze.*

**349.**—Il n'y a pas non plus litispendance dans le cas où une
partie se pourvoit, et devant le ministre, et devant le conseil
d'État, contre un arrêté préfectoral attaqué comme entaché d'excès de pouvoir. J'ai conseillé cette double voie de recours dans
mes *Principes de compétence*, t. 1, p. 397, n°s 1283 et 1284. Quoiqu'il n'y ait pas litispendance, le conseil d'État surseoit quelquefois à statuer jusqu'à ce que le ministre ait prononcé (*mêmes numéros*, t. 3, p. 887). Il est prudent, toutefois, d'attaquer, dans
le délai du règlement, la décision ministérielle qui approuve
l'arrêté du préfet, pour qu'on ne puisse pas opposer plus tard que
cette décision ayant acquis force de chose souverainement jugée,
le pourvoi au conseil d'État n'est plus recevable. Cette fin de non-
recevoir ne me paraîtrait pas fondée, mais il faut prévenir une
exception qui entraînerait des lenteurs. On peut voir *infrà*,
au n° 365-8°, une ordonnance qui semble confirmer mon opinion.

**350.**—III. Lorsque, devant un tribunal administratif compétent au fond, il s'élève une question préjudicielle qui est de la
compétence de l'autorité judiciaire, ce tribunal doit surseoir à
statuer sur le fond jusqu'à ce que la question préjudicielle ait
été décidée par l'autorité compétente, mais il ne doit pas se dessaisir entièrement, parce qu'il a seul le droit de juger le fond.
Voy. mes *Principes de compétence*, n°s 505 à 513, t. 1, p. 144,
et t. 2, p. 290.

Les tribunaux administratifs doivent aussi surseoir à statuer
lorsqu'il s'élève devant eux une question préjudicielle qui est de
la compétence d'une autre autorité administrative. 23 fév. 1820,
*comm. de Baverans c. Moureau.*

**351.**—Lorsque la contestation présente deux actions séparées,
dont l'une a été portée devant les tribunaux judiciaires, et l'autre devant les tribunaux administratifs, si ceux-ci estiment qu'il
convient que l'action judiciaire soit préalablement jugée, ils peuvent surseoir à statuer jusqu'après le jugement définitif des tribunaux. 10 juillet 1822, *Desgraviers.*

**352.** — Après qu'un sursis a été ordonné par l'autorité administrative jusqu'à ce qu'une question préjudicielle ait été décidée
par les tribunaux judiciaires, il n'est permis de revenir devant
l'autorité qui a ordonné le sursis qu'après qu'il y a eu de la part

des tribunaux chose définitivement jugée sur cette question. 10 avril 1818, *Régie des domaines c. Alziary.*

Mais si le tribunal administratif s'est borné à accorder un délai pendant lequel l'une des parties devait porter la question préjudicielle devant les tribunaux civils, il n'excédera pas ses pouvoirs en statuant sur le fond, si le délai accordé est expiré sans que l'autorité judiciaire ait été saisie de la question préjudicielle. 20 mars 1852, *Marthières.*

## CHAPITRE III.

### *Nullités.*

**353.**—I. Quoique aucune forme sacramentelle n'ait été indiquée par le législateur pour l'instruction à suivre devant les trinaux administratifs autres que le conseil d'État, néanmoins j'ai admis que l'on devait observer, par analogie, les dispositions du Code de procédure civile pour l'accomplissement des formalités substantielles.

Ici on doit appliquer l'art. 173, qui déclare couvertes les nullités qui ne sont pas proposées avant toute défense au fond, ou avant toute exception autre que les exceptions d'incompétence.

Les nullités peuvent aussi être couvertes par une renonciation, soit expresse, soit tacite. Ainsi, en acquiesçant à la désignation par le conseil de préfecture d'un tiers expert dont la nomination appartient au préfet, on se rend, en matière de desséchement de marais, non recevable à se plaindre devant le conseil d'État de l'irrégularité commise par le conseil de préfecture. 1ᵉʳ juin 1854, *de Laubespin, compagnie de desséchement de la vallée de l'Outhié c. Ramet.*

**353 bis.**—Les tribunaux ne pourraient suppléer d'office une nullité qui ne serait pas d'ordre public. Il n'y a que la partie intéressée qui peut se prévaloir de la nullité. Ainsi, la circonstance relevée par le ministre en matière de petite voirie, que l'arrêté fixant le montant de la subvention serait basé sur une expertise irrégulière, ne serait pas de nature à faire annuler ledit arrêté, si le réclamant ne conteste pas la régularité de l'expertise. 9 fév. 1850, *Gauthier.*

**354.** — II. Dans les affaires soumises au conseil d'État, le même article 173 est applicable.

Ainsi, par exemple, celui qui a répondu à la signification d'une ordonnance de *soit communiqué* ne peut plus se prévaloir de l'irrégularité de cette signification. 16 fév. 1827, *Sauvé c. de Tragin;* 28 fév. 1831, *Girette c. Honnorez.*

**355.** — III. Il ne faut pas confondre les nullités de procédure et de forme avec les exceptions touchant le fond de la contestation, par exemple, le défaut de qualité ou de droit, la prescription, etc. J'ai longuement développé cette thèse dans les *Lois de la procédure civile*, t. 2, p. 206, quest. 739 *bis*.

# CHAPITRE IV.

## *Exceptions dilatoires.*

**356.** — I. L'héritier, la veuve, la femme séparée de biens assignée comme commune, ne peuvent être forcés à prendre qualité devant les tribunaux administratifs avant l'expiration des délais qui leur sont accordés pour faire inventaire et délibérer. Argument de l'art. 174, Cod. proc. civ. Voy. Lefebvre, *loc. cit.*, p. 118.

**357.** — II. Lorsqu'une partie, en instance devant un tribunal administratif quelconque, déclare vouloir appeler un garant, il doit lui être accordé un délai suffisant pour le mettre en cause.

Les art. 175 et suivants, Cod. proc. civ., fixent les délais dans lesquels cette mise en cause doit avoir lieu; mais, comme l'instruction administrative est plus simple et moins rigoureuse, ces délais peuvent être augmentés ou diminués, selon les circonstances, par les juges administratifs. Voy. Lefebvre, *loc. cit.*, p. 111.

Si la personne qu'on demande à mettre en cause n'est pas justiciable du tribunal administratif devant lequel l'instance principale est pendante, cette mise en cause doit être refusée. 28 mai 1835, *ville de Paris c. Benazet.*

Cette ordonnance est conforme à l'opinion que j'ai émise dans les *Lois de la procédure civile*, t. 2, p. 262, quest. 771 *bis.*—Voy. aussi mes *Principes de compétence*, t. 1, p. 146, et t. 2, p. 304, n° 512-3°.

**358.** — On ne peut appeler au conseil d'État le garant qui n'a pas été partie devant le tribunal du premier degré.

Dans les *Lois de la procédure civile*, t. 2, p. 269, quest. 773, j'ai dit qu'un garant ne pouvait pas être appelé pour la première fois devant un tribunal d'appel. Le principe doit être le même en matière administrative.

## CHAPITRE V.

### *Communications et productions de pièces.*

**359.** — I. La communication des pièces devant les ministres, les préfets et les conseils de préfecture se fait à l'amiable et sans aucune formalité. Elle a lieu par la voie des bureaux. Il faut suivre par analogie les dispositions des art. 188 à 192, Cod. proc. civ., en tant qu'elles sont compatibles avec l'organisation des tribunaux administratifs. « Le conseil de préfecture, dit M. Lefebvre, *loc. cit.*, p. 112, pourra donc, sur la demande d'une partie, accorder la communication d'une pièce invoquée par l'autre partie. Il pourra même aller au-devant de la demande, et l'ordonner d'office s'il le croit utile. Il fixera lui-même le délai dans lequel la connaissance pourra en être prise, et, s'il s'agit d'une copie importante, d'un titre dont il n'existait pas minute, par exemple, il en ordonnera le dépôt, soit au secrétariat du conseil, soit à celui de la préfecture, de la sous-préfecture, ou même de la mairie du domicile du requérant, où la partie intéressée pourra en prendre connaissance sans déplacement. »

« Si le litige existe entre particuliers, dit M. Cotelle, t. 1, p. 174, n° 5, le secrétaire (1) prend soin d'avertir chacune des parties de venir prendre connaissance des mémoires et des pièces qu'a produits l'adversaire; il en est de même dans les instances introduites par l'administration à l'égard des procès-verbaux, rapports et pièces qu'auront produits les ingénieurs des ponts et chaussées, les différents bureaux de la préfecture ou les ministères. »

Mais cet avertissement, qui devrait être donné, ne l'est pas toujours. Il peut même arriver que la communication soit refusée dans les bureaux. Quel moyen les parties prendront-elles pour l'obtenir?

Si l'affaire est pendante devant un préfet ou un conseil de préfecture, sommation devra être faite au préfet de communiquer les rapports et documents produits. Si l'affaire est soumise à un ministre, la sommation sera adressée à ce ministre. Mais cette sommation pourra bien demeurer sans résultat, et la décision qui interviendra et qui visera les mémoires des parties n'en sera pas moins contradictoire. Les parties n'ont donc d'autre garantie

_____

(1) Il est fort rare qu'il existe un secrétaire du conseil de préfecture ; c'est ce qui rend les communications si difficiles.

réelle que le recours au conseil d'État contre cette décision, si elle leur est contraire. Voy. Cotelle, t. 1, p. 175, nᵒˢ 10 et 11.

**360.** — II. Le règlement du 22 juillet 1806 détermine ainsi qu'il suit le mode de communication des pièces produites devant le conseil d'État :

« Art. 8. Les avocats des parties pourront prendre communication des productions de l'instance au secrétariat, sans frais.

« Les pièces ne pourront en être déplacées, si ce n'est qu'il y en ait minute, ou que la partie y consente.

« Art. 9. Lorsqu'il y aura déplacement de pièces, le récépissé, signé de l'avocat, portera son obligation de les rendre dans un délai qui ne pourra excéder huit jours ; et, après ce délai expiré, le garde des sceaux pourra condamner personnellement l'avocat en dix francs au moins de dommages et intérêts pour chaque jour de retard, et même ordonner qu'il sera contraint par corps.

« Art. 10. Dans aucun cas, les délais pour fournir ou signifier requêtes ne seront prolongés par l'effet des communications. »

« La pratique, dit M. Dufour, 2ᵉ édit., t. 2, p. 328, nᵒ 306, a apporté de graves tempéraments à la rigueur de ces dispositions. Le déplacement des pièces pour la communication à prendre par les avocats est de règle générale. Le récépissé en est donné sur un registre par la personne qui vient *habituellement* les prendre pour chaque avocat ; et il est rare qu'on exige la stipulation de leur rétablissement dans un délai déterminé. Nous devons même avouer, pour être sincère, qu'il s'écoule un temps infiniment plus long que celui marqué dans le règlement avant que l'avocat soit mis en demeure de rétablir le dossier. Cette mise en demeure n'a, d'ailleurs, jamais lieu que par voie de correspondance officieuse. M. de Cormenin, qui voudrait que les prescriptions du règlement fussent suivies à la lettre dans l'intérêt de la prompte administration de la justice, se plaît, néanmoins, à constater « qu'il est sans exemple que des avocats « n'aient pas obtempéré aux invitations réitérées du greffe. » (Voy. t. 1, chap. 5, sect. 1, p. 52.) Aujoutons que la marche des affaires dans leur infinie variété ne saurait comporter des termes si absolus. »

S'il arrivait que, malgré les invitations officieuses, l'avocat s'obstinât à retenir le dossier, la sommation de le rétablir devrait, d'après M. de Cormenin, *loc. cit.*, être faite, par acte d'huissier et dans la forme légale, à la requête du président de la section. Je pense qu'une notification régulière par la voie administrative serait suffisante.

**361.** — II doit être donné communication à la partie adverse de toutes les pièces produites et dont on fait usage dans l'instance.

Lorsque l'une des parties produit de nouvelles pièces qui sont de nature à changer la face de la question à juger, ou dont il importe à l'adversaire de prendre connaissance, il y a lieu, avant faire droit, d'en ordonner la communication. 2 mars 1832, *Goupil*; 19 déc. 1834, *veuve Charpentier.*

De même, lorsque le ministre, contre lequel un pourvoi est dirigé, n'a pas été entendu, ni mis à portée de l'être, sur de nouvelles conclusions, il y a lieu de surseoir jusqu'à ce que ces conclusions lui aient été communiquées et qu'elles aient donné lieu, s'il y échet, à un supplément d'instruction. 15 sept. 1831, *Méjean c. min. de la marine.*

Mais lorsque l'expédition d'une pièce ( par exemple, d'une ordonnance royale) est authentique, et qu'elle a été communiquée, il n'y a pas lieu de l'écarter sous prétexte qu'elle aurait été tardivement produite. 28 janv. 1836, *Séguin et Colin.*

**362.** — III. Dans les affaires soumises soit aux tribunaux administratifs inférieurs, soit au conseil d'État, les parties doivent avoir soin de produire toutes les pièces et tous les documents nécessaires pour le jugement de la contestation. Si quelque titre ou quelques documents essentiels n'ont pas été produits, le conseil ordonne le sursis et la production. 31 juillet 1833, *Potier de Courcy ;* 10 janv. 1834, *Pernot.* Mais l'expiration du délai accordé ne peut avoir pour conséquence d'anéantir les droits des parties. Ainsi il a été décidé que l'arrêté par lequel un conseil de préfecture avait ordonné à des opposants à la vente de biens communaux de produire dans le mois leurs titres entre les mains de l'administration , faute de quoi il serait passé outre à l'adjudication , n'avait porté aucune atteinte aux droits des opposants, et ne faisait pas obstacle à ce qu'ils les fissent valoir ainsi qu'ils l'aviseraient. 17 août 1847, *Godon, Alignon et consorts.*

Il n'y a pas lieu de surseoir à statuer lorsque le sursis demandé n'a point pour objet de faire de nouvelles productions, mais de porter devant les tribunaux des questions qui ont été déclarées être du ressort de l'autorité administrative. 16 août 1833, *d'Annebault.*

**363.** — IV. L'art. 409 du Code pénal est ainsi conçu :

« Quiconque, après avoir produit dans une contestation judiciaire quelque titre, pièce ou mémoire, l'aura soustrait de quelque manière que ce soit, sera puni d'une amende de 25 à 300 fr. —Cette peine sera prononcée par le tribunal saisi de la contestation. »

Dans notre *Théorie du Code pénal*, 3ᵉ édit., t. 5, p. 396,

M. Hélie et moi, nous avons expliqué la portée de cet article, et nous avons décidé que les mots *contestation judiciaire* s'appliquaient aux débats contentieux devant un tribunal administratif.

Il s'agit ici d'un délit d'audience, et c'est pour cela que la peine est prononcée par le tribunal saisi. Voy. *suprà*, n° 241.

## CHAPITRE VI.

*Jonctions d'instances.*

**364.** — I. Lorsque deux instances pendantes devant le même tribunal administratif sont connexes, la jonction peut en être demandée et ordonnée. Cormenin, t. 1, p. 69 ; Chevalier, t. 2, p. 346 ; 28 janv. 1848, *Nicolas Moris ;* 25 mars 1848, *Toussaint c. le min. des finances* (1).

**365.** — Devant le conseil d'État, il y a lieu à jonction d'instances, pour être statué sur le tout par une seule et même décision :

1° Lorsque les requêtes présentées par plusieurs parties tendent aux mêmes fins et s'appuient sur les mêmes moyens. 4 fév. 1824, *habitants de Soissons ;* 11 fév. 1824, *Bonnabel ;* 11 mai 1825, *Coulon ;* 21 déc. 1825, *Chabrié et Féry de Basabe ;* 11 fév. 1829, *préfet de Seine-et-Oise ;* 16 août 1833, *d'Annebault ;* 29 août 1834, *héritiersDuchambge ;* 3 mai 1845, *Lignières et Dessiennes ;* 9 mai 1845, *Labennie et Oppenheim ;* 5 fév. 1849, *de la Barthe et consorts.—ville de Caen ;* 7 mars 1849, *comp. anonyme du chemin de fer de Tours à Nantes ;* 20 juillet 1849, *Thibaut,* et autres;

2° Lorsque plusieurs pourvois sont dirigés contre la même décision. 12 juillet 1826, *Crugy de Marcillac ;* 28 août 1827, *héritiers de Choiseul-Praslin ;* 16 janv. 1828, *de Fraguier ;* 13 avril 1828, *Clebsattel et Duhamel ;* 15 juillet 1829, *héritiers Mouton ;* 3 fév. 1830, *Bernard ;* 31 déc. 1831, *Benard et Lanevas ;* 16 nov. 1832, *Guibert ;* 18 août 1833, *Renier c. Guaita ;* 11 juin 1834, *Fourcade et Pujo ;* 16 fév. 1835, *héritiers de Soubise ;* 15 mars 1849, *héritiers Bourdonnay-du-Clésio-Rouvillois ;* 9 avril 1849, *veuve Durot c. la société anonyme du canal d'Aire à la Bassée ;* 6 mai 1848, *Lecoat de Kervéguen et Gavary-Chabrier,* et autres;

3° Lorsque les pourvois d'une partie contre plusieurs arrêtés offrent les mêmes questions à juger, sont fondés sur les mêmes

---

(1) Voy. *suprà*, n° 347, ce qui concerne les jonctions d'instances pendantes devant des tribunaux différents.

moyens ou présentent le même intérêt. 28 août 1827, *de Bardin;*
29 juillet 1829, *Tondu-Poullain;* 25 janv. 1831, *Houel;* 20
juillet 1832, *Galline;* 25 avril 1834, *Barbot;* 15 mai 1835, *Raous-
set de Boulbon;* 6 avril 1836, *Quénot;* 12 juillet 1836, *prince de
Wagram;* 19 juillet 1837, *Tessier;* 9 mai 1845, *Polissard-Jean-
non;* 13 juin 1845, *Sourdeau de Beauregard;* 10 mars 1848,
*Albrecht;* 28 janv. 1848, *comm. de Sennecé;* 7 fév. 1848, *de
Courtivron et de Beauverande;* 7 fév. 1848, *Hudes;* 15 fév.
1848, *Caisse hypothécaire;* 17 fév. 1848, *Quinon, Coindre et
consorts;* 17 fév. 1848, *Lescan;* 10 mars 1848, 31 mars 1848,
6 mai 1848, *de Kerveguen, Gavari et Chabrier;* 31 mai 1848,
*min. des fin. c. Falatieu,* et autres;

4º Lorsque des pourvois formés par des parties différentes
contre des arrêtés distincts présentent néanmoins à juger la
même question, et se réfèrent au même objet, quoique dans des
intérêts divers. 5 déc. 1833, *Perret;* 6 mars 1835, *Godefroy c.
comm. de Bury;* 10 juin 1835, *Nattier c. Hue Delacombe;* 20
juillet 1836, *Leharivel, Guillaume, etc.;* 14 déc. 1837, *Dever-
nieux;* 2 janv. 1838, *élections de Romans;* 23 fév. 1844, *Bayard
de la Vingtrie c. Paix-Bris;* 15 mai 1848, *comp. des bateaux à
manège de Cubzac c. le min. des travaux publics;* 26 mai 1848,
*Gambin c. le min. des fin.,* et autres;

5º Lorsque l'une des décisions attaquées a été rendue sur des
contestations nées à l'occasion de l'exécution de l'autre. 30 nov.
1832, *Lespinasse;*

6º Lorsque de deux arrêtés attaqués l'un par le ministre, l'autre par un particulier, le premier impose à l'administration l'o-
bligation de garantir ce particulier contre les condamnations
prononcées par le second. 7 juin 1836, *Brochet;*

7º Lorsque deux pourvois ont pour objet la même contravention. 6 janv. 1830, *Roncin-Duval;*

8º Lorsque, dans l'intervalle qui s'est écoulé depuis le pourvoi formé contre un arrêté du préfet argué d'incompétence jusqu'à la décision du conseil, l'arrêté attaqué reçoit l'approbation
du ministre. Le recours contre la décision ministérielle peut
alors être joint au premier pourvoi, et jugé simultanément.
28 nov. 1821, *Gramont c. Aigobert.* — Voy. ce que j'ai dit au
nº 349.

**366.** — II. Les tribunaux administratifs demeurent libres de
ne pas ordonner la jonction, s'ils pensent que cette jonction
offrirait des inconvénients, ou si les circonstances ne permettent
pas de joindre les instances.

Ainsi, un conseil de préfecture peut statuer séparément sur
des contraventions de même nature reprochées au même indi-

vidu, et constatées par des procès-verbaux différents, lorsqu'elles ne lui ont pas été dénoncées en même temps. 12 déc. 1834, *min. de l'intérieur c. Pihet.*

**367.** — D'un autre côté, on doute que la jonction puisse être ordonnée lorsque deux pourvois dirigés contre deux décisions différentes ont deux objets distincts et donnent à résoudre des questions essentiellement différentes, quoiqu'elles soient débattues entre les mêmes parties, 18 avril 1835, *Derly ;* où lorsque les intérêts du requérant sont demeurés distincts, quoique les décisions portent les mêmes dates et les mêmes motifs. 28 juillet 1852, *Péron.*

Le conseil d'État a néanmoins ordonné la jonction, dans un cas pareil au premier, le 14 mai 1828, *Angrand d'Alleray ;* mais cette ordonnance ne me paraît pas devoir faire jurisprudence.

On peut consulter les *Lois de la procédure civile,* t. 2, p. 193, quest. 731, note 1.

# TITRE XI.

## VOIES DE VÉRIFICATION.

### SOMMAIRE.

### CHAPITRE PREMIER.

*Vérifications d'écritures, enquêtes, expertises, etc.*

**368.** — En matière administrative, comme en matière judiciaire, il est souvent nécessaire, pour compléter l'instruction, d'employer diverses voies de vérification, telles que :

Les vérifications d'écritures ;

Les enquêtes ;

Les visites et vérifications de lieux ;

Les expertises ;

La comparution personnelle des parties ;

L'interrogatoire de ces mêmes parties ;

Le serment.

Quels sont les pouvoirs des tribunaux administratifs relativement à ces moyens d'instruction ? Dans quelles formes doit-il y être procédé lorsqu'on y a recours ? C'est ce qu'il importe de faire connaître.

SECTION I<sup>re</sup>. — *Pouvoirs des tribunaux administratifs.*

**369.**— I. Les préfets et les ministres ont le droit de recourir à toutes les voies de vérification et d'instruction nécessaires pour éclairer leur religion ; mais ces voies sont plus souvent en usage dans les affaires soumises aux conseils de préfecture., et ces conseils sont investis, comme les tribunaux judiciaires eux-mêmes, du pouvoir d'ordonner, lorsqu'ils le jugent convenable, une vérification de lieux, une expertise, une enquête, etc. (1). Voy. 2 juillet 1820, *Castellan ;* 19 janv. 1825, *Pernot ;* 18 janv. 1831, *min. de l'intérieur c. d'Herbecq ;* 20 déc. 1836, *Nel ;* Cormenin, t. 1, p. 188 ; Chevalier , v° *Procédure administrative,* t. 2, p. 368 ; Foucart, 4<sup>e</sup> édit., t. 3, p. 718, n° 1937 ; Dufour, 2<sup>e</sup> édit., t. 2, p. 50, n° 43 ; Lefebvre, *loc. cit.,* p. 125.

**370.**— Le conseil de préfecture qui a ordonné une expertise, une enquête ou une vérification des lieux contentieux, peut, sur le motif qu'elle est incomplète , en ordonner une seconde. 18 juillet 1821 , *Bourdon ;* 7 déc. 1850, *Labille et Dorlet.*

**371.**— Les arrêtés qui ordonnent une expertise sont des décisions purement interlocutoires qui ne lient pas les conseils de préfecture. Ces conseils peuvent, lorsque plusieurs expertises ont eu lieu, puiser les bases de leur décision définitive, en tout ou en partie, soit dans les premiers , soit dans les derniers procès-verbaux et rapports d'experts. Ils ne sont pas tenus de se conformer à l'avis des experts (Code de procédure civile, art. 323), 18 juillet 1821, *Bourdon ;* 19 janv. 1825, *Pernot ;* 4 juillet 1845, *Decaix c. ville de Paris ;* 19 mars 1849 , *Daussier ;* 1<sup>er</sup> juin 1849, *Chauvassaigne.* Par conséquent l'arrêté qui ordonne une expertise à l'effet de fixer le montant d'une indemnité, ne peut être invoqué comme faisant chose jugée sur le principe de l'indemnité. 5 juillet 1851, *Firmont Fauconnet et comp.* La question reste toujours entière, et, par suite, a dit le conseil d'État (ce qui est peut-être trop général. Voy. *infrà*, n° 589), un pourvoi

---

(1) Néanmoins, les étroites limites dans lesquelles est renfermée la compétence des conseils de préfecture pour le contentieux des biens nationaux, ne leur permettraient pas d'avoir recours à de semblables voies de vérification. Voy. mes *Principes de compétence,* n<sup>os</sup> 1418 à 1434, t. 1, p. 431, et t. 3, p. 964.

contre cet arrêt ne serait pas irrecevable. 29 juin 1850, *Marion;* 27 août 1854, *min. des trav. publ. c. Osterrich;* Brun, t. 1, p. 9, n° 16; Dufour, 2e édit., t. 2, p. 54, n° 48 ; Lefebvre, *loc. cit.*, p. 126.—Voy. *suprà*, n° 289.

Néanmoins, si le conseil de préfecture, en ordonnant une expertise, a déclaré qu'en cas de discordance entre les experts il serait nommé un tiers expert, il ne peut, ce cas arrivant, prononcer en l'absence du rapport du tiers expert. 26 mars 1823, *ville de Pontarlier c. Chambard.*

**372.**—Les conseils de préfecture peuvent ordonner une vérification d'écritures. Mais cette vérification aura-t-elle lieu devant le conseil de préfecture lui-même?

L'art. 81 de l'ordonnance du 31 août 1828 autorise cette procédure particulière devant les conseils privés des colonies, qui exercent des fonctions analogues à celles des conseils de préfecture, et l'art. 14 du règlement du 22 juillet 1806 permet aussi au conseil d'État de commettre, soit un maître des requêtes, soit tout autre fonctionnaire, pour procéder à ces sortes de vérifications.

Cependant M. Duvergier, t. 28, p. 474, note 1, ne pense pas que la vérification d'écritures puisse avoir lieu devant les conseils de préfecture, et il ajoute : « Si, devant un conseil de préfecture, une écriture ou une signature était déniée, on renverrait devant les tribunaux ordinaires, pour, après la vérification faite, être statué par le conseil de préfecture. »

Je partage l'opinion de mon savant ami.

**373.** — Le conseil d'État peut, de son côté, ordonner des vérifications d'écritures, des visites et vérifications des lieux contentieux, des enquêtes, des expertises. 30 mai 1821, *Torcat c. Montault;* 15 déc. 1824, *Poupart de Neuflize;* 10 janv. 1827, *Gomart c. Damay;* 5 avril 1833, *Mauguin;* 4 juillet 1837, *Garanton;* Cormenin, t. 1, p. 60, note 1; Chevalier, t. 3, p. 341; Serrigny, t. 1, p. 322, n° 321.

C'est à tort que M. Foucart, 4e édit., t. 3, p. 770, n° 2000, pense que les vérifications dont parle l'art. 14 du règlement sont des vérifications de fait et non des vérifications d'écritures à proprement parler. Cet article dit expressément que s'il y a lieu d'ordonner que *des faits ou des écritures soient vérifiés.....* (voy. n° 384), et je ne conçois pas la controverse élevée par mon honorable collègue, sur cette partie des attributions du conseil d'État.

**374.** — Quelquefois le conseil d'État, lorsqu'il juge une expertise nécessaire, ordonne qu'il y sera procédé devant le tribunal administratif qui a prononcé en premier degré sans avoir

Code. — 2e édit.                                          14

recours à cette voie d'instruction. 24 janv. 1845, *ville de Clermont.*

Quelquefois, aussi, en annulant la décision d'un conseil de préfecture rendue sur une expertise irrégulière ou insuffisante, il renvoie devant le même conseil, pour y être statué après une nouvelle expertise. 22 mai 1822, *Achardy ;* 23 août 1836, *Duval c. comm. de Logeard ;* 18 mai 1837, *hérit. Pelletier c. Papault ;* 19 mars 1845, *Phalipau c. Dufaud.*

Mais, lorsqu'il trouve l'instruction d'une affaire complète, alors même qu'une nouvelle expertise serait demandée par les parties, il juge le fond et déclare n'y avoir lieu de procéder à cette expertise. 26 oct. 1825, *Dubuc c. comm. de Boisles ;* 25 avril 1828, *Watin c. veuve Tronchain.*

**375.** — Il peut aussi ordonner qu'il sera procédé par un ministre à certaines vérifications, ou bien qu'il lui sera donné communication du pourvoi et des pièces du dossier pour qu'il ait à produire des pièces, documents et explications nécessaires pour compléter l'instruction, quoique d'ailleurs le ministre ne figure pas dans l'instance. 6 juin 1834, *comm. de Coligny c. Amard ;* 27 juin 1834, *préfet du Bas-Rhin c. Auerbacher.*

**376.** — Dans une circonstance, le conseil d'État, après avoir ordonné une enquête, a prescrit qu'elle se ferait devant un autre fonctionnaire que celui qu'il avait d'abord désigné. 15 août 1834, *Mauguin.*

Le conseil d'État n'est pas tenu de se conformer à l'avis des experts, et, si l'expertise ordonnée sur l'appel lui paraît irrégulière, il peut s'en tenir à celle faite devant le conseil de préfecture. 5 mai 1830, *de Barras et Cays.*

SECTION II. — *Formes de procéder.*

**377.** — Lorsque des enquêtes, expertises et autres voies de vérification ou d'instruction sont ordonnées devant les juridictions administratives de premier degré, les règles de la procédure civile ordinaire doivent être suivies, en tout ce qui peut s'allier avec la promptitude de l'instruction administrative. Chevalier, t. 2, p. 368.

Quelquefois même la loi se réfère nommément aux dispositions du Code de procédure civile, en déclarant qu'elles devront être appliquées. Voy. loi du 21 avril 1810, sur les mines, art. 87.

**378.** — Pour certaines matières, le législateur a déterminé, d'une manière spéciale, le mode de procéder. Voy., par exemple, la loi du 16 sept. 1807, art. 8, 18, 56 et autres.

Il est bien évident qu'il faut se conformer alors aux dispositions de la loi, et leur violation pourrait, selon la gravité des cas, entraîner la nullité des actes auxquels il aurait été irrégulièrement procédé.

C'est ainsi que le conseil d'État a annulé des expertises dans lesquelles l'ingénieur en chef n'avait pas été nommé tiers expert. 27 mars 1856, *Guion;* 6 juin 1856, *Mettiez;* 28 mai 1857, *Grandjean;* relatives à des évaluations d'indemnités pour occupations de terrains, dans lesquelles l'expert des entrepreneurs avait été nommé par le préfet contrairement aux dispositions de l'art. 56 de la loi précitée. 4 mai 1843, *veuve Pugnet;* 1er mars 1844, *Bodin.*

Toutefois, l'entrepreneur ne serait pas recevable à se plaindre de la nomination faite par le préfet, s'il avait consenti à cette nomination, ou s'il l'avait approuvée, soit en termes exprès, soit implicitement en assistant à l'expertise sans élever aucune réclamation. 2 fév. 1844, *Dupan c. Duchet-Bricourt;* et il ne pourrait être suppléé à l'expertise exigée par l'art. 56 de la loi précitée par une expertise ordonnée par le président du tribunal civil jugeant en référé. 23 mars 1854, *Piatier c. comm. de Grenelle.* Voy. *infrà,* le titre *des Référés.*

**378** bis. — Le conseil d'État a jugé, le 3 déc. 1857, *Caillaux,* qu'aucune disposition de loi n'interdisait d'admettre comme tiers expert un conducteur des ponts et chaussées, dans une contestation entre l'État et un adjudicataire de travaux publics.

**379.** — En l'absence de toute disposition spéciale, il faut se conformer, autant que possible, aux règles générales tracées dans le Code de procédure civile.

Une ordonnance du 17 nov. 1819, *Hardy c. Guernon-Ranville,* porte : «—Considérant que le mode de nomination d'experts, tel qu'il est prescrit par le Code civil et par le Code de procédure, n'est pas d'obligation pour les actes d'administration; que d'autres modes de nomination ont été tracés, postérieurement à la publication desdits Codes, par diverses lois et ordonnances, notamment par la loi du 16 sept. 1807, et l'ordonnance du 25 juin 1817 (1), ci-dessus visées... »

D'un autre côté, on lit dans l'ordonnance du 31 juillet 1843, *héritiers de la Poëze c. comm. de Sainte-Hermine :*

« — Considérant que si la loi du 15-18 mars 1790, en soumettant à l'arbitrage de l'administration les difficultés qui pourraient s'élever entre les communes et les propriétaires des halles au sujet de leur location, n'a point ordonné que des experts seraient

_____

(1) C'est l'ordonnance *Albitte,* citée plus bas, n° 387.

commis pour évaluer la valeur locative desdites halles, néanmoins, lorsque l'expertise a été reconnue nécessaire, les conseils de préfecture ne peuvent s'affranchir des prescriptions légales, soit pour la nomination, soit pour la prestation du serment des experts... »

Ces deux décisions, qui paraissent contradictoires, peuvent être conciliées en disant que les dispositions du Code de procédure civile n'ont point force obligatoire par elles-mêmes, mais qu'en l'absence de toute autre disposition spéciale, elles doivent être appliquées par analogie et en les combinant avec les usages et les formes particulières aux matières administratives.

**380.** — Ainsi, par application des art. 283 et 310, Cod. proc. civ., les experts peuvent être récusés valablement, lorsque, depuis l'arrêté qui a ordonné l'expertise, ils ont bu ou mangé avec la partie. 15 juin 1812, *Lassis c. Sénat*; Dufour, 2ᵉ édit., t. 2, p. 53, n° 47; Lefebvre, *loc. cit.*, p. 130; et c'est le conseil de préfecture qui statue sur les récusations.

**381.** — Pareillement, le conseil d'État déclare nuls :

1° Les arrêtés des conseils de préfecture ou des commissions spéciales basés sur des rapports d'experts qui ont procédé sans avoir prêté serment, contrairement aux dispositions des art. 305 et suivants du même Code. 13 juin 1821, *ville de Nancy c. Douville*; 23 août 1836, *Duval c. comm. de Logeard*; 24 fév. 1843, *Dezoteux c. de Préville*; 31 juillet 1843, *héritiers de la Poëze c. comm. de Sainte-Hermine*; 6 déc. 1844, *marquis de Biron c. Dagieux*; 19 mars 1845, *Phalipau c. Dufaud*; 23 août 1845, *Pourchot c. comm. de Bourcia*; 20 avril 1854, *sœurs de la Providence de Lyon c. Morelet Bertin*; 2 août 1854, *Chamblant*; 12 août 1854, *Muners et Tissot*; 23 nov. 1854, *Beckaert*; 5 janv. 1855, *héritiers Fagot-Hervé*; 12 avril 1855, *Giraudet*; 20 nov. 1855, *Vaillant*; 2 avril 1855, *Garnier*; 15 mai 1856, *Delépine*; 26 juin 1856, *Anssart*; 17 fév. 1859, *Mancel et Vieules* (1).

Le conseil de préfecture ne pourrait affranchir les experts de l'accomplissement de cette formalité. 18 déc. 1848, *Oudet*. La nullité devrait être prononcée, même dans le cas où les mêmes experts auraient été désignés pour évaluer des indemnités dues par le même individu à d'autres personnes, et auraient prêté serment

---

(1) Mon honorable collègue, M. Batbie, pense que l'ingénieur en chef ne doit pas prêter serment quand il est tiers expert ordinaire, mais qu'il en est autrement lorsque ce fonctionnaire public est appelé ou choisi. *Journal du droit administratif*, 1853, t. 1, p. 154, n° 155. Cette distinction a été consacrée par le conseil d'État, le 29 mai 1856, *Doyen*.

avant de procéder à ces évaluations, s'ils n'avaient pas prêté spécialement serment pour les opérations de l'expertise dont la nullité est demandée, pourvu cependant que les diverses expertises
aient été complétement distinctes. 1er oct. 1852, *Debrousse.*

La nullité résultant du défaut de prestation de serment est
d'ordre public et ne peut être couverte par le consentement et le
défaut de réclamation des parties. 25 août 1849, *Sylvestre Topin
c. comm. de Peyrusses.*

2° Les arrêtés intervenus sur l'avis d'un ingénieur nommé
tiers expert, sans qu'il y ait eu préalablement expertise contradictoire. 6 déc. 1844, *marquis de Biron c. Dagieux.*

3° Les expertises faites par des experts nommés d'office, sans
que les parties aient été mises en demeure de faire elles-mêmes
cette nomination. 17 nov. 1819, *Hardy c. Guernon-Ranville ;*
5 sept. 1842, *Petit c. comm. de Vaudoué ;* 31 juillet 1843, *héritiers de la Poëze c. comm. de Sainte-Hermine ;* 24 août 1845,
*Pourchot c. comm. de Bourcia ;* 31 août 1849, *comm. de Vicq c.
Beldon ;* 14 sept. 1852, *min. des trav. publics c. Doviau et Chai-
gneau ;* 9 nov. 1852, *Legrand et Grandmaugin c. comm. de Saul-
not ;* 28 juin 1855, *directeur des forges de la Chaussade ;* et autres. — Cette nullité est couverte par l'assistance et le concours
des parties aux opérations des experts nommés d'office. 26 mars
1850, *Réné Duvoir et comp. c. ville de Méricourt ;* 6 juillet 1850,
*Mouren c. Valentin et consorts.* La partie qui a requis la prestation de serment du tiers expert ne peut plus le récuser. 17 avril
1856, *Demeurs c. ville d'Avignon.*

4° Les arrêtés intervenus à la suite d'une expertise à laquelle
ont procédé des experts nommés d'office, avant que ceux désignés par les parties aient été avertis du jour et de l'heure des
opérations et aient été mis en demeure de se rendre sur les lieux.
18 mai 1837, *héritiers Pelletier c. Papault.* V. *infrà,* n° 387.

Si les parties refusent ou négligent, après avoir été mises en
demeure, de nommer leur expert, la nomination a lieu d'office.
C'est le tribunal chargé de statuer au fond qui fait cette nomination. L'ordonnance du 4 mai 1843, *veuve Pugnet,* annule un
arrêté d'un conseil de préfecture intervenu à la suite d'une expertise faite par deux experts dont l'un avait été désigné d'office
par le préfet, au lieu d'être nommé par le conseil de préfecture
lui-même.

Mais lorsque l'expert nommé d'office par une partie vient à
décéder, cette partie rentre dans la plénitude de son droit de désignation. C'est seulement à défaut par elle d'exercer ce droit
qu'il peut y avoir lieu à une nouvelle nomination d'office. 6 juillet
1854, *Spineux et consorts c. min. des trav. publ.*

**382.** — Les conseils de préfecture, lorsqu'ils ordonnent une expertise, peuvent-ils ne nommer qu'un seul expert?

Cette question s'est présentée dans l'affaire jugée par l'ordonnance du 18 mars 1842, *Séguy c. comm. de Duilhac;* mais elle n'a pas été résolue, parce que le conseil d'État a pensé que l'arrêté qu'on présentait comme ordonnant une expertise ne prescrivait qu'une levée de plan (1).

M. Dufour, 2ᵉ édit., t. 2, p. 51, n° 44, croit qu'il est convenable d'ordonner qu'il sera procédé par deux experts, mais que cette règle n'est pas tellement absolue que le conseil de préfecture ne puisse y déroger. Je préférerais l'application de l'art. 303, Cod. proc. civ., et la nomination de trois experts, à moins d'un consentement unanime à la nomination d'un seul expert.

Si les parties avaient désigné chacune son expert, et qu'un tiers expert ait ensuite été nommé, l'expertise dans laquelle ce tiers expert aurait procédé simultanément avec les autres experts, serait parfaitement régulière, 24 mai 1854, *Jolisier c. comm. de Sévérac* (2).

**382 bis.** — Le conseil de préfecture désigne l'autorité qui devra recevoir le serment des experts. Cette autorité pourra être le conseil de préfecture lui-même, ou un membre de ce conseil, le juge de paix du lieu, le préfet et même le sous-préfet. Voy.

---

(1) Le 10 déc. 1857, *chemin de fer de Lyon*, le conseil d'État a consacré l'opinion que j'avais émise en 1840, lorsqu'il a décidé que, du consentement des parties, un seul expert pouvait être nommé.

(2) Le 26 août 1858, *Demeure*, le conseil a statué sur une espèce bizarre, dont voici la notice textuelle, extraite du recueil de MM. Lebon et Hallys-Dabot, 1858, p. 619 :

« Un arrêté du conseil de préfecture a été attaqué devant le conseil d'État, comme ayant refusé d'annuler une tierce expertise irrégulière en ce que le tiers expert aurait fait son travail sans que les parties ou leurs experts aient été appelés ; le conseil d'État a décidé que le conseil de préfecture avait satisfait dans une mesure suffisante aux droits et actions des parties, en ordonnant que les experts seraient mis en demeure de s'entendre avec le tiers expert pour concourir au rapport que ce dernier devrait présenter, et que les parties seraient également mises en demeure de présenter leurs observations aux experts. — Dans l'intervalle entre l'arrêté du conseil de préfecture et l'arrêté du conseil d'État, la partie qui allait former le recours et son expert ont été mis en demeure de concourir aux opérations du tiers expert, mais s'y sont refusés, en se fondant sur le recours qui allait être formé. Cette partie ne peut pas, après l'arrêt confirmatif du conseil d'État, se plaindre que les opérations de la tierce expertise aient été complétées en son absence et en l'absence de son expert. »

Dufour, 2ᵉ édit., t. 2, p. 52, n° 46; Lefebvre, *loc. cit.*, p. 130. — Le 19 mai 1835, *Tramoy c. comm. de Membray*, le conseil d'État a jugé qu'un sous-préfet avait capacité pour recevoir le serment d'un expert nommé en matière administrative.

**383.** — Relativement aux enquêtes, M. Dufour, 2ᵉ édit., t. 2, p. 56, n° 51, fait observer que les dispositions du Code de procédure civile sont en harmonie avec une procédure surchargée de mesures lentes et dispendieuses qui ne sauraient convenir aux matières administratives. Il conseille aux commissaires enquêteurs de se conformer, comme mesure de convenance et d'équité, aux formalités tracées pour les enquêtes devant les justices de paix. « Cette marche, ajoute-t-il, est naturellement suivie par le juge de paix lorsque c'est lui qui est chargé de procéder à l'enquête; mais il n'en est pas de même des commissaires qui ne sont pas choisis parmi ces magistrats. Dans l'usage, les maires se contentent de se rendre, à l'heure et au jour qu'ils ont fait connaître aux parties par une lettre écrite à cet effet, sur les lieux contentieux. Là, ils recueillent purement et simplement les dires de ces parties, interrogent, sans leur avoir fait prêter le serment préalable, les témoins amenés de part et d'autre, et mentionnent les reproches proposés contre certains d'entre eux. —Il n'y a point à s'étonner, au surplus, que cet inaccomplissement de formalités n'entraîne pas la nullité de l'opération; car on décide, même en matière civile, que les formalités de l'enquête devant le juge de paix ne sont pas prescrites à peine de nullité. »

J'adopte le terme moyen proposé par M. Dufour, et je renvoie pour la solution des difficultés aux questions traitées dans mes *Lois de la procédure civile*, t. 1, p. 171.

Je me borne à faire remarquer que le conseil de préfecture peut déléguer un de ses membres pour présider aux opérations de l'enquête, et même commettre le juge de paix du lieu où le fait à élucider sera le plus facilement constaté. Voy. Lefebvre, *loc. cit.*, p. 118.

**384.** — II. Quant aux voies de vérification qui ont lieu dans le cours des instances pendantes devant le conseil d'État, le règlement du 22 juillet 1806 dispose :

« Art. 14. Si, d'après l'examen d'une affaire, il y a lieu d'ordonner que des faits ou des écritures soient vérifiés, ou qu'une partie soit interrogée, le garde des sceaux (aujourd'hui le président de la section du contentieux) désignera un maître des requêtes, ou commettra sur les lieux; il réglera la forme dans laquelle il sera procédé à ces actes d'instruction. »

Il n'est donc pas nécessaire que le conseil d'État lui-même

soit appelé à délibérer pour ordonner les mesures d'instruction ou de vérification. C'est la section du contentieux, chargée de préparer et de diriger l'instruction, qui apprécie la nécessité ou la convenance de ces mesures, et, sur son rapport, le président rend l'ordonnance qui prescrit la mesure et qui règle le mode de procéder.

Rien n'empêche pourtant que l'assemblée du conseil d'État, délibérant au contentieux, si elle ne juge pas l'instruction assez complète lorsqu'elle lui est soumise, n'ordonne elle-même de procéder à telle ou telle autre voie de vérification; et c'est, en effet, ce qui est arrivé quelquefois. Voy., comme exemples, les ordonnances des 30 mai 1821, *Torcat c. Montault*; 29 mai 1822, *Achardy*; 10 janv. 1827, *Gomart c. Demay*; 4 juillet 1837, *Garanton*.

**385.**—Le président de la section du contentieux et le conseil d'État peuvent commettre sur les lieux des juges de paix, des préfets, sous-préfets, ingénieurs, pour procéder à des vérifications, enquêtes et expertises. 30 mai 1821, *Torcat c. Montault*; 5 avril 1833, *Mauguin*; 15 août 1834, *Mauguin*; Cormenin, t. 1, p. 60, note 1; Dufour, 2e édit., p. 351, nos 327 et 328.

**386.** — On voit que l'art. 14 précité n'exige l'emploi d'aucune forme spéciale; il confère au président de la section du contentieux, et, à plus forte raison, au conseil d'État lui-même, un pouvoir discrétionnaire à cet égard. Mais, en fait, l'ordonnance est toujours conforme aux dispositions du Code de procédure civile.

M. de Cormenin, t. 1, p. 61, rapporte les diverses formules d'ordonnances qui sont rendues en pareil cas.

On trouve aussi dans le *Recueil des arrêts du conseil* de M. Macarel plusieurs ordonnances rendues par le garde des sceaux. Voy. notamment, t. 6, p. 236 et 679.

**387.**—La forme réglée par l'ordonnance doit être exactement suivie; et, par exemple, le conseil d'État a annulé un procès-verbal d'expertise par le motif que l'expert de l'une des parties avait été nommé d'office par le préfet, sans que la partie eût été mise en demeure de procéder à la nomination, contrairement au dispositif de l'ordonnance qui portait que les experts seraient convenus amiablement, sinon nommés d'office par le préfet. 25 juin 1817, *Albitte*. Voy. *suprà*, n° 381-4°.

**388.** — III. Les juges administratifs du premier degré et le conseil d'État pourraient ordonner la comparution personnelle des parties, les interroger sur faits et articles, leur déférer le serment, dans les circonstances analogues à celles dans lesquelles ces moyens d'instruction sont pratiqués devant l'autorité judiciaire.

Mais le serment décisoire est-il admissible devant la juridiction administrative ? M. Lefebvre, *loc. cit.*, p. 123, ne croit pas que la question puisse souffrir difficulté, il déclare que le serment supplétoire ou décisoire constitue l'un des moyens de preuve reçus devant les conseils de préfecture. Mais le conseil d'État a décidé le contraire le 29 nov. 1851, *Pélissier c. la comp. du chemin de fer de Marseille à Avignon*. M. Lebon fait suivre cette ordonnance d'une note ainsi conçue :

« Cette solution, que nous croyons neuve, n'est pas seulement ni même principalement motivée sur ce qu'aucune loi n'a expressément permis de déférer le serment devant la juridiction administrative ; car cet argument, ainsi que nous l'avons déjà fait remarquer en d'autres matières, s'appliquerait, pour le conseil de préfecture surtout, à une foule de mesures d'instruction qu'aucune loi n'a prévues ni réglées devant les conseils, et que cependant, par la force des choses, ils ordonnent tous les jours. Le vrai motif de la décision nous paraît être celui qui est tiré des raisons d'ordre public. Ces raisons, qu'il est inutile de développer, nous paraissent, en effet, péremptoires en ce qui touche le serment que l'on voudrait déférer à un agent de l'administration publique. Nous les admettrions aussi dans l'hypothèse inverse, c'est-à-dire, lorsqu'un agent de l'administration voudrait déférer le serment à un particulier. Mais elles ont moins de force dans le cas de l'espèce actuelle, entre un simple concessionnaire de travaux publics et un particulier, c'est-à-dire entre deux parties maîtresses de leurs droits, et l'on pourrait assurément soutenir qu'en les étendant à cette situation, on fait une application exagérée du principe en vertu duquel les concessionnaires d'entreprises d'utilité publique sont substitués aux droits et obligations de l'État. Cependant la question est grave, et la solution très formelle qu'elle vient de recevoir a dû, nous le reconnaissons, être mûrement pesée par le conseil. » Je le crois aussi, mais les motifs mis en avant par M. Lebon, et auxquels j'adhère pleinement, conduisent naturellement à décider que les parties maîtresses de leurs droits pourront déférer le serment et le référer, tandis que les autres ne le pourront pas.

**389.**—L'art. 336 du Code de procédure civile porte :

« Seront tenues les administrations d'établissements publics de nommer un administrateur ou agent pour répondre sur les faits et articles qui leur auront été communiqués ; elles donneront, à cet effet, un pouvoir spécial dans lequel les réponses seront expliquées et affirmées véritables, sinon les faits pourront être tenus pour avérés; sans préjudice de faire interroger les administrateurs et agents sur les faits qui leur seront personnels, pour y avoir, par le tribunal, tel égard que de raison. »

Ces dispositions doivent recevoir leur application en matière administrative, comme en matière judiciaire. Voy., au surplus, mes *Lois de la procédure civile*, t. 3 , p. 189, quest. 1264 et suivantes.

## CHAPITRE II.

### *Enquêtes* DE COMMODO ET INCOMMODO.

**390**. — I. Les lois et règlements exigent qu'il soit procédé à des enquêtes dites *de commodo et incommodo*, dans certaines affaires qui sont quelquefois susceptibles de donner lieu à des discussions contentieuses, mais qui, le plus souvent, rentrent dans le domaine du pouvoir gracieux ou même du pouvoir exécutif pur.

Les actes ou arrêtés intervenus sans qu'il ait été procédé à ces sortes d'enquêtes, dans les cas où elles sont exigées, sont frappés de nullité. Voy. 18 juillet 1844, *comm. de Law c. comm. de Massevaux.*

**391**. — Une circulaire du ministre de l'intérieur, du 20 août 1825 (*Bulletin off.*, t. 5, p. 412), indique les formalités propres à ces enquêtes, et, quoique spéciale aux aliénations communales, cette circulaire doit servir de règle pour toutes les enquêtes de même nature.

Après avoir rappelé que les enquêtes *de commodo et incommodo* ont pour objet de constater l'opinion des tiers intéressés, et d'éclairer l'autorité supérieure sur le mérite des projets qui lui sont soumis, le ministre continue ainsi :

« L'enquête dont il s'agit est faite par les moyens propres à l'autorité administrative, et ordinairement sans frais, surtout lorsque l'objet de cet acte n'est pas de nature à justifier ou à nécessiter, par son importance, des formalités onéreuses.

« Elle doit être annoncée huit jours à l'avance, à son de trompe ou de tambour, et par voie d'affiches placardées au lieu principal de réunion publique, afin que les intéressés ne puissent en ignorer, et parce que cette publicité autorise à compter le silence des absents comme un vote affirmatif.

« J'ajouterai que l'annonce doit toujours être faite le dimanche, qui est le jour où les intéressés se trouvent habituellement réunis ; et qu'à l'égard de l'exécution, le moment préférable est celui où la suspension du travail laisse plus de liberté à ceux qui doivent y prendre part.

« Il est essentiel que le préambule du procès-verbal, dont il est donné communication aux déclarants, contienne un exposé exact de la nature, des motifs et des fins du projet annoncé.

« Tous les habitants appelés et admis sans distinction à émettre leur vœu sur l'objet de l'enquête doivent expliquer librement ce qu'ils en pensent, et déduire les motifs de leur opinion, principalement quand elle est opposée aux vues de l'administration qui les consulte.

« Les déclarations sont individuelles et se font successivement; elles sont signées des déclarants, ou certifiées conformes à la déposition orale, pour ceux qui ne savent point écrire, par la signature du commissaire enquêteur, qui les reçoit et en dresse immédiatement procès-verbal.

« Lors même que les déclarations sont identiques, elles doivent être consignées distributivement dans le procès-verbal, indépendamment les unes des autres, avec leurs raisons respectives, et, autant qu'il est possible, dans les termes propres aux déclarants.

« Quant au commissaire enquêteur, l'inconvénient qui s'attache au choix du maire, dans bien des circonstances, est facile à sentir, et vous apprécierez l'observation que j'en ai déjà faite. D'un autre côté, rien n'empêche que le soin de l'enquête ne soit confié au juge de paix, non pas comme juge, mais comme personne capable et habituée à ces sortes de fonctions.

« Dans les communes où il n'y a pas de justice de paix, c'est au sous-préfet à déléguer tout autre fonctionnaire dont la capacité et le désintéressement personnel dans la cause lui sont assez connus pour garantir l'exactitude de sa mission. »

**391** *bis.* — On conçoit que, malgré les termes de l'affiche indiquant que l'enquête *de commodo et incommodo* durera tant de jours, elle n'est pas nulle si elle se prolonge au delà du terme fixé par suite du grand nombre d'habitants qui se sont présentés et dont les observations ont dû être consignées sur le procès-verbal. 10 janv. 1856, *Renout.*

**392.** — M. Proudhon, *Traité des droits d'usage*, t. 2, p. 614, n° 714, examine le caractère de cette enquête toute spéciale, et il décide que les habitants d'une commune peuvent et doivent être entendus, même dans une affaire intéressant cette commune, par exemple, dans le cas où, d'après l'art. 64 du Code forestier et l'art. 116 de l'ordonnance réglementaire, le conseil de préfecture ne peut prononcer qu'après une enquête *de commodo et incommodo.*

Il faut ajouter que le procès-verbal dressé par le commissaire enquêteur est envoyé au sous-préfet, qui y joint son avis, et l'expédie à qui de droit, suivant la matière qni en fait l'objet.

Voy., au surplus, Gérando, t. 1, p. 363, n°ˢ 1000 et suivants ; Lerat de Magnitot et Delamarre, t. 1, p. 527.

**393.** — III. Il est encore d'autres enquêtes qui ont la plus grande analogie avec les enquêtes *de commodo et incommodo* proprement dites. Ce sont celles qui doivent précéder les travaux d'utilité publique.

Les formalités de ces enquêtes sont déterminées par des règlements d'administration publique faits en vertu d'une délégation législative.

C'est ainsi qu'en vertu de la délégation résultant de l'art. 3 de la loi du 7 juillet 1833, les ordonnances des 18 fév. 1834, 15 fév. et 22 août 1835, encore en vigueur sous l'empire de la loi du 3 mai 1841, ont réglé les formalités des enquêtes relatives aux travaux publics et aux travaux d'intérêt purement communal, qui ont été déclarés d'utilité publique.

C'est ainsi encore qu'en vertu de la délégation législative résultant de l'art. 1ᵉʳ de la loi du 25 juin 1841, l'ordonnance du 7 sept. 1842 détermine les formes dans lesquelles il doit être procédé à une enquête préalable, lorsqu'une loi spéciale pour le classement ou l'exécution d'une route départementale est réclamée par un département.

## CHAPITRE III.

### *Faux incident.*

**394.** — I. L'art. 427 du Code de procédure civile est ainsi conçu :

« Si une pièce produite est méconnue, déniée ou arguée de faux, et que la partie persiste à s'en servir, le tribunal renverra devant les juges qui doivent en connaître, et il sera sursis au jugement de la demande principale. — Néanmoins, si la pièce n'est relative qu'à un des chefs de la demande, il pourra être passé outre au jugement des autres chefs. »

Cet article doit être appliqué par analogie aux incidents de faux qui s'élèvent devant les tribunaux administratifs du premier degré.

Les questions de faux rentrent essentiellement dans la compétence des tribunaux judiciaires ; on conçoit que l'autorité administrative ne puisse en connaître. Lors donc qu'une pièce arguée de faux est produite devant un ministre ou devant un conseil de préfecture, et que la partie persiste à vouloir s'en servir, le juge administratif doit examiner si cette pièce est de nature à exercer une influence quelconque sur le jugement du fond ; et, en ce cas, il doit surseoir et renvoyer les parties devant les tribunaux judiciaires pour y être statué sur le faux. Si, au contraire, la pièce est sans influence sur le fond de la contestation, ou bien si elle n'est relative qu'à un des chefs de la demande, il peut passer outre au jugement des chefs indépendants de la sincérité de la pièce. Voy. 19 mars 1845, *min. de la guerre c. Parodi.*

On peut consulter les diverses questions que j'ai traitées sous l'art. 427, dans les *Lois de la procédure civile,* t. 3, p. 542 et suiv.

**395.** — II. Relativement au faux incident qui s'élève dans le cours des instances devant le conseil d'État, voici quelles sont les dispositions du règlement du 22 juillet 1806 :

« Art. 20. Dans le cas d'une demande en inscription de faux contre une pièce produite, le grand juge (le président de la section du contentieux) fixera le délai dans lequel la partie qui l'a produite sera tenue de déclarer si elle entend s'en servir.

« Si la partie ne satisfait pas à cette ordonnance, ou si elle déclare qu'elle n'entend pas se servir de la pièce, cette pièce sera rejetée.

« Si la partie fait la déclaration qu'elle entend se servir de la pièce, le conseil d'État statuera sur l'avis de la section, soit en ordonnant qu'il sera sursis à la décision de l'instance principale jusqu'après le jugement du faux par le tribunal compétent, soit en prononçant la décision définitive, si elle ne dépend pas de la pièce arguée de faux. »

L'application de cette disposition du règlement a été faite par les ordonnances des 4 déc. 1822, *Pordelanne c. Tournois ;* 23 fév. 1839, *Petit c. comm. de Vaudouée.*

**396.**—La demande en inscription de faux est formée par une requête adressée au président de la section du contentieux. Cette requête est communiquée à la section du contentieux, et c'est sur l'avis de la section que le président rend une ordonnance qui fixe le délai dans lequel la partie est tenue de déclarer si elle entend se servir de la pièce. Pour que ce délai puisse courir, il faut que l'ordonnance du président ait été signifiée. Dufour, 2ᵉ édit., t. 2, p. 369, n° 338.

M. Macarel, *Arrêts du conseil,* t. 6, p. 597, note 1, relève un cas dans lequel une ordonnance pareille a été rendue par le garde des sceaux.

**397.** — Le conseil d'État ne peut pas juger l'inscription de faux, et il n'a pas, à cet égard, le pouvoir qui lui est accordé pour la vérification des écritures. Il doit se borner à examiner

si l'incident est de nature à arrêter le cours de l'instance, c'est-
à-dire, si la décision du fond dépend de la sincérité ou de la
fausseté de la pièce arguée, ou bien si le fond peut être jugé
indépendamment de l'inscription de faux. Dans le premier cas,
il renvoie les parties devant les tribunaux compétents pour statuer sur le faux ; il fixe, en même temps, le délai dans lequel
il devra être prononcé ; à l'expiration du délai, s'il n'a point été
accordé de prolongation, ou bien sur le vu du jugement qui a
statué sur le faux, l'instance est reprise, et il est passé outre à
la décision définitive. Dans le second cas, le conseil d'État déclare qu'il sera passé outre, et, si l'affaire est en état, il prononce sur le fond, en réservant aux parties tous droits et actions
relativement au faux. Serrigny, t. 1, p. 331, n° 329.

**398.** — Il n'y a pas lieu d'ordonner qu'il sera procédé au
jugement du faux par le tribunal compétent, et à surseoir au
jugement du fond :

1° Lorsque la pièce arguée n'est pas décisive, et qu'elle serait
sans influence sur le résultat de la contestation, alors même
qu'elle serait reconnue fausse. 31 juillet 1833, *Dorr c. comm. de
Flévy* ; Cormenin, t. 1, p. 66, note 1 ; Serrigny, t. 1, p. 332,
n° 329 ;

2° Lorsque la partie renonce à se servir de la pièce, ou que
son adversaire consent à être jugé sur cette pièce produite comme
régulière. 2 fév. 1821, *habitants de Bischoffshein c. Teutsch* ;
Cormenin, t. 1, p. 66, note 1 ;

3° Lorsque la pièce argué de faux est relative au fond de l'affaire, et que le pourvoi n'est pas recevable en la forme. 19 mai
1815, *Teutsch c. Kirman* ; Cormenin, t. 1, p. 66, note 1.

# TITRE XII.

## INCIDENTS.

### SOMMAIRE.

## CHAPITRE I<sup>er</sup>.

### *Demandes incidentes.*

**399.** — I. Les demandes incidentes sont reçues devant les tribunaux administratifs du premier degré, par analogie de ce qui se pratique dans les affaires judiciaires.

Ces sortes de demandes peuvent être rejetées ou admises selon que le juge administratif le croit convenable.

Elles sont introduites dans la même forme que la demande principale elle-même. Voy. *suprà*, n°ˢ 127 et suivants.

**400.** — II. La pratique du conseil d'État offre peu d'exemples de demandes incidentes. Il peut arriver néanmoins que, durant le cours de l'instance principale, le demandeur veuille ajouter à ses conclusions un chef qui n'y était pas compris, ou que le défendeur forme une demande reconventionnelle. Ces demandes sont reçues pourvu qu'elles soient connexes à l'action principale. Mais une demande incidente serait rejetée si elle était étrangère à la contestation actuelle, alors même qu'elle se rattacherait à de précédents décrets ou ordonnances dont elle serait le complément. Cormenin, t. 1, p. 65, note 1 ; Dufour, 2ᵉ édit., t. 2, p. 368, n° 337 ; Chevalier, t. 2, p. 345.

Lorsqu'une ordonnance interlocutoire a été rendue, la partie n'est pas recevable à former incidemment une demande subordonnée à ce qui sera statué sur ses précédentes conclusions après l'exécution de l'ordonnance interlocutoire. 18 avril 1821, *Ternaux*. Ce n'est pas à vrai dire une demande incidente, mais bien une demande éventuelle. On conçoit que le conseil d'État l'ait déclarée non recevable quant à présent.

**401.** — Voici les dispositions du règlement du 22 juillet 1806 sur les demandes incidentes :

« Art. 18. Les demandes incidentes seront formées par une requête sommaire déposée au secrétariat du conseil ; le garde des sceaux (aujourd'hui le président de la section du contentieux), en ordonnera, s'il y a lieu, la communication à la partie intéressée, pour y répondre dans les trois jours de la signification, ou autre bref délai qui sera déterminé.

« Art. 19. Les demandes incidentes seront jointes au principal, pour y être statué par la même décision.

« S'il y avait lieu, néanmoins, à quelque disposition provisoire et urgente, le rapport en sera fait par l'auditeur à la prochaine séance de la section, pour y être pourvu par le conseil ainsi qu'il appartiendra. »

La communication à la partie intéressée se fait au moyen d'une ordonnance de *soit communiqué*, rendue en la forme ordinaire. Dufour, *loc. cit.*

**401** *bis*. — J'exprimerai ici le même vœu que *suprà*, n° 311 *bis*. Les parties sont représentées par des avocats. — Pourquoi n'admettrait-on pas la proposition des demandes incidentes par un simple acte d'avocat à avocat, quand l'appel incident s'introduit dans cette forme ? Voy. *infrà*, n° 667.

**402** et **403**. — D'après l'art. 18, cette communication serait purement facultative.

« Cette disposition, dit M. Serrigny, t. 1, p. 330, n° 328, se conçoit dans le système qui admet le rejet immédiat des requêtes principales, à plus forte raison doit-il en être de même des requêtes incidentes. Mais aujourd'hui, que toutes les requêtes principales sont communiquées au défendeur, on ne pourrait guère justifier le refus de communication d'une requête incidente. »

Évidemment, la communication est aujourd'hui indispensable, et le président ne pourrait se refuser à l'ordonner, parce que ce refus équivaudrait au rejet de la demande, rejet qui ne peut être prononcé que par le conseil d'État, en audience publique, et après plaidoiries. Voy. n° 148.

## CHAPITRE II.

### *Interventions.*

**404**. — I. Il n'existe aucune règle fixe relativement aux interventions dans les instances soumises aux tribunaux administratifs du premier degré. Ces interventions doivent néanmoins être reçues dans les mêmes cas où elles seraient admises en matière judiciaire. Brun, t. 1, p. 14, n° 37 ; Lefebvre, *loc. cit.*, p. 134.

Elles sont introduites de la même manière que l'action principale. Voy. *suprà*, n°s 127 et suivants.

**405**. — II. Devant le conseil d'État, lorsque des tiers intéressés demandent à intervenir dans une instance, leur intervention peut être reçue.

En matière judiciaire, pour pouvoir intervenir devant les tribunaux de première instance, il suffit d'y avoir intérêt, parce que l'intérêt est la mesure des actions; mais, en appel, aucune intervention n'est reçue, si ce n'est de la part de ceux qui auraient droit de former tierce opposition. Cod. proc. civ., art. 466.

Le conseil d'État ne s'attache point à cette distinction. Il examine seulement si l'intervenant a intérêt à la contestation, et, lorsqu'il lui paraît réellement intéressé, il reçoit son intervention, soit dans les causes qu'il juge en premier et dernier ressort, soit dans celles qui lui sont soumises par la voie de l'appel. Voy. 15 août 1821, *Brulé c. maire d'Orry;* 26 août 1824, *Debosque;* 15 déc. 1824, *Gazette de France;* 16 déc. 1830, *Barbaste c. faillite Mussart;* 16 août 1832, *Tielman de Schenck;* 25 janv. 1833, *de Lavauguyon;* 28 mai 1835, *Lemoine-Desmares c. Suchetet;* 11 avril 1837, *Demaistre c. Meillet;* 20 juin 1837, *Mauguin;* 19 janv. 1844, *hospices et ville de Rouen;* 26 avril 1844, *comm. de Cheminot c. Hognon;* 30 août 1847, *Alleron;* 15 sept. 1848, *compagnie des mines d'Anzin;* 27 fév. 1852, *compagnie du chemin de fer de Saint-Étienne à Lyon;* 22 fév. 1855, *Villain*, et autres (1).

M. Dufour, 2ᵉ édit., t. 2, p. 370, n° 339, approuve cette jurisprudence. Voy. aussi Cormenin, t. 1, p. 66, note 2.

M. Serrigny, t. 1, p. 333, n° 331, doute qu'elle soit fondée, « car, dit-il, outre le motif qui a dicté cette disposition (celle de l'art. 466, C. proc. civ.), pour les tribunaux d'appel ordinaires, il y aurait une raison de plus de la rendre commune aux matières contentieuses : c'est qu'elles sont présumées requérir célérité, et qu'il importe essentiellement d'écarter les obstacles qui pourraient entraver la marche des affaires administratives. »

**406.**—Les créanciers ont le droit d'intervenir dans les instances engagées contre leurs débiteurs, par le double motif qu'ils ont intérêt à suppléer les moyens et les pièces que leurs débiteurs auraient négligés, et qu'ils ont le droit éventuel de former tierce opposition en cas de collusion des débiteurs avec les autres parties. 16 août 1833, *d'Annebault;* Foucart, 4ᵉ édit., t. 3, p. 771, n° 2001; Serrigny, t. 1, p. 334, n° 332; Dufour, 2ᵉ édit., t. 2, p. 371, n° 340.

Mais il ne faut pas confondre ce droit d'intervention avec la faculté que l'art. 1166, Cod. Nap., accorde aux créanciers d'exer-

---

(1) Le 13 janv. 1859, *Valin*, le conseil d'État a déclaré non recevable l'intervention des propriétaires voisins d'un établissement insalubre de 1ʳᵉ ou 2ᶜ classe qui venaient conclure (chose bizarre) en faveur de l'autorisation réclamée.

cer les droits et actions de leur débiteur, à l'exception de ceux
qui sont exclusivement attachés à la personne. Lorsque les créanciers, agissant en vertu de cet article, se pourvoient du chef de
leur débiteur, leur demande ne peut-elle être admise qu'autant
qu'ils ont été subrogés par jugement à l'exercice de ces droits?
A défaut de subrogation, doivent-ils être déclarés sans qualité?
Le conseil d'État a décidé l'affirmative. 22 fév. 1821, *Dubour-
nial;* 16 août 1832, *héritiers de Chamisso;* 24 janv. 1834, *Sénat;* Serrigny, t. 1, p. 335, n° 332; Dufour, *loc. cit.* J'approuve
cette jurisprudence.

La jurisprudence des tribunaux civils admet la solution contraire. Voy. *Journal des Avoués,* t. 78, p. 118, art. 1464; t. 79,
p. 594, art. 1954, et t. 82, p. 499, art. 2787.

**407.**—M. de Cormenin, t. 1, p. 66, note 2, s'appuie sur deux
ordonnances du 18 avril 1821, *Boubée* et *Leleu,* pour refuser le
droit d'intervenir aux sous-traitants d'un fournisseur avec lesquels la décision attaquée n'a pas été rendue. « La raison en est,
dit-il, que les sous-conventions des entrepreneurs sont étrangères à l'administration, qui ne reconnaît pour obligé que le titulaire. »

M. Serrigny, t. 1, p. 335, n° 333, fait observer que les deux
ordonnances précitées ne paraissent pas avoir jugé la question
en thèse, puisqu'elles se bornent à rejeter d'abord la demande
principale du fournisseur, et ensuite celle des sous-traitants, par
le motif *qu'il n'est intervenu aucune décision du ministre de la
guerre.* « Il est bien clair, ajoute-t-il, que des sous-traitants ne
peuvent pas intervenir devant le conseil d'État pour faire juger
les questions nées de leur convention avec le fournisseur principal; mais pourquoi ne pourraient-ils pas intervenir comme
créanciers de ce fournisseur, à l'effet de surveiller leurs droits et
pour empêcher toute négligence ou collusion de leur débiteur,
souvent insolvable, et qui n'a, conséquemment, pas d'intérêt à
bien se défendre? » M. Dufour, 2ᵉ édit., t. 2, p. 372, n° 341,
adopte en entier l'opinion de M. Serrigny.

Je suis disposé moi-même à y adhérer, en considérant les sous-
traitants comme de véritables créanciers; la décision sera alors
rendue contre l'entrepreneur, poursuite et diligence des sous-
traitants. Mais je crois que les deux ordonnances *Boubée* et *Leleu*
ont bien réellement consacré la doctrine que M. de Cormenin en
déduit. Remarquons, en effet, que M. de Cormenin refuse le droit
d'intervenir aux sous-traitants *avec lesquels la décision attaquée
n'a pas été rendue;* et le conseil d'État rejette par ce motif « qu'il
n'est intervenu, *sur leurs réclamations,* aucune décision du ministre de la guerre. »

**408.** — Il résulterait d'une ordonnance du 31 oct. 1821, *Schmith c. Maille*, et de l'opinion de M. de Cormenin, t. 1, p. 67, que les sous-acquéreurs ne sont pas admissibles dans leur pourvoi en intervention devant le conseil d'État. L'ordonnance est ainsi motivée : « Considérant, en ce qui concerne la requête en intervention, que les sieurs Verchère et Sandherr, sous-acquéreurs, n'ont d'autres droits ni d'autres intérêts, dans la contestation, que ceux de leurs vendeurs, et que dès lors leur requête ne peut être admise. »

M. Dufour, *loc. cit.*, répond que cette raison ne rend que plus sensible la nécessité d'ouvrir aux sous-acquéreurs la voie de l'intervention, pour empêcher qu'ils ne soient compromis par la faute de leur vendeur ; et M. Serrigny, t. 1, p. 336, n° 334, ajoute que les sous-acquéreurs auraient la voie de la tierce opposition, la chose jugée depuis la revente ne pouvant leur être opposée, et qu'à *fortiori*, ils doivent avoir la voie de l'intervention.

L'intervention, dans une pareille position, n'est jamais contestée devant les tribunaux.

**409.** — Le préfet a le droit d'intervenir au nom du département dans une instance relative à des fournitures, lorsqu'une partie des dépenses réclamées par les fournisseurs peut tomber à la charge du département, auquel il importe, par conséquent, que ses intérêts soient représentés et défendus. 7 avril 1835, *Schœnngrune*.

**410.** — L'État peut aussi intervenir dans les contestations relatives aux routes départementales. 9 août 1836, *Ninot-Narjoux*.

Dans cette affaire, on reconnaissait le droit d'intervention de l'État en ce qui concerne la police de ces routes ; mais on soutenait que, comme, dans l'espèce, il s'agissait seulement d'une somme payable sur les fonds départementaux, le droit d'intervention n'existait pas. Voici ce que répond le conseil d'État : « — Considérant que le décret du 16 déc. 1811, qui a classé comme routes départementales les routes de troisième classe qui faisaient partie du domaine public, ne les a pas transmises aux départements en toute propriété ; que ce décret ni les décrets postérieurs qui ont classé les routes départementales et autorisé pour leur réparation la perception de centimes additionnels, ne contiennent aucune disposition de laquelle on puisse inférer que lesdites routes aient cessé d'être domaniales ; — Considérant que ces routes ont continué d'être affectées, sous les rapports de la viabilité et de la police, à un service public qui intéresse l'État non moins que les départements ; que le décret du 16 déc. 1811 et les autres lois de la matière soumettent à l'approbation du Gouvernement les projets et l'adjudication des travaux à faire aux routes départementales et appliquent à ces travaux les règles prescrites pour l'exécution des travaux publics et le jugement des affaires contentieuses qui s'y rapportent ; d'où il suit que l'État a droit d'intervenir dans les contestations relatives aux routes départementales, et que le pourvoi formé par notre ministre de l'intérieur, dans l'intérêt de l'État, est recevable dans l'espèce. »

Ces motifs établissent, d'une manière incontestable, que, dans les cas ordinaires, l'État a intérêt et droit d'intervenir ; mais ils me semblent laisser intacte l'objection qui était faite dans l'espèce. L'État était désintéressé puisqu'il s'agissait uniquement de sommes payables sur les fonds départementaux ; or, ceux-là seuls peuvent intervenir qui ont un intérêt, au moins éventuel, à la contestation. Le conseil d'État a donc, selon moi, établi un principe vrai, mais il en a fait une application inexacte à l'espèce qui lui était soumise.

**410** *bis.* — Il a encore été jugé que le ministre des travaux publics, avait intérêt et qualité, pour intervenir dans une instance dirigée contre un cantonnier à raison d'un accident parvenu sur une route impériale. 24 juill. 1847, *Sauphar c. Leroy, et Lepaire c. le min. des travaux publics.*

**410** *ter.* — Le maire, au nom de la commune, peut aussi intervenir dans les instances qui peuvent intéresser la commune, par exemple, dans une contestation relative au maintien ou à la suppression d'un atelier insalubre existant dans son enceinte. 13 janv. 1853, *Nicolle-Hervin ;* dans un procès relatif aux charges d'un hospice subventionné par elle, 22 juin 1854, *hospice et ville de Montpellier c. départ. de l'Hérault;* il suffit qu'elle ait intérêt à intervenir, 6 janv. 1853, *Roussille.* Mais il a été jugé qu'une commune était sans qualité pour attaquer devant le conseil d'État, en son propre nom, la disposition de l'arrêté de préfecture par laquelle ce conseil aurait rejeté la demande formée par le maire, à l'effet d'être admis à intervenir, pour le couvrir de sa responsabilité, dans l'instance relative aux poursuites dirigées contre des ouvriers ayant exécuté par ses ordres des travaux qui avaient causé une interruption de circulation.

Enfin, il faut remarquer que toutes les fois qu'une commune serait recevable à intervenir dans une instance, les contribuables inscrits aux rôles de cette commune seraient pareillement recevables à intervenir dans la même instance en cas de refus de la commune, conformément aux règles plus haut exposées. Voy. nᵒˢ 94 et suiv. Par application de ce principe, il a été jugé que les contribuables inscrits aux rôles d'une commune intéressée à l'établissement et à l'entretien d'un chemin vicinal, ont qualité, sur le refus de la commune, pour intervenir à leurs frais et risques devant le conseil d'État, à l'effet de défendre au pourvoi dirigé contre la délibération du conseil général relative à ce chemin. 29 juillet 1847, *comm. de Bénévent, Marsac et Arrènes.*

**411.** — Lorsqu'une partie a qualité pour intervenir, son intervention doit être reçue, bien qu'elle soit superflue. 16 nov. 1832, *Guibert c. maire de Boisles.*

Dans cette espèce, c'était un concessionnaire qui demandait à intervenir dans une instance engagée contre un autre concessionnaire.

Cependant, dans une autre circonstance, le conseil d'État a refusé de recevoir l'intervention d'un co-associé à une entreprise de travaux publics, par le motif qu'il n'avait pas figuré dans la contestation en première instance. 12 fév. 1841, *Best.*

Cette dernière ordonnance ne me paraît pas conforme aux principes.

**412.** — La demande en intervention doit être rejetée :

1° Lorsque celui qui la forme est étranger à l'instance, et ne justifie pas de son intérêt à y intervenir. 12 sept. 1811, *Lecerf c. habitants de Touville*; 28 déc. 1825, *comm. de Marsillargues c. Durand-Fajon*; 25 mai 1832, *Pontus c. Aguillon*; 1er sept. 1832, *Lafitte*; 3 mars 1837, *Liébaut c. Guyard*; 27 avril 1838, *Foureau de Beauregard*; 14 mai 1854, *Ronconi*; 1er déc. 1853, *Allouard.*

2° Lorsque l'intervenant forme des demandes qui ne sont pas l'objet du débat entre les parties principales. 23 fév. 1820, *Bochard de Champigny c. Lecouturier*; d'où il suit qu'un intervenant n'est pas recevable à demander l'annulation de décisions autres que celles qui sont attaquées par le demandeur principal. 13 août 1850, *Dénier*;

3° Lorsque, au moment de l'intervention, l'instance a cessé d'exister par la renonciation formelle de la partie principale à la demande qui avait donné naissance à cette instance. L'intervention devient alors une demande principale qui doit être portée devant les juges du premier degré compétents pour en connaître. 12 sept. 1811, *Vildosola c. Vaoldrige.* — Voy. au titre *du Désistement*, le n° 551 ;

4° Lorsque l'instance est relative à un conflit. Voy. *infrà*, n° 509.

5° Enfin, il a été décidé que la non-recevabilité du recours principal entraîne la non-recevabilité de l'intervention. 14 déc. 1850, *comm. de Batignolles-Monceaux.*

**413.** — Le tiers intervenant ne peut pas demander un sursis pour discuter devant les tribunaux judiciaires les qualités de l'une des parties, lorsque ces qualités ne sont pas contestées par l'autre partie et qu'elles sont d'ailleurs suffisamment établies. 15 juin 1828, *Desgraviers et Bourbon-Conti*.

Il ne faudrait néanmoins pas donner une trop grande portée à cette décision, et si, par exemple, l'intervenant soutenait qu'il y a collusion entre les deux parties principales, le sursis demandé devrait être accordé.

**414.** — Les demandes en intervention sont introduites devant le conseil d'État dans la forme indiquée par le règlement du 22 juillet 1806, qui dispose :

« Art. 21. L'intervention sera formée par requête ; le garde des sceaux (*le président de la section du contentieux*) ordonnera, s'il y a lieu, que cette requête soit communiquée aux parties, pour y répondre dans le délai qui sera fixé par l'ordonnance ; néanmoins, la décision de l'affaire principale, qui serait instruite, ne pourra être retardée par une intervention. »

Voy. mes observations sur les art. 18 et 19, *suprà*, nᵒˢ 401, et suiv.

## CHAPITRE III.

### *Mises en cause.*

**415.** — I. Aucun article de loi ne parle de la mise en cause, ni pour les matières administratives, ni pour les matières judiciaires. La doctrine la qualifie *d'assignation en déclaration de jugement commun*. Dans les *Lois de la procédure civile*, t. 3, p. 208, q. 1271, et t. 4, p. 200, q. 1682, j'ai pensé que la mise en cause ou intervention forcée était légale, soit en première instance, soit même en appel, pour le cas où celui qu'on met ainsi en cause avait le droit d'intervenir spontanément.

Ces principes me paraissent applicables, en matière administrative, aux tribunaux de premier degré et au conseil d'État. A la vérité, une ordonnance du 26 juin 1845, *Boisdon c. comm. de Marcillac*, a repoussé une mise en cause directe devant le conseil d'État ; mais, dans l'espèce, il n'y avait pas lieu de forcer l'État, qu'on voulait mettre en cause, à intervenir.

Du reste, le conseil d'État a implicitement consacré mon opinion en déclarant, par appréciation de circonstances, qu'une partie avait été régulièrement mise en cause devant un conseil de préfecture. 18 juin 1852, *Chapot*.

**416.** — Je ne pense pas que le conseil d'Etat puisse *d'office* ordonner une mise en cause, quoique l'opinion contraire ait été consacrée par l'ordonnance du 11 mai 1838, *Gariod*.

Cependant le conseil d'Etat paraît être revenu sur sa manière de voir en décidant qu'un conseil de préfecture avait excédé ses pouvoirs en substituant d'office une partie à une autre dans une instance pendante devant lui. 16 déc. 1852, *Meyer c. Nicolas Kœchlin et frères*.

Une mise en cause ne peut être ordonnée dans le cas où celui qu'on veut faire intervenir dans l'instance est étranger au procès. 28 août 1822, *Marcotte c. Mourgues*.

Un conseil de préfecture appelé, après la résiliation d'une entreprise, à déterminer les sommes dues par l'Etat à un entrepreneur, ne peut ordonner la mise en cause d'un nouvel entrepreneur comme ayant droit à une part du prix, lorsque le premier entrepreneur n'ayant pas traité avec le second est ainsi étranger aux conventions conclues entre celui-ci et l'administration. 12 fév. 1841, *Best*.

**417.** — II. Lorsqu'une mise en cause est portée devant le conseil d'Etat, le demandeur doit suivre la forme indiquée par l'art. 21 du règlement pour les demandes en intervention, c'est-à-dire, présenter une requête au garde des sceaux, et faire signifier une ordonnance de *soit communiqué* à la partie qu'il veut mettre en cause; cette partie sera tenue de répondre dans le délai fixé par l'ordonnance. Voy. nº 414.

---

# TITRE XIII.

## REPRISE D'INSTANCE ET CONSTITUTION DE NOUVEL AVOCAT.

**418.** — I. Les constitutions de nouvel avocat sont inconnues devant les ministres, les préfets, les conseils de préfecture et les autres juridictions administratives du premier degré.

**419.** — Aucune disposition légale ne parle non plus des reprises d'instance devant ces tribunaux. Cependant il est certains cas dans lesquels cette procédure doit être suivie; c'est ce qui a été reconnu par le conseil d'État, le 27 novembre 1844, *Parmentier-Carlier c. Vitaux*, dans une ordonnance qui décide que tous les actes d'instruction postérieurs à la notification du décès d'une partie sont nuls, s'ils ont été dirigés contre cette partie elle-même au lieu d'être dirigés contre ses héritiers.

Cette décision me paraît encore trop restrictive. Je préfère appliquer, par analogie, l'art. 426 du Code de procédure civile relatif à la reprise d'instance devant les tribunaux de commerce, et la solution que j'ai donnée, sous la question 1524 *bis*, dans les *Lois de la procédure civile*, t, 3, p. 540 (1).

Le décès de la partie doit donc, selon moi, interrompre la procédure, à moins que la cause ne soit instruite et prête à recevoir décision. Peu importe que le décès ait ou non été notifié.

Comme pour les tribunaux de commerce, il est évident que s'il s'élève quelque contestation sur les qualités des héritiers, les tribunaux administratifs doivent renvoyer les parties devant les tribunaux civils.

**420.** — II. Voici quelles sont les prescriptions du règlement du 22 juillet 1806 pour les affaires soumises au conseil d'État :

« Art. 22. Dans les affaires qui ne seront point en état d'être jugées, la procédure sera suspendue par la notification du décès de l'une des parties, ou par le seul fait du décès, de la démission, de l'interdiction ou de la destitution de son avocat.

« Cette suspension durera jusqu'à la mise en demeure pour reprendre l'instance ou constituer avocat.

« Art. 23. Dans aucun des cas énoncés en l'article précédent, la décision d'une affaire en état ne sera différée.

« Art. 24. L'acte de révocation d'un avocat par sa partie est sans effet pour la partie adverse, s'il ne contient pas la constitution d'un autre avocat. »

**421.** — Une affaire est réputée en état lorsque l'instruction est complète, et que les délais pour les productions et réponses sont expirés. Il n'est pas nécessaire que la plaidoirie ait été commencée et les conclusions prises à l'audience publique. J'ai déjà fait observer, au nᵒ 322, que l'ordonnance du 2 fév. 1831, qui a introduit la publicité des audiences et la défense orale, n'avait pas changé le caractère de l'instruction, qui continue à se faire par écrit. L'affaire est donc en état dès que l'instruction écrite est complète. Serrigny, t. 1, p. 337, nᵒ 335 ; Dufour, 2ᵉ édit., t. 2, p. 392, nᵒ 342 ; Chevalier, t. 2, p. 346.

La notification du décès d'une partie ne suspend point la pro-

---

(1) Devant les tribunaux civils, il a été jugé avec raison par la Cour de cassation, le 24 août 1853 (*Journal des Avoués*, t. 79, p. 494, art. 1900), que la notification du décès du syndic, représentant une section de commune, donnait lieu à reprise d'instance. Voy. aussi *Journal des Avoués*, t. 80, p. 358, art. 2111, ma dissertation en réponse à une opinion de mon savant collègue M. Rodière.

cédure et n'oblige point à différer la décision, lorsqu'il ne s'agit que de statuer sur une question de compétence, et que l'affaire est en état d'être jugée, sous ce rapport, d'après les pièces produites. 13 janv. 1816, *héritiers Bezanger.*

---

# TITRE XIV.

## DEMANDES EN DÉSAVEU.

**422.** — I. Le règlement du 22 juillet 1806 dispose :

« Art. 25. Si une partie veut former un désaveu relativement à des actes ou procédures faits en son nom ailleurs qu'au conseil d'État, et qui peuvent influer sur la décision de la cause qui y est portée, sa demande devra être communiquée aux autres parties. Si le garde des sceaux (*le président de la section du contentieux*) estime que le désaveu mérite d'être instruit, il renverra l'instruction et le jugement devant les juges compétents, pour y être statué dans le délai qui sera réglé.

« A l'expiration de ce délai, il sera passé outre au rapport de l'affaire principale, sur le vu du jugement du désaveu, ou faute de le rapporter.

M. de Cormenin, t. 1, p, 70, note 1, dit que cette disposition n'a pas encore reçu d'application.

**423.** — Si la difficulté se présentait devant les tribunaux de premier degré, contre qui la demande en désaveu devrait-elle être intentée ?

Ici j'appliquerais les principes que j'ai développés dans les *Lois de la procédure civile*, t. 3, p. 25, q. 1296, à l'occasion des fondés de pouvoirs ou agréés devant les tribunaux de commerce.

Pour que la question puisse s'élever, c'est-à-dire, pour qu'une partie puisse désavouer un acte ou un aveu, il faut que cet acte ou cet aveu émanent d'un autre que de cette partie elle-même. Il faut donc qu'elle ait été représentée devant le tribunal administratif de premier degré par un mandataire *ad lites*. Les actes d'un mandataire *ad negotia*, s'ils excèdent ses pouvoirs, ne lient point le mandant vis-à-vis de l'autre partie, parce que celle-ci a à s'imputer de ne s'être pas plus soigneusement informée de l'étendue du mandat. Le mandataire *ad lites*, au contraire, oblige son mandant, parce que la partie adverse doit avoir dans le mandat général un motif de confiance pour tous les cas spéciaux. De là vient la nécessité du désaveu pour éviter les conséquences des offres faites ou des consentements donnés par un mandataire *ad lites*.

L'action en désaveu devra donc être formée contre le mandataire ou ses héritiers, en appelant en cause les parties adverses.
On peut consulter les diverses questions que j'ai traitées, sous
le titre *du Désaveu*, dans les *Lois de la procédure civile*, t. 3, p.
248 et suiv.

**424.** — II. Relativement aux actes et procédures faits au
conseil d'État, le règlement du 22 juillet 1806 dispose :

« Art. 26. Si le désaveu est relatif à des actes ou procédures
faits au conseil d'État, il sera procédé contre l'avocat sommairement et dans les délais fixés par le garde des sceaux (*le président
de la section du contentieux*). »

Le désaveu, dit M. Cormenin, t. 1, p. 70, nᵒ 2, doit être formé
contre l'avocat et non contre la partie, parce qu'en général les
avocats seuls ont le droit de postuler devant le conseil d'État,
et que la partie n'est point admise à signer elle-même les pièces
et à faire les productions. Mais il en serait autrement pour les
cas exceptionnels dans lesquels le législateur a dispensé les parties de la constitution d'un avocat. Voy. *suprà*, nᵒ 141.

Il me paraît difficile d'admettre cette procédure exclusivement
suivie contre l'avocat, car la décision rendue avec lui ne pourrait
alors être opposée à la partie ; cette décision ne pourrait que
prononcer des dommages et intérêts, sans faire tomber la condamnation primitive. Il est donc plus rationnel de suivre les dispositions de l'art. 356 du Code de procédure civile et d'appeler dans
l'instance en désaveu les parties qui ont figuré dans l'instance
principale.

**425.** — L'avocat est présumé avoir reçu mandat suffisant
d'occuper pour la partie par cela seul qu'il est porteur des pièces
qui servent de fondement à la demande ou à la défense. Il est
assimilé sous ce rapport aux avoués qui postulent devant les
tribunaux judiciaires.

Un avocat est donc légalement autorisé à introduire un pourvoi par la remise des pièces qui lui a été faite par le mandataire
de la partie intéressée. Il ne peut être désavoué par cette partie
sous prétexte que le tiers qui a remis les pièces n'était pas son
mandataire. 22 déc. 1824, *Ouvrard ;* Cormenin, t, 1, p. 70, note
2 ; Serrigny, t. 1, p. 339, nᵒ 336 ; Dufour, 2ᵉ édit., t. 2, p. 374,
nᵒ 345.

On peut consulter ce que j'ai dit dans les *Lois de la procédure
civile*, t. 3, p. 251, q. 1297.

**426.** — Le désaveu ne peut être formé contre un avocat qui
s'est borné à prendre des conclusions conformes à ce qui lui
avait été prescrit par certains des intéressés à une entreprise,
porteurs de titres et pièces relatifs à cette entreprise, lorsque

d'ailleurs il n'est pas contesté que ceux-ci eussent qualité pour charger l'avocat d'introduire le pourvoi au nom de tous les intéressés. 21 juin 1826, *Marrec, Galbois et autres*.

**427**. — Le désaveu, proposé contre un avocat qui occupait devant l'ancien conseil, est aujourd'hui inadmissible comme tardif, surtout si l'arrêt attaqué a été acquiescé et exécuté. 13 fév. 1815, *comm. d'Aunay-la-Côte c. Bresse*.

**428**. — Celui qui a signé comme mandataire le premier mémoire en pourvoi ne peut être désavoué, nonobstant le défaut de production de sa procuration, si les faits, les moyens, les pièces que l'on a alors invoqués, sont précisément les mêmes que ceux que fait actuellement valoir la partie demanderesse en désaveu. Cormenin, t. 1, p. 70, note 2 ; Macarel, *Jurisp. admin.*, t. 1, p. 77, n° 79.

# TITRE XV.

## CONFLITS ET RÈGLEMENTS DE JUGES (1).

### SOMMAIRE.

CHAP. I<sup>er</sup>. — Conflit proprement dit.
   Sect. I<sup>re</sup>. — Nature du conflit.
   Sect. II. — En quels cas et pour quelles matières il y a lieu d'élever le conflit.
   Sect. III. — Devant quels tribunaux et à quelle période de l'instance le conflit peut être élevé.
   Sect. IV. — Par qui est élevé le conflit.
   Sect. V. — Procédure en conflit.

(1) L'ordonnance du 1<sup>er</sup> juin 1828, dont le texte est rapporté sous mes numéros divers, forme le Code de la matière importante des *conflits*. En 1848, un tribunal spécial avait été créé par la Constitution du 10 novembre, en ces termes :
  « Art. 89. Les conflits d'attribution, entre l'autorité administrative et l'autorité judiciaire, seront réglés par un tribunal spécial composé de membres de la Cour de cassation et de conseillers d'État, désignés tous les trois ans en nombre égal par leur corps respectif. Ce tribunal sera présidé par le ministre de la justice. »
  La Constitution du 14 janv. 1852, les décrets des 25 et 30 janv. 1852, ont rendu au conseil d'État seul la connaissance des conflits et remis, par conséquent, en vigueur l'ordonnance de 1828. On peut consulter un décret du 31 déc. 1848, sur la procédure de conflit en Algérie. ( Duvergier, 1849, p. 436.) — V. *infrà*, n<sup>os</sup> 776 et suiv.

# CHAPITRE I<sup>er</sup>.

## Conflit proprement dit (1).

### Section I<sup>re</sup>. — Nature du conflit.

**429.** — I. Le mot *conflit* sert à désigner tantôt l'état de contradiction qui résulte de ce que deux autorités veulent retenir la connaissance d'une même contestation ou refusent toutes deux d'en connaître, tantôt l'acte par lequel l'autorité administrative revendique cette contestation qu'elle soutient avoir été portée mal à propos devant les tribunaux judiciaires.

Il y a conflit lorsque deux autorités veulent toutes deux retenir le jugement d'une contestation, ou qu'elles se déclarent toutes deux incompétentes pour en connaître,

On distingue deux natures de conflits :

1° Le conflit de juridiction ;

2° Le conflit d'attribution.

Le conflit de *juridiction* existe lorsque deux autorités du même ordre (judiciaire ou administratif) tombent en contradiction l'une avec l'autre sur leur propre compétence.

Le conflit d'*attribution* est celui qui s'élève entre l'autorité administrative et l'autorité judiciaire.

Le conflit d'attribution est positif ou négatif.

Il est *positif*, lorsque l'administration revendique la connaissance d'une affaire dont l'autorité judiciaire est saisie.

Il est *négatif*, lorsque les deux autorités se déclarent à la fois incompétentes pour connaître d'une contestation.

---

(1) J'ai ajouté à mes premières citations d'autorités l'indication des opinions les plus importantes de quelques nouveaux ouvrages publiés depuis 1848. Dalloz renvoie à la 2<sup>e</sup> édition du *Répertoire*, v° *Conflits;* Reverchon au *Dictionnaire* de M. Block, v° *Conflits;* Boulatignier au *Dictionnaire* publié par M. Dupont, sous la direction de M. Blanche, v° *Conflits.*

Le conflit de juridiction et le conflit d'attribution négatif ne donnent lieu qu'à un simple règlement de juges. Voy. *infrà*, n°ˢ 517 et suiv.

Il n'est question dans ce chapitre que du conflit d'attribution positif, qui est désigné dans l'usage par le mot générique de *conflit*. C'est le conflit proprement dit.

**430.** — Le conflit puise sa source dans les anciennes ordonnances. Il remplace les évocations qui avaient donné lieu à des abus scandaleux. On évoquait les affaires portées devant les tribunaux à toutes les phases de la procédure, souvent même après le jugement définitif. Cet ordre de choses devait disparaître. Aussi les lois des 27 nov.-1ᵉʳ déc. 1790, 21 fruc. an III, et 5 niv. an VIII, ont-elles établi le conflit pour maintenir la séparation des pouvoirs administratif et judiciaire, et pour assurer le respect de la chose jugée.

Voici comment M. de Cormenin, t. 1, p. 440, note 1, résume les motifs qui l'ont fait établir :

« Le conflit a été institué dans un but d'ordre public, pour maintenir la distinction, la séparation et l'indépendance pleine et réciproque des matières et des fonctions administratives et judiciaires.

« Si l'on remettait la décision des conflits à l'autorité judiciaire, le gouvernement passerait dans les tribunaux.

« Si l'on remettait la décision des conflits à l'autorité administrative, et sans condition, les tribunaux perdraient leurs attributions, et les citoyens leurs garanties.

« La décision des conflits doit appartenir au gouvernement, quel qu'il soit, monarchique ou républicain.

« Le conflit est limité dans son exercice par des règles de pondération réciproque entre les deux autorités administrative et judiciaire, et par la responsabilité sans cesse invocable des ministres.

« En résumé, le principe est l'indépendance des pouvoirs ; le moyen est le conflit ; la conséquence est l'ordre. »

**431.** — II. La revendication d'une affaire par l'autorité administrative ne peut avoir lieu qu'au moyen d'un conflit régulièrement élevé. Il n'est pas permis à l'autorité administrative de suspendre l'action des tribunaux, ni de se saisir directement des affaires pendantes devant l'autorité judiciaire et de passer outre, sans élever le conflit. 6 janv. 1813, *Riole c. Marty* ; 22 fév. 1813, *Théobald c. Duval* ; 15 mai 1813, *Magne c. comm. de Nîmes.*

Voy. mes *Principes de compétence*, n°ˢ 528, 529 et 530.

**431** *bis*. — Est devenu sans objet et doit être considéré comme non avenu, l'arrêté de conflit qui revendiquait pour

l'autorité administrative la connaissance d'une contravention
aux dispositions de l'ordonnance de 1681, dévolue depuis aux tribunaux correctionels par le décret du 9 janv. 1852 (1) (construction ou réparation de pêcheries sédentaires sur les côtes de
l'Océanie). 2 avril 1852, *Mestre*.

SECTION II. — *En quels cas et pour quelles matières il y a lieu d'élever
le conflit.*

**432.** — I. Le conflit positif d'attribution peut et doit être
élevé lorsque l'autorité judiciaire se trouve saisie d'une contestation qui est de la compétence de l'autorité administrative.
Mais il faut que la matière soit bien réellement administrative;
si elle était reconnue judiciaire, l'arrêté de conflit serait annulé.

Les ordonnances qui valident ou annulent des conflits, par
application de ce principe, sont innombrables. Ce n'est pas ici
le lieu de les indiquer; elles rentrent toutes dans la compétence,
et je les ai examinées *passim* dans mes *Principes de compétence
et de juridiction*. Voy., notamment, ce que j'ai dit aux t. 2, p.
317 et 318, n° 530; et t. 3, p. 633, n°s 818 et 819.

**433.** — Lorsque la contestation est de la compétence de l'autorité judiciaire sur certains points, et de la compétence administrative sur d'autres, l'arrêté doit être annulé relativement à
ces derniers, et maintenu en ce qui concerne les premiers, à
moins qu'il n'y ait indivisibilité. 11 déc. 1816, *Chassaigne c.
Haller*; 20 nov. 1822, *directeur du télégraphe c. Speisser*; 29
oct. 1823, *Travila c. Bonnet*; 22 janv. 1824, *Garcement de Fontaine c. comm. de Voisines*; 6 mai 1848, *Stègre c. comm. de Biesles*;
23 juin 1848, *préfet des Bouches-du-Rhône*; Reverchon, p. 462,
n°s 19 et 35; Cormenin, t. 1, p. 449, n° 9; Lerat de Magnitot
et Delamarre, v° *Conflit*, t. 1, p. 289; Dalloz, p. 125, n° 49.

Le conflit ne peut être élevé lorsque l'autorité judiciaire est
restée dans les limites de sa compétence, encore que les motifs
du jugement soient puisés dans des considérations qui rentrent
dans l'ordre administratif. Cormenin, t. 1, p. 449, note 2.

**434.** — Il y a lieu d'élever le conflit lorsqu'une partie saisit
les tribunaux d'une demande sur laquelle il a déjà été statué
par une décision administrative. La partie ne peut pas, en pareil cas, s'adresser aux tribunaux; elle pourrait seulement, si
la décision n'était pas en dernier ressort ou n'avait pas acquis
l'autorité de la chose jugée, la déférer à l'autorité administrative supérieure, et en provoquer l'annulation, soit au fond, soit

---

(1) Voy. ce décret dans Duvergier 1852, p. 53.

pour incompétence. 18 avril 1821, *Soubiran*; 20 mars 1822, *Mariette*; 11 août 1824, *Dalbenas*; 21 déc. 1825, *Delaître*; 12 août 1829, *comm. de Serbonne.*

Voy. aussi, mes *Principes de compétence*, t. 3, p. 633, nᵒˢ 818 et 819.

Il y a encore lieu d'élever le conflit lorsque l'autorité administrative a retenu le fond de l'affaire en renvoyant une question préjudicielle à l'examen des tribunaux, et que l'une des parties renouvelle en entier sa demande devant l'autorité judiciaire. 26 oct. 1825, *Romey c. d'Espagnac*.

**435.** — Il n'y a pas lieu, au contraire, d'élever le conflit, et, s'il était élevé, il devrait être annulé :

1° Lorsque, dans son dispositif, le tribunal saisi s'est borné à déclarer son incompétence sur le fond, et à refuser à une décision administrative son *exequatur*, un tel jugement ne formant pas obstacle à ce que l'administration fasse exécuter cette décision. 22 fév. 1821, *Samson ;*

2° Lorsque le jugement ne fait que statuer sur une action possessoire, sans préjuger ni la compétence, ni le fond. 19 déc. 1821, *héritiers Picou c. Grassier* ; 11 avril 1848, *Richard c. comm. de Frontignan* ; 17 juin 1848, *Butté c. l'État* ; Cormenin, t. 1, p. 447, note 2 ; à moins que le juge du possessoire n'ait voulu arrêter l'exécution d'un acte administratif ;

3° Lorsqu'il n'existe ni contestation, ni difficulté sur le point auquel s'appliquerait le conflit. 16 janv. 1822, *fabrique de Pin-les-Magny c. Potiquet.*

**435 bis.** — Le conflit ne peut ni ne doit être élevé, quand l'autorité judiciaire seule est compétente, par exemple pour faire attribuer au jury d'expropriation le règlement d'une indemnité dont est saisi le tribunal. 15 déc. 1853, *Mignerot*. — Reverchon, p. 462, n° 21. — On peut invoquer aussi les motifs d'un décret du 26 juin 1852.

**436.** — II. Il est certaines matières à l'égard desquelles le conflit ne peut être élevé.

C'est ainsi que l'ordonnance du 1ᵉʳ juin 1828 dispose :

« Art. 1ᵉʳ. A l'avenir le conflit d'attribution entre les tribunaux et l'autorité administrative ne sera jamais élevé en matière criminelle (1). »

Le Directoire s'est permis de grands abus de pouvoir en ma-

---

(1) Ici, l'expression *matière criminelle*, et plus loin, celle de *tribunaux criminels*, s'appliquent au grand criminel et aux Cours d'assises.

tière criminelle. Il a annulé des jugements de commissions militaires ou des ordonnances de directeurs du jury, qui fréquemment renvoyaient absous ou prescrivaient la mise en liberté des prévenus d'émigration, des prêtres déportés, des déserteurs, etc. Cette annulation était motivée sur ce que la peine était encourue de plein droit, et devait être appliquée par l'autorité administrative après une simple déclaration d'identité de la part des tribunaux. Depuis le Consulat, il est vrai, les conflits étaient devenus plus rares, et les abus signalés avaient fini par disparaître. L'ordonnance de 1828 les rend désormais impossibles. Voy., au surplus, Cormenin, *Appendice*, p. 47; Duvergier, t. 28, p. 178, note 1 ; Foucart, 4ᵉ édit., t. 3, p. 676, nᵒ 1912; Dufour, 2ᵉ édit., t. 3, p. 521, nᵒ 522.

Les tribunaux criminels ne peuvent donc plus, aujourd'hui, être dessaisis, par la voie du conflit, des affaires qui leur sont soumises, alors même qu'il s'élèverait des questions préjudicielles du domaine de l'autorité administrative; ce qui ne veut pas dire que l'exception d'incompétence ne puisse être proposée, et que les tribunaux ne puissent ordonner un sursis ; au contraire, lorsque, dans une affaire criminelle, il s'élève une question préjudicielle qui appartient à la compétence administrative, le ministère public et l'accusé conservent le droit de demander le renvoi préalable à l'autorité administrative, et les tribunaux peuvent, et ils doivent même d'office, surseoir à statuer au fond jusqu'à ce que cette question ait été décidée par le pouvoir compétent. Seulement, on s'en rapporte à leur prudence et à leur impartialité, et si, pour un motif quelconque, ils jugent à propos de passer outre, le préfet ne peut revendiquer l'affaire au nom de l'administration, sauf à la Cour de cassation à annuler l'arrêt sur le pourvoi du ministère public ou des parties. Voy. C. cass. 15 juillet 1819, *Fabry;* Duvergier, t. 28, p. 178, note 1; Foucart, 4ᵉ édit., t. 3, p. 678, nᵒ 1903; Dufour, 2ᵉ édit., t. 3, p. 522, nᵒ 523 ; Lerat de Magnitot et Delamarre, t. 1, p. 284 ; Dalloz, p. 125, nᵒ 51.

**437.** — M. Serrigny, t. 1, p. 185, nᵒ 168, blâme la disposition de l'art. 1ᵉʳ de l'ordonnance de 1828 : « Cette disposition, dit-il, est fondée sur ce que le conflit, étant la revendication d'une affaire administrative, ne peut être élevé qu'autant qu'il s'agit d'une affaire de la compétence de l'administration. Or, le jugement des matières criminelles proprement dites n'est jamais dévolu aux administrateurs ou aux corps administratifs : donc l'administration ne peut jamais tenir ce langage : *Hanc jurisdictionem meam esse aio.*—Ce raisonnement, qui a semblé péremptoire aux rédacteurs de l'ordonnance, nous semble pécher par sa trop grande généralité. Sans doute les matières criminelles proprement dites ne sont jamais de la compétence de l'autorité administrative; mais il peut très-bien arriver que la décision d'une accusation criminelle soit subordonnée à une question de la compétence de l'autorité administrative... — Pourquoi ne pas permettre d'élever le conflit dans les matières criminelles, non pas pour revendiquer le jugement du crime, mais la connaissance de la question préjudicielle à résoudre avant de statuer sur l'accusation publique ? Pourquoi n'avoir pas admis que les matières criminelles comportent une disposition analogue à celle de l'art. 2, n° 2, de l'ordonnance de 1828 ? Il nous semble qu'il y avait absolument même raison de décider dans les deux cas, et que, pour être conséquent, il aurait fallu, ou admettre, dans les matières criminelles, le conflit sur les questions administratives préjudicielles, ou le rejeter dans les matières correctionnelles. »

Ce raisonnement ne manque pas d'une certaine force. Il faut pourtant remarquer, avec M. Serrigny lui-même, que l'empiétement du pouvoir ne peut être dangereux, parce que les Cours d'assises ne statuent directement que sur la culpabilité de l'accusé, et non point sur la question incidente, qui peut seulement influer indirectement sur les motifs qui déterminent la conviction du jury.

**438.** — Quant aux matières correctionnelles, l'ordonnance précitée du 1er juin 1828 porte :

« Art. 2. Il ne pourra être élevé de conflit en matière de police correctionnelle que dans les deux cas suivants :

« 1° Lorsque la répression du délit est attribuée par une disposition législative à l'autorité administrative ;

« 2° Lorsque le jugement à rendre par le tribunal dépendra d'une question préjudicielle dont la connaissance appartiendrait à l'autorité administrative en vertu d'une disposition législative.

« Dans ce dernier cas, le conflit ne pourra être élevé que sur la question préjudicielle. »

La première hypothèse se vérifie, par exemple, en matière de contravention de grande voirie. La répression de ces contraventions a été attribuée à l'autorité administrative par diverses lois. Si un tribunal judiciaire retenait la connaissance d'une contravention de cette nature, il y aurait lieu d'élever le conflit. Il faut remarquer, du reste, que, même en cette matière, l'application des peines corporelles appartient exclusivement à l'autorité judiciaire, et que, par conséquent, le conflit ne peut être élevé sur ce point. Voy. mes *Principes de compétence*, n°s 744 et 759.

La seconde hypothèse peut se présenter fréquemment. Par

Code. — 2e édit. 16

exemple, si un entrepreneur de travaux publics, poursuivi en
police correctionnelle pour avoir extrait des matériaux sur la
propriété d'un particulier, se défend en disant qu'il l'a fait en
vertu du cahier des charges, auquel il s'est en tout point conformé, et s'il élève des difficultés sur le sens et les clauses de ce
cahier des charges, le tribunal correctionnel devra surseoir et
renvoyer à l'autorité administrative l'examen préalable de cette
question d'interprétation. 8 mai 1850, *Poulain c. Leflon.* Pareillement, des délits de pêche ou des délits forestiers peuvent
dépendre de la question de navigabilité d'une rivière, de la
défensabilité d'une forêt, etc. Il y a lieu encore à surseoir jusqu'à la décision de cette question préjudicielle par l'autorité
administrative.

**438** *bis.* — M. Reverchon, p. 465, n° 32, fait observer que le
conseil d'État admet une exception, puisée dans l'art. 60 de la
loi du 14 déc. 1789, en décidant, 18 mai 1854, *Lefrileux et Sa-
volle c. Quesnel,* qu'un conflit pouvait être élevé, si des conseillers municipaux sont traduits devant les tribunaux correctionnels, à raison des termes d'une de leurs délibérations. Cet auteur
n'approuve pas cette solution, qui est contraire à l'opinion que j'ai
développée dans les *Principes de compétence,* t. 3, p. 559, n° 738.

**439.** — L'art. 2 me paraît applicable aux matières de
simple police. A la vérité, l'ordonnance ne parle point de ces
sortes de matières; la raison de décider est la même que pour
les affaires correctionnelles. C'était dans ce sens que s'était
prononcé le conseil d'État, le 4 mars 1819, *préfet de Seine-et-
Marne;* mais le contraire a été décidé depuis l'ordonnance du
1<sup>er</sup> juin, les 3 déc. 1828, *Bruhat,* et 16 juillet 1846, *Prost* et
*Jamanet.*

Mon opinion est aussi celle de MM. Laferrière, 3<sup>e</sup> édit., t. 2,
p. 732; Foucart, 3<sup>e</sup> édit, t. 3, p. 285, n° 1811; Duvergier, t. 28,
p. 180; Dufour, 1<sup>re</sup> édit., t 2, p. 12, n° 779; Lerat de Magnitot
et Delamarre, t. 1, p. 284 (1).

M. Serrigny, t. 1, p. 191, n° 172, professe néanmoins l'opinion contraire, en se fondant sur le silence de l'ordonnance de
1828 : « Essayez, d'ailleurs, ajoute-t-il, de remplir les formalités,
et de tenir les registres prescrits par l'ordonnance, avec des adjoints de village! Et puis, la raison décisive, c'est que notre

---

(1) Dans sa 2<sup>e</sup> édit., t. 3, p. 526 et suiv., n<sup>os</sup> 527 et 528, M. Dufour
se prononce pour la non-recevabilité du conflit devant le juge de simple
police. Voy. aussi, dans ce sens, M. Boulatignier, p. 464, et Dalloz, p. 127,
n° 56.

puissante administration n'a pas besoin de l'arme des conflits pour se défendre contre les envahissements des tribunaux de simple police, dont les jugements en dernier ressort ne peuvent excéder *cinq francs*, amendes, restitutions et autres réparations civiles comprises. »

Ces raisons sont peu concluantes. Il est vrai que les formalités prescrites par l'ordonnance de 1828 devront être observées, comme le décide avec raison M. Duvergier, *loco citato*, mais rien ne s'oppose à ce qu'elles soient remplies ; et, d'un autre côté, le peu d'importance des jugements des tribunaux de simple police ne doit pas faire oublier, surtout en matière de répression, la nécessité de sauvegarder un principe d'ordre public, celui de la séparation des pouvoirs administratif et judiciaire.

**439** *bis*. — Un décret du 17 avril 1851, *Rougier c. la ville de Marseille*, a donné lieu, de la part de M. Reverchon, p. 463, n°s 27 et 28, à l'examen d'une question fort intéressante et que je formule en ces termes : Devant les tribunaux criminels, ou correctionnels, et de simple police, le conflit peut-il être élevé, *pour les tribunaux criminels*, dans un cas quelconque, *pour les seconds*, hors des cas déterminés par l'ordonnance ? Au premier aspect, la négative semble évidente, puisque l'ordonnance est restrictive et prohibitive. Comment, en présence de dispositions aussi formelles que celles des art. 1 et 2, peut-on introduire une exception ?

Voici les distinctions qu'admet M. Reverchon avec M Lebon (arrêts du conseil, 1851, p. 286) : En matière criminelle, les simples questions préjudicielles ne peuvent donner lieu au conflit ; il en est autrement quand il s'agit d'une action civile. Ces deux auteurs se fondent sur le décret dont j'ai indiqué la date et qui a confirmé le conflit, en déclarant qu'une action en responsabilité civile, portée devant le tribunal correctionnel de Marseille, pour réparation de blessures occasionnées par l'imprudence des entrepreneurs, employés de cette ville, appartenait, aux termes de la loi du 28 pluv. an VIII, au conseil de préfecture. Dès là qu'on met sur la même ligne les travaux communaux et les travaux de l'État, l'action en garantie contre la commune de Marseille était de la compétence administrative, ainsi que je l'ai décidé dans l'affaire *Mériet* (Voy. mes *Principes de compétence*, t. 3, p. 529, n° 706, III ) : on ne pouvait donc pas traduire cette commune devant le tribunal correctionnel. En fait, les actions civiles seront rarement d'une autre nature, et la question de doctrine n'a pas, à cause de cela, un grand intérêt pratique ; toutefois, je dois dire que je n'admettrais pas que si le conflit ne pouvait pas enlever à la justice criminelle ou correctionnelle

16.

un accusé ou un prévenu, un conflit pût le mettre à l'abri de la partie civile ; il y a, entre ces deux actions, une telle connexité que le juge de l'une doit être le juge de l'autre, ce qui ne permet pas cependant d'appeler en garantie comme responsable, devant le juge criminel, une partie qui n'est pas son justiciable. M. Dufour, 2ᵉ édit., t. 3, p. 524, nᵒ 526, rapporte le texte du décret de 1851, en tire des conséquences évidemment exagérées, mais ne fait pas connaître son opinion personnelle.

Je partage complétement le sentiment de M. Reverchon à l'occasion d'une action civile exercée directement devant le tribunal civil. La voie du conflit est alors ouverte d'une manière absolue. Il ne s'agit que d'examiner si ou non la matière est administrative. Ce principe, incontestable, a été reconnu par un décret du 9 fév. 1847, *Legat c. le directeur général de l'administration des postes,* sur lequel, au fond, je fais toutes réserves.

**439** *ter.* — Le 4 juin 1857, *Leconte,* décret qui juge qu'il n'y a pas lieu à donner suite à un arrêté de conflit, lorsque l'autorité judiciaire a déclaré prescrite l'action correctionnelle.

**440.** — On lit encore dans l'ordonnance du 1ᵉʳ juin 1828 :

« Art. 3. Ne donneront pas lieu au conflit :

« 1º Le défaut d'autorisation, soit de la part du Gouvernement, lorsqu'il s'agit de poursuites dirigées contre ses agents, soit de la part du conseil de préfecture, lorsqu'il s'agira de contestations judiciaires dans lesquelles les communes ou les établissements publics sont parties ;

« 2º Le défaut d'accomplissement des formalités à remplir devant l'administration préalablement aux poursuites judiciaires. »

L'ancienne jurisprudence validait les conflits qui étaient élevés dans le cas où un agent du Gouvernement était poursuivi sans autorisation préalable, soit en matière civile, soit même criminellement, pour des faits relatifs à ses fonctions. Voy. 27 déc. 1820, *Serres c. Anzas ;* Cormenin, *Appendice,* p. 49 ; Duvergier, t. 28, p. 130, note 1.

Mais cette jurisprudence fut abandonnée. Il était reconnu, même avant l'ordonnance de 1828, que le défaut d'autorisation ne pouvait donner lieu à un conflit, et ne changeait point l'ordre des juridictions ; qu'il constituait seulement une irrégularité de nature à vicier la procédure, et produisait une exception que les parties pouvaient faire valoir devant le tribunal saisi de l'affaire. Voy. 3 déc. 1823, *Bry ;* 24 mars 1824, *Paris c. Étienne ;* 12 janv. 1825, *Martha ;* 26 déc. 1827, *Jacquet c. Thirion ;* 27 avril 1851, *Cendrier ;* 10 sept. 1855, *Saint-Sèbe c. Salvat.*

Les mêmes observations s'appliquent au défaut d'autorisation de plaider nécessaire aux départements, communes, hospices et autres établissements publics, comme aussi à la non-présentation du mémoire exigé de la part de ceux qui veulent intenter une action judiciaire contre les départements, les communes ou contre l'État. Le défaut d'autorisation, la non-présentation du mémoire, constituent simplement une irrégularité qui peut motiver le rejet des poursuites ou entraîner la nullité de la procédure, mais qui ne saurait motiver un conflit. Telle était encore la jurisprudence du conseil d'État avant 1828. Voy. 16 janv. 1822, *fabrique de Pin-les-Magny c. Potiquet;* 16 janv. 1822, *Hongre c. Delayen;* 31 mars 1824, *François c. l'école de Châlons.*

Le véritable motif de cette jurisprudence est qu'au fond la matière n'est pas administrative, et que la forme ne concerne uniquement que le fonctionnaire ou la personne morale.

**441.** — Sous l'empire de l'ordonnance du 1er juin 1828, les principes déjà consacrés par la jurisprudence antérieure sont appliqués sans difficulté, 1° au défaut d'autorisation préalable des poursuites intentées contre des fonctionnaires ou agents du Gouvernement; 2° au défaut ou au refus de l'autorisation nécessaire aux départements, aux communes ou aux établissements publics; 3° à la non-présentation du mémoire requis de la part de ceux qui veulent agir en justice contre un département, une commune ou contre l'État. C'est à cette dernière formalité que fait allusion le dernier paragraphe de l'art. 3 de l'ordonnance. Voy. 12 avril 1829, *ville de Strasbourg;* Duvergier, t. 28, p. 180 et 181; Foucart, 4e édit., t. 3, p. 683, n° 1908; Serrigny, t. 1, p. 188, n° 170; Chevalier, t. 1, p. 216; Dufour, 2e édit., t. 3, p. 531, nos 531 et 784; Lerat de Magnitot et Delamarre, t. 1, p. 284; Dalloz, p. 469, nos 47 et 59; Boulatignier, p. 469.

M. Reverchon, qui adopte le sentiment général, p. 470, nos 51 et 53, pense qu'il résulte d'un décret du 29 avril 1851, *Cendrier,* que si un agent du Gouvernement excipait non pas seulement du défaut d'autorisation, mais d'ordres ou arrêtés administratifs dont l'interprétation serait préjudiciellement nécessaire, le conflit pourrait être élevé. — J'ajoute, pourvu que l'ordre administratif ne fût pas entaché d'illégalité, ainsi que je l'ai dit dans mes *Principes de compétence,* n° 536.

Voy. *suprà,* n° 42, et au livre V, le titre *de l'Autorisation.*

**442.**—Le conseil d'État a aussi décidé, avec raison, que la revendication de l'affaire par l'autorité administrative ne peut être exercée indirectement dans une instance où il ne s'agit que de l'autorisation de traduire une commune devant les tribunaux.

26 juin 1835, *Forbin d'Oppède c. comm. de Cavaillon*; 22 juill. 1835, *Collomp c. ville de Draguignan.*—Voy. n° 30.

**443-444.**—M. de Cormenin, 1<sup>re</sup> édit., t. 1, p. 254, examine la question de savoir si, lorsqu'une revendication a été exercée par un tiers sur des meubles saisis par le percepteur sur un contribuable, et que les tribunaux ont prononcé avant que la demande en revendication ait été soumise à l'autorité administrative, il y a lieu d'élever le conflit (voy. n° 49). Après avoir indiqué les arguments qu'on peut faire valoir en faveur de l'affirmative et de la négative, M. de Cormenin conclut en disant que la jurisprudence s'est prononcée contre la validité du conflit, et il cite plusieurs ordonnances rendues à son rapport.

Le dernier paragraphe de l'art. 3 de l'ordonnance du 1<sup>er</sup> juin 1828 s'applique évidemment à cette hypothèse, puisqu'il s'agit réellement *d'une formalité à remplir devant l'administration préalablement à des poursuites judiciaires.* Le conflit ne peut donc pas être élevé. M. Reverchon, p. 470, n° 51, est de cet avis.

SECTION III. — *Devant quels tribunaux et à quelle période de l'instance le conflit peut être élevé* **(1).**

**445.** —I. Le conflit d'attribution ne peut être élevé que de-

---

(1) Le texte des art. 4, 8 et 11 de l'ordonnance de 1828 présentant dans l'application des difficultés assez sérieuses, ainsi qu'on pourra s'en convaincre en lisant les diverses questions que j'ai examinées, je crois utile de donner un tableau résumant mes opinions sur les périodes auxquelles un conflit peut ou doit être élevé, et les positions dans lesquelles un déclinatoire doit être présenté ou renouvelé.

### I. DÉCLINATOIRE.

| | |
|---|---|
| EN 1<sup>re</sup> INSTANCE. | Toujours avant d'élever le conflit. |
| AVANT L'APPEL. | Pas de déclinatoire, pourvu qu'il ait été présenté en première instance. |
| DEVANT LA COUR. | Quoiqu'en première instance il ait été présenté un déclinatoire, il en faut un nouveau si le préfet n'élève pas le conflit dans la quinzaine de la signification de l'acte d'appel, lorsque l'incompétence a été admise, ou de l'envoi du jugement à lui fait par le procureur impérial, dans le cas où le déclinatoire est rejeté. |
| EN 1<sup>re</sup> INSTANCE COMME EN APPEL. | Toujours nouveau déclinatoire, si un premier déclinatoire, ou un premier conflit a été annulé comme irrégulier, pourvu que le préfet soit dans les délais pour élever un conflit. |

vant les tribunaux de première instance ou devant les Cours impériales.

Il ne peut pas être élevé devant les justices de paix (1).

Le motif principal qui doit le faire décider ainsi, c'est que les formalités prescrites par l'ordonnance du 1er juin 1828 ne peuvent être remplies devant ces tribunaux, auprès desquels il n'existe pas de ministère public. A l'appui de ce motif, on peut ajouter que le conflit est un moyen extraordinaire qui ne doit être employé que dans les cas où il y a nécessité de protéger l'ordre des juridictions contre des empiétements dangereux. Or, l'amovibilité des juges de paix, le peu d'importance des contestations sur lesquelles ils prononcent, enfin la voie de l'appel ouverte lorsque les intérêts deviennent un peu considérables, toutes ces considérations excluent la possibilité d'empiétements dangereux. J'avoue cependant que ces derniers motifs, isolés du premier, ne me paraîtraient pas suffisants; mais ils corroborent l'argument puisé dans la non-existence du ministère public devant les justices de paix. C'est, du reste, dans ce sens que se prononcent presque unanimement la jurisprudence et la doctrine, et elles admettent qu'il y a lieu au conflit seulement sur l'appel de la sentence du juge de paix, parce qu'alors l'affaire étant portée devant le tribunal de première instance, rien ne s'oppose plus à ce que les formalités voulues par l'ordonnance soient accomplies. Voy. 3 déc. 1828, *Bruhat;* 11 janv. 1829, *comm. de Serbonne;* 28 mai 1829, *Ourq. c. Dupuis;* 12 janv.

## II. CONFLIT.

| | | | |
|---|---|---|---|
| EN 1re INSTANCE. | Devant le tribunal saisi par la citation ou par un renvoi de Cour impériale ou de cassation. | Jusqu'au jugement en dernier ressort ou acquiescé. | |
| | | Jusqu'au jugement définitif, même non signifié. | A moins qu'un premier déclinatoire ayant été rejeté, le conflit n'ait pas été élevé dans la quinzaine. |
| AVANT L'APPEL. | Dans la quinzaine du rejet du déclinatoire, quoique le tribunal ait jugé le fond dans cette quinzaine. | | |
| AU MOMENT D'UN ACTE D'APPEL. | Si le déclinatoire a été admis. | Dans la quinzaine de la signification de l'acte d'appel au préfet. | |
| DEVANT LA COUR | Jusqu'à l'arrêt définitif. | Si pas de conflit en première instance, dans la quinzaine. Quoiqu'il y ait eu conflit, s'il a été irrégulier. Même après cassation devant la Cour de renvoi. | |

(1) Voy. cependant, *supra,* n° 439, ce qui concerne la simple police.

1835, *Petitgars*; 5 sept. 1836, *Lavaud*; 4 avril 1837, *De Damp-martin*; 28 juin 1837, *Foullon de Doué c. Guyot*; Cormenin, t. 1, p. 446, note 3; Chevalier, t. 1, p. 221; Serrigny, t. 1, p. 189, n° 171; Cotelle, t. 3, p. 720, n° 2; Dufour, 2<sup>e</sup> édit., t. 3, p. 526, n° 527; Lerat de Magnitot et Delamarre, t. 1, p. 285; *Ecole des communes*, t. 4, p. 308; Reverchon, p. 468, n<sup>os</sup> 40, 41 et 42.

L'opinion contraire est néanmoins professée par MM. Duver-gier, t. 28, p. 183, note 3; et Foucart, 4<sup>e</sup> édit., t. 3, p. 681, n° 1967.

**446.**—Des raisons analogues doivent faire décider qu'il ne peut y avoir lieu au conflit devant les tribunaux de commerce, et que la revendication ne peut être exercée que devant la Cour saisie de l'appel de leurs jugements. Il n'existe pas, en effet, de ministère public devant les tribunaux de commerce. Les juges qui les composent se renouvellent tous les deux ans. Les em-piétements qu'ils pourraient commettre n'offrent donc pas les dangers que présenteraient ceux commis par les tribunaux de première instance et par les Cours impériales, constitués avec des conditions d'indépendance et de durée bien autremeut fortes.

La question paraît ne s'être présentée qu'une fois, et le con-seil d'État l'a résolue dans le sens que je viens d'indiquer. Voy. 29 mars 1832, *Desprez*. Voy. aussi conf., Boulatignier, p. 466; Reverchon, p. 467, n° 40; Dalloz, p. 128, n° 62.

M. Deloche, *Arrêts du conseil*, t. 14, p. 119, combat cette ordonnance; mais la doctrine adopte l'opinion qu'elle consacre. Voy. les auteurs précités.

**447.**—On a vu, aux n<sup>os</sup> 436 à 439, que la revendication par la voie du conflit ne peut être exercée devant les tribunaux cri-minels, qu'elle n'est admise que devant les tribunaux cor-rectionnels, dans deux cas seulement, et devant les tribunaux de simple police.

**447 *bis*.**—M. Reverchon, p. 468, n<sup>os</sup> 44 et 45, pense que les jurys d'expropriation et les conseils de prud'hommes n'ayant pas de ministère public, les conseils de guerre et les tribunaux maritimes ne jugeant que des crimes ou délits, pour les pre-miers, le conflit ne pourrait pas être élevé; pour les seconds, les art. 1 et 2 (*suprà*, n° 438) de l'ordonnance du 2 juin seraient applicables.

Cependant une décision du 19 mai 1847, *André et Rieder Mon-borne*, a validé un conflit élevé en matière d'expropriation pour cause d'utilité publique. A la vérité, l'arrêté avait été pris de-vant le tribunal auquel, après renvoi de cassation, la partie plaignante demandait la constitution d'un nouveau jury.

**447** *ter.*—M.Reverchon, p.466, n° 38, en se fondant sur un avis du conseil d'Etat, du 3 mai 1844, dont le texte est rapporté dans les annales des ponts et chaussées 1844, p. 449, et sur un décret du 12 août 1854, dans l'espèce duquel a été suivie la procédure indiquée par ce décret, décide que le conflit peut être élevé devant le juge des référés en matière civile. Rien ne s'oppose, en effet, à ce que la déclaration soit envoyée à M. le procureur impérial, qui la communique à M. le président du tribunal. Malgré l'étrangeté de cette procédure, et sans adopter l'opinion du conseil d'Etat qui voudrait appliquer les art. 83 et 112 du Code de procédure civile aux affaires portées en référé, je partage l'opinion de mon honorable confrère, surtout en présence des inconvénients graves qui pourraient résulter de la jurisprudence de M. le président du tribunal civil de la Seine.—Voy. mon article sur les *référés administratifs*, dans mon *Journal du droit administratif*, t. 5, p. 145, art. 204. MM. Dufour, 2e édit., t. 3, p. 530, n° 529 ; Dalloz, p. 129, n° 66, et Boulatignier, p. 466, citent, sans indiquer leur opinion, l'avis du conseil d'État du 3 mai 1844. Le conseil d'Etat avait compris, en 1844, que les délais de l'ordonnance du 1er juin pouvaient rendre inutile cette instruction, aussi autorise-t-il le préfet à renoncer à ces délais, à prendre communication de l'ordonnance du président sur la minute pour pouvoir élever le conflit immédiatement. Cette hâtive procédure n'est que la conséquence de l'opinion qui permet le conflit. Je ne puis donc pas la combattre.

Ce qui ne peut être contesté, c'est que, comme dans l'espèce du décret du 12 août 1854, le préfet a le droit d'élever le conflit sur l'appel interjeté de l'ordonnance de référé, ou devant le tribunal lui-même, lorsque l'affaire lui a été renvoyée par le président en état de référé.

**448.**—Enfin, devant les tribunaux administratifs, il ne doit pas être élevé de conflit parce que la contradiction de compétence ne fait naître qu'un débat sur la juridiction. Les parties peuvent seulement se pourvoir en règlement de juges (voy. n°s 517 et suiv.). Aussi le conseil d'Etat a-t-il, dans plusieurs circonstances, annulé des arrêtés de conflit pris dans des affaires soumises aux jurys de révision de la garde nationale, qui constituent de véritables tribunaux administratifs. 20 juill. 1832, *ministre de l'intérieur ;* 24 août 1832, *ministre de l'intérieur ;* 16 nov. 1832, *préfet de la Haute-Vienne.* Voy. Reverchon, p. 462, n° 9 ; Boulatignier, p. 462.

**449.** — II. L'ordonnance du 1er juin 1828 contient la disposition suivante :

« Art. 4. Hors le cas prévu ci-après par le dernier paragraphe de l'art. 8 de la présente ordonnance, il ne pourra jamais être élevé de conflit après des jugements rendus en dernier ressort ou acquiescés, ni après des arrêts définitifs.

« Néanmoins le conflit pourra être élevé en cause d'appel, s'il ne l'a pas été en première instance, ou s'il l'a été irrégulièrement après les délais prescrits par l'art. 8 de la présente ordonnance. »

Cet article a eu pour but de mettre fin à de graves difficultés qui s'étaient présentées pour savoir à quelle période de l'instance le conflit pouvait être élevé, et à quel moment il cessait d'être praticable.

On avait d'abord décidé que le conflit pouvait être élevé après des jugements ou arrêts définitifs, et même après que la Cour de cassation avait prononcé; 9 mess. an XI; 23 avril 1807, *Simon c. Grasset*; 24 juin 1808, vᵉ *Kénor c. fabrique de Sainte-Walbruge.*

Plus tard, on reconnut qu'il n'y avait plus possibilité d'élever le conflit lorsqu'un jugement ou un arrêt avaient acquis l'autorité de la chose jugée, soit par l'acquiescement des parties, soit par l'expiration des délais de l'appel ou du pourvoi en cassation. 15 janv. 1813, comm. *de Removille c. Hocquart*; 6 janv. 1814, *Planard c. Enjalran*; 23 déc. 1815, *Mordery c. Sonntag*; 22 juill. 1818, *Berger c. Hermann*; 23 juin 1819, *Fabre*; 22 fév. 1822, *Gros-Renaud c. comm. de Couthenaud*; 30 juin 1824, *Sainte-Marie.*

Il semblait résulter de cette jurisprudence que si les délais, soit de l'appel, soit du pourvoi en cassation, n'étaient pas expirés, le conflit pouvait être élevé; et, c'est en effet ce qui avait été plusieurs fois décidé. 15 août 1819, *Audran c. héritiers Martel*; 2 fév. 1821, *Thomas c. Ratisbonne*; 20 juin 1821, *Loustalet c. Cazala*; 4 sept. 1822, *Palmérini*; 2 août 1823, *Flamand-Grétry c. bourgmestres de Liége.*

Cependant quelques ordonnances avaient déclaré que les jugements des tribunaux et les arrêts des Cours ont le caractère de la chose jugée au moment même où ils sont prononcés, et que, par conséquent, le conflit est tardivement élevé après un jugement ou un arrêt définitif, quoique d'ailleurs la voie de l'appel ou du recours en cassation soit encore ouverte. 6 fév. 1815, *Donat-Raffeau c. Tessière*; 28 sept. 1816, comm. *de Liebsdorff c. Bidermann.*

On reconnaissait néanmoins que le conflit pouvait être élevé en cause d'appel. 7 déc. 1825, *Picirron c. Chapuy*; 28 fév. 1828, *Ducommun.*

TITRE XV. — CONFLITS ET RÈGLEMENTS DE JUGES. — N° 451.   251

Enfin, l'ordonnance du 14 janv. 1824, *Dubreuil*, avait annulé un conflit élevé après un arrêt de rejet de la Cour de cassation, par les motifs que voici : — « Considérant qu'il n'existe!, dans l'espèce, d'autre instance judiciaire que celle qui a été définitivement jugée par l'arrêt de la Cour de cassation ci-dessus visé ; — Que les conflits ne pouvant être élevés que sur des instances actuellement pendantes devant les tribunaux ou sur des jugements ou arrêts susceptibles de recours, l'arrêté du préfet d'Ille-et-Vilaine est sans objet. »

**450.** — Aujourd'hui, sous l'empire de l'ordonnance du 1er juin 1828, il faut tenir pour certain que le conflit peut être élevé tant que l'instance est pendante devant les tribunaux ; qu'il ne peut plus l'être lorsque cette instance a cessé d'exister ; mais que si l'instance revit, par suite d'un appel ou d'une cassation après pourvoi, la faculté d'user du conflit renaît avec elle. Voy. *infrà*, n° 455.

Ainsi le conflit peut être élevé, soit en première instance, soit en appel, jusqu'au jugement définitif sur le fond.

Il peut l'être après un jugement ou arrêt interlocutoire, même acquiescé par les parties, parce que cet interlocutoire ne met pas fin à l'instance. 4 fév. 1836, *Desmortiers ;* 22 mai 1840, *Borey c. comm. de Rhétouse ;* 30 août 1845, *caisse hypothécaire c. Bailloux ;* 2 déc. 1853, *Champel c. Laurens ;* Cour de Pau, 30 janv. 1854.

Peu importerait, d'ailleurs, qu'en ordonnant l'interlocutoire le tribunal ou la Cour eussent statué sur les prétentions des parties au fond, s'ils ne les avaient pas définitivement jugées. 23 avril 1840, *Lombard c. Sabatier ;* 9 juin 1842, *Coulomb c. Castellanne.*

On peut néanmoins citer en sens contraire l'ordonnance du 16 août 1836, *préfet de Lot-et-Garonne.*

Il peut l'être aussi après des jugements ou arrêts ayant acquis l'autorité de la chose jugée sur la question de compétence, pourvu qu'ils n'aient pas statué définitivement sur le fond. 5 sept. 1836, *de Praslin ;* 8 janv. 1840, *comm. de Cortenay c. préfet du Jura ;* 20 fév. 1840, *Roquelaine ;* 5 mars 1841, *ve Lecointre c. comm. de Flers ;* 16 avril 1841, *vicomte de l'Espine c. comp. d'Asda ;* 30 mars 1842, *Mocquet ;* 27 fév. 1847, *Tortrat c. hosp. de Reims ;* 1er août 1848, *Delagay c. canal des Alpines ;* 7 mars 1859, *Petit c. comm. de Chanteloup ;* 3 avril 1850, *Mallez c. la ville de Valenciennes ;* 24 juill. 1851, *Belloud et Delaiude c. com. de Poumeyroles ;* 7 déc. 1854, *Aussenac c. la comp. du canal du Midi.* Voy. Reverchon, p. 472, n° 64.

**451.** — Le conflit est tardivement élevé après un jugement

définitif de première instance sur le fond, alors même qu'il serait en premier ressort, et qu'il n'aurait été ni acquiescé, ni exécuté. A la vérité, le § 1<sup>er</sup> de l'art. 8 de l'ordonnance ne prohibe
le conflit qu'après les jugements rendus en dernier ressort ou
acquiescés ; mais il a voulu exprimer seulement que le conflit
était prohibé d'une manière absolue après les jugements de cette
nature, tandis qu'après les jugements susceptibles d'appel, le
conflit peut encore être élevé, dans le cours de l'instance, sur
l'appel. Le second paragraphe de l'article ne laisse aucun doute
à cet égard. Voy. 8 avril 1829, *Rives;* Duvergier, t. 28, p. 183 ;
Serrigny, t. 1, p. 195, n° 176 ; Reverchon, p. 471, n° 57 ;
Dalloz, p. 131, n° 77 ; Boulatignier, p. 476 ; Dufour, 2<sup>e</sup> édit.,
p. 539, n<sup>os</sup> 533 et suiv. Ce dernier auteur cite une consultation donnée par l'honorable et savant Vivien dans l'affaire
Castellane. En voici quelques lignes qui résument parfaitement la véritable portée de l'art. 4 : « ..... On avait attribué
« autrefois à l'administration un droit permanent et pour ainsi
« dire imprescriptible de revendication de ses attributions. Plus
« tard, ce droit fut circonscrit par la pratique. Dans le temps
« pendant lequel les décisions judiciaires pouvaient être l'objet
« d'un pourvoi, l'ordonnance de 1828 a voulu qu'il fût exercé
« avant la décision finale du procès ; mais elle n'est pas allée au
« delà et ne pourrait recevoir sans inconvénient une autre in-
« terprétation. »

**452.** — S'il s'agit d'un jugement par défaut, le conflit ne
peut être élevé qu'autant que la partie condamnée forme
opposition, car jusque-là il n'existe pas d'instance. Mais l'opposition une fois réalisée, l'instance revit, et rien ne s'oppose plus
à ce que le conflit soit élevé. Foucart, 4<sup>e</sup> édit., t. 3, p. 684, n°
1909 ; Serrigny, t. 1, p. 196, n° 177 ; Dufour, 2<sup>e</sup> édit., t. 3, p.
539, n° 536 ; Reverchon, p. 471, n° 57.

**453.** — L'art. 4, § 2, de l'ordonnance du 1<sup>er</sup> juin 1828 permet, en termes formels, d'élever le conflit en cause d'appel,
parce qu'en effet l'appel fait revivre l'instance.

Cette disposition serait applicable au cas où l'appel n'aurait
été interjeté que pour cause d'incompétence, en vertu de l'art.
454 du Cod. de proc. civ., encore bien que le jugement fût en
dernier ressort sur le fond. 19 oct. 1838, *Leclerc c. fabrique de la
Neuville;* 4 mai 1843, *dame Clément c. comm. de Gurgy-le-Châ-
teau;* Serrigny, t. 1, p. 196, n° 178 ; Duvergier, t. 28, p. 182 ;
Dufour, 2<sup>e</sup> édit., t. 3, p. 539, n° 536 ; Reverchon, p. 472, n° 83 ;
Dalloz, p. 134, n° 84.

Il est évident que si, après avoir interjeté appel, la partie se
désiste, l'acceptation du désistement anéantit l'instance, et que

le conflit ne peut plus être élevé parce qu'il serait sans objet. 1er juin 1828, *Tiers c. Brasme ;* 22 fév. 1833, *Laurent ;* 27 fév. 1851, *ministre des finances.* Voy. Reverchon, p.473, n°s 70 et 71 ; Dufour, 2e édit., t. 3, p. 538, n° 535.

Le conflit serait également non recevable, si l'appel était nul pour avoir été formé plus de trois mois après la signification du jugement. 30 juillet 1857, *comm. St-Laurens des Vignes ;* Cour de Douai, 3 déc. 1851, *préfet du Nord c. hospices de Maubeuge.*

D'un autre côté, le conflit serait tardivement élevé en cause d'appel, s'il était intervenu un arrêt définitif sur le fond, quoique d'ailleurs les délais du pourvoi en cassation ne fussent pas expirés. 3 juin 1831, *préfet de la Haute-Saône ;* 14 nov. 1834, *héritiers Lair ;* 31 mars 1835, *Segond c. comm. de Riez.*

**453** *bis.*—Un préfet avait cru pouvoir élever un conflit devant le tribunal de première instance, quoiqu'il y eût un appel interjeté. A la vérité, il soutenait que l'appel (d'une commune) était nul comme ayant été interjeté sans autorisation. D'abord cette nullité n'était pas sérieuse, puisque l'appel peut être interjeté par le maire à titre conservatoire, et d'ailleurs le préfet ne pouvait se constituer juge de cette question de validité, aussi le conseil d'Etat a-t-il annulé le conflit. 2 janv. 1857, *comm. de Soupes.*

**454.**—Les difficultés que soulève l'exécution des jugements et arrêts constituent des litiges distincts, et ne font pas revivre l'instance primitive. Aussi, le conflit ne peut-il être élevé :

1° Ni sur les contestations relatives à l'exécution d'un jugement passé en force de chose jugée. 26 mai 1824, *héritiers Brunaud ;* 2 juillet 1836, *Pierre ;*

2° Ni sur des jugements qui ne font que reproduire les dispositions d'un jugement antérieur passé en force de chose jugée. 16 janv. 1822, *Serventeau ;*

3° Ni sur l'appel d'une ordonnance de référé qui ne fait que régler l'étendue, les effets et le mode d'exécution d'un jugement définitif. 12 mai 1824, *Mosselmann c. Lemarrois ;*

4° Ni sur le débat porté devant le président d'un tribunal pour faire interpréter une ordonnance de référé qui était définitive. 5 déc. 1838, *préfet de la Haute-Garonne.*

Cependant, le conseil d'Etat a décidé qu'une demande en dommage par suite d'inexécution d'une ordonnance de référé pouvait être considérée comme une instance nouvelle autorisant le conflit, 16 mars 1848, *de Pastoret ;* et qu'il en était de même d'un référé tendant à l'exécution d'un arrêt définitif. 12 août 1854, *Etienne c. la ville d'Agde ;* ce sont des décisions d'espèces utiles à consulter. Voy. Reverchon, p. 471, n° 60 et la note 2.

**454** *bis.*—Mais comme le fait observer, avec raison, M. Reverchon, p. 472, nᵒ 61, le conflit peut être élevé sur une exécution,
si le mode d'exécution est administratif et qu'il surgisse, à ce
sujet, un débat judiciaire.

**455.** — Le conflit ne peut être élevé ni pendant les délais du
pourvoi en cassation, ni même après que le pourvoi a été formé.
Ce pourvoi, en effet, ne donne pas ouverture à une instance, la
Cour de cassation ne formant pas un degré de juridiction. D'ailleurs, quel serait le préfet qui élèverait le conflit? La Cour de
cassation occupe une position trop élevée pour que l'autorité
administrative puisse arrêter sa marche et la dessaisir des affaires
qui lui sont soumises. Voy. *suprà*, nᵒ 449.

Mais, si cette Cour annule un arrêt, le conflit peut être élevé
dans l'instance devant la seconde Cour impériale, lors même
qu'un premier conflit aurait été annulé pour avoir été élevé
avant l'arrêt de la Cour de cassation. 23 oct. 1835, *Nicol et
Légué*; 19 mars 1847, *André et Riéder-Monbrone*; Cormenin,
t. 1, p. 446, note 2; Foucart, 4ᵉ édit., t. 3, p. 684, nᵒ 1909;
Serrigny, t. 1, p. 194, nᵒ 175; Dufour, 2ᵉ édit., t. 3, p. 540, nᵒˢ
537 et 538; Reverchon, p. 471, nᵒˢ 58 et 59. Voy. *suprà*, nᵒ 450.

**456.** — Il faut observer, au surplus, que l'annulation d'un
arrêté de conflit pour vice de forme ou parce qu'il aurait été
pris par un préfet incompétent, ne fait pas obstacle à ce que,
dans la même affaire et tant qu'il n'a pas été définitivement statué sur le fond, le préfet compétent propose le déclinatoire et
élève un nouveau conflit. 29 juin 1842, *Desfourniers*; 15 déc.
1842, *Ménestrel*; 9 janv. 1843, *Audibert*; pourvu qu'il soit dans
les délais. Voy. *infrà*, nᵒˢ 492 et 514, et Reverchon, p. 499,
nᵒ 167.—Le conflit annulé au fond par le conseil d'Etat ne peut
pas être reproduit; cela est évident. 8 avril 1852, *comm. de Lalles.*
Voy. *infrà*, nᵒˢ 492 et 514.

SECTION IV. — *Par qui est élevé le conflit.*

**457.** — I. Le préfet seul peut élever le conflit. Arrêté du 13
brum. an x, art. 3 et 4; Ordonnance du 1ᵉʳ juin 1828, art. 8 et 9.
Même en Algérie, Ordonnance du 30 déc. 1848 (Duvergier, 1849,
p. 436).

Il l'élève, soit d'office, soit sur l'invitation des ministres, sur
l'information des procureurs impériaux ou sur la demande des
parties. Dans tous les cas, il est seul juge de l'opportunité du
conflit; mais le ministre peut lui donner l'ordre de l'élever.
Voy. mes *Principes de compétence*, nᵒ 1143, t. 1, p. 366, et t. 3,
p. 827.

**458.** — C'est le préfet du département où siège le tribunal saisi de la contestation qui est seul compétent pour élever le conflit. 14 avril 1839, *préfet du Cher.*

« Considérant, a dit cette ordonnance, que l'arrêté par lequel un préfet élève le conflit est un acte des fonctions qu'il exerce comme représentant l'autorité publique, et que, dès lors, le préfet ne peut élever le conflit que dans les affaires portées devant les tribunaux du département où il remplit ses fonctions. »

Postérieurement, et par deux décisions du même jour, 20 août 1840, *Dufour c. préfet du Pas-de-Calais* et *héritiers d'Anvers*, le conseil d'Etat a annulé des arrêtés de conflit pris par les préfets des départements chefs-lieux des Cours impériales saisies en appel de contestations qui avaient été jugées en première instance par des tribunaux siégeant dans d'autres départements. Voici par quels motifs : « Considérant que le préfet, compétent pour proposer le déclinatoire et élever le conflit devant les tribunaux compris dans la circonscription de son département, l'est aussi pour faire ces actes devant la Cour impériale où les affaires qu'il veut revendiquer sont portées par la voie d'appel. » Conf., 27 mai 1848, *l'Etat c. comm. des Angles;* 15 mai 1858, *chemin de fer de l'Est.*

Cette jurisprudence est approuvée par MM. Serrigny, t. 1, p. 202, n° 186; Dufour, 2ᵉ édit., t. 3, p. 542, n° 542, et Dalloz, p. 122, n° 36.

M. Foucart, 4ᵉ édit., t. 3, p. 677, n° 1902, fait remarquer qu'elle est contraire au principe posé par la décision de 1839, mais qu'elle peut s'appuyer sur l'article 8 de l'ordonnance du 1ᵉʳ juin 1828.

L'ordonnance de 1828 ne contient, selon moi, aucune disposition assez explicite pour qu'il soit permis d'admettre, contrairement à toutes les règles, qu'un préfet puisse exercer des attributions quelconques hors des limites de son département. Je pense donc que c'est le préfet du département où siège la Cour impériale qui a seul qualité pour élever le conflit. Voy. mes *Principes de compétence*, n° 893, t. 3, p. 667.

M. Reverchon, p. 476, nᵒˢ 81 à 84, examine sous la rubrique, *De la compétence territoriale des préfets,* la question de savoir par quel préfet le conflit doit être élevé. En première instance, il n'hésite pas à décider que le seul préfet compétent est celui dans la circonscription duquel est situé le tribunal saisi du litige, après le jugement, ou devant la Cour, ou même après cassation devant une Cour de renvoi, cet honorable confrère adopte ainsi la jurisprudence du 20 août 1840, sans se dissimuler que les deux opinions peuvent opposer des décisions qui ont statué sur des conflits ayant été faits, tantôt par le préfet du départe-

ment où siégeait le tribunal de première instance, tantôt par le
préfet du département où siégait la Cour saisie de l'appel.
M. Boúlatignier, p. 486, a enseigné la même doctrine que celle
de M. Reverchon, seulement cet honorable conseiller d'État paraît préférer le préfet du nouveau département, quand il y a eu
cassation. Ces auteurs semblent se déterminer par ce motif
qu'il est convenable que le préfet dans le département duquel
une instance judiciaire s'est engagée, et qui avait qualité pour
revendiquer au profit de l'autorité administrative le litige à son
origine, possède, en quelque sorte, un droit de suite sur ce
même litige dans les divres degrés de juridiction qu'il peut par-
courir. Ce sont les expressions textuelles de M. Boulatignier.
Ce raisonnement renferme, à mon sens, une méconnaissance
complète des fonctions préfectorales ; en matière de conflit,
c'est au nom de l'ordre public qu'est élevé le conflit. De même
qu'un procureur général ne suit pas une instruction criminelle
devant une Cour autre que celle à laquelle il est attaché, de
même un préfet, étant sans pouvoir pour faire acte de juridiction administrative hors de son département, n'a ni mission ni
qualité pour exercer cet étonnant droit de suite. On conçoit que
le préfet, représentant l'État, simple propriétaire, plaïde pour
lui partout où la cause dont il est chargé sera portée, devant
la Cour siégeant dans un autre département que le sien, soit
même devant la Cour de cassation ; mais sa position est toute
différente quand il exerce une juridiction. Ne serait-on pas surpris de voir le préfet de la Moselle dessaisir le juge de la Haute-
Garonne ? C'est ainsi que, pour la procédure civile, la Cour
de cassation a jugé qu'un conseiller d'une Cour n'avait pas capacité pour interroger une partie hors du ressort de la Cour à
laquelle il appartient. M. Dufour, 2<sup>e</sup> édit., t. 3, p. 542, n° 542,
partage complétement l'opinion de M. Boulatignier ; mais il
combat le motif sur lequel s'est fondé cet auteur pour attribuer
compétence au préfet du département dans le ressort duquel
est renvoyée une affaire après cassation ; il répond avec raison
que l'instance n'est pas plus nouvelle après la cassation que
devant la première Cour, et il préférerait croire que l'autorisation d'élever le conflit accordée au préfet du nouveau département a pour but de ménager à l'administration une ressource
dans l'intervention de son représentant le plus rapproché. Un
décret du 12 août 1854, comm. de Cussey et Déluz, annule un
conflit élevé par le préfet devant un tribunal auquel une Cour
impériale avait renvoyé la contestation, hors du département
administré par ce préfet. Dans ce décret, le conseil d'État pose,
il est vrai, le principe qui m'a déterminé ; mais il persiste dans

ses motifs à énoncer l'exception déjà admise par les ordonnances de 1840, 1848 et 1858. Le dernier monument de la jurisprudence sur cette importante question est un décret du 15 mai 1858, *Dumont.*

**459.** — A Paris, le préfet de police élève le conflit dans les affaires de la compétence de l'administration qui sont placées dans ses attributions. Ordonn. du 18 déc. 1822, art. 1er.

Avant cette ordonnance, la jurisprudence lui refusait ce droit. Voy. 29 mai 1822, *Lebel* ; Foucart, 4e édit., t. 3, p. 675, n° 1902 ; Reverchon, p. 475, n° 77, et Dalloz, p. 121, n° 28.

**460.** — Pour les affaires qui intéressent spécialement l'administration de la marine, les préfets maritimes peuvent aussi élever le conflit. 8 janv. 1810, *Lenoir c. Legalloie* ; 23 avril 1840, *Bruno Josserand* ; 12 fév. 1841, *Blanchet c. Peyran* ; 30 mars 1842, *Blanchet c. Peyran* ; 26 juin 1852, *Martin de Berenguier c. Giraud* ; 8 juin 1854, *Saurin c. l'État* ; Cormenin, t. 1, p. 442, note 1 ; Foucart, 4e édit., t. 3, p. 675, n° 1902 ; Serrigny, t. 1, p. 184, n° 165 ; Dufour, 2e édit., t. 3, p. 541, n° 539 ; MM. Reverchon, p. 475, n° 80, et Boulatignier, p. 483, pensent même que le préfet maritime a seul le droit d'élever le conflit dans les affaires maritimes.

Voy. néanmoins, les observations des rédacteurs du *Journal du Palais, Jurisp. admin.* (sur l'ordonnance *Josserand*), t. 6, p. 588, note 1.

**461.** — Dans les colonies, le conflit d'attribution est élevé par les chefs d'administration, chacun en ce qui le concerne, c'est-à-dire, par le gouverneur ou commandant, par le contrôleur colonial, etc. Ordonn. des 21 août 1825 (Bourbon), art. 160 ; 9 fév. 1827 (Martinique et Guadeloupe), art. 176 ; 27 août 1828 (Guyane), art. 165 ; 23 juillet 1840 (Inde), art. 108 ; 7 sept. 1840 (Sénégal), art. 113 ; 28 août 1848, *Julienne.* Voy. Reverchon, p. 505, n° 186.

Déjà, avant ces ordonnances, la jurisprudence suivait cette règle. Voy. 19 déc. 1822, *héritiers Picou c. Grassier* ; 6 nov. 1822, *min. de la marine* ; 12 fév. 1823, *min. de la marine* ; 9 juin 1824, *Malavoix.*

Voy., au surplus, mes *Principes de compétence*, n° 938, t. 3, p. 696.

**462.** — II. Le conflit d'attribution ne peut être élevé ni par les ministres, ni par les conseils de préfecture, ni par le conseil d'État, ni par les intendants de la marine. Cormenin, t. 1, p. 441, n° II ; Serrigny, t. 1, p. 183, n° 164 ; Chevalier, t. 2, p. 218 ; Cotelle, t. 3, p. 714, n° 2 ; Reverchon, p. 474, n° 75.

Voy. mes *Principes de compétence*, n° 1143, t. 1, p. 366, et n° 1296 *bis*, t. 3, p. 898.

**463.** — Les tribunaux de l'ordre judiciaire ne peuvent pas non plus revendiquer, au moyen du conflit, les affaires portées devant l'autorité administrative et qu'ils croiraient être de leur compétence, 3 juillet 1822, *créanciers Chalette c. Delamarre;* 15 oct. 1826, *ministre de la guerre c. Desescaux;* Foucart, 3ᵉ édit., t. 3, p. 282, n° 1807; Reverchon, p. 461, n° 17; et les auteurs précités.

Voy. aussi, mes *Principes de compétence*, n° 528, t. 1, p. 151, et t. 2, p. 316.

**464.** — Les parties elles-mêmes peuvent bien solliciter le préfet d'élever le conflit, ou demander au ministre qu'il donne l'ordre de l'élever, mais elles ne peuvent exercer la revendication de leur chef, ni directement, ni indirectement. C'est ainsi qu'il a été décidé :

1° Que le conseil d'État ne peut être saisi de la demande en revendication que par un arrêté du préfet, et non sur le pourvoi des parties. 13 juin 1821, *Camy c. héritiers Laffargue;* 13 juillet 1825, *Bonnefon et Violle;*

2° Que les parties ne peuvent dessaisir l'autorité judiciaire de l'appréciation d'un décret, sous prétexte de le faire interpréter par l'autorité administrative, lorsqu'il n'existe dans la cause ni conflit élevé, ni renvoi de la part des tribunaux. 28 fév. 1831, *de Montmorency c. usagers de Briquebec;*

3° Que la demande en nullité de jugements ou arrêts ne peut être portée devant le conseil d'État lorsque le préfet n'a pas élevé de conflit, sauf aux parties à se pourvoir devant l'autorité judiciaire compétente. 17 mars 1812, *Bayle c. Brune*, et *Eggerlé c. Greiner;* 6 nov. 1813, *Brisac c. Veiller;* 18 avril 1816, *de Lauzière c. Montillet;* 10 sept. 1817, *de Siran.*

Dans l'origine, le conseil d'État annulait quelquefois, soit sur le recours des parties, soit sur le rapport d'un ministre, les jugements et arrêts des tribunaux judiciaires et même de la Cour de cassation. On en trouve des exemples dans le décret du 6 juin 1807, *Romanson c. Thouin*, et dans d'autres décret inédits qui sont cités par M. de Cormenin, t. 1, p. 452, note 2. Voy. Reverchon, p. 474, n° 76, et les autorités que cite cet auteur.

Cette jurisprudence n'est plus suivie aujourd'hui.

### Section V. — *Procédure en conflit.*

**465.** — La procédure en conflit peut se diviser en deux périodes. La première comprend les formalités à suivre devant le tribunal qu'on veut dessaisir ; la seconde se réfère à l'instruction du conflit devant le conseil d'État (1).

§ I<sup>er</sup>. — Procédure devant le tribunal à dessaisir.

**466**. — I. Les formalités qui doivent être remplies devant le tribunal que le conflit a pour but de dessaisir, sont réglées par l'ordonnance du 1<sup>er</sup> juin 1828, dont voici les dispositions :

« Art. 5. A l'avenir le conflit d'attribution ne pourra être élevé que dans les formes et de la manière déterminées par les articles suivants.»

Il résulte de cette disposition que l'inobservation des formes et des délais prescrits par l'ordonnance emporte la peine de la nullité du conflit, quoique d'ailleurs cette peine ne soit expressément énoncée dans aucune des dispositions qui suivent. Mais cela ne s'entend que de l'inobservation des formalités qui doivent être remplies par les agents de l'autorité administrative. La négligence des agents de l'autorité judiciaire ne peut priver l'administration du droit de revendiquer les affaires qui sont de sa compétence. Serrigny, t. 1, p. 198, n° 180.

**467**. — « Art. 6. Lorsqu'un préfet estimera que la connaissance d'une question portée devant un tribunal de première instance est attribuée par une disposition législative à l'autorité administrative, il pourra, alors même que l'administration ne serait pas en cause, demander le renvoi de l'affaire devant l'autorité compétente. A cet effet, le préfet adressera au procureur impérial un mémoire dans lequel sera rapportée la disposition législative qui attribue à l'administration la connaissance du litige.

« Le procureur impérial fera connaître, dans tous les cas, au tribunal la demande formée par le préfet, et requerra le renvoi si la revendication lui paraît fondée » (2).

---

(1) Voy. *suprà*, p. 246, le tableau des délais.

(2) L'arrêté du 13 brum. an x portait :

« Art. 1<sup>er</sup>. Aussitôt que les commissaires du Gouvernement (les procureurs impériaux) seront informés qu'une question, attribuée par la loi à l'autorité administrative, a été portée devant le tribunal où ils exercent leurs fonctions, ils seront tenus d'en requérir le renvoi devant l'autorité compétente, et de faire insérer leurs réquisitions dans le jugement qui interviendra.

« Art. 2. Si le tribunal refuse le renvoi, ils en instruiront sur-le-champ le préfet du département, auquel ils enverront en même temps copie desdites réquisitions, ainsi que des motifs sur lesquels elles sont fondées. »

Quoique l'ordonnance de 1828 ne contienne aucune disposition sem-

Le respect dû à la magistrature et la nécessité de maintenir des rapports de bienveillance entre l'autorité administrative et l'autorité judiciaire s'opposaient à ce qu'un tribunal pût être brusquement dessaisi, sans qu'au préalable il eût été appelé à statuer lui-même sur sa propre compétence. On a donc exigé que le préfet commençât à décliner la compétence du tribunal mal à propos saisi, et qu'il adressât à cet effet un mémoire au procureur impérial chargé de requérir le renvoi.

**468.**—Cette formalité est d'ordre public, et le préfet ne peut, en aucun cas, se dispenser de la remplir.

L'arrêté de conflit qui aurait été pris sans déclinatoire préalable serait annulé. Voy. 12 août 1831, *préfet du Cher ;* 16 août 1832, *préfet de Lot-et-Garonne ;* 26 août 1835, *Angiboust c. de Kermellec ;* 4 déc. 1835, *de Rudder ;* 18 nov. 1838, *v$^e$ Thuau ;* 28 août 1844, *Abadie-Mounon c. commune de Marseillan ;* 28 fév. 1845, *Luigi c. Morandini ;* 14 mars 1850, *Villay c. l'administration des postes ;* 16 nov. 1854, *Saint-Lèbe c. Salvat* (1) ; Cormenin, t. 1, p. 443, n° 4 ; Serrigny, t. 1, p. 199, n° 181 ; *École des communes,* t. 4, p. 310 ; Boulatignier, p. 491.

Néanmoins, lorsque sur le déclinatoire proposé par le préfet, l'autorité judiciaire s'est déclarée incompétente par un jugement de défaut, et que, sur l'opposition de la partie défaillante, ce jugement a été rapporté, le conflit peut être élevé sans nouveau déclinatoire. 6 mars 1835, *Cante ;* Foucard, 4$^e$ édit., t. 3, p. 689, n° 1913 ; Dufour, 2$^e$ édit., t. 3, p. 546, n° 545.

**469.** — Quoique l'art. 6 de l'ordonnance ne parle que des affaires portées *devant un tribunal de première instance,* ses dispositions doivent néanmoins être appliquées aux conflits élevés en cause d'appel. Ainsi, lorsque le déclinatoire n'a pas été

---

blable, il n'y a pas de doute que les procureurs impériaux ne doivent requérir le renvoi des affaires qu'ils jugeraient être de la compétence de l'autorité administrative. Les tribunaux sont même tenus de prononcer ce renvoi d'office, aux termes de l'art. 170 du Code de procédure civile.

M. Serrigny, t. 1, p. 182, n° 161, fait d'ailleurs observer qu'il serait convenable que le préfet fût averti, avant que le tribunal ait été mis à même de statuer sur sa propre compétence, par les parties ou par le procureur impérial, afin d'éviter un double jugement sur cette question, et de prévenir le préjugé qui peut résulter d'une première décision.

Les dispositions anciennes et nouvelles démontrent combien est nécessaire, pour les membres du parquet, l'étude de la compétence administrative.

(1) Ces nombreuses décisions sur un point si élémentaire prouvent que les règles d'instruction ne sont pas toujours suffisamment étudiées.

proposé en première instance, ou l'a été irrégulièrement, le conflit ne peut être élevé sur l'appel sans un déclinatoire préalable. 19 août 1832, *préfet de la Seine ;* 31 mars 1835, *Second c. comm. de Riez ;* 23 avril 1840, *Bruno Josserand ;* Foucart, 4ᵉ édit., t. 3, p. 688, n° 1912; Serrigny, t. 1, p. 206, n° 188 ; Dufour, 2ᵉ édit., t. 3, p. 553, n° 553 ; Dalloz, p. 130, n° 102, et Reverchon, p. 378, n° 88.

Il en serait de même si le préfet, après avoir proposé le déclinatoire en première instance, négligeait de prendre l'arrêté de conflit dans les délais, ou si, pour tout autre motif, le conflit par lui élevé demeurait sans effet, et qu'il voulût plus tard exercer la revendication en cause d'appel. 2 sept. 1829, *préfet de l'Eure ;* 8 avril 1831, *préfet de la Loire ;* 23 août 1843, *Dufau de Felzins.* 23 juin 1853, *comm. d'Anizan, de Grache et de Grezian.*

**469 bis.** — Le 15 déc. 1853, *Mignerot,* le conseil d'État a décidé, avec raison, que le préfet, qui n'avait pas soulevé de conflit dans le délai de quinze jours indiqué par l'art. 18 de l'ordonnance, devait proposer un nouveau déclinatoire devant le tribunal auquel une Cour impériale avait renvoyé l'affaire pour être statué au fond, après avoir rejeté le déclinatoire du préfet.

**470.** — Lorsque le déclinatoire proposé par le préfet a été accueilli, le conflit devient sans objet. Si les parties relèvent appel du jugement qui déclare l'incompétence, le conflit peut-il être élevé sur cet appel sans un nouveau déclinatoire ?

Le conseil d'État avait constamment décidé, jusqu'en 1840, qu'un nouveau déclinatoire était indispensable. Voy. 18 oct. 1833, *Benazet c. ville de Paris ;* 20 janv. 1835, *héritiers de Montgommery ;* 20 avril 1835, *Nicol et Légué ;* 16 déc. 1835, *préfet de l'Aisne ;* 26 mai 1837, *héritiers Germain ;* 23 avril 1840, *Desbrosses.*

Mais une ordonnance du 22 mai 1840, *de Bausset,* a validé un conflit par les motifs suivants : — « Considérant, sur la régularité du conflit, que le déclinatoire a été proposé par le préfet devant le tribunal de Marseille, qui y a fait droit par jugement du 17 août 1839; qu'appel ayant été interjeté dudit jugement, le préfet a élevé le conflit dans la quinzaine de la signification de l'acte d'appel, et s'est ainsi littéralement conformé aux dispositions de l'art. 8 de l'ordonnance du 1ᵉʳ juin 1828. »

Cette nouvelle jurisprudence est, en effet, plus conforme aux dispositions de l'art. 8 de l'ordonnance. Cet article, que je transcris plus bas, n° 477, exige que le conflit soit élevé par le préfet dans les quinze jours qui suivent la signification de l'acte d'appel. Or, ce délai est évidemment insuffisant pour proposer le déclinatoire, le faire juger et élever le conflit. D'un autre côté, le déclinatoire serait sans utilité, puisque la Cour se trouve précisément saisie par l'appel de la question de compétence. Voy. dans ce sens, Foucart, 4ᵉ édit., t. 3, p. 689, n° 1913 ; Duvergier, t. 28, p. 184, note 5 ; Serrigny, t. 1, p. 203, n° 187, Dufour, 2ᵉ édit., t. 3, p. 552, n° 553 ; Boulatignier, p. 491 ; Dalloz, p. 139, n°ˢ 104 et 105.

Voy. aussi, l'ordonnance du 6 mars 1846, *Caucal c. comm. de Lanta*, et la note de M. Lebon, t. 28, p. 116.

Une jurisprudence constante que critique M. Reverchon, p. 479, n° 90, a confirmé l'opinion que j'avais émise dans ma première édition.—Voy. 30 août 1847, *comp. des quatre canaux c. l'Etat* ; 18 nov. 1850, *Papillon c. dép. de la Seine* ; 19 juin 1850, *hosp. de Troyes c. Hoppenot.*

Je ne comprends pas parfaitement l'observation qu'ajoute M. Reverchon sur la tolérance du conseil d'État qui permet aux préfets de proposer le déclinatoire avant d'élever le conflit, mais ce n'est pas une tolérance. Comme je l'ai dit au n° 480, si le conflit n'a pas été élevé dans le délai de quinze jours, le préfet est déchu du droit exceptionnel ouvert par l'art. 8, mais alors revient le droit commun qui permet au préfet d'élever ce conflit devant la Cour impériale jusqu'à l'arrêt définitif, après avoir présenté un nouveau déclinatoire ; il n'y a rien que de très-logique dans cette jurisprudence.

**471.** — L'exception d'incompétence proposée par les parties, ou même d'office par le procureur impérial, soit devant le tribunal de première instance, soit devant la Cour, ne peut suppléer le déclinatoire du préfet, et autoriser celui-ci à prendre directement son arrêté de conflit. 9 mars 1831, *préfet de la Haute-Vienne* ; 8 juin 1831, *préfet de la Moselle* ; 4 juin 1836, *Delavie* ; 2 juin 1837, *Ailhaud de Méouilles c. Roustan* ; 14 août 1837, *Tournois c. ministre de la guerre* ; 14 janv. 1838, *Morisset c. Moindron* ; 3 mai 1839, *Puisset c. époux Pouplin* ; 25 mars 1848, *Miat c. l'Etat* ; 6 mai 1848, *Stogre c. comm. de Bielles* ; Cormenin, t. 1, p. 443, n° IV ; Foucard, 4ᵉ édit., t. 3, p. 691, n° 1915 ; Serrigny, t. 1, p. 199, n. 182 ; Dufour, 2ᵉ édit., t. 3, p. 544, n° 544 ; Reverchon, p. 478, n°ˢ 86 et 87 ; Dalloz, p. 140, n° 196.

D'un autre côté, le jugement ou l'arrêt rendu sur cette exception ne fait pas obstacle à ce que le préfet propose son déclinatoire, et ne dispense pas le tribunal ou la Cour d'y statuer. 4 fév. 1836 ; *Desmortiers* ; 4 juill. 1845, *Giraud c. Pommier.*

**472.**—M. Duvergier, t. 28, p. 184, note 1, accompagne l'art.

6 de l'ordonnance de 1828 d'une note ainsi conçue : « Lorsque l'administration sera en cause, sans doute il suffira qu'elle prenne des conclusions dans lesquelles elle proposera le déclinatoire, en ayant toujours le soin de rapporter la disposition législative qui attribue à l'administration la connaissance du litige. »

Cette opinion n'a pas été admise, et elle ne devait point l'être. L'administration qui est en instance devant un tribunal agit comme partie ; tandis que le préfet qui élève un conflit agit comme organe de l'autorité publique. Aussi, lors même que le préfet a proposé l'exception d'incompétence au nom de l'État ou d'une autre personne morale qu'il représente en justice, il n'en doit pas moins, avant d'élever le conflit, adresser un mémoire au procureur impérial, pour décliner la compétence du tribunal. Voy. 27 nov. 1835, préfet de l'Aude ; 27 août 1839, Gay c. préfet de Lot-et-Garonne ; 9 mai 1841, Bérard c. comm. de Joyeuse ; 5 sept. 1842, Rambaud ; 6 sept. 1842, Ferriot ; 23 août 1848, Dufau de Felzins ; 4 avril 1845, Galy c. min. de la guerre ; 12 juin 1850, Ricardi et Inanolto ; 5 nov. 1850, Broutta c. l'État ; 14 sept. 1852, Saladin ; 2 juin 1853, Leterme ; 29 mai 1856, Rabourdin ; Foucart, 4e édit., t. 3, p. 686, nº 1911 ; Dufour, 2e édit., t. 3, p. 544, nº 544. On peut consulter M. Dalloz, p. 445, nºs 109 et 110.

L'opinion de M. Duvergier est néanmoins partagée par M. Serrigny, t. 1, p. 200, nº 183, qui cite à l'appui l'ordonnance du 5 juin 1838, Roquelaine. Mais cette ordonnance a jugé une tout autre question ; elle a décidé qu'après avoir proposé un déclinatoire comme organe de l'autorité publique, le préfet ne peut en proposer un second comme partie.

D'un autre côté, en défendant au fond comme partie, dans une instance engagée devant les tribunaux, le préfet ne se rend pas non recevable à revendiquer ultérieurement la connaissance de l'affaire pour l'autorité administrative. 30 déc. 1842, vidanges de Tarascon ; 1er fév. 1844, Douche c. l'État.

On pourrait opposer à cette jurisprudence une décision du 1er juin 1854, Chaune c. l'État, qui semble avoir confondu les deux qualités dans lesquelles agit le préfet plaidant au nom de l'État, et présentant un déclinatoire ou élevant un conflit ; mais le fait paraît avoir exercé une grande influence, et cet arrêt ne doit pas balancer l'autorité des précédents déjà cités.

**473.** — Le procureur impérial ne pourrait refuser de transmettre au tribunal la demande en revendication formée par le préfet, par le motif que le mémoire n'indiquerait pas la disposition législative sur laquelle est fondée cette revendication. Il doit la faire connaître au tribunal, aux termes de l'ordonnance, *dans tous les cas.* Duvergier, t. 28, p. 184, note 2. Voy. *infrà,* n° 475. Mais il peut conclure dans un sens contraire au mémoire. Dalloz, p. 143, n° 118, et Reverchon, p. 480, n° 95.

**474.** — Lorsque le tribunal a eu connaissance du mémoire adressé par le préfet, il doit prononcer sur sa propre compétence, alors même que le procureur impérial ne jugerait pas à propos de requérir le renvoi de la cause à l'autorité administrative.

On conçoit, d'ailleurs, que le défaut d'énonciation dans le mémoire de la disposition législative sur laquelle la demande en revendication est fondée, ne dispenserait pas le tribunal de statuer, et ne l'autoriserait point à rejeter la demande en renvoi, si elle était fondée, puisqu'il est tenu d'office de déclarer son incompétence, lorsqu'il la reconnaît. Duvergier, t. 28, p. 184, note 3 ; Foucart. 4ᵉ édit., t. 3, p. 688, n° 1911.

Les parties qui se trouvent en cause ont le droit d'être entendues, et elles peuvent présenter des conclusions tendant à ce que le déclinatoire soit rejeté.

**475.** — Aucun délai n'est prescrit au tribunal pour rendre son jugement. On demeure, à cet égard, sous l'empire des règles ordinaires. Serrigny, t. 1, p. 200, n° 184 ; Dufour, 2ᵉ édit., t. 3, p. 549, n° 549 ; Dalloz, p. 143, n° 121.

Mais, comme il ne peut pas dépendre de l'autorité judiciaire d'entraver l'exercice du droit conféré au préfet de revendiquer les affaires qui lui paraissent de la compétence de l'autorité administrative, le préfet pourrait élever le conflit, si le tribunal avait statué sur le fond sans se préoccuper du déclinatoire présenté. Lorsqu'il est constant que le mémoire est parvenu au parquet du procureur impérial avant le jugement définitif, le conflit doit être maintenu, quoique, d'ailleurs, le tribunal n'ait pas été averti de la remise du mémoire, et que, dans cette ignorance, il ait jugé le fond sans s'occuper de la compétence. 26 août 1835, *héritiers Lebreton c. comm. de Pornic* ; 15 déc. 1842, *Neuville c. l'État* ; 21 août 1845, *Giraudeau c. Montet* ; Foucart, t. 3, p. 292, n° 1816. — Même décision, si la difficulté se produit devant une Cour impériale. 21 janv. 1847, *Daumas c. comm. de Saumanes.*

**475 bis.** — Lorsque le mémoire contenant le déclinatoire a été transmis par le préfet au procureur impérial, et qu'il résulte des conclusions écrites de ce dernier qu'il a été donné connaisance du mémoire au tribunal, le conflit est régulièrement élevé, quoique le jugement par lequel le tribunal se déclare incompétent ne statue pas expressément sur ce déclinatoire. 3 avril 1850, *veuve Deherisson c. l'État* ; 3 juin 1850, *Bosq c. Nicaud* ; 25 mars 1852, *Depontavice.* Voy. *infrà,* n° 478.

**476.** — II. Le conflit ne peut jamais être élevé qu'après que l'autorité judiciaire a prononcé sur sa propre compétence, soit explicitement en admettant ou rejetant le déclinatoire proposé, soit implicitement en jugeant le fond de la contestation. Voy. Boulatignier, p. 492 ; Réverchon, p. 180, n° 128, et Dalloz, p. 145, n° 133. Le conflit est donc prématuré, et il doit comme tel être annulé :

1° Lorsque le tribunal ou la Cour saisis n'ont encore rendu aucune décision, ni sur la compétence, ni sur le fond. 29 mars 1831, *préfet de Seine-et-Marne* ; 3 déc. 1831, *préfet du Haut-Rhin.*

Il n'y a d'exception que pour le cas où le conflit est élevé dans la quinzaine qui suit la signification de l'appel relevé par la partie contre le jugement qui a accueilli le déclinatoire proposé par le préfet. Il n'est pas alors nécessaire que la Cour ait rendu une décision, soit sur la compétence, soit sur le fond. Voy. nos 170 et 480 ;

2° Lorsqu'ils ont sursis à statuer jusqu'après la décision de l'autorité administrative sur la question préjudicielle à l'égard de laquelle le préfet avait décliné la compétence. 27 fév. 1836, *héritiers Thévenin c. comm. d'Eschenoz-la-Meline* ;

3° Lorsque, après le déclinatoire proposé par le préfet, le tribunal ou la Cour saisis se sont bornés à statuer sur une question de qualité, ou ont simplement ordonné une expertise, sous la réserve de tous droits, actions et exceptions des parties relativement à la compétence. 8 nov. 1829, *Lepagne* ; 11 juillet 1845, *héritiers Ser c. l'État* ; Cormenin, t. 1, p. 447, note 3 ;

4° Lorsqu'ils ont sursis à statuer jusqu'à ce qu'une commune ou une fabrique eussent été autorisées à ester en justice sur le fond ou, tout ou moins, sur le déclinatoire. 4 juillet 1837, *comm. de Carpentras c. fabrique de Saint-Siffrein.*

Lorsque, après avoir proposé un déclinatoire sur une question préjudicielle, le préfet adresse au tribunal un nouveau mémoire tendant à une déclaration d'incompétence sur le fond du litige, et que le tribunal repousse les conclusions de ces deux mémoires, l'arrêté de conflit est régulier quoiqu'il ne revendique que la question préjudicielle. 26 juin 1852, *De Berenguier c. Giraudet.*

**477.** Voici maintenant les dispositions de l'ordonnance du 1er juin 1828 qui se réfèrent au cas où le tribunal a rendu son jugement sur la compétence :

« Art. 7. Après que le tribunal aura statué sur le déclinatoire, le procureur impérial adressera au préfet, dans les cinq jours qui suivront le jugement, copie de ses conclusions ou réquisitions et du jugement rendu sur la compétence.

« La date de l'envoi sera consignée sur un registre à ce destiné.

« Art. 8. Si le déclinatoire est rejeté, dans la quinzaine de cet envoi pour tout délai, le préfet du département, s'il estime qu'il y ait lieu, pourra élever le conflit. Si le déclinatoire est admis, le préfet pourra également élever le conflit dans la quinzaine qui suivra la signification de l'acte d'appel, si la partie interjette appel du jugement.

« Le conflit pourra être élevé dans ledit délai, alors même que le tribunal aurait, avant l'expiration de ce délai, passé outre au jugement du fond » (1).

**478.** — Le procureur impérial doit toujours adresser au préfet copie de ses réquisitions ou conclusions et du jugement rendu sur la compétence. Mais il faut distinguer soigneusement le cas où le déclinatoire a été rejeté de celui où il a été admis.

Lorsque le déclinatoire a été rejeté, la date de l'envoi fait par le procureur impérial devient importante, puisqu'elle sert de point de départ au délai de quinzaine dans lequel l'arrêté de conflit doit être pris. C'est pour cela que l'ordonnance exige que cette date soit consignée sur un registre spécial. On verra plus bas, nº 492, que le délai de quinzaine est de rigueur.

Si le procureur impérial négligeait de faire cet envoi, sa négligence ne pourrait nuire au droit de l'administration, puisque le délai ne court qu'à partir de la date de l'envoi, et non point à partir de la date du jugement ou de l'arrêt. 3 fév. 1835, *Jantes*; 23 oct. 1835, *Nicol et Légué*; 19 nov. 1837, *Levasseur c. l'État*; 19 déc. 1838, *veuve Hédé*; 7 mars 1850, *Louis c. Boutu*; 18 avril 1850, *Peloutier*, et 25 mai 1850, *ville de Paris c. l'État*; Cormenin, t. 1, p. 444, note 3; Serrigny, t. 1, p. 201, nº 185; Dufour, 2ᵉ édit., t. 3, p. 551, nº 550. Voy. *suprà*, nº 475 *bis*.

**478 *bis*.** — Le 13 avril 1850, *Braheix c. Pelloutier*, le conseil d'État a rendu une décision fort importante en jugeant que le registre tenu au parquet, appelé registre du mouvement, faisait foi de son contenu, et établissait légalement que l'envoi du jugement avait été fait à telle date au préfet.

**479.** — Lorsque le déclinatoire proposé par le préfet est admis, il ne peut y avoir lieu d'élever le conflit qu'autant que les parties interjetteraient appel du jugement qui l'a accueilli. En ce cas, le délai court, non plus du jour de l'envoi fait par le procureur impérial, mais du jour de la signification de l'acte d'appel.

De quelle signification l'ordonnance a-t-elle voulu parler? Est-

_____

(1) Voy. *suprà*, p. 246, le tableau des délais.

ce d'une signification au préfet, ou bien de celle adressée à la partie adverse de l'appelant ?

En l'absence de toute disposition expresse à cet égard, la raison indique que le délai ne peut courir qu'en vertu d'une notification spéciale adressée au préfet lui-même. Comment, en effet, ce fonctionnaire serait-il averti si l'on se contentait de signifier l'appel à la partie ? Cette signification lui étant étrangère, il serait presque toujours dans l'impossibilité d'élever le conflit en temps utile, alors surtout que l'appelant a intérêt à lui cacher l'existence de son appel. La brièveté même du délai qui lui est accordé pour exercer la revendication rend indispensable une signification particulière. Telle est l'opinion de MM. Foucart, 4e édit., t. 3, p 689, n° 1913 ; Serrigny, t. 1, p. 207, n° 189 ; Dufour, 2e édit., t. 3, p, 551, n° 551.

**480.** — M. Serrigny, t. 1, p. 205, n° 188, enseigne que le préfet ne peut plus élever le conflit lorsqu'il a laissé passer le délai de quinzaine après la signification de l'acte d'appel. Il est incontestable, en effet, que l'expiration de ce délai entraîne la déchéance. Mais cette déchéance n'est point absolue, comme paraît le penser M. Serrigny. Le préfet conserve le droit d'exercer la revendication jusqu'à l'arrêt définitif (voy. n°s 450 et 470); seulement, la déchéance par lui encourue le mettra dans la nécessité de recommencer les formalités et de proposer un nouveau déclinatoire. Mon opinion a été partagée par M. Réverchon, p. 478, n° 88. Voy. l'ordonnance du 6 mars 1846. Cet auteur fait observer, avec raison, que le déclinatoire, proposé par un préfet incompétent, ne dispense pas le préfet compétent d'en présenter un nouveau. Le 15 août 1839, le conseil d'État avait décidé le contraire, mais il a consacré les véritables principes le 18 déc. 1848. Voy. suprà, n° 470.

**481.** — Lorsque le préfet veut élever le conflit sur l'appel d'un jugement d'un juge de paix ou d'un tribunal de commerce, devant lesquels la revendication n'a pu être par lui exercée (voy. n°s 445 et 446), il n'a pas le droit de prendre un arrêté dans la quinzaine qui suit la signification de l'appel. Il doit, dans ce cas, suivre les mêmes formalités que si l'affaire était portée en première instance devant un tribunal civil, et par conséquent proposer, dans tous les cas, le déclinatoire. 19 août 1832, préfet de la Seine ; 27 nov. 1835, préfet de l'Aude ; 17 août 1836, Taitot-Rebillard ; 2 mai 1845, Carisey c. préfet du Haut-Rhin ; Serrigny, t. 1, p. 206, n° 188 ; Chevalier, t. 1, p. 219.

**482.** — Le dernier paragraphe de l'art. 8 contient une exception nécessaire au principe d'après lequel le conflit ne peut

être élevé après un jugement ou arrêt définitif (voy. nº 450).
Lorsque le préfet a proposé le déclinatoire, l'autorité judiciaire
ne peut, en statuant par un même jugement sur la compétence
et sur le fond, le priver du droit d'exercer la revendication,
pourvu d'ailleurs que les délais prescrits soient observés. Voy. 5
déc. 1834, *préfet de la Seine c. de Cotte;* 15 juillet 1835, *Ros-
sini;* 23 oct. 1835, *Nicol et Légué;* 17 août 1836, *Taitot-Rebillard.*

Il ne faut pas perdre de vue, ainsi que cela résulte des opinions
citées *suprà*, nº 450, que le préfet a le droit d'élever le conflit
dans la quinzaine d'un arrêt qui a rejeté son déclinatoire.

**483.** — Les principes qui viennent d'être développés sont
applicables aux matières correctionnelles, dans le cas où le
conflit peut être élevé (voy. nº 438); c'est, en effet, ce que l'ordonnance déclare expressément en ces termes :

« Art. 17. Au cas où le conflit serait élevé dans les matières
correctionnelles comprises dans l'exception prévue par l'art. 2
de la présente ordonnance, il sera procédé conformément aux
art. 6, 7 et 8. »

**484.** — III. L'ordonnance du 1ᵉʳ juin 1828 a pris soin de
déterminer les formes de l'arrêté de conflit; elle porte :

« Art. 9. Dans tous les cas, l'arrêté par lequel le préfet élèvera
le conflit et revendiquera la cause, devra viser le jugement intervenu et l'acte d'appel, s'il y a lieu; la disposition législative qui
attribue à l'administration la connaissance du point litigieux y
sera textuellement insérée. »

Dans une circulaire en date du 30 août 1828 (*Bull. offic.,* t. 6,
p. 171), le ministre de l'intérieur recommande aux préfets la
stricte exécution de l'ordonnance du 1ᵉʳ juin 1828, et leur rap-
pelle qu'ils ne doivent jamais élever le conflit qu'après un
sérieux examen des matières qui doivent y donner lieu, et une
étude approfondie des lois qui en attribuent la connaissance à
l'administration. « Il est sans doute très-important, dit le ministre, que l'administration ne se dessaisisse d'aucune des attributions que les lois lui ont confiées dans des vues d'ordre public
et dans l'intérêt des citoyens; mais il est aussi de sa dignité
qu'elle ne les revendique qu'appuyée de l'autorité de ces lois,
et que, ayant pour but unique de redresser des erreurs, elle se
mette avec soin à l'abri du reproche d'en commettre elle-même,
et d'entraver sans motifs la marche des tribunaux. »

Cette circulaire fait comprendre dans quel but l'ordonnance
exige l'insertion textuelle dans l'arrêté de conflit des dispositions
législatives sur lesquelles la revendication est fondée.

Il n'est pas douteux que l'omission des formalités indiquées
dans l'art. 9, et particulièrement le défaut de mention des dis-

positions législatives qui servent de fondement au conflit, n'entraînassent la nullité de l'arrêté pris par le préfet, et ne dussent le faire considérer comme non avenu. Duvergier, t. 28, p. 185, note 1 ; Lerat de Magnitot et Delamarre, t. 1, p. 287.

**485.** — La jurisprudence admet néanmoins quelques tempéraments à la rigueur de cette règle, et elle décide :

1º Que, malgré les termes formels de l'art. 9 de l'ordonnance, qui exige une insertion textuelle, il suffit que le préfet vise les dispositions législatives avec leur date, 7 nov. 1834, *Cacheux* ; 3 fév. 1835, *Jantes* ; 8 fév. 1838 *Marlet c. préfet de la Côte-d'Or* ;

2º Que l'arrêté de conflit est régulier, lorsqu'il contient l'insertion textuelle des articles des lois des 16-24 août 1790 et 16 fruct. an III, qui établissent la séparation et les limites respectives des autorités administratives et judiciaires. 18 avril 1835, *Lecoupé c. hospices de Brest* ; 14 oct 1836, *héritiers Sickingen-Hoenbourg* ; 25 fév. 1841, *héritiers Louis*.

Cette jurisprudence paraît être approuvée par MM. Serrigny, t. 1, p. 209, nº 191 ; Cotelle, t. 3, p. 725, nº 14 ; et Dufour, 2ᵉ édit., t. 3, p. 555, nº 556.

Mais elle est critiquée par MM. de Cormenin, t. 1ᵉʳ, p. 445, note 3 ; Chevalier, t. 1, p. 220 ; et Foucart, 4ᵉ édit., t. 3, p. 691, nº 1916.

Il faudrait, d'après ces derniers auteurs, que l'arrêté contînt toujours l'insertion littérale du texte spécial sur lequel la revendication est fondée. « Le conseil d'État, dit M. de Cormenin, doit l'exiger : 1º Parce que l'ordonnance réglementaire du 1ᵉʳ juin 1828 est impérative à cet égard ; 2º parce qu'il faut obliger les préfets à ne pas élever légèrement des conflits ; 3º parce qu'il faut que les parties puissent appuyer leurs observations sur une base certaine. »

Pour moi, je pense qu'il faut faire une distinction : Si la compétence de l'autorité administrative résulte d'un texte formel de loi, ce texte spécial doit être littéralement inséré dans l'arrêté. Mais, fort souvent, cette compétence résulte des principes généraux qui règlent la séparation des pouvoirs administratif et judiciaire, sans être établie par aucune disposition spéciale de loi ; il est bien évident que le préfet ne peut alors insérer dans son arrêté que les dispositions générales des lois de 1790 et de l'an III.

**486.** — Quoique l'ordonnance n'exige pas expressément que l'arrêté du préfet soit motivé, cela est dans son esprit, et c'est d'ailleurs ce qui se pratique dans l'usage. Cormenin, t. 1, p. 445, note 2 ; Foucart, t. 3, p. 297, nº 1820.

Il est bien certain que l'arrêté de conflit doit désigner exactement les noms des parties. Il n'y aurait néanmoins pas lieu de l'annuler par le motif que cette désignation serait inexacte, s'il ne pouvait d'ailleurs s'élever aucun doute sur l'instance à laquelle le conflit s'applique. 30 mars 1842, *Mocquet.*

**487.** — L'arrêté de conflit doit contenir, sous peine de nullité, une revendication explicite et formelle de la contestation, et il doit se borner à cette revendication. 26 déc. 1827, *Lemoine* ; 25 avril 1828, *Janzé* ; Dufour, 2<sup>e</sup> édit., t. 3, p. 556, n° 557. Néanmoins le conseil d'État a jugé dans diverses espèces, en 1850, les 20 mai, *Desmarques* et *Seizes*, et 7 nov., *Perriat*, que la question litigieuse revendiquée était suffisamment précisée, quoique l'arrêté fût inexact et incomplet. Le 3 janv. 1851, *comp. du chemin de fer de Boulogne c. comp. du chemin de fer du Nord*, le conseil d'État a validé un conflit déclaré commun à deux instances, quoique ce conflit lui parût irrégulier, en se fondant sur ce que les deux instances étaient pendantes devant la même juridiction, et présentaient des questions identiques fondées sur les mêmes textes de loi. Il est bien évident qu'il n'y a pas, en cette matière, de termes sacramentels. Cependant, c'est un des actes administratifs dont la rédaction doit être le plus soignée.

Le préfet n'a d'autre droit que de revendiquer l'affaire ; il n'a ni ordre, ni signification, ni injonction à faire à l'autorité judiciaire, et il ne peut :

1° Ni déclarer l'autorité judiciaire dessaisie de la question qu'il revendique, et en attribuer la connaissance à telle ou telle autre autorité administrative, comme au conseil de préfecture, au conseil d'État, etc. 17 août 1836, *Taitot-Rebillard* ; Cormenin, t. 1, p. 449, n° IX ;

2° Ni ordonner qu'il sera sursis au jugement de la contestation ou à l'exécution de ce jugement, et en général, à toutes poursuites judiciaires. 26 déc. 1827, *Lemoine* ; 25 avril 1828, *Janzé* ; 14 mai 1828, *Gaçon* ; 27 août 1833, *préfet du Nord c. Questel* ; 14 nov. 1833, *Danglemont* ;

Voy. mes *Principes de compétence*, n° 1282, t. 3, p. 885, et Reverchon, p. 490, n° 134.

3° Ni prescrire l'exécution provisoire du jugement sur lequel il élève le conflit. 23 fév. 1820, *Ternaux c. Lemaître.*

4° Ni enjoindre au procureur impérial de lui transmettre des expéditions de jugements et de procès-verbaux. 26 déc. 1827, *Lemoine.*

**488.** — Il excéderait aussi ses pouvoirs en statuant, soit par l'arrêté de conflit, soit par un arrêté postérieur, sur la difficulté qu'il revendique, avant qu'il ait été prononcé sur le conflit, alors même que cette difficulté serait de sa compétence. 6 août

1810, *Depaw c. Jacob* ; 22 janv. 1824, *Garcement de Fontaine c. comm. de Voisines* ; 19 janv. 1825, *de Corneille.* Voy. Boulatignier, p. 496.

**489.** — IV. J'arrive aux formalités qui doivent être observées après que le préfet a rendu son arrêté ; elles sont énumérées dans les art. 10 et suivants de l'ordonnance du 1er juin 1828, qui sont ainsi conçus :

« Art. 10. Lorsque le préfet aura élevé le conflit, il sera tenu de faire déposer son arrêté et les pièces y visées au greffe du tribunal.

« Il lui sera donné récépissé de ce dépôt sans délai et sans frais.

« Art. 11. Si, dans le délai de quinzaine, cet arrêté n'avait pas été déposé au greffe, le conflit ne pourrait plus être élevé devant le tribunal saisi de l'affaire. »

**490.** — L'arrêté de conflit doit être déposé au greffe du tribunal qui a statué sur le déclinatoire.

Si le déclinatoire a été proposé en cause d'appel, c'est au greffe de la Cour que le dépôt doit avoir lieu et non point au greffe du tribunal de 1re instance. 30 sept. 1836, *de Praslin* ; 22 avril 1842, *Ménestrel c. ville d'Arles* ; 23 avril 1857, *Guimard.* — Dans cette dernière espèce, le conseil d'État a annulé le conflit, quoique le dépôt en eût été fait d'abord légalement au greffe de la Cour, et que le préfet n'eût retiré son arrêté pour le déposer à tort au greffe du tribunal de première instance que sur les observations du procureur général. La solution ne pouvait pas être modifiée à cause d'une double erreur de droit. Malgré cette décision, qui était sans doute inconnue de la Cour de Bordeaux, cette Cour a pensé, le 2 mars 1858, *comp. du chemin de fer c. Péray*, que le conflit devait être dénoncé au tribunal. Ce n'est pas au préfet à dénoncer son arrêté de conflit à qui que ce soit, c'est au procureur général à transmettre cet arrêté au procureur impérial qui, conformément à l'art. 12 (Voy. le texte de cet article *infrà*, n° 493), le communique au tribunal.

Un décret du 15 mai 1858, *département de la Gironde*, a confirmé de nouveau la doctrine de 1857. C'est donc, désormais, un point de droit incontestable.

Mais, dans le cas où le préfet use de la faculté d'élever le conflit dans la quinzaine de la signification de l'appel dirigé contre le jugement qui a déclaré l'incompétence, le dépôt doit-il être fait au greffe du tribunal ou à celui de la Cour qui est actuellement saisie, mais qui n'a point eu à statuer sur le déclinatoire ?

Il paraîtrait résulter d'une ordonnance du 30 mai 1834, *Imbert-Dubey*, que le dépôt devrait être fait au greffe du tribunal.

D'un autre côté, M. Serrigny, t. 1, p. 210, n° 192, s'exprime ainsi :

« Si le conflit est élevé devant la Cour impériale, il me paraît évident que le dépôt doit être fait au greffe de la Cour ; car c'est elle qui doit surseoir, et, conséquemment, c'est elle qui doit être frappée de la revendication, en la personne de son greffier, par la notification de l'arrêté de conflit. La revendication du litige ne peut se faire que contre le corps judiciaire qui le détient. »

Comme on le voit, M. Serrigny ne fait aucune distinction ; les motifs sur lesquels repose son opinion, et qui me paraissent péremptoires, s'appliquent aussi bien au cas où la Cour n'a pas été appelée à prononcer sur sa compétence, qu'à celui où elle a statué sur le déclinatoire proposé devant elle. Je crois donc que lorsque le tribunal s'est dessaisi de lui-même, en accueillant le déclinatoire, il n'y a plus aucune raison de déposer l'arrêté de conflit à son greffe, et que c'est au greffe de la Cour que le dépôt doit être fait. Conf., Dalloz, p. 148, n° 148, et Reverchon, p. 488, n° 125.

Le récépissé à donner au préfet est rédigé sur papier libre, et il doit être visé par le procureur impérial, Circulaire ministérielle du 5 juill. 1828 ; A. Dalloz, v° *Conflit*, n° 127.

**491.** — Le délai de quinzaine, dans lequel l'arrêté de conflit doit être déposé au greffe, est le même que celui dont parle l'art. 8 de l'ordonnance, et il court à partir de l'envoi fait par le procureur impérial ou par le procureur général du jugement ou de l'arrêt qui ont statué sur le déclinatoire. Il n'y a donc qu'un seul délai pour prendre l'arrêté de conflit et pour le déposer au greffe. 23 juill. 1841, *Delert;* 24 fév. 1842, *Mallet c. comm. de Graulhet;* 28 nov. 1845, *Usquin;* Foucart, 4ᵉ édit., t. 3, p. 692, n° 1917 ; Serrigny, t. 1, p. 209, n° 192 ; *École des communes*, t. 4, p. 314; Dalloz, p. 149, n° 153.

Ce délai ne comprend pas le *dies à quo*. Ainsi, par exemple, si l'envoi du jugement ou de l'arrêt a eu lieu le 1ᵉʳ du mois, le délai n'expirera que le 16. Mais le dépôt est tardif s'il s'est écoulé quinze jours entre la date de l'envoi du jugement au préfet et la date du dépôt du conflit. 10 mars 1858, *Leclerc.*

**491 bis.** — Dans une des espèces jugées par le conseil d'État sur la nécessité de déposer le conflit le jour *ad quem* (2 janv. 1857, *comp. du canal du Midi c. Crispon*), le procureur général avait pensé que le conflit avait été régulièrement déposé, parce que le jour utile était un jour férié. Le conseil d'État n'a tenu aucun compte de cette considération, et je crois avoir démontré, dans mon *Journal du droit administratif*, t. 5, p. 249, art. 213, § 1, n° 2, que l'opinion du procureur général n'était conforme ni aux principes généraux de procédure, ni aux principes spéciaux relatifs aux conflits.

**492.** — Ce délai est de rigueur, et l'arrêté de conflit déposé après la quinzaine serait annulé. 13 déc. 1833, *préfet de la Vienne;* 18 fév. 1839, *préfet de l'Hérault;* 26 déc. 1840, *Fournier-Petillant c. comm. d'Avoine;* 23 juill. 1841, *Delert;* 24 fév. 1842, *Mallet c. comm. de Graulhet;* 14 déc. 1843, *Colonna c. Castelli;* 30 déc. 1843, *Arnaud c. l'Etat;* 25 avril 1845, *Laurent c. Lemintier;* Cormenin, t. 1, p. 144, note 3; Serrigny, t. 1, p. 210, n° 193. J'aurais pu citer beaucoup d'autres décisions identiques rendues depuis 1845, mais cela m'a paru complétement inutile. Je m'étonne seulement qu'une règle aussi simple soit aussi souvent méconnue.

La remise d'un nouveau mémoire devant le tribunal ou la Cour qui ont rejeté un premier déclinatoire, ne peut, en relevant le préfet de la déchéance, faire courir pour lui de nouveaux délais. 5 juin 1838, *Roquelaine.* Voy. *suprà*, n° 456, et *infrà*, n° 514.

Il faut bien distinguer le cas où le conflit est annulé, comme irrégulier, du cas où le déclinatoire a été rejeté par l'autorité judiciaire. Dans un cas, le conflit peut être renouvelé, dans l'autre, un nouveau déclinatoire ne peut plus être proposé devant la même autorité.

Le délai de quinzaine, fixé par l'ordonnance, n'est de rigueur que pour le dépôt de l'arrêté du conflit. Les pièces qui y sont visées peuvent être utilement produites jusqu'à ce qu'il soit prononcé sur la validité du conflit. 7 août 1843, *Schweighauser.*

**493.** — « Art. 12. Si l'arrêté a été déposé au greffe en temps utile, le greffier le remettra immédiatement au procureur impérial qui le communiquera au tribunal réuni dans la chambre du conseil, et requerra que, conformément à l'art. 27 de la loi du 21 fruct. an III, il soit sursis à toute procédure judiciaire.

Il ne faut pas conclure de la rédaction de cet article que si l'arrêté n'a pas été déposé en temps utile, le greffier sera dispensé de le remettre au procureur impérial. Le greffier n'est pas établi juge de l'efficacité du dépôt. Duvergier, t. 28, p. 185, note 3.

Du reste, le dépôt au greffe pourrait être remplacé par la remise directe de l'arrêté au parquet, pourvu que cette remise eût lieu dans le délai. Il faut remarquer, en effet, que le dépôt au greffe n'a pour objet que de faire communiquer le conflit au procureur impérial, et il importe peu que cette communication lui soit faite directement ou par l'intermédiaire du greffier.

2 août 1838,*de la Rochefoucault c. comm. de Liancourt;* 7 août 1843, *Dupont c. Mauduit;* Serrigny, t. 1, p. 210, n° 193; Dufour, 2<sup>e</sup> édit., t. 3, p. 558, n° 559; Boulatignier, p. 497.

**494.** — Dès que l'arrêté de conflit, déposé en temps utile, a été communiqué au tribunal ou à la Cour saisis, ces tribunaux sont tenus de surseoir jusqu'à ce que le conseil d'État, juge du conflit, ait statué. Décret du 21 fruct. an III, art. 27; Arrêté du 13 brum. an X, art. 3.

Ils ne peuvent, sous peine de forfaiture, ni passer outre au jugement de la cause, ni retenir l'affaire conditionnellement, ni ordonner l'exécution des jugements ou arrêts déjà intervenus, ni, enfin, déclarer qu'il n'y a lieu de s'arrêter au conflit notifié. Tous actes, tous jugements rendus après la notification régulière du conflit seraient annulés par le conseil d'État, sans qu'il fût besoin que le préfet prît un second arrêté de revendication. 15 oct. 1809, *Coutanceau c. Gaubert;* 2 août 1823, *Flamand-Grétry c. bourgmestres de Liége;* 22 janv. 1824, *Garcement de Fontaine c. comm. de Voisines;* 16 mars 1828, *Braccini;* 25 avril 1828, *Muret de Bord;* 29 mars 1831, *préfet de Seine-et-Marne;* 2 juillet 1836, *Pierre;* 7 août 1843, *Dupont c. Mauduit;* Cormenin, t. 1, p. 445, n° XIV; Foucart, 4<sup>e</sup> édit., t. 3, p. 693, n° 1918; Serrigny, t. 1, p. 216, n° 195. Voy. *infrà*, n° 514 *ter.*

Le simple dépôt au greffe de l'arrêté de conflit fait obstacle à ce qu'il soit passé outre au jugement du fond, alors même que le greffier a négligé d'en donner connaissance au tribunal. La négligence du greffier et le retard qu'il mettrait dans la remise de l'arrêté au procureur impérial ne rendent pas le conflit irrégulier. 21 fév. 1834, *Prévost-Dulas c. comm. de Moulidars;* 29 avril 1843, *Brun c. ville de Montpellier;* Boulatignier, p. 496 et 497.

**495.** — On a demandé si l'autorité judiciaire ne serait pas au moins libre de déclarer son incompétence, après la communication qui lui a été faite de l'arrêté qui élève le conflit?

La question ne peut se présenter dans les cas les plus ordinaires, parce que le conflit né devant être élevé qu'après que le tribunal saisi a prononcé sur le déclinatoire, ce premier jugement sur la compétence est un obstacle invincible qui s'oppose, en vertu des principes généraux, à ce que le tribunal s'occupe de nouveau de sa compétence.

Mais elle peut se présenter lorsque le préfet élève le conflit dans la quinzaine qui suit la notification de l'appel du jugement qui déclare l'incompétence (voy. n° 477). La Cour n'ayant pas, dans ce cas, été appelée à prononcer sur sa compétence, a-t-elle le droit de se déclarer incompétente nonobstant la communication de l'arrêté de conflit?

Je crois que la question doit être résolue négativement, soit parce que l'ordonnance prescrit d'une manière absolue de surseoir à toute *procédure judiciaire*, soit parce qu'il serait absurde d'accorder à la Cour le pouvoir de se déclarer incompétente, alors qu'elle n'est plus libre de se déclarer compétente. Vainement dirait-on qu'elle ne ferait qu'acquiescer à la revendication exercée par le préfet. Cet acquiescement est au moins inutile, et il pourrait être dangereux dans une matière où tout est grave et où l'ordre public est toujours intéressé. Telle est, du reste, l'opinion de MM. de Cormenin, t. 1, p. 456, et Serrigny, t. 1, p. 216, n° 196.

**196.** — Relativement à la question de savoir si l'autorité judiciaire a compétence pour apprécier le mérite de l'arrêté de conflit, soit au fond, soit dans la forme, voy. mes *Principes de compétence*, n° 530, t. 1, p. 152, et t. 2, p. 317, et un arrêt du conseil d'État du 18 déc. 1848, *l'État c. comm. des Angles*.

### § II. — Instruction du conflit devant le conseil d'État.

**497.** — I. Après le dépôt de l'arrêté du préfet et sa communication au tribunal, le conflit est régulièrement élevé et son premier effet réalisé par le sursis qui a dû être ordonné. Une autre instance commence alors, et elle se termine par la décision du conseil d'État, qui valide ou annule le conflit.

**498.** — L'ordonnance du 1ᵉʳ juin 1828 a voulu d'abord ménager aux parties un moyen commode de fournir leurs observations et les documents qu'elles croiraient de leur intérêt de présenter. Elle dispose, à cet effet :

« Art. 13. Après la communication ci-dessus, l'arrêté du préfet et les pièces seront rétablis au greffe, où ils resteront déposés pendant quinze jours. Le procureur impérial en préviendra de suite les parties ou leurs avoués, lesquels pourront en prendre communication sans déplacement, et remettre, dans le même délai de quinzaine, au parquet du procureur impérial, leurs observations sur la question de compétence, avec tous les documents à l'appui. »

Les parties sont averties par une lettre du procureur impérial, et la remise de cette lettre est constatée par un certificat de réception des avoués, des parties ou du maire de leur domicile. Ordonnance du 12 déc. 1821, art. 2.

**499.** — M. Serrigny, t. 1, p. 218, n° 198, se demande si le délai de quinzaine, pendant lequel les pièces doivent rester déposées au greffe, commence à courir du jour du dépôt fait par le préfet de son arrêté de conflit, ou seulement du jour où les

18.

pièces communiquées au tribunal ont été rétablies au greffe.
« Le sens grammatical de l'art. 13, dit-il, favorise cette dernière
opinion, quoique la première paraisse plus conforme à l'esprit
de l'ordonnance, qui est d'abréger les délais autant que possible. »

Il me paraît évident que l'ordonnance a voulu donner quinze
jours aux parties pour prendre communication des pièces et
fournir leurs observations, et, comme elles ne peuvent le faire
qu'après le rétablissement des pièces au greffe, c'est aussi à dater de ce moment que doit commencer à courir le délai de quinzaine. L'art. 13 déclare d'ailleurs, d'une manière très-explicite,
que l'arrêté du préfet et *les pièces resteront déposés pendant
quinze jours.* « Du reste, ajoute M. Serrigny, et je reconnais la
justesse de son observation, cette question n'a pas beaucoup
d'importance : car l'extension du délai de quinzaine fixé par
l'art. 13 serait sans influence sur la régularité du conflit. La raison en est ici qu'il s'agirait de négligence imputable à l'autorité
judiciaire, qui ne peut compromettre la revendication de l'autorité administrative. Ce n'est donc qu'une injonction qui ne trouve
point sa sanction immédiate dans les termes de l'ordonnance
réglementaire. »

**500.** — Pourvu que les parties aient quinze jours pour
prendre les communications nécessaires, cela suffit, et le conseil d'État a eu raison de décider, le 7 déc. 1847, qu'un conflit
ne pouvait être annulé lorsqu'il ne s'était pas écoulé quinze
jours entre la communication faite à la Cour et l'envoi des
pièces, lorsque les parties avaient été averties au moment du
dépôt, et qu'elles avaient eu, à dater de ce dépôt, le temps
prescrit par l'ordonnance.

L'obligation imposée aux parties de fournir leurs observations dans le même délai de quinzaine n'a rien de rigoureux ;
si elles ne déposaient leurs mémoires et documents qu'après ce
délai, elles s'exposeraient seulement à ce qu'ils ne fussent pas
transmis au conseil d'État en même temps que les autres pièces
de la procédure, puisque l'envoi doit en être fait au garde des
sceaux immédiatement après l'expiration du délai.

Les observations que l'ordonnance les autorise à déposer au
parquet du procureur impérial sont indépendantes de celles
qu'elles peuvent fournir devant le conseil d'État. Voy. *infrà*,
n° 503.

**501.** — II. Voici maintenant comment le conseil d'État est
saisi, et comment il procède au jugement du conflit.

L'ordonnance du 1<sup>er</sup> juin 1828 portait :

« Art. 14. Le procureur impérial informera immédiatement

notre garde des sceaux , ministre secrétaire d'État au département de la justice , de l'accomplissement desdites formalités, et lui transmettra en même temps l'arrêté du préfet, ses propres observations et celles des parties, s'il y a lieu , avec toutes les pièces jointes.

« La date de l'envoi sera consignée sur un registre à ce destiné.

« Dans les vingt-quatre heures de la réception de ces pièces, le ministre de la justice les transmettra au secrétariat général du conseil d'État, et il en donnera avis au magistrat qui les lui aura transmises.»

D'un autre côté, on lit dans l'ordonnance du 12 mars 1831 :

« Art. 6. Le rapport sur les conflits ne pourra être présenté qu'après la production des pièces ci-après énoncées, savoir :

« La citation,

« Les conclusions des parties,

« Le déclinatoire proposé par le préfet,

« Le jugement de compétence,

« L'arrêté de conflit.

« Ces pièces seront adressées par le procureur impérial à notre garde des sceaux , ministre de la justice, qui devra , dans les vingt-quatre heures de la réception, lui adresser un récépissé énonciatif des pièces envoyées, lequel sera déposé au greffe du tribunal.

« Le ministre transmettra aussitôt les pièces au secrétaire général du conseil d'État.»

Le procureur impérial doit joindre au dossier qu'il transmet au garde des sceaux un inventaire de toutes les pièces qui le composent. Circulaire du 5 juill. 1828; A. Dalloz, v° *Conflit*, n° 139. M. Reverchon, n° 140, cite une nouvelle circulaire de M. le garde des sceaux, du 15 déc. 1847, dont je crois utile d'extraire un passage ainsi conçu :

« Il est évident que, par *citation*, on doit entendre tout exploit introductif d'instance , et que cet acte d'ailleurs rentrerait, quelle que fût sa dénomination particulière, dans la catégorie des conclusions. Il n'y a pas lieu de distinguer entre les conclusions sur le fond , ou sur la question de compétence. Toutes servent plus ou moins directement à déterminer la nature de l'instance, et elles doivent être produites par les avoués , à qui les originaux et les copies seront rendus après la décision sur le conflit. Ces conclusions feront partie de la production, quand bien même elles seraient rappelées textuellement dans les jugement ou arrêts... Les jugements ou arrêts doivent être transmis sous la forme d'expéditions complètes et non de simples extraits.»

**501** *bis.*—Le décret du 30 janv. 1852 dit, art. 3, que les actes d'instruction, en matière de conflits, sont signés par le président de la section du contentieux.

**502.** — L'inobservation des formalités prescrites par les articles 12, 13 et 14 de l'ordonnance du 1<sup>er</sup> juin 1828 n'entraîne pas la nullité du conflit. Ces formalités, en effet, sont remplies à la diligence des magistrats et agents de l'autorité judiciaire, qui ne peuvent, par leur négligence, entraver l'exercice du droit de revendication attribué à l'autorité administrative. Dufour, 2<sup>e</sup> édit., t. 3, p. 567, n° 567.—Voy. *suprà*, n° 466.

**503**. — L'instance n'est introduite au conseil d'État ni par requête ni par citation, mais seulement sur la transmission du ministre de la justice. Cormenin, t. 1, p. 451, n° 11.

C'est la section du contentieux qui dirige l'instruction et prépare le rapport des conflits. Le rapport est fait en séance publique, et la délibération est prise dans la forme usitée pour les affaires contentieuses ordinaires. Décret du 25 janv. 1852, art. 17.—Voy. *suprà*, n° 247.

Par conséquent les avocats des parties peuvent présenter des observations orales, et le commissaire impérial doit être entendu. Les parties ont d'ailleurs, dans le cours de l'instruction, la faculté d'adresser directement leurs mémoires, avec les pièces à l'appui, au secrétariat du conseil d'État. Le ministère des avocats est purement facultatif en cette matière. Les mémoires sont signés de la partie ou d'un avocat aux conseils. Lorsque la partie signe seule, sa signature doit être légalisée par le maire de son domicile. Ordonnance du 12 déc. 1821, art. 4 et 5 ; Foucart, 4<sup>e</sup> éd., t. 3, p. 701, n° 1923 ; Dufour, 2<sup>e</sup> édit., t. 3, p. 568, n° 569.

**504.** — Lorsque plusieurs arrêtés de conflit sont intervenus sur des pièces, sur des conclusions ou sur des jugements semblables, le conseil d'État peut y statuer par une seule et même ordonnance. 12 avril 1829, *ville de Strasbourg*.

Mais, lorsqu'il est saisi en même temps d'un arrêté de conflit et d'un recours pour incompétence, il doit prononcer par deux décisions distinctes. 6 nov. 1817, *Poyer c. Jubié.*

On trouve, néanmoins, dans les recueils plusieurs ordonnances dans lesquelles le conseil d'État a déclaré qu'il y avait lieu de joindre des pourvois et des conflits qui présentaient à juger les mêmes questions de compétence. Voy. 21 déc. 1825, *Delaître;* 28 fév. 1827, *d'Annebault;* 13 fév. 1828, *Sibleyras;* 2 juill. 1828, *Bartier c. ville de Paris.*

**505.**—Lorsque, avant le jugement du conflit, la contestation s'est terminée à l'amiable, le conflit peut néanmoins être vidé, mais dans l'intérêt de la loi seulement. 24 oct. 1821, *Thomas ;*

Chevalier, t. 2, p. 224. Quant aux parties, le conflit n'a plus de suite lorsque l'appelant s'est désisté et que son désistement a été accepté, 27 fév. 1851, *Barigny c. hospice de Meaux*, ou quand la Cour de cassation a cassé l'arrêt de la Cour qui s'était déclarée compétente. 19 juill. 1855, *Hubert c. l'administration des postes.*

**506.** — L'ordonnance du 1er juin 1828 disposait :

« Art. 15. Il sera statué sur le conflit au vu des pièces ci-dessus mentionnées, ensemble des observations et mémoires qui auraient pu être produits par les parties ou leurs avocats, dans le délai de quarante jours, à dater de l'envoi des pièces au ministère de la justice.

« Néanmoins, ce délai pourra être prorogé, sur l'avis du conseil d'État et la demande des parties, par notre garde des sceaux : il ne pourra en aucun cas excéder deux mois.

« Art. 16. Si les délais ci-dessus fixés expirent sans qu'il ait été statué sur le conflit, l'arrêté qui l'a élevé sera considéré comme non avenu, et l'instance pourra être reprise devant les tribunaux. »

Celle du 12 mars 1831 porte :

« Art. 7. Il sera statué sur le conflit dans le délai de deux mois, à dater de la réception des pièces au ministère de la justice.

« Si, un mois après l'expiration de ce délai, le tribunal n'a pas reçu notification du décret rendu sur le conflit, il pourra procéder au jugement de l'affaire. »

Enfin, l'art. 35 de l'ordonnance du 19 juin 1840 règle le temps des vacances et ajoute : « ..... Les délais fixés par notre ordonnance du 12 mars 1831, pour le jugement des conflits, seront suspendus pendant les mois de septembre et octobre... »

Ces diverses dispositions ont fait naître plusieurs difficultés.

Il est incontestable que la deuxième ordonnance modifie les délais fixés par la première et qu'elle ne permet plus d'accorder aucune prorogation.

Mais, relativement à l'époque à laquelle il sera libre au tribunal de procéder au jugement de l'affaire, on a demandé si l'art. 7 de l'ordonnance de 1831 abroge, d'une manière absolue, l'art. 16 de celle de 1828, ou bien si ces deux dispositions peuvent être combinées.

Duvergier, t. 31, p. 119, note 5, a le premier émis l'opinion que ces deux articles peuvent être combinés ; voici comment il expose son système :

« Dans ces deux articles, qui n'ont rien de contradictoire, il me semble résulter qu'après le délai de deux mois expiré sans que

le conseil d'État ait prononcé, l'instance peut être reprise, mais
à la charge de prouver que le conseil n'a pas prononcé (1) ; que
lorsque, après les deux mois, un troisième mois s'est écoulé, il y
a présomption que le conseil d'État n'a pas prononcé, l'instance
doit être reprise, sans qu'aucune justification soit nécessaire. »

Telle est aussi l'opinion de M. Foucart, 4ᵉ édit., t. 3, p. 700,
nº 1922.

La Cour de cassation, au contraire, considère l'art. 16 de l'ordonnance de 1828 comme entièrement abrogé par l'art. 7 de
l'ordonnance de 1831, et c'est par application de ce principe
qu'elle a jugé, dans des espèces dans lesquelles le conflit avait
été validé par le conseil d'État,

1º Que l'ordonnance rendue dans le délai de deux mois, mais
notifiée au tribunal après l'expiration du troisième mois, n'était
pas périmée par le seul défaut de notification dans le délai utile,.
et que le tribunal ne pouvait passer outre, si elle lui était notifiée avant le jugement du fond. C. cass., 30 juin 1836, *préfet du
Nord c. Danglemont ;*

2º Que l'ordonnance rendue après les deux mois, mais notifiée
au tribunal avant l'expiration du troisième mois, obligeait le tribunal à se dessaisir de l'affaire. C. cass., 31 juillet 1837, *préfet
d'Ille-et-Vilaine c. Pierre.*

A plus forte raison, la Cour de cassation aurait-elle jugé, si la
question s'était présentée devant elle dans les termes dans lesquels la pose M. Duvergier, que l'instance ne pourrait pas être
reprise avant l'expiration du troisième mois, alors même qu'il
serait prouvé qu'aucune ordonnance n'est intervenue dans le délai
de deux mois.

Voici donc quel est le système de la Cour de cassation :

Les tribunaux ne peuvent prononcer une nullité ou une déchéance que la loi n'a pas formellement établie. Or, l'ordonnance
de 1831 ne reproduit pas la déchéance prononcée par l'art. 16 de
l'ordonnance de 1828 : elle se borne à déclarer que si un mois
après l'expiration du délai de deux mois, qu'elle accorde pour
statuer sur le conflit, le tribnàl n'a pas reçu notification du
décret rendu sur ce conflit, il pourra procéder au jugement de
l'affaire. D'où résulte : 1º que l'instance ne peut, en aucun cas,
être reprise avant l'expiration du troisième mois, et que la notification, dans ce délai, du décret qui valide le conflit, à quelque
époque d'ailleurs qu'ait été rendu ce décret, oblige le tribunal

---

(1) Cette preuve se ferait, d'après M. Foucart, au moyen d'un certificat du secrétaire général du conseil d'État.

à se dessaisir ; 2° qu'à défaut de notification du décret dans les trois mois, le tribunal pourra, non point déclarer le conflit non avenu, mais procéder, nonobstant ce conflit, au jugement de l'affaire ; 3° enfin, que la notification faite après l'expiration du délai de trois mois, mais avant le jugement du fond, suffit pour arrêter la procédure et pour empêcher le tribunal de statuer.

Cette jurisprudence, combattue par M. Foucart, *loco citato*, est approuvée par MM. Serrigny, t. 1, p. 223, n° 203, et Dufour, 2ᵉ édit., t. 3, p. 570, n° 571. — MM. Reverchon, n°ˢ 152, 153 et 154, et Boulatignier, p. 501 et suiv., combattent longuement la jurisprudence de la Cour de cassation. On peut consulter M. Dalloz, p. 162, n°ˢ 202 et 204.

Je pense qu'il est bien difficile de contester que l'art. 7 de l'ordonnance de 1831 n'ait pas entièrement abrogé l'art. 16 de celle de 1828. En rapprochant ces deux articles de l'art. 35 de l'ordonnance du 19 juin 1840, on voit qu'ils ont pour objet de fixer *les délais* dans lesquels il doit être statué sur le conflit, et de déterminer l'époque à laquelle l'instance pourra être reprise. Leurs dispositions diffèrent essentiellement sous l'un et l'autre rapport ; il faut donc s'en tenir exclusivement au texte de l'ordonnance de 1831. Or ce texte veut, il est vrai, que le conseil d'État prononce sur le conflit dans les deux mois et que sa décision soit notifiée dans le mois suivant, mais il n'établit aucune déchéance ni aucune sanction spéciale. Il permet seulement aux tribunaux de procéder au jugement de l'affaire, s'ils ne reçoivent aucune notification dans les trois mois. Ainsi, d'une part, tant que dure le délai de trois mois, les tribunaux ne peuvent passer outre, et, d'autre part, si à l'expiration des trois mois ils peuvent reprendre la procédure suspendue, il y aurait nécessité pour eux de se dessaisir sur le vu de la notification d'un décret qui validerait le conflit, à quelque époque que cette notification eût lieu, pourvu que ce fût avant le jugement, et à quelque époque que le décret eût été rendu. Comment, en effet, en l'absence de toute disposition à cet égard, pourraient-ils considérer comme non avenu et déclarer irrégulier un décret qui valide un conflit ?

**507.** — Il faut, du reste, observer que le délai de deux mois, dans lequel le conflit doit être jugé, ne commence à courir que du jour de l'accusé de réception, délivré par le garde des sceaux, constatant la production de toutes les pièces énumérées dans l'art. 6 de l'ordonnance de 1828 ; si l'envoi fait par le procureur impérial était incomplet, le délai ne commencerait à courir que du jour de l'accusé de réception des pièces manquantes. C. cass., 23 juillet 1839, *Germain c. préfet de Saône-et-Loire* ; Foucart,

4ᵉ édit., t. 3, p. 702, nᵒ 1922; Serrigny, t. 1, 223, nᵒ 203; Cotelle, t. 3, p, 726, nᵒ 18.

Le conseil d'État a consacré la même doctrine en statuant sur un conflit élevé en l'an XII, dont le dossier était resté incomplet jusqu'en 1840. Voy. 18 déc. 1840, *comm. des Arguts.*

**508.** — III. Le conflit est toujours élevé dans des vues d'intérêt général, l'instruction à laquelle il donne lieu est suivie au nom de l'administration, et la décision qui intervient se réfère essentiellement à l'ordre public. Le droit privé n'est touché qu'indirectement, et les parties ne figurent dans l'instance que d'une manière accessoire.

De là résultent plusieurs conséquences :

**509.** — En premier lieu, les parties ne peuvent se présenter par la voie de l'intervention directe dans l'instance en conflit. 7 avril 1835, *Guerlin-Houel;* 27 avril 1847, *Dreyfus c. Possac et Alcan.*

**510.** — En second lieu, lorsqu'elles jugent à propos de présenter des observations écrites ou orales, il n'est prononcé sur ces observations, quelque jugement qui intervienne, aucune condamnation aux dépens. Ordonnance du 12 déc. 1821, art. 7; Serrigny, t. 1, p, 226, nᵒ 205; Dufour, 2ᵉ édit., t. 3, p. 573, nᵒ 572; Dalloz, p. 164, nᵒ 207; Reverchon, p. 494, nᵒ 150, et Boulatignier, p. 501. Voy. *infrà*, nᵒ 879.

Le conseil d'État a jugé, plusieurs fois, que l'art. 7 de l'ordonnance du 12 déc. 1821, portant : « Il ne sera prononcé sur ces observations, quelque jugement qui intervienne, aucune condamnation de dépens, » est encore en vigueur. 31 août 1847, *ville de Marseille et Mouren;* 20 mai 1850, *Lavigerie c. Fourché;* 26 fév. 1857, *Moreau.* Voy. *infrà*, nᵒ 894, sur la question des dépens faits devant les diverses juridictions et devant le conseil d'État.

**511.** — En troisième lieu, la voie de l'opposition, simple ou tierce, et les demandes en révision, ne sont point admises contre les ordonnances qui statuent sur les conflits.

Il ne pouvait y avoir de doute à cet égard sous l'empire de l'ordonnance du 12 déc. 1821, qui disposait dans son art. 6 :

« Faute par les parties d'avoir, dans le délai fixé, remis leurs observations et les documents à l'appui, il sera passé outre au jugement du conflit, sans qu'il y ait lieu à opposition ni à révision des ordonnances intervenues. »

Le conseil d'État rejetait, même avant cette ordonnance, et à plus forte raison il a rejeté, depuis qu'elle a été rendue, les oppositions formées par les parties dans leur intérêt privé. Voy. 11 janv. 1808, *Gaillard c. Gambard;* 24 avril 1808, *Saint-Verran c. comm. de Vaison;* 22 juillet 1813, *Guy-Dennesson c. comp. du Ling;* 16 avril 1823, *Robert;* 15 juin 1825, *Lebaigue;* Cormenin, 1re édit., t. 1, p. 231.

Si les ordonnances réglementaires postérieures, et notamment celles des 1er juin 1828 et 12 mars 1831, ne contiennent aucune disposition semblable, il ne faut pas en conclure que la doctrine contraire doit prévaloir aujourd'hui. Le silence même de ces ordonnances prouve qu'elles n'ont pas entendu abroger la disposition de l'article précité, et, d'ailleurs la force des principes généraux suffit pour maintenir l'ancienne jurisprudence.

**512.** — Ainsi, 1° l'opposition simple n'est pas recevable, car les parties n'étant pas assignées à comparaître et ne figurant qu'accessoirement dans l'instance, la décision ne peut, en aucun cas, être réputée par défaut vis-à-vis d'elles. D'ailleurs, les formes spéciales introduites pour l'instruction des conflits, et les délais particuliers établis, sont exclusifs du droit d'opposition autorisé dans les affaires ordinaires. Voy. 18 oct. 1832, *Leclerc et Maulde;* 14 déc. 1832, *comp. du chemin de fer de Saint-Étienne c. comp. des mines de Gouzon;* Cormenin, t. 1, p. 451, n° XI; Chevalier, t. 1, p. 223; Foucart, 4e édit., t. 3, p. 702, n° 1923; Serrigny, t. 1, p. 220, n° 202; Dufour, 2e édit., t. 3, p. 569, n° 570; École des communes, t. 4, p. 316.

2° La voie de la tierce opposition ne peut non plus être suivie, parce que cette voie n'est ouverte qu'à ceux qui auraient dû être appelés, et qui ne l'ont pas été, lorsqu'a été rendue la décision attaquée. Or, les parties ne doivent point être appelées dans l'instance en conflit; elles doivent seulement être averties, afin qu'elles puissent user de la faculté qui leur est accordée de présenter des observations. Serrigny, t. 1, p. 222, n° 202.

3° Les demandes en révision, qui correspondent à la requête civile, ne me paraissent pas non plus recevables, dans les deux cas prévus par l'art. 32 du règlement du 22 juillet 1806. Voy. *infrà,* n° 808.

Mais il en est autrement lorsque la demande en révision est formée en vertu de l'art. 30 du décret du 30 janv. 1852, qui n'est que la reproduction de l'art. 25 de la loi du 19 juillet 1845, et de l'art. 34 de l'ordonnance du 18 sept. 1839. D'après ces dispositions, les décisions contentieuses du conseil d'État peuvent être l'objet d'un recours en révision, lorsque toutes les formalités voulues n'ont pas été remplies. Or, l'art. 17 de l'ordonnance de 1839, tout en rangeant les conflits dans la classe des affaires non contentieuses, déclare cependant que la délibération du conseil d'État sera prise dans la même forme que s'il s'agissait d'une matière contentieuse (voy. n° 247). D'où il faut conclure que l'ordonnance intervenue sur le conflit pourrait être l'objet d'un recours en révision, en cas d'inobservation des formalités exigées, et notamment dans le cas où les parties n'auraient point été averties. Voy. Foucart, 4ᵉ édit., t. 3, p. 702, nᵒ 1923.

M. Serrigny, t. 1, p. 222, nᵒ 202, soutient néanmoins l'opinion contraire : « Mais, dit-il, l'emploi de cette voie ne nous semble pas possible, par ce motif que l'ordonnance sur le conflit doit être rendue dans un bref délai, qui ne peut être augmenté : car on ne peut suspendre indéfiniment le cours de la justice. »

Je n'aperçois pas clairement la portée de cette raison. Le court délai dans lequel l'ordonnance doit être rendue ne fait pas obstacle à la demande en révision, puisque ce n'est qu'après la signature de l'ordonnance que cette demande est formée, et, s'il y a des inconvénients à ce que le cours de la justice demeure suspendu pendant quelque temps, il y en a de plus grands encore à ce que les formalités substantielles que la loi prescrit ne soient pas observées.

4ᵒ Enfin, le conseil d'État n'admet pas les demandes en interprétation des décrets rendus sur conflits. 23 mars 1836, *préfet de la Seine.*

« Considérant, porte cette décision, que les décrets rendus sur conflits élevés par les préfets, ayant pour objet de régler la compétence entre les autorités administrative et judiciaire, sont d'ordre public et ne peuvent donner lieu à des demandes en interprétation formées par les parties devant nous en notre conseil d'État par la voie contentieuse. »

MM. Boulatignier, p. 503, et Reverchon, nᵒ 160, approuvent cette solution ; ils en font résulter le droit pour les préfets d'élever un nouveau conflit afin de provoquer, dans l'intérêt de l'ordre public, une nouvelle décision du conseil d'État. M. Reverchon, nᵒ 161, va même plus loin. Il pense que les parties, sur le sursis ordonné par justice, devraient avoir le droit de se pourvoir elles-mêmes par voie d'interprétation.

SECTION VI. — *Effets du conflit.*

**513.**—I. Le principal effet de l'arrêté du préfet qui élève le conflit est d'obliger l'autorité judiciaire à suspendre toute procédure jusqu'à la décision du conseil d'État. Voy. *suprà,* nᵒ 494.

Dès que cet arrêté a été notifié à l'autorité judiciaire, il devient irrévocable, et le préfet ne peut plus le rapporter, ni en limiter les effets par un arrêté subséquent. 20 juin 1821, *Loustalet c. Cazala* ; 7 avril 1824, *Leroy et Duhamel* ; Cormenin, t. 1, p. 450, nᵒ IX ; Chevalier, t. 1, p. 222 ; Serrigny, t. 1, p. 218, nᵒ 197 ; Dalloz, p. 150, nᵒ 167.

**514.** — II. Quant aux effets du décret qui statue sur le conflit, ils varient selon que le conflit est annulé ou confirmé. Voy. *suprà*, n°ˢ 456 et 492.

Si l'arrêté de conflit est annulé, la procédure judiciaire reprend son cours, et les tribunaux redeviennent libres de prononcer sur la contestation. Voy. *suprà*, n° 506.

Après que le conseil d'État a annulé un arrêté de conflit pour vice de formes ou pour avoir été pris par un préfet incompétent, il est loisible au préfet compétent de proposer un nouveau déclinatoire et de prendre un nouvel arrêté de conflit, dans la même affaire. 23 oct. 1835, *Nicol et Légué* ; 29 juin 1842, *Desfourniers* ; 15 déc. 1842, *Ménestrel* ; 9 janv. 1843, *Audibert.*

D'un autre côté, le décret qui annule un conflit au fond comme mal fondé, fait sans doute obstacle à ce qu'il en soit élevé un nouveau pour le même motif et dans la même cause, même en appel, 8 avril 1852, *comm. de Lattes*, mais il n'empêcherait point le préfet de revendiquer, par un nouvel arrêté de conflit, la connaissance d'une question préjudicielle à la solution de laquelle serait subordonné le jugement de la contestation. 30 mars 1842, *Blanchet c. Peyran.*

Si le conflit est approuvé, l'autorité judiciaire est dessaisie de l'affaire ; elle ne peut plus la retenir sous aucun prétexte.

Les jugements et les actes de procédure qui ont donné lieu au conflit sont annulés et considérés comme non avenus, en tout, ou seulement en partie s'il n'y a eu violation de la compétence que sur quelques points. Voy. 4 mars 1819, *Desgraviers* ; 2 fév. 1821, *Thomas c. Ratisbonne* ; 29 oct. 1823, *Travilla c. Bonnet* ; 22 janv. 1824, *Garcement de Fontaine c. comm. de Voisines* ; 30 juin 1824, *Cambacérès* ; 17 déc. 1847, *l'Etat ç. Grandin*, et autres.

**514** *bis.* — La Cour de Pau a jugé, avec raison, le 30 janv. 1854, *comm. de Caudéac c. comm. de Guchen*, que le conflit sur le fond approuvé fait disparaître même un jugement préparatoire qui était passé en force de chose jugée, de telle sorte que le débat se rouvre entre toutes les parties, même sur les questions tranchées par ce jugement.

**514** *ter.* — Une affaire *Mosselmann* dans laquelle le conflit a été annulé, le 14 déc. 1857, a soulevé une question que n'a pas tranchée la décision du conseil d'État. Le tribunal avait statué simultanément sur le déclinatoire et sur le fond. Les sieurs Mosselmann soutenaient devant le conseil d'Etat que la décision sur le fond devait être annulée, lors même que le conflit ne serait pas accueilli. Si, contrairement aux prescriptions de la loi, un tribunal statuait sur le fond après la communication de l'arrêté de conflit, sa décision serait évidemment nulle dans tous les cas, ainsi qu'on l'a vu *suprà*, n° 494. — Il y aurait même forfaiture, mais on n'aperçoit pas pourquoi, dès lors que le conseil d'État annulle le conflit, le jugement rendu sur le fond avant l'existence de l'arrêté de conflit ne serait pas maintenu. Cependant je me demande si la signification de ce jugement a pu avoir lieu régulièrement après l'arrêté de conflit, si elle a pu faire courir les délais du pourvoi en cassation. Je pencherais pour la négative. Il faudrait donc une signification après l'arrêt du conseil d'État.

**514 quater.**—Il est bien évident, comme l'a décidé le conseil d'État, le 18 déc. 1848, *l'Etat c. comm. des Angles*, que si un arrêté de conflit est annulé par le motif (indiqué *suprà*, n° 458), qu'il a été élevé par un préfet incompétent, le préfet qui doit élever le conflit doit aussi présenter un nouveau déclinatoire, parce que le premier déclinatoire proposé par le premier préfet n'a pas plus de valeur que son arrêté de conflit annulé pour incompétence.

**515.**— En statuant sur le conflit, le conseil d'État s'abstient de désigner l'autorité compétente, soit dans l'ordre administratif, soit dans l'ordre judiciaire.

Ainsi, lorsqu'il reconnaît la compétence de l'autorité judiciaire, il ne peut, en annulant le conflit, désigner le tribunal qui doit connaître de l'affaire, parce qu'il ferait un règlement de juges entre les tribunaux judiciaires, ce qui est hors de sa compétence. Serrigny, t. 1, p. 227, n° 207.

Lorsqu'il valide le conflit, il ne renvoie pas les parties devant telle ou telle autre autorité administrative, de peur, comme le dit M. de Cormenin, t. 1, p. 454, n° XII, de leur faire faire fausse route devant une autorité qui ne serait pas liée par ce renvoi.

M. Serrigny, t. 1, p. 227, n° 207, ne pense pas néanmoins que le renvoi dût demeurer, dans tous les cas, sans effet : «Voici, dit-il, la distinction que je hasarderais. Si toutes les parties litigantes ont plaidé et conclu devant le conseil d'État lors du règlement du conflit, on peut dire que l'ordonnance intervenue est obligatoire pour elles, non-seulement en tant qu'elle enlève à l'autorité judiciaire la contestation à juger, mais en tant qu'elle l'attribue à telle ou telle branche de l'autorité administrative. Que si, au contraire, l'ordonnance sur conflit a été rendue en l'absence de l'une des parties, on pourra bien la lui opposer comme jugeant le débat entre les deux pouvoirs judiciaire et administratif, parce qu'il n'y avait point nécessité qu'elle figurât dans cette discussion ; mais on ne pourra pas la lui opposer comme jugeant, dans l'ordre administratif, celle des autorités qui doit statuer sur la contestation, parce qu'elle devait être représentée dans ce débat. »

Cette distinction est combattue par MM. Foucart, 4ᵉ édit., t. 3, p. 703, n° 1924, et Dufour, 2ᵉ édit., t. 3, p. 574, n° 574.

Je pense, avec ces derniers auteurs, et avec M. de Cormenin, *loco citato*, que ce renvoi serait sans effet, tant à l'égard des parties qu'à l'égard de l'autorité devant laquelle l'affaire aurait été renvoyée; car il faut remarquer que le conflit avait pour but unique de régler la compétence entre les deux pouvoirs judiciaire et administratif, et nullement de déterminer les attributions respectives des divers agents de l'autorité administrative. Il ne peut donc pas y avoir chose jugée sous ce dernier rapport. La question de compétence du tribunal administratif appelé à juger la contestation doit suivre son cours ordinaire, pour venir aboutir plus tard à la juridiction souveraine du conseil d'État.

M. Reverchon, n° 168, partage mon opinion. Cependant, il cite deux décisions qui semblent contraires, en les attribuant à des circonstances particulières, et qui ne lui paraissent pas devoir modifier le principe. 30 mars 1846, *Rondet c. l'Etat;* 2 avril 1852, *Mestre.*

**516.** — Le renvoi d'une affaire devant l'autorité administrative, par suite d'un conflit, n'autorise celle-ci à connaître que des questions purement administratives que cette affaire présente à juger. S'il s'élève, en même temps, des questions judiciaires, elles doivent être portées devant les tribunaux, nonobstant le règlement sur le conflit. 4 juin 1816, *Bonnier des Terrières c. Brabander.*

D'un autre côté, l'ordonnance qui valide un conflit ne fait pas obstacle à ce que l'autorité administrative se dessaisisse ultérieurement de la connaissance du litige, si, pour le décider, elle devait sortir des bornes de sa compétence. 3 juin 1820, *Jamet c. Dubois;* Lerat de Magnitot et Delamarre, t. 1, p. 289. Voy. Dalloz, p. 167, n° 221.

## CHAPITRE II.

*Règlements de juges.*

**517.** — Avant d'indiquer comment s'instruit la procédure en règlement de juges, il convient d'examiner dans quels cas il y a lieu d'y avoir recours.

Section Iʳᵉ. — *Dans quels cas il y a lieu au règlement de juges.*

**518.** — Il y a lieu à règlement de juges :

1° En cas de conflit négatif d'attribution ;

2° En cas de conflit de juridiction entre deux autorités administratives.

§ Iᵉʳ. — Conflit négatif d'attribution.

**519.**—I. J'ai dit, au nᵒ 429, ce qu'il fallait entendre par conflit négatif d'attribution. Il résulte de la déclaration d'incompétence respectivement faite par l'autorité administrative et par l'autorité judiciaire, dans une même affaire et entre les mêmes parties.

Cette double déclaration d'incompétence ne porte point atteinte à l'indépendance réciproque des deux autorités ; elle ne trouble point l'ordre des juridictions, et n'intéresse qu'indirectement l'ordre public. Le législateur n'a donc pas cru qu'il fût nécessaire d'autoriser l'emploi des mesures exceptionnelles qu'il a réservées pour le conflit positif. Les moyens ordinaires de procédure suffisent pour faire cesser cette sorte de déni de justice. Aussi les diverses ordonnances réglementaires des conflits ne s'occupent aucunement du conflit négatif ; l'ordonnance du 12 déc. 1821 se contente de dire dans son art. 8 :

« En ce qui concerne les règlements de juges entre l'administration et les tribunaux, qualifiés de conflits négatifs, il y sera procédé comme par le passé. »

Le conflit négatif ne donne donc lieu qu'à un simple règlement de juges, et le préfet ne peut, comme lorsqu'il s'agit d'un conflit positif, exercer la revendication au moyen d'un arrêté de conflit. 3 sept. 1823, *Cénac c. comm. de Lourdes* ; 24 mars 1824, *Gay c. Poutingon-Girouard* ; 12 janv. 1825, *Grand* ; 11 janv. 1826, *comm. d'Octeville c. Toussaint.* Voy. Dalloz, p. 152, nᵒ 171 ; Reverchon, nᵒ 170.

Le conseil d'État a néanmoins, dans quelques circonstances, mais mal à propos, validé des conflits négatifs déclarés par arrêtés du préfet. Voy. 3 sept. 1823, *Béthune c. Dumoulin.*

**520.** — II. Il y a lieu à règlement de juges, par suite d'un conflit négatif d'attribution, lorsque, sur la même contestation, il intervient une déclaration d'incompétence de la part de l'autorité judiciaire,

Et d'un préfet. 16 mars 1807, *Lasbats c. Ricaud* ; 17 janv. 1814, *Torlonia c. Haslawer* ; 14 sept. 1814, *Chantron c. Petit* ; 2 juillet 1828, *Duboë-Pau* ;

Ou d'un conseil de préfecture. 23 juin 1819, *Filléle-Dacheux c. Guyan* ; 3 sept. 1823, *Cénac c. comm. de Lourdes* ; 24 mars 1824, *Gay c. Poutingon-Girouard* ; 5 avril 1826, *Prat* ; 5 nov. 1828,

*Marion c. Faubert ;* 15 mars 1829, *Bernardière ;* 22 oct. 1830, *Godart c. Benoît ;*

Ou d'un ministre. Cormenin, t. 1, p. 461, note 1 ;

Ou du conseil d'État. Dans ce cas, le conseil d'État, en même temps qu'il déclare son incompétence, règle le conflit, en annulant le jugement des tribunaux et en renvoyant les parties à se pourvoir devant eux. 15 avril 1828, *Reynaud de Villeverd;* et 31 mai 1855, *Fournier c. l'hospice de Saint-Jean-d'Angély ;* Cormenin, t. 1, p. 465, n° 2 ;

Ou, enfin, de tout autre tribunal administratif.

On peut consulter Boulatignier, p. 505 ; Reverchon, p. 503, n° 176 ; Dalloz, p. 153, n° 175.

**521.** — Une ordonnance du 2 fév. 1825, *Escaille c. Crouzy,* statue sur un conflit négatif résultant d'une double déclaration d'incompétence émanée d'un conseil municipal et d'un tribunal civil.

M. Macarel, *Arrêts du conseil,* t. 7, p. 48, accompagne cette ordonnance d'une note ainsi conçue :

« Il me semble qu'un conflit négatif d'attribution ne peut s'établir qu'entre deux autorités qui ont *juridiction*, et les conseils municipaux sont de simples *conseils* et non pas des *juges* administratifs. »

Je pense également que c'est à tort que le conseil d'État a vu dans une semblable position un conflit d'une nature quelconque. La circonstance que le préfet a homologué la délibération du conseil municipal ne doit être d'aucune influence, parce que cette approbation n'est qu'un acte ordinaire de tutelle administrative.

Même décision dans le cas où la délibération émanerait d'un conseil général. Voy. *infrà,* n° 526.

**522.** — III. Quatre conditions sont nécessaires pour que le conflit négatif d'attribution existe ; il faut :

Que les deux autorités administrative et judiciaire se soient toutes deux déclarées incompétentes et dessaisies de la contestation;

Que l'une d'elles ait méconnu sa compétence;

Qu'il y ait identité dans l'objet en litige ;

Que la double déclaration d'incompétence soit intervenue entre les mêmes parties.

**523.** — En premier lieu, *il faut que les deux autorités se soient toutes deux déclarées incompétentes et dessaisies de la contestation.*

Il n'y a pas de conflit négatif, et il ne peut y avoir lieu à règlement de juges :

Code.—2ᵉ édit.      19

1° Lorsque l'autorité judiciaire seule s'est déclarée incompétente, et que l'autorité administrative n'a pas encore statué sur
sa compétence, ou *vice versâ*. 19 déc. 1821, *Jassaud c. Antoine;*
17 avril 1822, *préfet de l'Oise;* 13 juillet 1828, *Aubin-Bernar-
dière;*

2° Lorsque la partie qui se pourvoit en règlement de juges ne
justifie ni qu'elle ait donné suite à une instance judiciaire par
elle engagée, ni que l'autorité administrative ait pris aucune
décision sur le litige. 3 mars 1825, *héritiers Saint-Amand;*

3° Lorsque l'une des deux autorités a reconnu sa compétence, soit en prononçant sur le fond, soit en statuant sur la
qualité et l'intérêt des parties. 13 juin 1821, *Camy c. héritiers
Laffargue;* 31 juillet 1822, *Rocheron c. Guiet;* 6 mars 1828,
*Morin;*

4° Lorsque l'autorité judiciaire seule s'est dessaisie, et que le
conseil d'État s'est borné à annuler, pour incompétence et excès
de pouvoir, un arrêté émané d'un tribunal administratif inférieur, sans déclarer d'ailleurs l'autorité administrative incompétente. 23 août 1843, *Cartier c. l'association du Trébon.*

**524.** — Mais le conflit négatif existerait si l'autorité administrative se déclarait incompétente pour prononcer sur une
question préjudicielle, dont l'appréciation lui aurait été renvoyée par les tribunaux. 3 sept. 1823, *Béthune c. Dumoulin;*

Ou bien si un tribunal judiciaire refusait de juger le fond
d'une contestation, après la décision de l'autorité administrative sur une question préjudicielle qu'il avait lui-même renvoyée à l'examen de cette autorité. 26 fév. 1823, *Jeannin c.
comm. de Lavans;* Boulatignier, p. 504.

Ou bien, enfin, si les autorités administrative et judiciaire,
devant lesquelles les parties sont renvoyées à la suite d'un conflit positif, se déclaraient incompétentes. Cormenin, t. 1, p. 464,
n° 1.

On conçoit que je ne puisse pas citer de précédents sur cette
position spéciale, parce que le refus de juger, en pareil cas, de
la part de l'autorité judiciaire, serait presque un déni de justice.
Cette autorité doit recevoir le décret rendu sur conflit comme
une règle absolue, comme une véritable interprétation de la loi.

**525.** — En second lieu, *il faut que l'une des deux autorités
ait méconnu sa compétence.*

Il n'y a pas de conflit négatif, et la demande en règlement
de juges doit être rejetée, lorsque les deux tribunaux qui ont
refusé de prononcer sur la contestation étaient réellement incompétents pour en connaître.

Ainsi, la déclaration respective d'incompétence d'un tribunal judiciaire et d'un conseil de préfecture ou d'un préfet ne constitue pas un conflit négatif, si la contestation devait être portée soit devant le ministre, soit devant le conseil d'État, soit devant tout autre tribunal administratif ou judiciaire. 10 juillet 1822, *Belmond ;* 26 juillet 1826, *de Witzthum ;* 16 fév. 1827, *de Graveron ;* 29 mars 1851, *Dutour c. Lambert ;* ou si la matière n'était pas contentieuse. Cormenin, t. 1, p. 464.

**525** *bis.* — Le conflit négatif n'existerait pas, quoique, sur le renvoi d'une question préjudicielle faite par l'autorité judiciaire à l'autorité administrative, le préfet eût refusé de saisir le conseil de préfecture, sous le prétexte d'une décision antérieure. Les parties peuvent et doivent elles-mêmes saisir le conseil de préfecture, malgré la lettre de refus du préfet. 8 avril 1852, *Istzla.* Le conseil d'État a sans doute pensé qu'en ce cas, si le conseil de préfecture saisi refusait de juger, il y aurait déni de justice, ce qui ne suffisait pas pour qu'il y eût lieu à règlement de juges.

**526.** — En troisième lieu, *il faut qu'il y ait identité dans l'objet en litige.* ·

Si cette identité n'existait pas, et si chacune des deux autorités avait prononcé son incompétence sur des questions différentes, il n'y aurait pas conflit négatif, et le pourvoi en règlement de juges serait rejeté. Cormenin, t. 1, p. 464, n° 2 ; Lerat de Magnitot et Delamarre, t. 1, p. 290 ; Dalloz, p. 156, n° 183.

Ainsi, il n'y a pas conflit négatif :

1° Lorsque, sur le renvoi d'un comptable devant les tribunaux pour faire décider une question de faux, la partie ne présente qu'une demande en révision de compte, et qu'alors l'autorité judiciaire se déclare incompétente. 14 nov. 1821, *Jégun-Laroche ;*

2° Lorsque, d'une part, l'autorité judiciaire, en retenant le jugement du fond, renvoie les parties devant l'autorité administrative pour statuer sur un point de sa compétence, et que, d'autre part, l'autorité administrative, après avoir prononcé sur ce point, se déclare incompétente pour juger le fond ou s'abstient simplement de le juger. 18 juillet 1821, *comm. d'Étinchem c. Delafond ;* 17 juillet 1822, *Courtois c. Sadin ;* 14 nov. 1822, *Liogier c. Richoud ;* 17 mars 1835, *Viviès c. comm. de Camon ;*

3° Lorsque, sur le renvoi d'une contestation fait à un tribunal par l'autorité administrative, ce tribunal a décidé les questions de sa compétence sans examiner les questions administratives. 31 juillet 1822, *Rocheron c. Guiet ;*

4° Lorsqu'un conseil de préfecture s'est borné à autoriser l'une des parties à plaider devant les tribunaux, et que ceux-ci se sont déclarés incompétents. 12 janv. 1825, *Grand ;* 11 janv. 1826, *comm. d'Octeville c. Toussaint.*

L'autorisation de plaider n'est qu'un acte de tutelle administrative et non une décision. Il en est de même de l'approbation
des délibérations des conseils municipaux ou des conseils généraux de département. Voy. *suprà*, n° 521.

**527.** — En quatrième lieu, *il faut que les deux déclarations
d'incompétence soient intervenues entre les mêmes parties.*

Les décisions, soit administratives, soit judiciaires, ne produisent la chose jugée qu'à l'égard des parties qui sont en cause :
il est évident qu'il n'y aurait aucune contradiction, ni aucun
conflit, entre deux décisions qui auraient jugé une question de
compétence en sens contraire, mais entre des parties différentes.
18 fév. 1858, *Dombre.*

**528.** — IV. Une double voie est ouverte aux parties pour
faire cesser le conflit négatif d'attribution. Elles peuvent, à leur
choix, déférer, par les voies ordinaires, les décisions intervenues
à l'autorité supérieure dans l'ordre hiérarchique, ou bien se
pourvoir directement en règlement de juges devant le conseil
d'État.

Ainsi le jugement du tribunal qui s'est déclaré incompétent
peut être attaqué par la voie de l'appel, si cet appel est d'ailleurs recevable, ou être l'objet d'un pourvoi en cassation, s'il
est en dernier ressort ; et, en même temps, la décision administrative peut être déférée au conseil d'État par la voie de l'appel.

Mais, si les parties le préfèrent, elles peuvent négliger ce
mode de recours, et s'adresser directement au conseil d'État
pour obtenir un règlement de juges. Voy. 20 juin 1839, *comm.
de Thizay c. Ferrand;* 29 janv. 1840, *hospice de Loudun c.
veuve Gaillard.*

Le conseil d'État a même jugé par deux décisions du 22 janv.
1857, *ministre des finances et Gilbert,* que si, après une déclaration erronée d'incompétence du pouvoir judiciaire, il y a
pourvoi contre l'arrêté du ministre qui lui-même s'est à tort déclaré compétent, le conseil d'État peut, en annulant cet arrêté,
sans attendre un règlement de juges, annuler aussi le jugement
du tribunal civil et renvoyer l'affaire devant le pouvoir judiciaire.

L'ordonnance du mois d'août 1737, tit. 2, art. 21, voulait
qu'on se pourvût d'abord par les voies ordinaires et hiérarchiques, avant de demander un règlement de juges; mais il est aujourd'hui généralement admis que les parties demeurent libres
de prendre l'une ou l'autre voie. C'est ce qu'a décidé un arrêt
de la Cour de cassation du 26 mars 1838, *Huard c. Blum.*

Quoique cet arrêt ait été rendu à l'occasion d'un conflit négatif de juridiction, le principe qu'il consacre est applicable au conflit négatif d'attribution. Voy. Serrigny, t. 1, p. 231 n° 212; Foucart, 4e édit., t. 3, p. 704, n° 1926 ; Dufour, 2e édit., t. 3, p. 577, n° 577; Dalloz, p. 156, n° 184.

Le recours au conseil d'État en règlement de juges peut être formé, quoique l'une des décisions ou que les deux décisions soient passées en force de chose jugée. Avant tout, il faut des juges aux parties, et ici n'est point applicable la doctrine que j'ai développée dans mes *Principes de compétence*, n° 880, t. 1, p. 249, et t. 3, p. 662.

### § II. — Conflit de juridiction.

**529.** — I. Le conflit de juridiction peut exister, soit entre deux tribunaux de l'ordre judiciaire, soit entre deux tribunaux de l'ordre administratif..

Le conflit de juridiction qui s'élève entre deux tribunaux judiciaires se vide, dans le sein même de l'ordre judiciaire, soit au moyen de l'appel porté devant le tribunal supérieur, soit au moyen d'un règlement de juges auquel il est procédé dans les formes prescrites par les art. 363 et suivants du Code de procédure civile. Je n'ai point à m'occuper ici de ce conflit, qui est entièrement étranger à l'autorité administrative.

**530.** — II. En matière administrative, le conflit de juridiction existe lorsque deux tribunaux administratifs se déclarent compétents pour statuer sur une même question, ou lorsqu'ils refusent tous les deux d'en connaître.

Dans le premier cas, le conflit est *positif*.

Dans le second cas, il est *négatif*.

Dans l'un et l'autre cas, les parties ont le droit de se pourvoir au conseil d'État, soit par la voie de l'appel, soit en règlement de juges. Serrigny, t. 1 , p. 238, n° 222.

Voy. comme exemple de règlements de juges émanés du conseil d'État, les ordonnances du 25 fév. 1818, *Hereau;* 26 juill. 1837, *Allard* et autres.

**531.** — Le conflit de juridiction ne peut être élevé par arrêté du préfet. 24 mars 1832, *veuve Bouillet;* 20 juill. 1832, *ministre de l'intérieur ;* 24 août 1832, *ministre de l'intérieur ;* 16 nov. 1832; *préfet de la Haute-Vienne;* Cormenin, t. 1, p. 448, n° 8; Serrigny, t. 1, p. 228, n° 208.

### Section II. — *Procédure en règlement de juges.*

**532.**—I. En cas de conflit négatif d'attribution, comme en cas de conflit de juridiction entre deux autorités administratives, si les parties jugent convenable de se pourvoir par la voie de l'appel, il est bien clair que l'instruction se fait dans les formes ordinaires, et que les divers délais établis par le règlement du conseil d'État doivent être observés.

Si elles préfèrent prendre la voie du règlement de juges, il est encore procédé comme s'il s'agissait d'un recours ordinaire en matière contentieuse. Cormenin, t. 1, p. 462, nᵒ 11; Chevalier, t. 1, p. 216; Foucart, 4ᵉ édit., t. 3, p. 716, nᵒ 1927; Serrigny, t. 1, p. 235, nᵒ 217; Dufour, 2ᵉ édit., t. 3, p. 577, nᵒ 578.

Ainsi, la demande en règlement de juges doit être soumise au conseil d'État par requête des parties, présentée en la forme contentieuse. Elle ne peut être introduite par le garde des sceaux et sans constitution d'avocat. 19 déc. 1821, *Jassaud c. Antoine;* et les auteurs précités.

**533.**—L'ordonnance qui intervient sur cette demande est susceptible d'opposition, de tierce opposition et de requête civile, dans les mêmes cas et pour les mêmes causes que les décisions ordinaires rendues par le conseil d'État, en matière contentieuse. Cormenin, t. 1, p. 462, nᵒ 11; Serrigny, t. 1, p. 235, nᵒ 217; Dufour, 2ᵉ édit., t. 3, p. 577, nᵒ 578; Reverchon, nᵒ 179, note 1.

M. de Cormenin, *loco citato*, ajoute, en note :

« Dans la pratique du conseil, les conflits négatifs sont presque tous réglés sur la requête d'une seule partie, et il y a peu d'exemples que l'autre partie forme opposition à ces arrêts de règlement. »

Cette pratique du conseil d'État pouvait être suivie au temps du rejet immédiat des requêtes (voy. nᵒ 148); mais je pense qu'aujourd'hui il y a nécessité d'appeler toutes les parties, et que le conseil d'État déclarerait non recevable le recours qui n'aurait pas été notifié. Le demandeur devra donc obtenir, comme en toute autre matière, une ordonnance de *soit communiqué.*

**534.**—Le règlement de juges n'admet qu'une seule exception aux règles de l'instruction contentieuse ordinaire, et cette exception est relative aux délais prescrits par le règlement et aux déchéances qui résultent de leur inobservation. Le défendeur n'est point admis à se prévaloir de ces déchéances, en cas, par exemple, de non-signification de l'ordonnance de *soit communiqué* dans les trois mois, ou de recours tardif, par la raison que, si le recours était rejeté sur ce motif, les parties resteraient sans juges, comme auparavant, et seraient dans la nécessité de former une nouvelle demande pour en obtenir; en sorte que le défendeur est sans intérêt pour invoquer cette fin de non-recevoir. 23 juin 1819, *Fillèle-Dacheux c. Guyan;* 26 juillet 1837, *Allard;*

Cormenin, t. 1, p. 462, n° II; Serrigny, t. 1, p. 235, n° 218; Dufour, 2ᵉ édit., t. 3, p. 578, n° 580.

Cependant MM. Foucart, 4ᵉ édit., t. 3, p. 706, n° 1927, et Reverchon, n° 178, note 1, n'approuvent pas cette jurisprudence, « car, disent-ils, la partie à laquelle l'ordonnance de *soit communiqué* devait être signifiée avait intérêt à présenter ses moyens sur la question de compétence, dont la solution pouvait être pour elle d'une grande importance. »

Je n'aperçois pas la portée de cette observation, qui répondrait plutôt à la note de M. de Cormenin, que je viens de combattre au numéro précédent.

**535.**—II. Dans le cas de conflit de juridiction, et dans le cas de conflit négatif d'attribution, le conseil d'État statue sur le règlement de juges en renvoyant les parties devant l'autorité compétente pour connaître de la contestation. Il annule (1), en même temps, la décision de l'autorité, soit administrative, soit judiciaire, qui s'est mal à propos déclarée incompétente. 9 avril 1826, *Beautour-Bertrand*; 12 avril 1838, *Gilbert Aléonard c. comm d'Auxon*; 9 janv. 1839, *prince de Tarente*; et les diverses ordonnances citées aux numéros précédents.

Si la décision sur la compétence dépend de l'examen d'une question préjudicielle, il en renvoie l'examen à l'autorité compétente pour en connaître. 24 mars 1824, *Gay c. Poutingon-Girouard*.

**536.**— Lorsque la cause a déjà subi le premier degré de juridiction devant le juge administratif dont la décision sur la compétence est confirmée, le conseil d'État peut retenir le fond pour y être par lui statué, comme juge d'appel, après que les parties auront régulièrement instruit devant lui. Il peut même prononcer sur la compétence et sur le fond par une même ordonnance, si les conclusions des parties tendent à ce qu'il soit statué sur l'un et l'autre. Cormenin, t. 1, p. 462, n° II. — Voy. les n°ˢ 659 et suiv.

Si le fond n'a pas encore été jugé par un tribunal administratif inférieur, le conseil d'État ne peut prononcer comme juge d'appel, mais il doit renvoyer les parties devant le juge compétent pour en connaître, parce qu'autrement le premier degré de juridiction se trouverait franchi. Cormenin, t. 1, p. 463, n° II.

---

(1) M. Reverchon dit, n° 182, que le conseil d'État n'annule pas la décision judiciaire, mais la déclare non avenue. Ces deux locutions ont une bien grande affinité.

Telle est aussi, en matière civile ordinaire, l'opinion que j'ai embrassée dans les *Lois de la procédure civile*, t. 4, p. 248, quest. 1702, contrairement, je le reconnais, à la jurisprudence de la Cour de cassation; mais néanmoins je crois devoir persister.

# TITRE XVI.

## RENVOI D'UN TRIBUNAL A UN AUTRE

### POUR CAUSE DE PARENTÉ OU D'ALLIANCE.

**537.**—I. Le renvoi à un autre tribunal pour cause de parenté ou d'alliance peut-il être demandé en matière administrative ?

On ne trouve, à cet égard, dans la législation nulle règle spéciale applicable à aucun tribunal administratif. Il ne paraît pas raisonnable que, si l'une des parties est parente ou alliée de l'un des juges administratifs qui vont prononcer, son adversaire n'ait aucun moyen d'empêcher ce juge de connaître de l'affaire. Cependant il faut convenir que le renvoi d'un tribunal à un autre n'est pas toujours praticable. Comment, en effet, se ferait ce renvoi, lorsqu'il s'agit d'un tribunal unique, tel que le conseil d'État, certaines commissions, etc. ? D'un autre côté, si c'est, par exemple, un conseil de préfecture qui est saisi, n'y aurait-il pas de graves inconvénients à ce que la cause fût portée devant le conseil de préfecture d'un autre département? Chaque conseil de préfecture est nanti des pièces, qui sont sous sa main et qu'il trouve à sa disposition dans les bureaux; ces pièces ne pourraient pas toujours être déplacées. Il est donc fort douteux que le renvoi pût être obtenu. Du reste, la question ne paraît pas s'être jamais présentée. Voy. Foucart, 4$^e$ édit., t. 3, p. 714, n° 1933; Dufour, 2$^e$ édit., t. 2, p. 64, n° 60; Lefebvre, *loc. cit.*, p. 41.

**538.** — II. Si, pour certains tribunaux administratifs, il y avait lieu d'ordonner le renvoi pour cause de parenté ou d'alliance, il faudrait appliquer, par analogie et autant que les formes administratives pourraient le comporter, les dispositions des art. 368 et suiv. du Code de procédure civile.

# TITRE XVII.

## RÉCUSATION.

**539.** — I. Quoique les lois et règlements administratifs ne renferment aucune disposition relative à la récusation individuelle des membres des tribunaux administratifs inférieurs, on conçoit néanmoins que cette récusation n'offre pas les mêmes inconvénients que le renvoi d'un tribunal à un autre pour cause de parenté ou d'alliance. Aussi, convient-il d'appliquer les principes généraux qui veulent que le droit de récusation puisse être exercé devant toute juridiction, à moins que la loi ne l'ait interdit; et c'est, en effet, par application de ces principes que le conseil d'État a décidé qu'un membre d'une commission de desséchement de marais pouvait être récusé, et que la loi n'ayant pas déterminé, pour les tribunaux administratifs, les causes de récusation, il y avait lieu de suivre les règles tracées par le Code de procédure civile. 2 avril 1828, *Bernault, Dubuc,* etc.

Voy. les observations du ministre de l'intérieur, sur cette affaire, dans le *Recueil des arrêts du conseil* de M. Macarel, t. 10, p. 286; et Lefebvre, *loc. cit.,* p. 40.

Cependant on ne pourrait, en vertu de l'art. 378, § 8, C.P.C., récuser un préfet qui, dans le cours d'une instruction administrative, aurait transmis à un ministre des renseignements sur une affaire de son département dans le cas où il serait ultérieurement appelé à se prononcer sur la même affaire par la voie contentieuse; il faut en dire autant du conseiller de préfecture qui aurait remplacé le préfet pendant l'absence de ce dernier; il est clair que les rapports réguliers entretenus par ces agents administratifs avec leurs supérieurs hiérarchiques ne sauraient donner lieu à une récusation. 26 juin 1852, *comp. du canal de Beaucaire c. Jalaguier.*

**540.** — Cependant M. de Cormenin, t. 1, p. 188, note 1, n'admet pas la récusation pour les préfets et les conseillers de préfecture. « Ils ne peuvent, dit-il, en matière contentieuse, s'abstenir pour cause de récusation : sans cela, il arriverait qu'au gré de l'intérêt, des passions ou des menaces d'un citoyen, l'administration, dont la marche doit être rapide, se verrait sans cesse paralysée. Tous actes de récusation de préfets, ou de conseillers de préfecture, n'étant pas autorisés par les lois, sont annulés par le conseil d'Etat, ainsi que les arrêtés qui les admettent. »

Ces raisons me paraissent peu concluantes, et je pense, avec M. Foucart, 4ᵉ édit., t. 3, p. 715, nº 1933, que la récusation doit être admise, parce que si la justice administrative doit être prompte, il faut aussi qu'elle soit impartiale, et, d'ailleurs, la marche des tribunaux administratifs ne sera pas plus paralysée que ne l'est celle des tribunaux judiciaires.

M. de Cormenin cite, à l'appui de son opinion, l'art. 6 de l'arrêté du 19 fruct. an IX; mais cet article suppose, au contraire, l'existence du droit de récusation, car il porte : « Le service des suppléants sera gratuit en cas de *récusation*, maladie ou partage... » Dufour, 2ᵉ édit., t. 2, p. 64, nº 60, adopte cette opinion de M. de Cormenin.

Cette opinion, en ce qui concerne les conseils de préfecture, me paraît combattue par le texte même du décret du 16 juin 1808 (voy. *suprà*, p. 151); elle est, du reste, contraire à la jurisprudence du conseil d'Etat, ainsi que cela résulte de plusieurs ordonnances indiquées par M. de Cormenin lui-même, en date des 26 juillet 1826, *Codine c. de Saint-Marsal;* 27 avril 1838, *élections de Mèze.*

Voy. aussi ma question 1365, *Lois de la procédure civile,* t. 3, p. 335.

Enfin, le conseil d'État a déclaré, en termes formels, le 25 avril 1833, *min. de l'intérieur c. Despeaux,* que les membres des jurys de révision de la garde nationale sont récusables, par le motif « que le droit de récusation peut être exercé devant toute juridiction, à moins que la loi ne l'ait formellement interdit. »

Voy. les observations de l'*École des Communes,* t. 3, p. 16.

**540** *bis.* — Le conseil d'État a jugé, le 3 fév. 1858, *Batisse et Ronat,* qu'un préfet pouvait siéger au conseil de préfecture et le présider dans les affaires contentieuses qui intéressent le département. J'ai inséré, en l'approuvant, dans le *Journal du droit administratif,* t. 7, p. 326, art. 260, une dissertation critique très-bien raisonnée d'un de mes honorables confrères, M. Pradier Fodéré.

**541.** — II. L'art. 22 du décret du 25 janv. 1852 établit une cause particulière de récusation à l'égard des membres du conseil d'État. Il est ainsi conçu :

« Les membres du conseil d'État ne peuvent participer aux délibérations relatives aux recours dirigés contre la décision d'un ministre, lorsque cette décision a été préparée par une délibération de la section à laquelle ils ont pris part. »

L'ordonnance du 12 mars 1831, art. 3, celle du 18 sept. 1839, art. 33, et la loi du 19 juillet 1845, art. 22, contenaient déjà une disposition semblable.

Cette cause spéciale de récusation ne peut être étendue aux membres qui ont concouru à la délibération de l'assemblée générale, dans le cas où l'une des parties attaquerait plus tard, par la voie contentieuse, le décret rendu à la suite de cette délibération : car autrement, si cette récusation était admise, il n'y aurait plus de juges. Voy. 16 mai 1832, *Colin ;* Cormenin, t. 1, p. 69, note ; Chevalier, t. 2, p. 348 ; Serrigny, t. 1, p. 340, n° 337 ; Foucart, 4° édit., t. 3, p. 774, n° 2006 ; Dufour, 2° édit., t. 2, p. 375, n° 346.

Telle est, du reste, la jurisprudence de la Cour de cassation pour les affaires portées devant les tribunaux civils. Voy. dans les *Lois de la procédure civile*, mes quest. 1380 et 1381, t. 3, p. 347.

**542.** — Hors le cas spécial dont parle l'art. 22 précité, la récusation individuelle d'un membre du conseil d'État pourrait-elle être exercée, pour l'une des causes énumérées dans l'art. 378 du Code de procédure civile ?

« Il est douteux, dit M. de Cormenin, t. 1, p. 69, note, § III, que le conseil d'État admette l'application des art. 378 et 382 du Code de procédure civile dans toute leur étendue ; car cette application impliquerait que les conseillers d'État sont *juges*, doctrine que le pouvoir repousse. »

Il me paraît, au contraire, que, pour être conséquent, le conseil d'État devrait faire l'application du principe qu'il a consacré dans l'ordonnance *Despeaux* (voy. n° 540) ; et il n'existe d'ailleurs aucun motif sérieux pour interdire la récusation individuelle d'un conseiller d'État. Telle est l'opinion de MM. Foucart, *loc. cit.*, et Serrigny, t. 1, p. 339, n° 337. — Voy. néanmoins, en sens contraire, Dufour, *loc. cit.*

« Au surplus, ajoute M. de Cormenin, il est souvent arrivé que les honorables membres du conseil, même lorsque les audiences étaient secrètes, et sans aucune provocation des parties, se sont, par un louable scrupule de délicatesse, abstenus d'office, lorsqu'ils croyaient apercevoir en eux-mêmes quelque cause de récusation. »

Je suis convaincu qu'il en serait de même de tous les juges administratifs ; mais, quand on s'occupe de poser des principes et qu'on recherche des règles en matière de procédure, le sentiment ne doit pas diriger les solutions.

# , TITRE XVIII.

## PÉREMPTION.

**543.** — I. La péremption d'instance n'est point autorisée dans les affaires soumises au conseil d'État. 9 janv. 1832, *Truelle-Mullet c. Petit-Durieu;* Cormenin, t. 1, p. 69, note, § IV; Chevalier, t. 2, p. 351; Cotelle, t. 1, p. 198, n° 8; Dufour, 2$^e$ édit., t. 2, p. 377, n° 347 ; Foucart, 4$^e$ édit., t. 3, p. 775, n° 2008.

A plus forte raison ne serait-elle pas admise devant les autres juridictions administratives. Voy. Cotelle, *loc. cit.;* Lefebvre, *loc. cit.*, p. 143.

Les auteurs donnent pour motif de cette solution que la forme de procéder est plus prompte et plus expéditive devant les tribunaux administratifs que devant les tribunaux judiciaires, et que, dès lors, il n'y a point nécessité d'appliquer, par analogie, les règles de la procédure civile.

Cette raison est insuffisante, car il peut très-bien se faire qu'une instance administrative se prolonge pendant plusieurs années, et l'ordonnance *Truelle-Mullet*, citée plus haut, en fournit une preuve. Dans cette affaire, le pourvoi, introduit en 1816, n'était pas encore jugé en 1832. Aussi M. Serrigny, t. 1, p. 340, n° 338, tout en reconnaissant que le conseil d'État n'admet pas la péremption, pense-t-il que le règlement aurait dû l'autoriser, précisément à raison de la célérité qu'exige la procédure administrative.

La raison déterminante qui doit, selon moi, faire rejeter les demandes en péremption, c'est d'abord, comme le dit M. Serrigny, que la péremption est une déchéance, et que les déchéances ne se suppléent pas ; et, en second lieu, qu'il ne dépend pas toujours des parties de hâter la marche de l'instruction administrative, comme elles peuvent le faire en matière judiciaire. Cette instruction, en effet, a lieu souvent dans les bureaux; le dossier est renvoyé successivement aux ministres, aux préfets et sous-préfets, aux maires; etc. Comment dès lors rendre les parties responsables du retard qu'occasionne ce mode de procéder?

Voy. *suprà*, n° 317 *bis*, ce qui concerne les décisions par défaut.

**543 bis.** — En parlant ici de la péremption, je n'ai pas entendu y comprendre ce qui concerne les contraventions de grande voirie, soumises à certaines péremptions particulières. Notam-

ment l'art. 26 de la loi du 30 mai 1851 porte : « L'instance à rai-
« son des contraventions de la compétence des conseils de pré-
« fecture est périmée par six mois, à compter de la date du der-
« nier acte des poursuites, et l'action publique est éteinte, à
« moins de fausses indications sur la plaque ou de fausse décla-
« ration, en cas d'absence de plaque. » (1).

**544.**—II. Les instances administratives seraient-elles éteintes
en cas de discontinuation des poursuites pendant trente ans?

En règle générale, la prescription trentenaire éteint tous les
droits et actions, de quelque nature qu'ils soient, à moins d'une
disposition contraire de loi.

J'ai néanmoins décidé, dans les *Lois de la procédure civile*,
t. 3, p. 388, quest. 1413, que les instances judiciaires ne péris-
sent point par la prescription trentenaire ; mais le motif de cette
solution est que la loi ayant introduit une prescription particulière pour ces instances, la *péremption*, il n'y a pas lieu d'appliquer la prescription ordinaire, car autrement on créerait deux
espèces de péremption, alors que la loi n'en a établi qu'une seule.
Puisque la péremption n'est pas admise en matière administrative, il est facile de voir que cette raison n'a plus ici d'application, et l'on retombe, par conséquent, sous l'empire de la règle
générale. Je pense donc, tout en maintenant ma solution relative aux instances judiciaires, qu'une instance administrative
serait éteinte, de plein droit, par la discontinuation des poursuites pendant trente ans.

# TITRE XIX.

## DÉSISTEMENT ET ACQUIESCEMENT.

### SOMMAIRE.

CHAP. I<sup>er</sup>. — Désistement.
CHAP. II. — Acquiescement.

## CHAPITRE PREMIER.

### *Désistement.*

**545.** — I. Le désistement est la renonciation du demandeur
à une procédure commencée, ou au fond du droit.

---

(1) Le texte entier de cette loi est rapporté dans le *Code général des
lois françaises*, de MM. Durand et Paultre, V<sup>e</sup> part., p. 139. Voy. aussi
les ouvrages spéciaux qu'ont publiés MM. Lefebvre et Grandvaux, conseillers de préfecture.

Les lois et règlements ne parlent point du mode qui doit être suivi pour que ce contrat se forme devant les juridictions administratives. Il faut donc suppléer à leur silence en appliquant, par analogie, les règles tracées par les art. 402 et 403 du Code de procédure civile. La jurisprudence n'hésite pas à reconnaître la nécessité de cette application. Voy. Cormenin, t. 1, p. 68, note 1 ; Foucart, 4ᵉ édit., t. 3, p. 773, n° 204 ; Chevalier. t. 2, p. 349 ; Serrigny, t. 1, p. 341, n° 338 ; Dufour, 2ᵉ édit., t. 2, p. 379, n° 349 ; et les ordonnances citées aux numéros suivants.

On peut consulter les diverses questions que j'ai traitées dans les *Lois de la procédure civile*, t. 3, p. 446 et suiv.

**546.**—Devant les juridictions administratives, autres que le conseil d'État, le désistement est fait et accepté par un acte quelconque signé des parties ou de leurs mandataires. Comme il n'existe, devant ces juridictions, ni avocats ni avoués, cet acte doit être signifié par le ministère d'un huissier s'il s'agit de discussions entre simples particuliers ou personnes morales, et par une notification administrative si c'est l'État qui veut se désister ; voy. Lefebvre, *loc. cit.*, p. 145.

Ce désistement produit d'ailleurs les mêmes effets que celui qui a lieu devant le conseil d'État.

Il est analogue au désistement d'une procédure commerciale.

**547.** — Dans les instances pendantes au conseil d'État, le désistement peut être donné par une requête signifiée par l'avocat du demandeur à l'avocat du défendeur. Seulement l'avocat doit être muni d'un pouvoir spécial qui peut, au surplus, lui être donné par acte sous seing privé et même par simple lettre.

Il en est ainsi en matière ordinaire. Voy. *Lois de la procédure civile*, quest. 1456.

M. Dufour, 2ᵉ édit., t. 2, p. 380, n° 350, fait remarquer que ce pouvoir n'est utile à l'avocat que pour mettre sa responsabilité à couvert, et que jamais le conseil d'État n'a songé à exiger de l'avocat la justification d'un pouvoir spécial.

Le désistement peut aussi résulter de tout acte ou écrit émané de la partie elle-même. Voy. les ordonnances citées aux n°ˢ suivants, et la question 1456 des *Lois de la procédure civile*, dans laquelle je décide que le désistement peut avoir lieu autrement que par acte d'avoué à avoué.

**548.** — D'après la jurisprudence du conseil d'État, le désistement doit avoir pour résultat d'éteindre le procès, et il faut qu'il soit pur et simple. Il serait rejeté s'il était conditionnel ou s'il contenait des réserves, alors même que ces réserves ne seraient pas de nature à porter atteinte aux intérêts du défendeur, qui ne s'opposerait pas à leur admission. 30 oct. 1834, *Conway de Cotte*;

8 janv. 1836, *Duval c. comm. de Vitray;* Cormenin, t. 1, p. 68, note 1 ; Dufour, t. 1, p. 264, n° 324.

Dans l'espèce des ordonnances précitées, le demandeur avait pour adversaires, dans la première un ministre, et dans la seconde une commune. M. Chevalier, t. 2, p. 349 , soutient qu'il devrait en être autrement si le défendeur était un simple particulier, parce qu'alors celui-ci aurait capacité suffisante pour accepter le désistement, quelles que fussent les réserves qu'il contiendrait. Telle ne paraît pas, néanmoins, être la pensée du conseil d'État, qui rejette le désistement par le seul motif qu'il n'est pas pur et simple. Cette jurisprudence me paraît trop sévère dans tous les cas, et elle n'est même pas conforme à celle qui résulte des ordonnances citées au n° 558. — Voy. aussi *Lois de la procédure civile*, quest. 1460.

**549**. — Lorsque le désistement est pur et simple, le conseil d'État en donne acte, et il condamne, en même temps, la partie qui se désiste aux dépens déjà exposés. Voy. 1er nov. 1820, *Calissanus;* 4 sept. 1822, *Douet de la Boulaye;* 19 fév. 1823, *Teutch;* 10 fév. 1830, *Lafitte et Rothschild;* 17 janv. 1833, *hérit. de Gasté;* 21 juin 1833, *Vicart. c. comm. de Daours;* 16 fév. 1835, *comp. d'assurances contre l'incendie;* 20 avril 1835, *Suin;* 6 août 1840, *Berthoin;* 23 mars 1845, *dame Leroy;* 26 août 1848, *comm. de Rivière-Devant c. comm. de la Chaumasse et autres;* 22 fév. 1850, *Sicard-Duval.*—Cependant rien n'empêche les parties de convenir ensemble que les dépens seront compensés. 12 janv. 1853, *Allonneau c. veuve Giraud;* 4 mai 1854, *Dehaynin;* Voy. *infrà,* n°ˢ 558, 888, 2°.

Quelquefois, au lieu de donner acte du désistement, le conseil d'État déclare que, par suite de ce désistement, le pourvoi étant devenu sans objet, il n'y a lieu de statuer. Voy. 30 mars 1844, *Debosque;* 20 juin 1844, *sénateur Adam;* 31 janv. 1845, *veuve Billois;* 14 fév. 1845, *Duval;* 10 sept. 1845, *Veirane;* 8 avril 1847, *Lesparre c. de Cornulier;* 21 déc. 1847, *Poisson et consorts c. Ville de Paris;* 14 juin 1855, *Pine-Thinet et comp.;* même jour, *Paillet et autres.*

Cette formule de décision ne me paraît pas régulière. Voy. au n° 561 l'observation fort judicieuse de M. Chevalier.

**550**. — Une ordonnance du 12 juillet 1836, *prince de Wagram*, a décidé que si le désistement était pur et simple quant à certains chefs, et réservait d'autres chefs de conclusions, il y avait lieu de l'admettre pour les points auxquels il se rapportait et de statuer sur le surplus du pourvoi. Je n'approuve pas cette doctrine, si l'on veut en tirer la conséquence que le défendeur est obligé d'accepter un désistement partiel ou conditionnel.

**551.** — Lorsque des tiers ont été reçus parties intervenantes dans une instance, le désistement du demandeur principal ne peut leur être opposé s'ils demandent jugement. Ce principe a été reconnu par le conseil d'État, le 16 août 1833, *d'Annebault.* On peut opposer, il est vrai, une ordonnance rendue le 19 mai 1835, *de Richmont;* mais, dans l'espèce de cette dernière ordonnance, il est probable que les tiers avaient laissé donner acte du désistement sans opposition. On conçoit qu'alors, l'instance principale étant éteinte, il n'y a plus lieu de s'occuper des intervenants.

**552.** — Les ministres, qui ont qualité pour figurer dans une instance, peuvent se désister comme les simples particuliers. Voy. 2 déc. 1829, *min. de la marine c. Martelly-Chantard;* 20 juin 1844, *sénateur Adam;* 17 fév. 1848, *min. des finances, c. Garcives-Duverger.*

M. Dufour, t. 1, p. 247, n° 302, dit néanmoins :

« De sa nature, le pouvoir de représenter en justice ne va point jusqu'à l'aliénation du droit débattu. Le Gouvernement ne serait donc pas lié par un désistement émané du préfet. »

Voy. au n° 569, mes observations relatives à l'acquiescement.

**553.** — Les communes peuvent se désister en vertu de délibérations régulières de leurs conseils municipaux, et le conseil d'État donne acte de ces désistements, ainsi que des conventions consenties par leurs adversaires (1). 23 janvier 1837, *comm. de Lardier-Valença c. Bertrand-Saint-Denis;* 26 mai 1837, *comm. d'Istres c. Bérard;* 26 août 1848, *comm. de Rivière-devant et Grande-Rivière c. les comm. de la Chaumasse, Saint-Pierre,* etc.

**554.** — III. Le désistement du demandeur n'est valable qu'autant qu'il a été accepté par le défendeur. En cas de refus de ce dernier, la requête en désistement est rejetée, et l'instance suit son cours, surtout si l'affaire était déjà en état. 16 août 1833, *d'Annebault;* 29 août 1834, *hospices d'Apt.*

Cependant M. Dufour, 2ᵉ édit., t. 2, p. 380, n° 349, suppose que le conseil d'État peut apprécier les motifs du refus, et, en effet, dans une affaire dans laquelle le demandeur s'était désisté purement et simplement, le conseil d'État a donné acte de ce désistement, malgré le refus d'acceptation de l'autre partie ; il a con-

_____

(1) Une ordonnance du 30 mai 1844, *ville de la Guillotière,* au lieu de donner acte du désistement, déclare que le pourvoi étant devenu sans objet, il n'y a lieu de statuer. Voy. *suprà,* n° 549. — Voy. aussi, au titre *des Autorisations de plaider,* ce que je dis du désistement d'une commune devant les tribunaux ordinaires.

damné le défendeur aux dépens occasionnés par ce refus. Voy. 18 mai 1833, *ville de Haguenau c. Porcher de la Fontaine.*

J'approuve cette doctrine, qui est en tout point conforme à celle que j'ai développée dans les *Lois de la procédure civile,* quest. 1459 *bis.* Je ferai observer que, notamment dans l'affaire *d'Annebault,* le désistement devait être rejeté, parce qu'il aurait eu pour effet, ainsi que le constate le conseil d'État, de priver le défendeur du bénéfice d'ordonnances antérieures. Il est d'ailleurs certain que le défendeur a toujours le droit de se refuser à accepter un désistement qui ne serait pas pur et simple. 7 juillet 1853, *Balguerie et comp.*

**555.** — Il faut, d'ailleurs, que l'acceptation du désistement soit faite par une personne capable. Ainsi, il n'y a pas lieu de statuer sur un désistement offert par une commune, lorsque la délibération du conseil municipal qui l'autorise n'est pas régulière. 3 déc. 1828, *de Lantage c. comm. de Morains.*

J'ai examiné dans les *Lois de la procédure civile,* quest. 1452, quelles sont les parties qui ont capacité pour se désister.

**556.** — Le défendeur peut accepter le désistement sous la réserve de son appel incident, et alors le conseil d'État, tout en donnant acte du désistement, statue sur cet appel incident. 9 juin 1830, *de Castellane;* 12 mai 1853, *Saudino et Léo.*

Mais il faut pour cela que l'appel incident soit antérieur au désistement de l'appel principal, ainsi que je l'ai décidé, en citant une nombreuse jurisprudence, dans les *Lois de la procédure civile,* t. 2, p. 452, quest. 1453. Si le défendeur avait accepté le désistement sans faire des réserves relativement au pourvoi incident, le conseil d'État devrait donner acte du désistement. 26 juillet 1854, *ville de Nîmes c. Dombre.* — Voy. *infrà,* n° 665.

**557.** — Dès que le désistement a été valablement accepté, il forme un contrat qui lie les deux parties, et il ne peut plus être rétracté. 6 fév. 1839, *Desmarest;* Dufour, 2ᵉ édit., t. 2, p. 380, n° 349.

La partie qui s'est désistée d'un pourvoi contre une décision d'un tribunal administratif ne peut plus reproduire devant ce tribunal la demande déjà jugée par lui, ni demander au conseil d'État la jonction du pourvoi dont elle s'est désistée avec un second recours dirigé contre une nouvelle décision. 24 déc. 1831, *Sarraille c. Lestamy;* 17 janv. 1846, *comp. des Trois-Ponts c. l'État.*

**558.** — IV. Il arrive quelquefois que les parties abandonnent réciproquement une partie de leurs prétentions. Le demandeur se désiste de certains chefs de sa demande, et le défendeur acquiesce à certains autres. Il en résulte un arrangement qui porte le caractère d'une transaction, et rien n'empêche que le conseil d'État sanctionne cet arrangement. Voy. 27 décembre 1820, *de Castellane c. Collomb ;* 23 août 1826, *Mouren.*

En matière ordinaire, on ne qualifie même pas de désistement ces modifications des prétentions des parties. Voy. les *Lois de la procédure civile,* t. 3 , p. 457, quest. 1456.

**558** *bis.* — Par ordonnance du 19 février 1843, l'administration des postes a été autorisée à transiger sur toutes les affaires contentieuses qui concernent son service.

## CHAPITRE II.

### *Acquiescement.*

**559.** — I. L'acquiescement est l'adhésion du défendeur aux prétentions du demandeur. Il produit vis-à-vis du défendeur les mêmes effets que le désistement vis-à-vis du demandeur. Voy. Cormenin, t. 1, p. 68, note 1 ; Foucart, 4<sup>e</sup> édit., t. 3, p. 773, n° 2005 ; Chevalier, t. 2, p. 350.

J'ai longuement examiné dans les *Lois de la procédure civile,* t. 4, p. 18, quest. 1584, les cas dans lesquels les actes d'une partie produisaient un acquiescement. Les principes qu'on va lire, et qui ressortent de la jurisprudence du conseil d'État, s'harmonient avec ceux qu'a consacrés la jurisprudence des Cours impériales et de la Cour de cassation. Pour avoir l'ensemble de la matière, on peut consulter la question indiquée. Voy. aussi *suprà,* n° 286.

**560.** — L'acquiescement est formel ou tacite.

L'acquiescement *formel* est celui qui résulte expressément d'un acte, soit judiciaire, soit extrajudiciaire.

Cet acquiescement n'est soumis à aucune forme spéciale. Il peut être donné dans tout acte authentique ou sous seing privé, ou par une déclaration précise signifiée au demandeur par huissier. Chevalier, t. 2, p. 350 ; Foucart, *loc cit.*

Il peut même être constaté par une simple lettre écrite à un préfet ou à un ministre. 28 octobre 1831, *héritiers Corroyer.*

Une simple lettre d'un préfet ou d'un ministre suffit aussi pour constater un acquiescement donné au nom de l'administration. 23 janv. 1828, *Rémusat et Bar.* Voy. néanmoins ce qui est dit *infrà,* n° 569.

**561.** — Lorsque le défendeur acquiesce purement et simplement à la demande formée contre lui et renonce au bénéfice de la décision attaquée, le conseil d'État donne acte de l'acquiescement; l'ordonnance annule en même temps cette décision, et sanctionne les prétentions du demandeur. Voy. 29 août 1821, *Dumesnil c. Mandel*; 5 nov. 1823, *héritiers Montaigne*; 5 déc. 1834, *min. des finances*.

L'ordonnance du 28 oct. 1831, *hérit. Corroyer*, est autrement formulée. Voici ce qu'elle porte :

« Considérant que les héritiers Corroyer ont renoncé à défendre au pourvoi; qu'ils consentent à recevoir l'indemnité fixée par les ingénieurs des ponts et chaussées, et que dès lors notre ministre du commerce et des travaux publics est sans intérêt à faire prononcer sur la présente contestation; — Art. 1er. Il n'y a lieu de statuer sur le pourvoi. »

M. Chevalier, t. 2, p. 350, critique avec raison cette ordonnance. « La doctrine qui en résulterait, dit-il, tendrait à faire élever contre le demandeur une espèce de fin de non-recevoir par le motif que le défendeur acquiesce; ce qui ne peut pas être; il nous semble que, dans les règles de procédure ordinaire, que rien n'empêche de suivre, en pareil cas, il conviendrait que le conseil d'État donnât acte par ses arrêts au demandeur de l'acquiescement du défendeur, et condamnât celui-ci aux dépens; car il n'est pas juste de dire que l'acquiescement du défendeur rende le demandeur sans intérêt, puisque cet intérêt existe, ne fût-ce que pour les dépens. »

Voy. ce que j'ai dit, au n° 549, à l'occasion du désistement. Par deux décisions rendues en matière de contributions directes, matière qui cependant ne comporte pas une condamnation aux dépens, le conseil d'État est revenu aux véritables principes. En effet, par la première il déclare que l'arrêté attaqué sera considéré comme non avenu, 3 mai 1851, *Philipponat*; et par la seconde, il donne acte au ministre de la déclaration que l'auteur du pourvoi renonce au bénéfice de la décision attaquée, 28 déc. 1853, *Rovier*.

**562.** — Après que l'acquiescement d'une partie à une décision a été accepté par son adversaire, il n'est plus possible de remettre en question ce qui a été jugé par cette décision, qui ne peut plus être réformée. 5 fév. 1814, *Lefruglays*; 18 juill. 1821, *Vilbois c. Wagner*.

**563.** — L'acquiescement *tacite* résulte de tout fait ou de tout acte qui indique clairement l'intention de ne pas défendre à l'action intentée par le demandeur, ou de se soumettre aux condamnations déjà prononcées.

Il s'induit, par exemple :

1° De l'exécution volontaire et sans réserve de la décision par la partie condamnée. 13 juillet 1813, *Luneau c. hospice de Lou-*

20.

*déac ;* 25 fév. 1815, *hérit.* Brossard; 2 fév. 1821, *habitants de
Bischoffsheim c.* Teutsch*;* 15 déc. 1824, *Despouy c. le Domaine ;*
4 nov. 1835, *Petitclerc et Jacquot ;* 19 janv. 1850, *comm. de Vornay ;* 10 janv. 1856, *Lejeune.* Le 18 déc. 1856, *Jullien,* le conseil d'État a décidé qu'il y avait acquiescement dans le fait d'une
partie qui non-seulement avait commencé la démolition prononcée, mais avait reconnu que la décision était passée en force de
chose jugée en demandant au préfet d'être autorisée à conserver
une partie de ses constructions.

L'exécution volontaire emporte acquiescement, alors même
que la décision n'aurait pas été notifiée, 28 nov. 1821, *Pinondel ;*
ou que l'exécution n'aurait pas été complète. 11 déc. 1848, *Bordeaux et consorts.*

Mais l'exécution donnée à un arrêté préfectoral par l'une des
parties intéressées n'aurait pas pour effet de rendre les autres
parties irrecevables à demander l'annulation de cet arrêté. 24
juill. 1847, *Gibert et consorts c.* Roussel*;*

2° De la demande en paiement des sommes allouées, ou de la
réception de ces sommes sans réserves. 31 oct. 1821, *Rigolet c.
ville de Lyon ;* 29 mai 1822, *Fleuriau ;* 13 juill. 1825, *Lestamy ;*
7 mars 1834, *Vanlerbergh et Ouvrard ;* 16 nov. 1835, *v<sup>e</sup> Durand ;*
4 déc. 1835, *v<sup>e</sup> Jacquette ;* 2 juin 1837, *Hayet ;* 5 sept. 1840, *ville
de Paris ;* 15 mars 1849, *Rouvillois, hérit.* Bourdonnay, *Duclé-
sia.* Mais l'acquiescement qui aurait pu résulter de ce fait que
l'une des parties a reçu sans réserves le montant des sommes à
elle allouées se trouverait non avenu, par suite du pourvoi principal que formerait ultérieurement l'autre partie. 16 avril 1851,
*Brouillet.*

Deux ordonnances des 28 juill. 1820, *d'Hérisson c. ville de
Paris,* et 20 mai 1831, *Boiteux,* ont néanmoins décidé qu'il n'y
a pas acquiescement et que l'appel est recevable dans le cas où
le mandataire d'une partie donne quittance d'une somme allouée
par une décision qui n'a pas été notifiée officiellement. Il faut
supposer que le mandataire n'avait pas de pouvoirs suffisants
pour donner quittance, car autrement ces ordonnances me paraîtraient mal rendues;

3° De la signification de la décision sans protestation ni réserves.

C'est le principe qu'adoptent la doctrine et la jurisprudence,
en matière ordinaire. Voy. *Lois de la procédure civile,* t. 3,
p. 607, quest. 1564.

En matière administrative, le conseil d'État décide que la signification faite par une partie fait courir contre elle les délais
de l'appel. Voy. 16 juillet 1817, *Montagnon c. d'Udressier ;* 14

déc. 1836, *comm. de Millery c. Thibaudier* ; 15 juill. 1842, *préfet de la Seine c. de la Frenaye ;* 16 avril 1851, *département du Pas-de-Calais c. Cartier;* 1er fév. 1855, *Itam et Mennechet;* 8 fév. 1855, *Matte;* 31 mai 1855, *Bauds on ;* et autres.

Ces ordonnances, bien rendues au fond, puisqu'elles déclarent l'appel non recevable, sont néanmoins mal motivées, en ce sens qu'elles laissent supposer que si la partie s'était pourvue dans les trois mois à partir de la signification par elle faite, son recours aurait été recevable, ce que je ne puis admettre, car l'acquiescement qui résulte, selon moi, de la signification, rend tout recours inadmissible. V. conf. Foucart, 4e édit., t. 3, p. 758, n° 1986. Mais quand la signification est faite dans l'intérêt d'une personne morale, il faut, pour qu'elle emporte acquiescement de la part de cette dernière, que les corps délibérants à qui sont confiés ses intérêts aient connaissance préalable de la décision. Ainsi, la signification à un entrepreneur, à la requête du maire, d'un arrêté rendu entre cet entrepreneur et la commune, ne pourrait constituer un acquiescement de la part de la commune, si cette signification avait eu lieu sans que le conseil municipal ait eu connaissance de la décision. 30 mars 1854, *comm. du Plessis-Brion c. Godde et Bouchard ;* surtout si le maire a fait toutes réserves, 4 déc. 1856, *ville de Rouen.* Voy. *infrà*, n° 571.

4° De ce que la partie a laissé passer en force de chose jugée des jugements ou arrêts basés sur la décision qu'elle veut plus tard attaquer. 9 janv. 1809, *Brunot-Personne c. Rollin;* 28 avril 1813, *Patru c. fabrique de Lauvillec ;*

5° De ce qu'elle a fait l'acquisition des biens auparavant litigieux. 2 fév. 1820, *habitants de Bischoffsheim c. Teutsch ;*

6° De ce qu'elle a soumissionné les biens en contestation, et reçu les sommes par elle versées pour prix de sa soumission rejetée. 12 déc. 1818, de *Chezelles ;*

7° De ce qu'elle a pris à bail à ferme l'immeuble dont elle réclamait la propriété. 20 nov. 1815, *Lenfant;*

8° De ce qu'un entrepreneur ou fournisseur a signé et accepté un décompte, ou reçu un bordereau et remis ses bons partiels sans réclamation. 7 avril 1823, *Treillet c. actionnaires du Pont de Milhaud;* 12 janv. 1852, *Perrin,* et bien d'autres ordonnances et décrets;

9° De ce que cet entrepreneur ou fournisseur a pris pour base des comptes présentés par lui la décision qu'il attaque. 29 mai 1822, *Montessuy c. min. de la guerre ;*

10° De ce qu'un syndicat contre lequel il avait été décidé qu'un propriétaire ne contribuerait à des dépenses que dans la proportion de son intérêt, et qu'il serait fait une expertise pour

déterminer cet intérêt, avait écrit au préfet que pour se conformer aux prescriptions de l'arrêté du conseil de préfecture, il
nommait tel pour son expert. 7 avril 1859, *syndicat de la Ma-*
*gueline d'Ambès.* Voir une décision dans le même sens, dans une
espèce où il s'agissait de dommages-intérêts demandés à une
ville. 4 déc. 1856, *ville d'Alby.*

**564.** — Mais il n'y a pas acquiescement, et aucune fin de
non-recevoir ne peut être opposée :

1° Lorsqu'en recevant les sommes payées en vertu d'une décision, la partie a protesté dans la quittance contre toutes inductions d'acquiescement. 25 mai 1832, *Pontus, c. Aiguillon;*

2° Lorsqu'en payant des droits d'abonnement un débitant de
boissons fait signifier la réserve de se pourvoir contre l'arrêté
qui a fixé cet abonnement, quoique l'administration ait refusé
de consigner ces réserves dans la quittance. 23 avril 1840, *Mil-*
*lerand;*

3° Lorsque la décision n'a pas été signifiée, et qu'il y a eu
protestation et refus de payer en exécution de ladite décision.
22 juill. 1825, *de Chauvet.*

**565.** — Il n'y a pas non plus acquiescement dans le cas où la
partie condamnée a simplement subi l'exécution forcée de la
décision, si elle n'avait aucun moyen de l'empêcher.

Quelques ordonnances ont jugé, à la vérité, que l'acquiescement peut s'induire de ce que la partie a laissé exécuter la décision sans former aucune opposition, ni réclamation. Voy. 31
mai 1821, *Lindstron c. Potier;* 12 janv. 1825, *Lion;* 15 sept. 1831,
*Fourdinier.*

Mais ce principe, ainsi posé d'une manière générale, n'est pas
exact. Sans doute, si la partie laisse exécuter une décision qui
n'est pas exécutoire par provision ou qui, ne lui ayant pas été
notifiée, ne peut pas encore être exécutée par la voie forcée, il
y aura acquiescement de sa part, et les protestations ou réserves
qu'elle fera n'empêcheront pas que son adversaire ne soit en
droit de lui opposer plus tard la fin de non-recevoir. Mais si la
décision est en dernier ressort ou exécutoire par provision, et si
elle a été dûment notifiée, aucune fin de non-recevoir ne résulte
contre la partie d'une exécution qu'il n'était pas en son pouvoir
d'arrêter. Il n'est même pas nécessaire, pour éviter l'acquiescement, qu'il soit fait des protestations ou des réserves. On
pourrait dire, il est vrai, que, dans le cas où la décision n'est pas
en dernier ressort, la partie pouvait au moins relever appel.
Mais en matière administrative, l'appel n'est pas suspensif; il
n'arrêterait donc pas l'exécution; et, d'ailleurs, la loi ayant accordé à la partie un délai de trois mois pour lui donner le temps

d'examiner s'il y a lieu d'appeler, on ne peut la forcer à se décider avant l'échéance. Voy. *Lois de la procédure civile*, t. 4, p. 20 et 21.

Du reste, le conseil d'État lui-même a, quelquefois, admis ces principes. Il a déclaré notamment qu'il n'y a pas acquiescement lorsqu'on n'allègue d'autre fait d'exécution d'une décision par défaut que le simple paiement des frais en vertu d'une ordonnance exécutoire nonobstant toute opposition, 14 nov. 1821, *comm. des Essarts c. Jullien*; il a encore jugé que le seul fait d'avoir acquitté sans réserve le montant des condamnations prononcées par un arrêté du conseil de préfecture, ne pouvait être considéré comme un acte d'exécution volontaire de nature à rendre non recevable le pourvoi qui serait ultérieurement formé contre ledit arrêté. 14 déc. 1853, *Simonet*.

**566.** — II. L'acquiescement exprès ou tacite attribue le caractère de la chose jugée à la décision acquiescée.

La partie qui acquiesce expressément ou tacitement à une décision se rend, par conséquent, non recevable à l'attaquer, soit par la voie de l'appel si elle est contradictoire, soit par la voie de l'opposition si elle est par défaut. 5 fév. 1814, *Lefruglays c. régie des domaines*; 12 août 1818, *Siau*; 1er sept. 1819, *Cormier c. le Domaine*; 4 juill. 1827, *Delaval c. Legoubin*; 10 juin 1829, *de Moriolles*; et les ordonnances qui viennent d'être citées.

**567.** — Il suffit qu'il y ait eu exécution partielle pour que la décision ne puisse plus être attaquée. 16 avril 1823, *Luga c. comm. de Mens*; 11 déc. 1848, *Bordeaux et consorts*.

Toutefois, si la décision contient plusieurs chefs, l'exécution ou l'acquiescement produit la chose jugée à l'égard seulement des dispositions exécutées ou acquiescées, mais non pas à l'égard des autres chefs. 17 avril 1812, *comm. de Caudeval c. Rouvairolis*; 30 nov. 1832, *Lespinasse*.

La jurisprudence consacre le même principe en matière ordinaire. Voy. *Lois de la procédure civile*, t. 3, p. 24, quest. 1584.

De même l'action portée avec réserves devant un tribunal, pour parvenir à l'exécution d'une partie du dispositif d'une décision, ne peut être considérée comme un acquiescement à l'ensemble de ce dispositif. 15 août 1821, *hérit. Ruez c. Hachin*.

**568.** — La fin de non-recevoir fondée sur l'acquiescement est opposable aux ministres, au domaine, aux administrations générales, aux départements, aux communes et autres personnes morales. Cet acquiescement s'induit des mêmes circonstances que vis-à-vis des simples particuliers. Voy. 23 déc. 1815, *comm. de Langy c. comm. de Thianges*; 14 janv. 1818, *comm. de Chaux-*

*les-Passavant c. Derosne ;* 7 mars 1821, *min. des finances c. La-*
*roque ;* 3 juill. 1822, *maire de Marseille ;* 31 mars 1824, *admin.*
*des contrib. indirectes ;* 19 janv. 1825, *comm. de Maubourguet*
*c. Lapalu ;* 23 janv. 1828, *Remusat et Bar ;* 12 janv. 1835, *comm.*
*de Cavaillon et du Cheval-Blanc ;* 5 sept. 1842, *Mulot ;* 18 nov.
1842, *Rohan de Montbazon ;* 12 avril 1843, *comm. de la Villette.*

**569.** — L'acquiescement ne peut être opposé à l'État qu'autant qu'il émane du ministre lui-même. Cass., 20 déc. 1854,
*préfet d'Alger c. Ladrin.* Il suffirait cependant que l'acte duquel
s'induit cet acquiescement émanât d'un agent inférieur, tel
qu'un préfet, pourvu qu'il eût été autorisé par le ministre. Voy.
26 déc. 1840, *Cru, Audebert,* etc.; Dufour, 1<sup>re</sup> édit., t. 1, p. 247,
n° 302.

L'acquiescement d'un ministre à une décision pourrait aussi
résulter de la signification de cette décision faite, même sans
l'ordre du ministre, par le préfet qui représentait l'État devant
le juge du premier degré. 21 avril 1830, *min. de l'intérieur ;*
26 déc. 1839, *min. des travaux publics c. Clisson ;* Serrigny,
t. 1, p. 316, n° 312.

Le contraire a néanmoins été jugé par le conseil d'État le
24 oct. 1832, *Fraix.* Mais, dès que le préfet a qualité pour représenter l'État en première instance, les actes de procédure
faits en son nom doivent avoir le même effet que s'ils émanaient
du ministre lui-même. S'il en est autrement pour l'acquiescement formel, c'est que cet acquiescement n'est pas un acte de
procédure ordinaire, tandis que tel est le caractère d'une simple
signification.

Peut-être pourrait-on aller jusqu'à soutenir qu'en matière immobilière les ministres ne peuvent ni se désister, ni acquiescer,
ni transiger, et qu'une loi seule peut autoriser de semblables
actes. Ce serait rigoureusement logique. Je dois reconnaître,
néanmoins, qu'il est de jurisprudence constante que les ministres devant administrer les affaires de l'État en bons pères de
famille, comme le dit M. de Cormenin, t. 1<sup>er</sup>, p. 254, ils peuvent,
sans l'intervention du pouvoir législatif, abandonner en tout ou
en partie une mauvaise contestation. Les ministres consentent
journellement à des remises, des modérations, etc. D'ailleurs,
on doit être frappé de cette considération que rien n'empêche
les ministres de ne pas défendre à une action, et de laisser ainsi
s'éteindre les droits de l'État d'une manière tout aussi péremptoire.

**570.** — Une administration générale n'est pas présumée avoir
acquiescé à un arrêté, par cela seul que le préfet a transmis cet
arrêté à l'agent chargé de l'exécuter, en l'invitant à procéder à

cette exécution, et que cet agent l'a transmis à son tour à l'administration générale. 6 déc. 1820, *min. de l'intérieur c. Herbet.* Quand l'État a été condamné à certaines indemnités, le projet de liquidation dressé par le directeur des contributions indirectes sur l'invitation du préfet, ne constitue pas de la part de l'administration un acte d'exécution ou d'acquiescement qui la rende non recevable à se pourvoir. 15 mai 1858, *compagnie des bateaux à manége de Cubzac c. min. des travaux publics.*

**571.** — Pareillement, l'exécution d'une décision de la part d'un maire sans l'aveu du conseil municipal ne produit pas la chose jugée contre la commune, surtout si cette exécution a eu lieu en vertu d'ordres de l'autorité supérieure, et avec protestation de la part du maire. 28 mars 1821, *ville de Rochefort c. Latouche-Tréville ;* 31 mars 1825, *comm. de Prez-sous-la-Fauche c. Quillard ;* Bordeaux, 30 août 1853, *comm. de Saint-Julien.* Il y a controverse sur la question de savoir si une commune a besoin d'autorisation pour acquiescer à un jugement ; affirmative, Dijon, 17 nov. 1847, *comm. de Lux c. Joly ;* négative, Aix, 12 juill. 1849, *comm. de Bonconville c. comm. d'Autry et Lançon.* Voy. *suprà,* n° 563.

Il a été aussi jugé que, si une décision rendue contre une commune ne lui a pas été notifiée en la personne du maire, la présence de celui-ci à une opération de bornage ne constitue pas un acquiescement. 28 déc. 1825, *comm. de Lahayeville c. comm. de Richecourt.*

Mais la chose jugée résulterait de la déclaration faite par le maire au conseil municipal de sa commune qu'il a acquiescé à un arrêté, et du vote du conseil municipal qui allouerait un crédit pour l'exécution dudit arrêté. 12 fév. 1841, *ville de Paris c. Lebobe.*

**572.** — C'est à la partie qui oppose la fin de non-recevoir résultant de l'exécution ou de l'acquiescement à la justifier. Faute par elle de faire cette justification, la fin de non-recevoir doit être rejetée. 6 sept. 1826, *Coquet c. comm. de Saint-Waast ;* 8 mars 1827, *Plichon c. comm. d'Essey ;* 11 juin 1828, *ville de Dijon c. l'Université ;* 8 janv. 1831, *ville de Valence c. l'Université ;* 9 mars 1832, *Dumas c. comm. de Vogué.*

# TITRE XX.

## APPEL.

### SOMMAIRE.

## CHAPITRE PREMIER.

### Appel principal.

SECTION I<sup>re</sup>. — *Formes de l'appel et qualités des parties.*

**573.** — I. L'appel au conseil d'État est généralement désigné dans la pratique sous le nom de *pourvoi*, et ce nom est commun à tous les recours formés devant le conseil d'État.

L'appel est introduit en la forme que j'ai déjà indiquée au titre III, du *Mode d'introduction des instances*, n°s 137 et suivants (1).

---

(1) Indiquer ici les décisions et la doctrine en ce qui concerne la forme du recours devant le conseil d'État, c'eût été répéter les règles déjà déduites au titre III; voilà pourquoi je me suis borné à faire un renvoi. — J'ajouterai seulement que quand un recours doit être envoyé par l'intermédiaire du préfet (*suprà*, n° 139), le préfet n'est pas juge de la régularité; il doit transmettre immédiatement les pièces qui lui sont remises, ainsi que l'a décidé M. le ministre de l'intérieur. (*Bull. off. du min. de l'int.*, 1859, p. 239, et *Journal du droit admin.*, 1860, p. 94, art. 279, n° 417.)

**574.** II (1). Celui contre lequel une décision a été rendue est recevable à l'attaquer par la voie de l'appel, quels que soient d'ailleurs ses titres et sa qualité. 16 nov. 1825, *Hébert.*

Toutefois, l'ordonnance à intervenir ne préjuge rien sur les droits des parties qui ne seraient pas représentées par l'appelant, ou qui ne le seraient pas valablement. Même ordonnance.

**575.** — L'appel n'est pas recevable de la part de ceux qui ne figuraient pas en nom dans la décision attaquée, sauf à eux à se pourvoir, s'ils le jugent convenable, par la voie de la tierce opposition. 26 août 1818, *Cherpin;* 26 mars 1823, *Prévost;* 10 août 1825, *Prévost de Saint-Cyr;* 25 mars 1830, *Gaujour c. Audebal;* 31 août 1830, *Lottin;* 14 juill. 1838, *Vignon et Lanfrey-Delisle;* 15 mars 1849, *Rouvillois, hérit. Bourdonnay-Duclesia;* 6 mai 1853, *Marot ç. Lebeaux;* 11 mai 1854, *Leguillet et Cottenest;* 1er juin 1854, *Berard.*

Ainsi, un pourvoi formé par un contribuable au nom d'un autre contribuable, sans justification d'aucun pouvoir à lui donné par ce dernier, n'est pas admissible. 22 fév. 1849; *Toustain-Girard;* 9 juin 1849; *Lombard et Crassous;* et autres.

Ainsi encore, un propriétaire est sans qualité pour se pourvoir au nom de son fermier contre un arrêté du conseil de préfecture qui a refusé d'accorder à celui-ci décharge de la contribution des prestations. 29 juill. 1852, *de Fréminville.* Voy. *infrà* le titre de la *Procédure en matière de contributions directes.*

Voyez aussi les ordonnances citées au n° 120.

Néanmoins les créanciers peuvent interjeter appel des décisions rendues contre leurs débiteurs. Voy. *Lois de la procédure civile,* t. 3, p. 647, quest. 1581 *bis.*

L'ayant droit a aussi qualité pour attaquer la décision rendue avec son cédant. 15 mai 1855, *Loisset c. hospices de Bordeaux.* —Voy. le n° 798.

Mais si la décision avait prononcé une condamnation personnelle contre le cédant, le pourvoi du cessionnaire ne serait pas admis. Il a été jugé, par exemple, qu'un particulier n'est pas recevable à se pourvoir au conseil d'État contre un arrêté qui a condamné personnellement à l'amende, pour contravention de grande voirie, un autre particulier dont il n'est que le cessionnaire. 13 mai 1836, *Pierre;* 8 juin 1847, *Parmentier et Gouse.*

**576.** — L'appel interjeté dans l'intérêt d'une commune ou d'une section de commune ne peut être introduit devant le con-

_____
(1) Même observation qu'à la note précédente. — Voy *suprà,* n° 120.

seil d'Etat que par ceux qui ont qualité pour représenter ces personnes morales en justice. Voy. *suprà*, n°ˢ 76 et suiv.

L'appel ne serait donc pas recevable s'il était relevé par le préfet, par le ministre ou par le directeur ¦de l'administration communale. 8 sept. 1819, *comm. de Gonès c. Meyville ;* 16 juin 1824, *préfet du Haut-Rhin.*

Enfin, en dehors des cas prévus et des formalités prescrites par l'art. 49 de la loi du 18 juill. 1837, quelques habitants d'une commune ne seraient pas recevables à se pourvoir contre un arrêté du conseil de préfecture intervenu entre cette commune et d'autres habitants, bien que cet arrêté leur ait été signifié. 13 juill. 1850, *Yot, Brosselette et consorts.*

**577.** — Lorsqu'une décision a été rendue contre une collection d'habitants, agissant dans leur intérêt privé, le maire, qui n'y a pas été partie ou qui n'y a figuré que comme simple habitant, ne peut se pourvoir au conseil d'État au nom de la commune. 13 mars 1822, *Fourton c. Delaboureys ;* 5 nov. 1823, *maire de Longevelle c. Chavassieux ;* 23 juin 1824, *Lachallerie c. Vétault ;* 25 août 1849, *Trémolet.* — Voy. n° 89.

**577 bis.** — Le mémoire en défense présenté, devant le conseil d'État, au nom d'une commune, doit être considéré comme non avenu, s'il n'est produit aucune délibération du conseil municipal, autorisant le maire à défendre. 24 janv. 1856, *comm. de Vornay.* — Voy. *suprà.*

**578.** — Chaque ministre a qualité, dans la sphère de ses attributions, pour déférer au conseil d'État, par la voie de l'appel, les décisions administratives rendues contre l'État, 20 juill. 1850, *Moriaud ;* 6 janv. 1853, *Lemaire.* — Voy. *suprà* n°ˢ 57 et 82 *bis.*

Lorsque l'État n'a pas figuré dans la décision attaquée, le pourvoi du ministre n'est pas recevable. 16 mars 1842, *comm. de Vendresse ;* 25 fév. 1843, *min. des travaux publics c. comm. de Véretz ;* 9 mai 1845, *Mendiondo.*

Néanmoins, alors même que l'État est étranger à la contestation, les ministres peuvent toujours déférer au conseil d'État les décisions administratives pour cause d'incompétence et d'excès de pouvoir, ou pour violation de la loi. Mais ils procèdent alors par voie de recours en cassation et non point par voie d'appel. 15 sept. 1848, *Cuvelier.* — Voy. *infrà,* n° 830.

**579.** — Toutes parties qui ont un intérêt identique peuvent former un pourvoi collectif contre la décision qui leur fait grief.

Mais lorsque le juge de premier degré a statué par des décisions séparées sur les réclamations concernant plusieurs parties ayant des intérêts distincts, le recours au conseil d'État, formé par elles collectivement, n'est pas recevable. 22 janv. 1824, *Favre c. Filleau.*

De même, le pourvoi collectif de plusieurs parties contre une même décision doit être rejeté lorsque ce pourvoi a pour objet, non un intérêt collectif, mais des intérêts individuels. 4 juin 1823, *comp. de Cheppe c. Etienne.*

Enfin, lorsque plusieurs parties attaquent dans une même requête des décisions qui leur sont communes, l'une de ces parties ne peut déférer en même temps au conseil d'État une autre décision qui ne concerne qu'elle seule. Elle doit, à l'égard de cette décision, se pourvoir par requête individuelle. 29 déc. 1848, *veuve Hervé c. Jousse.*

M. Serrigny, t. 1, p. 296, n° 283, indique les motifs qui doivent, dans toutes les espèces semblables, faire rejeter le recours collectif. « S'il en était autrement, dit-il, il serait facile d'éluder les droits d'enregistrement. D'ailleurs, il n'appartient qu'au conseil d'État de prononcer la jonction s'il y a lieu. Si les parties pouvaient confondre et mêler plusieurs instances, elles introduiraient la confusion dans la procédure. »

**580.** — Le pourvoi collectif, étant nul, ne devrait produire aucun effet. Cependant le conseil d'État, écartant la rigueur des principes, lui attribue celui de conserver les délais et d'empêcher la déchéance qui pourrait être opposée aux recours individuels formés postérieurement après l'expiration des délais. « Dans l'usage, dit M. Dufour, 2ᵉ édit., t. 2, p. 319, n° 290, le rapporteur, après avoir pris l'avis de la section du contentieux, prévient officieusement l'avocat de la nécessité de requêtes individuelles, et ce n'est qu'à défaut de régularisation de la procédure que l'instruction se poursuit et que le cours est rejeté comme non recevable à l'égard de *toutes* les parties comprises dans la requête.

Le conseil d'État a même jugé, le 21 juill. 1858, *Charbonnel*, que si un pourvoi a été formé irrégulièrement par cette énonciation, au nom d'un tel et consorts, le mémoire ampliatif qui contient les noms et demeures des parties complète utilement l'instruction.

**580 bis.** Le 10 mars 1850, *comp. des chemins de fer du Midi c. Samadel*, le conseil d'État a décidé que si un pourvoi était irrégulier pour avoir été formé en une seule requête contre plusieurs défendeurs représentant des intérêts distincts, qui avaient été réglés séparément par l'arrêté attaqué, cette fin de non-recevoir n'était pas recevable, faute d'intérêt de la part des défendeurs, parce que le conseil de préfecture avait prononcé par un seul arrêté sur les réclamations de tous les défendeurs ; que, sur le pourvoi, le président de la section du contentieux avait rendu une seule ordonnance de *soit communiqué* et que le mémoire signifié au défendeur, avec cette ordonnance, contenait l'exposé des moyens présentés contre chacun d'eux.

On peut consulter les observations dont j'ai accompagné, dans le *Journal des Avoués*, t. 73, p. 298, art. 462, un arrêt de la Cour de Bordeaux du 10 juill. 1847 sur l'appel de plusieurs jugements relevés par un seul exploit contre différentes parties.

**581.** — Le pourvoi ne peut être formé au nom d'une partie décédée au moment de la production de la requête. 1<sup>er</sup> août 1834, *Mazet c. Latreille.*

**582.** — L'appel doit être dirigé contre la partie avec laquelle a été rendue la décision attaquée.

Si celui qui a été intimé sur l'appel n'avait pas figuré dans la contestation jugée en première instance, le pourvoi serait rejeté, et l'appelant serait passible des dépens vis-à-vis de cet intimé. 20 nov. 1822, *Fourton c. Delaboureys* ; 19 déc. 1838, *min. des travaux publics c. Davezac* ; 8 juill. 1840, *min. des travaux publics c. Lasserre.*

**582 bis.** — Une réclamation qui, présentée devant le conseil de préfecture par un mandataire, a été rejetée, faute de justification du mandat, peut être admise sur l'appel, si l'existence du mandat est établie devant le conseil d'État. 9 juill. 1856, *Miller.* — Cette décision est bien indulgente.

**583.** — Lorsque la décision attaquée a été signifiée au nom de la partie et au nom d'un tiers qui n'avait point figuré dans l'instance, la signification faite par ce dernier étant sans objet, l'appel peut être régulièrement formé contre la partie seule, et s'il a été formé contre le tiers après les délais, la déchéance encourue à son égard ne préjudicie point au pourvoi dirigé contre la partie en temps utile. 3 déc. 1825, *comm. d'Ebersheim c. Humann.*

SECTION II. — *Quelles décisions peuvent être attaquées par la voie de l'appel.*

**584.** — I. On ne peut se pourvoir par appel devant le conseil d'État que contre les décisions contradictoires, définitives ou interlocutoires préjugeant le fond. Chevalier, v° *Procédure administrative*, t. 2, p. 338 ; Foucart, 4° édit., t. 3, p. 754, n° 1982 ; Serrigny, t. 1, p. 313, n° 309.

**585.** — On n'est pas recevable à relever appel des décisions prises par défaut, avant d'avoir épuisé la voie de l'opposition (1). Cormenin, 1<sup>re</sup> édit., t. 1<sup>er</sup>, p. 242 ; Foucart, *loc. cit.*

_____

(1) M. de Cormenin, 1<sup>re</sup> édit., t. 1, p. 248, enseigne, avec raison, que

C'est ce que le conseil d'État a décidé bien souvent, en appliquant ainsi par analogie les dispositions de l'art. 443 du Code de procédure civile. Voy. notamment :

1° A l'égard des décisions ministérielles, 26 fév. 1823, *Mouton c. le Domaine* ; 4 août 1824, *Boyer c. Chambaud* ; 7 fév. 1834, *héritiers de Barral c. comm. de Saint-Étienne* ;

2° A l'égard des arrêtés des conseils de préfecture, 25 mars 1813, *Lemaire c. héritiers Fleury* ; 25 fév. 1818, *Cuel* ; 3 juin 1820, *fabrique de Rouvray* ; 16 août 1820, *héritiers Beaudet c. Collard* ; 29 août 1821, *Chambaut c. Frémilly* ; 24 mars 1824, *Bancel c. comm. de Saint-Chamond* ; 15 juin 1825, *Guyot* ; 22 juin 1825, *hérit. Cormerais c. Delabarre* ; 9 janv. 1828, *Lavocat* ; 31 août 1830, *Varenne* ; 8 fév. 1833, *v⁰ Lebœuf de Brasseuse* ; 28 janv. 1835, *Favre* ; 7 fév. 1845, *min. des finances c. comm. de Baudéan* ; 8 mars 1847, *comm. de Romilly et de Pitres c. Bizet et Delisle* ; 3 janv. 1848, *Ray, Parrot, Legage et Hudron* ; 27 janv. 1848, *comm. de Vinon c. Truc* ; 10 mars 1848, *comm. de Neuville-sur-Touque c. de Tricqueville* ; 1ᵉʳ août 1848, *association des vidanges d'Arles* ; 1ᵉʳ juin 1849, *Bordes c. comm. de Saint-Caprais* ; 1ᵉʳ juin 1849, *Vaunoy et consorts* ; 1ᵉʳ déc. 1849, *chemin de fer du Nord* ; 2 avril 1852, *syndicat de la digue de Chavanay et de Saint-Pierre de Bœuf* ; 12 janv. 1853, *de Mogria* ; 24 mars 1853, *Roussille* ; 14 avril 1853, *Pelet* ; 12 mai 1853, *Borgue et consorts* ; 1ᵉʳ déc. 1853, *Vatel*.

Mais l'appel devient recevable lorsque la voie de l'opposition a cessé d'être ouverte. 16 janv. 1822, *Deverre c. ville de Paris*.

**586.** — Lorsqu'un conseil de préfecture, ou tout autre tribunal administratif, refuse d'admettre l'opposition à une décision par défaut, c'est la seconde décision qu'il faut attaquer par la voie de l'appel, et non la première. 24 mars 1819, *Bligny-Parisis c. comm. de Boursonne*.

J'ai développé la même doctrine dans les *Lois de la procédure civile*, t. 4, p. 129, quest. 1645.

**587.** — Il résulterait d'une ordonnance du 1ᵉʳ août 1834, *Mazet c. Latreille*, que, lorsqu'il s'agit de statuer sur la compétence, le conseil d'État peut admettre l'appel contre une décision par défaut et prononcer sur la question de compétence, quoique la

---

l'appel formé contre un arrêté par défaut plus de trois mois après la signification de cet arrêté doit être rejeté comme *intempestif*, et non point comme *tardif*, parce qu'en effet, le déclarer non recevable comme formé après les délais, ce serait laisser supposer qu'il eût pu être reçu s'il avait été formé dans les trois mois.

voie de l'opposition n'ait pas été épuisée et qu'elle soit encore praticable.

Cette décision ne me paraît pas conforme aux vrais principes. Qu'importe, en effet, que la décision soit attaquée pour cause d'incompétence ou pour tout autre motif? Si l'on exige que la voie de l'opposition soit préalablement suivie dans un cas, pourquoi serait-on dispensé d'y avoir recours dans l'autre? Je pense donc, avec M. de Cormenin, t. 1, p. 132, que l'appel est intempestivement dirigé à l'égard des décisions prises, même incompétemment, sans que le requérant ait été entendu, et auxquelles il peut former opposition.

La même règle est suivie en matière civile. Voy. *Lois de la procédure civile*, t. 4, p. 124, quest. 1639.

**588.** — Il ne suffit pas qu'une décision ait été rendue contradictoirement pour qu'elle puisse être frappée d'appel. Il faut encore qu'elle soit définitive, ou tout au moins, si elle est simplement interlocutoire, qu'elle préjuge le fond.

Les décisions préparatoires et les décisions interlocutoires qui ne préjugent pas le fond ne peuvent être déférées au conseil d'État avant la décision définitive. Code de procédure civile, art. 451.

**589.** — Ainsi, on ne peut attaquer par la voie de l'appel tant que la décision définitive n'a pas été rendue :

1° Les décisions qui ordonnent des enquêtes, des expertises ou des vérifications, sans rien préjuger sur le fond de la contestation. 12 fév. 1814, *comm. d'Aurillac*; 18 juill. 1821, *Bourdon*; 28 nov. 1821, *Pinondel*; 19 juill. 1833, *Charageat*; 23 mai 1834, *comm. de Villandry c. Latour-d'Auvergne*; 12 janv. 1850, *hospice de Montdidier*; 16 nov. 1850, *Bourdon de Rouvre*; 1<sup>er</sup> et 7 déc. 1850, *Soullié*; 30 avril 1852, *Lamoulère*; 26 nov. 1852, *Descoutures*; 27 janv. 1853, *Wenger et Grander*; 30 mars 1853, *minist. des trav. publ. c. Lamoulère*; 18 mai 1854, *comm. de Sennecé c. Renard et Morel*; 8 fév. 1855, *Roussille c. Huard*; 8 fév. 1855, *fabrique de Saint-Thomas d'Aquin c. Pector*; 8 août 1856, *minist. de la guerre*; 17 déc. 1857, *comp. du chemin de fer de Saint-Rambert*; 18 fév. 1858, *Derochambeau*;

J'ai expliqué longuement dans les *Lois de la procédure civile*, t. 4, p. 60 et suiv., quest. 1416, comment on pouvait discerner le véritable caractère des décisions interlocutoires dont l'appel devait être autorisé.

2° L'arrêté par lequel un conseil de préfecture a demandé la production des pièces et renseignements dont il avait besoin pour éclairer sa justice, 2 fév. 1825, *Perdry*; 27 août 1857, *Révellier*;

3° La décision d'un conseil de préfecture qui sursoit à statuer jusqu'à décision du conseil d'État sur une instance connexe à celle dont il est saisi.

Mais ces sortes de décisions peuvent être attaquées en même temps que la décision définitive. 14 mai 1828, *d'Advisard.*

C'est l'application, par analogie, de l'art. 451 du Code de procédure civile.

**590.** — Quant aux décisions interlocutoires qui préjugent le fond, elles peuvent être l'objet d'un appel, même avant qu'il soit intervenu aucune décision définitive. C'est encore l'application du même article.

La jurisprudence du conseil d'État offre plusieurs exemples de semblables appels qui ont été reçus sans difficulté. Voy. 6 mars 1816, *Pillaut-Souvent c. Grasleuil*; 9 avril 1817, *Baudot c. d'Estrée;* et autres.

**591.** — II. L'appel doit être dirigé contre les décisions qui ont statué sur le litige. Les arrêtés qui se bornent à confirmer une décision précédente ou à régler son exécution pourraient, à la vérité, être l'objet d'un appel; mais si la première décision avait acquis l'autorité de la chose jugée et était devenue inattaquable, le conseil d'État rejetterait l'appel formé contre les décisions ultérieures. Voy. 5 sept. 1821, *Lasne c. hérit. Petit*; 4 juin 1823, *Desportes*; 10 août 1825, *Giraud;* 9 juin 1830, *Fortin;* 18 fév. 1836, *comm. de Portmort c. de Grasville;* 9 janv. 1849, *Brasseus*; 7 mars 1849, *hérit. Devay et consorts*; 17 nov. 1849, *Jacquin;* 23 nov. 1849, *Delmas et Bui;* 5 janv. 1854, *Couret;* 26 janv. 1854, *Trochu*; 16 fév. 1854, *Méjanel;* 9 mars 1854, *de Belot;* 10 mars 1854, *de Lardemelle;* 2 août 1854, *Duran;* 5 fév. 1857, *Bouture;* 10 déc. 1857, *Martin et Ballède;* 4 fév. 1858, *Frêche;* 17 mars 1859, *Liausu ;* et les ordonnances citées plus bas, n° 615.

Lorsque l'appel a été formé en temps utile à l'égard de la décision principale, il n'est pas nécessaire de former un appel spécial contre les décisions confirmatives qui auraient été rendues ultérieurement. Celui dirigé contre la première décision suffit pour autoriser le conseil d'État à prononcer, par voie de conséquence, sur le mérite de ces dernières, qui doivent suivre le sort de la décision principale. 23 fév. 1844, *Bayard de la Vingtrie c. Paix-Bris.*

Mais lorsque, dans un pourvoi contre une décision ministérielle, le requérant conclut à l'annulation en tant que de besoin de toutes décisions d'un autre ministre qui auraient pu intervenir dans la même affaire, le pourvoi ne saurait atteindre les décisions du second ministre qui ne seraient pas produites à l'appui de la requête, à moins que ce second ministre ne consente à

Code. — 2ᵉ édit.　　　21

défendre au pourvoi sur la communication qui lui est donnée de
l'affaire. 13 janv. 1853, *Teschouère et consorts, syndic Courau
et Arman.*

**592.** — La partie qui s'est désistée d'un appel par elle formé
contre une décision ne peut plus se pourvoir, après qu'il a été
donné acte du désistement, contre une nouvelle décision qui ne
fait que se référer à la première. 3 mai 1844, *Jovins-Deshayes.*

On ne peut pas non plus se rendre appelant d'une décision rendue en exécution d'une décision précédente contre laquelle avait
été dirigé un premier appel rejeté par le conseil d'État. 15 mars
1837, *Combes.*

En relevant appel d'une décision, la partie ne peut demander
au conseil d'État de statuer sur une réclamation qui diffère essentiellement de celle jugée par le tribunal du premier degré, et
qui avait déjà été rejetée par une décision antérieure contre laquelle il n'y a pas eu de recours formé. 14 mars 1845, *Palanquet.*

**593.** — Une décision ministérielle conforme à une ordonnance non attaquée, ou qui a été prise simplement en exécution
de cette ordonnance, n'est pas susceptible de recours par la voie
de l'appel. 6 fév. 1822, *Fagedet c. min. des finances;* 27 fév. 1822,
*créanciers Rouffio ;* 7 mai 1828, *Combes c. comm. de Connaux ;*
25 nov. 1843, *Vanlerberghe ;* 4 déc. 1856, *Vassal.*

Plusieurs ordonnances décident qu'on ne peut se pourvoir en
conseil d'État contre des arrêtés préfectoraux rendus en exécution d'une décision ministérielle non attaquée. Voy. 17 août
1825, *Monnier ;* 10 fév. 1830, *Tibault c. Esnault ;* 22 oct. 1830,
*Couplet.*

Dans ces espèces, le pourvoi n'était pas recevable par un double motif : d'abord, comme le dit le conseil d'État, parce que c'est
la décision ministérielle elle-même qui aurait dû être attaquée,
et non pas l'arrêté qui ne faisait qu'en assurer l'exécution ; et,
en second lieu, parce que, hors les cas peu nombreux où les
préfets exercent la juridiction contentieuse, leurs arrêtés ne peuvent être l'objet d'un recours direct au conseil d'État, ces arrêtés
n'étant que de simples actes d'instruction destinés à préparer la
décision du ministre. Voy. mes *Principes de compétence,* nᵒˢ 1135
et suiv.

**594.** — Le pourvoi dirigé contre un arrêté du préfet qui ordonne l'exécution d'un arrêté du conseil de préfecture doit être
considéré comme effectué contre ce dernier arrêté. C'est ce que
le conseil d'État a jugé par quatre ordonnances du même jour.
23 juill. 1823, *Régie des contributions indirectes.*

SECTION III. — *Délais de l'appel.*

§ Iᵉʳ. — Dans quels délais l'appel doit être formé et sous quelle peine.

**595.** — I. L'art. 11 du règlement du 22 juill. 1806 porte :
« Le recours au conseil d'Etat contre la décision d'une autorité qui y ressortit ne sera pas recevable après trois mois du jour où cette décision aura été notifiée. »
L'appel tardif est donc frappé de déchéance.

**595** *bis.* — Pour les conditions que doit remplir une signification afin de faire courir les délais de l'appel, il faut se reporter *supra*, p. 96, au titre IV des *Significations en matière administrative.*

J'ai longuement examiné la grande question de la *connaissance acquise* substituée par la jurisprudence à la notification exigée par l'article du règlement (1).

**595** *ter.* — Il est de jurisprudence constante que la notification faite au nom de l'État ou d'une commune fait courir contre la partie qui notifie le délai de trois mois pour se pourvoir devant le conseil d'État. 20 juill. 1854, *min. des travaux publics c. Dagieu;* 24 janv. 1856, *Vernaudon;* 13 janv. 1858, *ville de Rouen.* Toutefois le conseil d'État a décidé, le 26 déc. 1856, *Bertin et Morel,* que la notification faite par une commune à quelques-uns des habitants compris dans une décision de commission syndicale ne fait pas courir les délais contre la ville à l'égard de ceux auxquels il n'a été fait aucune notification.

**595** *quater.* — En appliquant les termes de l'art 25, § 3, de la loi du 30 mai 1851 (2), le conseil d'État a jugé, le 27 mai 1857, *Fusiès,* que le recours formé au nom de l'administration contre un arrêté du conseil de préfecture qui statue sur une contravention prévue par cette loi doit être formé dans les trois mois de la date de l'arrêté et non de la notification, ou de l'envoi du préfet au ministre.

**595** *quinquies.* — Le 27 nov. 1856, *Letellier,* le conseil d'État a jugé une affaire fort bizarre que M. DALLOZ (1857, 3ᵉ partie, p. 36, note 2) a accompagnée d'observations critiques fort inté-

---

(1) J'approuve la décision du conseil d'État du 18 nov. 1858, *Carrié,* de laquelle il y a lieu de conclure qu'une preuve suffisante de notification résulte d'une lettre dans laquelle le demandeur reconnaît avoir reçu cette notification.

(2) Voy. le texte de cette loi dans le *Code général des lois françaises,* de MM. Durand et Paultre, Vᵉ partie, p. 139.

ressantes. La copie ne portait pas l'indication d'un jour. — Le
mois seul était désigné, mais le concierge de la partie avait signé un récépissé daté. Il a été décidé que les trois mois courent
de la date de ce récépissé. Le commissaire du Gouvernement
a soutenu que tout, en matière administrative, à ce sujet,
se réduisait à une question de fait. C'est la conséquence de la
doctrine de *la connaissance acquise*. M. Dalloz signale au contraire les graves inconvénients de s'écarter des règles si simples
et si sûres de la preuve de la notification par les énonciations de
la copie...

**596.** — La déchéance est appliquée rigoureusement par le
conseil d'État, qui rejette toujours les recours formés après
l'expiration des délais ;

1° Contre les décisions ministérielles, 26 mars 1814, *Rey ;*
18 juill. 1821, *Billig ;* 15 juill. 1829, *Soulés-Ferret ;* 17 janv.
1834, *Papadakis ;* 4 mai 1835, *Michelet ;* 2 juin 1837, *Benoît-
Meurs c. min. de la guerre ;* 14 fév. 1839, *ville de Bayonne ;*
18 août 1842, *Lalance ;* 22 juin 1843, *dép. du Calvados ;* 16 déc.
1852, *Bénard ;* et autres ;

2° Contre les arrêtés des préfets, dans les cas où la loi leur
attribue juridiction contentieuse. 2 fév. 1826, *Peccot* (1) ; 25 janv.
1839, *ville de Béziers ;* 15 juill. 1842, *Deschamps ;* 29 juin 1844,
*ville d'Avignon c. Rochetin ;*

3° Contre les arrêtés des conseils de préfecture. 18 juin 1823,
*Barrier c. comm. de Voingt ;* 21 avril 1836, *hérit. Blachier ;*
20 juin 1837, *Bourlier-Dubreuil c. Courtat ;* 4 juill. 1838, *min.
des travaux publics c. Moureau-Rolland ;* 6 août 1840, *comm. de
Rochesson ;* 29 janv. 1841, *de Champagny-Soutif ;* 13 nov. 1841,
*Guillorit ;* 18 mars 1842, *Tarbé ;* 30 août 1843, *Barberaud ;*
3 mai 1844, *Roland ;* 7 fév. 1845, *Husson ;* 13 fév. 1845, *comp.
du canal de l'Ourcq c. Lefranc ;* 18 avril 1845, *Boullé ;* 16 janv.
1846, *Bachelot et Migot ;* 24 mars 1849, *Lexa ;* 23 avril 1849,
*Lecat-Cuvelette ;* 23 nov. 1849, *Delmas et Buis ;* 1<sup>er</sup> déc. 1849,
*Élections de Tarbes ;* 10 avril 1848, *Brunot-Quévremont ;* 7 mars
1849, *min. des travaux publics c. la compagnie des chemins de*

(1) Au fond, l'ordonnance *Peccot* est mal rendue. La compétence du
préfet ne résultait que d'une clause d'un traité par lequel les parties
s'étaient soumises *à la décision du préfet, chargé de prononcer définitivement et sans recours.* Je n'admets pas que de simples conventions privées puissent ainsi déroger à l'ordre des juridictions (voy. mes *Principes
de compétence,* n° 518). Mais la règle de procédure que consacre cette ordonnance est incontestable.

*fer d'Orléans à Bordeaux* ; 23 juin 1849, *même ministre c. Frenay et consorts* ; 12 janv. 1850, *Mercier et consorts* ; 2 fév. 1850, *Élections de Wazennes* ; 14 août 1850, *Boyer et consorts* ; 28 déc. 1850, *Escarraguel* ; 31 janv. 1855, *Mexal;* et autres ;

4° Contre les décisions des commissions spéciales. 6 sept. 1820, *Mongis* ; 31 mars 1825, *Michau.*

**597.** — La même déchéance doit être appliquée aux recours dirigés contre les décisions de tout autre tribunal administratif qui ressortit au conseil d'État.

Il est évident qu'elle ne peut être appliquée aux réclamations contre des actes qui ne constituent pas des décisions contentieuses et qui, par conséquent, ne ressortissent pas au conseil d'État.

C'est donc mal à propos que le conseil d'État a rejeté, dans quelques circonstances, comme formés hors des délais, des recours dirigés contre des arrêtés préfectoraux intervenus dans des matières qui n'appartiennent point à la juridiction contentieuse des préfets, et à l'égard desquelles ces fonctionnaires ne font que préparer la décision du ministre. Voy. 28 mai 1835, *Leroux.*

Au lieu de rejeter le recours comme formé hors des délais, le conseil d'État aurait dû le déclarer non recevable comme formé contre un arrêté qui ne constituait pas une décision proprement dite. Voy. mes *Principes de compétence*, n° 1139.

Par le même motif, M. Dufour, 2ᵉ édit., t. 2, p. 330, n° 308, critique avec fondement l'ordonnance du 14 janv. 1839, *Wattebled,* qui rejette comme tardif un pourvoi formé contre une décision du grand chancelier de la Légion d'honneur. Les actes qui émanent du grand chancelier de la Légion d'honneur ne constituent, en aucun cas, des décisions proprement dites. Ils n'ont de valeur que par l'approbation qui leur est donnée par le ministre d'État. C'est donc contre la décision approbative du ministre que l'appel doit être dirigé, et, jusqu'à ce que cette décision ait été prise, tout appel est non recevable, à quelque époque qu'il ait été formé.

**598.** — La partie qui forme son appel tardivement ne peut éviter la déchéance en prétendant que certaines pièces de la procédure ont été retenues par son adversaire, parce que cette circonstance ne l'empêchait pas d'arrêter le cours du délai en présentant une requête introductive appuyée de la copie de la décision. 16 juill. 1817, *Montagnon c. d'Udressier.*

Il faut supposer, néanmoins qu'il ne s'agit pas de pièces décisives que la partie adverse aurait retenues dans le cours de l'instance devant le juge du premier degré, car autrement il faudrait appliquer la disposition de l'art. 448 du Code de procédure civile.

**599.** — Si la décision attaquée a plusieurs chefs, la concession faite, depuis l'introduction du pourvoi, sur quelques-uns de ces chefs, n'empêche pas d'appliquer la fin de non-recevoir aux autres chefs. 4 déc. 1822, *Letrange*. Comme aussi le demandeur qui, après s'être pourvu dans les délais de règlement contre une disposition d'un arrêté du conseil de préfecture, se pourvoit, après l'expiration du délai, contre une autre disposition du même arrêté, doit être déclaré non recevable dans le second pourvoi. 28 déc. 1855, *Adam*.

**600.** — La partie qui a laissé expirer le délai utile pour attaquer une décision peut néanmoins être reçue à défendre dans une instance introduite au conseil d'État par son coobligé solidaire, si cette instance a pour objet de remettre en question la solidarité prononcée par la décision. 1er déc. 1819, *Lépine*.

Voy. *Lois de la procédure civile*, t. 3, p. 610, quest. 1565.

**601.** — La déchéance qui frappe l'appel tardivement formé doit-elle être prononcée d'office par le conseil d'État ?

A l'égard des simples particuliers, il me paraît certain que cette déchéance ne peut être considérée comme d'ordre public, et que, par conséquent, elle ne doit être prononcée qu'autant que l'intimé en réclame l'application. Je l'ai ainsi décidé, en matière de procédure judiciaire, dans les *Lois de la procédure civile*, t. 2, p. 210, quest. 739 *bis*, et t. 4, p. 37, quest. 1595, et il n'y a pas de raison qui puisse motiver une solution différente en matière administrative.

Telle est aussi l'opinion de MM. de Cormenin, 1re édit., t. 1, p. 293 ; et Serrigny, t. 1, p. 311, n° 307.

Une ordonnance du 17 mars 1835, *Viviès c. comm. de Camon*, semble admettre que les parties peuvent convenir que le délai de l'appel demeurera suspendu pendant un certain temps, ce qui prouverait de plus fort que la déchéance n'est pas d'ordre public. Cependant la jurisprudence du conseil d'État paraît être désormais fixée en sens contraire ; elle admet que la déchéance étant d'ordre public peut être opposée en tout état de cause et même prononcée d'office. 12 janv. 1850, *hospices de Montdidier ;* 19 janv. 1850, *comm. de Vornay ;* 2 avril 1850, *syndics Larcher*. Voy. Dufour, 2e édit., t. 2, p. 342, n. 321 ; Foucart, 4e édit., t. 3, p. 756, n° 1983, et *suprà*, n° 183.

La Cour de cassation a consacré le caractère de fin de non-recevoir d'ordre public, dans un arrêt mémorable rendu contre les conclusions du savant magistrat, M. Nicias-Gaillard, et j'ai combattu son arrêt du 2 avril 1850, dans le *Journal des avoués*, t. 75, p. 278, art. 873.

**602.** — Les mêmes règles sont applicables à l'égard des départements, des communes et des établissements publics, parce que ces personnes morales sont assimilées aux simples particuliers pour l'exercice des actions qu'elles intentent ou soutiennent, soit devant les tribunaux judiciaires, soit devant les juridictions administratives. Voy. le n° 606.

Cependant M. de Cormenin, 1^re^ édit., t. 1, p. 293, pense que « le roi étant le tuteur des communes, peut, en leur nom et dans leur intérêt, suppléer la fin de non-recevoir. »

Mais cette tutelle ne peut pas conférer au conseil d'État le droit de suppléer d'office les moyens des parties, et d'appliquer des fins de non-recevoir qui, considérées en elles-mêmes, ne sont point d'ordre public.

**603.** — A l'égard des appels dirigés contre l'État, on décide assez généralement que la déchéance peut être appliquée alors même que le ministre ne s'en serait point prévalu. Voy. 27 fév. 1822, *Wittershein* ; 7 juin 1825, *de Watigny* ; Cormenin, 1^re^ édit., t. 1, p. 293 ; Serrigny, t. 1, p. 311, n° 307.

Je crois néanmoins qu'il y aurait une distinction à faire : Si le ministre figure dans l'instance comme représentant le domaine de l'État, il n'agit qu'au nom d'une personne morale soumise aux règles ordinaires. Il faut donc qu'il oppose la fin de non-recevoir pour que l'appel puisse être rejeté. Mais si le ministre procède dans l'intérêt de l'administration générale, comme dans l'espèce des deux ordonnances précitées, la fin de non-recevoir pourra être suppléée d'office.

**604.** — II. En règle générale, le conseil d'État ne doit point accorder de reliefs de laps de temps. Mais si des circonstances extraordinaires telles que la guerre, des inondations, etc., avaient mis les parties dans l'impossibilité d'utiliser les délais ordinaires, il serait de toute justice qu'une prorogation leur fût accordée. Je l'ai décidé ainsi en matière judiciaire, dans les *Lois de la procédure civile*, t. 4, p. 38, quest. 1598, et il doit en être de même en matière administrative.

Cependant quelques auteurs ont pensé que, même dans le cas de force majeure, le conseil d'État ne pourrait proroger les délais qu'autant qu'une loi ou une ordonnance réglementaire lui aurait conféré ce pouvoir. Voy. Duvergier, t. 30, p. 155, note 1 ; Macarel, *Jurisprudence administrative*, t. 1, p. 52, n° 10.

MM. Roche et Lebon, *Arrêts du conseil*, t. 2, p. 22, note 1, après avoir fait connaître les raisons de douter, concluent ainsi : « Il suit de cette discussion qu'en admettant qu'il ne soit pas

nécessaire de faire une loi pour relever les déchéances encourues par la force majeure, telle que la guerre et la peste, c'est
au moins une sage précaution. »

Il serait bon, sans doute, qu'un acte législatif ou réglementaire permît les prorogations de délais dans les cas extraordinaires, pour éviter toute difficulté ; mais je persiste à penser que
cela n'est point nécessaire.

Du reste, il arrive quelquefois que des lois ou des ordonnances permettent de relever de la déchéance, dans des cas semblables. C'est ce qui a eu lieu à l'occasion des événements des cent-
jours. Il fut rendu à cette époque une ordonnance sous la date
du 29 nov. 1815, qui disposait :

« Art. 1^er. Ceux de nos sujets qui, à raison des événements
arrivés depuis le 20 mars, auraient été empêchés de se pourvoir
en notre conseil d'État, dans les délais fixés par le règlement
du 22 juillet 1806, contre des décisions dont l'appel y ressortit,
pourront être relevés de la déchéance résultant de l'expiration
desdits délais.

« Art. 2. Les requêtes en relief de laps de temps devront être
présentées en notre conseil d'État dans le délai d'un mois, à
compter de la publication de notre présente ordonnance. Il y
sera statué dans les formes prescrites par le règlement. »

Des reliefs de laps de temps ont été accordés, en vertu de
cette ordonnance, par le conseil d'État, les 6 mars 1816, *Marcotte et Ramus c. Dormis de Vevres*; 12 mars 1816, *Wavrechin et
Ruyant de Cambronne*.

Mais il refusait d'en accorder lorsque les délais de l'appel
étaient déjà expirés au 20 mars 1815. Voy. 6 mars 1816, *comm.
de Thiais*.

Voy., au surplus, ce que j'ai dit au n° 158.

**605.** — III. Aux termes de l'art. 13 du règlement, que j'ai
transcrit au n° 150, ceux qui demeurent hors de la France continentale ont, outre le délai de trois mois, celui qui est réglé
par l'art. 73 du Code de procédure civile. — La loi nouvelle, du
11 juin 1859, rapportée *suprà*, n° 150, déclare que pour la Corse
et l'Algérie les délais de recours devant le conseil d'État seront
les mêmes que pour les habitants de la France continentale.—
Ainsi est abrogé, quant à ce, l'art. 13 du règlement. — Voy.
n° 777.

Quant aux recours formés par les habitants des colonies,
voyez le n° 774.

§ II. — A quelles personnes est applicable la déchéance résultant de l'inobservation des délais.

**606.** — I. Le délai de trois mois, dans lequel l'appel doit être formé, court contre toutes personnes. La déchéance résultant de l'inobservation de ce délai frappe les personnes morales, comme les simples particuliers (arg. de l'art. 2227 du Code Napoléon). Elle est applicable :

1° Aux appéls formés au nom des départements. 26 mai 1837, *dép. de la Meurthe.* Le préfet doit donc, à peine de déchéance, se pourvoir dans les trois mois de la notification 'de la décision rendue contre le département, alors même que le conseil général n'en aurait pas connu au préalable, sauf au conseil général à délibérer ultérieurement sur les suites à donner au pourvoi ainsi formé d'urgence par le préfet; 17 mai 1850, *dép. de la Vienne.* — Toujours, en suivant cette doctrine que la connaissance vaut notification, le conseil d'État a décidé que le délai de trois mois court à dater de la communication officielle de l'arrêté donné par le préfet au conseil général. 22 janv. 1843, *dép. du Calvados.*—Voy. *suprà,* n° 595 *bis;*

2° A ceux interjetés au nom des communes et des établissements publics. 12 mars 1811, *comm. de Bergzabern;* 3 juillet 1816, *hospices de Moulins;* 25 fév. 1818, *comm. de Marsillargues;* 26 mars 1823, *comm. de Lecey c. Lecuiller;* 13 août 1823, *fabriciens de Saint-Bonaventure c. Granvoinet;* 15 nov. 1826, *comm. de Bologne c. Rollet;* 12 janv. 1835, *comm. de Cavaillon et du Cheval-Blanc;* 27 fév. 1836, *comm. des Angles;* 24 mai 1836, *comm. de Saint-Jean;* 5 sept. 1836, *petit séminaire de Nantes;* 14 déc. 1836, *comm. de Millery;* 14 fév. 1839, *ville de Bayonne;* 6 août 1840, *comm. de Rochesson;* 20 mai 1842, *ville de Valence c. comm. de Bourg-lès-Valence;* 29 juin 1844, *ville d'Avignon c. Rochetin;* et autres;

3° A ceux introduits par les ministres, au nom de l'État ou des administrations générales. 5 juill. 1826, *Lenormand;* 21 avril 1830, *min. de l'intérieur;* 25 sept. 1830, *Grezel;* 8 janv. 1831, *min. des finances;* 4 juillet 1838, *Moreau-Rolland;* 15 janv. 1849, *Lacordaire-Delyver;* 7 mars 1849, *Chem. de fer d'Orléans à Bordeaux;* 22 fév. 1849, *admin. des forêts c. comm. de la Charrière;* Chevalier, t. 2, p. 335; Serrigny, t. 1, p. 311, n° 306.

Mais les ministres conservent le droit, même après l'expiration des délais, de dénoncer au conseil d'État, dans l'intérêt de la loi, les arrêtés viciés d'incompétence ou d'excès de pouvoir, ou qui contiennent une violation de la loi. Voy. *infrà,* n° 832, et *suprà,* n° 120, 9° et 10°.

**607.** — II. Le délai de trois mois court aussi contre les mineurs et les autres personnes privilégiées. Serrigny, t. 1, p. 311, n° 306; Foucart, 4ᵉ édit., t. 3, p. 755, n° 1983. — Voy. *suprà*, n° 203.

**607** *bis.* — Le 3 déc. 1857, *Donard*, le conseil d'État a jugé que la signification d'un arrêté d'un conseil de préfecture (dans l'espèce, statuant sur une demande en indemnité pour dommages causés par des travaux publics) ne pouvait pas, lorsqu'elle avait été faite au mari d'une femme séparée de biens, faire courir contre cette femme le délai du pourvoi.

§ III. — Comment se calculent les délais de l'appel.

**608.** — I. Aux termes mêmes de l'art. 11 du règlement, le délai de l'appel commence à courir du jour où la décision attaquée a été notifiée.

L'appel est toujours recevable tant que la décision n'a pas été régulièrement notifiée. 18 juillet 1821, *comm. de Goderville c. Guyot;* 17 nov. 1824, *séminaire d'Evreux c. la fabrique de Saint-Taurin;* 24 oct. 1827, *Diény et Roux.*

M. Dufour, 2ᵉ édit., t. 2, p. 341, n° 320, pense même que la prescription trentenaire ne pourrait être opposée à l'appelant.

C'est aussi ce qu'enseigne M. Serrigny, t. 1, p. 318, n° 315.

Cette opinion me paraît fondée, par application de la maxime : *Quæ temporalia ad agendum sunt perpetua ad excipiendum ;* à moins que la décision n'ait été exécutée sans signification depuis plus de trente ans.

Il faut toutefois rapprocher du principe absolu de la ratification la doctrine de *la connaissance acquise* que j'ai combattue, *suprà*, n° 183, et 595 *bis.*

**609.** — Une partie ne peut opposer à son adversaire la déchéance résultant de l'expiration des délais, lorsqu'elle ne rapporte pas la preuve d'une notification régulière faite à sa requête plus de trois mois avant l'introduction du pourvoi. L'appelant n'est jamais tenu de fournir la preuve contraire.

Cette règle est applicable aux simples particuliers qui défendent à un appel formé par d'autres particuliers ou par un ministre. 29 août 1821, *min. des finances c. Richardot;* 16 avril 1823, *Chassagnole c. Ardant;* 23 juin 1824, *Brannens;* 15 mars 1829, *Bernault-Dubuc c. Guibert;* 2 déc. 1829, *Luminais;* 9 juin 1830, *min. de la guerre c. Labrosse-Bechet;* 17 janv. 1831, *Claveau c. de Boisrenaud;* 20 juillet 1832, *Vitalis-Lurat;* 30 mai 1834, *min. de l'intérieur c. Dumeril;* 25 juillet 1834, *Gressent c. Pivain.*

Elle s'applique aux ministres qui veulent opposer la déchéance à des particuliers ou à des personnes morales. 19 mars 1823, *Chamborre*; 24 mars 1824, *Grangeret*; 8 mars 1827, *Mercier*; 18 fév. 1829, *Mennet*; 10 fév. 1830, *Motte*; 10 juillet 1832, *hérit. de Maudet*; 10 juillet 1833, v° *Tissier*; 29 nov. 1833, *Jésus et Lefébure d'Ottin*; 7 fév. 1834, *Dengler*; 24 oct. 1834, v° *Perrot*; 20 janv. 1835, *d'Espinassy*; 19 juillet 1837, *Goirand de Labaume*; 21 déc. 1837, *Dupeyrat*; et autres.

Enfin, elle est également applicable aux départements, aux communes, aux hospices et autres établissements publics, qu'ils figurent dans l'instance comme appelants ou comme intimés. 28 août 1822, *Jourdan c. ville de Marseille*; 16 fév. 1826, *Coharde c. fabrique de Saint-Pierre*; 6 sept. 1826, *Coquet c. comm. de Saint-Waast*; 11 juin 1828, *ville de Dijon c. l'Université*; 28 fév. 1831, *comm. d'Agde c. Portalès*; 14 juillet 1831, *comm. d'Aups c. Michel*; 27 juin 1834, *préfet du Bas-Rhin c. Auerbacher*; 4 nov. 1835, *comm. de Cette c. comp. Usquin*.

**610.** — Il ne suffit pas que la notification ait été faite et que la preuve en soit rapportée, pour que l'intimé puisse opposer la déchéance. Il faut encore que cette notification réunisse toutes les conditions requises. Une notification irrégulière ne fait pas courir les délais d'appel. Voy. ce que j'ai dit au titre IV, *suprà*, n°s 177 et suivants.

**611.** — Après la notification, le délai de trois mois court si la décision est contradictoire. Mais, pourvu que l'appel ait été formé avant l'expiration de ces trois mois, il est recevable et la déchéance ne peut être opposée par l'intimé, quelle que soit l'époque à laquelle la décision a été rendue. 8 avril 1829, *Fournier*; et *ville de Bagnères c. Montagut*; 25 nov. 1831, *Delamarche*; 22 fév. 1837, *comm. de Templeuve c. comm. d'Avelins*; 3 mars 1837, *comm. de Franchesse c. hérit. Petit-Jean*; et autres.

**612.** — Lorsque la première décision n'est pas contradictoire, le délai de l'appel ne commence à courir que du jour de la notification de la décision confirmative. 15 janv. 1813, *Wagner c. Nebel*; 10 fév. 1830, *hospices d'Arras*.

Mais si la partie s'est mal à propos pourvue par opposition contre une décision contradictoire, le délai de l'appel court contre elle à dater de la signification de la première décision, et non point à dater du deuxième arrêté qui rejette son opposition. 27 août 1817, *Bosteller c. Howeiller*.

**613.** — Le délai de l'appel contre les arrêtés préparatoires ne court que du jour de la signification de l'arrêté définitif, parce que c'est seulement alors que s'ouvre le droit accordé à la partie de se pourvoir par appel (voy. nº 588). 23 juin 1819, *Picot c. Ruffier*; 29 mai 1822, *Achardy*; 1ᵉʳ mars 1826, *Canouil et Poutingon*; 19 juillet 1826, *Paturel c. Nicolle*.

**614**. — Deux ordonnances du conseil d'État des 3 déc. 1817, *Danthon*, et 1ᵉʳ fév. 1844, *Ducassé*, ont déclaré qu'à l'égard des décisions interlocutoires qui préjugent le fond ou qui contiennent un chef définitif, le délai court du jour de la signification de ces décisions. Les décisions qui contiennent un chef définitif ne sont point interlocutoires : sous ce rapport j'approuve la jurisprudence du conseil d'État ; mais pour les décisions simplement interlocutoires, le délai ne doit courir qu'à dater de la signification du jugement définitif. Voy. la question des *Lois de la procédure civile*, à laquelle j'ai renvoyé, *suprà*, nº 589.

**615**. — Les décisions qui ne font que confirmer une décision précédente, ou s'y référer, ou en assurer l'exécution, ne font pas revivre les délais de l'appel déjà expiré à l'égard de la décision principale, et ne relèvent point la partie de la déchéance par elle encourue. Si le délai ne commençait à courir que du jour de la notification de la seconde décision, il serait trop facile d'éluder les dispositions du règlement et de se soustraire à l'application de la déchéance qu'il prononce. La partie qui a laissé écouler les délais n'aurait qu'à porter ses réclamations devant l'autorité qui a déjà statué, et provoquer ainsi une décision nouvelle contre laquelle elle dirigerait son appel. Mais la jurisprudence a rendu inutile l'emploi de ce moyen détourné, en déclarant que les réclamations adressées aux tribunaux administratifs pour obtenir le rapport de leurs propres décisions n'arrêtent point le cours du délai de l'appel, qui commence du jour de la notification de la première décision.

Les ordonnances qui déclarent non recevables des appels formés après l'expiration de ce délai sont trop nombreuses pour que je puisse les indiquer toutes ; je me bornerai à citer :

1º A l'égard des décisions ministérielles, celles des 22 juin 1825, *Belley* ; 29 nov. 1833, *Delorme* ; 19 déc. 1834, *vᵉ Genty* et *Morère* ; 2 janv. 1835, *Duvigneau* ; 11 fév. 1836, *Duvedeux* ; 5 juin 1838, *Gerbet* ; 17 sept. 1838, *Guillot* ; 3 fév. 1843, *Caraven c. Juéry* ; 21 mars 1844, *vᵉ Cacatte* ; 18 juill. 1844, *vᵉ Faivre* ; 5 juin 1845, *Cazalet* ; 23 août 1845, *Gallois* ; 21 avril 1853, *Méjanel*.

2º A l'égard des décisions des conseils de préfecture, celles des 13 août 1823, *Vidal c. Fraix* ; 22 janv. 1824, *Destouesse* ; 27 avril 1825, *Gouillart* ; 4 juill. 1837, *Bouteron c. Mériet*.

3º A l'égard des décisions des préfets, dans les cas où ils exercent la juridiction contentieuse, celle du 15 juill. 1842, *Deschamps*.

L'appel serait rejeté alors même que la décision confirmative aurait été rendue sur une requête civile formée contre la première décision. 9 mai 1845, *Desgrottes*.

**616.** — Lorsqu'un ministre, après avoir rendu une première décision, renvoie l'affaire à l'examen d'un comité de révision, sa décision n'est réputée définitive qu'après l'homologation de l'avis de ce comité, et les délais de l'appel ne courent que du jour de la signification de la deuxième décision. 20 janv. 1819, *Genty*.— Il est cependant plus prudent, en ce cas, d'attaquer la première décision dans les trois mois ou de la notification, ou même de la *connaissance acquise* de cette décision. Voy. le numéro suivant.

**616** bis. —Il a été décidé le 27 nov. 1856, *société du crédit maritime*, que deux pourvois auraient dû être formés contre les deux décisions et que par conséquent un seul pourvoi était non recevable, quant à la première décision, dans l'espèce que voici : Un navire est affrété par l'administration de la guerre pour des transports d'un port de France à un port étranger, arrivé au lieu de la destination ; le capitaine de ce navire traite avec un sous-intendant militaire pour des transports à faire de ce lieu en France. Une première décision ministérielle a statué sur une contestation relative au premier voyage, et une seconde décision ministérielle a statué sur une contestation relative au second voyage. Le capitaine s'est pourvu contre les deux contestations devant former, disait-il, un seul compte, dans les trois mois de la notification de la seconde décision. Son pourvoi a été déclaré non recevable contre la première décision.

**617.** — II. Les trois mois dans lesquels l'appel doit être formé se comptent de quantième à quantième, d'après le calendrier grégorien, sans avoir égard au nombre des jours dont chaque mois est composé. Dufour, 2ᵉ édit., t. 2, p. 331, n° 309.

On décidait assez généralement que le jour de la signification et le jour de l'échéance n'étaient pas compris dans les délais. Voy. 15 juill. 1832, *de Reculot* ; 20 juill. 1832, *ville de Troyes c. Chaumet* ; 14 déc. 1843, *Colonna c. Castelli* ; Cormenin, t. 1, p. 55 ; Chevalier, t. 2, p. 334.

M. Serrigny, t. 1, p. 302, n° 296, voulait que le jour de l'échéance ne fût pas exclu, mais il reconnaissait que la jurisprudence était contraire à son opinion. Elle avait été néanmoins consacrée par une ordonnance déjà ancienne, du 17 juin 1818, *Huot c. Petit-Guyot*.

Mais le conseil d'État est revenu sur sa jurisprudence, et il décide aujourd'hui que le *dies ad quem* doit être compté dans la supputation du délai. 27 fév. 1847, *ville d'Orléans* ; 23 nov. 1850, *Pavy ;* 23 nov. 1850, *Mourier ;* 20 janv. 1859, *comp. du chemin de fer du Midi.* Voy. Dufour, 2<sup>e</sup> édit., t. 2, p. 331, n° 309. — M. Foucart, 4<sup>e</sup> édit., t. 3, p. 756, n° 1984, dit, en constatant le nouvel état de la jurisprudence sur cette question : « Nous ne voyons pas, et le conseil d'État ne dit pas pourquoi on n'applique pas ici le principe très-sage de l'art. 1033, C.P.C. » — La raison en est bien simple ; en effet, il faut ne pas perdre de vue les termes mêmes de l'art. 11 du règlement. Cet article dit que *l'appel ne sera pas recevable après trois mois du jour, etc.* Si la requête n'était déposée que le lendemain du jour de l'échéance, l'appel serait formé *après trois mois* ; c'est donc le jour même de l'échéance, au plus tard, que la requête doit être déposée. Ce jour me paraît devoir être compris dans le délai, conformément aux règles que j'ai posées dans les *Lois de la procédure civile,* t. 5, p. 519, quest. 2313.

**618.** — Les délais de l'appel sont suspendus par la mort de la partie, arrivée après la signification de la décision attaquée. Ils ne reprennent leur cours qu'après une nouvelle notification faite aux héritiers, conformément à l'art. 447 du Code de procédure civile. 18 août 1833, *Renier c. Guaita ;* Chevalier, t. 2, p. 335 ; Foucart, 4<sup>e</sup> édit., t. 3, p. 755, n° 1983 ; Dufour, 2<sup>e</sup> édit., t. 2, p. 339, n° 347. Ce principe est incontestable.

**619.** — L'instance engagée devant les tribunaux judiciaires, à l'occasion de la décision administrative déférée au conseil d'État, ne peut empêcher de courir les délais de l'appel.

Ainsi, par exemple, après qu'un conseil de préfecture a déclaré ce qui était contenu dans un acte de vente nationale, l'instance portée devant l'autorité judiciaire, pour y faire statuer sur des questions de propriété, n'empêche point de courir les délais du pourvoi contre l'arrêté du conseil de préfecture. 21 août 1816, *Guidé c. Robillard.*

Pareillement, la partie qui, au lieu de déférer au conseil d'État une décision rendue contre elle, se pourvoit incompétemment devant l'autorité judiciaire et laisse ainsi expirer le délai de trois mois, ne peut éviter la déchéance en prétendant que ce délai a été interrompu par l'instance judiciaire. 17 juin 1818, *Huot c. Petit-Guyot.*

**620.** — Le délai ne serait pas non plus interrompu par des réclamations que la partie contre laquelle un arrêté d'un conseil de préfecture a été rendu, aurait mal à propos adressées au préfet ou au ministre. 16 juill. 1817, *Montagnon c. d'Udressier ;* 24 déc. 1818, *Fayard.*

**621.**—L'appel irrégulièrement formé n'arrête pas le cours du délai. 28 sept. 1813 , *Grégoire c. Dehanne*; 25 juin 1817, *Bouillat.*

Mais tant que le délai n'est pas expiré, l'irrégularité peut être réparée par un second pourvoi régulièrement introduit. Voy. *infrà*, n° 694.

**622.** — Enfin, des protestations faites contre la décision rendue et contre la régularité de la signification ne préservent pas de la déchéance. 6 juill. 1810, *Herbinière.*

Il est évident, en effet, que, si la signification est régulière, de simples protestations ne peuvent pas l'empêcher de produire son effet, et, si elle est irrégulière, elle ne fait courir aucun délai, qu'il y ait ou non protestation. Voy. *suprà*, n° 610.

**623.** — III. L'appel dirigé contre les décisions rendues et notifiées antérieurement au règlement du 22 juillet 1806 a dû être formé, sous peine de déchéance, dans les trois mois qui ont suivi la promulgation de ce règlement. Le conseil d'État avait d'abord décidé que la notification faite antérieurement à la promulgation du règlement était insuffisante, et qu'elle avait dû être renouvelée pour faire courir le délai (voy. 16 mai 1810, *hérit. Lenormand c. de Missy* ; 29 déc. 1812, *Bizot c. Leguay* ; 1er fév. 1813, *Bentz c. Jordy*) ; mais il a abandonné cette jurisprudence par le motif que le règlement de 1806 est devenu applicable du jour de sa promulgation. Voy. 11 nov. 1843, *Quivogne c. Villeguey* ; 8 juill. 1818, *Maurer c. Haufmann* ; 24 mars 1819, *Thibault* ; 26 fév. 1823, *Hergat* ; 13 juill. 1825, *Andrieu*; 12 janv. 1835, *comm. de Cavaillon et du Cheval-Blanc; 7 avril 1839, Vanlerberghe.*

Telle est aussi l'opinion de MM. de Cormenin, 1er édit.; t. 1, p. 290, et Chevalier, t. 2, p. 334.

Section IV. — *Exécution provisoire des décisions attaquées.—Sursis.*

**624.** — I. L'art. 3 du règlement du 22 juillet 1806 porte :

« Le recours au conseil d'État n'aura point d'effet suspensif, s'il n'en est autrement ordonné.

« Lorsque l'avis de la commission établie par notre décret du 11 juin dernier (la section du contentieux) sera d'accorder le sursis, il en sera fait rapport au conseil d'État, qui prononcera. »

Conformément à la disposition du § 1er de cet article, le conseil d'État a déclaré exécutoires nonobstant l'appel (1) :

—————————————————

(1) Si ces principes ne sont pas contestables, il est bon de connaître la doctrine de M. le ministre de l'intérieur qui invite MM. les préfets à suspendre l'exécution des décisions frappées d'appel, lorsqu'il n'y pas urgence. Voy. *Journal de droit administratif*, t. 7, p. 112, art. 251, n° 288.

1° Les décisions des ministres en matière contentieuse. 7 juill.
1819, *Lebourgeois;*

2° Celles des conseils de préfecture. 24 mars 1820, *Josset;* 31
juill. 1822, *Giraud, Roux, etc.*

Il en serait de même des décisions de tout autre tribunal administratif.

Cette règle est contraire à celle reçue en matière judiciaire et
consacrée par l'art. 457 du Code de procédure civile, qui veut
que l'appel des jugements définitifs ou interlocutoires soit suspensif, si le jugement ne prononce pas l'exécution provisoire
dans le cas où elle est autorisée. La raison de cette différence est
que les affaires administratives sont toujours réputées urgentes,
tandis que les matières judiciaires n'offrent pas généralement ce
caractère.

Le recours n'est pas suspensif, encore bien qu'il soit accompagné de conclusions tendant à obtenir un sursis. 8 janv. 1858,
*Garest.*

**625.** — Comme il peut se faire néanmoins que l'exécution
d'une décision administrative n'offre rien d'urgent et qu'elle soit
de nature, au contraire, à porter un préjudice grave et même
irréparable à la partie condamnée, le règlement autorise le conseil d'État à accorder un sursis à l'exécution.

Au conseil d'État seul il appartient d'accorder ce sursis. Les
tribunaux administratifs inférieurs ne peuvent, en aucun cas,
suspendre l'exécution de leurs décisions frappées d'appel. Serrigny, t. 1, p. 297, nᵒ 286.

Bien moins encore un préfet ou un ministre pourraient-ils suspendre l'exécution d'un arrêté de conseil de préfecture qui a été
l'objet d'un recours au conseil d'État. 20 juin 1812, *Bidard c.
Giana.*

M. de Cormenin, t. 1, p. 48, note 2, et après lui M. Foucart, 4ᵉ
édit., t. 3, p. 762, nᵒ 1989, enseignent qu'avant le pourvoi les
préfets et les ministres peuvent, s'il y a lieu et selon les cas,
suspendre l'exécution de leurs propres arrêtés.

M. Serrigny, t. 1, p. 297, nᵒ 286, admet aussi que les tribunaux administratifs du premier degré peuvent accorder des délais pour l'exécution de leurs décisions; mais il faut, selon lui,
que le sursis soit ordonné par le même dispositif qui contient la
condamnation.

J'ai développé la même opinion dans les *Lois de la procédure
civile,* t. 4, p. 617, quest. 525. Cependant l'ordonnance du 21
août 1816, *Guérin de Sercilly,* paraît reconnaître que le sursis
peut être ordonné après la décision rendue.

**626.** — Le conseil d'État pourrait-il ordonner le sursis à l'exécution d'un arrêté lorsqu'il rejette l'appel comme irrégulier et qu'il renvoie les parties à se pourvoir devant le juge du premier degré?

On trouve un exemple d'un sursis accordé en pareille circonstance dans l'ordonnance du 22 fév. 1821, *min. de la guerre c. ville de Lyon.*

M. Macarel, *Arrêts du conseil*, t. 1, p. 258, note 3, élève un doute sur le mérite de cette décision, et je pense qu'en effet elle a été mal rendue ; car l'effet dévolutif n'a pas été produit. Une ordonnance plus ancienne, du 21 août 1816, *Guérin de Sercilly,* avait refusé de statuer sur la demande en sursis, sauf au juge du premier degré à surseoir, s'il y avait lieu. Voy. le numéro qui précède.

**627.** — Les parties sollicitent souvent des sursis ; mais le conseil d'Etat ne les accorde que rarement et pour des causes graves. Cormenin, t. 1, p 48, note 2 ; Dufour, 2ᵉ édit., t. 2, p. 323, n° 298.

« C'est surtout en matière de voirie, dit M. Chevalier, t. 2, p. 344, et lorsque les arrêtés ordonnent la démolition de constructions et ouvrages que le conseil d'État accorde facilement un sursis. »

Et, en effet, les ordonnances de sursis, en cette matière, sont assez nombreuses. Voy. 13 mars 1822, *Lefrançois ;* 29 oct. 1823, *Berliat ;* 8 sept. 1824, *Cretté ;* 16 nov. 1825, *Trigant-Brau ;* 22 mars 1827, *Hébert ;* 11 août 1833, *Picot d'Ayard ;* et autres.

**628.** — En général, le sursis est accordé :

1° Lorsqu'il n'y a pas péril en la demeure, que le sursis ne présente aucun inconvénient et que l'exécution causerait au requérant un préjudice réel et irréparable ou, tout au moins, considérable et inutile, si par suite de la décision définitive l'arrêté dont il s'agit n'était pas confirmé. 31 mars 1819, *Groult c. Ponchet-Maugendre ;* 17 juin 1820, *Langlois c. comm. de Chevry ;* 14 nov. 1821, *Monnot ;* 31 juill. 1822, *Muteau ;* 15 juin 1825, *Bavoux ;* 7 juin 1826, *Jars ;* 14 nov. 1834, *Lecoq c. Robert ;* 8 nov. 1838, *Tandonnet ;* 5 mars 1841, *comm. de Brienon-l'Archevêque c. Denis ;* 12 janv. 1850, *Jam ;* 8 avril 1852, *Jalabert et consorts ;* 28 juill. 1853, *Dechaynin et comp. ;*

2° Lorsque l'exécution ne présente rien d'urgent et que le dépôt à la caisse des consignations du montant des condamnations prononcées conserve les droits des parties. 25 avril 1834, *comp. Bouquet-Crouzier c. comp. Meilheurat-Rossigneux ;* 23 fév. 1850, *comp. du canal de Beaucaire c. Jallaguier.*

**629.** — Une ordonnance du 5 déc. 1833, *Hamdam c. Bellard,* accorde un sursis par le motif que la communication aux parties intéressées, nécessaire pour rendre l'instance contradictoire,

Code.— 2ᵉ édit.                                        22

devait entraîner de longs délais à raison des distances, et que l'exécution de la décision attaquée exposerait les parties à des préjudices considérables.

Je n'admets pas, comme on le verra au n° 632, qu'un sursis puisse être accordé en l'absence de la partie adverse et sans qu'elle ait été mise en mesure de fournir ses observations. Or, la communication de la demande en sursis n'exigera pas moins de temps que celle de la requête elle-même; je crois, par conséquent, que le sursis ne peut être accordé pour un pareil motif.

**630.** — Quelquefois le conseil d'État, en accordant le sursis, réserve au défendeur un recours en dommages et intérêts à raison du préjudice que pourrait lui occasionner ce sursis. Voy. 18 déc. 1822, *Cardon;* et deux autres ordonnances inédites citées par M. de Cormenin, t. 1, p. 49.

Le conseil d'État peut aussi subordonner le sursis à l'accomplissement, par le demandeur, de certaines conditions dans l'intérêt du défendeur, telles que la consignation totale ou partielle du montant des condamnations prononcées, etc. Voy. 23 fév. 1850, *comp. du canal de Beaucaire c. Jallaguier.* Le sursis est toujours accordé sans préjudice des inscriptions hypothécaires prises contre le demandeur, et de tous autres actes conservatoires faits ou à faire en vertu de l'arrêté attaqué. 12 janv. 1850, *Jam.*

**631.** — Le sursis peut être accordé pendant un délai déterminé ou jusqu'à la décision du fond. Cormenin, t. 1, p. 49.

Il peut n'être que partiel, et ne porter que sur l'un des chefs de la décision. 9 sept. 1818, *Bochard de Champigny c. Lecouturier;* 4 sept. 1822, *Dubosque.*

**632.** — II. Les demandes en sursis sont instruites par la section du contentieux; mais c'est l'assemblée du conseil d'État jugeant au contentieux qui prononce. M. Serrigny, t. 1, p. 297, n° 285, demande s'il est convenable de mettre en mouvement le conseil d'État tout entier pour rendre un arrêt de sursis. Convenable ou non, cette procédure doit être suivie, parce que le sursis ne peut être ordonné qu'en séance publique et après les observations orales du défendeur au sursis.

**633.** — Lorsque la demande paraît susceptible d'être accueillie, la section qui dirige l'instruction a le soin d'en faire donner communication à la partie adverse, car, si le demandeur a intérêt à empêcher l'exécution provisoire, le défendeur peut aussi avoir grand intérêt à poursuivre cette exécution. Cormenin, t. 1, p. 49; Dufour, 2<sup>e</sup> édit., t. 2, p. 323, n° 298.

« Le comité (la section), ajoute M. de Cormenin, p. 50, a pris une excellente mesure pour les demandes de sursis. On communique la demande, soit au préfet, soit au ministre, et on l'engage, s'il n'y trouve aucun inconvénient, à accorder administrativement le sursis demandé. Dans le cas contraire, on le prie de répondre de suite sur le fond de la contestation. Par ce moyen, l'administration est à même de mettre à l'abri l'intérêt de toutes les parties et de n'accorder le sursis qu'autant qu'elle n'y voit pas le moindre inconvénient. »

Cette mesure ne me paraît praticable et bien convenable (Voy. *suprà*, p. 335, note 1) que dans le cas où la décision attaquée a été rendue au profit de l'administration. Qu'on puisse alors surseoir administrativement à l'exécution, rien de mieux. Mais il ne saurait en être de même vis-à-vis de simples particuliers. L'assemblée du conseil d'État délibérant au contentieux a seule le pouvoir d'arrêter l'exécution des décisions rendues en leur faveur.

**634.** — III. Il y a quelques exceptions au principe en vertu duquel l'appel au conseil d'État n'a point d'effet suspensif.

C'est ainsi que l'art. 117 de l'ordonnance du 1er août 1827, rendue en exécution du Code forestier, dispose :

« En cas de contestation sur l'état et la possibilité des forêts et sur le refus d'admettre les animaux au pâturage et au panage dans certains cantons déclarés non défensables, le pourvoi contre les décisions rendues par les conseils de préfecture, en exécution des art. 65 et 67 du Code forestier, aura effet suspensif jusqu'à la décision rendue par nous en conseil d'État. »

Une ordonnance du 15 mai 1835, *min. des finances c. comm. d'Isle-sur-Marmande*, a décidé que l'exécution de cette disposition, prescrite par des motifs d'intérêt public, ne peut donner lieu à des dommages - intérêts envers la partie qui a obtenu la décision déférée au conseil d'État.

**635.** — Les lois électorales ont créé une seconde exception à l'égard des décisions des conseils de préfecture. Voy. au liv. V, le titre *Des élections.*

Section V. — *Fins de non-recevoir qui entraînent le rejet de l'appel* (1).

**636.** — Les principales fins de non-recevoir qui s'opposent à ce que l'appel soit reçu, sont :

1° L'omission du premier degré de juridiction;

2° Le défaut d'intérêt ou d'objet;

3° La chose jugée.

_____

(1) Pour compléter cette section, il est utile de rappeler ce que j'ai dit *suprà*, p. 324, de la tardiveté de l'appel.

§ 1<sup>er</sup>.—Omission du premier degré de juridiction.—Demandes nouvelles.

**637.** — I. Le conseil d'État, jugeant comme tribunal d'appel, ne peut statuer que sur les contestations qui ont déjà subi un premier degré de juridiction, soit devant le ministre, soit devant les conseils de préfecture, les préfets ou les autres tribunaux administratifs de premier degré. On doit appliquer par analogie les dispositions de l'art. 464 du Code de procédure civile, qui porte : « Il ne sera formé, en cause d'appel, aucune nouvelle demande, à moins qu'il ne s'agisse de compensation, ou que la demande nouvelle ne soit la défense à l'action principale. » Voy. Cormenin, t. 1, p. 130, n° 3 ; Macarel, *Jurisprudence admin.*, t. 1, p. 55, n° 17 ; Chevalier, t. 2, p. 354 ; Serrigny, t. 1, p. 281, n° 266 ; Dufour, 2° édit., t. 2, p. 291, n° 252.

**638.** — Toutes les demandes ou chefs de demandes portés au conseil d'État, et qui n'ont pas été soumis aux juges du premier degré, doivent donc être déclarés non recevables. La jurisprudence a appliqué cette règle :

1° Aux demandes principales portées directement devant le conseil d'État dans les matières qui ne sont de sa compétence que comme tribunal d'appel, et non comme juge du premier et dernier ressort. 27 mai 1816, *Dolard de Mion c. Crestin ;* 20 nov. 1816, *Tessereaux c. hospices de Paris ;* 20 juin 1821 , *Moisant c. comm. de Tocqueville ;* 16 nov. 1825 , *comm. de Châteauneuf c. Roure ;* 21 déc. 1825, *de Vaudreuil ;* 27 août 1840 , *François c. comm. de Champlémy ;* 23 mai 1844, *Lalande ;* 12 août 1845, *Alloncau c. Olliveau ;* et autres ;

2° Aux réclamations qui diffèrent essentiellement de celles formées devant le juge du premier degré. 20 nov. 1815, *Boudachier c. régie des domaines* ; et autres ;

3° Aux chefs de demandes qui n'ont pas été soumis au tribunal administratif duquel émane la décision attaquée. 16 janv. 1822, *Demangeot c. min. de la guerre ;* 26 mars 1823 , *Prévost c. le domaine ;* 11 fév. 1824, *Hamot ;* 4 mai 1825, *Hickel et Guerber ;* 15 mars 1826, *comm. de Créhange ;* 17 fév. 1830 , *Maury ;* 21 juin 1833, *théâtre de l'Opéra-Comique ;* 3 janv. 1834 , *Cognet c. ville de la Guillotière ;* 16 déc. 1835, *Cuynat ;* 27 juin 1838, *Planthié ;* 19 déc. 1838, *Delandine ;* 25 janv. 1839, *hérit. Desjoyaux c. dép. de la Loire ;* 8 sept. 1839, *Bardy ;* 28 janv. 1841, *Jouannin ;* 31 juillet 1843, *hérit. de Poëze c. comm. de Sainte-Hermine ;* 1<sup>er</sup> mars 1844, *Judocius ;* 18 août 1856, *Billamboz ;* et autres. — Lorsqu'un chef de demande a déjà été soulevé devant les premiers juges, on ne peut le reproduire devant le conseil d'État que tout autant que les premiers juges ont statué sur ce chef. Lorsqu'ils ont omis de statuer, le conseil d'État prononce, en général, le renvoi devant eux de ce chef. 27 mai 1847, *Hubert*; 7 sept. 1848, *Sénac*.

**639.** — Lorsque l'appelant conclut sur un chef nouveau sans attaquer directement la décision qui a statué en premier degré, ce chef doit être rejeté. 19 mai 1835, *de Richemond.*

Le conseil d'Etat, saisi de l'appel d'un arrêté de conseil de préfecture qui a statué sur une demande en résiliation de marché et en dommages-intérêts formée par une commune contre un entrepreneur de travaux communaux, ne peut, accessoirement à cette contestation, être saisi directement d'une demande de la commune en augmentation du chiffre des dommages-intérêts, demande fondée sur des faits *postérieurs à l'arrêté attaqué.* 30 déc. 1858, *Mauge-Busselot.*

Même décision, parce qu'il s'agissait de dommages pour nouvelles inondations. 20 janv. 1859, *Deleveau c. ville de Marseille.*

La partie qui a conclu devant le conseil de préfecture à l'annulation d'un arrêté pris par le maire pour déterminer les conditions d'accès de sa maison à une voie publique dont le niveau a été abaissé, n'est pas recevable à demander au conseil d'État une indemnité pour le préjudice que lui aurait occasionné l'arrêté du maire. 3 déc. 1857, *Caussade.*

La partie qui s'est bornée, devant le juge du premier degré, à déclarer qu'elle se réservait de former un chef de demande, n'est pas recevable à le former pour la première fois devant le conseil d'État. 15 août 1834, *Druet-Desvaux.*

Lorsque le juge du premier degré s'est réservé de statuer sur un chef de réclamation, il ne peut être prononcé sur ce chef par le conseil d'État. 22 nov. 1836, *Blanchard.*

**639 bis.** — Le conseil d'État, 18 août 1856, *Billamboz*, a décidé qu'il ne pouvait donner acte de réserves relatives à des faits qui n'avaient pas été justifiés. J'ai longuement traité la question des réserves dans le même sens, *J. Av.*, t. 77, p. 568, art. 1379.

**640.** — Pour prouver que le premier degré de juridiction a été épuisé, l'appelant est tenu de produire la décision qu'il attaque. Le défaut de production de cette décision entraînerait le rejet de l'appel. 16 octobre 1813, *Richard et Vanini;* 17 janv. 1814, *Mercier c. régie des domaines;* 8 janv. 1817, *de Gestas;* 2 juin 1832, *Darragon c. ville de Paris;* 25 mars 1838, *Andrieu;* 5 mars 1841, *Briois;* 30 août 1845, *Fournery;* et autres.

Il ne suffirait pas de produire, au lieu d'une décision régulière, une simple lettre d'un agent de l'administration ayant pour but de faire connaître à la partie la décision rendue. 4 juillet 1837, *Banderali.*

Le conseil d'Etat a aussi rejeté, pour défaut de production de la décision attaquée, l'appel dirigé contre des arrêtés de conseils de préfecture consistant dans une simple annotation mise en marge de la réclamation et signée du rapporteur seul. 30 mars 1844, *Gouzenne;* 6 juin 1844, *Berthon.*

Cette règle est constamment appliquée devant les Cours impériales.

Toutefois, on ne peut se dissimuler qu'il est impossible de concilier ces principes avec les décisions relatives à la tardiveté d'un recours résultant d'une simple connaissance acquise de la décision rendue en premier degré (Voy. *suprà,* nᵒˢ 183 et 595), car si une partie est forcée d'attaquer une décision lorsqu'elle la connaît, elle peut être forcée d'introduire son pourvoi sans y joindre cette décision. Si la preuve de la connaissance résulte d'une lettre administrative, cette lettre pourrait à la rigueur être produite ; mais si la connaissance ne résulte que d'une pièce émanant de la partie elle-même, pièce dans laquelle elle a énoncé la décision, la production de cette pièce serait dérisoire. Je puis citer un fait qui m'est personnel. Je donnais mes conseils à un entrepreneur de travaux départementaux. Il avait été rendu contre lui un arrêté d'un conseil de préfecture que je croyais susceptible d'être annulé par le conseil d'État; mais, auparavant, je conseillai à mon client de faire un appel à l'équité des membres du conseil général, en leur proposant, sous toutes réserves, les bases d'une transaction. Je présentai un mémoire dans lequel j'indiquais par sa date l'arrêté qu'on m'avait dit avoir été rendu, mais dont mon client n'avait pas pu obtenir l'expédition, à cause de circonstances relatives à l'enregistrement et d'une correspondance entre le préfet, le directeur des domaines et le ministre des finances. La transaction ne put avoir lieu. Dès que l'arrêté eut été signifié, je l'envoyai à un avocat du conseil pour déposer le pourvoi. Cet honorable avocat m'écrivit : « Je crains bien que notre pourvoi ne soit re- « jeté. M. le rapporteur m'a communiqué la fin de non-recevoir « résultant de ce que plus de trois mois s'étaient écoulés depuis « la production du mémoire devant le conseil général dans le- « quel était indiqué l'arrêté du conseil de préfecture. »

J'ose dire que si une telle fin de non-recevoir (*conséquence de la connaissance acquise*) avait été accueillie, c'eût été une véritable iniquité. La transaction qui avait été vainement essayée avant le pourvoi fut effectuée avant que le conseil d'Etat eût à se prononcer. Comment mon client aurait-il pu formuler son

pourvoi et y joindre la décision attaquée, avant qu'on eût consenti à lui en délivrer expédition ? Ceci prouve également qu'en
dehors de l'application de la loi, on court grand risque de s'éga-
rer quand on adopte des théories plus ou moins rationnelles.

**641.**—Il faut d'ailleurs que la décision produite constate que
tous les chefs de demande présentés en appel ont été soumis au
premier juge. Le conseil d'État rejette constamment les chefs à
l'égard desquels il n'est pas établi, soit par cette décision, soit
par toute autre produite par l'appelant, que le premier degré de
juridiction a été suivi. Voy. 2 fév. 1821, *Niel;* 14 nov. 1821,
*Souflot de Merey c. le domaine ;* 13 mars 1822, *Colson c. le domaine ;* 28 avril 1824, *Lapotterie c. ville de Paris ;* 16 fév. 1825,
*Thomas ;* 16 nov. 1825, *Lefaucheux ;* 24 janv. 1834, *Frantz ;* 30
oct. 1834, *Desgrandschamps.*

**642.** — Le premier degré de juridiction n'est pas suffisamment rempli, et l'appel n'est pas recevable, lorsque l'acte produit par l'appelant ne constitue pas un véritable jugement.

J'ai dit dans mes *Principes de compétence*, n° 1145, t. 3, p.
828, que les actes émanés des sous-secrétaires d'État, des directeurs généraux, des intendants ou autres agents n'étaient point
de véritables décisions, et qu'ils ne revêtaient ce caractère que
par l'approbation du ministre.

L'appelant qui ne produit qu'un acte de cette espèce non revêtu de l'approbation ministérielle n'est donc pas recevable
dans son appel. C'est ce que décident les ordonnances et auteurs que j'ai indiqués *loco citato.*

Il en serait ainsi alors même que, dans la prétendue décision
émanée de l'un de ces agents, il serait déclaré que la notification qui en sera faite fera courir les délais du pourvoi au conseil
d'État. 30 juin 1842, *veuve Rousseau.*

Le ministre lui-même ne pourrait réparer l'irrégularité de
l'acte produit en renonçant à la fin de non-recevoir et en adhé-
rant, après l'introduction du pourvoi, à la décision émanée de
son agent. 26 nov. 1841, *Degraindorge ;* 30 juin 1842, *veuve
Rousseau.*

**643.** — II. La règle qui défend de présenter en appel des demandes nouvelles souffre quelques exceptions.

Le texte même de l'art. 464 du Code de procédure civile,
transcrit plus haut, au n° 637, indique que cette règle n'est
point applicable aux demandes nouvelles qui ne sont que la défense à l'action principale. On conçoit, en effet, que, s'il est
interdit de former de nouvelles actions en cause d'appel, il ne
peut pas l'être de suppléer aux moyens qui ont été discutés en

première instance, et d'en présenter de nouveaux, pourvu qu'ils aient pour but essentiel et immédiat de détruire la demande ou les prétentions de la partie adverse. Il ne faut donc pas confondre les demandes nouvelles avec les moyens nouveaux. Voy. *Lois de la procédure civile*, t. 4, p. 168, quest. 1673.

**644.**—M. Chevalier, t. 2, p. 354, s'exprime ainsi :

« La fin de non-recevoir dont nous venons de parler ne s'applique pas aux points qui pourraient être demandés par des conclusions subsidiaires, encore bien que les points n'eussent pas été proposés aux juges du premier degré; ils devraient recevoir une solution devant le conseil d'État. En effet, il faut bien distinguer entre les demandes principales et les demandes accessoires; la règle établie plus haut ne concerne que les demandes principales, mais non les demandes accessoires qui, souvent nées depuis que l'instance est introduite au conseil d'État, n'ont pu être formées que devant lui. » Cet auteur cite à l'appui l'ordonnance du 18 juillet 1831, *Millotte*, qui a statué sur une question de solidarité proposée seulement en appel.

Cette opinion me paraît formulée d'une manière un peu trop générale. Pour qu'une demande accessoire puisse être proposée pour la première fois en appel, il faut qu'elle se rattache intimement à la demande principale. Si elle avait un objet différent, ou bien si elle ne s'y rattachait que d'une manière très-éloignée, elle ne devrait pas être reçue. Dire que la fin de non-recevoir ne s'applique pas aux points qui pourraient être demandés par des conclusions subsidiaires, c'est s'exprimer d'une manière beaucoup trop vague, car il dépend des parties de formuler toutes sortes de demandes dans leurs conclusions, et le conseil d'Etat a rejeté, plusieurs fois, de semblables demandes qui présentaient des chefs distincts de l'action principale, bien qu'elles fussent formulées dans des conclusions subsidiaires. Voy. 18 janv. 1813, *régie des domaines c. Belpel*; 16 avril 1822, *Fabulet*; 14 fév. 1845, *veuve Pasquier c. Raux*; 21 fév. 1845, *Giraud*; 13 avril 1845, *Richard Vatin*.

**645.** — L'art. 464 du Code de procédure civile excepte encore de la règle les demandes en compensation.

Cependant le conseil d'État a refusé de statuer sur une compensation qui était opposée pour la première fois devant lui, dans l'espèce de l'ordonnance du 30 août 1814, *Perrier c. régie des domaines*.

Mais il faut remarquer que la compensation était contestée, et qu'en pareil cas, la demande en compensation constitue un litige nouveau, qui doit subir le premier degré de juridiction. Voy. *Lois de la procédure civile*, t. 4, p. 175, quest. 1674 *bis*.

**646.** — Que faut-il décider relativement aux demandes d'intérêts ?

D'après le § 2 de l'art. 464 du Code de procédure civile, les intérêts échus depuis le jugement peuvent être demandés en cause d'appel. Il en est incontestablement de même en matière administrative.

Quant à ceux antérieurs au jugement, j'ai décidé dans les *Lois de la procédure civile*, t. 4, p. 185, quest. 1677 *quater*, qu'ils ne pourraient être demandés en cause d'appel qu'autant qu'ils seraient dus de plein droit. Il n'y a pas de motif pour le décider autrement en matière administrative, et c'est avec raison que le conseil d'État rejette les demandes d'intérêts échus avant la décision, lorsqu'elles n'ont pas été formées devant le juge du premier degré. Voy. 20 fév. 1822, *Soyez c. min. de la guerre;* 6 avril 1836, v° *Bois.*

Une ordonnance a également décidé que les arrérages des pensions ne peuvent pas être l'objet d'une demande nouvelle devant le conseil d'État. 1ᵉʳ sept. 1841, *Isoard.*

## § II. — Défaut d'intérêt ou d'objet.

**647.** — I. Au titre II *des Actions*, nᵒˢ 121 et 122, j'ai développé ce principe qu'une action n'est recevable qu'autant que celui qui l'intente y a un intérêt fondé sur un droit né et actuel, et que, si cet intérêt disparaît dans le cours de l'instance, l'action devient sans objet et le tribunal saisi doit déclarer qu'il n'y a lieu de statuer. Ce principe est spécialement applicable à l'appel porté devant le conseil d'État. Cet appel doit donc être rejeté lorsqu'il y a défaut d'intérêt ou d'objet. Voy. Cormenin, t. 1, p. 152, n° VIII.

**648.** — C'est ce qui a lieu :

1° Lorsque la partie réclame du ministre une déclaration qui lui a été fournie. 13 août 1823, *Mandy;*

2° Lorsque la partie ne se plaint que des motifs d'une décision dont le dispositif ne lui infère aucun grief. 6 sept. 1813, *Lescouet c. comm. de Briculles;* 19 avril 1855, *Cordier c. ville de Poitiers.* Il en est ainsi même dans le cas où c'est le ministre qui, sans attaquer le dispositif, soutient que les motifs reposent sur une erreur de droit. 8 fév. 1851, *min. des fin. c. chemin de fer de Tours à Nantes.*

C'est le même principe que celui admis en matière judiciaire. Voy. *Lois de la procédure civile*, t. 4, p. 13, quest. 1581 *sexies;*

3° Lorsqu'une erreur matérielle sur laquelle l'appel est fondé a été commise dans une lettre d'avis du directeur des contributions et non point dans l'arrêté attaqué. 18 avril 1845, *Coignet;*

4° Lorsque l'appel est motivé sur ce que la décision porterait atteinte à des droits qu'elle réserve au contraire expressément. 14 nov. 1821, *hérit. Caraman c. Defermont ;* 13 mars 1822, *Colson c. le Domaine ;* 10 juill. 1822, *Legrix ;* 26 fév. 1823, *Meyer c. Teutsch ;*

5° Lorsque l'arrêté attaqué avait cessé d'être exécuté à l'époque où l'appel a été interjeté. 23 août 1845, *Fabregat c. Quintard.*

**649.** — On n'est pas recevable à faire valoir devant le conseil d'État des moyens de nullité relatifs à la procédure qui a précédé un arrêté rendu par défaut, lorsque cet arrêté a été attaqué par la voie de l'opposition, et que cette opposition a été admise. 24 avril 1837, *Bonjour.*

**650.** — Il n'y a pas lieu de statuer sur le pourvoi lorsque, durant l'instance, l'appel est devenu sans objet. Par exemple :

1° Lorsqu'il est intervenu une transaction entre les parties. 24 oct. 1834, *canal d'Aire à la Bassée c. Herreng ;* 27 fév. 1835, *Renoux et Langelez ;* 7 juin 1836, *Mouynet c. comm. de Montastruc ;* 26 avril 1844, *Rousseau c. comm. de Lorey ;* 15 fév. 1848, *Genis ;* 12 fév. 1849, *Rambaud ;* 12 fév. 1849, *min. de l'intérieur ;* 2 avril 1849, *Mallepry ;*

2° Lorsque, depuis l'introduction du pourvoi, l'appelant a exécuté la décision contre laquelle il s'était d'abord pourvu. 5 juin 1845, *Rozas ;*

3° Lorsque l'appel est dirigé contre une décision interlocutoire, et que, depuis son introduction, la décision définitive a fait droit aux réclamations de la partie. 19 juillet 1843, *Fournier ;*

4° Lorsque l'appelant se plaint de l'irrégularité de l'instruction qui a précédé la décision attaquée, et que, depuis l'introduction de son appel, une nouvelle décision a été prise à la suite d'une instruction régulière. 18 avril 1845, *comm. de Lompieu ;*

5° Lorsque, depuis l'introduction du pourvoi, il est intervenu sur l'objet du litige une nouvelle décision à laquelle l'appelant a adhéré. 22 fév. 1838, *v<sup>e</sup> Lesurques c. min. des finances ;*

6° Lorsque la décision déférée au conseil d'État a été rapportée depuis l'introduction du pourvoi. 22 mars 1827, *Loubet c. de Bouillé ;* 19 déc. 1839, *Dalmont ;* 19 mars 1840, *Lot, créancier de Plassiard ;* 30 mai 1844, *Beccaria de Pavie ;* 26 juill. 1844, *comm. de Meximieux ;* 15 fév. 1848, *Genis ;* 15 mai 1848, *préfet de l'Aisne ;* 12 août 1848, *Diégo-Allès ;* 12 août 1848, *Thorp ;*

7° Lorsque l'arrêté administratif ou l'ordonnance royale à l'occasion desquels la décision avait été rendue, ont été modifiés par l'autorité compétente. 4 déc. 1835, *Bichet c. ville de Bordeaux ;* 3 juin 1842, *Williq ;* 21 juill. 1849 ; *comp. du chemin de fer de*

*Paris à Versailles, rive gauche;* 4 sept. 1856, *Carbonnières;* 27 nov. 1856, *Pinard;*

8° Lorsque la décision attaquée pour cause d'incompétence ou d'excès de pouvoir a été, en même temps, déférée au ministre, et que celui-ci l'a réformée. 13 mars 1822, *Delaistre c. maire de Gland;* 13 mai 1836, *ville de Paris c. Jadras;*

Mais le conseil d'État devrait statuer si la décision ministérielle lui était déférée par l'une ou l'autre partie. Voy. les ordonnances précitées;

9° Lorsque l'appelant a été relevé de la déchéance que la décision attaquée prononçait contre lui. 22 mars 1827, *Scher et Yves;*

10° Lorsque le cessionnaire des droits d'un directeur, qui se plaignait de la fermeture de son théâtre, a obtenu la faculté de le rouvrir. 6 mai 1836, *Eric Bernard;*

11° Lorsque la pension dont on demandait la liquidation a été liquidée. 14 déc. 1836, *baron Keppler;*

12° Lorsque le plan général d'alignement, en exécution duquel la décision avait été rendue, a été modifié dans le sens des prétentions des parties. 12 mai 1842, *David et Janvier c. Colcombet;*

13° Lorsque les travaux, à raison desquels l'arrêté attaqué avait prononcé une condamnation, ont été autorisés par ordonnance royale postérieurement au pourvoi. 6 avril 1836, *v° Degraveron;*

14° Lorsque, postérieurement au pourvoi formé par le ministre des travaux publics contre un arrêté qui relaxait le propriétaire d'un moulin d'une poursuite pour déplacement dudit moulin, il y a eu exécution d'une décision ultérieurement prise par le ministre pour ordonner la suppression de l'usine. 27 nov. 1844, *de Beuvry;*

15° Lorsque l'immeuble, dans la possession duquel une commune demandait à être maintenue, a été compris dans un échange conclu avec l'État et approuvé par ordonnance royale. 2 mai 1845, *ville de Troyes;*

16° Lorsque l'appel a pour but de faire reconnaître la compétence de l'autorité judiciaire, et qu'un arrêt de Cour impériale a statué définitivement sur la contestation. 19 mars 1845, *Mellet et Henri;*

17° Lorsque celui contre lequel étaient dirigées des poursuites pour contravention de grande voirie est décédé dans le cours de l'instruction. 14 janv. 1839, *v° Paul Bec;* 29 juin 1844, *Thuane;*

18° Après que des arrêtés préfectoraux ont été déférés au conseil d'État pour cause d'incompétence, s'il intervient un décret qui consacre les dispositions prescrites par ces arrêtés, le pourvoi formé par la voie contentieuse contre ce décret rend sans objet celui dirigé précédemment contre les arrêtés préfectoraux. 11 janv. 1837, *Gayet ;*

19° Lorsqu'il y a eu désistement par l'appelant. 6 mai 1848, *min. des fin. c. Garein Duverger ;* 6 mai 1848, *Amiaux c. comm. de Revin;*

20° Lorsque remise a été faite à l'appelant de l'amende contre lui prononcée par la décision attaquée. 14 juin 1847, *Borcy.* — Dans cette espèce l'appelant avait en outre acquiescé à la décision attaquée ; cela suffit pour justifier la solution donnée par le conseil d'État. La remise de l'amende qui serait accordée à la partie condamnée sans qu'elle l'eût sollicitée, ne pourrait rendre irrecevable un pourvoi dirigé contre l'arrêté de condamnation. — La partie aurait intérêt, en effet, à faire juger la question de principe, et le pourvoi aurait un objet suffisant.

21° Enfin le rejet du pourvoi principal rend sans objet le recours en garantie. 8 mars 1851, *comp. du chemin de fer d'Avignon à Marseille.*

Voy. au surplus ce qui est dit au titre des *Autorisations de plaider,* n° 1007.

**651.** — II. On ne peut se pourvoir au conseil d'État pour demander la confirmation d'une décision non attaquée. 10 fév. 1816, *Fellens c. Hennet ;* 12 fév. 1823, *Rose ;* 24 mars 1824, *Vivin ;* 12 janv. 1825, *None ;* Cormenin, 1<sup>re</sup> édit., t. 2, p. 420.

### § III. — Chose jugée.

**652.** — I. On n'est pas recevable à se pourvoir par appel contre une décision administrative qui a acquis l'autorité de la chose jugée. Voy. 18 nov. 1818, *Lebran ;* 15 mars 1826, *Bled c. Denis ;* 6 mars 1835, *Trubert ;* 1<sup>er</sup> juin 1849, *Bruneau ;* 24 fév. 1853, *min. des travaux publics c. Labrillantais ;* 17 mai 1855, *hérit. Benech,* et les ordonnances citées aux numéros suivants.

**653.** — Les décisions administratives sont réputées avoir acquis l'autorité de la chose jugée, et l'appel dirigé contre elles n'est plus recevable :

1° Lorsque les délais dans lesquels cet appel aurait dû être formé sont expirés. Voy. *suprà,* n°s 595 et suiv.;

2° Lorsque la partie condamnée a acquiescé formellement ou tacitement à la décision rendue contre elle. Voy. *suprà,* n° 566 ;

3° Lorsqu'elle a exécuté la décision sous la réserve de se pourvoir par appel, et qu'elle ne se pourvoit pas dans les délais. 23 juin 1819, *Mabon c. Loignon ;* 10 juin 1829, *Winter;*

4° Lorsque la décision attaquée a déjà été confirmée par une

ordonnance rendue contradictoirement avec l'appelant. 5 sept. 1821, *Lasne c. hérit. Petit* ; 16 juin 1824. *Lubbert c. Swan* ; 25 mars 1830, *Ganjour c. Audebal* ; 28 août 1844, *Combette* ; 24 juill. 1845, *Polissard-Janon* ; 9 déc. 1845, *d'Etcheverry* ;

5° Lorsque le pourvoi est fondé sur l'incompétence de l'autorité qui a prononcé en premier ressort, et que cette compétence a été reconnue par un décret ou une ordonnance passés en force de chose jugée. 23 juin 1824, *Marais de Montferran c. Brannens;* 16 mai 1827, *moulin du Basacle c. Baylac ;* 22 juin 1836, *Delaporte c. ville de Saintes.*

**654.** — L'acquiescement à une première décision administrative rend non recevable l'appel dirigé contre une seconde décision confirmative de la première. 4 juill. 1827, *Laplace.* —Voy. *suprà*, n° 591.

**655.** — L'exécution volontaire d'une décision par l'un des coobligés solidaires produit la chose jugée vis-à-vis des autres coobligés, et les rend non recevables à attaquer cette décision. 16 janv. 1822, *Martin jeune.* — Voy. *suprà*, n° 600.

**656.** — L'appel n'est pas recevable lorsqu'il est formé par l'ayant cause de celui contre lequel il y a chose jugée. 4 août 1824, *Payssé et Robert.*

Ce principe a été spécialement appliqué à des émigrés ou à leurs héritiers, qui s'étaient pourvus contre des arrêtés acquiescés par l'administration à l'époque où celle-ci était en possession de leurs biens. Voy. 23 avril 1818, *Villette et Ravet* ; 20 oct. 1819, *Barry c. comm. de Précy ;* 24 mars 1820, *de Conflans c. de Mareillas;* 2 juill. 1823, *hérit. d'Espinay-Saint-Luc c. hérit. Panthon.*

Mais l'exception de la chose jugée ne peut être invoquée contre la partie qui représente le domaine, lorsque la décision n'a été ni connue, ni exécutée par celui-ci. 29 mars 1827, *Larraton c. comm. d'Hasnon.*

**656** *bis.* — Il a été décidé que le défendeur qui n'a pas attaqué dans les délais la disposition par laquelle le conseil de préfecture avait admis la tierce opposition du demandeur à un arrêté précédent, était non recevable à opposer devant le conseil d'État l'exception de la chose prétendue jugée par ce dernier arrêté. 31 janv. 1848, *Delamarre c. Messageries impériales.*

**657.** — II. Les parties ne sont pas recevables à relever appel d'une décision passée en force de chose jugée, alors même qu'elle serait viciée d'incompétence ou d'excès de pouvoir. Cette décision ne peut être annulée que dans l'intérêt de la loi, sur le recours du ministre, 20 janv. 1830, *Bié* ; 15 sept. 1831, *Fourdinier* ; Cormenin, 1re édit., t. 1, p. 305.—Voy. *infrà*, n°s 830 et 832.

**658.**—La déclaration par laquelle une partie s'engage à payer les sommes qui seront ultérieurement fixées par le conseil de préfecture n'emporte pas renonciation anticipée à l'appel contre l'arrêté de ce conseil qui a fait cette fixation. 6 juin 1844, *Duchamp c. Cusin.*

Alors même que la partie aurait réellement entendu renoncer à l'appel, cette renonciation demeurerait sans effet, parce qu'il n'est pas permis de déroger à l'ordre des juridictions. Voy. mes *Principes de compétence*, n° 1131, t. 1, p. 363, et t. 3, p. 811. Aussi a-t-il été jugé que la clause d'un devis ou d'un cahier des charges portant que le conseil de préfecture statuerait en dernier ressort sur les contestations à naître était nulle comme contraire à l'ordre public. 23 juin 1853, *Nougaret* ; 21 juill. 1853, *comm. de Gesté c. Royer.*

## SECTION I<sup>re</sup>. — *Évocation.*

**659.** — I. L'art. 473 du Code de procédure civile permet aux tribunaux d'appel d'évoquer le fond de la contestation, pourvu que la matière soit disposée à recevoir une décision définitive :

1° Lorsqu'ils infirment un jugement interlocutoire, qui leur a été déféré par la voie de l'appel ;

2° Lorsqu'ils infirment, soit pour vice de forme, soit pour toute autre cause, des jugements définitifs.

La même faculté appartient au conseil d'Etat à l'égard des décisions administratives qui lui sont déférées par la voie de l'appel.

**660.**—L'évocation est purement facultative. Le conseil d'Etat peut, lorsqu'il annule une décision d'un tribunal administratif du premier degré, renvoyer les parties devant le même tribunal pour y être statué sur le fond. On trouve dans les recueils un grand nombre d'ordonnances qui ont fait de semblables renvois. Voy. 22 janv. 1808, *Trugnier* ; 22 sept. 1814, *Picôt-Limoens c. régie des domaines* ; 6 déc. 1820, *Morin-Sendal c. Pesquidoux* ; 11 août 1824, *Laget* ; 4 juill. 1838, *Peyrusson* ; 1<sup>er</sup> juill. 1839, *Jacquet* ; 13 août 1840, *comm. d'Échallon* ; 30 juin 1842, *Longis et Trécourt* ; 17 sept. 1844, *Oriolle* ; 23 août 1845, *Pourchot c. comm. de Bourcia* ; et les ordonnances citées au n° 663.

**660** *bis.* — Les vices de forme dont parle l'art. 473, Cod. proc. civ., doivent affecter le jugement lui-même pour qu'il y ait lieu à évocation. Ainsi, par exemple, en cas d'annulation d'une expertise pour vice de forme, les parties pourraient bien demander que le conseil d'État statue au fond, sans ordonner une nouvelle expertise, vu qu'il n'y a pas lieu à expertise ; ce ne serait pas là, à proprement parler, évoquer le fond ; mais elles ne pour-

ràient pas demander l'évocation du fond, dans les matières où la
loi a prescrit l'emploi des experts. Le conseil d'État devrait renvoyer devant les premiers juges pour être statué par eux après
une nouvelle expertise régulière. 12 avril 1855, *Giraudet;*
29 mai 1856, *Doyen.*

**660** *ter.* — Lorsqu'un ministre, au lieu d'interpréter un acte
administratif, juge la question de propriété qui n'appartient
qu'aux tribunaux civils, le conseil d'État peut, en annulant la
décision ministérielle, évoquer le fond, c'est-à-dire donner l'interprétation demandée. 15 déc. 1853, *ville de Douai.*

**661.** — Mais le conseil d'État peut-il évoquer lorsqu'il annule une décision pour incompétence, ou bien doit-il renvoyer
l'affaire devant le juge administratif qui aurait dû être saisi en
premier degré?

Dans les *Lois de la procédure civile*, t. 4, p. 248, quest. 1702,
j'ai décidé, contrairement à la jurisprudence, que les tribunaux
d'appel, en matière judiciaire, ne pouvaient évoquer en pareil
cas. Je me suis fondé sur ce que la partie avait eu tort de demander jugement à un tribunal incompétent, et que c'était
par sa faute que le premier degré de juridiction avait été mal
rempli.

J'applique la même solution aux matières administratives,
quoique le conseil d'État consacre habituellement, d'une manière implicite, la doctrine contraire. Il arrive souvent, en effet,
que ce conseil, lorsqu'il annule un arrêté rendu par une autorité
incompétente, retient le fond, sans renvoyer devant le tribunal
compétent, pourvu que ce tribunal soit l'un de ceux qui ressortissent à lui en appel. Voy. 23 fév. 1820, *comm. de Beurre c.
Ployer;* 22 juin 1825, *comm. de Mortagne c. Barbereau;* 16 fév.
1832, *hospices de Bordeaux c. Maffey;* 9 mars 1832, *Delahaye-
Beauruel c. ville de Lille;* 31 juillet 1833, *élections de Paulhac;*
et autres.

M. Macarel, *Arrêts du conseil*, t. 7, p. 344, accompagne l'ordonnance *Barbereau*, qui annule un arrêté rendu par un conseil
de préfecture, d'une note ainsi conçue : — « Puisqu'on déclarait que le préfet avait été compétent, il me semble que, pour
être conséquent, il aurait fallu ne pas juger le fond, *de plano*,
et que les parties auraient dû être renvoyées devant le ministre
de l'intérieur; car il est de principe que les parties ne peuvent
se pourvoir directement devant le conseil d'État, contre les arrêtés de préfet rendus dans les limites de leur compétence. »

Cette observation est inexacte. Dans l'espèce, le préfet était
compétent pour statuer contentieusement, et non pas seulement
pour prendre un arrêté préparatoire de la décision du ministre.

C'était l'un de ces cas exceptionnels dans lesquels les arrêtés des préfets peuvent être déférés directement au conseil d'État par la voie de l'appel. Il n'y avait donc pas lieu à renvoi devant le ministre ; mais le conseil d'État aurait dû, selon moi, renvoyer devant le préfet.

**662.** — Lorsque l'annulation d'une décision est prononcée, non plus pour incompétence, mais parce que le tribunal duquel elle émane a méconnu ses pouvoirs en refusant de statuer sur une matière qui était de sa compétence, le conseil d'État peut évoquer. Dans ce cas, la partie n'était pas en faute, puisqu'elle avait saisi le tribunal compétent, et c'est ce tribunal qui a eu tort de ne pas juger. Le conseil d'État est alors dans son droit lorsqu'il retient le fond. Voy., comme exemples, les ordonnances des 5 août 1841, *général Dariule*; 15 avril 1843, *dame Houdet* et autres.

Voy. aussi *Lois de la procédure civile*, t. 4, p. 250, quest. 1702.

**663.** — Si un tribunal administratif du premier degré refusait de recevoir une opposition à une décision par défaut, sous prétexte qu'il ne peut se réformer lui-même, ou s'il s'était contenté de se référer à cette décision comme si elle était contradictoire, le conseil d'État pourrait, en prononçant l'annulation de la dernière décision, évoquer le fond et le juger lui-même. 20 juillet 1832, *Vial, de Singly*, etc.

Mais habituellement il renvoie devant le même tribunal dont il annule la décision. Voy. 24 mars 1819, *Bligny-Parisis c. comm. de Boursonne*; 17 avril 1822, *comm. de Chassey-les-Scey c. Jobelin*; 26 fév. 1823, *Mouton c. le domaine*; 28 déc. 1828, *Zenneter*; 7 fév. 1834, *hérit. Barral c. comm. de Saint-Étienne de Crossey*; 14 déc. 1837, *Jardin c. comm. de Saint-Aubin*.

**664.** — II. La faculté d'évoquer le fond n'appartient au conseil d'État qu'à l'égard des décisions qui lui sont déférées par la voie de l'appel. S'il était saisi par la voie de la cassation, il devrait forcément renvoyer le fond au tribunal du premier degré compétent pour le juger. Je développerai cette règle au titre IV du livre III, *infrà*, n° 835.

## CHAPITRE II.

### *Appel incident.*

**665.** — I. Devant le conseil d'État, comme devant les tribunaux judiciaires, l'intimé peut former un appel incident contre la décision attaquée par son adversaire.

**666.** — Mais cet appel incident peut-il être interjeté *en tout* *état de cause*, comme le permet l'art. 443 du Code de procédure civile ?

Une ordonnance du 16 avril 1823, *Perret et Deplaces*, avait rejeté un appel de cette nature par le motif qu'il n'avait pas été formé dans les délais du règlement. Le conseil d'État a refusé d'appliquer l'art. 443 précité.

M. Serrigny, t. 1, p. 317, n° 314, approuvait cette décision, et il ajoutait que l'appel incident devait être introduit dans la même forme que l'appel principal.

M. Foucart, 3e édit., t. 3, p. 386, n° 1931, voulait, au contraire, qu'on suivît la règle tracée par l'art. 443. Voici comment il motivait son opinion : « — Cet article cependant nous paraît tout à fait conforme à l'équité ; il veut que l'intimé, qui consentait à subir les dispositions peu favorables d'un jugement en vue de celles qui lui donnent gain de cause, ne soit pas privé de l'avantage de demander la réformation sur les points qui le blessent, quand les dispositions favorables sont remises en question. C'est ce qui arriverait si l'appel incident devait être formé dans le même délai que l'appel principal, parce que la partie qui a le plus à se plaindre du jugement attendrait le dernier jour du délai pour former son appel. Cette considération doit être bien plus puissante en matière administrative, où l'appel n'est connu de l'intimé que par la communication qu'en ordonne le président du conseil, c'est-à-dire très-souvent après l'expiration du délai... »

Je n'ai rien à ajouter à ces observations, qui sont péremptoires. Je ferai seulement remarquer que le conseil d'État a complétement modifié sa jurisprudence. Il décide aujourd'hui que l'appel incident peut avoir lieu en tout état de cause. 12 fév. 1847, *association des vidanges d'Arles c. Achardy ;* 21 déc. 1847, *Trianon et consorts c. Manby et Wilson ;* 16 avril 1851, *Brouillet ;* 12 janv. 1854, *Sérager ,* 13 août 1856, *liste civile ;* et qu'on ne peut opposer à l'appelant les actes d'exécution ou d'acquiescement antérieurs au pourvoi principal. 31 mai 1848, *Richard.*

Par conséquent, le recours incident est recevable tant qu'il n'a pas été statué sur le désistement donné par l'appelant principal ou que ce désistement n'a pas été accepté par la partie adverse. 9 fév. 1850, *Carnot c. comm. de Nolay ;* 16 mars 1850 ; *Troin ;* ou que la partie adverse n'a accepté le désistement que sous réserve de son recours incident. 12 janv. 1854, *Lacombe.*

Il résulte de cette nouvelle jurisprudence que le pourvoi incident ne peut être déclaré non recevable que dans le cas où le pourvoi principal lui-même ne serait pas recevable. Voy. 26 août

Code. — 2e édit.     23

1842, comm. de Rivel c. hérit. de Puyvert; 7 déc. 1847, min. des finances c. de Bettignies; 16 avril 1851, Brouilliet; 20 juill. 1854, min. des trav. pub. c. Dagieu; 31 mai 1855, comp. gén. de desséchement c. Monestier et consorts; 3 août 1858, Charmeil. Inutile de faire observer que le rejet du fond du recours principal ne rend pas le recours incident irrecevable. 16 avril 1851, Brouilliet.

Le recours incident, de même que le recours principal, peut devenir inutile faute d'objet. 12 fév. 1847, association des vidanges d'Arles c. Achardy.

**667.**—II. L'appel incident s'introduit devant le conseil d'État par un simple acte d'avocat à avocat, et il n'est astreint à aucune autre forme particulière. Chevalier, t. 2, p. 329.

Il pourrait même être relevé par de simples conclusions à l'audience. C'est la conséquence de ce que j'ai dit au numéro précédent, qu'il pouvait être formé en tout état de cause.

S'il s'agit d'une matière dans laquelle les parties sont dispensées de comparaître par le ministère d'un avocat, l'appel incident doit être notifié comme a dû l'être l'appel principal lui-même.

# LIVRE DEUXIÈME.

## Instruction particulière aux juridictions spéciales.

———————

## TITRE PREMIER.

### COUR DES COMPTES.

**668.** — Il n'entre pas dans mon plan d'exposer la compétence et les attributions générales de la Cour des comptes. Je dois me borner à renvoyer à ce que j'ai dit, sur ce point, dans mes *Principes de compétence*, t. 3, p. 995, nos 1535 et suivants. Je ne m'occupe ici que de l'instruction à suivre devant cette Cour.

Les formes de cette instruction, qui n'offre du reste aucune difficulté sérieuse, ont été réglées par la loi du 16 sept. 1807 et par le décret du 28 septembre de la même année, dont les dispositions se trouvent reproduites dans l'ordonnance du 31 mai 1838, portant règlement général sur la comptabilité publique. Je n'aurai que peu de chose à ajouter à ces dispositions, et je donnerai de préférence le texte de l'ordonnance de 1838, qui forme un ensemble plus complet.

# CHAPITRE I<sup>er</sup>.

*Organisation de la Cour des comptes* (1).

SECTION I<sup>re</sup>. — *Composition de la Cour. Sa division en trois chambres.*

**669.** — I. « La Cour des comptes se compose d'un premier président, trois présidents, dix-huit conseillers maîtres des comptes, de conseillers référendaires divisés en deux classes, dont le nombre est fixé par le Gouvernement, d'un procureur général et d'un greffier en chef. » Ordonnance du 31 mai 1838, art. 335; Loi du 16 sept. 1807, art. 2.

Le décret du 28 septembre 1807, dans son art. 14, fixait provisoirement le nombre des référendaires à quatre-vingts, savoir : dix-huit de la première et soixante-deux de la seconde classe. Ce nombre n'a pas été changé depuis.

« Il y a, près de la Cour, des huissiers au nombre nécessaire pour son service. » Décret du 28 sept. 1807, art. 56.

**670.** — II. « Il est formé trois chambres, chacune composée d'un président et de six maîtres des comptes ; le premier président peut présider chaque chambre toutes les fois qu'il le juge convenable. » Ordonnance du 31 mai 1838, art. 336 ; loi du 16 sept. 1807, art. 3.

« Les dix-huit maîtres des comptes sont distribués entre les trois chambres par le premier président. » Même ord., art. 337 ; décret du 28 sept. 1807, art. 4.

« Au premier mars de chaque année, deux membres de chaque chambre sont répartis par lui entre les deux autres, ou placés dans une seule, selon que le service l'exige. » Même ordonnance, art. 338.

« Les référendaires ne sont spécialement attachés à aucune chambre. » Même ordonnance, art. 341 ; même décret, art. 17.

« Les référendaires sont chargés de faire les rapports ; ils n'ont pas voix délibérative. » Même ordonnance, art. 342 ; loi du 16 sept. 1807, art. 4.

« Les présidents sont, en cas d'empêchement, remplacés, pour le service des séances, par le doyen de la chambre. » Décret du 28 sept. 1807, art. 10.

---

(1) Des réductions dans le personnel de la Cour avaient été prescrites par un décret du 2 mai 1848, qui a été rapporté par un décret du 15 janvier 1852 (Bull. des lois, 1852, n° 480, p. 78). Un autre décret du 23 oct. 1856 a créé près la Cour des comptes une classe d'auditeurs dont le nombre ne peut dépasser vingt. Ce décret règle les conditions de nomination, et les avantages attachés à ces fonctions.

« En cas d'empêchement d'un maître des comptes, il est, pour
compléter le nombre indispensable, remplacé par un maître
d'une autre chambre qui ne tiendrait pas séance, ou qui se trouverait avoir plus que le nombre nécessaire. » Même décret,
art. 11.

« Chaque chambre ne peut juger qu'à cinq membres au moins.»
Ordonn. du 31 mai 1838, art. 340 ; loi du 16 sept. 1807, art. 5.

« Chaque chambre se forme en bureau. » Décret du 28 sept.
1807, art. 6.

« Les trois chambres se réunissent, lorsqu'il y a lieu, pour
former la chambre du conseil. » Ordonnance du 31 mai 1838,
art. 343.

**671.** — La distribution des affaires entre les trois chambres
était réglée par le décret du 28 sept. 1807, ainsi qu'il suit :

« Art. 3. La première chambre sera chargée du jugement des
comptes relatifs aux recettes publiques ;

« La deuxième, du jugement des comptes relatifs aux dépenses
publiques ;

« La troisième, de juger les comptes des recettes et dépenses
des communes dont les budgets sont arrêtés par nous. »

Le même décret ajoutait dans son art. 20, § 2 :

« Les attributions générales déterminées par l'art. 3 n'empêcheront pas que le président ne puisse, suivant que l'exigera
l'expédition des affaires, renvoyer à une autre chambre des rapports qui ne seraient pas dans ses attributions spéciales. »

L'expérience ne tarda pas à prouver que cette distribution entraînait une grande inégalité entre les travaux de chaque chambre, et il devint nécessaire de faire une nouvelle répartition, qui
a été opérée à diverses époques par voie d'ordonnance du premier président, agissant en vertu des pouvoirs que lui confèrent
les art. 19 et 20 du décret. Aujourd'hui les affaires sont distri-
buées entre les trois chambres de la manière suivante :

La première chambre est chargée du jugement des comptes du
caissier du Trésor ; de l'agent comptable du grand-livre ; de
l'agent comptable des pensions ; du directeur des transferts et
mutations ; des préposés comptables de l'enregistrement, des
domaines, timbre et hypothèques ; des directeurs comptables
des postes ; des directeurs des poudres et salpêtres ; des caissiers
de la caisse d'amortissement et de celle des dépôts et consignations; des salines de l'Est; de l'imprimerie impériale; du résumé
général des opérations de la Légion d'honneur; des payeurs en
Afrique; des receveurs généraux et des payeurs du département
de l'Ain et des suivants, dans l'ordre alphabétique, jusqu'à celui
de la Gironde inclusivement ; ainsi que des receveurs des com-

munes et des établissements de bienfaisance de ces mêmes départements.

La deuxième chambre est chargée du jugement des comptes du payeur central du Trésor ; de l'agent responsable des virements de comptes ; du trésorier des invalides de la marine ; de l'agent comptable des traites de la marine ; du trésorier des fonds coloniaux ; des économes des lycées impériaux ; des receveurs principaux des douanes ; des directeurs des monnaies ; des receveurs généraux et des payeurs des départements de l'Hérault et suivants, jusqu'à celui de l'Orne inclusivement ; ainsi que des receveurs des communes et hospices de ces mêmes départements.

La troisième chambre est chargée du jugement des comptes de l'agent comptable de la taxe des brevets d'invention ; des préposés comptables des contributions indirectes ; des receveurs généraux et des payeurs des départements du Pas-de-Calais et suivants, jusqu'à l'Yonne inclusivement ; ainsi que des receveurs des communes et hospices de ces mêmes départements.

Chaque chambre connaît en outre, pour la série des départements qui lui est assignée ainsi qu'il vient d'être dit, des appels interjetés par les comptables soumis à la juridiction des conseils de préfecture.

Il n'y aurait pas, d'ailleurs, nullité de l'arrêt pour cause d'incompétence, si l'une des chambres prononçait sur une des matières attribuées à une autre chambre.

« Mais, dit avec raison M. Carré, *Organisation et compétence*, t. 2, p. 759, si le renvoi à la chambre désignée pour l'affaire avait été formellement requis, l'arrêt rendu sur le fond, nonobstant le déclinatoire, nous semblerait sujet au pourvoi pour incompétence relative. »

SECTION II. — *Attributions du premier président.*

**672.** — Le premier président, investi de l'action disciplinaire sur les magistrats, a la police et la surveillance générales, que lui confèrent les art. 10 de la loi du 16 septembre 1807 et 35 du décret du 28 septembre suivant. Il informe le Gouvernement des vacances qui surviennent dans le sein de la Cour, et il donne son avis sur ceux de ses membres qui peuvent avoir droit à l'avancement (décret du 28 septembre 1807, art. 12). Il accorde les congés, ou, suivant leur durée, il fait connaître son opinion sur les demandes dont ils sont l'objet (même décret, art. 68 et 69). Il préside les assemblées générales, les réunions de la chambre du conseil, et toutes les commissions intérieures de la Cour. Il fait la distribution des comptes entre les conseillers référendaires, en surveille l'examen, et il peut, à leur égard, déterminer, selon les circonstances, les attributions des chambres ( voy. n<sup>os</sup> 677 et 678 ). Il statue sur toutes les demandes de renseignements relatives aux archives de la Cour, et sur celles, notamment, qui s'appliquent aux paiements de la dette publique. C'est donc à lui que ces demandes doivent toujours être adressées. Il nomme à tous les emplois du greffe et du service intérieur. Enfin, en qualité d'ordonnateur secondaire, il arrête l'état annuel des dépenses matérielles de la Cour (même décret, art. 73).

## Section III. — *Attributions du ministère public.*

**673.** « Le procureur général ne peut exercer son ministère que par voie de réquisition. » Ord. du 31 mai 1838, art. 344 ; décret du 28 sept. 1807, art. 36.

Néanmoins, le procureur général agit par voie d'action lorsqu'il requiert, comme il en a le droit, la révision des arrêts de la Cour pour erreurs, omissions, faux ou doubles emplois. Voy. *infrà*, n° 697.

Il fait dresser un état général de tous ceux qui doivent présenter leurs comptes à la Cour. Il s'assure s'ils sont ou non exacts à les présenter dans les délais fixés par les lois et règlements, et requiert contre ceux en retard l'application des peines. » Même ordonnance, art. 345 ; même décret, art. 37.

« Toutes les demandes en mainlevée, réduction ou translation d'hypothèques, sont communiquées au procureur général avant d'y être statué. » Même ordonnance, art. 347 ; même décret, art. 40.

« Toutes les fois qu'un référendaire élève contre un comptable une prévention de faux ou de concussion, le procureur général est appelé en la chambre et entendu dans ses conclusions avant d'y être statué. » Même ordonnance, art. 348 ; même décret, art. 41.

« Le procureur général peut prendre communication de tous les comptes dans l'examen desquels il croit son ministère nécessaire, et la chambre peut même l'ordonner d'office. » Même ordonnance, art. 349 ; même décret, art. 42.

Le procureur général a le droit de connaître de toutes les affaires soumises à la Cour. Cependant il est d'usage qu'il ne prenne de conclusions que sur les comptes à fin d'arrêts définitifs et de quitus, de révision et d'arrêts sur pourvois. Voy. n° 700.

En cas d'empêchement du procureur général, les fonctions du

ministère public sont momentanément remplies par celui des maîtres des comptes que le ministre des finances désigne. Même ordonnance, art. 350; même décret, art. 43.

« Le procureur général est tenu de correspondre avec les ministres sur les demandes qu'ils peuvent lui faire de renseignements pour l'exécution des arrêts, les mainlevées, les radiations ou restrictions de séquestres, saisies, oppositions et inscriptions hypothécaires, et remboursements d'avances des comptables. » Même ordonnance, art. 351 ; même décret, art. 44.

### Section IV. — *Attributions du greffe.*

**674.** — « Le greffier en chef assiste aux assemblées générales et y tient la plume. » Ordonnance du 31 mai 1838, art. 352; décret du 28 sept. 1807, art. 46.

« Il est chargé de tenir les différents registres, et notamment celui des délibérations de la Cour. » Même ordonnance, art. 353; même décret, art. 47.

« Il est chargé de veiller à la conservation des minutes des arrêts, d'en faire faire les expéditions, de garder les pièces qui lui sont confiées, et de concourir à la suppression de ces mêmes pièces aux époques et dans les formes déterminées par les règlements. » Même ordonnance, art. 354; même décret, art. 48; ordonnance du 20 août 1834.

« Le greffier signe et délivre les certificats collationnés et extraits de tous les actes émanant du greffe, des archives et dépôts, et la correspondance avec les comptables. En cas d'empêchement, le président désigne un commis greffier. » Ordonnance du 31 mai 1838, art. 358; même décret, art. 54.

Le greffier en chef a seul qualité pour délivrer les certificats et extraits dont il est question dans cet article, et spécialement pour signer les expéditions exécutoires des arrêts de la Cour. Les commis greffiers attachés aux chambres ne peuvent le faire qu'autant qu'ils ont été désignés pour suppléer le greffier en chef empêché.

# CHAPITRE II.

*Formes de la vérification et du jugement des comptes.*

### Section Iʳᵉ.—*Envoi des comptes au greffe de la Cour.*

**675.** — I. « Les comptables des deniers publics sont tenus de fournir et déposer leurs comptes au greffe de la Cour dans les délais prescrits par les lois et règlements; et, en cas de défaut ou de relard des comptables, la Cour peut les condamner aux amendes et peines prononcées par ces lois et règlements. » Ordonnance du 31 mai 1838, art. 332; loi du 16 sept. 1807, art. 12.

Les comptables produisent en même temps, à l'appui de leurs comptes, les pièces prescrites par les lois et règlements. Ces pièces doivent être régulières en la forme et exemptes de toute inexactitude matérielle. Lerat de Magnitot et Delamarre, v° *Cour des comptes*, t. 1, p. 342.

Les amendes sont prononcées contre les comptables retardataires, sur la réquisition du procureur général. Voy. *suprà*, n° 673.

« Les comptes déposés par les comptables sont enregistrés, par ordre de dates et de numéros, du jour qu'ils sont présentés. » Même ordonnance, art. 355; décret du 28 sept. 1807, art. 49.

**676.** — II. La Cour des comptes, dans le cas où elle est appelée à prononcer en premier et dernier ressort, n'est donc pas saisie par la voie ordinaire d'une pétition ou d'une assignation. Comme tous les comptes des comptables doivent lui être soumis, il suffit du dépôt de ces comptes à son greffe pour que l'instruction doive commencer.

SECTION II. — *Vérification des comptes.*

**677.** — I. « Le premier président fait entre les référendaires la distribution des comptes, et indique la chambre à laquelle le rapport doit être fait. » Ordonnance du 31 mai 1838, art. 359; décret du 28 sept. 1807, art. 19.

Cette distribution a lieu par une ordonnance écrite en marge. En exécution de cette ordonnance, le compte et les pièces justificatives sont mis par le greffe à la disposition du conseiller référendaire nommé. Lerat de Magnitot et Delamarre, v° *Cour des comptes*, t. 1<sup>er</sup>, p. 342.

« Un référendaire ne peut être chargé deux fois de suite de la vérification des comptes du même comptable. » Même ordonnance, art. 360; même décret, art. 7.

« Les réclamations sur l'attribution ou sur les retards des rapports sont portées devant le premier président qui y statue. » Même décret, art. 20, § 1<sup>er</sup>.

« Il est dressé, le dernier jour de chaque mois, par le greffier en chef, un relevé de tous les comptes qui avaient été distribués avant le mois aux référendaires, et dont ils n'ont pas fait le rapport. Cet état est présenté au premier président, et communiqué au procureur général, pour y être pourvu suivant l'exigence des cas. » Même décret, art. 34.

**678.**—« Les référendaires sont tenus de vérifier par eux-mêmes tous les comptes qui leur sont distribués. » Ordonnance du 31 mai 1838, art. 361; loi du 16 sept. 1807, art. 19.

« Ils rédigent sur chaque compte un rapport contenant des observations de deux natures : les premières, concernant la ligne de compte seulement, c'est-à-dire, les charges et souffrances dont chaque article du compte leur a paru susceptible, relativement au comptable qui le présente; les deuxièmes, résultant de la comparaison de la nature des recettes avec les lois, et de la nature des dépenses avec les crédits. » Même ordonnance, art. 362; même loi, art. 20.

« Les référendaires peuvent entendre les comptables ou leurs fondés de pouvoirs, pour l'instruction des comptes; la correspondance est préparée par eux et remise au président de la chambre qui doit entendre le rapport. » Même ordonnance, art. art. 363; décret du 28 sept. 1807, art. 21.

« Lorsque la vérification d'un compte exige le concours de plusieurs référendaires, le premier président désigne un référendaire de première classe qui est chargé de présider à ce travail, de recueillir les observations de chaque référendaire, et de faire le rapport à la chambre. Les référendaires qui ont pris part à la vérification assistent aux séances de la chambre pendant le rapport. » Même ordonnance, art. 364; même décret, art. 22.

« Il est disposé des salles de travail, où se réunissent, pour la vérification des comptes qui l'exigent, les référendaires chargés d'en faire en commun la vérification. » Même décret, art. 23.

« Le compte, les bordereaux de recettes et de dépenses, le rapport et les pièces, sont mis sur le bureau, pour y avoir recours au besoin. » Même ordonnance, art. 365; même décret, art. 27.

**679.** — « Les référendaires, aussitôt qu'ils ont préparé un rapport, en remettent note au greffe, qui tient un registre particulier pour chaque chambre, par ordre de numéros. » Même décret, art. 25.

« Les référendaires sont appelés à faire leur rapport suivant le tour du rôle : néanmoins, le président de la chambre peut donner la préférence au rapport d'une affaire urgente. » Même décret, art. 26.

**680.** — II. « Le président de la chambre fait la distribution du rapport du référendaire à un maître, qui est tenu : 1° de vérifier si le référendaire a fait lui-même le travail; 2° si les difficultés élevées par le référendaire sont fondées; 3° enfin, d'examiner par lui-même les pièces au soutien de quelques chapitres du compte, pour s'assurer que le référendaire en a soigneusement vérifié toutes les parties. » Même ordonnance, art. 366 ; même décret, art. 28.

« Un maître des comptes ne peut être nommé deux fois de suite rapporteur des comptes du même comptable. » Même ordonnance, art. 367 ; même décret, art. 7, § 2.

Le président de la chambre nomme, en même temps que le maître rapporteur, deux ou un plus grand nombre de référendaires, s'il est nécessaire, lesquels sont chargés de vérifier si les cahiers établis par le référendaire rapporteur l'ont été exactement, et d'en rendre compte au maître rapporteur. » Même décret, art. 28, § 2.

SECTION III. — *Formes du jugement des comptables.*

**681.** — I. « Le maître présente à la chambre son opinion motivée sur tout ce qui est relatif à la ligne de compte et aux autres observations du référendaire. La chambre prononce ses décisions sur la première partie, et renvoie, s'il y a lieu, les propositions contenues dans la seconde à la chambre du conseil chargée de statuer sur ces propositions dans les formes déterminées. » Même ordonnance, art. 368 ; même décret, art. 29.

Les observations du référendaire sont destinées à former, après avoir été examinées en la chambre du conseil, l'exposé des vues de réformes et d'améliorations qui doit être soumis annuellement à l'Empereur, conformément à l'art. 22 du décret précité.

« Le président de la chambre fait tenir, pendant le rapport, par le maître rapporteur, la minute du compte soumis au jugement de la chambre. » Même ordonnance, art. 369 ; même décret, art. 32.

L'art. 32 du décret ajoutait : « Et chaque décision sera portée sommairement à la marge de l'article du compte auquel elle se rapporte. » Mais la forme des comptes et leur cadre ne permettent pas l'exécution de cette disposition. Aussi n'est-elle pas répétée dans l'ordonnance de 1838, qui veut seulement que les décisions soient inscrites en marge du rapport, ainsi qu'on va le voir.

« Nul ne prend la parole dans les discussions et délibérations, sans l'avoir obtenue du président. » Même décret, art. 30.

« Le référendaire rapporteur donne son avis, qui n'est que consultatif ; le maître rapporteur opine, et chaque maître successivement, dans l'ordre de sa nomination. Le président inscrit chaque décision en marge du rapport et prononce l'arrêt. » Même ordonnance, art. 370 ; même décret, art. 31, § 1er.

Chaque décision est en effet portée, sous forme d'apostille, en marge du rapport.

« Si différents avis sont ouverts, on va une deuxième fois aux opinions; et les maîtres qui voudraient auparavant faire des observations nouvelles peuvent être autorisés par le président; il recueille les opinions après que la discussion est terminée, et prononce l'arrêt. » Même décret, art. 31, § 2.

« Les décisions sont prises dans chaque chambre à la majorité des voix; en cas de partage, la voix du président est prépondérante. « Même ordonnance, art. 339; loi du 16 sept. 1807, art. 4.

M. Serrigny, t. 2, p. 401, n° 1064, et, après lui, M. Foucart, t. 3, p. 371, n° 1911, critiquent cette disposition comme contraire *à toutes les règles de la justice et du sens commun.* » On devrait, ajoute ce dernier auteur, appeler des magistrats départiteurs et recommencer le rapport. » Une disposition analogue existe à l'égard des conseils de préfecture. Voy. *suprà,* n° 260.

**682.** — « La minute des arrêts est rédigée par le référendaire rapporteur, et signée de lui et du président de la chambre : elle est remise, avec les pièces, au greffier en chef; celui-ci la présente à la signature du premier président, et ensuite en fait et signe les expéditions. » Même ordonnance, art. 371; même loi, art. 21.

L'arrêt ainsi rendu n'est point encore considéré comme définitif. Il est communiqué au comptable pour qu'il puisse le débattre et fournir ses productions, s'il le juge convenable, dans le délai de deux mois à partir du jour de la communication. S'il ne forme aucune réclamation, l'arrêt devient définitif et est déclaré tel par la Cour à l'expiration du délai. Dans le cas contraire, le référendaire et le conseiller maître font un nouveau rapport, et la Cour prononce l'arrêt définitif. Voy. décret du 28 pluv. an III, chap. 2, art. 14; arrêté du 29 frim. an IX, et l'instruction du 29 mai 1831 (Bull. off., 1831 et 1832, t. 1, p. 130); Cormenin, t. 1, p. 334; Foucart, t. 3, p. 371, n° 1911; Serrigny, t. 2, p. 416, n° 1081.

« Après que les arrêts définitifs sur chaque compte sont rendus, et les minutes signées, le compte et les pièees sont remis par le référendaire rapporteur au greffier en chef, qui fait mention des arrêts sur la minute du compte, et dépose le tout aux archives. » Même ordonnance, art. 372; décret du 28 sept. 1807, art. 33.

**683.** — II. « La Cour règle et apure les comptes qui lui sont présentés; elle établit, par ses arrêts définitifs, si les comptables sont quittes, ou en avance, ou en débet. Dans les deux premiers

cas, elle prononce leur décharge définitive, et ordonne mainlevée et radiation des oppositions et inscriptions hypothécaires
mises sur leurs biens, à raison de la gestion dont le compte est
jugé. Dans le troisième cas, elle les condamne à solder leur débet dans le délai prescrit par la loi. Une expédition de ses arrêts
sur les comptes des agents du Trésor est adressée au ministre
des finances, pour en faire suivre l'exécution. » Même ordonnance, art. 373; même loi, art. 13.

**684.** — « S'il survient, au jugement d'un compte, des difficultés qui présentent une question générale, le président de la
chambre en informe le premier président, qui en réfère au ministre des finances, pour y être pourvu, s'il y a lieu. » Même
décret, art. 5.

Si, dans l'examen des comptes, la Cour trouve des faux ou
des concussions, il en est rendu compte au ministre des finances
et référé au ministre de la justice, qui font poursuivre les auteurs devant les tribunaux ordinaires. » Même ordonnance, art.
376; même loi, art. 16.

### Section IV. — *Arrêts de la Cour.*

**685.** — I. « Les arrêts de la Cour des comptes étant de véritables décisions administratives, doivent réunir toutes les conditions exigées pour ces sortes de décisions. Ils doivent contenir
le nom et les qualités des parties, le *visa* des pièces produites.

**686.** — « Les expéditions exécutoires des arrêts de la Cour
sont rédigées ainsi qu'il suit :

« La Cour des comptes a rendu l'arrêt suivant : (*ici copier*
« *l'arrêt.*) Mandons et ordonnons, etc. En foi de quoi, le pré-
« sent a été signé par le premier président de la Cour et par le
« greffier. » Ordonnance du 31 mai 1838, art. 357; décret du 28
sept. 1807, art. 53.

C'est le greffier en chef qui a seul qualité pour signer les expéditions, comme je l'ai dit plus haut, nᵒ 674.

Ces expéditions doivent être intitulées au nom de l'Empereur.

« Les premières expéditions des actes et arrêts de la Cour sont
délivrées gratuitement aux parties; les autres sont soumises à
un droit d'expédition de 75 centimes par rôle. » Même ordonnance, art. 356; même décret, art. 51.

**687.** — II. Les arrêts définitifs de la Cour des comptes sont
notifiés aux comptables qu'ils concernent. Une expédition en
est adressée au ministre des finances par le procureur général.
Foucart, t. 3, p. 372, nᵒ 1911.

Si les comptables sont receveurs de communes ou d'établissements de bienfaisance, l'expédition est adressée au ministre de l'intérieur.

Voici ce que porte, relativement à la notification des arrêts, l'instruction générale du 20 juin 1859, n° 2251 :

« Les arrêts rendus sur les comptes des receveurs généraux des finances leur seront immédiatement notifiés par le greffier en chef de la Cour. »

On lit encore dans la même instruction, au n° 1558 :

« Les arrêts rendus sur les comptes des receveurs des communes et des établissements de bienfaisance sont notifiés, savoir :

« Par lettres chargées du greffier en chef de la Cour des comptes, aux receveurs justiciables de cette Cour ;

« Par les préfets, aux receveurs justiciables des conseils de préfecture.

« Pour cette dernière classe de comptables, deux expéditions des arrêts sont adressées aux maires, qui réunissent le double caractère de présidents des commissions administratives des établissements de bienfaisance et de chefs de l'administration municipale. Les maires inscrivent sur ces deux expéditions une déclaration ainsi conçue : « Vu et notifié le présent arrêté de « compte à M...., receveur d...., par nous maire de la commune « de...., en exécution de l'art. 2 de l'ordonnance du 28 déc. « 1830. ». L'une des expéditions, accompagnée de la déclaration de notification datée et signée par le maire, est remise par ce fonctionnaire au receveur, qui en donne, en ces termes, un récépissé daté et signé : « Je soussigné, receveur de...., reconnais « avoir reçu des mains de M. le maire de la commune d..... une « expédition du présent arrêté de compte, pour notification, con-« formément à l'art. 2 de l'ordonnance du 28 déc. 1830. » La deuxième expédition de l'arrêté de compte, également revêtue de la déclaration de notification, est déposée à la mairie avec le récépissé du comptable. »

Ces instructions sont puisées dans la loi du 28 pluv. an III; l'arrêté du 29 frim. an IX; les art. 1 et 2 de l'ordonnance du 28 déc. 1830 ; 486 et 487 de l'ordonnance du 31 mai 1838. Ces dernières dispositions, que je transcris, *infrà*, n° 690, sont relatives à la notification des arrêtés des conseils de préfecture en matière de comptabilité communale. Voy., aussi, ce que j'ai dit, *suprà*, n°ˢ 185 et 193.

**688.** — L'exécution des arrêts rendus contre des comptables du Trésor est confiée au ministre des finances, et elle est suivie par l'agent judiciaire du Trésor. Loi du 16 sept. 1807, art. 13, § 4.

Celle des arrêts rendus contre les receveurs des communes ou des établissements publics est confiée aux préfets. Lerat de Magnitot et Delamarre, t. 1, p. 342.

Cette exécution se fait par voie de contrainte et de saisie réelle, par voie d'amende, de séquestre, vente de biens, ou même par contrainte personnelle, lorsque la Cour l'a ainsi ordonné. Voy. Cormenin, t. 1, p. 337; Serrigny, t. 2, p. 425, n° 1093; Carré, *Organisation et compétence*, t. 2, p. 755, quest. 559.

## CHAPITRE III.

*Formalités particulières aux appels portés devant la Cour des comptes.*

**689.** — I. Tous les comptables ne sont pas justiciables directs de la Cour des comptes. Les conseils de préfecture sont chargés de juger en premier degré les comptes des receveurs des communes et des établissements publics dont le revenu n'excède pas trente mille francs. Mais la Cour des comptes statue sur l'appel dirigé contre les arrêtés de ces conseils. Voy. mes *Principes de compétence*, n° 1546, t. 3, p. 997.

La Cour procède à la vérification et au jugement des comptes qui lui sont ainsi soumis en appel de la même manière que pour ceux qu'elle juge en premier et dernier ressort.

**689** *bis*. — Devant les conseils de préfecture, le mode de procéder en matière de jugement de comptes est analogue à celui que je viens d'indiquer pour la Cour des comptes. Pour que la juridiction du conseil de préfecture soit épuisée, il faut deux décisions, l'une préparatoire, l'autre définitive. C'est ce que l'instruction ministérielle du 27 mai 1831 précitée explique très-catégoriquement en s'exprimant ainsi :

« D'après les formes adoptées pour l'examen et le jugement des comptes, les receveurs ne sont pas admis à discuter en personne les allocations de leurs comptes, soit devant la Cour des comptes, soit devant les conseils de préfecture. Ces autorités ne jugent que sur pièces, et, à proprement parler, il n'y a pas débat contradictoire.

« Dans cette situation, si l'autorité chargée de juger les comptes rendait immédiatement un arrêté définitif, le comptable, n'ayant pas eu connaissance des faits mis à sa charge, et n'ayant pas pu, en conséquence, produire ses réponses, ni les appuyer de nouvelles pièces, serait, en quelque sorte, jugé sans avoir été entendu.

« Aussi, la Cour des comptes, en exécution de la loi du 28 pluv. an III, rend d'abord, d'après l'examen du compte, et avant de statuer définitivement, un arrêt préparatoire, qui a pour objet d'établir la situation du comptable, et d'avertir ce dernier des charges qui résultent contre lui de l'examen de sa comptabilité. Cet arrêt préparatoire, qui, comme on le voit, ne statue rien de définitif, est communiqué au receveur dans les formes ordinaires de la notification. Il est accordé deux mois au comptable pour répondre aux diverses injonctions de l'arrêt préparatoire, et pour produire les justifications nécessaires. Si, à l'expiration de ce délai, le comptable n'a produit aucune réponse, l'arrêté, qui n'est point contesté, est considéré comme définitif et déclaré tel par arrêt de la Cour. Arrêté du 29 frim. an IX (20 déc. 1800).

« Si, au contraire, de nouvelles pièces sont produites, la Cour examine les réponses du receveur, et prononce alors définitivement sur le compte.

« La même marche doit être suivie par les conseils de préfecture et les sous-préfets.

« Ces observations préliminaires étaient indispensables pour arriver à faire une distinction essentielle, en ce qui concerne l'introduction des pourvois. Les arrêts préparatoires ne statuant rien définitivement, ne contenant aucune condamnation exécutoire, et ne faisant, au contraire, qu'ouvrir au receveur une voie pour présenter ses observations et ses défenses, il est évident que ces sortes d'arrêts ne sauraient donner ouverture à l'exercice du pourvoi; car on ne peut demander au second degré de juridiction de réformer une décision qui n'a pas encore été définitivement prise par les premiers juges.

« Ainsi, à l'égard des comptes qui ont donné lieu à des arrêts préparatoires, la voie du pourvoi n'est ouverte que lorsque ces arrêts sont devenus définitifs par l'expiration des délais durant lesquels les parties sont admises à les contester, et en vertu de l'acte déclaratif dont il a été parlé ci-dessus; ou bien lorsque, par une nouvelle décision, l'autorité a définitivement prononcé sur les comptes. »

La Cour des comptes fait une application fréquente de cette règle de procédure. Voy. notamment un arrêt du 14 mars 1857 (*Degheil c. comm. d'Ercé*), dont j'ai rapporté le texte dans mon *Journal du droit administratif*, t. 8, p. 73, art. 278, où j'examine avec détail, en citant d'autres arrêts de la même Cour à l'appui, la marche à suivre pour la constatation et le jugement des comptabilités occultes.

**690.** — Les appels devant la Cour des comptes sont assujettis à quelques formalités spéciales que je vais faire connaître.

« Les communes et les comptables peuvent se pourvoir pardevant la Cour des comptes contre les arrêtés de comptes rendus par les conseils de préfecture. » Ordonnance du 31 mai 1838, art. 485 ; Ordonn. du 23 avril 1823, art. 7.

« Les arrêtés des conseils de préfecture statuant sur les comptes présentés par les receveurs des communes sont adressés, en doubles expéditions, aux maires des communes par les préfets, dans les quinze jours qui suivent la date de ces arrêtés. » Ordonn. du 31 mai 1838, art. 486 ; Ordonn. du 28 déc. 1830, art. 1ᵉʳ.

« Avant l'expiration des huit jours qui suivent la réception de l'arrêté, il est notifié par le maire au receveur. Cette notification est constatée par le récépissé du comptable et par une déclaration signée et datée par le maire, au bas de l'expédition de l'arrêté. Pareille déclaration est faite sur la deuxième expédition, qui reste déposée à la mairie avec le récépissé du comptable. » Mêmes ordonn., art. 487 et 2.

Voyez le passage de l'instruction générale rapporté au nᵒ 687.

« En cas d'absence du receveur, ou sur son refus de délivrer le récépissé, la notification est faite, aux frais du comptable, par le ministère d'un huissier. L'original de l'exploit est déposé aux archives de la mairie. » Mêmes ordonn., art. 488 et 3.

« Si la notification prescrite par les articles précédents n'a pas été faite dans le délai fixé, toute partie intéressée peut requérir expédition de l'arrêté de compte, et la signifier par huissier. » Mêmes ordonn , 489 et 4.

« Dans les trois mois de la notification, la partie qui veut se pourvoir rédige sa requête en double original. L'un des doubles est remis à la partie adverse, qui en donne récépissé ; si elle refuse, ou si elle est absente, la signification est faite par huissier. L'appelant adresse l'autre original à la Cour des comptes, et y joint l'expédition de l'arrêté qui lui a été notifié. Ces pièces doivent parvenir à la Cour, au plus tard, dans le mois qui suit l'expiration du délai du pourvoi. » Mêmes ordonn., art. 490 et 5.

L'accomplissement de ces formalités est prescrit à peine de déchéance, et, par exemple, il y aurait lieu de rejeter la requête du comptable qui n'aurait ni remis ni notifié à la commune l'un des doubles de sa requête. 17 janv. 1838, *Mathieu c. comm. de Saint-Nabord* ; Serrigny, t. 2, p. 413, nᵒ 1076.

**691.** — Le délai de l'appel devant la Cour des comptes est de trois mois, comme pour les appels portés devant le conseil d'État. Ce délai commence à courir du jour où l'arrêté du conseil

Code.— 2ᵉ édit.                                                      24

de préfecture a été notifié conformément aux dispositions que je viens de transcrire. Mais il suffit que la requête en appel soit remise ou signifiée dans ces trois mois à la partie adverse; le dépôt au greffe de la Cour peut n'être fait que dans le quatrième mois, contrairement à ce qui est prescrit pour les appels portés devant le conseil d'État.

Le délai de l'appel, ainsi que celui fixé pour la remise des pièces, ne sont pas francs. Le jour *ad quem* n'est pas compris dans le délai. Voyez le principe général que j'ai posé dans les *Lois de la procédure civile*, t. 5, p. 519, quest. 2313.

**692.** — La Cour des comptes, lorsqu'un appel lui est déféré, examine d'abord si cet appel doit être reçu, et elle rend un premier arrêt d'admission ou de rejet. Serrigny, t. 2, p. 413, n° 1077.

« Si la Cour admet la requête, la partie poursuivante a, pour faire la production des pièces justificatives du compte, un délai de deux mois, à partir de la notification de l'arrêt d'admission. » Mêmes ordonn., art. 491 et 6.

La partie défenderesse, à laquelle la requête d'appel a été signifiée, peut être admise à prendre communication au greffe, par elle ou par un fondé de pouvoir, des pièces déposées à l'appui de l'appel. Mais cette communication a lieu sans déplacement, la Cour ne pouvant se dessaisir des pièces, dont elle n'est que dépositaire, jusqu'au jugement qu'elle a à prononcer. Arrêt de la Cour des comptes du 30 sept. 1841. *Domanges c. Renaux.*

Cet arrêt a été recueilli par le *Journal des communes*, t. 15 (1842), p. 53.

**693.** — « Faute de productions suffisantes de la part de la partie poursuivante, dans le délai de deux mois, la requête est rayée du rôle, à moins que, sur la demande des parties intéressées, la Cour ne consente à accorder un second délai, dont elle détermine la durée. La requête rayée du rôle ne peut plus être reproduite. » Mêmes ordonn., art. 492 et 7.

Si l'appel était jugé non recevable pour tout autre motif, il serait également rejeté, et la requête serait rayée du rôle. Serrigny, t. 2, p. 414, n° 1078.

**694.** — « Toute requête rejetée pour défaut d'accomplissement des formalités prescrites par l'ordonnance du 28 déc. 1830 peut néanmoins être reproduite, si le délai de trois mois accordé pour le pourvoi n'est pas expiré. » Mêmes ordonn., art. 493 et 8.

**695.** — II. Les appels dirigés contre les arrêtés des conseils de préfecture qui ont jugé en premier degré les comptes des receveurs des hospices et autres établissements de bienfaisance sont soumis aux mêmes formalités, et les dispositions que je viens de rapporter leur sont applicables. Loi du 18 juillet 1837, art. 66 ; ordonn. du 30 mai 1838, art. 514.

## CHAPITRE IV.

### *Voies de recours ouvertes contre les arrêts de la Cour des comptes.*

**696.** — Quoique la Cour des comptes exerce une juridiction souveraine, ses arrêts peuvent être l'objet d'un double recours :

1° Ils peuvent être soumis de nouveau à l'examen de la Cour elle-même, qui a le droit de les reviser pour erreurs, omissions, faux ou doubles emplois;

2° Ils peuvent être déférés au conseil d'État, qui a le pouvoir de les casser en cas de violation des formes ou de la loi.

Ce sont les deux seules voies de recours praticables. La tierce opposition et la requête civile proprement dites ne seraient point admises. Voy. n°s 780 et 805.

### SECTION I<sup>re</sup>. — *Révision des arrêts de la Cour.*

**697.** — I. « La Cour, nonobstant l'arrêt qui aurait jugé définitivement un compte, peut procéder à sa révision, soit sur la demande du comptable, appuyée de pièces justificatives recouvrées depuis l'arrêt, soit d'office, soit à la réquisition du procureur général, pour erreurs, omissions, faux ou doubles emplois reconnus par la vérification d'autres comptes. » Ordonn. du 31 mai 1838, art. 374 ; loi du 16 sept. 1807, art. 14.

L'art. 541 du Code de procédure civile contient une disposition analogue, quoique conçue d'une manière différente. Il porte :

« Il ne sera procédé à la révision d'aucun compte, sauf aux parties, s'il y a erreurs, omissions, faux ou doubles emplois, à en former leurs demandes devant les mêmes juges. »

M. Carré, *Organisation et compétence*, t. 2, p. 751, quest. 556, demande si de la différence de rédaction qui existe entre ces deux textes, il faut conclure que la Cour des comptes puisse reviser le compte en entier par cela seul que l'arrêt contient des erreurs ou omissions sur l'un des chefs de ce compte, ou bien s'il faut décider que la révision ne peut porter que sur les chefs à l'égard desquels il y a eu erreur, omission, etc.

On voit que l'art. 541 du Code de procédure civile a érigé en principe cette dernière alternative; et M. Carré pense, avec raison, que la même règle doit être appliquée à la révision qui a lieu devant la Cour des comptes. Comme il le fait très-bien observer, l'arrêt est acquis aux parties, et le principe suivant lequel les tribunaux ne peuvent se réformer s'applique à la Cour des comptes comme à toute autre juridiction. La révision n'est permise que par exception, et seulement pour réparer des erreurs, omissions, faux ou doubles emplois; elle ne doit donc porter que sur les chefs à l'égard desquels ces irrégularités ont été commises. La Cour peut bien examiner le compte en entier pour découvrir ce qu'il y avait d'erroné dans la première décision; mais elle doit maintenir toutes les dispositions de l'arrêt étrangères à l'objet sur lequel porte la demande en révision.

**698.** — La voie de la révision est ouverte en tout temps, et son exercice n'est soumis à aucuns délais emportant déchéance. 28 juill. 1819, *Catoire*; Cormenin, t. 1, p. 339; Foucart, t. 3, p. 373, n° 1915.; Serrigny, t. 2, p. 417, n° 1084.

**699.** — II. Les demandes en révision de la part des comptables sont formées par une simple pétition accompagnée de pièces à l'appui.

Celles formées par le procureur général sont introduites par un réquisitoire écrit.

Le ministre des finances, lorsqu'il veut faire reviser un arrêt de la Cour des comptes, donne ordre au procureur général de former la demande en révision.

**700.** — Toute demande en révision donne lieu à une première instruction sur le point de savoir si elle sera admise. Un conseiller référendaire et un conseiller maître font successivement leur rapport, et la Cour rend un arrêt d'admission ou de rejet. Foucart, t. 3, p. 374, n° 1915.

En cas d'admission, l'exécution de l'arrêt est suspendue. Les oppositions et inscriptions hypothécaires dont l'arrêt aurait ordonné la mainlevée sont maintenues, si elles n'ont pas déjà été levées. De nouvelles oppositions peuvent être formées et de nouvelles inscriptions prises, etc. Foucart, *loco citato;* Carré, *Organisation et compétence*, t. 2, p. 751, quest. 557.

La Cour procède à la révision dans la même forme que s'il s'agissait d'un premier examen du compte.

Aux termes de l'art. 39 du décret du 28 sept. 1807, le procureur général suit, devant la Cour, l'instruction et le jugement à fin de révision pour cause d'erreurs, omissions, faux ou doubles emplois reconnus à la charge du Trésor public, des départements ou des communes. Il doit alors donner ses conclusions par écrit. Voy. n° 673.

Mais, lorsque la révision n'a pas pour objet des erreurs ou

omissions de cette nature, les conclusions du ministère public ne sont pas nécessaires. 21 juin 1839, *Hériard de Lamirande.*

**701.** — Lorsque l'arrêt d'admission de la demande en révision a fixé un délai dans lequel le comptable doit produire les pièces à l'appui de ses réclamations, si ce délai expire sans production de sa part, la demande en révision est rejetée et ne peut plus être reproduite. 10 mai 1833, *Hériard de Lamirande.*

SECTION II.—*Cassation des arrêts de la Cour. Renvois après cassation.*

**702.** — I. « Les arrêts de la Cour contre les comptables sont exécutoires, et dans le cas où un comptable se croit fondé à attaquer un arrêt pour violation des formes ou de la loi, il se pourvoit dans les trois mois, pour tout délai, à compter de la notification de l'arrêt, au conseil d'État, conformément au règlement sur le contentieux. Le ministre des finances, et tout autre ministre pour ce qui concerne son département, peuvent, dans le même délai, faire leur rapport au roi et proposer le renvoi au conseil d'État de leurs demandes en cassation des arrêts qu'ils croient devoir être cassés pour violation des formes ou de la loi. » Ordonn. du 31 mai 1838, art. 377 ; loi du 16 sept. 1807, art. 17.

Il faut prendre garde qu'il ne s'agit ici que d'un recours par la voie de cassation, et non point d'un appel. Le conseil d'État n'est pas juge d'appel à l'égard de la Cour des comptes. Cette Cour est souveraine, et les arrêts par elle rendus sont toujours en dernier ressort.

**703.** — Le pourvoi en cassation doit être formé dans le délai de trois mois à peine de déchéance. Loi du 16 sept. 1807, art. 17 ; 10 mai 1833, *Hériard de Lamirande.*

Pour faire courir ce délai, il faut que l'arrêt ait été régulièrement notifié ; sans cela le délai ne courrait pas.

Sur le point de savoir en quelle forme la notification doit être faite pour être régulière, voy., *suprà*, nᵒˢ 193 et 687.

**704.** — II. Le conseil d'État, lorsqu'il casse un arrêt de la Cour des comptes, ne pouvant, en aucun cas, statuer au fond, est tenu de renvoyer l'affaire devant la Cour. Voy., *infrà*, nᵒ 838.

Voici comment il est prononcé sur ce renvoi :

« Lorsque, après cassation d'un arrêt de la Cour des comptes, dans l'un des cas prévus par l'article précédent, le jugement du fond a été renvoyé à ladite Cour, l'affaire est portée devant l'une des chambres qui n'en ont pas connu.» Ordonn. du 31 mai 1838, art. 378 ; ordonn. du 1ᵉʳ sept. 1819, art. 1.

« Dans le cas où un ou plusieurs membres de la chambre qui ont rendu le premier arrêt sont passés à la chambre nouvellement saisie de l'affaire, ils s'abstiennent d'en connaître, et ils sont, si besoin est, remplacés par d'autres conseillers maîtres, en suivant l'ordre de leur nomination.» Mêmes ordonn., art. 379 et 2.

Au surplus, les rapports sont faits et l'arrêt est rendu en la forme ordinaire.

## CHAPITRE V.

*Formalités particulières à la communication et au déplacement de pièces.*

**705.**—I. Si une partie en instance devant la Cour des comptes demande la communication de pièces produites et soumises à la Cour, cette communication ne peut lui être refusée. La loi du 16 sept. 1807 et le décret du 28 du même mois ne contiennent aucune disposition relative à cette communication; mais il faut décider qu'elle doit être donnée au greffe sans déplacement des pièces. Voy. nº 692.

**706.** —Le greffier en chef ne peut pas non plus refuser de délivrer des expéditions ou extraits des arrêts de la Cour et des autres pièces ou actes déposés aux archives. Voy., *infrà*, nº 1044, et mes *Principes de compétence*, t. 1, p. 123, et t. 2, p. 262, nºˢ 444 et suiv.

**707.** — II. Il arrive quelquefois que les tribunaux judiciaires ou administratifs demandent la communication, avec déplacement, de pièces déposées au greffe de la Cour des comptes. Par un oubli de ce principe, que les Cours et tribunaux sont sans action les uns sur les autres, des significations par huissiers ont plusieurs fois été adressées ou présentées au greffier en chef. Ces actes ont dû, en principe, être repoussés par ce fonctionnaire; mais ils l'ont été, surtout, parce qu'il ne dépend pas de lui d'y donner satisfaction. En effet, lorsque les comptes et les pièces à l'appui sont envoyés à la Cour, c'est elle qui en est saisie, qui les remet à ceux de ses membres qu'elle charge d'en faire la vérification, qui les retire de leurs mains, et qui les conserve ensuite dans ses archives. Il dépend d'elle seule d'en permettre le déplacement; et c'est par voie d'arrêts, aux termes d'une décision royale du 26 nov. 1828, qu'elle autorise les communications de cette nature. La Cour est donc le dépositaire réel, et le greffier en chef n'est que le conservateur de ce dépôt. Aussi a-t-on reconnu, dès 1813, que les communications de pièces, réclamées dans l'intérêt de la justice ordinaire, ne pouvaient être obtenues par voie d'ordonnance de juge et de signification par huissier. Il a été arrêté, entre le premier président de la Cour des comptes et le procureur général de la Cour impériale de Paris, que les pièces ou documents dont la justice voudrait prendre connaissance, seraient demandés par voie de correspondance et par l'entremise des procureurs impériaux, qui s'adresseraient, soit au premier président, soit au procureur général de la Cour des comptes. Ce mode a été, depuis cette époque, consacré par les usages (1). »

**708.** — Un décret du 27 mars 1809 règle le mode de communication à la section du contentieux des pièces justificatives déposées aux archives de la Cour des comptes, dont la représentation est jugée nécessaire, dans le cas de pourvoi au conseil d'État contre un arrêt de cette Cour.

D'après ce décret, le garde des sceaux adresse la demande en communication au procureur général près la Cour des comptes. Le secrétaire de la section du contentieux se transporte au greffe de la Cour pour recevoir les pièces demandées, dont il est fait par le greffier un inventaire double : l'un est laissé au greffier pour sa décharge, avec le reçu du secrétaire du comité; l'autre est joint aux pièces communiquées. Après la décision du conseil d'État, le secrétaire de la section rétablit les pièces au greffe de la Cour, et retire le double qu'il avait laissé au greffier avec son reçu.

---

# TITRE II.

## JURIDICTIONS UNIVERSITAIRES.

**709.** — Les dispositions à consulter en cette matière sont : 1° la loi du 15 mars 1850 ; 2° le règlement d'administration publique du 29 juill. 1850 ; 3° le décret du 7 oct. 1850 sur l'enseignement primaire public ou libre; 4° celui du 20 déc. 1850 sur les établissements libres d'instruction secondaire ; 5° celui du 30 déc. 1850 sur l'ouverture des pensionnats primaires; 6° le

---

(1) Je dois ces renseignements, ainsi que plusieurs autres que j'ai utilisés dans ce titre, à l'obligeance de M. Harmand d'Abancourt, greffier en chef de la Cour des comptes, qui a bien voulu me faire part de ses observations sur cette partie de mon manuscrit.

décret organique du 9 mars 1852 sur l'instruction publique; 7° la loi du 14 juin 1854 sur l'administration de l'instruction publique; 8° enfin le décret du 22 août 1854 sur l'organisation des académies (1).

Il résulte de la combinaison de ces textes que la juridiction universitaire est exercée par les préfets, les recteurs, les conseils départementaux de l'instruction publique, les tribunaux correctionnels, les conseils académiques, le conseil impérial de l'instruction publique et le ministre.

I. La juridiction attribuée au préfet a sa base dans l'art. 8 de la loi du 14 juin 1854 portant : « Le préfet exerce, sous l'autorité du ministre de l'instruction publique, et sur le rapport de l'inspecteur d'académie, les attributions déférées au recteur par la loi du 14 mars 1850, et par le décret organique du 7 mars 1852, en ce qui concerne l'instruction primaire publique ou libre. »

Elle comprend : le droit d'opposition à l'ouverture d'une école primaire libre (art. 27, 28, loi du 15 mars 1850) suivant la procédure tracée par le décret du 7 oct. 1850, et les mesures disciplinaires contre les instituteurs communaux (art. 33 de la loi précitée); à l'ouverture des pensionnats primaires et des écoles d'adultes et d'apprentis (art. 53 et 55 de la même loi, et pour le mode de procéder, décret du 30 déc. 1850); aux cours publics sur les matières de l'enseignement primaire (art. 77 de la loi).

Ce droit d'opposition est aussi accordé aux inspecteurs d'académie et aux procureurs impériaux.

II. Les recteurs, dont les attributions sont particulièrement réglées par les art. 17 et suiv. du décret du 22 août 1854, statuent, « après avis des facultés et des écoles préparatoires, sur toutes les questions relatives aux inscriptions des étudiants. » (Art. 18 du décret) : ils peuvent se pourvoir devant le conseil départemental pour violation de formes ou de la loi contre les délibérations des jurys chargés d'examiner les aspirants au brevet de capacité pour l'enseignement secondaire (art. 52 du décret du 29 juill. 1850); une disposition analogue existe dans l'art. 54 de ce règlement en ce qui concerne le droit de pourvoi devant le conseil académique contre les délibérations des facultés pour la collation des grades; ils ont le droit de former opposition à l'ouverture d'un établissement d'instruction secondaire (art. 60 et 64 de la loi de 1850, décret du 20 déc.

---

(1) J'ai cru devoir donner des explications particulières sur la juridiction en matière universitaire, parce que des modifications assez récentes ont été introduites qui ont changé l'état antérieur des choses.

1850); aux cours publics d'enseignement secondaire (art. 77 de la loi).

III. Le conseil départemental de l'instruction publique a ses attributions déterminées par l'art. 7 de la loi du 14 juin 1854 ainsi conçu :

« Le conseil départemental de l'instruction publique exerce, en ce qui concerne les affaires de l'instruction primaire et les affaires disciplinaires et contentieuses relatives aux établissements particuliers d'instruction secondaire, les attributions déférées au conseil académique par la loi du 15 mars 1850.

« Les appels de ses décisions dans les matières qui intéressent la liberté d'enseignement sont portés directement devant le conseil impérial de l'instruction publique, en conformité des dispositions de ladite loi. »

En combinant cette disposition avec celle des art. 14, 28, 29, 30, 33, 53, 54, 60 à 65, 67, 68 et 77 de la loi de 1850, on voit que ce conseil prononce, sauf recours au conseil impérial, sur les affaires relatives à l'ouverture des écoles libres, aux droits des maîtres particuliers et à l'exercice du droit d'enseigner (art. 25, 29 de la loi, en ce qui concerne l'instruction primaire, art. 60 et suiv., en ce qui concerne l'instruction secondaire libre); qu'il statue, en premier ressort, dans les cas prévus par les art. 30, 33 et 68, et en dernier ressort, sur certaines mesures disciplinaires prévues par les art. 50 et 67 ; en ce qui concerne les salles d'asile, il jouit aussi d'attributions juridictionnelles, en vertu du décret du 21 mars 1855, art. 22, 24.

IV. Les tribunaux correctionnels sont appelés à appliquer les peines prononcées par les art. 22, 29, 66 et 80 de la loi du 15 mars 1850, qui sont constatées au moyen de procès-verbaux dressés par les personnes chargées de l'inspection (art. 18 de la loi; art. 42, règl. du 29 juill. 1850).

V. Le conseil académique statue sur le pourvoi du recteur contre les délibérations des facultés pour la collation des grades, et sauf recours au conseil impérial (art. 54, décret 29 juill. 1850), et plus généralement sur les affaires relatives à l'obtention des grades (art. 14, loi du 15 mars 1850).

VI. Le conseil impérial de l'instruction publique connaît des jugements rendus par les conseils départementaux et académiques (art. 7, loi du 15 mars 1850).

VII. Le ministre est investi, par le décret organique du 9 mars 1852, du droit de prononcer, sans recours, des mesures disciplinaires, depuis la simple réprimande jusqu'à la révocation, contre les membres de l'enseignement secondaire public. Il en est de même des peines disciplinaires contre les membres de l'enseignement supérieur, à l'exception de la révocation, qui est prononcée par l'Empereur sur la proposition du ministre.— C'est aussi le ministre qui est investi aujourd'hui, par suite de la modification faite par le décret du 9 mars 1852 et le décret du 24 août 1854 à la loi du 15 mars 1850 (art. 14), des réclamations relatives aux concours pour l'agrégation (art. 10, décret du 22 août 1854, statut du 20 déc. 1855). Il prononce enfin sur toutes les difficultés pour lesquelles une autre juridiction n'a pas été indiquée.

## CHAPITRE I<sup>er</sup>.

### *Réclamations et plaintes.*

**710.**—Le titre III du décret du 15 nov. 1811 contenait plusieurs dispositions relatives aux réclamations et plaintes en matière universitaire.—Ce décret n'est plus en vigueur, puisqu'il a été remplacé par les actes législatifs et réglementaires cités sous le numéro précédent ; mais diverses parties de son texte peuvent encore aujourd'hui recevoir leur application comme contenant l'indication de règles générales et traditionnelles qui seront utilement suivies. C'est par ce motif que je reproduis les passages ci-après :

« Art. 83. Les réclamations auront lieu de la part des inférieurs, en cas d'abus d'autorité et d'excès de pouvoir des supérieurs, ou de fausse application des règlements ; elles auront lieu de la part des personnes chargées de la perception des rétributions de l'université, en cas de refus, de retard ou de fraude...

« Art. 84. Les plaintes auront lieu pour les contraventions aux devoirs...

« Art. 85. Les réclamations et les plaintes contre les membres de l'université seront portées devant le recteur de l'académie dans le ressort de laquelle le membre inculpé exerce ses fonctions.

« Art. 86. Elles pourront être adressées aux doyens des facultés, aux proviseurs des lycées impériaux, aux principaux des collèges, ou aux autres chefs des maisons où le membre inculpé exerce ses fonctions : ceux-ci les feront passer au recteur, et, dans le ressort de l'académie de Paris, au ministre, avec les renseignements qu'ils auront pu se procurer, et leur avis motivé.

« Art. 87. Elles pourront toujours être portées directement devant le grand maître (aujourd'hui le ministre).

« Art. 88. Elles seront faites par écrit, datées et signées par celui qui les présentera...

« Art. 89. Les inspecteurs généraux et les inspecteurs d'académie devront porter plainte des abus, contraventions et délits venus à leur connaissance ; les inspecteurs d'académie les porteront devant le recteur, les inspecteurs généraux devant le grand maître (aujourd'hui le ministre).

« Art. 91. Les plaintes portées contre les élèves seront toujours adressées au recteur. »

D'après l'organisation actuelle, en matière d'instruction primaire, les plaintes doivent, en principe, être portées à l'inspecteur d'académie, lequel fait son rapport au préfet ; cependant rien n'empêche qu'elles soient directement adressées au préfet lui-même. Voy. loi du 14 juin 1854, art. 8.

## CHAPITRE II.

### Instruction des affaires.

SECTION Iʳᵉ. — *Affaires de la compétence des préfets, des recteurs, des conseils départementaux et des conseils académiques.*

**711.** — I. Les règlements universitaires ne prescrivent aucun mode spécial d'instruction qui doive être suivi devant les recteurs, parce qu'en effet la juridiction contentieuse de ces fonctionnaires est très-restreinte et ne comporte pas une instruction proprement dite. Les recteurs peuvent donc employer les moyens qu'ils jugent les plus convenables pour s'éclairer.

Il faut en dire autant des préfets. Cependant des formes spéciales ont été tracées pour l'exercice du droit d'opposition à l'ouverture des écoles, pensionnats ou cours publics primaires et des établissements d'instruction secondaire libres.

1° *Écoles primaires libres. Écoles d'adultes ou d'apprentis. Cours publics primaires.* — Les art. 1, 2 et 3 du décret du 7 oct.

1850 indiquent les formalités à remplir par l'instituteur et le maire. L'art. 4 dispose : « Si le préfet croit devoir former opposition à l'ouverture de l'école, par application de l'art. 28 de la loi organique, il signifie son opposition à la partie par un arrêté motivé. Trois jours au moins avant la séance fixée pour le jugement de l'opposition, la partie est citée à comparaître devant le conseil départemental. »

Les mêmes formalités doivent être suivies par l'instituteur étranger qui demande à ouvrir en France une école primaire libre ; il doit, de plus, produire une autorisation spéciale du ministre, accordée après avis du conseil impérial (art. 1er, décr. du 5 déc. 1850).

2° *Pensionnats primaires.* — Le décret du 30 déc. 1850 dispose, comme le précédent, dans son art. 4 : « Si le préfet fait opposition à l'ouverture du pensionnat, soit dans l'intérêt de la moralité ou de la santé des élèves, soit pour inobservation des formes et conditions prescrites par la loi, il signifie son opposition à la partie par un arrêté motivé.—Trois jours au moins avant la séance fixée pour le jugement de l'opposition, l'instituteur est appelé devant le conseil départemental. »

3° *Établissements libres d'instruction secondaire.* — Le décret du 20 déc. 1850 porte : « Art. 1er. Lorsque le recteur (l'opposition est faite, au nom du recteur, par l'inspecteur d'académie, circul. du 15 sept. 1854), le préfet ou le procureur impérial croient devoir user du droit d'opposition qui leur est conféré par l'art. 64 de la loi organique de l'instruction publique, l'opposition sera motivée, signée de son auteur et écrite sur papier libre. — Elle sera déposée au bureau de l'inspecteur d'académie et notifiée à la personne ou au domicile de la partie intéressée, à la diligence de l'inspecteur d'académie, en la forme administrative.

« Art. 2. Dans la quinzaine qui suivra la notification de l'opposition, il y sera statué par le conseil départemental. Trois jours avant la séance fixée pour le jugement de l'opposition, la partie intéressée sera citée à comparaître devant le conseil départemental, à la diligence de l'inspecteur de l'académie. »

Les notifications et les citations sont faites dans la forme administrative.

Les facultés n'ont plus de juridiction à exercer ; elles sont seulement consultées ; elles fournissent des éléments d'instruction aux décisions du recteur, du conseil académique, du conseil impérial et du ministre. Aucune forme particulière n'est non plus prescrite pour les affaires qui leur sont soumises. L'affaire est portée devant la faculté, soit sur un rapport du doyen ou du pro-

fesseur, soit sur le renvoi qui lui en est fait par le recteur. La
faculté peut appeler, s'il y a lieu, et entendre l'étudiant inculpé;
elle peut aussi avoir recours aux moyens qui lui paraissent le plus
propres à préparer son avis.

**712.**—II. Les conseils départementaux de l'instruction publique, établis au chef-lieu de chaque département, composés:
1° du préfet, président; 2° de l'inspecteur d'académie; 3° d'un
inspecteur de l'instruction primaire, désigné par le ministre;
4° des membres que les paragraphes 5, 6, 7, 8, 9, 10 et 11
de l'art. 10 de la loi du 15 mars 1850 appelaient à siéger dans
les anciens conseils et dont le mode de désignation est demeuré
réglé conformément à cette loi et à l'art. 3 du décret du 9 mars
1852 (loi du 14 juin 1854, art. 5), ont reçu certaines attributions judiciaires qui appartenaient autrefois aux conseils académiques (art. 7 de la même loi.)

La procédure à suivre devant cette juridiction est déterminée
par l'art. 28 du décret du 22 août 1854, ainsi conçu:

« Dans les affaires disciplinaires et contentieuses, le conseil
départemental de l'instruction publique procède suivant les formes déterminées par les art. 23, 24, 25, 26, 27 et 28 du règlement d'administration publique du 29 juillet 1850, rendu pour
l'exécution de la loi du 15 mars 1850, et par le décret du 20 déc.
1850. » — Voici ces dispositions, en ce qui concerne l'instruction
proprement dite:

« En matière contentieuse, les réclamations des parties, avec
les pièces et mémoires à l'appui, sont déposées au secrétariat de
l'académie (au bureau de l'inspecteur de l'académie); il en est
donné récépissé. Ces réclamations reçoivent un numéro d'enregistrement et sont examinées dans l'ordre où elles sont parve-
nues au secrétariat (bureau de l'inspecteur d'académie). Pour
chaque affaire, le conseil désigne un rapporteur qui fait son rapport à la plus prochaine réunion du conseil (art. 25).

« Lorsque le conseil est appelé à prononcer en matière disciplinaire, un membre désigné par lui est chargé de l'instruction;
il recueille les informations et fait son rapport à l'époque fixée
par le conseil. — Sur le rapport, le conseil départemental déclare d'abord s'il y a lieu à suivre. — En cas d'affirmative, il entend l'inculpé dans ses moyens de défense, et, s'il y a lieu, les
témoins » (art. 26).

**713.** — III. Le décret du 29 juillet 1850 prescrit les règles
suivantes pour l'instruction des affaires portées devant les conseils académiques:

« Art. 22. Les conseils académiques ne peuvent délibérer sur les affaires intéressant une faculté qu'autant que le doyen de cette faculté a été expressément convoqué par le président.

« Art. 24. Lorsque l'instruction d'une affaire disciplinaire est renvoyée au conseil académique en vertu du sixième paragraphe de l'art. 111 de la loi organique, le conseil désigne un rapporteur qui recueille les renseignements et les témoignages, appelle l'inculpé, l'entend s'il se présente, et fait son rapport au jour indiqué par le conseil. — Le conseil peut toujours ordonner un supplément d'instruction. L'avis du conseil exprime s'il y a lieu de donner suite à l'affaire, et, en cas d'affirmative, quelle peine doit être prononcée. »

Les art. 25 et 26 du même décret précités sont aussi applicables devant le conseil académique, sauf que les réclamations sont déposées au secrétariat de l'académie.

SECTION II. — *Affaires de la compétence du ministre et du conseil impérial de l'instruction publique.*

**714.** — I. Relativement à l'instruction des affaires qui sont de la compétence du ministre seul, il est procédé d'après les instructions et rapports des conseils académiques, à lui envoyés par les recteurs, et, dans le ressort de l'académie de Paris, sur les instructions et rapports des inspecteurs, sauf à prescrire, suivant les cas, telles mesures d'instruction qui sont jugées convenables, telles que avis du conseil départemental, des facultés, etc.

**715.** — II. Devant le conseil impérial, « en matière contentieuse ou disciplinaire, les affaires sont inscrites au secrétariat du conseil impérial, d'après l'ordre de leur arrivée, sur un registre à ce destiné. — Elles sont jugées suivant l'ordre de leur inscription et dans la plus prochaine session. » (Art. 8, 1re partie du règlement du 29 juillet 1850.)

Dans les affaires soumises au conseil impérial, le rapporteur est nommé par le ministre ou, sur sa délégation, par le vice-président du conseil impérial (art. 7).

« Les rapports sont faits par écrit ; ils sont déposés au secrétariat par les rapporteurs, la veille du jour fixé pour la délibération, avec le projet de décision et le dossier, pour être tenus à la disposition de chacun des membres du conseil. —En matière disciplinaire, le rapporteur est tenu d'entendre l'inculpé dans ses explications, s'il est présent et s'il le demande. L'inculpé a également le droit d'être entendu par le conseil (art. 8, seconde partie).

Les parties peuvent transmettre directement leur réclamation au secrétariat général du conseil impérial, ou mieux encore saisir cette juridiction par l'intermédiaire du recteur.

## CHAPITRE III.

### Décisions des tribunaux universitaires.

SECTION Iʳᵉ. — *Décisions des préfets, des recteurs, des conseils départementaux et des conseils académiques.*

**716.** — Les juridictions universitaires n'ont ni parquet, ni aucun officier spécialement investi des fonctions du ministère public. Néanmoins, ce ministère était exercé devant le conseil de l'université et devant les conseils académiques. Le titre V du décret du 15 novembre 1811 déterminait par quels membres ces fonctions étaient remplies, et en quoi elles consistaient.

Aujourd'hui il n'en est plus ainsi : en ce qui touche les conseils académiques et les conseils départementaux, l'économie de la législation actuelle est incompatible avec l'exercice des fonctions du ministère public, tel que l'avait établi le décret de 1811. Il en est de même du conseil impérial de l'instruction publique. Il est vrai que l'art. 4 du décret du 19 juill. 1850 porte que des commissaires peuvent être chargés, par le ministre, d'assister ce conseil dans la discussion des *projets de loi, de règlement d'administration publique, de décrets et arrêtés portant règlement permanent ;* mais les termes de cet article ne permettent pas de l'étendre aux cas où le conseil est saisi comme investi d'une juridiction propre en matière contentieuse et disciplinaire.

**717.** — I. Les décisions des recteurs et des préfets portent le nom d'*arrêtés ;* celles des conseils départementaux et académiques prennent le nom de *délibérations, décisions* ou *arrêtés.*

Le recteur rend sa décision seul ; il en est de même du préfet.

Les conseils départementaux sont présidés par les préfets. Loi du 14 juin 1854, art. 5 ; et les conseils académiques par les recteurs. Loi du 14 juin 1854, art 3.

**718.** — II. Les décisions des recteurs, des préfets, des conseils départementaux et des conseils académiques ne sont assujetties à aucune forme particulière. Elles doivent néanmoins réunir les conditions substantielles requises pour toute décision contentieuse. Elles doivent donc contenir les noms et qualités des inculpés, la désignation des membres qui ont concouru à la délibération, l'exposé des faits, les motifs et, enfin, si elles prononcent une peine, l'énonciation des lois ou règlements appliqués.

Voici, du reste, les dispositions réglementaires prescrites par le décret du 29 juill. 1850, en ce qui concerne les conseils départementaux et académiques.

Art. 23. « En cas de partage, lorsque la matière n'est ni contentieuse ni disciplinaire, la voix du président est prépondérante. Dans les matières contentieuses et disciplinaires, il est procédé par le conseil académique conformément à l'art. 9.

C'est-à-dire, « qu'il en sera délibéré de nouveau, et les membres qui n'auraient pas assisté à la délibération seront spécialement convoqués.—S'il y a de nouveau partage dans la deuxième délibération, il sera vidé par la voix prépondérante du président ; si la matière est disciplinaire, l'avis favorable à l'inculpé prévaut. »

SECTION II. — *Arrêtés du ministre et décisions du conseil impérial de l'instruction publique.*

**719.** — Les décisions du ministre revêtent la forme d'arrêtés ou de simples lettres.—Aucune forme spéciale n'est prescrite. Il en est autrement des décisions du conseil impérial. Le décret du 29 juill. 1850 dispose :

« La présence de la moitié plus un des membres est nécessaire pour la validité des délibérations du conseil impérial. »— En cas de partage, si la matière n'est ni contentieuse ni disciplinaire, la voix du président est prépondérante : si la matière est contentieuse, il en sera délibéré de nouveau, et les membres qui n'auraient pas assisté à la délibération seront spécialement convoqués.—S'il y a de nouveau partage dans la deuxième délibération, il sera vidé par la voix prépondérante du président; si la matière est disciplinaire l'avis favorable à l'inculpé prévaut (art. 9).

**720.**—« Les délibérations du conseil impérial sont signées par le président et le secrétaire. —Le secrétaire seul a qualité pour en délivrer les ampliations certifiées conformes aux procès-verbaux. — A moins d'une autorisation du ministre, il ne peut être donné communication des procès-verbaux qu'aux membres du conseil supérieur (art. 10).

« Les décrets ou arrêtés qui interviennent sur l'avis du conseil supérieur portent la mention : *le conseil supérieur de l'instruction publique entendu.* —Les avis du conseil supérieur ne peuvent être publiés qu'avec l'autorisation du ministre » (art. 11).

SECTION III. — *Exécution des décisions.*

**721.**—I. Les arrêtés du préfet et du recteur, les décisions du ministre sont notifiés aux intéressés dans la forme administrative par l'intermédiaire des inspecteurs et des agents de l'administration. Voy. *suprà,* n°⁵ 189 et suiv.

**722.**—II. Les décisions des conseils départementaux et des conseils académiques font l'objet des dispositions suivantes du décret du 29 juill. 1850.

« Art. 27. En matière contentieuse et disciplinaire, la décision du conseil départemental et académique est notifiée dans les huit jours, par les soins du préfet ou du recteur. Le préfet ou le recteur est tenu d'avertir les parties, s'il y a lieu, qu'elles ont le droit de se pourvoir devant le conseil impérial dans le délai prescrit par la loi. »

Quand il s'agit d'une condamnation disciplinaire prononcée contre un instituteur libre (art. 30 de la loi du 15 mars 1850) par les conseils départementaux, l'appel doit, d'après cet art. 30, être interjeté dans le délai de dix jours à compter de la notification de la décision et n'est pas suspensif.

« Art. 28. Le recours de la partie contre la décision du conseil départemental (ou académique) est reçu au bureau de l'inspecteur d'académie (ou au secrétariat de l'académie); il en est donné récépissé. Le recours du préfet (ou recteur) est formé par un arrêté qu'il notifie à la partie intéressée. Ampliation de cet arrêté est adressé avec les pièces de l'affaire au ministre de l'instruction publique, qui en saisit le conseil impérial. »

D'après le décret du 7 oct. 1850 (art. 4), la décision du conseil départemental sur l'opposition à l'ouverture d'une école libre ( n° 711 ) est transmise par le préfet au maire de la commune qui fait transcrire cette décision en marge de la déclaration de l'instituteur; même mode de procéder quand l'opposition s'applique à l'ouverture d'un pensionnat primaire (art. 4 du décret du 30 déc. 1850).

Enfin, le décret du 20 déc. de la même année porte (art. 2), en ce qui concerne les décisions du conseil départemental sur l'opposition à l'ouverture des établissements libres d'instruction secondaire :

« Le jugement est notifié dans le délai d'un mois, par le recteur, à la partie intéressée, au procureur impérial et au préfet, s'ils ont formé opposition. — Si, dans la quinzaine, à dater du jour de la dernière notification, il n'est interjeté appel ni par le

Code.—2ᵉ édit.                                                25

recteur, ni par la partie intéressée, le jugement est réputé définitif. »

L'art. 3 ajoute : « Les jugements des conseils départementaux portant réprimande avec publicité seront insérés, par extrait, dans le recueil des actes administratifs de la préfecture, et dans un journal du département désigné par le jugement. »

**723.** — III. Les décisions du conseil impérial font, dans le décret du 29 juill. 1850, l'objet de la disposition suivante :

« Art. 12. En matière contentieuse et disciplinaire, les décisions du conseil sont notifiées par le ministre. Les parties ont toujours le droit d'en obtenir expédition. »

## CHAPITRE IV.

*Recours en annulation des décisions des jurys pour les concours.*

**724.** — Le décret du 22 août 1854 a supprimé les concours pour la nomination des professeurs, mais un statut du 20 déc. 1855 a réglé en ces termes la forme des décisions dans les concours relatifs à l'agrégation :

« Art. 21. L'admission des candidats aux épreuves définitives a lieu par la voie du scrutin secret.

Il est ouvert un scrutin pour chaque candidat à nommer.

Si les deux premiers tours de scrutin ne donnent pas la majorité absolue, il est procédé au ballotage entre les candidats qui ont obtenu le plus de voix au second tour.

Dans le scrutin de ballotage, la voix du président, en cas de partage est prépondérante.

« Art. 22. Le jugement définitif du jury est rendu dans les mêmes formes.

« Art. 23. Le jugement rendu par le jury à la suite des épreuves définitives est soumis à la ratification du ministre.

La liste arrêtée par le jury ne peut comprendre plus de noms qu'il n'y a de places mises au concours ; mais elle peut en comprendre moins, si le résultat des épreuves l'exige.

Elle est dressée par ordre de mérite.

« Art. 24. Un délai de dix jours est accordé à tout concurrent qui a pris part à tous les actes du concours pour se pourvoir devant le ministre contre les résultats dudit concours, mais seulement à raison de violation des formes prescrites.

« Art. 25. Si le pourvoi est admis, il est procédé entre les mêmes candidats à un nouveau concours, dont l'époque est fixée par le ministre. »

# TITRE III.

## CONSEILS DE RÉVISION POUR LE RECRUTEMENT.

**725.** — I. Les conseils de révision pour le recrutement ne sont pas des tribunaux administratifs permanents. Ils sont cons-- titués annuellement pour revoir les opérations du recrutement. J'ai fait connaître leurs attributions dans mes *Principes de compétence*, t. 3, p. 1005, n<sup>os</sup> 1606 et suiv. Je n'ai à m'occuper ici que de leur composition et de l'instruction qui se suit devant eux (1).

**726.** — II. La loi du 21 mars 1832 règle le mode de composition des conseils de révision, ainsi que les formes de l'instruction à suivre devant eux.

Voici les dispositions qui se réfèrent à ce double objet :

« Art. 15. Les opérations du recrutement seront revues, les réclamations auxquelles ces opérations auraient pu donner lieu seront entendues, et les causes d'exemption et de déduction seront jugées, en séance publique, par un conseil de révision composé : — Du préfet, président, ou, à son défaut, du conseiller de préfecture qu'il aura délégué ; — d'un conseiller de préfecture ; — d'un membre du conseil général du département ; — d'un membre du conseil d'arrondissement, tous trois à la désignation du préfet ; — d'un officier général ou supérieur désigné par l'Empereur. — Un membre de l'intendance militaire assistera aux opérations du conseil de révision ; il sera entendu toutes les fois qu'il le demandera, et pourra faire consigner ses observations aux registres des délibérations. — Le conseil de révision se transportera dans les divers cantons ; toutefois, suivant les localités, le préfet pourra réunir dans le même lieu plusieurs cantons pour les opérations du conseil. — Le sous-préfet, ou le fonctionnaire par lequel il aurait été suppléé pour les opérations du

---

(1) Au moment où cette feuille, déjà composée, allait être tirée, j'ai reçu l'excellent ouvrage de M. de Boyer de Sainte-Suzanne, secrétaire général du département de la Somme, sur le recrutement, le tirage au sort et la révision. Je conseille à mes lecteurs de consulter un livre aussi clair, aussi complet, et qui peut devenir le guide le plus sûr de l'administration et des familles. Voy. notamment le § *Conseil de révision*, p. 35 à 57.

tirage, assistera aux séances que le conseil de révision tiendra dans l'étendue de son arrondissement. — Il y aura voix consultative. »

Comme on le voit, les séances du conseil de révision sont publiques, afin de mieux assurer l'impartialité des décisions. Le jour et le lieu des séances sont portés à la connaissance du public par des affiches.

Le membre de l'intendance militaire qui assiste aux opérations, remplit les fonctions du ministère public, et il est principalement chargé de défendre les intérêts du département de la guerre. Serrigny, t. 2, p. 430, n° 1098.

**726 bis.** — Les conseils de révision, pour être régulièrement constitués, doivent être composés de cinq membres, non compris le membre de l'intendance militaire; mais il a été jugé que la présence de ces cinq membres n'était pas nécessaire pour la validité de leurs décisions. 13 août 1852, *Lasseigne.* Dans l'espèce, le préfet, absent, ne s'était pas fait remplacer. « C'est là, dit M. Dufour, 2ᵉ édit., t. 2, p. 434, n° 400, une doctrine à laquelle il nous est difficile de souscrire. Le législateur a voulu que tous les intérêts fussent représentés et puissent être défendus dans le sein du conseil de révision. Or, le système de garantie qu'il a établi est détruit du moment que la décision intervient en dehors du concours de l'un des juges. Et si la loi n'a pas prononcé la nullité, n'est-ce pas le cas de suppléer, comme on l'a fait pour les tribunaux de l'ordre civil, à la lettre par l'esprit de la loi, de distinguer entre les formes substantielles et celles qui n'ont pas ce caractère, et de faire résulter cette nullité de l'inobservation des premières? » Je ne puis qu'adopter ces considérations.

**727.** — « Art. 16. Les jeunes gens qui, d'après leurs numéros, pourront être appelés à faire partie du contingent, seront convoqués, examinés et entendus par le conseil de révision. — S'ils ne se rendent point à la convocation, ou s'ils ne se font pas représenter, ou s'ils n'obtiennent pas un délai, il sera procédé comme s'ils étaient présents. — Dans les cas d'exemption pour infirmités, les gens de l'art seront consultés. — Les autres cas d'exemption ou de déduction seront jugés sur la production de documents authentiques, ou, à défaut de documents, sur des certificats signés de trois pères de famille domiciliés dans le même canton, dont les fils sont soumis à l'appel ou ont été appelés. Ces certificats devront, en outre, être signés et approuvés par le maire de la commune du réclamant. »

La convocation des jeunes gens intéressés est faite, indépendamment des affiches dont j'ai déjà parlé, par des billets d'avertissement qui sont transmis par la voie administrative, au nom du sous-préfet.

**728.** — « Art. 25. Hors les cas prévus ci-après, art. 26 et 27, les décisions du conseil de révision seront définitives. »

La loi du 26 avril 1855, art. 7, et le règlement d'administration publique du 9 janv. 1856, art. 40, attribuent le même caractère aux décisions des conseils de révision qui statuent sur les demandes d'exonération.

Il faut entendre cette disposition en ce sens que, non-seulement la voie de l'appel n'est pas admissible, mais que même les jeunes gens qui auraient négligé de se présenter ne peuvent se pourvoir par opposition.

Les motifs qui ont fait admettre cette dérogation aux principes ordinaires sont faciles à comprendre. D'un côté, il importe que le sort des jeunes gens appelés ne demeure pas longtemps incertain, et que les besoins de l'armée soient promptement satisfaits ; d'un autre coté, comme les décisions des conseils de révision ne sont pas individuelles et qu'elles s'étendent à tous les jeunes gens compris dans le tirage, on ne pourrait, sans inconvénients, admettre les voies de recours qui entraîneraient la modification de la liste arrêtée une première fois.

Aussi, lors même qu'il y a impossibilité absolue d'attribuer à la décision un caractère définitif, les dispositions de la loi sont combinées de façon que les conseils de révision n'ont plus à revenir sur la composition générale de la liste par eux arrêtée. Les art. 26 et 27, rapportés plus bas, indiquent la marche à suivre en pareil cas.

**729.** — La seule voie de recours admise contre les décisions des conseils de révision est celle de la cassation, pour violation des formes ou de la loi. Voy. *infrà*, n° 825.

Les jeunes gens qui ont été compris dans la liste du contingent par suite d'un simple mal-jugé n'ont, par conséquent, d'autre ressource qu'une réclamation par la voie gracieuse.

Une circulaire du 24 fév. 1834 porte :

« A l'avenir, les hommes compris dans le contingent, soit par erreur, soit par une fausse interprétation de la loi, et qui se trouveraient incorporés, pourront être l'objet d'une proposition spéciale au ministre, qui avisera aux moyens de renvoyer dans leurs foyers ceux dont les réclamations seront fondées. » D'après une autre circulaire du 25 juin 1834, le général commandant la division, ou le préfet, doit soumettre la réclamation au ministre, lequel peut accorder un congé qui autorise le jeune homme à rester dans ses foyers pendant le temps du service militaire.

**730.** — « Art. 26. Lorsque les jeunes gens désignés par leur

numéro pour faire partie du contingent cantonal auront fait des
réclamations dont l'admission ou le rejet dépendra de la décision
à intervenir sur des questions judiciaires relatives à leur état ou
à leurs droits civils, des jeunes gens en pareil nombre, suivant
l'ordre du tirage, seront désignés pour suppléer ces réclamants,
s'il y a lieu. Ils ne seront appelés que dans le cas où, par l'effet
des décisions judiciaires, les réclamants seraient définitivement
libérés. — Ces questions seront jugées contradictoirement avec
le préfet, à la requête de la partie la plus diligente. Les tribunaux
statueront sans délai, le ministère public entendu, sauf appel.

« Art. 27. La disposition de l'article précédent, relative aux
jeunes gens appelés conditionnellement, sera également appli-  •
quée, lorsqu'aux termes de l'art. 41 ci-après, des jeunes gens
auront été déférés aux tribunaux comme prévenus de s'être
rendus impropres au service, lorsque le conseil de révision aura
accordé un délai pour production de pièces justificatives, ou
pour cas d'absence, lequel délai ne pourra excéder vingt jours.»

Dans le cas où il s'élève des questions judiciaires qui exigent
un renvoi préalable devant les tribunaux, les conseils de révision se trouvent dans l'impossibilité de statuer définitivement
sur le sort des jeunes gens dont il est parlé dans ces deux articles.
Mais ils comprennent provisoirement ces jeunes gens dans la
liste du contingent, et ils inscrivent en même temps, mais conditionnellement, un nombre égal de jeunes gens, dans l'ordre
du tirage. Après la décision des tribunaux judiciaires, les conseils prononcent la libération définitive, soit des jeunes gens sur
l'état desquels les tribunaux ont prononcé, soit de ceux inscrits
conditionnellement pour les suppléer.

Les conseils de révision sont autorisés à accorder des délais
pour production de pièces ou pour cause d'absence.

Il est convenable d'accorder des délais même à ceux qui ne
se présentent pas, parce que, s'ils avaient des infirmités, ils
seraient réformés au corps, et la force du contingent se trouverait alors diminuée. Circulaire du 30 mars 1832.

Lorsque les délais ont été accordés, à leur expiration les conseils de révision statuent définitivement, mais sans avoir besoin
de revenir sur les opérations antérieures.

**731.**—«Art. 28. Après que le conseil de révision aura statué sur
les exemptions, déductions, substitutions, remplacements (1),

---

(1) Les remplacements ont été supprimées en principe. Ils n'ont été
maintenus qu'en faveur de proches parents ou alliés. Voy. l'art. 10 de la
loi du 26 avril 1855 et l'art. 69 du règlement d'administration publique
du 9 janv. 1856.

ainsi que sur toutes les réclamations auxquelles les opérations
du recrutement auront pu donner lieu, la liste du contingent de
chaque canton sera définitivement arrêtée et signée par le conseil de révision, et les noms inscrits seront proclamés. — Les
jeunes gens qui, aux termes des art. 26 et 27, sont appelés les
uns à défaut des autres, ne seront inscrits sur la liste du contingent que conditionnellement, et sous la réserve de leurs
droits. — Le conseil déclarera ensuite que les jeunes gens qui ne
sont pas inscrits sur cette liste sont définitivement libérés. Cette
déclaration, avec l'indication du dernier numéro compris dans le
contingent cantonal, sera publiée et affichée dans chaque commune du canton. — Dès que les délais accordés en vertu de
l'art. 27 seront expirés, ou que les tribunaux auront statué en
exécution des art. 26 et 41, le conseil prononcera de la même
manière la libération des réclamants ou des jeunes gens conditionnellement désignés pour les suppléer. — Le conseil de révision ne pourra statuer ultérieurement sur les jeunes gens portés
sur les listes du contingent, que pour les demandes de substitu-
tion et de remplacement. — La réunion de toutes les listes du
contingent de chaque canton d'un même département formera
la liste du contingent départemental. »

Les décisions des conseils de révision ne sont point rendues
en la forme d'une décision ordinaire. Elles consistent simplement
dans la transcription de la liste du tirage au sort sur un registre
spécial, qui est arrêté de la manière suivante :

Le procès-verbal des opérations commence par l'indication du
jour et du lieu de la réunion, et par la désignation des membres
composant le conseil de révision et présents à la séance. Suivent
plusieurs colonnes qui contiennent, savoir :

La première, les numéros du tirage;

La seconde, les nom, prénoms, surnom des jeunes gens
inscrits;

La troisième, leur domicile;

La quatrième, la décision prise par le conseil;

La cinquième est destinée aux observations dont la décision
peut avoir été l'objet.

Ces décisions consistent simplement dans ces mots : *propre au
service;* ou bien : *dispensé, exempté,* etc., avec l'indication du
motif de dispense ou d'exemption; ou bien encore : *propre au
service, mais ajourné à... pour justifier de...*

Enfin, le procès-verbal est terminé par cette mention : *Le
contingent de... hommes, assigné par la sous-répartition au canton de..., ayant été formé au n°... inclus, comprenant les nᵒˢ...
comme suppléants, jusqu'à ce qu'il ait été statué sur ces nᵒˢ...,*

*qui ont été ajournés, les numéros supérieurs ont été proclamés libérés à compter de ce jour.*

Suivent les signatures de tous les membres du conseil qui ont pris part aux délibérations.

Les décisions des conseils de révision ne sont pas nécessairement motivées; aucune loi n'a exigé la relation des motifs; par conséquent le rejet d'une demande en exemption ainsi conçu : *Le droit n'existe pas ; — Bon pour le service,* est régulier, et la décision ne saurait être annulée pour défaut de motifs. 13 août 1853, *Lasaigne.*

Lorsqu'il y a eu ajournement, ou qu'un délai a été accordé pour faire des justifications, la décision définitive, qui intervient au jour fixé, est portée simplement dans une colonne réservée sur le registre et elle est conçue dans des termes analogues à ceux des autres décisions.

Les résultats des opérations du conseil sont indiqués sur la liste du tirage au sort, qui contient des colonnes réservées pour cette indication.

# TITRE IV.

## CONSEILS DE RECENSEMENT ET JURYS DE RÉVISION

### POUR LA GARDE NATIONALE.

**732.** — J'ai exposé les règles de compétence relatives à ces tribunaux administratifs, dans mes *Principes de compétence,* t. 3, p. 1006, n°ˢ 1610 et suiv. Je dois m'occuper ici du mode de procéder devant ces juridictions spéciales.

#### SOMMAIRE.

CHAP. I°ʳ. — Conseils de recensement.
CHAP. II. — Jurys de révision.

## CHAPITRE Iᵉʳ.

### *Conseils de recensement.*

**733.** — I. Les conseils de recensement se forment dans chaque commune d'après le mode réglé par le décret du 11 janv. 1852 :

Ils sont composés ainsi qu'il suit : 1° dans chaque compagnie organisée isolément, le capitaine, président, et deux membres désignés par le sous-préfet; 2° dans chaque bataillon, escadron ou corps d'escadron, du chef de bataillon ou d'escadron et des capitaines commandants; les capitaines peuvent se faire suppléer par leurs sergents-majors ou maréchaux des logis chefs. Décret du 11 janv. 1852, art. 9.

**734.** — La loi du 14 juillet 1837, concernant la garde nationale du département de la Seine, avait introduit quelques règles spéciales aux conseils de recensement de Paris. Il devait alors en être nécessairement ainsi, attendu que la garde nationale de la Seine avait une organisation particulière, et qu'il y avait, d'après l'art. 15 de la loi du 22 mars 1831, un conseil de recensement par commune. Mais aujourd'hui, qu'il y a un conseil de recensement par compagnie ou par bataillon, rien n'empêchait de soumettre la garde nationale de la Seine au droit commun, et c'est ce qui a été fait. Les conseils de recensement sont composés, à Paris, ainsi qu'il vient d'être dit au numéro ci-dessus; seulement les membres seront désignés par le ministre de l'intérieur, sur la présentation du général commandant supérieur. Décret du 11 janv. 1852, art. 9.

**735.** — II. Les réclamations adressées aux conseils de recensement sont formées par une simple pétition, qui n'est soumise à aucune formalité particulière.

Les pétitions, ainsi que tous les autres actes de procédure, sont dispensés de timbre et enregistrés *gratis*. Loi du 22 mars 1831, art. 121.

**736.** — Voici les dispositions du décret du 5 sept. 1851, qui sont encore en vigueur :

« Art. 2. Les réclamations sont adressées au président du conseil de recensement; elles sont inscrites sur un registre à ce destiné.

« Art. 3. Le réclamant est averti du jour de la réunion du conseil de recensement, avec invitation de comparaître en personne ou par un fondé de pouvoirs.

« Art. 4. Au jour fixé, le conseil de recensement statue. Aucune décision n'est valable qu'autant que la moitié plus un des membres y a pris part. Les décisions sont prises à la majorité des voix. En cas de partage, la voix du président est prépondérante.

« Art. 5. Les décisions contradictoires ne sont pas notifiées; mais il en est donné copie dûment certifiée à la partie qui le demande.

« Art. 6. L'opposition à la décision par défaut doit être formée dans les cinq jours de la notification. Le conseil de recensement peut néanmoins, en cas d'empêchement constaté, relever le défaillant du délai d'opposition.

« Art. 7. Chacune des décisions est transcrite à sa date sur le registre prescrit par l'art. 2. »

## CHAPITRE II.

### Jurys de révision.

**737.** — I. L'art. 10 du décret du 11 janv. 1852, est ainsi conçu :

« Il y aura un jury de révision par chaque canton. Il est présidé par le juge de paix et composé de quatre membres nommés par le sous-préfet.

« A Paris, le jury de révision, institué à l'état-major général, est présidé par le chef d'état-major, à son défaut par un lieutenant-colonel d'état-major, et composé de :

« Quatre chefs de bataillon ;

« Deux chefs d'escadron d'état-major ;

« Deux capitaines d'état-major ;

« Un chef d'escadron, rapporteur ;

« Un capitaine, rapporteur-adjoint ;

« Un capitaine, secrétaire ;

« Un lieutenant, secrétaire-adjoint. »

**738.** — Dans les villes divisées en plusieurs cantons, il doit y avoir autant de jurys de révision que de cantons. S'il n'a été constitué qu'un jury de révision pour chacune de ces villes, il y a lieu de décider que sa formation est irrégulière et d'annuler les décisions qui en émanent. 12 avril 1855, *Cord'homme.*

**739.** — II. Le mode d'introduction et d'instruction des demandes portées devant les jurys de révision est réglé par le décret du 5 sept. 1851, dont voici les dispositions :

Art. 8. L'appel des décisions des conseils de recensement devant le jury de révision doit être interjeté dans la quinzaine de la décision contradictoire ou de la notification de la décision par défaut, rendue sur opposition, ou dans la quinzaine du jour où la décision par défaut est devenue définitive; faute d'opposition, l'appel est suspensif. L'acte d'appel est déposé au secrétariat de la mairie et inscrit au registre mentionné à l'art. 2. Il en est donné récépissé. Le maire transmet immédiatement l'acte au juge de paix. Lorsque l'appel est formé par le préfet, il est adressé au juge de paix, président du jury.

Art. 9. Les actes d'appel sont, au fur et à mesure de leur réception, inscrits par le secrétaire du jury sur un registre-journal disposé à cet effet, et dont les pages sont paraphées par première et dernière par le juge de paix.

Art. 10. Sur l'indication donnée par le juge de paix, l'appelant est averti par le maire du jour, de l'heure et du lieu où il sera statué sur son appel. Le délai de la comparution ne doit pas être moindre de dix jours.

Art. 11. Aux jour, heure et lieu fixés pour la comparution à l'audience, les jurés s'assemblent sous la présidence du juge de paix. — Ils doivent être en costume. Circ. du 12 oct. 1851.

Art. 13. Le secrétaire appelle l'affaire. Les récusations sont proposées et jugées. — L'appelant, ou son fondé de pouvoir, est entendu. Le rapporteur donne les conclusions; il ne prend point part à la délibération. — L'avis des jurés est pris par le président dans l'ordre inverse des grades, et à grade égal dans l'ordre inverse des âges. La décision est rendue conformément à l'art. 28 de la loi du 13 juin 1851; elle est motivée.

L'art. 28 de la loi du 13 juin 1851 est ainsi conçu :

« Le jury ne peut prononcer qu'au nombre de sept membres, au moins, y compris le président; les décisions sont prises à la majorité absolue. En cas de partage, la voix du président est prépondérante. »

Il est clair que cette disposition ne peut être appliquée qu'à Paris, puisque dans les départements les conseils de révision ne sont composés en tout que de cinq membres. — Aussi, à l'égard de ces derniers, le minimum n'est plus légalement fixé. BLOCK, dict., v° *Garde nat.*, n° 17.

**740.** — Sauf la dernière disposition qu'on vient de lire, les formalités qui précèdent sont spéciales ; on le voit aux appels portés devant les jurys de révision organisés dans les divers cantons du département. Cependant, je crois que ces dispositions doivent aussi, par analogie, être appliquées devant le jury de révision, organisé à Paris, en transportant au chef d'état-major, président du jury, les attributions confiées au juge de paix dans les cantons du département.

**741.** — Les jurys de révision ne peuvent connaître que des contestations qui leur sont soumises. Ils ne peuvent statuer sur ce qui ne fait pas l'objet de la demande. Ainsi, par exemple, ils ne pourraient pas, en prononçant l'exemption au profit de l'appelant, prononcer des exemptions au profit d'autres individus qui, se trouvant dans la même situation, n'auraient pas réclamé.

**742.** — Le jury de révision pourra user de tous les moyens de vérification qui lui paraîtront propres à conduire à la découverte de la vérité. L'art. 4 du décret du 8 sept. 1851 lui donne formellement le droit d'ordonner de nouvelles vérifications pour constater les infirmités que le conseil de recensement aurait refusé de reconnaître.

Cette vérification sera faite par un ou plusieurs médecins, choisis par le jury parmi ceux qui auront été portés sur une liste dressée pour trois ans, par le préfet, le conseil général entendu. Loi du 8 sept. 1851, art. 2, 3 et 5.

A Paris, c'est le général commandant supérieur qui désigne les médecins parmi lesquels le jury doit faire son choix.

**743.** — Les décisions par défaut du jury ne sont pas susceptibles d'opposition. Art. 14 du décret du 5 sept. 1851.

**744.** — Dans tous les cas où les jurys de révision sont appelés à statuer comme tribunaux d'appel, les réclamations qui leur sont adressées ne sont recevables qu'autant qu'elles ont subi le premier degré de juridiction devant les conseils de recensement. Toute demande nouvelle devrait être rejetée, conformément aux règles ordinaires. Voy. *suprà*, n° 637.

Ainsi, les demandes en dispense du service ordinaire ne peuvent être portées *de plano* devant le jury ; elles doivent préalablement être soumises au conseil de recensement. 14 nov. 1834, *Potain*.

**745.** — III. Les séances des jurys de révision sont publiques et la défense orale est admise. Rien n'empêche même que les parties présentent leurs moyens par le ministère d'un avocat.

L'art. 18 du décret du 5 sept. 1851 porte :

« Les séances des conseils de révisions et des jurys de recensement sont publiques. La vérification des infirmités peut être faite en chambre du conseil. Les décisions délibérées en chambre du conseil sont prononcées en séance publique. »

**746.** — « Les décisions du jury sont signées par le président et le secrétaire. Le secrétaire transcrit chaque décision à sa date sur le registre prescrit par l'art. 9. » Décret du 5 sept. 1851, art. 15.

« Mention est faite des décisions définitives sur le registre tenu à la mairie en exécution de l'art. 2. Les décisions sont notifiées par le maire à qui le juge de paix les transmet. » *Ibid.*, art. 16.

« Le rapporteur exerce près du jury de révision les fonctions du ministère public et fait, en cette qualité, toutes les réquisitions nécessaires. » *Ibid.*, art. 17.

**747.** — IV. Les décisions des jurys de révision constituent de véritables jugements ; elles doivent par conséquent renfermer les formalités substantielles requises pour tout jugement.

Ainsi, elles doivent contenir les noms et qualités des parties, l'indication de l'objet de la réclamation, etc.

Mais doivent-elles, à peine de nullité, contenir les noms, les qualités et le nombre des membres du jury qui les ont rendues ?

Sous l'empire de l'ancienne loi, une ordonnance du 26 juin 1845, *Planty et Defremicourt*, avait décidé la négative. Antérieurement, et le 10 août 1844, *Boullenger*, le conseil d'État avait rejeté un moyen de nullité fondé sur l'absence de ces désignations, par le motif que les allégations du requérant n'étaient pas justifiées. Je ne comprends pas trop ce motif, car, en déférant au conseil d'État la décision du jury, le requérant avait dû produire cette décision, et dès lors il était bien aisé de voir ce qu'elle contenait. Quoi qu'il en soit, et malgré le silence de la loi nouvelle, je pense que les décisions des jurys de révision doivent mentionner exactement les noms, les qualités et le nombre des personnes qui les ont rendues. S'il en était autrement, comment pourrait-on s'assurer que le jury était en nombre suffisant pour délibérer valablement, et que les personnes qui ont assisté à la délibération avaient qualité pour y prendre part ?

**748.** — Est-il nécessaire que les décisions des jurys de révision soient motivées ?

Le conseil d'État paraissait admettre, sous l'ancienne loi, que cette formalité n'était point requise à peine de nullité ; c'est ce qui résulte, du moins implicitement, de deux ordonnances des 16 juillet 1840, *Sesmaisons*, et 30 juin 1842, *Lehoult*.

Je pensais, au contraire, que toute décision contentieuse devant être motivée et la loi n'ayant introduit aucune exception pour les décisions des jurys de révision, la règle générale devait leur être appliquée.

Aujourd'hui, l'art. 13 du décret du 5 sept. 1851 exige que la décision soit motivée. Il est vrai que cet article ne prononce pas la nullité, mais le conseil d'État a jugé avec raison que le défaut de motifs entraînait la nullité de la décision. 14 avril 1853, *Anglade.*

**749.** — Les avertissements, notifications et significations faites en exécution du présent règlement, ont lieu en la forme administrative. Décret du 5 sept. 1851, art. 19. Voy, *suprà*, ce que j'ai dit des notifications.

**750.** — Les décisions des conseils de révision peuvent être déférées au conseil d'État pour incompétence, excès de pouvoir et violation de la loi, non-seulement par la partie condamnée, mais encore par le ministre de l'intérieur. Le rapporteur transmet au ministre, par l'intermédiaire du préfet, avec ses observations, les décisions qui lui paraissent susceptibles d'être déférées au conseil d'État, pour incompétence, excès de pouvoir ou violation de la loi. Décret du 5 sept. 1851, art. 7.

# TITRE V.

## CONSEIL DES PRISES ET COMMISSIONS SPÉCIALES.

### SOMMAIRE.

CHAP. I<sup>er</sup>. — Conseil impérial des prises maritimes.
CHAP. II. — Commissions pour le dessèchement de marais et autres ouvrages d'utilité publique.
CHAP. III. — Commissions pour la liquidation d'indemnités et créances.

### CHAPITRE PREMIER.

#### *Commissions pour les prises maritimes.*

**751.** — J'ai rapidement exposé dans mes *Principes de compétence*, t. 3, p. 990, n<sup>os</sup> 1494 et suiv., les divers changements de législation en matière de prises maritimes. C'est au conseil impérial des prises, rétabli par les décrets des 18 juillet 1854 et 9 mai 1859, qu'il appartient aujourd'hui de statuer sur la validité de toutes les prises maritimes, dont le jugement doit appartenir à l'autorité française. Il statue également sur les contestations relatives à la qualité des navires neutres ou ennemis, naufragés ou échoués, et sur les prises maritimes amenées dans les ports de nos colonies (art. 2 des décrets des 18 juillet 1854 et 9 mai 1859).

**752.** — L'instruction à suivre pour préparer la décision du conseil des prises demeure réglée par le titre II, chap. II, de l'arrêté du 2 prair. an XI. Le capitaine capteur d'un navire de guerre d'un corsaire, d'un pirate ou d'un bâtiment marchand, après avoir dressé les divers procès-verbaux voulus par la loi, doit conduire la prise dans le port de France le plus rapproché, ou dans un port de la possession française la plus voisine, et faire immédiatement la déclaration de sa prise à l'officier d'administration de la marine (art. 59 à 69).

**753.** — Voici quelles sont les autres dispositions de cet arrêté :
« Art. 69. Après avoir reçu le rapport du conducteur de la prise, l'officier d'administration de la marine se transportera immédiatement sur le bâtiment capturé, dressera procès-verbal de l'état dans lequel il le trouvera, et posera, en présence du capitaine pris, ou de deux officiers ou matelots de son équipage, d'un préposé des douanes, du capitaine ou autre officier du na-

vire capteur, et même des réclamants , s'il s'en présente , les scellés sur tous les fermants.

« Ces scellés ne pourront être levés qu'en présence d'un préposé des douanes.

« Art. 70. Le préposé des douanes prendra à bord un état détaillé des balles, ballots, futailles et autres objets qui seront mis à terre ou chargés dans les chalands et chaloupes; un double de cet état sera envoyé à terre, et signé par le garde-magasin, pour valoir réception des objets y portés.

« À mesure du déchargement des objets, et au moment de leur entrée en magasin, il sera dressé inventaire en présence d'un visiteur des douanes, qui en tiendra état, et le signera à chaque séance.

« Art. 71. Il sera établi à bord un surveillant, lequel sera chargé, sous sa responsabilité, de veiller à la conservation des scellés et des autres effets confiés à sa garde.

« Art. 72. L'officier d'administration de la marine du port dans lequel les prises seront amenées, procédera de suite, et au plus tard dans les vingt-quatre heures de la remise des pièces, à l'instruction de la procédure , pour parvenir au jugement des prises.

« Art. 73. Cette instruction consiste dans la vérification des scellés, la réception et l'affirmation des rapports et déclarations du chef conducteur , l'interrogatoire de trois prisonniers au moins, dans le cas où il s'en trouverait un pareil nombre, l'inventaire des pièces, états ou manifestes de chargement qui auront été remis ou qui seront trouvés à bord, la traduction des pièces de bord par un interprète juré, lorsqu'il y a lieu.

« Art. 74. Si le bâtiment est amené sans prisonniers, chartes parties ni connaissements, l'équipage du navire capteur sera interrogé séparément sur les circonstances de la prise, pour faire connaître, s'il le peut, sur qui la prise aura été faite.

« Art. 75. L'officier d'administration de la marine sera assisté, dans tous ces actes, du principal préposé des douanes, et appellera, en outre, le fondé de pouvoir des équipages capteurs, s'il y en a : à défaut de fondé de pouvoirs, l'équipage sera représenté par le conducteur de la prise, réputé fondé de pouvoirs.

« Art. 76. Dans le cas d'avaries ou de détérioration de tout ou partie de la cargaison, l'officier d'administration de la marine, en apposant les scellés , ordonnera le déchargement et la vente dans un délai fixé. La vente ne pourra cependant avoir lieu qu'après avoir été préalablement affichée dans le port de l'arrivée, et dans les communes et ports voisins, et après avoir appelé le principal préposé des douanes et le fondé de pouvoirs des équipages capteurs, ou, à son défaut, le conducteur de la prise.

« Le produit de ces ventes sera provisoirement déposé dans la caisse des invalides de la marine. »

**754.**—Dans les dix jours qui suivront la clôture de l'instruction, l'officier d'administration de la marine devra envoyer au ministre de la marine tous les actes par lui faits, et toutes les pièces trouvées à bord. Arr. du 6 germ. an VIII, art. 12.

**755.**—Lorsque des prises sont conduites dans des ports de nos colonies, il est procédé de la même manière et par les mêmes agents, que lorsqu'elles sont conduites dans un port du territoire continental de l'Empire. Arr. du 6 germ. an VIII, art. 19.

**756.**—En ce qui touche les prises conduites dans un port étranger, les consuls, appelés à suppléer les administrateurs de la marine, ne peuvent en faire l'instruction que lorsque les traités conclus entre la France et les puissances sur le territoire desquelles ces consuls résident, les y autorisent. Même arrêté, art. 23.

**757.**—Les consuls d'ailleurs ne sont jamais compétents pour juger les prises, et il leur est prescrit de se borner, le cas échéant, à faire les actes d'instruction sommaire, et à prendre les mesures conservatoires que l'état particulier d'une prise entrée en relâche forcée dans le port de leur résidence peut réclamer. Block, *Dict.*, v° *Prises marit.*, n° 25.

**758.**—Le ministre de la marine, auquel les diverses pièces composant le dossier ont été envoyées, les fait tenir, sans retard, au commissaire du Gouvernement près le conseil des prises.

**759.**—Voici quelles sont les dispositions du décret du 18 juillet 1854, relatif à l'organisation du conseil des prises et à ses attributions :

« Art. 2. Ce conseil statue sur la validité de toutes les prises maritimes faites dans le cours de la présente guerre (de Crimée) et dont le jugement doit appartenir à l'autorité française. Il statue également sur les contestations relatives à la qualité des navires neutres ou ennemis, naufragés ou échoués, et sur les prises maritimes amenées dans les ports de nos colonies.

« Art. 3. Ce conseil est composé : 1° d'un conseiller d'État, président; 2° de six membres, dont deux pris parmi les maîtres des requêtes de notre conseil d'État; 3° d'un commissaire du Gouvernement qui donne ses conclusions sur chaque affaire. Les membres du conseil des prises sont nommés par décret impérial, sur la présentation de nos ministres des affaires étrangères et de la marine et des colonies. Leurs fonctions sont gratuites. Un secrétaire greffier est attaché au conseil.

« Art. 4. Les séances du conseil des prises ne sont pas publiques. Ses décisions ne peuvent être rendues que par cinq membres au moins. Le commissaire du Gouvernement est, en cas d'absence ou d'empêchement, remplacé par l'un des membres du conseil.

« Art. 5. Les décisions du conseil des prises ne sont exécutoires que huit jours après la communication officielle qui en est faite à nos ministre des affaires étrangères et de la marine et des colonies.

« Art. 6. . . . . (*Pourvoi devant le conseil d'État*) (1).

« Art. 7. Les avocats à notre conseil d'État ont seuls le droit de signer les mémoires et requêtes qui sont présentés au conseil des prises.

« Art. 8. Les équipages des bâtiments appartenant aux puissances alliées de la France sont représentés devant le conseil des prises par le consul de la nation ou par tout autre agent que désigne leur gouvernement.

« Art. 9. Les agents consulaires étrangers peuvent présenter au conseil des prises toutes les observations qu'ils jugent convenables dans l'intérêt de leurs nationaux, mais seulement par l'intermédiaire du commissaire du Gouvernement.

« Art. 11. Les dispositions de l'arrêté des consuls du 6 germinal an VIII, et autres règlements non contraires à notre présent décret sont maintenus. Sont néanmoins abrogés les art. 9, 10 et 11 de l'arrêté du 6 germinal an VIII. »

Il faut donc observer l'art. 13 de l'arrêté du 6 germ. an VIII, aux termes duquel l'instruction se fait par simples mémoires, respectivement communiqués par la voie du secrétariat ; la remise que le commissaire du Gouvernement fait de ses conclusions au membre du conseil chargé de rapporter l'affaire en séance et de préparer le projet de décision clôt l'instruction dont la durée totale ne peut dépasser trois mois pour les prises conduites dans les ports de la Méditerranée et deux seulement pour celles qui ont été amenées dans les autres ports de l'empire, le tout à compter du jour de l'enregistrement du dossier au secrétariat du conseil.

**760.** Les décisions émanées du conseil des prises peuvent être attaquées par la voie de l'appel. On lit en effet dans le décret du 18 juillet 1854 :

« Art. 6. Les décisions rendues par le conseil des prises peuvent nous être déférées en notre conseil d'État, soit par le commissaire du Gouvernement, soit par les parties intéressées. Le

_____

(1) Voy. *suprà*, p. 6.

recours doit être exercé par le commissaire du Gouvernement dans les trois mois de la décision, et par les parties intéressées dans les trois mois de la signification de cette décision. Ce recours n'a pas d'effet suspensif, si ce n'est pour la répartition définitive du produit des prises. Toutefois, le conseil des prises peut ordonner que l'exécution de sa décision n'aura lieu qu'à la charge de fournir caution. Dans tous les cas il peut être ordonné, en notre conseil d'État, qu'il sera sursis à l'exécution de la décision contre laquelle le pourvoi est dirigé, ou qu'il sera fourni une caution avant cette exécution. »

**761.** Le recours autorisé par l'art. 6 du décret du 18 juillet 1854 doit-il être porté devant l'assemblée générale du conseil d'État, ou bien doit-il, comme les recours ordinaires, être porté devant l'assemblée du conseil d'État jugeant au contentieux ? L'art. 8 du décret du 30 janvier 1852, portant règlement intérieur du conseil d'État, a chargé la section de législation de l'examen relatif aux prises maritimes; d'un autre côté l'art. 13 du même décret a prescrit que le projet de décret ayant pour objet des prises maritimes fût porté à l'assemblée générale du conseil d'État; or il est évident que le décret du 18 juillet 1854, en autorisant un recours contre les décisions du conseil des prises, n'a ni modifié ni entendu modifier ces dispositions conformes, du reste, à la législation antérieure. Il est donc certain que le recours dont il s'agit ne peut être porté que devant l'assemblée générale du conseil d'État; 11 janv. 1855, *Wilken, Zeüthen et Comp.*

**762.** La notification qui fait courir les délais de l'appel à l'égard des parties intéressées doit avoir lieu à la diligence de ces dernières. En fait, c'est au nom du commissaire du Gouvernement qui représente les équipages de la marine impériale que les décisions du conseil sont notifiées aux capturés, c'est-à-dire aux parties qui se sont présentées, ou, à leur défaut, au capitaine, qui, dans une procédure de prise, représente légalement tous les intéressés, tant dans l'armement que dans la cargaison du navire qu'il commandait.—C'est également à la diligence des parties intéressées, mais avec le concours et la présence de l'officier d'administration de la marine et du principal préposé des douanes, que la décision du conseil des prises est mise à exécution. Arrêt 6 germ. an VIII, art. 14, et 2 prair. an XI, art. 84; Voy. Block, *Dict.,* v° *Prises marit.,* n°⁵ 33 et 34.

# CHAPITRE II.

## *Commissions pour les desséchements de marais et autres ouvrages d'utilité publique.*

**763.** — I. J'ai exposé les attributions de ces commissions dans mes *Principes de compétence*, t. 3, p. 1009, nᵒˢ 1637 et suivants.

Leur organisation et le mode de leurs délibérations sont réglés par la loi du 16 sept. 1807, qui porte :

« Art. 42. Lorsqu'il s'agira d'un desséchement de marais ou d'autres ouvrages déjà énoncés en la présente loi, et pour lesquels l'intervention d'une commission spéciale est indiquée, cette commission sera établie ainsi qu'il suit : .

« Art. 43. Elle sera composée de sept commissaires ; leur avis ou leurs décisions seront motivés ; ils devront, pour les prononcer, être au moins au nombre de cinq (1).

Art. 44. Les commissaires seront pris parmi les personnes qui seront présumées avoir le plus de connaissances relatives, soit aux localités, soit aux divers objets sur lesquels ils auront à prononcer.—Ils seront nommés par l'Empereur.

« Art. 45. Les formes de la réunion des membres de la commission, la fixation des époques de ses séances et des lieux où elles seront tenues, les règles pour la présidence, le secrétariat et la garde des papiers, les frais qu'entraîneront les opérations, et enfin tout ce qui concerne son organisation, seront déterminés, dans chaque cas, par un règlement d'administration publique (2). »

---

(1) La décision rendue par moins de cinq membres est nulle. 31 août 1847, *Lanthouzet et Maurel.*

(2) Je transcris ici, comme exemple, le décret du 3 janv. 1813, relatif à l'organisation de la commission de desséchement de la vallée de l'Authie, département de la Somme :

Art. 1ᵉʳ. Les préfets des départements de la Somme et du Pas-de-Calais s'entendront pour la première convocation de la commission spéciale du desséchement de la vallée de l'Authie. Elle se réunira provisoirement dans la ci-devant abbaye de Valloires.

« Dans le cas où ce local ne serait pas jugé convenable, les susdits préfets, après avoir pris l'avis de la commission, s'adresseront au ministre de l'intérieur pour être, sur son rapport, statué par nous en notre conseil d'État.

« Art. 2. Le président et le secrétaire de la commission seront nommés

**763** *bis*. — Les demandes en plus-value autorisées par la loi du 16 sept. 1807, art. 30, donnent lieu à la nomination de commissions spéciales. Dans un article remarquable dont mon ho-

---

par le ministre de l'intérieur, sur la proposition des préfets de la Somme et du Pas-de-Calais.

« Art. 3. Le secrétaire sera chargé de la garde des papiers, et en sera responsable.

« Art. 4. Les décisions de la commission seront motivées; ses membres, pour les prononcer, devront être au moins au nombre de cinq. Le président aura voix prépondérante.

« Il sera renouvelé tous les ans, et pourra être réélu d'après le mode fixé par l'art. 1er; en cas d'absence, il sera remplacé par celui des membres qui sera le second dans l'ordre de la nomination.

« Art. 5. La commission s'assemblera une fois par mois, le premier jeudi de chaque mois ; le président pourra, en outre, la convoquer toutes les fois que le bien du service l'exigera.

« Art. 6. Les délibérations seront inscrites sur un registre coté et parafé par première et dernière, par celui des préfets dans le département duquel se tiendront les séances de la commission. Il en sera de même pour la transcription des lettres.

« Art. 7. Les délibérations seront signées sur le registre par les commissaires délibérants, et les expéditions par le secrétaire.

« Art. 8. La correspondance sera tenue par le président, et, à son défaut, par le secrétaire.

« Art. 9. La commission fixera les jours et les heures auxquels le secrétariat devra être ouvert.

« Art. 10. Les expéditions des décisions de la commission seront délivrées aux parties intéressées, sans autres frais que ceux du papier timbré.

« Art. 11. Les fonctions des commissaires sont gratuites.

« Art. 12. Il sera mis à la disposition de la commission une somme annuelle, pour faire face, soit au traitement qui sera alloué au secrétaire, soit aux frais de loyer et à ceux des bureaux de toute espèce ; cette somme sera déterminée, sur la proposition de la commission, par arrêté du préfet dans le département duquel la commission se réunira.

« Elle sera payable par le concessionnaire du desséchement, par trimestre, sur le mandat du président de la commission, revêtu du *visa* dudit préfet.

« Art. 13. Avant d'entrer en fonctions, les commissaires prêteront, individuellement, entre les mains du même préfet, le serment de remplir leurs fonctions avec zèle et intégrité.

« Le secrétaire de la commission prêtera le même serment entre les mains du président.

« Art. 14. Lorsque la commission aura terminé ses opérations, elle fera au préfet de la Somme la remise de tous les papiers, par inventaire, fait en triple minute, dont une pour ledit préfet, la seconde pour le préfet du Pas-de-Calais, et la troisième restera au président. »

norable et savant collaborateur, M. Godoffre, a bien voulu enrichir mon *Journal du droit administratif* (t. 2, p. 297, art. 97),
la jurisprudence et la doctrine sur les travaux de ces commissions sont analysées et exposées avec une grande clarté.

J'ai été moi-même fort souvent consulté, et je suis demeuré
convaincu que cette partie de notre législation offre les lacunes
les plus regrettables ; en l'absence d'un Code complet, les membres des commissions sont exposés à commettre les plus graves
erreurs qui entraînent très-souvent l'annulation de leurs décisions. On peut consulter un décret du conseil d'État du 2 déc.
1858, *Delamare* (*Journal du droit administratif*, t. 7, p. 529).

**764.** — II. L'instruction des affaires soumises à ces commissions doit être conforme à ce qui est prescrit par le règlement
d'administration publique rendu, dans chaque cas spécial, en
exécution de l'art. 45 ci-dessus transcrit.

En l'absence de toute disposition spéciale dans ce règlement,
il faut suivre le mode d'instruction en usage devant les conseils
de préfecture. Une ordonnance du 8 sept. 1819, *Defrance c. Au-
bépin*, consacre cette règle en ces termes : « Considérant, sur la
compétence, que les commissions spéciales instituées par le titre
10 de la loi du 16 sept. 1807, sur les desséchements, exercent
les mêmes fonctions que les conseils de préfecture, pour tout le
contentieux relatif à ces entreprises, et qu'elles doivent se conformer au mode de procéder établi pour lesdits conseils..... »

Voy. aussi MM. Serrigny, t. 2, p. 523, n° 1205, et Block,
*Dict.*, v° *Marais*, n° 46.

Mais cette ordonnance s'est écartée elle-même du principe
qu'elle venait de poser. On lit, en effet, dans un autre de ses motifs : — « Considérant, en la forme, que la loi du 16 sept. 1807,
et le décret de concession du 25 mai 1811, n'ont pas imposé
aux experts la formalité du serment préalable à leurs opérations..... »

Qu'importe que cette formalité n'eût pas été imposée par la
loi de 1807 ou par le règlement d'administration publique ? En
l'absence de toute disposition spéciale, il fallait se conformer
aux règles générales suivies devant les conseils de préfecture,
comme le reconnaît le conseil d'État lui-même. Or, il est de
principe que des experts ne peuvent procéder sans avoir prêté
serment. Voy. *suprà*, n° 381.

Il a été jugé que la commission spéciale pouvait nommer
elle-même le tiers expert appelé à prendre part à l'évaluation
des terrains soumis au desséchement. 6 mai 1848, *Caisse hypo-
théc. c. dames Ecot et Duveau.*

**765.** — Il doit être établi, aux termes de l'art. 45 précité, un

sécrétariat particulier pour chaque commission ; c'est à ce secrétariat que sont déposés les pièces, mémoires et, en général,
toutes les productions des parties.

**766.** — Les décisions des commissions sont susceptibles d'être
attaquées par la voie de l'opposition ou de l'appel, dans les mêmes cas et aux mêmes conditions que celles des ministres, des
préfets et des conseils de préfecture. 31 août 1830, *Ruffin ;*
1er nov. 1837, *habitants de Reymure, comm. de Vif ;* 9 janv.
1846, *comp. des marais de Pleurs.*

L'appel n'est pas recevable tant que la voie de l'opposition est
encore ouverte. 31 août 1830, *Ruffin ;* 22 juin 1854, *Buisson et
consorts c. Syndicat de la digue des Combes.*

L'appel doit être interjeté dans le délai ordinaire de trois mois,
à partir du jour de la notification de la décision. 1er nov. 1837,
*habitants de Reymure, comm. de Vif.* — Voy. *supra,* n° 596-4°.

**766 bis.** — Lorsqu'un syndicat n'a pas fait approuver par le
préfet la délibération qui autorise l'appel, conformément aux
prescriptions du décret constitutif de l'association, son recours
est non recevable. 26 juillet 1854, *Syndicat de Saint-Julien de
Peyrolas.*

## CHAPITRE III.

*Commissions pour la liquidation d'indemnités et créances.*

**767.** — I. Il arrive quelquefois que la liquidation de certaines
indemnités ou créances exige des connaissances spéciales ou
donne lieu à des opérations nombreuses qui encombreraient in-
utilement les tribunaux administratifs ordinaires. On crée alors
des commissions, purement temporaires, qui sont organisées
d'après le mode établi par l'acte législatif qui les institue. Cette
organisation peut varier à l'infini, selon les circonstances qui
motivent la création des commissions elles-mêmes.

**768.** — II. J'ai indiqué, dans mes *Principes de compétence,*
t. 3, p. 1014, n°s 1659 et suivants, les attributions des principales commissions établies jusqu'à ce jour. Il est inutile d'entrer dans l'examen du mode d'instruction suivi devant ces tribunaux administratifs exceptionnels, puisqu'ils ont cessé d'exister.
Je ferai seulement observer, à l'égard des commissions semblables qui pourraient être créées à l'avenir, qu'il faut se conformer, pour l'instruction des affaires, aux règles tracées par les
lois et règlements particuliers à chacune d'elles, et, à défaut,
aux règles générales concernant l'instruction devant les conseils
de préfecture.

# TITRE VI.

## CONSEILS PRIVÉS OU D'ADMINISTRATION DES COLONIES.

### SOMMAIRE.

CHAP. I<sup>er</sup>. — Composition des conseils privés ou d'administration.
CHAP. II. — Mode de procéder devant les conseils privés ou d'administration.
CHAP. III. — Formes particulières des recours au conseil d'État.

### CHAPITRE PREMIER.

*Composition des conseils privés ou d'administration.*

**769.** — I. Les conseils privés des colonies exercent des fonctions de diverses natures. Constitués en conseils du contentieux administratif, ils sont spécialement chargés de prononcer en premier, et quelquefois en dernier ressort, sur le contentieux des colonies. Ils remplissent, sous ce rapport, des fonctions analogues à celles des conseils de préfecture. Voy. mes *Principes de compétence*, t. 3, p. 1017, n° 1678.

Dans l'Inde et au Sénégal, ces conseils prennent le nom de *conseils d'administration.*

**770.** — II. La composition des conseils privés est réglée, savoir :

Pour l'île Bourbon, par l'ordonnance du 21 août 1825, titre V, chap. I<sup>er</sup>, art. 139 et 143 ;

Pour La Martinique et La Guadeloupe, par l'ordonnance du 9 fév. 1827, titre VI, chap. I<sup>er</sup>, art. 154 à 158 ; il faut encore, pour ces trois colonies, consulter le sénatus-consulte du 3 mai 1854, art. 9 et 10.

Pour La Guyane française, par l'ordonnance du 27 août 1828, tit. V, chap. I<sup>er</sup>, art. 143 à 147.

La composition des conseils d'administration de l'Inde et du Sénégal est réglée, savoir :

Pour l'Inde, par l'ordonnance du 23 juillet 1840, titre V, chap. I<sup>er</sup>, art. 93 et 94 ;

Pour le Sénégal, par l'ordonnance du 7 sept. 1840, titre V, chap. I<sup>er</sup>, art. 97, 98 et 99.

**771.** — Voici l'analyse de ces diverses dispositions :

Les conseils privés, constitués en conseils du contentieux administratif, se composent :

A Bourbon et à La Guyane, du gouverneur, de l'ordonnateur, du directeur de l'intérieur, du procureur général et de deux conseillers coloniaux ;

A La Martinique et à La Guadeloupe, du gouverneur, du commandant militaire, de l'ordonnateur, du directeur général de l'intérieur, du procureur général, et de trois conseillers coloniaux.

Dans ces quatre colonies, les conseils privés s'adjoignent, en outre, deux membres de l'ordre judiciaire, qui ont voix délibérative et qui, aux termes de l'art. 207 de l'ordonnance du 31 août 1828, sont nommés au commencement de chaque semestre et appelés à ce service pendant sa durée. Pour La Martinique, La Guadeloupe et l'île Bourbon, la nomination est faite directement par le gouverneur. (Sén.-cons., 3 mai 1854.) Le contrôleur colonial exerce les fonctions du ministère public. Un secrétaire archiviste tient la plume.

Les conseils d'administration de l'Inde et du Sénégal, lorsqu'ils ont à prononcer sur des matières de contentieux administratif, sont composés : du gouverneur, du chef du service administratif, du procureur général ou du chef du service judiciaire, de l'inspecteur colonial et de deux magistrats de l'ordre judiciaire. Dans l'Inde, ces magistrats sont désignés par le gouverneur en conseil, au commencement de chaque semestre. Au Sénégal, ils sont appelés par le conseil lui-même. Dans les deux colonies, les fonctions du ministère public sont exercées par l'inspecteur colonial. Un secrétaire archiviste tient la plume.

Les conseils privés ou d'administration sont présidés par le gouverneur, et, en son absence, par le membre du conseil qui occupe le premier rang entre les membres présents. Les décisions doivent être motivées et doivent, à peine de nullité, contenir les noms des membres qui y ont concouru. 1er juin 1849, de Crozant.

Il y a, près de chaque conseil privé, un certain nombre d'avocats, qui ont le droit exclusif de faire tous les actes d'instruction et de procédure devant le conseil. Un huissier est spécialement attaché au conseil, et il est chargé exclusivement de faire les significations d'avocat à avocat, et celles aux parties ayant leur domicile dans le chef-lieu de la colonie. Voy. Ordonnance du 31 août 1828, art. 195 et suivants.

## CHAPITRE II.

*Mode de procéder devant les conseils privés ou d'administration.*

**772.** — I. L'ordonnance du 31 août 1828 a réglé avec soin le mode de procéder devant les conseils privés constitués en conseils du contentieux administratif. Cette ordonnance présente l'ensemble complet des règles de procédure à suivre devant ces tribunaux administratifs spéciaux. Il est à regretter qu'un règlement semblable n'ait pas déterminé les formes d'instruction applicables aux tribunaux administratifs inférieurs de la France continentale. Cette lacune pourrait être facilement remplie ; il n'y aurait qu'à reproduire, avec quelques légères modifications, l'ordonnance du 31 août 1828.

**773.** — II. J'aurais désiré faire connaître les dispositions de cette ordonnance, parce que, comme le dit M. Serrigny, t. 2, p. 541, n° 1227, elles peuvent fournir des inductions précieuses pour l'interprétation des règles de procédure à observer devant le conseil d'État et, surtout, devant les conseils de préfecture ; mais leur étendue ne me permet pas de les transcrire. Je me bornerai à reproduire la partie relative aux formes particulières des recours au conseil d'État.

## CHAPITRE III.

*Formes particulières des recours au conseil d'État.*

**774.** — I. L'appel des décisions rendues par les conseils privés des colonies, constitués en conseils du contentieux administratif, est porté devant le conseil d'État, comme pour les décisions administratives ordinaires. Les recours au conseil d'État sont soumis à quelques formalités particulières qui font l'objet du chapitre II du titre Iᵉʳ de l'ordonnance du 31 août 1828. Voici les dispositions de ce chapitre :

« Art. 138. Lorsqu'une partie sera dans l'intention de se pourvoir au conseil d'État contre une décision du conseil privé, rendue contradictoirement ou sur requête, dans les cas prévus par les art. 9 et 14 de la présente ordonnance, elle sera tenue d'en faire la déclaration au secrétariat du conseil privé.

« Cette déclaration énoncera sommairement les moyens du recours, et sera inscrite sur un registre particulier par ordre de date et de numéro.

« Art. 139. La déclaration de la partie devra être faite, soit par l'avocat qui aura occupé pour elle dans l'instance, soit par cette partie elle-même, assistée d'un avocat au conseil privé, soit par un mandataire muni d'un pouvoir spécial, également assisté d'un avocat au conseil privé.

« Les déclarations de recours, dans l'intérêt du Gouvernement, seront faites et signées par le contrôleur colonial.

« Art. 140. Toute déclaration de recours devra, à peine de déchéance, être faite dans les deux mois, à compter du jour de la décision contre laquelle on peut se pourvoir.

« Art. 141. Dans les huit jours de ladite déclaration, l'expédition en sera remise à l'avocat de la partie, qui en donnera récépissé en marge du registre sur lequel cette déclaration aura été transcrite.

« Cette expédition sera signée du secrétaire archiviste, et timbrée du sceau du conseil.

« Signification de ladite expédition sera faite, tant à l'avocat du défendeur au recours qu'à ce défendeur lui-même, dans les délais et suivant les règles déterminées par l'art. 12 ci-dessus pour la signification de l'arrêté de soit communiqué. Cette signification vaudra sommation au défendeur au recours de constituer avocat aux conseils du roi, à l'effet de défendre, s'il y a lieu, devant le conseil d'État.

« Art. 142. Le défendeur au recours devra constituer avocat aux conseils du roi dans les délais suivants, qui courront du jour de la signification à lui faite, par le demandeur, de sa déclaration en recours, savoir (1) :

« Lorsque la déclaration aura été faite à La Martinique, à La Guadeloupe ou à La Guyane française, les délais pour constituer avocat devant le conseil d'État seront, savoir :

« 1° De quatre mois, si le défendeur demeure à La Martinique, à La Guadeloupe, dans les autres Antilles, à La Guyane française, ou en Europe ;

« 2° De huit mois, si le défendeur demeure dans les autres pays situés à l'ouest du cap de Bonne-Espérance et à l'est du cap Horn ;

« 3° De cinq mois, si le défendeur demeure dans les autres pays situés à l'est du cap de Bonne-Espérance et à l'ouest du cap Horn.

« Lorsque la signification aura été faite à l'île Bourbon, les délais pour constituer avocat en France seront :

(1) Voy. supra, n° 130.

« 1° De huit mois, si le défendeur demeure à l'île Bourbon ou dans ses dépendances ;

« 2° D'un an, si le défendeur demeure dans tout autre lieu.

« L'avocat ainsi constitué sera tenu d'en faire la déclaration au secrétariat du conseil d'État.

« Art. 143. La requête en recours sera déposée, à peine de déchéance, au secrétariat du conseil d'État, dans les formes ordinaires et dans les délais suivants, qui courront du jour de la signification de la déclaration du recours dans la colonie, savoir :

« Si la signification de la déclaration de recours a été faite dans une des colonies de La Martinique de La Guadeloupe ou de La Guyane française, le délai pour déposer la requête en recours au conseil d'État sera de quatre mois, à compter de ladite signification.

« Si ladite signification a été faite dans la colonie de Bourbon, le délai pour déposer la requête en recours au conseil d'État sera de huit mois à compter de ladite signification.

« Dans tous les cas, une expédition ou une copie signifiée de la décision attaquée, une expédition de la déclaration de recours et l'original de la signification de cette déclaration seront joints à la requête en recours, à peine de nullité (1).

« Art. 144. L'ordonnance de soit communiqué obtenue par le demandeur sera signifiée dans les délais et au domicile ci-après indiqués, savoir :

« 1° Si le défendeur ne demeure pas en France, et qu'il ait constitué avocat, elle sera signifiée au domicile de cet avocat ;

« 2° Si le défendeur ne demeure pas en France, et qu'il n'ait pas constitué avocat, elle sera signifiée au domicile d'un avocat d'office dont la désignation aura lieu ainsi qu'il sera prescrit par l'article suivant ; mais il ne pourra être obtenu de défaut que quinze jours après l'expiration des délais accordés au défendeur par l'art. 142 ci-dessus pour constituer avocat aux conseils du roi.

« Les décisions par défaut seront signifiées au domicile de l'avocat d'office, et les oppositions seront formées dans le délai de trois mois, dans quelque lieu que les parties soient domiciliées ;

« 3° Si le défendeur demeure en France, soit qu'il ait ou qu'il n'ait pas constitué avocat, l'ordonnance de soit communiqué sera signifiée à personne ou à domicile, dans les trois mois à compter de sa date, et, dans ce cas, les délais pour produire les

_____

(1) Quelques erreurs s'étaient glissées dans le texte des art. 141 et 143. Elles ont été rectifiées par l'ordonnance du 26 fév. 1838.

défenses seront ceux déterminés par l'art. 4 du règlement du 22 juill. 1806.

« Art. 145. Notre ministre de la marine désignera un des avocats en nos conseils pour recevoir toutes les significations qui seront faites dans les cas prévus par le n° 2 de l'article précédent, ainsi que toutes autres significations qui pourraient avoir lieu par suite de l'instance au conseil d'État ; cet avocat ne pourra jamais occuper pour les demandeurs en recours.

« Nonobstant cette désignation, les défendeurs auront toujours la faculté de constituer tel avocat qu'ils jugeront convenable ; et, dans ce cas, les pièces lui seront remises sans frais.

« Art. 146. Le recours au conseil d'État contre les décisions incidentes ne pourra être formé qu'après la décision définitive, conjointement avec le recours contre cette décision et par la même requête ; néanmoins, en cas de désaveu, l'avocat contre lequel le désaveu aura été admis pourra se pourvoir avant la décision définitive sur l'instance principale.

« Art. 147. Les règles établies par les lois et ordonnances en vigueur dans le royaume, pour l'instruction et le jugement des affaires portées à notre conseil d'État, seront suivies à l'égard des recours contre les décisions du conseil du contentieux administratif des colonies. »

**775.** — II. Ces diverses dispositions ne sont pas susceptibles de donner lieu à des difficultés sérieuses. On verra facilement en quoi les formes prescrites par ces articles diffèrent de celles relatives aux recours ordinaires. Je m'abstiens d'entrer dans des développements superflus, et je me borne aux simples observations suivantes :

1° Les dispositions des art. 141 et 143, qui concernent les significations, ne s'appliquent qu'aux contestations entre particuliers. Lorsque la contestation existe entre des particuliers et l'administration coloniale, la déclaration du pourvoi, déposée par ces particuliers au secrétariat du conseil privé, tient lieu, aux termes de l'art. 15 de l'ordonnance du 31 août 1828, de toutes autres notifications. 11 août 1841, *Lahuppe.*

2° Le conseil d'État a appliqué la déchéance prononcée par l'art. 143, les 24 mars 1832, *Budan de Boislaurent c. Dupuy ;* 31 oct. 1833, *Perriolat ;* 31 mars 1835, *Boyer ;* 26 mai 1837, *Brun-Beaupoil-Beauvallon ;* 18 déc. 1839, *Mathieu.*

3° Une décision du ministre de la marine, du 4 août 1829, a confié les fonctions dont parle l'art. 145 au président de l'ordre des avocats, sous la surveillance du conseil. Dufour, 2° édit., t. 2, p. 351, n° 326.

# TITRE VII.

## ALGÉRIE. — INSTRUCTION GRACIEUSE ET CONTENTIEUSE.

**776.** — I. En Algérie, comme en France (1), l'instruction administrative gracieuse n'est soumise à aucunes formes sacramentelles spéciales ; cependant je crois utile de donner le texte du décret du 27 oct. 1858, en ce qui concerne les affaires générales et départementales sur lesquelles les préfets ne peuvent statuer qu'en *conseil de préfecture*, c'est-à-dire après *avoir pris l'avis des conseillers* de préfecture.

### « *Tableau B.*

« 1° Acquisitions, aliénations et échanges de propriétés départementales non affectées à un service public ;

« 2° Affectation d'une propriété départementale à un service d'utilité départementale, lorsque cette propriété n'est déjà affectée à aucun service ;

« 3° Mode de gestion des propriétés départementales ;

« 4° Baux de biens donnés ou pris à ferme et à loyer par le département ;

« 5° Transactions qui concernent les droits du département ;

« 6° Acceptation ou refus des dons faits au département sans charge ni affectation immobilière, et des legs qui présentent le même caractère ou qui ne donnent pas lieu à réclamation ;

« 7° Contrats à passer pour l'assurance des bâtiments départementaux ;

« 8° Acceptation des offres faites par des communes, des associations ou des particuliers, pour concourir à la dépense des travaux à la charge du département ;

« 9° Concession à des associations, à des compagnies ou à des particuliers, des travaux d'intérêt départemental ;

« 10° Règlement de la part des dépenses des aliénés, enfants trouvés et abandonnés et orphelins pauvres, à mettre à la charge des communes, et base de la répartition à faire entre elles ;

« 11° Traités entre le département et les établissements pu-

---

(1) Si je me sers de ces locutions, *Algérie* et *France*, ce n'est pas que je veuille dire que l'Algérie ne fait pas partie de la France, mais c'est pour déterminer plus facilement les différences d'application qui existent dans la législation.

blics ou privés d'aliénés, avec les directeurs et directrices d'orphelinats;

« 12° Mode et conditions d'admission des enfants trouvés dans les hospices; tarifs des mois de nourrice et de pension; indemnités aux nourriciers et gardiens; prix des layettes et vêtures;

« 13° Autorisation d'établir des asiles privés d'aliénés;

« 14° Tarifs des droits de location de places dans les halles et marchés, et des droits de pesage, jaugeage et mesurage;

« 15° Création de foires et marchés;

« 16° Fixation annuelle du prix de la journée de traitement dans les hôpitaux civils, pour servir de base au remboursement à exiger des malades non indigents;

« 17° Fixation du prix moyen de la journée de travail pour le règlement des prestations ou amendes;

« 18° Approbation des règlements intérieurs des dépôts d'ouvriers, dépôts de mendicité, prisons, hôpitaux et hospices civils, orphelinats et asiles pour l'indigence et la vieillesse;

« 19° Autorisation des établissements insalubres de toute classe;

« 20° Fixation des primes pour la destruction des animaux nuisibles;

« 21° Acceptation ou refus des dons et legs faits aux sociétés de charité maternelle, quand ils ne donnent pas lieu à réclamation;

« 22° Examen et approbation des règlements de police commerciale pour les foires, marchés, ports et autres lieux publics;

« 23° Autorisation de fabriques et ateliers dans le rayon des douanes, sur l'avis conforme du directeur des douanes;

« 24° Approbation des tableaux de marchandises à vendre aux enchères par le ministère des courtiers;

« 25° Transactions ayant pour objet les contraventions en matière de poudres à feu, lorsque la valeur des amendes et confiscations ne s'élève pas au delà de 1,000 francs;

« 26° Location amiable, après estimation contradictoire de la valeur locative, des biens de l'État, lorsque la durée de la location ne doit pas excéder trois années, ni le prix de location 1,000 francs;

« 27° Mesures relatives au curage des cours d'eau non navigables;

« 28° Autorisation, sur les cours d'eau non navigables ni flottables, de tous établissements, tels que moulin, usine, barrage, prise d'eau d'irrigation, patouillet, bocard, lavoir à mines;

« 29° Concessions de servitudes à titre de tolérance temporaire et révocables à volonté;

« 30° Cessions de terrains domaniaux compris dans le tracé des routes impériales, départementales et des chemins vicinaux ;

« 31° Échanges de terrains provenant de déclassement de routes, dans le cas prévu par le paragraphe 1er de l'article 4 de la loi du 20 mai 1836, rendu applicable à l'Algérie ;

« 32° Demandes en autorisation concernant les établissements et constructions mentionnés dans les articles 151, 152, 153, 154 et 155 du Code forestier ;

« 33° Constitution en associations syndicales des propriétaires intéressés à l'exécution et à l'entretien des travaux d'endiguement contre la mer, les fleuves, rivières et torrents navigables ou non navigables, de canaux d'arrosage ou de canaux de desséchement, lorsque les propriétaires sont d'accord pour l'exécution desdits travaux et la répartition des dépenses. »

**776** *bis.*—II. Avant 1845, le conseil d'administration établi auprès du gouverneur général de l'Algérie était spécialement chargé de statuer sur les matières dont la connaissance est dévolue en France aux conseils de préfecture.

Une ordonnance du 15 avril 1845 avait transporté les attributions contentieuses de ce conseil à un nouveau tribunal administratif désigné sous le nom de *conseil du contentieux.*

**776** *ter.*—Cette ordonnance a été modifiée par celle du 1er sept. 1847, dont les art. 4 et 5 sont ainsi conçus :

« Il y aura dans chaque province un conseil de direction, qui se réunira sous la présidence du directeur des affaires civiles.— Les conseils de direction connaîtront, sauf les exceptions qui résulteront de la législation spéciale de l'Algérie, des matières qui sont déférées en France aux conseils de préfecture, dans la limite de la compétence de ces conseils. — Ils seront, en outre, appelés à donner leur avis sur les affaires administratives soumises à leur examen en vertu de l'art. 10 ci-après (art. 4).

« Le conseil du contentieux établi par notre ordonnance du 15 avril 1845 est supprimé, et les attributions dont il était investi par la législation existante, et notamment par notre ordonnance du 21 juill. 1846 sur la propriété (1), seront exercées dans chaque province par le conseil de direction (art. 5).

**776** *quater.*—Voici les dispositions essentielles du décret du 9 déc. 1848, qui a institué les conseils de préfecture :

« Le département sera soumis au régime administratif des départements de la métropole, sauf les exceptions résultant de la législation spéciale de l'Algérie (art. 2).

_____

(1) Voy. le texte de cette ordonnance, Duvergier, t. 46, p. 320.

« Il y aura auprès de chaque préfet un conseil de préfecture ayant les mêmes attributions qu'en France, et celles qui avaient été précédemment conférées au conseil de direction par la législation spéciale de l'Algérie.—Le conseil de préfecture devra, en outre, émettre son avis sur toutes les affaires qui lui seront soumises par le préfet. — Un membre du conseil de préfecture, désigné par arrêté ministériel, remplira les fonctions de secrétaire général de la préfecture (art. 13). Voy. *infrà*, le n° 776 *quinquies*.

« Le conseil de préfecture de chaque département de l'Algérie sera composé de quatre membres à Alger, et de trois membres dans les autres départements , indépendamment du préfet (art. 22).

« Le préfet est président de droit du conseil de préfecture. En cas de partage, sa voix est prépondérante. — La vice-présidence du conseil de préfecture appartient au membre du conseil faisant fonctions de secrétaire général (art. 23).

« Pour des cas spéciaux et déterminés, le préfet peut déléguer temporairement une portion de ses attributions à un des membres du conseil de préfecture (art. 24).

« Les fonctions de conseiller de préfecture sont incompatibles avec les fonctions judiciaires, avec celles de défenseurs et officiers ministériels , de membre du conseil général , de maire et d'adjoint, et toutes autres fonctions administratives (art. 25). »

**776** *quinquies*. — Enfin, le 27 oct. 1858 le décret dont j'ai rapporté *suprà* le tableau B , et qui a organisé l'administration en Algérie, contient plusieurs articles importants à consulter.

« Il y a près de chaque préfecture un secrétaire général, pris en dehors du conseil de préfecture et n'en faisant point partie (art. 7) (1).

« En cas de décès, d'absence ou d'empêchement du secrétaire général, le préfet désigne un conseiller de préfecture pour le remplacer. Il en donne immédiatement avis au ministre (art. 8).

« Le conseil de préfecture est composé de quatre membres pour le département d'Alger et de trois membres pour chacun des deux autres départements.

« Lorsqu'un conseil de préfecture se trouve incomplet, par suite de vacance, d'absence ou d'empêchement d'un de ses membres, le préfet désigne, pour le suppléer, un conseiller général ou un chef de bureau de la préfecture (art. 9).

---

(1) Cet article abroge la disposition relative au secrétaire général de l'art. 13 du décret du 9 déc. 1848. Voy. le n° 776 *quater*.

**777.** — Aucun texte de ces divers documents législatifs ne règle l'instruction, et comme ils n'abrogent l'ordonnance du 15 avril 1845 qu'en ce qu'elle a de contraire aux dispositions nouvelles, je pense que cette ordonnance est encore applicable en ce qui concerne l'instruction.

« Le conseil de préfecture (1) se réunit, sur la convocation du président, aussi souvent que les affaires qui lui seront déférées l'exigent (art. 72).

« Il ne peut délibérer si, non compris le président, trois au moins des conseillers titulaires ou suppléants ne sont présents. Il prononce à la majorité des voix. En cas de partage, la voix du président est prépondérante (art. 73) (2).

« En toute matière contentieuse, le conseil est saisi, soit à la requête des parties, soit à la requête des chefs des services administratifs (art. 75).

« L'instance est introduite par simple requête adressée au président et enregistrée au secrétariat. L'instruction des affaires se fait par écrit, sur mémoire communiqué, soit aux directeurs chefs des services administratifs, soit aux parties adverses, pour avoir leurs défenses (art. 76).

« Les séances du conseil de préfecture ne sont pas publiques. Néanmoins, les parties intéressées ont le droit d'assister à la séance et d'y être entendues, par un mandataire spécial porteur d'une procuration en forme authentique, sous la réserve des droits du président pour la police de la séance (art. 77).

« Le conseil de préfecture ne peut juger au delà de la demande. Il ne peut statuer qu'après avoir mis les parties en demeure de se défendre : cette mise en demeure se fait par correspondance (art. 78).

« Les arrêtés du conseil doivent être motivés et transcrits sur le registre des délibérations, et signés par le président et le secrétaire greffier (art. 79).

« Le conseil de préfecture peut rendre des arrêtés préparatoires pour ordonner des apports de pièces, des levées de plans, des expertises, des vérifications d'actes et de faits, des descentes de lieux, et tous autres actes d'instruction reconnus nécessaires (art. 80).

---

(1) Je substitue les mots *de préfecture* à ceux *du contentieux.*

(2) La nouvelle organisation n'accordant plus de président en dehors des membres du conseil, les délibérations peuvent être prises par trois membres. Voy. *suprà,* n° 776 *quinquies.*

« Les arrêtés sont par défaut lorsque les parties n'ont produit aucune défense (art. 81).

« Les arrêtés du conseil, en matière contentieuse, doivent être notifiés par le ministère d'un huissier pour pouvoir être mis à exécution et faire courir les délais. Ils ont la même force que les jugements des tribunaux ; ils emportent hypothèque et contrainte par corps, et sont exécutoires nonobstant appel, à moins que cette exécution ne cause un dommage irréparable ; dans ce dernier cas, notre ministre de la guerre peut accorder un sursis, sur la demande des parties intéressées (art. 82).

« Les voies de recours contre les arrêtés du conseil de préfecture sont : l'opposition, la tierce opposition, le pourvoi au conseil d'Etat (art. 83).

« Le délai du pourvoi au conseil d'Etat est de trois mois (1), à dater du jour de la signification, lorsque les arrêtés sont contradictoires, ou de l'exécution, lorsqu'ils sont par défaut (art. 84).

« Le conseil de préfecture ne peut réformer ses arrêtés contradictoirement rendus ; mais il peut, sur la demande des parties, rendre un arrêté de simple interprétation (art. 85).

« Le secrétaire du conseil délivre aux parties expédition des arrêtés. La grosse est délivrée sans frais. Les expéditions sont payées au secrétariat, d'après un tarif arrêté par notre ministre de la guerre sur la proposition du gouverneur général. Les droits d'expédition appartiennent au Trésor, à titre de revenu local et municipal » (art. 86).

**778.** — II. Cette ordonnance réglementaire ne développe pas d'une manière assez complète les règles de l'instruction qui doit être suivie devant les conseils de préfecture de l'Algérie. Elle est loin, sous ce rapport, de pouvoir être comparée à celle du 31 août 1828, relative au mode de procéder devant les conseils privés des colonies, et dont j'ai parlé au n° 772. Pour tous les cas non prévus, il faut appliquer les règles ordinaires d'instruction observées en France devant les conseils de préfecture, ainsi que le voulait l'art. 64 d'une ordonnance antérieure, en date du 26 septembre 1842.

**778 bis.** — III. Il me paraît utile de transcrire la loi du 11 juin 1859, ainsi conçue :

« Le délai des ajournements devant les tribunaux de France,

---

(1) Cette disposition a été confirmée par la loi du 11 juin 1859. (Duvergier, 1859, p. 182).

pour les personnes domiciliées en Algérie, ou devant les tribunaux d'Algérie, pour les personnes domiciliées en France, est de deux mois » (*article unique*).

**778** *ter*. — IV. Pour compléter les notions sur l'Algérie, il n'est pas sans intérêt de se reporter, dans le décret du 27 oct. 1858, aux dispositions qui concernent les actions judiciaires et les transactions.

« Les actions de la province sont exercées par le préfet en vertu des délibérations du conseil général (1).

« La province ne peut se pourvoir devant un autre degré de juridiction qu'en vertu d'une nouvelle délibération, à moins que la première n'autorise le préfet à épuiser tous les degrés de juridiction.

« En cas d'urgence, le préfet peut intenter toute action ou y défendre sans délibération du conseil général.

« Il fait tous actes conservatoires ou interruptifs de la déchéance.

« En cas de litige entre l'État et la province, l'action est intentée ou soutenue, au nom de la province, par le membre du conseil de préfecture le plus ancien en fonctions (art. 38).

« Aucune action judiciaire autre que les actions possessoires ne peut, à peine de nullité, être intentée contre une province qu'autant que le demandeur a préalablement adressé au préfet un mémoire exposant l'objet et les motifs de sa réclamation.

« Il lui en est donné récépissé.

« L'action ne peut être portée devant les tribunaux que deux mois après la date du récépissé, sans préjudice des actes conservatoires.

« Durant cet intervalle, le cours de toute prescription demeurera interrompu (art. 39).

« Les transactions ne peuvent être consenties par le préfet qu'en vertu d'une délibération du conseil général » (art. 40).

---

(1) Il a été jugé, le 7 janv. 1858, *ville d'Alger c. Rome* (*Journal du droit administratif*, t. 7, p. 485, art. 269), que les conseils de préfecture de l'Algérie ne peuvent statuer qu'en premier ressort, dans les matières sur lesquelles les conseils de direction, qu'ils ont remplacés, étaient compétents pour prononcer en dernier ressort.

FIN DU PREMIER VOLUME.

# TABLE DES MATIÈRES

## CONTENUES DANS LE PREMIER VOLUME (1).

——

## LIVRE PREMIER.

### INSTRUCTION ORDINAIRE.

———

(1) La table alphabétique et analytique des matières sera à la fin du deuxième volume.

# LIVRE II.


INSTRUCTION PARTICULIÈRE AUX JURIDICTIONS SPÉCIALES.

FIN DE LA TABLE DU PREMIER VOLUME.

www.ingramcontent.com/pod-product-compliance
Lightning Source LLC
Chambersburg PA
CBHW060524220326
41599CB00022B/3415